让 我 们 一 起 追 寻

Stalin's Wars: From World War to Cold War, 1939-1953
© 2006 by Geoffrey Roberts
Originally published by Yale University Press

英 杰弗里·罗伯茨 著   李晓江 译
(Geoffrey Roberts)

斯 大 林 的 战 争

Stalin's Wars

From World War to Cold War, 1939-1953

[1]

社会科学文献出版社
SOCIAL SCIENCES ACADEMIC PRESS (CHINA)

谨以此书纪念丹尼斯·奥格登

（1927～2004）

目　录

图表目录

地图

图表

前言及致谢

　　这项把斯大林作为和平的缔造者和军事领袖来对待的研究，
始于对苏联在第二次世界大战"伟大的同盟"中的作用的调
研。当时的目的是要探讨："伟大的同盟"是如何形成和发展
的，斯大林、丘吉尔、罗斯福和杜鲁门他们外交与政治斗争的
方式，以及这一同盟为什么在第二次世界大战之后就解体了。
这些目标现在依然是本书的中心，但是，2001～2002 年对斯大
林格勒战役的研究，使我对斯大林在军事方面的战争领袖作用
有了更为全面的认识。① 我对苏联国内的政治状况以及 20 世纪
40 年代斯大林政权的社会史也产生了更多的兴趣。结果就有了
眼前的这本书，它对斯大林在其生命和事业的最后也是最重要
的阶段，在军事和政治上的领袖作用进行了详细而持续的研究。

　　直言不讳地说，我的结论有三个方面。第一，斯大林是个
作用很大也非常成功的战争领袖。他犯过许多错误，他奉行的
野蛮政策导致了数百万人的死亡，但是，要是没有他的领导，
对纳粹德国的那场战争很可能就会输掉。丘吉尔、希特勒、墨
索里尼和罗斯福，他们作为军事领袖都是可以替代的，唯独斯
大林不可以。在惨烈的东线战争中，苏联要战胜纳粹德国，就
不能没有斯大林。第二，斯大林努力促成了"伟大的同盟"，
而且希望它能够在战后继续存在下去。他所采取的政策及行动

---

① G. Roberts, *Victory at Stalingrad: The Battle That Changed History*, Longman:
London, 2002.

对冷战的爆发无疑起到了推波助澜的作用，不过这却不是他的本意，而且他在 20 世纪 40 年代末 50 年代初，也曾努力重新缓和与西方的关系。第三，在战后，斯大林国内的体制与战前有很大的不同。它的强制性减弱了，民族主义色彩加重了，而且在日常运转中不是那么听凭于斯大林的意志和奇思异想了。这是一种在向后斯大林时代相对宽松的社会政治秩序过渡的体制。"去斯大林化"（destalinisation）的过程在斯大林还在世的时候就开始了，虽然一直到他去世时为止，对他个人的崇拜在苏联都是如日中天。

xii 最伟大的战争领袖、一个更愿意和平而不是冷战的人、一个主持了战后国内改革的政治家，这样的斯大林不会适合每个人的口味。对有些人来说，唯一可以接受的斯大林的形象是邪恶的独裁者，他带给世界的只有苦难。这个作为魔鬼而非神明的独裁者，正是斯大林崇拜的镜像（mirror-image）。对斯大林做这样的描绘，其实是执拗地夸大了他作为政治领袖的能力。当然，斯大林是个老练的政治家、才智出众的理论家和一流的管理者。而且，他还是个很有魅力的人，能够对所有与之亲密接触的人产生决定性的影响。但斯大林不是超人，他也有判断失误看走眼的时候，也会被自己的武断所误导。他并不总是清楚他想要什么，或者他想让事态如何发展。他遇事审慎，但也常常听凭自己的奇思异想；他所做的决定常常与自身的最大利益背道而驰。本书要做的另一件事情，就是把斯大林当作一个常人。这就既不能脱离他所处其中的那个乱世，也不能低估他的许多行为的重大影响或恶劣性质。但我要强调的是，斯大林要比崇拜他的人或者谴责他的人所想象的更为寻常，他的影响因而也越发非同一般。把斯大林理解为常人，这样做有一种危险，会让他的许多罪行显得似乎也没什么大不了的。我并没有那样的意思，而且对于斯大林和他的政权进行的谋杀活动，我已经提供了尽可能详细的细节。只是本书的目的并不是要一一列举斯大林的种种罪行，而是要更深入地理解斯大林。就像我的同事马克·哈里森（Mark Harrison）说过的那样，我们可以着手该项任务而不用担心道义上的风险，而且在有了更深入的理解之后，我们甚至可以更多地谴责斯大林，如果我们想做的话。[①] 不过，对我来说，斯大林统治这一课讲的并不仅仅是关于一个偏执多疑、睚眦必报、嗜血成性的独裁者的道德故事，而是关于一种强大的政治观念和意识形态的故事，这种强大的政治观念和意识形态所追求的是乌托邦的、极权主义的目标。斯大林是个理想主义者，他为了推行自己的意志和实现自己的目标，不惜使用任何暴力。在与希特勒的大搏斗中，他的手段让人难以接受，但又是有效的；而且如果要取得胜利，也许就非得那样做不可。同样，斯大林的野心也是有限的：他既是一个空想家，也是一个讲究实际和实用的人，一个准备妥协、适应和改变的领导者——只要这样做不威胁到苏维埃体制或他自己的权力。

正如斯大林的最主要的传记作者之一罗伯特·麦克尼尔（Robert H. McNeal）所说的那样："想要为斯大林恢复名誉"是毫无意义的，因为"他杀害、拷打、监禁、迫害了许多人，已经形成的这种印象并没有错。但是，把他那个时代的所有罪行和苦难都归罪于他一个人，或者是把他简单地想象成一个魔

---

① M. Harrison, "Stalin and Our Times" in G. Roberts (ed.), *Stalin-His Times and Ours*, IAREES: Dublin, 2005.

xiii 鬼和精神病患者，那是不可能理解这位非常杰出的政治家
的"。① 本书的目的不是要为斯大林恢复名誉，而是要用一种不
同的、非常规的方式去看待他②。在这本书中，你会发现有许
多个斯大林：专制君主和外交家、军人和国务活动家、理性的
官僚和偏执多疑的政客。把他们叠加起来，就成了一个极有才
干的独裁者的复杂而矛盾的画像——这位独裁者建立并控制的
体制，强大到足以挺过总体战的终极考验。斯大林体制从长期
来看是失败的，但我们不应当因此就对它的长处视而不见，更
不能对它在赢得对希特勒的战争方面起到的至关重要的作用视
而不见。我们应该记住苏联在保持战后的长期和平中的作用，
而不是吹嘘西方在冷战中的胜利。

　　要是没有过去 15 年来苏联档案的开放——允许直接查阅或
者出版大批馆藏的新文件——所带来的巨大的知识积累，要完
成这样一本书是不可能的。利顿·斯特雷奇③曾经抱怨说："永
远也不会有人写出维多利亚时代的历史，因为我们对它太熟悉
了。"④ 面对堆积如山的有关斯大林和他的时代的新材料，我现
在终于体会到他的感受了。斯特雷奇摆脱困境的方法是，揭穿
了维多利亚时代一连串著名人物的形象。我采取了与此类似的

---

① R. H. McNeal, *Stalin: Man and Ruler*, Macmillan: London, 1998, p. 312.
② 此处罗伯茨教授用了一个自己造的词 "re-vision"，以强调 "看待" 的非常
　　规性。——译者注
③ Lytton Strachey（1880—1932），英国作家和批评家。他在《维多利亚时代
　　的著名人物》（*Eminent Victorians*）中用该时代的四个著名人物刻画了维多
　　利亚时代的风貌。这四个人分别是威斯敏斯特大主教亨利·曼宁、"提灯
　　女神"弗罗伦斯·南丁格尔、教育家和历史学家托马斯·阿诺德、在中国
　　参与镇压太平天国的常胜军指挥官查尔斯·戈登。该书使他一举成名，并
　　奠定了他伟大的传记作者的地位。——译者注
④ L. Strachey, *Eminent Victorians*, Penguin Books: London, 1986, p. 9.

策略，只是我不是想要揭穿什么，而是想要去掉斯大林身上的神秘性。这不是惯常的传记，但它对作为政治领袖的斯大林的确进行了详尽的描述。我还试图让斯大林用他自己的声音讲话，这样读者就可以对他有自己的印象和判断了。这项任务十分艰巨，但幸运的是，我得到了一群杰出的学者的帮助，他们已经着手研究了斯大林和他的时代许多方面的问题。这其中包括麦克尼尔，他在能够获得档案材料之前的时代就开始研究了。他主要依靠的是公开的原始资料，例如斯大林的讲话、报纸上的文章，以及对一些事件的原始记录。我在俄罗斯档案方面的研究使我认识到，除了使用机密的苏联原始资料，公开的原始资料也一样重要。斯大林在想什么和做什么，大多都可以在苏联的报纸上看到。历史学家面临的挑战在于，如何把传统的原始资料与从俄罗斯档案中得到的新的原始资料整合起来。那就意味着，要利用苏联还没有解体、档案渠道仍被堵塞时的体量巨大的学术成果。麦克尼尔、伊萨克·多伊彻①、约翰·埃里克森②、威廉·麦凯格③、保罗·斯普里亚诺（Paulo Spriano）、亚历山大·沃思④等人的著作是我们所不能忽视的宝贵资源。过去的学术成果虽然时间已久但并不过时。

　　我自己对俄罗斯档案的研究主要集中在我的专业领域，即对外政策与国际关系。我在莫斯科的研究得到了亚历山大·丘

---

① Isaac Deutscher（1907—1967），出生于波兰的犹太裔马克思主义作家、记者和政治活动家，二战爆发时移居英国，托洛茨基和斯大林的传记作者。——译者注

② John Erickson（1929—2002），英国历史学家，在二战史方面著述颇丰。——译者注

③ William McCagg（1931—1993），美国历史学家，主要研究中、东欧历史。——译者注

④ Alexander Werth（1901—1969），俄裔英国作家、战地记者。——译者注

巴良（Alexander Chubar'yan）教授所在的俄罗斯科学院通史研究所，尤其是得到了奥利格·拉泽谢夫斯基（Oleg Rzheshevskii）教授和米哈伊尔·马雅科夫（Mikhail Myagkov）博士负责的"战争与地缘政治"研究小组中亲爱的朋友们的支持与帮助。我要特别感谢谢尔盖·利斯特科夫（Sergey Listikov）博士在过去 10 年中对我的种种帮助。

我还与同一领域的许多朋友和同事相互交换过看法和资料，他们是：列夫·贝兹门斯基（Lev Bezymenskii）、麦克尔·克莱（Michael Carley）、阿列克谢·费里托夫（Aleksei Filitov）、马丁·弗里（Martin Folly）、大卫·格兰兹（David Glantz）、凯瑟琳·哈里曼（Kathleen Harriman）、大卫·霍洛韦（David Holloway）、卡罗琳·肯尼迪－帕培（Caroline Kennedy–Pipe）、约亨·劳弗（Jochen Laufer）、梅尔·莱弗勒（Mel Leffler）、爱德华·马克（Eduard Mark）、埃文·莫兹利（Evan Mawdsley）、弗拉基米尔·涅韦任（Vladimir Nevezhin）、亚历山大·奥勒夫（Alexander Orlov）、弗拉基米尔·皮恰诺夫（Vladimir Pechatnov）、西尔维奥·庞斯（Silvio Pons）、亚历山大·波兹迪夫（Alexander Pozdeev）、弗拉基米尔·波兹尼雅可夫（Vladimir Poznyakov）、罗伯特·瑟维斯（Robert Service）、泰迪·乌尔德里克斯（Teddy Uldricks）、杰弗里·沃纳（Geoffrey Warner）以及已故的德里克·沃森（Derek Watson）。我非常感谢他们大家。阿尔伯特·莱希斯（Albert Resis）实际上阅读过整个文稿，并尽力帮我改正了许多错误。我希望我没有辜负他为我付出的巨大劳动。我也从耶鲁大学出版社审稿者的评论中获益匪浅。非常感谢我的朋友和老师斯维特兰娜·弗洛勒娃（Svetlana Frolova）检查我的译音和在某些翻译问题上为我提供的建议。

在机构方面，我首先要感谢我工作的科克大学准予我几个学期的长假，使我能够在英国、美国和俄罗斯进行研究工作。科克大学文学院为我的研究之旅提供了必需的资金，包括 2000 年人人都希望得到的学院研究成果奖。2001 年 9 月，承蒙凯南研究所"俄罗斯高级研究"的短期资助，我开始了我的首次美国之行。这使我得以在华盛顿特区的国会图书馆对哈里曼文件（Harriman Papers）① 进行了广泛的研究。2004～2005 年，我获得了爱尔兰人文社会科学研究委员会的高级研究员基金。在这次长假期间，富布赖特委员会（Fulbright Commission）给予我一笔资金，使我得以在哈佛大学度过了三个月。在哈佛，我是马克·克雷默（Mark Kramer）和戴维斯俄罗斯研究中心冷战研究计划的客座教授。马克在俄罗斯档案方面进行的大量研究，使我们大家都深受启发。他的计划中已经积累了数千卷苏联档案的缩微胶卷，其中有许多可供我在哈佛期间使用。

在我的研究中，我利用了许多会议和研讨会的文件，特别要提到的是英国国际关系史学会（BIHG）每年召开的会议，在那里我可以跟国际关系史的专家同行们分享我的看法。加布里埃尔·格罗迪特斯基（Gabriel Gorodetsky）教授使我有幸参加了 1995 年的莫斯科会议，在观念和交往方面都取得了难以估量的收获。他自己关于斯大林和 1941 年 6 月 22 日的著作，作为经典的研究，给了我很大的启发。② 在莫斯科，我所查阅的两个主要的

---

① 威廉·埃夫里尔·哈里曼（William Averell Harriman, 1891—1986），美国民主党政治家、商人和外交家。他从 1941 年春开始担任富兰克林·罗斯福总统的欧洲特使，负责协调租借法案计划，后来又担任过美国驻苏联大使（1943 年 10 月～1946 年 1 月）和驻英国大使（1946 年）。——译者注

② G. Gorodetsky, *Grand Delusion: Stalin and the German Invasion of Russia*, Yale University Press: New Haven and London, 1999.

XV 档案馆是外交部档案馆以及俄罗斯社会政治史国家档案馆——那里藏有斯大林时代的共产党档案。我还在莫斯科的国家公共历史图书馆花了大量时间阅读苏联的报纸。我要感谢档案馆和图书馆的管理人员，感谢他们一贯对我的耐心。我在伦敦的主要资源一直都是伦敦经济学院图书馆以及斯拉夫与东欧研究院图书馆。

本书要献给已故的丹尼斯·奥格登（Dennis Ogden）。丹尼斯属于这样一代英国共产党人，他们不得不接受赫鲁晓夫1956年对斯大林崇拜的揭露所带来的幻灭感。当时他在莫斯科，是一名翻译，并且参加了他所在出版社的党的会议，听取了"秘密讲话"。他常常回想起参加会议的那些人表现出来的惊愕、不相信、震惊和无语。当我在20世纪70年代遇到他的时候，他已经成为对苏联社会主义实验进行批判性研究的先驱，并以公开批评苏联的威权主义和对异见者的镇压而著名。他的独立的批判精神此后一直激励着我。

这是我与我的出版商希瑟·麦卡勒姆（Heather McCallum）一起合作的第四本书，她的杰出的职业精神和对出版历史书籍的热爱——这些书籍既适合学者也适合大众——一直使我深感钦佩。

这是我和我的妻子西莉亚·韦斯顿（Celia Weston）一起合作的第八本书。她所投入的除了有形的、编辑方面的工作之外，还有她的才智与情感。没有人对这本书的贡献可以超过西莉亚。要是没有她，我真不知道我能做什么。

这是一部叙事史。它基本上按照时间顺序讲述了斯大林在第二次世界大战期间以及在冷战中的思想、决策和行动，但在书的开头先要布置好场景，对战争中的斯大林进行总体的描述和评价。

中文版前言

《斯大林的战争》用中文来出版非常合适。中苏人民是 20世纪 30~40 年代与纳粹主义、法西斯主义以及军国主义做斗争的盟友。虽然苏联直到 1945 年 8 月才加入对日战争，但此后红军为击败关东军做出了重大贡献。苏联加入远东战争与美国用原子弹轰炸广岛和长崎这两件同时发生的事，再加上中国人民的长期斗争，最终迫使日本投降了。

苏联独裁者（dictator）约瑟夫·斯大林在看待世界政治时一向眼光开阔，他特别关注欧洲和亚洲事态发展的相互影响。日本在中国的武力扩张以及希特勒在德国的上台，推动了苏联在 20世纪 30 年代的重整军备。斯大林与苏联领导层相信自己有能力挫败日本对苏联的进攻，但非常忌惮日本与纳粹德国的联手。20世纪 30 年代，苏日之间的一系列边界军事冲突最终酿成了 1939 年8 月的哈拉哈河之战。在朱可夫将军的率领下，红军对关东军取得了决定性的胜利。这使得日本人相信，与其与苏联发生冲突，不如向东南亚扩张。日本人这次对扩张方向的重大调整，导致了 1941年 12 月的偷袭珍珠港，从而把美国拖进了第二次世界大战。

在战争初期，也就是在 1940 年 11 月，希特勒曾经试图说服斯大林的外交部长维亚切斯拉夫·莫洛托夫，让苏联加入德、意、日的轴心国同盟。在苏联人拒绝之后，德国军队于 1941 年6 月入侵苏联。德军的入侵差点得逞，只是在 1941 年 12 月才被红军挡在了莫斯科的前面。这次又是朱可夫承担起了保卫苏联首都的重任。而且他还是苏德战争中下一个伟大的转折点即 1942 年 11 月的斯大林格勒战役的军事领导人，当时红军包围并摧毁了德国的第 6 集团军。此外，指挥苏联红军对柏林发动进攻并在 1945 年 5 月接受德国投降的，也正是朱可夫——他当时是斯大林的副最高统帅。

恢复斯大林作为战争领袖的名誉是一个漫长的过程，2006 年出版的《斯大林的战争》英文版推动了这一过程。在战争期间以及在战争刚刚结束的时候，没有人怀疑斯大林是一个起到了很大作用而且也很成功的军事领袖。苏联赢得了史上最伟大的战争，而斯大林作为最高统帅的表现被认为是胜利的关键。然而，在 1956 年 2 月的苏共二十大上，斯大林在党内的继任者尼基塔·赫鲁晓夫发表了著名的秘密讲话，抨击作为战争领袖的斯大林的品质。并非所有人都同意赫鲁晓夫的说法，这其中也包括战时与斯大林并肩工作的许多苏联将军。1969 年朱可夫的回忆录的出版，在为斯大林恢复名誉方面是一个重要的里程碑。朱可夫把斯大林称为"杰出的最高统帅"，这种积极的评价随后也得到了西方许多军事史家的认可。

20 世纪 90 年代，苏联档案资料开始对研究人员开放了。这样就可以有据可依地详细描述斯大林在战争中的领导作用，就可以让许多杜撰的说法烟消云散，从而对这位苏联独裁者作为最高统帅的作用形成一个比较中肯的评价。我在《斯大林的战争》以及我新近的两本书《斯大林的将军：朱可夫传》（2012）和《莫洛托夫：斯大林的冷战斗士》（2012）中就是这样去做的。

在《斯大林的战争》最初出版的时候，有些评论者觉得难以理解：在揭露斯大林是一个冷酷的、实行高压统治的独裁者的时候，怎么还对他作为战争领袖的作用给予积极的评价？但其他评论者注意到，我对斯大林时代的大规模镇压活动和苏联人民为斯大林的军事胜利所付出的代价，都尽力做了详细的描述。正如我在英文版的前言中讲过的那样，我的目的不是为斯大林恢复名誉，而是通过有据可依的叙述让人们注意到他的历史作用的复杂性和矛盾性。

对斯大林的个人崇拜现在在俄罗斯又开始升温了。这次对斯大林的新的崇拜的中心，就是他在苏联战胜纳粹德国的过程中起到的作用。然而，关于战争期间和战争之后斯大林的长处与弱点，真相要比他的信徒们所描绘的还要复杂。斯大林的表现非常突出，但肯定不是无可指责的，尤其是在战争的头几个月，当时苏联几乎就被德国人打垮了。斯大林在战后的表现也是如此。他想要维持与英美在战时结成的"伟大的同盟"，但他自己的态度和采取的行动反而促使了同盟的解体和冷战在1947～1948年的爆发。面对咄咄逼人的西方反苏集团，斯大林试图通过发起国际和平运动来避免冷战。中苏两国人民在这场战争中受到的创伤最为深重，对20世纪40～50年代共产党人的和平运动的响应也最为热烈，这一点绝不是偶然的。

在1953年斯大林去世之后，苏联争取和平的斗争还在继续，意识形态上的冷战也在继续。关于第二次世界大战的真相是当时最激烈的争论之一。我写作《斯大林的战争》，既是针对冷战中的那些争论，又是为了超越它们的狭隘性与局限性，以便能够不受政治的左右，在具体的历史中去理解斯大林的历史作用。我希望我的中文读者会欣赏我的努力——即便并不总是赞同。

杰弗里·罗伯茨

2013 年 3 月

第一章　导言：战争中的斯大林

在 20 世纪的独裁者当中，约瑟夫·斯大林（Joseph Stalin）
的残忍与有罪的名声，只有阿道夫·希特勒（Adolf Hitler）可
与之相比。然而，当他在 1953 年 3 月去世的时候，人们却都在
悼念他。在莫斯科，哭泣的人群挤满了街道，而且苏联各地的
民众也表现出极大的悲痛。[1] 在斯大林的国葬仪式上，党的领导
人依次向他们已逝的领袖致悼词，语气之恭敬让人觉得逝者是
一位圣人，而不是谋杀了许多人的凶手。"斯大林这个不朽的名
字永远活在我们心中，活在苏联人民和所有进步人士的心中，"
苏联外交部长维亚切斯拉夫·莫洛托夫（Vyacheslav Molotov）
宣称，"他为我国人民和全世界劳动者的幸福而奋斗的伟大事迹
永垂不朽！"[2] 这没有什么特别让人感到惊讶的。在斯大林生命
的最后 20 年，对他的个人崇拜在苏联已经达到了登峰造极的地
步。按照个人崇拜的神话，斯大林不但是这个苏维埃国家的伟
大舵手，是领导他的国家在战争时期走向胜利、在和平时期成
为超级大国的政治天才，而且还是"人民之父"。[3] 他是如标语
所说的"当代的列宁"，因而，与这种地位相称的是，斯大林
的遗体也与那位苏维埃国家缔造者的遗体并排安放在其红场的
陵墓中。

但斯大林的声誉在苏联很快就开始遭到了猛烈的抨击。仅
仅三年之后，即 1956 年的 2 月，苏联的新领导人尼基塔·赫鲁
晓夫（Nikita Khrushchev）就痛斥个人崇拜是对共产主义原则的

歪曲，并把斯大林描绘成一个暴君：他处死自己的同志，大批杀害自己的军事指挥官，致使国家在第二次世界大战中接二连三地遭遇惨败。[4]

赫鲁晓夫的讲话是在苏共第二十次全国代表大会的一次秘密会议上发表的，但是没过几个月，党的中央委员会《关于克服个人崇拜及其后果》的决议，就对许多问题进行了公开批判。[5]在1961年党的第二十二次全国代表大会上，赫鲁晓夫再次抨击了斯大林。这次是公开的，而且跟他一起抨击斯大林的还有许多其他发言的人。大会投票决定，把斯大林的遗体迁出列宁的陵墓。在就这一决定进行辩论的时候，有一位代表声称，她"征求了伊里奇的意见，他好像就活生生地站在我的面前，说：斯大林在身旁令我感到不快，他给党造成的伤害太多了"。[6]斯大林的遗体很快就被从列宁身旁迁走了，葬在克里姆林宫墙边的一座不起眼的坟墓里。

在赫鲁晓夫1964年下台之后，新的苏联领导层觉得，有必要部分恢复斯大林的名誉。因为赫鲁晓夫的批判招来了危险的质疑：党为什么没能约束斯大林的独裁，苏联军政精英中的其他人是否也应该对他的错误行为负有责任？在后赫鲁晓夫时代，斯大林继续受到批判，但是，人们在对他做出负面评价的同时，也肯定了他的成就，尤其是他在苏联社会主义工业化过程中的作用。[7]

20世纪80年代末，苏联对斯大林的谴责与批判进入了新的阶段。但这一次，对斯大林的批判是与更普遍地拒斥苏维埃共产主义体制联系在一起的。最初发起这场反斯大林运动的是改革派共产党领导人米哈伊尔·戈尔巴乔夫（Mikhail Gorbachev）。他鼓励对苏联的过去进行批判性的讨论，以此作为武器来对付政治变革中的对手。[8]戈尔巴乔夫没有能够给苏维埃共产主义体制注入新的活力，而他的改革纲领却极大地破坏了这种政治体制的稳定性，并使之在 1991 年轰然倒塌。到当年年底的时候，这个多民族的苏维埃国家就解体了，戈尔巴乔夫也辞去了当时已经名存实亡的苏维埃社会主义共和国联盟的总统职务，鲍里斯·叶利钦（Boris Yeltsin）成了后苏联时代俄罗斯的领导人。在叶利钦时代，对斯大林问题的讨论是没有任何限制的，而党和国家档案的公开，则为这种讨论提供了新的燃料——这些档案首次披露了有关斯大林独裁统治的手段与机制的种种细节。

人们可能预计，在 20 世纪 90 年代，斯大林在俄罗斯的名声会沦落到与希特勒在德国同样的地步：虽然他会继续受到新斯大林主义信徒的崇拜，但总的裁定将会是，他对苏联和世界的影响主要是负面的。但这样的事情并没有发生。对于许多俄罗斯人来说，在叶利钦执政期间，从威权主义的共产主义强行过渡到没有约束的资本主义所造成的物质上的剥夺，使得斯大林及其时代的吸引力似乎增加了，而不是减少了。[9]在历史学家当中，谴责和批判斯大林的比比皆是，但是对于他统治的时期，不但有反对的，也有辩护的，特别是有些人认为，他在粉碎纳粹分子将其种族主义帝国强加于苏联和欧洲的企图方面，起到了不可或缺的作用。

到了 21 世纪初，随着前克格勃官员弗拉基米尔·普京（Vladimir Putin）的上台，斯大林在俄罗斯比他去世以来的任何时候都更加受人关注。在莫斯科的书店里，摆满了对他的生平与影响进行争论的大部头书籍。斯大林的密友们死后出版的回忆录，或者是他们的子女对往事的追忆，都属于畅销书之列。[10]俄罗斯的电视没完没了地播放着有关斯大林及其核心圈子的纪录片。邮局卖的明信片上印有斯大林崇拜的经典画作与图案，而红场上的货摊和报亭也在出售用他的形象做装饰的汗衫和其他纪念品。

在他去世 50 周年的时候，俄罗斯的公众舆论对斯大林的追捧虽然远远无法与个人崇拜的时代相比，但他的声望仍在不断攀升。在 2003 年 2 ~ 3 月对俄罗斯联邦 1600 名成年人的民意调查中，53% 的人总体上赞成斯大林，不赞成的只有 33%。在接受民意调查的人当中，有 20% 的人认为斯大林是一个明智的领导人。同时还有差不多同样比例的人认为，在当时的环境下，只有"强硬的领导人"才能统治这个国家。只有 27% 的调查对象认为，他是"残忍的没有人性的暴君，应该对数百万人的死亡负责"；而差不多同样比例的人认为，还不了解有关他的全部真相。[11]

在西方，政治领域和历史领域对待斯大林的态度也呈现出相似的轨迹。当他在 1953 年去世的时候，虽然当时冷战正处于高潮，但报纸上对斯大林去世的报道仍然是充满敬意的，讣告也大多是公允的。在这段时间，斯大林仍然被看作一个相对仁慈的独裁者，甚至是一个善于治国的人，[12]而对"乔大叔"①的深情记忆也还萦回在公众的意识中：这位伟大的战争领袖带领他的人民战胜了希特勒，并帮助欧洲摆脱了纳粹的暴行。

同样，斯大林对自己的数百万公民的死亡负有责任，这也绝不是什么秘密。在苏联农业强制集体化期间，农民被流放或饿死；在追查"人民的敌人"期间，党和国家的官员遭到清

---

① "Uncle Joe"是二战时在美国和英国流行的斯大林的外号。——译者注

洗；少数民族被指控在战时与纳粹合作；回国的苏联战俘被怀疑怯战、叛变和泄露机密。不过，仍然有评论者发现，在斯大林的生平与事业中，有许多值得肯定的地方。伊萨克·多伊彻是第一批严肃的斯大林传记作者之一，他认为斯大林使用了野蛮的手段来消除苏联的落后与野蛮。"斯大林的真正的历史成就的关键在于，"多伊彻在 1953 年这位独裁者刚刚去世的时候写道，"在他出生的时候，俄国还在用木犁耕地，而在他离开的时候，她已经有了原子反应堆。"[13] 应当注意的是，多伊彻曾经是斯大林的主要对手托洛茨基（Trotsky，1940 年在墨西哥被苏联特工谋杀）的追随者，所以，从个人来讲，他并不同情这位共产党的独裁者。

虽然赫鲁晓夫在党的第二十次全国代表大会上的"秘密讲话"直到戈尔巴乔夫时代才得以公开，但其复制品早已偷偷地传到了西方，[14] 并很快成为西方有关斯大林时代的史学著作中的关键内容。但是，对于赫鲁晓夫的做法，即把共产党过去的 4 所有罪责都归于斯大林和对他的个人崇拜，许多西方历史学家都持怀疑的态度。赫鲁晓夫本人就是斯大林核心圈子中的一员，他与现在许多他认为应该受到谴责的政策与事件都有牵连。而当对赫鲁晓夫也出现了不太严重的个人崇拜的时候，事情也就明显了，那就是要用一套神话来取代另一套神话。[15]

20 世纪 60 年代，虽然西方历史学家并不支持为斯大林恢复名誉，但苏联人有关其统治的讨论恢复了平衡，并且提出了新的证据和看法。苏联军事回忆录的贡献特别有价值。[16] 在 1956 年之后，这些回忆录主要是在附和赫鲁晓夫对斯大林在战争时期的表现的批判。1964 年赫鲁晓夫下台之后，回忆录的作者们就可以对斯大林的作用自由地进行比较正面的描述，并纠正秘密讲话中简单化的并且往往是不可信的断言了——例如，说斯大林是靠地球仪来制订作战计划的![17]

无论是在俄罗斯还是在西方，许多关于斯大林的生平以及影响的讨论都是围绕他在第二次世界大战中的作用展开的。斯大林的一生由若干个很不相同的阶段构成：沙俄时代的非法的政治活动；参加了布尔什维克 1917 年的夺权和随后的内战；20 世纪 20 年代党内争夺领导权的斗争；20 世纪 30 年代的工业化与集体化运动；20 世纪 40 ~ 50 年代与西方的冷战。但是，他一生的中心事件还是苏联人所说的伟大的卫国战争。[18]战争使斯大林的领袖地位和他为之付出了很多心血所创立和塑造的体制，都经受了极大的考验。"对我们来说，这是我们祖国经历过的最残酷、最艰难的战争……这场战争是对我们的苏维埃体制、我们的国家、我们的政府和我们的共产党的考验"，斯大林在 1946 年 2 月的一次讲话中说。[19]

红军从 1941 年德军入侵的毁灭性打击中恢复过来并在 1945 年胜利进军柏林，这是世界上曾经有过的最辉煌的战绩。苏联在战争中的胜利把共产主义带到了东欧和世界的其他地方，并为共产主义体制和斯大林领袖地位的合法性提供了新的来源。在接下来的 40 年里，苏维埃体制一直被看作一个可以替代西方自由民主资本主义的切实可行的选项，一种可以在冷战期间在经济、政治和意识形态上与西方进行有效竞争的国家形式。实际上，在 20 世纪 50 ~ 60 年代，当苏联的挑战处于顶峰的时候，在许多人看来，斯大林所想象的共产主义在全球的胜利最终会成为现实。[20]

第二次世界大战对共产主义体制产生了深远的政治影响，但它对于苏联人民来说是个巨大的灾难。在这场战争中，有

70000 座苏联城市和村镇变成了废墟，有 600 万栋房屋、98000 5
座农场、32000 个工厂、82000 所学校、43000 个图书馆、6000
所医院以及成千上万英里的公路和铁路被毁。[21] 至于伤亡人数，
在斯大林还在世的时候，苏联的官方数字是 700 万人死亡，后
来这一数字又上升到"2000 万以上"。在后苏联时代，战争造
成的死亡人数据说高达 3500 万，但是，人们普遍认可的数字是
大约 2500 万，其中有三分之二是平民。[22]

对于这场战争对苏联造成的灾难性影响，斯大林究竟负有
多大责任？赫鲁晓夫对斯大林战时表现的批评，主要是认为他
应该对 1941 年 6 月 22 日的灾难负责——当时，德国人对苏联
成功发起了突然袭击，他们的军队长驱直入，兵临莫斯科和列
宁格勒城下。西方的许多历史学家也都抓住了这个主题，并且
更进一步，对有争议的 1939 ~ 1941 年的《苏德互不侵犯条约》
进行了批评。

苏德条约

在希特勒 1939 年 9 月入侵波兰的时候，他这样做是有把握
的，因为他知道，虽然他在西方可能会与英法开战，但他在东
方的侧翼是安全的：根据 1939 年 8 月 23 日他与斯大林签订的
互不侵犯条约，苏联会保持中立。斯大林之所以签订这个条约，
是为了换取一个秘密协定，以保证苏联在东欧的势力范围。斯
大林在新的欧洲大战一触即发的前夕与希特勒达成的这桩交易，
是直到最后时刻才临时做出的、充满戏剧性的决定。就在苏联
政策陡然发生转变的几天前，斯大林还一直在与英法就结成军
事同盟一事进行谈判，但他担心伦敦和巴黎在做手脚，以便挑
起苏德战争，好让纳粹与共产党在东线殊死相搏，而它们却乐

得袖手旁观。斯大林之所以与希特勒签订条约，是为了扭转局势，让西方诸强自食其果，从而使自己在即将到来的战争中有腾挪的空间。[23]

战争爆发后，斯大林采取行动占领了波兰东部，这是条约划分给苏联的势力范围。在斯大林的清单上，接下来就是爱沙尼亚、拉脱维亚和立陶宛这些波罗的海国家，芬兰也在其中。波罗的海各国同意了苏联在其领土上建立军事基地的要求，并与苏联签订了互助条约，但芬兰人拒绝了。于是，在 1939 年 11 月底，苏联红军入侵芬兰。斯大林本来估计会轻而易举地赢得胜利，但事与愿违，与芬兰的战争进展缓慢，而且苏联在外交上和军事上都付出了很高的代价。英国和法国开始集结一支远征军开赴芬兰，目的是以"冬季战争"为借口，占领瑞典北部的铁矿场。这对斯大林来说是最为危险的，因为这样一来，德国人就会插手，以保护对它的战争经济来说不可或缺的原料，而苏联也会被拖进更大的欧战泥潭。芬兰人也担心战争升级，于是便要求和解。根据 1940 年 3 月签订的和约，芬兰对苏联的领土要求做出了让步，但它作为一个国家仍然是独立的。

在与芬兰交战期间，唯一在外交上支持苏联的国家便是德国，这是 1939～1940 年苏德之间在政治、经济、军事方面进行广泛合作的一种表现。但到了 1940 年夏，由于相互猜忌以及认为苏德之间很有可能会再次发生战争，斯大林与希特勒的同盟开始破裂了。不过，斯大林此时仍然相信，战争可能而且会被延迟到 1942 年。正是这个错误的估计使得他直到最后时刻才放手进行战争动员。只是在希特勒的军队潮水般地越过苏联边界的时候，斯大林才最终不得不相信，战争真的来临了。

有关斯大林与希特勒的条约的争议，根本上是关于这一邪恶同盟的成本与收益的争论。一方认为：斯大林在 1939 年 8 月拒绝与英法结成反德同盟，从而为纳粹占领大半个欧洲大陆提供了方便，而这一错误决定的代价就是 1941 年 6 月 22 日的毁灭性打击以及德国入侵苏联的险些得逞。另一方则认为：苏联在 1939 年还没有做好与德国开战的准备，而且除了希特勒之外，斯大林也从这份条约中得到了若干战略上的好处，从而使苏联人赢得了准备防御的时间——这一点至关重要。

20 世纪 90 年代，有关斯大林与希特勒条约的争论发生了新的转向。有一些俄罗斯历史学家开始提出，1941 年 6 月的灾难的根本原因不是斯大林努力与希特勒保持和平，而是他在准备对德国发动先发制人的打击。[24] 根据这种看法，苏联之所以会在一开始受到挫折，主要是因为红军的部署是着眼于进攻而不是防御。与其说苏联军队是在毫无防备的情况下，还不如说是在他们自己准备进攻德军的途中受到了打击。这种解释的新意在于它利用了俄罗斯档案中的新证据，包括 1940~1941 年的苏联战争计划，而这些计划表明，红军当时的确在打算对德国发动进攻。但是，对于斯大林为什么想要进攻德国，人们给出的分析却几乎都是老生常谈。在 20 世纪的整个 20 年代和 30 年代，反共产主义的评论家一直在大谈所谓的"战争与革命的结合"。[25] 这种观点认为，斯大林正在阴谋挑起新的世界大战，它会像第一次世界大战一样在整个欧洲引发革命动荡。纳粹宣传人员捡起了这个主题，宣称德国对苏联的入侵是针对苏联即将发起的进攻而采取的先发制人的打击；他们还把这场战争说成是，为了保卫文明的基督教欧洲免遭亚洲布尔什维克匪徒的蹂躏而进行的圣战。

事实上，斯大林非但没有策划战争与革命的阴谋，而且重大的军事冲突恰恰是他最为担心的。战争提供了机会，斯大林在这些机会来临时当然会抓住它们，但战争也带来了更大的危险。第一次世界大战的确激发了 1917 年的俄国革命，但接着就发生了俄国内战。而在内战中，共产主义的敌人几乎成功地扼杀了刚刚诞生的布尔什维克政权。内战中成为布尔什维克的敌人的，就包括那些主要的资本主义强国——英国、法国和美国。它们为俄国的反共产主义军队提供援助，实行经济与政治封锁，建立免疫线，以防止布尔什维主义的蔓延。布尔什维克们设法挺过了俄国内战，并在 20 世纪 20 年代打破了国际上的孤立，但在接下来的 20 年里，他们一直担心再次出现一心想摧毁苏维埃社会主义体制的资本主义大同盟。到 20 世纪 40 年代初，苏联强大了许多，斯大林也相信红军有能力保卫社会主义祖国，但是，卷入一场战争并对抗由敌对的资本主义国家组成的联合阵线，这种梦魇一般的情形仍然挥之不去。斯大林在 1940 年和 1941 年的时候，对于甚至连像英德再次结成同盟这种极端的情况，也没有认为是不可能的。鉴于这方面的原因，尽管斯大林的一些军事指挥官极力主张，准备对德发动先发制人的打击，但这位苏联独裁者本人认为这样的行动有可能挑起一场时机尚未成熟的战争，而他决定把赌注全部压在与希特勒维持和平的可能性上。

作为战争领袖的斯大林

与苏德条约的争议一同成为历史讨论持续关注的另一个焦点是，斯大林在伟大的卫国战争期间在军事和政治方面的领导作用。斯大林是战争期间苏联武装力量的最高统帅、国防委员会主席和国防人民委员，同时也是政府首脑和共产党领袖。他签发了给武装力量的所有重大指示和命令。他发表的讲话和声明成了宣告苏联军事战略与政治目标的重要里程碑，而且在激发民众士气方面也发挥了重要作用。斯大林代表国家参加了与苏联的战时盟友英国和美国举行的峰会，[26] 并且与英国首相温斯顿·丘吉尔（Winston Churchill）以及美国总统富兰克林·德拉诺·罗斯福（Franklin Delano Roosevelt）有定期的通信联系。[27] 在 1939 年之前，除了兄弟共产党之外，斯大林很少接待外国人，但在第二次世界大战期间，他成了陆续来访的显要、外交官、政治家和军人所熟悉的人物。在苏联战争时期的宣传中，斯大林被描绘成该国团结一致与德国人进行斗争的坚强核心与象征。战争后期，在苏联报刊上充满了对斯大林军事天才的溢美之词；到战争结束的时候，斯大林被授予了"大元帅"的头衔，也就是最高级别的将军，这似乎是再合适不过了。[28]

对于外界的观察家来说，在苏联的战争努力中，斯大林既是核心又是关键。多伊彻 1948 年的斯大林传记，概括了那个时代的这样一种看法：

> 许多在战争期间到过克里姆林宫的同盟国的来访者，看到那么多的事情，无论巨细，无论是军事的、政治的还是外交的，最后都要由斯大林定夺，都感到非常惊讶。他实际上是他自己的总司令，自己的国防部长，自己的军需官，自己的后勤部长，自己的外交部长，甚至是他自己的礼宾司司长……就这样，日复一日地，他度过了四年的战争——他真是个忍耐力强、坚毅、敏锐的奇才，几乎无所不在，无所不知。[29]

60 年之后，俄罗斯的原始资料所提供的新证据充分证实了多伊彻的评价。现在，这些原始资料可以使我们详细地了解斯大林在战争期间的政策、决定与活动。在斯大林的会客日志中，我们可以看到哪些人到过他的克里姆林宫办公室，他们停留了多长时间。[30]我们可以查阅送到斯大林办公室的数千份军事、政治、外交方面的报告与简报。关于斯大林战争期间在政治、外交方面的会谈，包括那些与外国共产党领导人的会谈——他对他们一般来说都是最坦率的——我们有几乎完整的记录。我们有斯大林与自己的前线军事指挥官的电话电报交流的副本。我们有他的一些最亲密的助手的回忆录和日记。尽管这些新证据还很不完整，有关斯大林最隐秘的想法与考虑的证据仍然有限，[31]但现在我们对斯大林在苏联的战争努力中的详细行为以及他在军事、政治方面提出构想并做出决策的背景，已经有了相当的了解。

9　　1943～1945 年的美国驻莫斯科大使埃夫里尔·哈里曼，很可能是外国人当中与斯大林直接打交道最多的。在 1981 年的一次采访中，他对斯大林在战争中的领导作用是这样评价的：

> 作为战争领袖，斯大林……很受民众的爱戴，他这个人能够把苏联团结在一起，这毫无疑问……我认为其他任何人都无法做到这一点。斯大林死后发生的一切，没有什么能够让我改变这个看法的……我想强调的是，我对作为国家在危难时期的领袖的斯大林抱有崇高的敬意，这种危难时期属于那种一个人就可以造成很大不同的历史时刻。这绝不会减少我对他的残酷行为的反感；但是，我必须向你说明，他另外还有建设性的一面。[32]

就在同一次采访中，哈里曼还对斯大林的品质做了简要而迷人的描述。在他眼里，正是这些品质使得斯大林能够成为一个如此得力的战争领袖。在哈里曼看来，斯大林思想敏锐，但绝不是知识分子，而是个精明圆滑、注重实际的人，他知道怎样利用权力杠杆取得满意的效果。斯大林喜欢在谈判中直来直去，为了达到自己的目的软硬兼施；尽管如此，他作为个人还是非常随和的。在社交场合，斯大林对每个人都会表示关心，会跟每个人干杯，但他不像他的某些副手，他从来不会喝醉或失去自我控制。哈里曼尤其竭力否认斯大林是个偏执狂（而不只是"非常多疑"）或者"十足的官僚"：

> 他理解细节和对细节施加影响的能力都非常强。他对整个战争机器的需要非常敏感……在与他进行谈判的时候，我们常常发现，他对情况极为了解。他对于他认为很重要的那种类型的装备非常熟悉。他知道他所需要的枪炮的口径，知道他的道路和桥梁可以承载的坦克重量，知道他需要用来制造飞机的金属类型的细节。这些都不是官僚的特点，而是一个有着超强能力与精力的战争领袖的特点。[33]

擅长交际的斯大林，精于业务的斯大林，谈判得力的斯大林，尤其是，坚定而注重实际行动的斯大林——在那些战争期间与这位苏联独裁者共事过的人的报告中，也反复出现了哈里曼谈到的这些主题。

在历史学家当中，从事后的角度对斯大林得出的判断性意见比较复杂，但即使是他的最严厉的批评者也认为，这场战争在他的人生与事业中是一个非常具有建设性的阶段。一种常见

10 　的看法是，尽管斯大林的统治总体上是极其可怕的，但他作为独裁者的缺点成了他作为战争领袖的优点。例如，理查德·奥弗里在他的经典之作《同盟国为什么赢了》中，对斯大林做出了这样的评价：

> 斯大林用强大的意志影响着苏联的战争努力，激发起周围人们的斗志并给他们指出努力的方向。在此过程中，他要求他的受到围困的人民做出巨大的牺牲，而他们也做到了。20 世纪 30 年代以他为中心形成的个人崇拜，使他在战时具备了这样的号召力。很难想象，当时的其他任何苏联领导人能够让全体人民做出如此巨大的贡献。斯大林崇拜对于苏联的战争努力来说是必需的，这样说是有道理的……对战时体制的残酷性的揭露不应该使我们无视这样的事实：为了胜利，斯大林对苏联的掌控可能利大于弊。[34]

除了他的最亲密的政治伙伴之外，[35] 在战争期间跟斯大林接触最深、最频繁的一群人是他的统帅部成员。斯大林的将军们的记述，详尽地描绘了一幅这位苏联独裁者战争期间日常活动的图景。[36] 当时已经 60 多岁的斯大林对工作要求非常严格。在整个战争期间，他每天工作 12～15 个小时，对他的下级的要求也一样。他的总参谋部的军官们每天要向他汇报三次战略形势。他要求汇报准确无误，而且他能够迅速发现其中前后矛盾和错误的地方。他对于事实、姓名和面容有着惊人的记忆力。他乐于倾听意见，但要求提出意见的人紧扣主题、简明扼要。

　　不过，苏联的军事回忆录主要关注的不是斯大林的个人能力，而是他作为最高统帅、作为军事领袖的表现。正像休厄林·比亚勒指出的那样，给西方人留下深刻印象的是斯大林对宏观战略的洞察力以及他在技术、战术细节上对苏联战争努力的掌控。[37]可是，对于他的将军们来说，重要的是斯大林的指挥艺术，是他指导大战役和掌控大规模军事行动的能力。在这方面，苏联的军事回忆录指出了斯大林犯过的许多错误：考虑不周且代价巨大的进攻计划、在面临敌军包围时拒绝下令实行战略撤退，以及重大战役中的指挥失误。对斯大林的另外一些指责是：对前线军事行动的过度干预、在危急关头失去镇定以及把别人当作自己错误的替罪羊。尤其是有人批评斯大林肆意挥霍人力物力，以至于苏联为了战胜德国付出了太高的代价。

在东线战争中，苏联人摧毁了 600 多个师的敌军（除了德国人之外，还有意大利人、匈牙利人、罗马尼亚人、芬兰人、克罗地亚人、斯洛伐克人、西班牙人）。仅仅德军在东线的伤亡就达到了 1000 万人（占他们的战争伤亡总数的 75%），其中死亡人数占 300 万，而希特勒的轴心国盟军损失了 100 万人。苏联红军击毁的敌军坦克有 48000 辆，火炮 167000 门，飞机 77000 架。[38]但苏联军队的损失是德军的两到三倍。例如，苏军的伤亡人数达到了 16000 万，其中阵亡达 800 万。[39]

在战争中担任斯大林的副最高统帅的格奥尔吉·朱可夫（Georgii Zhukov）元帅，坚决反对这样的看法，即这位苏军最高统帅对人力物力肆意浪费。他说，投入的军队本来可以少一点，而伤亡也可以少一点，这样的话事后说起来很容易，但在战场上，情况极为复杂、瞬息万变。[40]可以证明的是，红军的伤亡大部分是由两方面的因素造成的。首先，苏联军队在战争开始的灾难性的几个月中蒙受了大量损失，有几百万人被德军包围并俘虏，他们中大部分后来都死于纳粹的囚禁。其次，在战争的后半程，大规模的进攻作战也付出了很高的代价，受到攻击的敌军顽强而且十分娴熟地一路撤回德国。即使到了1945年4月，德国国防军在柏林战役期间仍然能够给红军造成80000人阵亡的损失。

没有任何证据可以表明，斯大林对于把自己的数百万公民送上战场赴死有过丝毫的悔意，即便如此，他也不是没有感情的。他严严实实地戴着发号施令的面罩，无情地追逐胜利，但他对德国人的仇恨显而易见，而且希特勒在东线的毁灭战也的的确确让他感到震惊：这场战争的目的就是要彻底摧毁共产主义体制，把苏联城市夷为平地，屠杀或奴役成百上千万的苏联公民。"如果德国人想要一场灭绝性的战争，那他们会得到的。"斯大林在1941年11月警告说。[41] 在战争中，斯大林始终主张对德国要实行惩罚性的和平，这种和平要能够确保防止出现另一个希特勒。虽然他一贯主张，要区分纳粹的战争罪与整个德国人民的战争罪，但他对敌人并没有表现出任何同情，而只是适时地约束一下自己军队复仇的欲望，以适应自己的政治或经济目标。对于他的儿子雅可夫的死亡——他在战争中死于德国人的囚禁——他在公开场合从来没有流露过任何感情，但丧子之痛把他和他的那些失去亲人的同胞们团结在了一起。

1945年3月，在对来访的捷克斯洛伐克代表团的讲话中，斯大林毫不掩饰地表达了他对德国和德国人的憎恨：

12　　　　现在我们在痛揍德国人，而许多人都认为德国人永远没有能力再对我们构成威胁了。事情不是这样的。我憎恨德国人。但这不应当蒙蔽一个人对德国人的判断。德意志

民族是一个伟大的民族。他们拥有非常优秀的技术人员和
管理人员。当然还包括优秀而勇敢的士兵。要消灭德国人
是不可能的，他们还会存在下去。我们在跟德国人战斗，
并且要战斗到底。但是我们也必须记住，我们的盟友会尽
力拯救德国人，会跟他们达成协议。我们对德国人不会心
慈手软，但我们的盟友会。所以我们斯拉夫人必须做好准
备，防止德国人再次起来侵略我们。[42]

对斯大林的战争领导作用批评得最厉害的人之一，就是他的"公
开性"传记作者德米特里·沃尔科戈诺夫（Dmitrii Volkogonov）
将军。沃尔科戈诺夫于 1945 年参加苏联红军，在军队宣传部门
工作了 20 年，后来成为苏联军史研究所所长。沃尔科戈诺夫凭
借自己的背景与职位，能够广泛地接触到苏联的军事、政治和
情报档案，尤其是在戈尔巴乔夫执政的时候。[43] 他在 1989 年出
版的斯大林传记，被普遍认为是苏联历史上出版的第一部严肃
的、真正以批判的态度对待这位苏联独裁者的传记。沃尔科戈
诺夫对作为战争领袖的斯大林所下的结论是，他"不是在无数
的书籍、电影、诗歌、专著和故事中所描绘的那种天才的军事
领袖"，"他没有任何职业的军事技能"，而"只是通过血迹斑
斑的试错才有了战略智慧"。但沃尔科戈诺夫也没有否认斯大林
作为战争领袖的积极方面，尤其是这位苏联领导人能够认识到
"军事斗争对经济、社会、技术、政治、外交、意识形态和民族
的这所有其他非军事因素的深刻的依赖性"。[44]

自从沃尔科戈诺夫的书出版以来，苏联军事历史学家中的
观点已经转向了支持斯大林，虽然仍然有许多作者认为，是斯
大林的将军们赢得了战争，而且如果没有他的领导，胜利的代

价会小得多。[45]

对于斯大林在战争中的表现进行详细的重构与解读是本书最重要的主题，同时本书还要检查那种持续的批评与反批评是否有令人信服的根据，不过，一些总的观点现在可以表述如下。

斯大林不是将军，但他的确拥有战场统帅和在战区工作的经验，虽说不是在前线。在俄国内战期间，他担任过政治委员，也就是共产党中央委员会的代表，负责红军补给的筹集与保障。这项工作使他参与了高层的军事决策。在内战中，斯大林最有名的行动就是他在 1918 年成功保卫察里津的过程中所发挥的作用，这个城市后来为了纪念他而在 1924 年更名为斯大林格勒。作为位于苏联南部伏尔加河畔的重要据点，察里津守卫着从高加索通往莫斯科的食品与燃料补给线。在 20 世纪 20～30 年代，斯大林一直保持着对军事事务的兴趣，并始终在批评他所谓的内战时期的思维方式。他坚持认为，红军不应当沉湎于昔日的荣耀，而是必须不断实现自身理论和武器装备的现代化。

对斯大林在第二次世界大战中的战争领袖角色影响特别突出的，是他在 1919～1920 年的失败和近乎惨败的经历。在内战最危急的时刻，布尔什维克被反革命的白军从四面八方团团围困，几乎无法守住他们所控制的该国中部地区。斯大林还目睹了 1920 年红军向华沙的进军遭到了毕苏斯基（Pilsudski）将军的阻击，目睹了波兰军队的胜利反攻使得苏联把西白俄罗斯和西乌克兰输给了刚刚成立的波兰国（Polish State）。[46]在谈到斯大林在第二次世界大战中非凡的必胜信念时，应当考虑到他所经历的这些重大挫折。斯大林的必胜信念从来没有动摇过，即使是在德国人占领了他的半个国家并包围了列宁格勒、莫斯科和斯大林格勒的时候。

在伟大的卫国战争期间，斯大林承担起了将军的角色，但他跟丘吉尔不一样，他从来没有想过要去目睹这场军事斗争。他也不像希特勒，想到靠近前线的地方去指导军事行动。他只到战区短暂视察过一次。他宁愿在自己的想象中，在克里姆林宫自己办公室的范围内或者在莫斯科近郊自己的乡间别墅中行使最高指挥权。

任何批评斯大林指挥失误的人都不得不承认，他也常常不顾自己的职业军事顾问的建议，准确地理解问题，特别是在军事行动与士气、政治以及心理之类的问题纠缠在一起的时候。就如沃尔科戈诺夫所写的那样，斯大林的"思考更注重全局，正是这一点使得他在军事指挥上要高于他人"。[47]

不应当认为所有针对斯大林的批评都要么是准确的，要么是真实的。斯大林在许多情况下都是按照他的军事指挥官们的建议行事，因此，错误的责任也应当被分摊。认为事后可以发现的那些错误在当时也可以得到纠正的看法并不明智。在当时往往没有任何人具备避免重大失误所需要的那种知识与洞察力。苏联军事回忆录的作者们就跟世界上各个地方的扶手椅将军（armchair generals）一样，也没能抵挡住在事后把战役重打一遍的诱惑。在这个时候要取胜当然容易得多，而且也不用付出什么代价。

最后，虽然从苏联军事回忆录中搜集并引用对斯大林的批判性评论会比较容易，但这样做会歪曲这些评论所表达的主要看法：他是个从自己的错误中吸取教训并在战争的进程中改善自己工作的领袖。他在战争中的两个最亲密的军事助手亚历山大·华西列夫斯基（Alexander Vasilevskii）元帅和格奥尔吉·朱可夫元帅无疑就抱着这样的看法。

14

在东线战争的大部分时间里，华西列夫斯基都是苏军的总参谋长，他参与了红军所有重大军事行动的计划与指挥工作。他天天都跟斯大林接触，要么是当面，要么是通电话；而且他还常常作为最高统帅的私人代表被派往前线。在其 1974 年出版的回忆录中，华西列夫斯基把斯大林在战争中的领导工作分为两个阶段：第一个阶段是战争的头几个月，当时他"在军事行动与战略上明显缺乏训练"；第二个阶段是 1942 年 9 月以后，当时斯大林格勒战役激战正酣，他开始听取并接受专业的建议与指导，结果"很好地掌握了作战行动的准备与实施方面的所有问题"。总而言之，华西列夫斯基深信：

> 斯大林，特别是战争后期的斯大林，在战略指挥方面是最强、最杰出的。他在监督前线与国家的所有战争努力方面做得很成功……我认为，斯大林在苏联军队的战略进攻期间显示了一名苏联将军应有的所有基本品质……作为最高统帅，斯大林在大多数情况下的要求都极为严格，但又非常公正。他的指示和命令向前线指挥官们指出了他们的错误和缺点，教会了他们怎样去熟练应对各种各样的军事行动。[48]

华西列夫斯基被普遍认为是红军作战行动背后的智囊之一，而朱可夫则通常被视为红军最伟大的前线将领。1941 年秋，他成功地指挥了莫斯科保卫战，这是东线战争中第一个重大的转折点。他在 1942 年的斯大林格勒战役、1943 年的库尔斯克战役和 1945 年的柏林战役中也都起到了关键作用。从 1942 年 8 月起，他担任了斯大林的副最高统帅，并在 1945 年 6 月指挥了红场的胜利阅兵。他被认为是一个坚定、固执、冷酷无情的指挥官，是少数敢于在军事问题上直接挑战斯大林的判断力并在随后的争吵中坚持自己立场的苏军将领之一。朱可夫在战后失去了斯大林的欢心，并被降级安置在一个地区性的军事指挥岗位上。在斯大林死后，朱可夫出山担任了国防部长，但后来又与赫鲁晓夫失和，并在 1957 年被迫辞职。赫鲁晓夫下台之后，朱可夫又一次东山再起，并在 20 世纪 60 年代中期出版了一系列研究伟大的卫国战争期间的重大战役的开创性成果。[49]

朱可夫在 1969 年出版的回忆录中突出了斯大林作为最高统 15
帅的能力：

> 斯大林真的是杰出的军事思想家吗？真的对我们的武装力量的发展做出过重大贡献吗？真的是战略、战术原则方面的专家吗？……斯大林精通方面军和方面军集群作战行动的组织技巧，并能在透彻理解错综复杂的战略问题的基础上，熟练地指导它们……他有一种本领，能够抓住战略形势中的主要联系，进而组织对敌军的抵抗，并实施重大的攻击行动。他的确是一位优秀的最高统帅。当然，斯大林并不了解所有的细节，而部队和各级指挥系统对于这些细节却必须非常注意，这样才能为方面军或方面军集群的军事行动做好准备。这些他也用不着知道……斯大林的优点在于他能够正确地评估军事专家提供的建议，然后再概要地以指示、命令和条例的形式，立即把它们下发给部队作为实际的指导。[50]

由于这两位元帅跟斯大林的关系都非常紧密，他们把斯大林描绘成一个很有才干的最高统帅，几乎不会让人感到意外。他们是他任命和提拔的。他们是苏联的忠实的仆人。他们都真心信仰共产主义，赞成斯大林崇拜，并且都曾经分享过苏联在伟大的卫国战争中的胜利的荣光。尤其是，在斯大林 1937～1938 年对苏联军队的血腥清洗中，他们都是幸存者。

斯大林的恐怖

斯大林战前对苏联武装力量的清洗是以戏剧性的方式开始的。1937 年 5 月，副国防人民委员图哈切夫斯基（M. N. Tukhachevskii）元帅遭到逮捕，并受到叛国和勾结纳粹德国、阴谋推翻苏联政府的指控。1935 年被斯大林晋升为元帅的图哈切夫斯基，是红军中最具革新意识和最雄辩的战略理论家，也是红军现代化与重新装备的有力倡导者与组织者。[51] 与图哈切夫斯基同时被捕的还有其他七位高级将领。6 月，所有遭到指控的人都受到了秘密审判，被判有罪并被枪决。苏联媒体公布了对他们的裁定及判决结果。这次审判后不到十天，又有 980 名军官遭到逮捕。[52] 到大清洗结束的时候，被开除出武装力量的军官有 34000 人。他们中最后恢复原职的大约有 11500 人，而大多数人则被处决或死于监禁。[53] 在死亡的人当中，有 3 位元帅，16 位将军，15 位海军将领，264 名上校，107 名少校，71 名中尉。损失最多的军官是政治委员，他们中有成千上万的人在大清洗中丢掉了性命。[54]

斯大林死后，大清洗受到了苏联军政领导人的否定，它的受害者也被宣布无罪并恢复名誉。[55] 随后，人们就大清洗对红军的军事表现，尤其是在对德战争初期的军事表现所造成的影响展开了争论。在那些遭到清洗的人当中，有一部分是苏联军官中最有经验和最有才干的。有人提出，大清洗阻碍了军队的革新精神、主动性和独立性，它还导致红军及其统帅部完全从属于斯大林的意志，从而付出了数百万苏联公民生命的代价——这些人之所以死去，就是因为这位苏联独裁者在军事上不受约束的错误与误判。

假如斯大林的目的是要吓唬他的统帅部，那他肯定是做到了：即使是在1941年的大灾难面前，他的将军们也丝毫没有挑战过斯大林的权威，在他把军事失败归咎于不称职的指挥官并枪毙了他们的时候也没有任何异议。[56]可是，如果说斯大林支配的统帅部里都是些战战兢兢地接替了他们遭到清洗的前任的沾满鲜血的位置的人，那是要误导人的。当他们取得了战斗经验并从自己的错误中吸取了教训之后，斯大林的战时指挥官们都表现得非常优秀，并且与这位苏联独裁者形成了一种积极的合作关系，而他们也在这种合作中展示了自己的主动精神、敏锐的眼光和非常强的独立性。他们的那些遭到清洗的同事在这样的形势下是否会做得更好，那还不一定。可以肯定的是，遭到清洗的那些军官是清白的，而且大清洗意味着，恰恰是在苏联军队大量扩军备战的时候，指挥人才却遭受了严重损失。国防开支从1932～1933年占国家预算的10%增加到1939年的25%，军队数量也从不足100万人增加到400多万人。[57]到1941年的时候，红军成了世界上人数最多、装备最全面的军队，而且军队的重新装备、重新训练和重新组织的过程一直持续到当年的下半年与德国的战争爆发的时候。

斯大林对军队的大清洗不是孤立的现象。在列宁格勒共产党负责人谢尔盖·基洛夫（Sergei Kirov）1934年12月被暗杀之后，

17 许多党员就因为被怀疑卷入刺杀苏联领导人的阴谋而遭到逮
捕。[58]20 世纪 30 年代中期，布尔什维克党的前领导成员接二连
三地受到政治公审，他们被指控为间谍、破坏分子和反对斯大
林 的 阴 谋 家。[59] 接 着 就 进 入 了 叶 卓 夫 时 代
（Yezhovshchina）——这是以斯大林的安全主管尼古拉·叶卓夫
（Nikolai Yezhov）的名字来命名的——大肆追查所谓的"内部
敌人"，导致大批党和国家的官员遭到逮捕并被处决。这些事件
现在被统称为"大恐怖"（Great Terror）——这段时期斯大林
频频采取政治镇压和暴力手段，数百万人遭到逮捕，数万人被
枪杀，大部分是在 1937 ~ 1938 年。[60]

　　关于"大恐怖"，无论是其程度之深还是牵连之广，都是
到很久以后才为人所知的，但对"人民的敌人"的追查是没有
任何秘密的。那种恐怖是公开的、群众参与的事件，它鼓励大
家检举揭发任何被怀疑为政治异端分子、经济破坏分子或者参
与外国政府阴谋的人。人们普遍相信，被镇压的人是有罪的，
这种想法激发了群众对镇压活动的热情，而越来越多的国际威
胁和越来越紧张的国际关系，尤其是在 1933 年 1 月希特勒上台
之后，越发强化了人们的这种想法。苏联社会似乎真的处于外
部和内部敌人的包围之中。[61]

　　可是，斯大林相信的是什么？他发动大恐怖并清洗他的统
帅部的动机是什么？这是有关斯大林及其政权本质的核心问题。

　　总的来说，在历史学家当中有两派观点。第一种观点认为，
斯大林利用大恐怖来巩固他的独裁地位和权力系统。这一看法
倾向于用斯大林的某种个性特征，例如偏执多疑、睚眦必报、
施虐狂、嗜血成性、权力欲，来解释他的行为。第二种观点认
为，斯大林把恐怖看作一种必要的措施，以保卫苏维埃体制、

防止内部颠覆与外部威胁可能形成的危险勾结。后一种解读往往与对斯大林的如下看法联系在一起——这种看法强调，他是个空想家，一个真正信仰共产主义的人，他对自己有关阶级敌人的宣传信以为真了。

对斯大林的这两种分析并不是完全不能相容的。要实行这种恐怖，要下令处死自己的几十万公民并把数百万人投入监狱，斯大林需要这样做的心理驱动力，但这并不意味着这件事是由他的心理特性或者纯粹个人的野心所驱使的。同样，虽然斯大林真的相信共产主义的优越性，但他还是逐渐把苏维埃体制的利益与巩固自己的个人权力当成了一回事，因而利用大恐怖来达到这一目的。

不过，关于斯大林的动机，最关键之处也许在于意识形态领域。在 20 世纪 20～30 年代，苏联共产主义意识形态的主旨是阶级斗争，即互不相容的经济利益集团之间固有的对抗性关系。对抗性的阶级之间的这种冲突，不仅被视为国家范围内的斗争，也是国际范围内的斗争。斯大林对这种阶级冲突理论的特殊贡献在于，他强调在帝国主义战争与革命动荡国际化的时代，资本主义国家与社会主义国家之间的阶级斗争也在加剧。按照斯大林的说法，苏联之所以成为帝国主义阴谋的众矢之的，是因为对于资本主义而言，它是一种具有威胁的替代性社会体制，因而必须通过间谍活动、蓄意破坏和针对其共产党领导人的谋杀来颠覆它。

在 1937 年 2～3 月党的中央委员会全体会议上，斯大林关于国家层面的共产主义与资本主义阶级斗争的启示录式的幻觉达到了顶峰：

外国特务的破坏活动和扰乱性的间谍活动，已经在不同程度上影响到我们所有的或几乎所有的组织，不仅是经济的，还有行政的和党的组织……外国特务，包括托洛茨基分子，不仅渗透到了基层组织，还渗透到了某些重要的岗位……只要还存在资本主义的包围圈，外国特务就会把破坏分子、密探、反党分子和谋杀者派到我们内部，这不是很明显吗？

我们必须砸烂并抛弃那种过时的理论：它认为随着我们的不断进步，阶级斗争也将逐渐熄灭，它认为随着我们的成功，阶级敌人也会越来越老实……相反，我们越是前进，越是成功，被打败的剥削阶级的残余势力就会变得越恼羞成怒，就会迅速采取更加尖锐的斗争形式，就会给苏联带来更多的损害，就会采取更加疯狂的斗争手段……[62]

无论是在公开场合还是私下里，斯大林都经常重复这一主题，这表明他真的相信他在开展一场真正的反对资本主义颠覆苏维埃体制的斗争。根据斯大林最亲密的政治助手莫洛托夫的回忆，"大恐怖"的目标是在苏联与资本主义国家之间不可避免的战争到来之前，清除暗藏的第五纵队。[63]

这样说来，斯大林是不太可能真的相信图哈切夫斯基和其他将领的荒唐的叛国罪罪名的，但军队中有这样一个反对他领导的阴谋，未必就不可能。图哈切夫斯基是个非常强硬的人，他在重整军备、战略思维以及军政关系方面的观点并不总是与斯大林的合拍。图哈切夫斯基与他的顶头上司、国防人民委员和斯大林的长期密友克里门特·伏罗希洛夫（Kliment Voroshilov）也有私人矛盾，而当时红军与共产党的关系紧张，这使得军队在发生严重危机时的政治忠诚被打上了问号。[64]

作为斯大林备战工作的一部分，军队和共产党中靠不住的那些人，显然并不是他唯一要打击的对象。生活在苏联边境地区的许多族群都被认为是那种一旦发生战争就可能背叛的人。在西部边境有乌克兰人、波兰人、拉脱维亚人、德意志人、爱沙尼亚人、芬兰人、保加利亚人、罗马尼亚人和希腊人，在近东有土耳其人、库尔德人和伊朗人，在远东有中国人和朝鲜人。"大恐怖"的内容之一就是种族清洗，生活在边境地区的有几十万人遭到逮捕、驱逐和处决。有人估计，在叶卓夫时代，这样的少数民族成员在被捕的人当中占到了五分之一、在处决的人当中占到了三分之一。[65] 另外还有人估计，在 1936～1938年，有 80 万非俄罗斯人被流放到苏联的中亚地区。虽然在 1939年的时候，对党员、国家官员和军官的大镇压终于结束了，但斯大林对边境居民的种族与政治清洗仍在继续。在苏联 1939 年入侵波兰东部之后，有 40 万波兰人遭到逮捕、驱逐或处决。在被枪杀的人当中有 2 万名波兰战俘，他们就是著名的 1940 年 4～5 月 "卡廷大屠杀"中的受害者。[66] 红军在 1940 年夏占领了波罗的海各国，导致几十万爱沙尼亚人、拉脱维亚人和立陶宛人遭到驱逐。在 1941 年 6 月苏德战争爆发以后，由于担心少数民族与敌人合作，斯大林又开始了新一轮的疯狂的种族清洗。在伟大的卫国战争期间，有 200 万少数民族的成员——伏尔加河的德意志人、克里米亚的鞑靼人、车臣人和其他外高加索居民——被流放到苏联内地。[67]

苏维埃爱国主义

斯大林针对其边境居民的战争，与其说表现了个性上的偏执狂特征，不如说表现了政治上的偏执狂特征——害怕民族主义的分离主义在战争中可能对苏联的生存构成威胁。但是，对于多种族的苏联居民中的分离主义倾向或背叛的倾向，镇压并不是斯大林唯一的武器。他的另一个策略就是调整苏维埃国家的形象，把它描绘成俄罗斯反对外国剥削与占领的爱国卫士。这并不需要放弃苏维埃国家的共产主义意识形态，也不需要放20 弃它的革命的国际主义，更不需要放弃它的社会主义目标。相反，它意味着斯大林以及苏维埃体制，在共产主义之外又采用了一种爱国主义身份。这种调整的标签之一是"民族的布尔什维主义"，[68]另一个是"革命的爱国主义"。[69]斯大林自己的说法只是"苏维埃爱国主义"，它是指公民对苏维埃社会主义体制以及对代表和维护苏联各民族传统与文化的苏维埃国家的双重忠诚。多民的苏联，"在内容上是无产阶级的，在形式上是民族的"，斯大林宣称，它是一个以阶级为基础的国家，除了要促进无产阶级的文化与传统之外，还要促进民族的文化与传统。把这种双重的忠诚与身份整合并组织起来的力量，就是斯大林领导的共产党。

斯大林完全适合成为寄望于苏联公民的多重身份与忠诚的化身。作为格鲁吉亚人，他喜欢夸示当地的传统，但又欣然接受了俄罗斯的文化、语言和身份。他出身低微，是鞋匠的儿子，这使他获得了庶民的阶级身份，但他像数百万其他人一样，得益于布尔什维克革命和俄罗斯社会主义建设所带来的社会流动性。作为边境地区的居民，他支持强大的中央集权的苏维埃国家，这样的国家会保卫苏联的所有民族。总之，斯大林是一个格鲁吉亚人、工人、共产主义者和苏维埃爱国者。[70]

用爱国主义来调整共产党与他自己的形象，这种做法的端倪出现在斯大林的一次被广为援引的讲话中。那是在 1931 年 2

月发表的关于迫切需要进行工业化和现代化的讲话，他在其中把各种阶级与政治的主题同爱国的主题巧妙地融合在一起：

> 除了别的之外，古老俄国的历史还在于她因为自己的落后而不断挨打。蒙古大汗、土耳其老爷、瑞典的封建统治者、波兰和立陶宛的地主、英国和法国的资本家、日本的领主都来打她。所有的人都因为她的落后而打她。军事落后、文化落后、政府落后、工业落后、农业落后。他们之所以打她，是因为这样做有利可图而又不用受到惩罚。你们要记住革命前的诗人说过的话："你是穷困的，你是富饶的，你是强大的，你是软弱的，俄罗斯母亲"……剥削者的法则是这样的：打击落后的国家，那是因为你软弱，所以你就是错的，所以你就该挨打，就该受奴役……我们落后于先进国家50～100年。我们必须在10年内消除这种差距。我们要么成功，要么就会被压垮。这是在苏联工人和农民面前我们应该尽到的责任。[71]

与列宁一道，斯大林曾经是苏联民族政策的设计师。[72] 在1917年之前，斯大林针对所谓的民族问题，写过一份最重要的布尔什维克的理论分析报告，[73] 并在革命之后担任了民族事务人民委员。[74] 作为革命的国际主义者，列宁和斯大林相信工人阶级超越并战胜国家界限的团结，他们在原则上都反对民族主义的排外性。不过，他们也承认民族感情具有持久的号召力，承认在反对专制统治的政治斗争中以及在社会主义国家的建设中，可以利用本地的文化与传统。他们对布尔什维克的理论进行了调整，以便充分考虑到促进苏联各民族和族群的语言文化的民族性这一计划，同时还要争取苏联各民族以阶级为基础的政治团结。在 1922 年正式通过的苏联第一部宪法是高度集权的，但在理论上又是联邦主义的，并且在表面上是以各民族共和国的志愿联合为基础的。

在 20 世纪 20 年代，布尔什维克的民族政策在实践中有两个要点：一是"本地化"，即任命少数民族的成员在他们本地担任官职；二是在苏联各民族当中，包括一些在苏维埃时代以前没有任何明显民族特性的民族当中，促进语言文化的民族性。但是，在本地化和促进民族文化的政策方面，有一部分人口没有被包括在内，那就是俄罗斯人。俄罗斯人的人口比苏联其余所有民族加起来还要多。列宁和斯大林担心，由于俄罗斯人的数量和文化素养，他们会统治其他民族，因此，鼓励俄罗斯人的民族意识可能会放纵沙文主义倾向。但是在 20 世纪 30 年代，斯大林对于俄罗斯人的态度陡然发生了改变，不仅给俄罗斯人特有的爱国主义恢复了名誉，而且布尔什维克英雄人物的万神庙还接纳了革命前的俄罗斯爱国英雄。在这个多民族的苏维埃国家中，俄罗斯人现在被描绘成各族人民历史性聚会的核心群体。在文化方面，俄罗斯人在苏联的各个同等民族中被认为是第一位的，是苏联"各族人民友谊"的纽带。在政治方面，俄罗斯人被认为是最忠实于共产主义事业和苏维埃国家的群体。

在革命前，布尔什维克曾经发起过反对沙皇俄罗斯化政策的运动。到 20 世纪 30 年代末，俄语又恢复了它在教育、军队和政府中的统治地位，而俄罗斯的音乐、文学和民俗则构成了新发明的苏联文化传统的支柱。[75] 在造成斯大林民族政策发生"俄罗斯转向"的众多原因中，有一个原因是，随着战争的临近，为了把苏联或许有上百个的民族团结起来，当时的人们认为实行某种程度的俄罗斯化是必要的。对爱国主义精神的呼吁也被认为是对民众进行政治动员以建设社会主义国家的有效手段，而大部分的现代化和工业化都是在俄罗斯进行的。尤其是，斯大林看到，那种把俄罗斯过去的奋斗与苏联现在的斗争联系起来的民粹主义的历史叙事，在政治上具有强大的吸引力。就像斯大林 1937 年 11 月在伏罗希洛夫乡间别墅的一次私人聚会上发表的祝酒词中所说的那样：

> 俄国的沙皇们做过许多坏事。他们掠夺并奴役人民。他们为了土地所有者的利益而发动战争、侵占领土。但他们也做了一件好事：他们把各个不同的民族结合成一个庞大的国家……我们继承了这个大国。我们布尔什维克人是首批不是为了土地所有者和资本家的利益，而是为了劳苦大众，为了组成这个大国的所有伟大民族的利益而把他们结合成大国并巩固这个大国的人。[76]

斯大林把苏维埃国家想象成俄罗斯的这样一种事业的继承者，即争取获得可以保护自己的各族人民的力量，这在外国威胁、国际危机、战争临近的动荡气氛中有着明显的实用性。当战争在 1941 年来临的时候，斯大林就能够动员起苏维埃社会主义共和国联盟尤其是其中的俄罗斯人加入卫国战争，举国抵抗刚刚全线入侵的外国侵略者。就像斯大林在 1941 年 9 月告诉哈里曼的那样，"我们知道人民不会为了世界革命而战，也不会为了苏维埃政权而战，但也许他们愿意为了俄罗斯而战"。[77]在像苏德之间这种势均力敌的战争中，斯大林能够唤起对苏维埃体制的信仰之外的民族感情和爱国主义的忠诚，这一点极为重要。与此同时，在宣传这种能够把苏联的各个民族及其人民团结起来的、独特的苏维埃爱国主义精神方面，斯大林也付出了巨大的努力。认为斯拉夫人有比较广泛的一致之处因而应当休戚与共的看法，以及斯大林为了与未来的德国威胁做斗争而寻求与斯拉夫国家建立同盟的努力，也使俄罗斯民族主义与苏维埃爱国主义得到了补充。[78]

斯大林赋予俄罗斯的这种新的爱国主义特性，跟战后所发生的一切有着重要的关联。在赢得了一场伟大的胜利之后，斯大林指望得到的公正的回报是，扩大苏联的权力与影响，包括实现沙皇时代对外政策的传统目标：黑海海峡的控制权和适合外洋海军的不冻港。但是，斯大林的野心被他打败希特勒时的"伟大的同盟"中的两个伙伴英国和美国给挫败了。它们认为，苏联在黑海、地中海以及太平洋的扩张，对它们自己国家的战略利益和政治利益构成了威胁。1945 年 12 月，斯大林对英国外交大臣欧内斯特·贝文（Ernest Bevin）抱怨："按照他对形势的理解，联合王国在自己的利益范围内拥有了印度及其在印度洋上的一切，美国拥有了中国和日本，但苏联一无所有。"[79]

不过，斯大林最重要的战略利益在于苏联向中欧、东欧的扩张，所以，他就做出了让步，不与西方列强在边缘地区发生冲突。他拒绝为希腊共产党的起义提供支援，收回了对黑海海峡控制权的要求，对于英美拒绝把战败的意大利的北非殖民地分给他一份的结果也默然接受了。但是，曾经的盟友还在继续损害苏联爱国主义的自尊心和声望，这使得斯大林战后的对外、对内政策转向了公开的排外主义。

首次公开披露斯大林战后政策新动向的，是主管意识形态的 A. A. 日丹诺夫（Zhdanov）在 1946 年 8 月的一次讲话，他批评了苏联的报刊和作家在西方文学和文化面前的奴性。这次讲话开始了所谓的日丹诺夫主义（Zhdanovshchina）———一场反对西方影响、赞美苏联科学文化具有独一无二的优越性的意识形态运动。斯大林对日丹诺夫的讲话做了大量的修改，而这场运动本身也是按照他的命令进行的。[80] 在私下里，斯大林已经批评过自己核心圈子里的"自由主义"和对西方的"奴性思想"，他还催促自己的外交部长莫洛托夫在与英美的外交谈判中不要做任何让步。[81] 1947 年，斯大林与谢尔盖·爱森斯坦（Sergei Eisenstein）谈到了他的新电影《恐怖的伊万》，并建议他说：

> 沙皇伊凡是一个伟大而且明智的统治者……恐怖的伊万的智慧在于，他代表那种民族的观点，不允许外国人进入他的国家，从而保护了这个国家不受外国的影响……彼得一世也是一位伟大的统治者，但他与外国人的关系太随便了，把接受外国影响的大门开得太大了，并让这个国家德意志化了，叶卡捷琳娜更是如此。在那之后……亚历山大一世的宫廷是真正的俄国人的宫廷吗？尼古拉一世的宫廷是真正的俄国人的宫廷吗？不是的，它们是德意志人的宫廷。[82]

冷战

日丹诺夫主义的出现与发展，本质上是与正在形成的苏联与西方的冷战联系在一起的。虽然冷战要到 1947 年才开始，但在斯大林与他的"伟大的同盟"的伙伴们之间，几乎在战争刚刚结束的时候，就开始有了裂隙。虽然在外交方面斯大林与西

24

方有许多争端——关于波兰，关于日本的占领体制，关于原子
能的控制——但他最担心的是意识形态战线的新动向。在战争
期间，西方报刊把苏联、苏联红军以及斯大林的领导作为楷模
加以颂扬，而苏联的斯大林崇拜实际上在英、美以及同盟国阵
营中的其他国家也有所表现。但当战争结束的时候，令斯大林
的宣传主管们不满的是，他们发现西方报刊开始了一场广泛的
反苏运动。苏联人相信，这次运动跟战后在英国、美国和西欧
再次抬头的政治反共潮是有联系的，而这种反共潮预示着西方
对外政策的反苏转向。[83]最早显露出这种不祥之兆的，是丘吉
尔 1946 年在密苏里州的富尔顿（Fulton）发表的"铁幕"演
说。尽管丘吉尔也说到需要跟苏联继续合作，但他的主题是要
发动反共的圣战。丘吉尔当时已经不再是英国的首相了，但斯
大林仍然觉得有必要做出回应。他在《真理报》上发表了一篇
长文，谴责丘吉尔是冥顽不化的反共分子和战争贩子。[84]不过，
在斯大林就苏联与西方的关系公开发表的看法中，他总体上还
是比较克制的，而且他还特别强调了存在合作共存的可能性。
斯大林在公开场合之所以仍然保持温和与节制，原因很简单，
那就是他不想与西方冷战，而是希望就战后和解问题与英美进
行谈判。他在 1947 年 4 月告诉来访的共和党政治家哈罗德·斯
塔森（Harold Stassen）：

> 德国和美国的经济体制相同，但它们之间仍然发生
> 了战争。美国与苏联的经济体制不同，但它们在战争中
> 并肩战斗、相互协作。如果两种不同的体制可以在战争
> 中相互合作，那它们为什么不能在和平时期相互合作
> 呢？[85]

正如阿尔伯特·莱希斯说过的那样，"尽管斯大林犯下了无数罪行，但有一个罪名的指控失实，那就是把发动后来所谓'冷战'的责任归咎于他一个人。事实上，他没有计划过这种事，也不希望发生这种事"。[86]但是，斯大林自己的行动与野心的确对冷战的爆发起到了推波助澜的作用。在第二次世界大战结束的时候，红军占领了半个欧洲，斯大林也决心在俄罗斯欧洲部分的邻国建立苏联的势力范围。当时，整个大陆的政治形势对各国共产党极为有利，这使得斯大林开始憧憬一个实行人民民主制的欧洲，一个由诸多左翼政权组成的、受苏联和共产主义影响的欧洲。斯大林并不认为这种意识形态的规划与战后跟"伟大的同盟"中的伙伴们继续合作，包括在全球范围内对利益进行公平合理的划分是不相容的。[87]他的确也想到过将来有可能与西方列强发生战争，但他认为这种冲突的可能性微乎其微。"他们是在胡说；我完全可以肯定，绝不会发生战争。他们[英国人和美国人]没有能力对我们发动战争"，1945年11月斯大林对波兰共产党领导人瓦迪斯瓦夫·哥穆尔卡（Wladyslaw Gomulka）说，"再过30年左右，他们是不是想再来一场战争，那是另外一回事。"[88]

　　除了在东欧建立苏联的势力范围之外，斯大林在战后优先考虑的还有经济重建与战后安全方面的安排——尤其是将来对德国的遏制——以及缓和与英美的关系，以实现长期的互惠互利。冷战打乱了他的所有计划。冷战之所以发生，是因为西方把斯大林在政治与意识形态上的野心视为苏联与共产主义无限扩张的前兆。因此，英美抵制在他们看来是斯大林在东欧建立苏联霸权的企图，这反过来又使得斯大林担心他以前的盟友正在试图收回他在战争中得来的好处。

西方领导人指责苏联的扩张主义，而斯大林则抗议英美的全球政策（globalism）。斯大林不能理解，西方为什么要对苏联在欧洲的行动如此紧张，而他认为这些行动是合情合理的、防御性的和有限的。他自己在意识形态上确信的东西也蒙蔽了他：他确信，战后欧洲的左倾是走向社会主义的必然的、不可逆转的历史过程的一个方面。但是，斯大林也是十分现实的、实用主义的，他看得出，在政治与意识形态领域跟西方进行公开较量，他很可能会成为输家。随着"伟大的同盟"的解体与冷战的日益迫近，他开始选择关上苏联和苏联在东欧的势力范围的大门，让它们免受西方的影响。在国内，斯大林又打出了爱国牌，这次它带有一种比 20 世纪 30 年代更为突出的恐惧并排斥外国事物的特点。在国际舞台上，斯大林的意识形态旗帜变成了保卫欧洲国家的民族独立、摆脱英美的统治。

冷战是在 1947 年爆发的。这一年的 3 月，杜鲁门（Harry Truman）宣布要在世界范围内与共产主义的侵略扩张做斗争，6 月，他启动了"马歇尔计划"，支持欧洲战后的政治、经济重建。斯大林则以在东欧强制推行共产党和苏联的彻底管制作为回应。他还通过日丹诺夫 1947 年 9 月的讲话宣布，战后国际政治中两大对立的潮流已经固化并分裂成两大阵营：一个阵营代表着帝国主义、反动与战争，另一个阵营代表着社会主义、民主与进步。[89]

不过，即使是在相互宣布冷战之后，斯大林仍然希望能够避免与西方决裂，因而他继续敞开着谈判与妥协的大门。他特别担心的是德国的威胁卷土重来。在战争结束的时候，德国被划分成苏、美、英、法四个占领区。斯大林担心西方在德国的占领区会成为反苏集团的重要基地，这促使他挑起了冷战的第一次重大危机，即 1948～1949 年的柏林空运。柏林在 1945 年也被划分了，但它位于德国东部苏联占领区的腹地。为了逼迫西方人就德国的未来进行进一步的谈判，斯大林切断了他们在柏林各区的陆路补给线。但是，西方人通过给西柏林空运补给挫败了他的企图，使他不得不放弃原来的打算，而且柏林危机还适得其反地加快了事态的进程，结果在 1949 年 5 月独立的西德国家成立了，之前一个月《北大西洋公约组织》条约签订了——该组织是一个以美国为首的军事、政治同盟，旨在保护西欧免受苏联的攻击或威胁。

苏联在德国事务上的失败只是斯大林在冷战中的许多失算之一。代价最高也最为危险的失算是朝鲜战争。在斯大林的支持下，1950 年 6 月朝鲜统一战争爆发。起初一切进展顺利；朝鲜军队在几个星期之内就占领了韩国的大部分领土。但是，以美国为首的、在联合国的名义下进行的军事干预，很快就使得战争的形势急转直下。金日成的军队被赶回到北部，而且共产党中国的不情愿的介入才使得他的政权免遭灭顶之灾。这使得斯大林与中国领导人毛泽东之间的关系开始恶化，而这场战争本身最终在军事、政治和经济上的代价也是极高的。

事态发展的某些积极方面抵消了国外的这些挫折。斯大林巩固了他对东欧的控制，尽管他的权力受到了铁托的挑战，从而导致 1948 年与共产党领导下的南斯拉夫的决裂，而它此前一直是苏联最忠诚的盟友。1949 年 8 月，苏联试验了它的第一颗原子弹；1949 年 10 月，毛泽东领导的共产党在中国上台掌权。更重要的是，尽管国际气氛十分紧张，但苏联并没有与西方发生直接的军事冲突，而且在 20 世纪 40 年代末 50 年代初，斯大林为了争取赢得政治上的主动权，还发起了一场国际和平运动。

无论多少国外的挑战都不会威胁到斯大林在国内的地位。他在战争中取得的成功使自己拥有了无可置疑的也难以撼动的领袖地位，而民众对他的个人崇拜在荒谬性上也达到了新的高度。

斯大林战后的国内政策常常被说成是对共产主义"正统"与"常态"的回归。这种说法有些道理。斯大林在战争期间调整了他的统治模式，以适应当时的形势。他承认在军事、文化及经济事务上需要更加灵活，并准备允许在苏联报刊上发表更为多样的意见。以"伟大的同盟"为背景，他打开了国家的大门，接受外来的影响。然而，无论是斯大林还是作为他的主要权力工具的共产党，都不太适应在和平时期继续采取这种领导风格，而不断恶化的国际形势也促使他们在意识形态和政治方法上回归正统。但战争已经改变了一切，斯大林掌管的这种体制也不同以往了。尽管现在的共产主义体制在合法性上有了新的来源，那就是伟大的卫国战争，但它也必须解决民众对未来的一系列的新的期待。数百万战争中的退伍老兵必须融入党和国家的体制。民族主义魔仆也不可能被轻而易举地再装回到瓶子里。对俄罗斯民族感情的动员有助于赢得战争，但它也在苏维埃社会主义共和国联盟的其他族群中激发了与之对立的各种民族主义情绪。必须要跟这些对立的民族主义情绪进行斗争，不管是借助于政治手段还是镇压。[90]

斯大林在战争期间最为突出的功绩是，他改变了他的领导风格和他所控制的这个体制的运转方式。他在战争结束时的权力与威望意味着他可以有许多选择，但在国内外所面临的复杂而艰难的形势下，倒退到强势的共产党威权主义统治似乎成了一种比较合适的选择。冷战的悲剧在于，它刺激了斯大林加强他的个人专制，而不是继续探索建立那种在战争期间隐约可见的、更加多元的政治体制的可能性。也许是斯大林个人没有能力做出任何别的选择，但他在战争期间表现出来的灵活性与创造性表明相反的可能性是存在的。而且他并没有再采取 20 世纪 30 年代的那种大规模的恐怖手段，相反，政治镇压的总体水平下降了许多。斯大林的战后政治体制是一种过渡体制，其终点是在他 1953 年死后出现的较为宽松的苏联政治秩序。

1945 年，年龄加上战争中超负荷工作的影响，在斯大林身上开始显露出来。此后他每年都有几个月在自己位于黑海海滨的乡间别墅度假。[91] 他不再什么都要管，什么都要过问，而是把主要精力集中在对外事务和为督促其手下而进行的适当干预上。对于斯大林的战后体制，有一种说法是，它是新的家长式专制统治。像他的沙皇前辈或任何其他强横的独裁者一样，斯大林通过他的家长式专制统治控制着国家，而国家也在某种意义上成了他的所有物。在战前以及战争期间，他是通过自己做出的无数决定和对政府日常活动的严密监管来行使他的"所有权"的。在战后的日子里，他变得比较克制了。他把大量的政府工作交给了由他的政治局同事领导的各种委员会来处理，这使得党政事务的处理变得有序多了，但因为没有人想要得罪这位"老板"，工作中的官僚化与因循守旧的习气也非常严重。还有，尽管斯大林拥有不受限制的权力并显得越来越喜欢突发奇想，但他在战后的领导工作还是要比以前现代和理性得多。[92]

1952 年 10 月，苏共召开了第十九次全国代表大会，这也是自 1938 年以来首次召开这样的大会。斯大林在会上甚至都没有操心去发表最主要的政治报告，而是把这项任务委托给了政治局成员格奥尔吉·马林科夫（Georgii Malenkov）。[93] 他本人对

28

大会的介入只限于一些简要的谈话，包括与来访的兄弟代表团的谈话。很有意思的是，他又一次捡起了爱国主义这个主题：

> 以前，资产阶级被认为是国家的主人，是国家权利与独立的守卫者……现在，再也没有"国家原则"的迹象了。资产阶级现在会为了美元而出卖国家的权利与独立。国家独立与国家主权这面旗帜已经被抛弃了。如果你们想要成为你们国家的爱国者，如果你们想要成为国家的领导力量，毫无疑问，这面大旗必须由你们这些共产党和各民主党派的代表们扛起来，继续前进。[94]

俄罗斯有句古话——这句话常常被认为是凯瑟琳大帝（Catherine the Great）说的——"胜利者不受审判"。斯大林的理解要比他的沙皇前辈更深。他在 1946 年 2 月的讲话中这样说：

> 他们说胜利者不受审判，说他们不应当受到批评或者约束。这种说法是错的。胜利者可以而且必须受到审判，他们可以而且必须受到批评与检查。这样做不仅对工作有好处，而且对胜利者自己也有好处；那样就会少一些自以为是，多一些谦虚谨慎。[95]

需要从自己的错误中吸取教训，这是斯大林的公开和私下的讲话中都反复出现的主题，但他也知道，在他还活着的时候，唯一真正重要的评判是他自己的评判。即使是在苏联之外，大多数人，至少是那些站在胜利者一方的人，在战争刚刚结束时的判断都是：尽管付出了高昂的代价，但斯大林的胜利是值得的。

对欧洲文明的野蛮威胁被挫败了，而这对于大多数人来说都是 29
件好事。冷战还没有真正开始，许多人都希望斯大林的独裁统
治逐渐变成一种比较温和的政治体制，一种配得上苏联人民的
牺牲、配得上对纳粹德国的伟大胜利的政治体制。冷战的爆发
与斯大林为了巩固共产党的威权主义统治而放弃了战时的自由
化政策，使得这些希望破灭了。

但是，在苏联和西方关于这场战争的讨论中，斯大林仍然
处于一种不确定的、自相矛盾的位置。对某些人来说，斯大林
是胜利的原因；对另一些人来说，他是溃败的原因。在战争领
袖当中，他被认为是最伟大的，也被认为是最糟糕的。他的胜
利之路是可怕的，但也许是不可避免的。他创造了一种镇压与
恐怖的体制，屠杀了数百万人，但也许它是唯一可以赢得那场
与希特勒大搏斗的体制。

注 释

[1] C. Merridale, *Night of Stone: Death and Memory in Twentieth Century Russia*, Penguin Books: London, 2002, pp. 257 – 63.

[2] 转引自 J. Brent and V. P. Naumov, *Stalin's Last Crime: The Plot against the Jewish Doctors, 1948 – 1953*, HarperCollins: New York, 2003, p. 328. 在文献中有一个普遍的假设：葬礼上那些歌颂斯大林的悼词并不算过分恭维，因为即便是在这一时期，他的追随者们也已经开始疏远他了。然而，那种解读无法得到苏维埃报刊上发表的悼词原文或者有关葬礼过程与讲话的影片的证实。

[3] 参见 R. H. McNeal, *Stalin: Man and Ruler*, Macmillan Press: London, 1998。这部著名的斯大林传记突出了个人崇拜的重要意义。

[4] 许多出版物都重印了这份报告，包括《赫鲁晓夫回忆录》的第

一版: *Khrushchev Remembers*, Sphere Books: London, 1971, pp. 503 – 62。

[5] 这份决议规避了赫鲁晓夫对斯大林的激烈批评, 意在控制秘密报告在党内引发的议论。秘密报告没有公布, 但在整个苏维埃联盟的党的会议上都宣读了。参见 P. Jones, "From Stalinism to Post – Stalinism: Demythologising Stalin, 1953 – 1956", in H. Shukman (ed.), *Redefining Stalinism*, Frank Cass: London, 2003。

[6] 转引自 J. Brooks, *Thank You, Comrade Stalin! Soviet Public Culture from Revolution to Cold War*, Princeton University Press: Princeton NJ, 2000, p. 241。

[7] 关于 1956 年之后针对斯大林的讨论的发展情况, 参见 S. F. Cohen, "The Stalin Question since Stalin", in his *Rethinking the Soviet Experience: Politics and History since* 1917, Oxford University Press: Oxford, 1985。

[8] 参见 R. W. Davies, *Soviet History in the Glasnost Revolution*, Macmillan: London, 1989; A. Nove, *Glasnost' in Action*, Unwin Hyman: London, 1989; and W. Laqueur, *Stalin: The Glasnost Revelations*, Scribners: New York, 1990。

[9] 对于俄罗斯在 20 世纪 90 年代的转变的非常尖锐的批评性观点, 参见 S. F. Cohen, *Failed Crusade: America and the Tragedy of Post – Communist Russia*, Norton: New York, 2000。

[10] 例如 F. Chuev, *Sto sorok besed s Molotovym*, Moscow, 1991 (用英文出版的是 *Molotov Remembers*, ed. A. Resis, Ivan R. Dee: Chicago, 1993); L. Kaganovich, *Pamyatnyye Zapiski*, Moscow, 1996; A. Mikoyan, *Tak Bylo*, Moscow, 1999; A. Malenkov, *O Moyom Ottse Georgii Malenkove*, Moscow, 1992; 以及 S. Beria, *Beria, My Father: Inside Stalin's Kremlin*, Duckworth: London, 2001。

[11] "More Than Half of All Russians Positive About Stalin", Radio Free Europe/Radio Liberty, *Newsline*, 5/3/03. 转引自 M. Harrison, "Stalin and Our Times", in G. Roberts (ed.), *Stalin – His Times and Ours*, IAREES: Dublin, 2005, p. 67。

[12] 参见 A. J. P. Taylor, "Is Stalin a Statesman?" reprinted in his *Europe: Grandeur and Decline*, Penguin Books: London, 1967。

[13] I. Deutscher, *Russia after Stalin*, pb edition, Jonathan Cape:

London，1969，p. 55.

[14] 尽管没有公布，但这篇报告在苏联各地的党的会议上都宣读过。美国国务院在 1956 年 6 月公布了这一报告的原文。参见 *The Anti - Stalin Campaign and International Communism*，Columbia University Press：New York，1956，pp. 1 - 2。

[15] 人们比较熟悉的赫鲁晓夫个人崇拜的一个例子，是把他塑造成 1942 年 11 月红军斯大林格勒大反攻的主要策划者之一，而这次战役被普遍认为是第二次世界大战的最重要的转折点。从侧翼包围斯大林格勒的德国第六集团军的计划，当时一直被归于斯大林的军事天才。现在，这一功劳被归于战役期间在斯大林格勒担任政治委员的赫鲁晓夫和作为这一地区的前线指挥官之一的安德烈·叶廖缅科（A. I. Yeremenko）元帅。事实上，尽管斯大林格勒的反攻有许多策划者，但赫鲁晓夫和叶廖缅科在他们里面级别并不很高。认为赫鲁晓夫和叶廖缅科在最初策划反攻方面发挥了很大作用的这种说法是在 1957 年提出的，并且后者在于 1961 年出版的回忆录中（A. I. Yeremenko，*Stalingrad*，Moscow，1961，pp. 325 - 37.）也重复了这一说法。其他的决策参与者起初对此保持沉默，但在赫鲁晓夫 1964 年下台之后，叶廖缅科的说法受到多方面的批评和质疑。参见 *Stalingradskaya Epopeya*，Moscow，1968。

[16] 对 20 世纪 60 年代出版的苏联军事回忆录的全面搜集与摘录，可见于 S. Bialer（ed.），*Stalin and his Generals：Soviet Military Memoirs of World War II*，Souvenir Press：New York，1969。主要以这些回忆录为基础的著作以及随后出版的回忆录有：A. Seaton，*Stalin as a Military Commander*，Combined Publishing：Pennsylvania，1998；H. Shukman（ed.），*Stalin's Generals*，Phoenix Press：London，1997；以及 A. Axell，*Stalin's War through the Eyes of his Commanders*，Arms and Armour Press：London，1997。

[17] *Khrushchev Remembers*，p. 537. 可以参照斯大林的副手朱可夫元帅的评论（"说最高统帅通过摆弄地球仪来研究形势和做出决策，这种传闻是不真实的"）以及在战争期间任作战部长的什捷缅科（S. M. Shtemenko）将军的评论（"以地球仪做参考来指挥前线，这种说法完全是无稽之谈"）。转引自 Axell，*Stalin's War*，p. 167。

[18] "伟大的卫国战争"这一提法最初见于 1941 年 6 月 23 日出版的《真理报》。1943 年 7 月,斯大林战争讲话的第一版出版了,标题是"论苏维埃社会主义共和国联盟的伟大的卫国战争"(*O Velikoi Otechestvennoi Voine Sovetskogo Souza*)。

[19] I. Stalin, *Sochineniya*, vol. 16 (1946 – 1952), Moscow, 1997, pp. 6 – 7. 讲话的英文译文可见于 J. P. Morray, *From Yalta to Disarmament*, Monthly Review Press: New York, 1961 中的附录。

[20] 参见 G. Roberts, *The Soviet Union in World Politics: Revolution, Coexistence and the Cold War, 1945 – 1991*, Routledge: London, 1998。

[21] N. Voznesenky, *War Economy of the USSR in the Period of the Great Patriotic War*, Foreign Languages Publishing House: Moscow, 1948, pp. 126 – 33.

[22] 参见 J. Erickson, "Soviet War Losses", in J. Erickson and D. Dilks (eds), *Barbarossa: The Axis and the Allies*, Edinburgh University Press: Edinburgh, 1994。

[23] 这种对苏德条约缘由的解释,我已经在 G. Roberts, *The Unholy Alliance: Stalin's Pact with Hitler*, I. B. Tauris: London, 1989 以及 *The Soviet Union and the Origins of the Second World War*, Macmillan: London, 1995 这些书中进行了全面的论证。

[24] 争论主要始于维克多·苏沃洛夫(Victor Suvorov)的《破冰者:谁发动了第二次世界大战?》(*Icebreaker: Who Started the Second World War?*, Hamish Hamilton: London, 1990)的出版。"苏沃洛夫"是雷岑(V. B. Rezun)的笔名,他曾经是苏联情报局人员,1978 年叛逃西方。1992 年苏沃洛夫的书的俄文版出版了,书中的观点随后被一些俄罗斯历史学家所采纳和发挥。从对苏沃洛夫及其支持者的批评性观点出发对这场争论的综述,可参见 T. J. Uldricks, "The Icebreaker Controversy: Did Stalin Plan to Attack Hitler?" *Slavic Review*, vol. 58, no. 3, Fall 1999。

[25] 关于战争与革命的结合,参见 M. J. Carley, *1939: The Alliance That Never Was and the Coming of World War II*, Ivan R. Dee: Chicago, 1999。

[26] 参见 *The Tehran, Yalta and Potsdam Conferences: Documents*, Progress Publishers: Moscow, 1969。

[27] *Stalin's Correspondence with Churchill, Attlee, Roosevelt and Truman*,

1941 – 1945, Lawrence & Wishart：London，1958. 根据苏联档案对出版该通信集的背景的研究，参见 G. Roberts，"Stalin, the Pact with Nazi Germany and the Origins of Postwar Soviet Diplomatic Historiography"，*Journal of Cold War Studies*，vol. 4，no. 3，Summer 2002。

[28] 参见 J. Barber，"The Image of Stalin in Soviet Propaganda and Public Opinion during World War 2"，in J. and C. Garrard（eds），*World War 2 and the Soviet People*，St. Martin's Press：New York，1993。

[29] I. Deutscher，*Stalin：A Political Biography*，Pelican：London，1966，pp. 456 – 457.

[30] "Posetiteli Kremlevskogo Kabineta I. V. Stalina"，*Istoricheskii Arkhiv*，no. 6，1994；nos 2，3，4，5 – 6，1995；nos 2，3，4，5 – 6，1996；以及 no. 1，1997.

[31] 有关斯大林私下想法的最重要的证据来源是共产国际领导人格奥尔吉·季米特洛夫的日记，I. Banac（ed.），*The Diary of Georgi Dimitrov，1933 – 1949*，Yale University Press：New Haven，2003。另外，斯大林与他的外交部部长莫洛托夫——当后者在国外的时候——的通信也是个重要的证据来源。参见 O. A. Rzheshevsky（ed.），*War and Diplomacy：The Making of the Grand Alliance（Documents from Stalin's Archive）*，Harwood Academic Publishers：Amsterdam，1996；V. O. Pechatnov，"*The Allies are Pressing on You to Break Your Will"：Foreign Policy Correspondence between Stalin and Molotov and other Politburo Members，September 1945 – December 1946*，Cold War International History Project，Working Paper no. 26，September 1999；以及斯大林负责坦克生产的部长马里谢夫（V. A. Malyshev）的日记（*Istochnik*，no. 5，1997）。斯大林与其核心圈子的战后通信也有少量公布于 *Politburo TsK VKP（b）i Sovet Ministrov SSSR，1945 – 1953*，Moscow，2002。有一些通信的译文可见于 A. O. Chubaryan and V. O. Pechatnov（eds.），"Molotov 'the Liberal'：Stalin's 1945 Criticism of his Deputy"，*Cold War History*，vol. 1，no. 1，August 2000。

[32] W. Averell Harriman，"Stalin at War" in G. R. Urban（ed.），*Stalinism：Its Impact on Russia and the World*，Wildwood House：

Aldershot，1982，pp. 41 - 42. 哈里曼在他的回忆录中把斯大林描写成"比罗斯福更了解情况、比丘吉尔更现实、在某些方面是战争领袖中作用最大的人"。W. Averell Harriman and E. Abel，*Special Envoy to Churchill and Stalin*，*1941 - 1946*，Random House：New York，1975，p. 536.

[33] Ibid，p. 43.

[34] R. Overy，*Why the Allies Won*，Jonathan Cape：London，1995，p. 259.

[35] 对斯大林会客日志的统计分析表明，斯大林在战争期间最忠实的伙伴是他的安全主管拉夫连季·贝利亚、外交部部长维亚切斯拉夫·莫洛托夫、党的中央委员会书记格奥尔吉·马林科夫。他们也是国防委员会成员，并充任斯大林派往前线的政治特使。其他在战争期间经常到斯大林办公室去的人有对外贸易部部长阿纳斯塔斯·米高扬、主管战时经济的尼古拉·沃兹涅先斯基和运输部部长拉扎尔·卡冈诺维奇。参见 "Posetiteli Kremlevskogo Kabineta I. V. Stalina：Alfavitnyi Ukazatel"，*Istoricheskii Arkhiv*，no. 4，1998。

[36] 什捷缅科将军在战争中大部分时间都担任斯大林的作战部长，在他的回忆录中有对斯大林战争期间日常活动的最详细的描述。S. M. Shtemenko，*The Soviet General Staff at War*，*1941 - 1945*，2 vols，Progress Publishers：Moscow，1970，1973.

[37] Bialer，*Stalin and his Generals*，pp. 33 - 36.

[38] J. Erickson，*The Road to Berlin*，Weidenfeld & Nicolson：London，1983，p. ix.

[39] 参见 Erickson，"Soviet War Losses"，以及 the discussion in Laqueur，*Stalin*，pp. 216 - 19。

[40] *Marshal Zhukov comments on the Soviet High Command at War*，Soviet Weekly Booklet，London，1970，p. 18.

[41] J. Stalin，*On the Great Patriotic War of the Soviet Union*，Hutchinson：London，1943，p. 17.

[42] Malyshev diary，p. 128.

[43] 沃尔科戈诺夫搜集的许多档案文件的复印件就保存在（美国）国会图书馆手稿部他的文件中。

[44] D. Volkogonov，*Stalin：Triumph and Tragedy*，Phoenix Press：London，2000，p. 451.

［45］与之截然不同的观点参见 M. A. Gareev, *Polkovodtsy Pobedy i ikh Voennoe Naslediye*, Moscow, 2004, and L. Mlechin, *Iosif Stalin, Ego Marshaly i Generaly*, Moscow, 2004。

［46］关于斯大林在内战中的活动参见 Seaton, *Stalin*, chaps 1 - 3。斯大林还见证了与 1918 年 3 月《布列斯特－立托夫斯克和约》有关的布尔什维克的大失败。当布尔什维克在 1917 年上台之后，他们决心不与德国签订于己不利的和约，因为按照这样的和约，他们将要出让大片的领土。但是，当德国人在 1918 年初发动进攻、威胁布尔什维克政权并用武力迫使他们在非常不利的条件下求和的时候，这样的事真的发生了。

［47］Volkogonov, *Stalin*, p. 474.

［48］A. M. Vasilevsky, *A Lifelong Cause*, Progress Publishers：Moscow, 1981, pp. 447 - 50. 最初以俄文出版，名为《我的一生》（*Delo vsei zhizni*, Moscow, 1974）。

［49］参见 H. E. Salisbury（ed.）, *Marshal Zhukov's Greatest Battles*, Sphere Books：London, 1969。在该书中所收录的文章最初都发表在《军史杂志》（*Voenno - Istoricheskii Zhurnal*）上。

［50］*The Memoirs of Marshal Zhukov*, Jonathan Cape：London, 1971, pp. 284 - 5. 朱可夫和华西列夫斯基的回忆录有各种版本，但没有哪个改变了这里所引用的他们对斯大林的不偏不倚的评价。

［51］有关图哈切夫斯基及其被捕的文献非常多。英文的可以参见 N. Abramov, "The New Version of the Tukhachevsky Affair", *New Times*, no. 13, 1989；D. C. Watt, "Who Plotted Against Whom? Stalin's Purge of the Soviet High Command Revisisted", *Journal of Soviet Military Studies*, vol. 3, no. 1, 1990；I. Lukes, "The Tukhachevsky Affair and President Edvard Benes", *Diplomacy & Statecraft*, vol. 7, no. 3, 1996；S. J. Main, "The Arrest and 'Testimony' of Marshal of the Soviet Union M. N. Tukhachevsky", *Journal of Slavic Military Studies*, vol. 10, no. 1, 1997；以及 S. Naveh, "Tukhachevsky" in Shukman（ed.）, *Stalin's Generals*。另外也可参见下文注释 52 和注释 64 所引用的斯帕尔和斯托克尔的著作。

［52］W. J. Spahr, *Stalin's Lieutenants：A Study of Command under Stress*, Presidio Press：Novato Calif, 1997, p. 174.

［53］有关大清洗的统计数据，参见 R. R. Reese's "The Impact of the

Great Purge on the Red Army", *Soviet and Post − Soviet Review*, vol. 19, nos 1 − 3, 1992; "The Red Army and the Great Purges" in J. A. Getty and R. T. Manning (eds.), *Stalinist Terror: New Perspectives*, Cambridge University Press: Cambridge, 1993; 以及 R. Reese, *Stalin's Reluctant Soldiers*, University Press of Kansas: Lawrence Kansas, 1996, chap. 5。里斯指出, 较早的估计是军官中最重要的那部分有 25% ~ 50% 的人遭到清洗。不过, 这些估计低估了苏联军队中的军官数量, 这一数量大约为 30 万, 这就意味着遭到清洗的那部分人实际上不超过 10%。

[54] 根据 O. F. Suvenirov, *Tragediya RKKA, 1937 − 1938*, Moscow, 1998, pp. 373 − 485 中的附表得出的数字。我的数字只包括那些在 1937 ~ 1938 年遭到逮捕的人。另一个重要的、基于现在对研究者不公开的苏联军事档案对这些清洗进行的详细研究, 参见 P. P. Wieczorkiewicz, *Lancuch Smierci: Czystka w Armii Czerwonej, 1937 − 1939*, Warsaw, 2001。

[55] 苏维尼洛夫《悲剧》一书的研究, 大多是根据 20 世纪 50 年代的平反委员会的记录; 他还在他的表中给出了各个人平反的日期。

[56] 斯大林在战争期间下令处决了他的 20 名将领。处决主要发生在 1941 年 7 月, 当时被枪决的是西方方面军司令德米特里·巴甫洛夫以及他的几位参谋人员。在 1941 年 10 月有几位空军将领也同样被枪决, 他们因为在战争最初数天损失了数千架飞机而受到斯大林怪罪。他们在战后都被宣布无罪。在 1941 ~ 1945 年, 有 421 位苏联将军和海军将领阵亡。参见 R. Woff, "Stalin's Ghosts" in Shukman (ed.), *Stalin's Generals*。

[57] M. Harrison and R. W. Davies, "The Soviet Military − Economic Effort during the Second Five − Year Plan (1933 − 1937)", *Europe − Asia Studies*, vol. 49, no. 3, 1997. 以及 R. W. Davies et al., *The Economic Transformation of the Soviet Union, 1913 − 1945*, Cambridge University Press: Cambridge, 1994, pp. 143 − 7.

[58] 对于斯大林是否是暗杀基洛夫的同谋, 长期以来一直有争议。对此讨论的综述与评价, 可参见 N. Baron, "The Historiography of the Kirov Murder", *Slovo*, vol. 11, 1999。

[59] M. Reiman, "Political Show Trials of the Stalinist Era", *Telos*, *1982 − 1983*, no. 54.

[60] 根据克雷夫诺克的看法，"在 1930～1940 年，至少有 726000 人被枪毙，大部分是在 1937～1938 年"。参见 O. V. Khlevnuk, *The History of the Gulag：From Collectivisation to the Great Terror*, Yale University Press：New Haven, 2004, p. 306。对于"大恐怖"的起源与特点——包括死亡和监禁的人数——存在广泛的争论。克雷夫诺克的数字是属于最低的，但是以在俄罗斯档案方面相关的大量的第一手研究为基础的。关于"大恐怖"早期文件的一个很好的集子是 J. Arch Getty and O. V. Naumov (eds.), *The Road to Terror：Stalin and the Self-destruction of the Bolsheviks, 1932 – 1939*, Yale University Press：New Haven, 1999。

[61] 相关综述参见 G. Roberts, "The Fascist War Threat and Soviet Politics in the 1930s" in S. Pons and A. Romano, *Russia in the Age of Wars, 1914 – 1945*, Feltrinelli：Milan, 2000。关于民众对这种恐怖的态度，可参见 S. Davies, *Popular Opinion in Stalin's Russia：Terror, Propaganda and Dissent, 1934 – 1941*, Cambridge University Press：Cambridge, 1997, 以及 S. Fitzpatrick, *Everyday Stalinism：Ordinary Life in Extraordinary Time*s, Oxford University Press：Oxford, 1999。

[62] R. V. Daniels, *A Documentary History of Communism*, vol. 1, I. B. Tauris：London, 1985, pp. 258 – 61.

[63] *Molotov Remembers*, p. 254. 莫洛托夫的观点得到了许多历史学家的支持。例如 O. Khlevnuk, "The Objectives of the Great Terror, 1937 – 1938" in J. Cooper et al. (eds.), *Soviet History, 1917 – 1953*, Macmillan：London, 1993, 以及同一作者的"The Reasons for the 'Great Terror'：the Foreign – Political Aspect" in Pons and Romano (eds.), *Russia*。

[64] 参见 S. W. Stoecker, *Forging Stalin's Army, Marshal Tukhachevsky and the Politics of Military Innovation*, Westview Press：Oxford, 1998; D. R. Stone, "Tukhachevsky in Leningrad：Military Politics and Exile, 1928 – 31", *Europe – Asia Studies*, vol. 48, no. 8, 1996; L. Samuelson, "Mikhail Tukhachevsky and War – Economic Planning", *Journal of Slavic Military Studies*, vol. 9, no. 4, December 1996; R. R. Reese, "Red Army Opposition to Forced Collectivisation, *1929 – 1930*：The Army Wavers", *Slavic Review*, vol. 55, no. 1, 1996; 以及 S. J. Main, "The Red Army and the

Soviet Military and Political Leadership in the Late 1920s", *Europe-Asia Studies*, vol. 47, no. 2, 1995。

[65] T. Martin, "The Origins of Soviet Ethnic Cleansing", *Journal of Modern History*, December 1998.

[66] G. Roberts, "Stalin and the Katyn Massacre", in Roberts (ed.), *Stalin: His Times and Ours*.

[67] R. Overy, *The Dictators: Hitler's Germany and Stalin's Russia*, Allen Lane: London, 2004, chap. 13. 许多关于斯大林时代的历次驱逐行动的文件都可见于 *Stalinskiye Deportatsii 1928 - 1953*, Moscow, 2005。这本书中还有一个关于历次驱逐行动的年表，连同对相关数字的估计。

[68] D. Brandenberger, *National Bolshevism: Stalinist Mass Culture and the Formation of Modern Russian National Identity*, *1931 - 1956*, Harvard University Press: Cambridge Mass, 2002.

[69] E. van Ree, *The Political Thought of Joseph Stalin: A Study in Twentieth Century Revolutionary Patriotism*, Routledge: London, 2002.

[70] 参见 A. J. Rieber, "Stalin: Man of the Borderlands", *American Historical Review*, no. 5, 2001。

[71] 转引自 R. Service, *Stalin: A Biography*, Macmillan: London, 2004, pp. 272 - 3。

[72] 关于列宁与斯大林的民族问题政策的综述，参见 T. Martin, "An Affirmative Action Empire: The Soviet Union as the Highest Form of Imperialism" in R. G. Suny and T. Martin (eds), *A State of Nations: Empire and Nation - Making in the Age of Lenin and Stalin*, Oxford University Press: Oxford, 2001。

[73] J. V. Stalin, "Marxism and the National Question" in J. V. Stalin, *Works*, vol. 2, Foreign Languages Publishing House: Moscow, 1953.

[74] S. Blank, *The Sorcerer as Apprentice: Stalin as Commissar of Nationalities*, *1917 - 1924*, Greenwood Press: London, 1994.

[75] T. Martin, *The Affirmative Action Empire: Nations and Nationalism in the Soviet Union*, *1929 - 1939*, Cornell University Press: Ithaca, NY, 2001, chaps 10 - 11.

[76] Brandenberger, *National Bolshevism*, p. 55.

[77] 转引自 A. I. Vdovin, "Natsional'nyi Vopros i Natsional'naya Politika v SSSR v gody Velikoi Otechestvennoi Voiny", *Vestnik Moskovskogo Universiteta*: *Seriya 8*: *Istoriya*, no. 5, 2003。

[78] 同上；G. Hosking, "The Second World War and Russian National Consciousness", *Past & Present*, no. 175, 2002；以及 T. K. Blauvelt, "Military Mobilisation and National Identity in the Soviet Union", *War & Society*, vol. 21, no. 1, May 2003。

[79] *Documents on British Policy Overseas*, series 1, vol. 2, HMSO: London, 1985, p. 317.

[80] Y. Gorlizki and O. Khlevniuk, *Cold Peace*: *Stalin and the Soviet Ruling Circle*, *1945 – 1953*, Oxford University Press: Oxford, 2004, pp. 31 – 8.

[81] 参见 Chubar'yan and Pechatnov, "Molotov"。

[82] Brandenberger, *National Bolshevism*, p. 191.

[83] V. Pechatnov, "Exercise in Frustration: Soviet Foreign Propaganda in the Early Cold War, 1945 – 47", *Cold War History*, vol. 1, no. 2, January 2001.

[84] "Otvet Korrespondentu ' Pravdy' " in Stalin, *Sochineniya*, vol. 16, Moscow, 1997, pp. 25 – 30. 在 W. LaFeber (ed.), *The Origins of the Cold War*, *1941 – 1947*, John Wiley: New York, 1971, doc. 37 中有对斯大林采访的英文译文。

[85] Stalin, *Sochineniya*, p. 57.

[86] A. Resis, *Stalin*, *the Politburo*, *and the Onset of the Cold War*, *1945 – 1946*, The Carl Beck Papers in Russian and East European Studies, no. 701, April 1998, p. 27.

[87] 对战后斯大林的战略的概述可参见 V. O. Pechatnov, *The Big Three after World War II*: *New Documents on Soviet Thinking about Postwar Relations with the United States and Great Britain*, Cold War International History Project Working Paper no. 13, 1995；G. Roberts, "Ideology, Calculation and Improvisation: Spheres of Influence in Soviet Foreign Policy, 1939 – 1945", *Review of International Studies*, vol. 25, October 1999；S. Pons, "In the Aftermath of the Age of Wars: the Impact of World War II on Soviet Foreign Policy", in Pons and Romano (eds.), *Russia*；E. Mark, *Revolution by Degrees*: *Stalin's National – Front Strategy for Europe*,

1941 – 1947, Cold War International History Project Working Paper no. 31, 2001；以及 N. M. Naimark，"Stalin and Europe in the Postwar Period，1945 – 53"，*Journal of Modern European History*，vol. 2，no. 1，2004。

[88] *Cold War International History Project Bulletin*，no. 11，Winter 1998，p. 136.

[89] 关于苏联在 1947 年转向冷战这个问题，可参见 G. Roberts，"Moscow and the Marshall Plan：Politics，Ideology and the Onset of Cold War，1947"，*Europe – Asia Studies*，vol. 46，no. 8，1994。日丹诺夫关于"两大阵营"的讲话是在波兰举行的共产党情报局成立大会上发表的。参见 G. Procacci（ed.），*The Cominform：Minutes of the Three Conferences 1947/1948/1949*，Milan，1994。

[90] 对战后苏联国内状况的概述参见 E. Zubkova，"The Soviet Regime and Soviet Society in the Postwar Years：Innovations and Conservatism，1945 – 1953"，*Journal of Modern European History*，vol. 2，no. 1，2004。

[91] *Politburo TsK VKP（b）i Sovet Ministrov SSSR*，*1945 – 1953*，Moscow，2002，doc. 299，details Stalin's vacation schedule between 1945 and 1941.

[92] Y. Gorlizki，"Ordinary Stalinism：The Council of Ministers and the Soviet Neopatrimonial State，1945 – 1953"，*Journal of Modern History*，vol. 74，no. 4，2002.

[93] 但马林科夫在大会上的讲话是经过斯大林大量修改的。参见 Rossiiskii Gosudarstvennyi Arkhiv Sotsial'no-Politicheskoi Istorii（RGASPI），F. 592，Op. 1，D. 6。

[94] Stalin，*Sochineniya*，p. 229.

[95] 转引自 E. Mawdsley，"Stalin：Victors Are Not Judged"，*Historically Speaking：The Bulletin of the Historical Society*，2006。

第二章 邪恶同盟：斯大林与
希特勒的条约

斯大林涉足外交领域，1939 年 8 月的苏德条约不是第一次，但是他自 20 世纪 20 年代执政以来最重要、最富有戏剧性的一次。就在第二次世界大战即将爆发的前夕，苏联与纳粹德国宣布化解它们之间自 1933 年希特勒上台以来一直存在的敌意，两国签订条约，承诺互不侵犯、保持中立以及通过磋商来友好解决有争议的问题。

事态的这种非同寻常的转变最初的公开迹象是，纳粹德国在 1939 年 8 月 21 日宣布，纳粹外交部长约阿希姆·冯·里宾特洛甫（Joachim von Ribbentrop）即将飞往莫斯科，就《苏德互不侵犯条约》进行谈判。8 月 23 日，里宾特洛甫抵达苏联首都，双方在当天晚些时候达成了协议。8 月 24 日，《真理报》（Pravda）和《消息报》（Izvestiya）刊登了有关条约的新闻，并在头版配发了那张现已臭名昭著的照片：苏联的外交人民委员维亚切斯拉夫·莫洛托夫在签署条约，面带笑容的斯大林在一旁注视着。

"这条坏消息就像爆炸一样在世界上传开了"，温斯顿·丘吉尔写道。"毫无疑问，德国人的这一手干得很漂亮"，意大利外交部长齐亚诺伯爵（Count Ciano）在他的日记中写道，"欧洲的局势给搅乱了。"驻柏林的美国记者威廉·夏勒（William L. Shirer）道出了许多人的感受，他回忆说，他"几乎不敢相信这是真的",并"感到战争现在是无法避免了"。[1]

人们之所以感到震惊和意外,是因为在此前的六个月,斯大林一直在与英法谈判建立反希特勒的同盟。这些谈判在1939年纳粹占领捷克斯洛伐克之后就开始了,德国对波兰、罗马尼亚和其他东欧国家的威胁也推动了谈判。4月,苏联人建议在英、法、苏之间建立全面的三国同盟,也就是军事同盟,它可以保证欧洲的安全、反对德国的进一步扩张,并在迫不得已的情况下与希特勒开战。到7月底,有关同盟的政治条件已经达成了,谈判转入到最后阶段,开始在莫斯科进行军事方面的会谈。

三国同盟的谈判虽然是秘密进行的,但谈判的内容几乎没有不被泄露给新闻界的。当英法联合军事代表团在8月10日抵达莫斯科的时候,它受到了恰如其分的公开而隆重的欢迎。会谈是在沙皇的富丽堂皇的斯皮里多诺娃宫(Spiridonovka Palace)举行的。人们对谈判本来抱着很高的希望:成立三国同盟;让希特勒不敢把与波兰在但泽及"波兰走廊"问题上的争端变成一场新的欧洲大战。但几天后,军事谈判破裂,并在8月21日无限期休会,而且注定是不会再重新开始了。[2]

谈判之所以破裂,表面上是因为苏联要求英国和法国保证,一旦与德国爆发战争,波兰和罗马尼亚要允许红军借道它们的领土。问题在于,波兰和罗马尼亚这两个专制的反共国家,都与苏联存在领土争端。它们害怕苏联的介入并不亚于担心德国的入侵,因而并不愿意在万一发生战争的情况下给予红军自动过境的权利。但苏联人坚持认为,他们的军事计划要依赖于经由波兰和罗马尼亚来向前推进,以击退德国人的进攻,所以他们现在就必须知道,它们站在哪一边。对苏联人来说,与英法的三国同盟，意味着为了共同对抗德国，首先要有协调一致的军事计划。如果达不成这样的军事协议，就无从在政治上结成反希特勒的阵线，因为希特勒是不会被任何外交协议吓得不敢发动战争的——或许苏联人就是这么想的。

除了苏联军队借道罗马尼亚和波兰的问题之外，还有一个更深层次的原因促使莫斯科决定停止三国同盟谈判：斯大林不相信英法真的会与希特勒开战；实际上，他担心它们是在玩弄手腕，好让他去为它们打仗。就像斯大林后来告诉丘吉尔的那样，他"当时的印象是：这些谈判并不是诚心的，只不过是为了吓唬吓唬希特勒；到头来，西方列强还是会与希特勒妥协"。[3]还有一次，斯大林指责说，英国首相内维尔·张伯伦（Neville Chamberlain）"根本就不喜欢，也不相信苏联人"。他还强调说，"如果［我］不能与英国结盟，那么［我］也不应当被孤零零地晾在一边，那样一来，只会在战争结束时成为胜利者的牺牲品"。[4]

当斯大林终止三国同盟谈判的时候，他也不确定接下来会发生什么，尽管在几天后他就与希特勒签订了条约。几个月以来，德国人一直在暗示，他们可以提供比英法更好的条件。8月初，德国人的主动示好达到了高潮。当时，里宾特洛甫告诉苏联驻柏林外交代表格奥尔吉·阿斯塔科夫（Georgii Astakhov）："从波罗的海到黑海，在我们双方之间没有任何问题不能解决。"[5]直到此时为止，斯大林一直都没有让里宾特洛甫看到任何希望，阿斯塔科夫也没有得到任何指示，怎样去答复德方与他接触的人做出的越来越慷慨的承诺。德国人显然是在企图搅黄三国同盟谈判，而斯大林尽管不相信英国人和法国人，但更不相信希特勒。斯大林自己就是个理论家（ideologue），他并不

32

认为希特勒狂热的反共理论只是说说而已。他毫不怀疑这位纳粹独裁者只要有可能，就会把他在《我的奋斗》中鼓吹的德国向苏联扩张的计划付诸实施。斯大林也担心，未能建立三国同盟，会让英国和德国钻了空子，达成默契来对付苏联。然而，到 6 月底的时候，三国同盟谈判已经拖了好几个月。英国人和法国人对即将举行的军事谈判的拖延表明，伦敦和巴黎想把谈判继续拖下去，它们妄想只是用英、法、苏作势要结成同盟来吓唬希特勒，使其不敢进攻波兰。所以，英法联合军事代表团没有乘飞机飞往莫斯科，而是乘船慢吞吞地驶向了列宁格勒，而且在他们抵达的时候，也没带来任何详细的、准备共同应对对德战争的战略计划。

英国人和法国人以为希特勒可能会被这种谈判吓得不敢动手了，但斯大林没有这么自信。他更相信自己得到的情报：希特勒很快就要进攻波兰了。在三国同盟计划失败和波兰战争迫在眉睫的情况下，德国人主动提出谈判，这是要认真考虑的。于是，阿斯塔科夫得到指示，去摸清楚德国人的提议到底是什么。在此过程中，当德国人同意签订一份特别的议定书，来划分苏联与德国对外政策利益的时候，转折点出现了。在 8 月 20 日给斯大林的私人急电中，希特勒极力要求让里宾特洛甫到莫斯科就议定书进行谈判。他还指出，"德国与波兰之间的紧张关系已经变得无法容忍了"，不能再浪费时间了。斯大林在第二天做出答复，同意里宾特洛甫来访：

> 我希望《苏德互不侵犯条约》将标志着我们两国之间的政治关系有一个明确的改善。我们两国的人民需要彼此之间保持和平。德国政府同意签订互不侵犯条约，这为消

除两国之间政治上的紧张关系和建立和平合作的关系提供
了基础。[6]

斯大林在克里姆林宫亲自接待了里宾特洛甫，并展示了所有那些　33
他后来在外交界出了名的敏锐、魅力与才智。里宾特洛甫主动
提出要调停苏联与日本的关系，对此，斯大林回答说：他不怕
日本人，如果他们喜欢战争，那他们会有的，当然，保持和平
要好得多！他向里宾特洛甫打听墨索里尼对于苏德条约的态度
并想知道土耳其人在搞什么名堂。斯大林认为，尽管英国的军
事实力不行，但它在发动战争方面诡计多端，而且法国陆军也
还是仍然值得重视的。他建议为希特勒的健康干杯，并告诉里
宾特洛甫，他知道"德意志民族是多么热爱他们的元首"。当
里宾特洛甫即将离开的时候，斯大林告诉他，"苏联政府对新条
约非常重视。他以自己的名誉担保，苏联决不会背叛自己的伙
伴"。[7]

　　但是，斯大林与里宾特洛甫达成了什么协议？新的苏德伙
伴关系的实质是什么？这份互不侵犯条约的公开内容，除了明
显缺少在德国或苏联侵犯第三方的情况下协议就废止的条款外，
与苏联在20世纪20~30年代缔结的其他互不侵犯条约没什么
不同。省略了这一条款，那就暗示着，条约根本上就是一份誓
约，即苏联在即将开始的德国与波兰的战争中将保持中立。反
过来，斯大林也得到了希特勒的承诺：德国会对苏联保持友好，
德国不会侵犯苏联。但更重要的是，他得到了这份公开条约所
附的"秘密议定书"提供的东西。该秘密议定书的第一条就明
确说明，芬兰、爱沙尼亚、拉脱维亚这些波罗的海国家属于苏
联的势力范围。第二条沿那雷夫河（Narew）、维斯瓦河

（Vistula）和桑河（San）把波兰划分为苏联的势力范围和德国的势力范围，并且说，"维持一个独立的波兰国家对于双方的利益是否更可取、这样一个国家的边界如何确定，这个问题只能随着政治局势的进一步发展才能做出明确的决定。"这份短短的议定书的第三条也是最后一条，把注意力转向了苏联人对比萨拉比亚（Bessarabia）的兴趣——它是罗马尼亚的领土，莫斯科声称它是在1918年从俄国"偷"走的——而德国方面则放弃在这一争议地区的任何利益。[8]

关于波罗的海各国，德国人满足了苏联人原先在三国同盟谈判中向英国人和法国人提出的要求，即在被认为对列宁格勒的安全至关重要的地区，为了保护苏联人的战略阵地，他们在波罗的海地区可以自由行事。当初在三国同盟谈判中，"自由行事"的意思是指：莫斯科有权采取先发制人的行动，以便使波罗的海各国免遭纳粹的颠覆；莫斯科可以依照自认为合适的方式来灵活应对，以抗击德国入侵波罗的海国家，而无须顾及波罗的海地区居民本身可能的要求。但是，对于自己刚刚从德国人那里获得的在波罗的海地区势力范围内的行动自由，斯大林会做出怎样的选择来行使这种自由，这还不太清楚。他是会占领这些波罗的海国家呢，还是会寻求别的手段来保证苏联在该地区的利益呢？斯大林对波兰的政策同样也不太确定。对于苏联在波兰东部的势力范围，德国人的确同意了不会染指，但这种承诺的实际意义及后果如何呢？这个问题的答案取决于一个重要的未知数：德国与波兰战争的进程，以及英法对希特勒进攻波兰的反应。1939年8月，波兰还显得不会那么轻易地就被德国人的入侵击垮。英国和法国也保证说会保卫波兰，但是人们——至少是斯大林——并没有排除出现新的姑息养奸的"慕尼黑协定"从而把波兰出卖给希特勒的可能性。那样一来，苏联在波兰东部的势力范围的命运将会怎样呢？在形势变得更加明朗之前，斯大林决定小心行事，让苏联在因波兰问题而引起的、不断加剧的国际危机中保持中立，并且克制着不急于谋求苏联在波兰及波罗的海地区方面的利益，甚至对于重启与英法的谈判仍然敞开着大门。

斯大林的这种观望的态度，从他的外交人民委员莫洛托夫那里就可以清楚地看出来。在 1939 年 8 月 31 日对最高苏维埃的讲话中，他提议正式批准苏德条约。在莫洛托夫的讲话中，最意味深长的一点是，他虽然宣布苏联在欧洲政治中不结盟，也就是说苏联现在不会加入反希特勒的同盟，但德国一方也不能再结盟。实际上，莫洛托夫特别想要说明的是，《苏德互不侵犯条约》不是三国同盟谈判失败的原因，而是结果。这就暗示，相比于与英法的结盟而言，与希特勒的协议是次优的选择。他为互不侵犯条约辩护的理由是，它缩小了欧洲对苏联可能怀有敌意的国家的范围，挫败了一些人的阴谋，这些人想让苏联与德国互相争斗，以挑起"新的大规模的杀戮，各国之间的新的大屠杀"。[9]莫洛托夫这是在重复斯大林于 1939 年 3 月在苏共第十八次全国代表大会上对英法对外政策的批评。按照斯大林的说法：

> 不干涉政策意味着纵容侵略，放纵战争……不干涉政策说明有些人非常不愿意去阻止侵略者的邪恶行径，比如说，不去阻止日本对中国也许还要对苏联发动的战争，不去阻止德国……对苏联发动战争，甚至私下里还怂恿它们

这样做，好让它们彼此削弱和消耗，然后在它们变得筋疲
力尽的时候再精神抖擞地登场——当然了，是"为了和平
的利益"而登场的——并对已经虚弱不堪的交战各方强横
地规定条件。[10]

在斯大林签订苏德条约的时候，他是在效仿西方的绥靖分子
吗？斯大林是"战争与革命"的信徒，认为挑起新的世界大
战会推动那种在第一次世界大战结束时曾席卷欧洲的革命剧变
的到来吗？当时的许多反共评论家就是这么想的，而这种关于
斯大林的目的的看法，也得到了那些力图把第二次世界大战的
主要原因说成不是希特勒的而是斯大林的阴谋历史学家的响
应。这类作品中的一个关键文本，是据说由斯大林在 1939 年
8 月 19 日对政治局发表的讲话。他在讲话中把欧洲"苏维埃
化"的前景说成是他打算通过签订苏德条约挑起的长期战争的
结果。[11] 问题是，那次"讲话"是杜撰的。不仅根本就不存在
这样的讲话，而且政治局在这一天有没有开过会也是可疑的
（它在 20 世纪 30 年代后期很少开会）。就像俄罗斯历史学家谢
尔盖·斯拉奇所说的那样，"斯大林从来就没有发表过这篇
讲话"。[12]

所谓的斯大林讲话，最初是在 1939 年 11 月底的法国报纸
上出现的。它的发表显然是一种黑色宣传，意在败坏斯大林的
名声，并离间苏德关系。文本的内容明显就是假的，例如，它
告诉人们，斯大林讲他已经——在 8 月 19 日——与希特勒达成
了协议，得到了罗马尼亚、保加利亚和匈牙利作为苏联的势力
范围。这在法国以外的地方根本没太当回事，尽管斯大林本人
很愤怒，并发表声明谴责所报道的讲话是一个谎言。[13]

斯大林在 1939 年非但没有阴谋发动战争，他还担心他和他的政权会成为重大军事冲突首当其冲的牺牲品。这就是他为什么会把赌注压在与希特勒的条约上的根本原因：这个条约决不能保证和平与安全，但它的确提供了最好的机会，使苏联避免介入即将来临的战争。毫无疑问，斯大林像其他所有人一样，也认为一旦英法真的对德宣战，将会有一场长期的冲突，一场消耗战，这样一来就可以为苏联提供一些时间和空间，来加强自身的防御。但是他太谨慎了，不会把所有赌注都压在对第一次世界大战的简单的重复上。

瓜分波兰

在斯大林看来，苏德条约签订后的最重要的问题是：波兰会发生什么？德军闪电入侵波兰所取得的惊人的成功回答了这个问题。早在 9 月 3 日，里宾特洛甫就告诉苏联人，用不了几个星期就可以打败波兰军队。他还强烈要求苏联人把他们的军队开进波兰东部苏联的势力范围。[14] 但英国和法国也在同一天对德宣战。9 月 5 日，莫洛托夫对里宾特洛甫的请求做出了模棱两可的答复，同意说苏联人有必要采取行动，但又说如果时机尚未成熟就介入的话，"可能会损害我们的事业并促使我们的对手团结起来"。[15] 直到 9 月 9 日莫洛托夫才通知德国人说，苏联军队将在此后几天进入波兰。

在 1939 年 9 月 7 日与共产国际领导人格奥尔吉·季米特洛夫（Georgi Dimitrov）的会谈中，斯大林披露了他自己对这场战争以及对波兰问题的考虑：

在资本主义国家的两大集团之间，正在进行一场战争……目的是重新划分世界并统治世界！在我们看来，它们互相残杀、彼此削弱没什么不好。最好是借德国之手去动摇那些最富裕的资本主义国家（尤其是英国）。希特勒在动摇资本主义体系的基础，尽管他既不理解也不想这样干……我们可以设法让双方互相争斗，并且让他们打得尽可能猛烈些。互不侵犯条约在某种程度上帮助了德国。下次我们会鼓动另一边……以前……波兰是一个不受外国控制的民族国家，所以，革命者保卫它，防止它被瓜分和奴役。现在，[波兰] 是一个法西斯国家，它压迫乌克兰人、白俄罗斯人，等等。在目前的形势下，该国的灭亡将意味着要与之斗争的资产阶级法西斯国家又少了一个！由于波兰的溃败，我们把社会主义体制扩展到新的领土和居民中有什么不好呢？[16]

这些话来自季米特洛夫的日记——它是研究战争期间斯大林私下想法的最重要的原始资料——因而需要做一些说明，以免把它们解读为"战争与革命"这种假说的证据。这次会谈是在斯大林宣布改变第三国际（Comintern）政治路线时举行的。自从 1935 年召开第七次"世界代表大会"以来，第三国际的政治路线一直是以反法西斯的人民阵线为基础的，包括支持苏联与西方资产阶级民主国家建立同盟。在苏德条约签订之后，第三国际及其成员党一方面继续奉行人民阵线政策，支持莫斯科在外交上采取的与德国签订互不侵犯条约的策略，但另一方面又继续提倡抵抗法西斯侵略的保卫国家的战争。斯大林并没有反过来指责人民阵线政策，实际上，季米特洛夫还记下了他所说的"我们本来情愿选择与所谓的民主国家签订协议，所以才进行谈判。但英国和法国需要我们的帮助却又不想付出任何回报！"然而，形势已经改变，事实上已经爆发的战争是一场帝国主义之间的冲突，"把资本主义国家区分为法西斯的和民主的已不再有任何意义"。斯大林也提到战争"有可能消灭奴役制度"，但他没有像列宁在第一次世界大战期间那样，鼓吹把帝国主义战争转变为革命的内战。斯大林的当务之急是要为红军即将入侵波兰提供理论依据——这样的军事扩张行动在苏联历史上还是头一回——而他给季米特洛夫传递的主要信息是，共产党人必须反对战争，而不是发动战争。

1939 年 9 月 17 日，红军越过国境进入波兰。在宣布这一行动的时候，莫洛托夫在广播中声称，德国与波兰的战争已经证明了波兰国家的破产。在这种情况下，莫洛托夫说，苏联军队进入该国是为了帮助和保护波兰领土上的乌克兰人和白俄罗斯人。苏联报纸对乌克兰人和白俄罗斯人在波兰所受到的压迫的报道以及他们对来自东方红军"救星"的热烈欢迎，使得这种爱国主义的逻辑更加充分了。[17]

被红军占领的，大体上就是根据苏德条约划给斯大林的那些波兰领土。它们事实上属于乌克兰和白俄罗斯的西部地区，位于所谓的"寇松线"以东——"寇松线"是 1919 年"巴黎和会"的一个委员会划定的俄国与波兰之间的人种疆界，是以该委员会主席英国外交大臣的名字命名的。该委员会的目的是要为刚刚爆发的俄国与波兰的战争的停火线提供根据。不过，最终的界线是由波兰军队在战争中取得的胜利决定的。在 1921 年 3 月签署的《里加条约》中，苏联把西乌克兰和西白俄罗斯割让给了波兰。但苏联人从来就不甘心失去这些领土，而且在这些领土上，波兰人只占一小部分。两国之间的领土争端在外交上是暂时搁置下来了，但它始终是块心病，尤其是在 20 世纪 30 年代，斯大林的苏联当时开始更加突出其爱国主义性质。莫斯科还一直担心，生活在波兰的非苏联的乌克兰人和白俄罗斯人，可能会被用来作为基础，支持苏联境内同胞的颠覆活动。实际上，在 1938 年，纳粹宣传人员和乌克兰的民族主义分子就发动了一场报刊评论与宣传攻势，鼓吹建立重新联合起来的独立的乌克兰。因此，苏联入侵波兰东部除了有显而易见的地缘战略依据之外——红军开进该国可以使苏联的防线西移并明确限制了德国的向东扩张——还体现了一种特殊的"民族主义的"逻辑。

有一个人对苏联开进波兰是欢迎的，他就是丘吉尔。这位英国政治家在长期在野之后刚刚东山再起，回到内阁担任海军大臣。他在 1939 年 10 月 1 日著名的广播讲话中说：

> 苏联实行的是冷酷的利己政策。我们本来希望，苏联军队会作为波兰的朋友和盟友而不是入侵者，坚守他们现在的防线。但是，苏联军队显然有必要坚守这道防线，这样才能保证苏联的安全，防止纳粹的威胁。

丘吉尔进一步安慰他的听众说：

> 我无法向你们预言苏联的行动。这是个谜中之谜，但也许有一个可以揭开谜底的秘诀，那就是苏联的国家利益。如果苏联想要把自己扩张到黑海海滨，或者是它想要占领巴尔干各国并征服东南欧的斯拉夫人民，那它就不可能与

苏联的利益或安全保持一致了，就会触犯到苏联古老的生存利益。[18]

丘吉尔说得对。苏联的国家利益是理解斯大林对外政策的秘诀之一；另一个则是共产主义意识形态。在斯大林9月7日对季米特洛夫说的话中，尽管有许多为第三国际放弃其反纳粹政策辩解的冠冕堂皇的内容，但里面也有许多他真的相信的东西。斯大林有关苏德条约的算计，是基于一种原教旨主义的幻象，即资本主义危机和帝国主义战争是不可避免的。在20世纪20～30年代，斯大林自始至终都在警告，如果帝国主义分子试图通过对苏联发动战争来解决其内部困难，那垮台的将会是他们自己，因为他们将会面临自己本国工人阶级的起义与革命。但斯大林是个非常现实的人，不会把苏联的安全寄托于国外发生革命的希望之上；经验告诉他，发达资本主义国家的革命运动没有什么力量，指望不上。因此，斯大林在战争爆发后给季米特洛夫的政治指示是谨慎而保守的。在1939年10月25日与季米特洛夫的会谈中，斯大林评论说："在第一次帝国主义战争期间，布尔什维克对形势的估计太乐观了。我们那时都太乐观了，因而犯了错误……现在绝不应当再重复那时的布尔什维克的观点了……还应当记住，目前的形势不同以往：那时没有共产党执政，而现在有了苏维埃社会主义共和国联盟！"11月7日，斯大林告诉季米特洛夫："我相信（在第一次帝国主义战争中）把帝国主义战争转变为内战的口号，只适合于俄国……对于欧洲国家来说，那个口号是不合适的……"[19]

斯大林并不需要对季米特洛夫强调，第一次世界大战与第二次世界大战之间的最主要的不同在于苏联的存在，因为季米

39

特洛夫像他那个时代的所有共产主义者一样，相信他的首要责任就是保卫苏维埃社会主义共和国联盟，尤其是在连这个社会主义国家的生存本身都可能受到威胁的战争时期。斯大林 1939 年对他的共产主义支持者提出的要求，不是去发动革命战争，而是发动维护和平的政治运动，包括支持希特勒向英国人和法国人提出的结束与波兰的冲突的请求。

　　苏联与德国的"和平攻势"在 9 月 27～28 日斯大林与里宾特洛甫第二轮会谈之后就开始了。里宾特洛甫飞到莫斯科，是要讨论苏联提出的改变苏联与德国在被占领的波兰的边界的建议。斯大林告诉里宾特洛甫，苏联与德国对波兰的划分，应该尽可能地按照人种学的界线。那就需要把苏联势力范围内的波兰领土换成德国的势力范围，相应地，也要把立陶宛转换为苏联在波罗的海地区的势力范围。在向里宾特洛甫提出这一交易时，斯大林强调：划一道分界线，把波兰人与靠近苏联边界、主要由非波兰人居住的地区隔开，可以预防民族主义分子将来可能进行的要求波兰统一的煽动活动。[20]这些讨论的结果就是一份新的苏德条约，即 1939 年 9 月 28 日的《苏德边界与友好条约》。该条约规定了苏德之间在波兰境内的新界线，并（在一份秘密的议定书中）对把立陶宛转换为苏联的势力范围做了说明（见地图 1）。[21]苏联和德国在同一天还发表了一则共同声明，呼吁结束欧洲战争，因为波兰已经遭到清算。[22]在这之后，希特勒又呼吁通过谈判来实现和平，莫洛托夫 1939 年 10 月底在最高苏维埃的讲话也响应了这一要求。他在讲话中认为，战争之所以还在继续，责任在于英国人和法国人，因为他们想要保住自己的殖民地财产，而正在进行的是帝国主义分子之间为争夺世界霸权的战争。[23]

40

瑞　典

爱沙尼亚

1940年6月被
苏联兼并

里加

拉脱维亚

1939年4月被
德国兼并

梅梅尔

立陶宛

波罗的海

威尔诺

明斯克

哥尼斯堡

利达

但泽

东普鲁士

哥罗德诺

什切青

托伦

比亚韦斯托克

巴拉诺维奇

柏林

波兹南

华沙

平斯克

罗兹

波　兰

布列斯特－利托夫斯克

尼斯河

奥得河

卢布林

科韦利

苏　联

苏　联

德　国

克拉科夫

卢茨克

罗夫诺

利沃夫

捷尔诺波尔

布拉格

斯塔尼斯瓦夫

捷克斯洛伐克

维也纳

多瑙河

N

奥地利

布达佩斯

匈牙利

被苏联兼并的地区

被德国兼并的地区

南斯拉夫

地图1　苏德条约，1939年8～9月

"新拉帕罗式的关系"

41 　　但是，斯大林是否真的希望结束欧洲战争呢？他很可能不是真的这样希望，但他也不知道它会持续多久，或者它会如何发展，而且谁也不能保证任何结果都会对苏联有利。英国和法国为了支持波兰已经对德宣战，但几乎没有采取什么行动来帮助波兰人。它们现在似乎满足于从法德边界的"马其诺防线"的背后与德国交战。德国人占领波兰从根本上改变了欧洲力量的均势，但还难以精确预测由此造成的后果。在这样的形势下，斯大林别无选择，只能通过一切可能的方式来加强苏联的战略地位，同时避免卷入这场欧洲战争。而这在当时就意味着与德国人的紧密合作，包括支持希特勒的"和平建议"。但与此同时，斯大林也不想与英法彻底断绝来往，而是试图继续敞开大门，重建苏联与西方列强的关系，以便平衡他对希特勒的支持。[24]

　　与希特勒的这种新关系能够维持多久，这很难说，但斯大林在这个阶段并没有排除建立长期伙伴关系的可能性。实际上，苏德之间曾经进行过长期而重要的合作。1922 年，苏联与德国签订了《拉帕罗条约》（Treaty of Rapallo），恢复了两国之间在 1918 年断绝的外交关系，并在经济、政治和军事方面开始了长达 10 年的广泛合作，只是在 1933 年希特勒上台之后才中止了这种所谓的"拉帕罗式的关系"。即使是这样，在 20 世纪的整个 30 年代，双方都断断续续地进行过努力，要恢复某种程度的合作，尤其是在贸易方面。[25] 斯大林在 9 月 27 日与里宾特洛甫的讨论中，特别指出了苏德之间曾经有过的拉帕罗式的关系：

苏联的对外政策一直是以相信苏德之间有可能进行合作为基础的。在布尔什维克上台的时候，有人指控他们是被德国收买的特务。是布尔什维克签订了《拉帕罗条约》。这为扩大和加深彼此的关系提供了基础。当国家社会党人在德国上台的时候，关系变糟了，因为德国政府认为有必要优先处理国内的政治问题。一段时间之后，这个问题解决了，德国政府又表现出了改善与苏联关系的意愿。……苏联政府在历史上从来没有排除与德国发展友好关系的可能性。因此，苏联政府对于开始恢复与德国的合作是问心无愧的。这种合作代表着一种力量，其他所有的联合都必须为之让路。[26]

42

当然了，纳粹德国不是魏玛共和国，希特勒也绝不是普通的德国政治家，但是，斯大林倾向于把民主国家与法西斯国家看作共存于同一个资本主义统一体中的，而不是看作本质上不同的现象。[27]20 世纪 30 年代，纳粹德国曾经对苏联构成了威胁，斯大林所追求的也是与西方民主国家的共同的事业。但现在情况发生了变化，希特勒所代表的不是威胁而是机会。这个"机会"将来有可能会成为威胁，但在目前，斯大林考虑的只是从与德国的"新拉帕罗式的关系"中获得尽可能多的好处。

苏联与德国在 20 世纪 20 年代曾经是非常重要的贸易伙伴，这种关系在希特勒上台的时候破裂了。但随着苏德条约的签订，两国间的经济关系在很大程度上得到了恢复。根据在 1939 年 8 月、1940 年 2 月和 1941 年 1 月签订的各种经济协议，苏德之间的进出口量增加了 10 倍，达到了它们自 20 世纪 30 年代初以来的最高水平。[28]贸易模式跟早期的还是一样：德国人向苏联人提供购买机器及制成品的贷款；作为交换，苏联则向德国出口原材料。从 1940 年 1 月到 1941 年 6 月，苏联向德国供应的原材料如下：

150 万吨谷物

10 万吨棉花

200 万吨石油产品

150 万吨木材

14 万吨锰

26000 吨铬[29]

谷物、石油、锰和铬都特别重要。它们在当时面临英国海军封锁的德国战争经济中，都是命运攸关的成分。苏联人还跟德国人签订了秘密议定书，作为第三方替他们购买货物，并借道苏联用船将其运至德国，而苏联人则在这场交易中得到了相应数量的机床、化工产品以及军事等方面的设备。[30]双方进出口商品的价值相当，都在 5 亿左右，但希特勒在战略上所得到的好处要远远大于斯大林。正如爱德华·E. 埃里克森评论的那样：

43 　　如果没有苏联提供的原材料……德国几乎不可能对苏联发动进攻，更不可能差一点就得逞。如果不是苏联，德国的石油、锰和谷物的储备到 1941 年夏末就完全用完了，而德国的橡胶储备也会在半年前就用完了……换句话说，希特勒用来进攻苏联的资源几乎都是斯大林提供的。所以，毫不奇怪，希特勒总是坚持要求德国履行这些经济条约的条款。他要等到他首先得到足够多的苏联原材料之后，才能够占领苏联的领土。[31]

斯大林与希特勒在军事领域的合作受到的限制要多一些，但对于德国人来说仍然是宝贵的。当德国轰炸机于 1939 年 9 月进攻波兰的时候，它们得到了苏联雷达站引导信号的帮助。后来，在红军于 1939 年 9 月 17 日入侵波兰之后，苏德之间的武装力量也有协作。苏联人向需要避难的德国船只开放他们北冰洋的港口，并允许德国人在摩尔曼斯克附近建立潜艇基地。该基地一直活动到 1940 年 4 月德国人侵挪威之后才因为多余而被关闭。[32]

在意识形态战线上，苏联报刊停止了对法西斯主义和纳粹主义的抨击；而在文化领域，苏联也采取了许多措施，恢复并发展与德国的联系。但是，斯大林与希特勒的伙伴关系最重要的是出于地缘政治的考虑。在战争还在继续的时候，在希特勒需要与斯大林保持友好以保护其东方侧翼的时候，德国人与苏联人没有在波罗的海地区他们划定的势力范围内发生冲突。

势力范围

在波兰问题最终解决之前，斯大林就开始在波罗的海地区采取行动了。1939 年 9 月 24 日，莫洛托夫向在莫斯科准备签订贸易协定的爱沙尼亚外交部长提出，要签订互助条约并在爱沙尼亚建立苏联的空军、海军基地。9 月 27 日，斯大林参加了谈判并就苏联提出的军事基地一事向爱沙尼亚人再次保证：

　　　　不用担心这些守备部队。我们向你们保证，苏联决不想使爱沙尼亚的主权、她的政府或她的经济体制受到影响，

44   也不想使她的国内生活或对外政策受到影响……苏联军队不会做任何违背这些承诺的事情。[33]

从形式上来说，斯大林就跟他说的一样好。在 1939 年 9 月 28 日签订的《苏联－爱沙尼亚互助条约》中，也含有禁止苏联干预爱沙尼亚内部事务的条款。[34]

下一个就轮到拉脱维亚人了。就像所有波罗的海地区的政府一样，他们也希望德国人来替他们调解，但斯大林很快就打消了他们的幻想。"我坦率地告诉你们，势力范围已经划分好了，"他在 10 月 2 日通知拉脱维亚的外交部长，"我们可以占领你们，德国人不会管。但我们不想造成伤害。"[35]在第二天的进一步会谈中，斯大林说得甚至更直白："德国人可能会发动进攻。德国的法西斯分子与共产党人六年来一直在互相咒骂。现在，尽管历史已经发生了出人意料的转折，但我们不能指望它。我们必须及时地做好准备。其他那些没有做好准备的人会为此付出代价的。"[36]

拉脱维亚人于 10 月 5 日与苏联签订了他们的互助条约，立陶宛人在 10 月 10 日也签了。就与爱沙尼亚的条约一样，在这些条约中也有苏联军事基地的条款和不干涉内部事务的承诺。斯大林告诉立陶宛人，这些军事基地是"维护立陶宛安全的最重要的组成部分"。[37]他还开玩笑说："如果在立陶宛有共产党造反的话，我们的部队会帮助你们镇压。"[38]

实际上，斯大林也不完全是在开玩笑。根据莫斯科的既定政策，它对自己的驻波罗的海国家的外交代表和军队下达了严格的命令，禁止介入当地的政治活动，而且不允许做任何有可能给有关该地区未来会"苏维埃化"的谣言火上浇油的事情。[39]斯大林 10 月 25 日对季米特洛夫解释说：

> 我们相信在我们［跟波罗的海各国］的互助条约中，
> 我们找到了可以让我们把一些国家纳入苏联势力范围的正
> 确形式。但我们必须对此保持一贯的立场，严格尊重它们
> 内部的政治制度与独立。我们不会谋求把它们苏维埃化。
> 总有一天它们自己会那样做的！[40]

与斯大林对波罗的海国家的克制态度截然不同的是苏联在西白
俄罗斯和西乌克兰的政策。在红军 1939 年 9 月占领了这些地区
之后，政治局下令进行选举，口号是建立苏维埃政权，把白俄
罗斯和乌克兰的东、西部重新统一起来；另外还下令对大企业
实行国有化、接管银行系统、对农业实行集体化。[41]不用说，
这些选举都是受到操纵的。11 月，这些"人民大会"通过无记
名投票的方式赞成加入苏联。为了达到全面的政治控制，苏联
当局无情地使用恐怖手段、挑动阶级斗争与种族暴力。[42]对西
白俄罗斯和西乌克兰的波兰裔少数民族——他们被看作最可能
反对新的苏维埃政权的人——则采取特别的镇压政策。大约有
40 万波兰人（总人口是 1200 万）遭到监禁、驱逐或者在许多
情况下被处决。在这些受害者当中，有 2 万名成为战俘的波兰
军官和政治犯在 1940 年 3~4 月被可耻地枪杀了，大部分是在
斯摩棱斯克附近的卡廷森林。[43]

斯大林打算用同样的方式来对待波罗的海各国吗？有些人
肯定会这么想，因为红军在 1940 年夏占领了波罗的海各国，并
把它们合并进苏联，而且还像对待西白俄罗斯和西乌克兰一样，
强迫它们实行苏维埃化。然而，无论是苏联人的行动还是斯大

45

林在 1939 年秋的声明，都采取了至少在那时来说是比较克制的政策。而且在波兰东部实行的比较过火的政策也有非常特殊的根源。正如早先曾经说过的那样，苏联人从来就不甘心把西白俄罗斯和西乌克兰割让给波兰人，斯大林从红军一开始入侵的时候就打算把这些地方并入苏联。波兰东部的苏维埃化并没有为波罗的海各国开创先例，但它的确提供了怎样实行苏维埃化的模式，包括在 1940 年 6 ~ 7 月从爱沙尼亚、拉脱维亚和立陶宛驱逐了大约 25000 名 "不受欢迎的人"。[44]

　　斯大林非常感兴趣的另一个地区是巴尔干。跟波兰和波罗的海各国不同的是，苏联人和德国人并没有就该地区的势力范围达成协议，但是，这并没有妨碍斯大林去搞一个这样的协议。在斯大林的计划中，关键是两个国家：保加利亚和土耳其。苏联向这两个国家都提出过签订互助条约。保加利亚人礼貌地回绝了。他们指出，不清楚万一发生战争苏联人能够向他们提供什么样的援助，而这样的条约会在 1939 年秋气氛已经紧张起来的巴尔干引起猜疑。[45] 土耳其人的立场比较纠结。他们既准备与苏联人签订互助条约，又打算与英法达成互助协议。这对于斯大林来说是无法接受的。他在 1939 年 10 月 1 日对土耳其外交部长做了一个生动的解释：

46　　　　事态的发展有自身的逻辑：我们说的是一回事，但事态的发展是另一回事。我们跟德国划分了波兰。英法没有对我们宣战，但它们本来应该宣战的。我们与德国没有互助条约，但如果英国人和法国人对我们宣战，我们将不得不与他们开战。到那个时候，这份 ［英国、法国和土耳其的］ 协议看起来会怎样呢？…… ［你们］ 也许会说，你们对这样的结局已经预先做好了准备，土耳其人会决定他们自己的行动，或者土耳其会保持中立。但是，我们将不得不预先做好准备，万一土耳其参战，我们的条约就无效。我们永远也不会宣布反对德国……我们想跟土耳其人签订条约吗？是的。我们想跟土耳其建立友好关系吗？是的。但是，如果遇到我已经说过的那些情况，[在苏联与土耳其之间的]条约就会成为一纸空文。对于与土耳其签订这样一份条约，如果事情的结果不利，那要怪谁呢？谁也不怪。这是由于形势和事态的发展。在波兰的行动起到了作用。英国人和法国人，尤其是英国人，不想与我们达成协议，他们认为没有我们也行。如果说我们犯了什么错的话，那就是没有预见到这一切。[46]

土耳其人不顾斯大林的请求，在1939年10月19日与英法签订了互助条约。该条约使土耳其没有卷入与苏联的战争，但这对于斯大林把土耳其、保加利亚和苏联组成一个由苏联领导的中立的巴尔干集团的宏大构想来说，只是个小小的补偿。

斯大林谈到了无法预见的形势和出乎意料的后果，这显然是在吓唬土耳其人，而且他讲得很明白，他把与德国的伙伴关系放在首位。但斯大林的这番话也说明，他感觉到最初这几个星期的欧洲战争的局势不稳定，瞬息万变，因而很难预料各个国家在这场冲突中最终会怎样结盟。斯大林可能要比他想象的还要有先见之明。没过几个星期，波罗的海地区的事态就发生了转变，并使苏联与英国和法国差点开战。

冬季战争

1939～1940年的苏芬战争是自俄国内战以来，斯大林作为军事领袖的第一次真正的考验。在西班牙内战期间，斯大林曾经监督过莫斯科对冲突中的共和派的援助，包括派遣大约 2000 名苏联"志愿军"去和佛朗哥的法西斯军队作战。在 20 世纪的整个 30 年代，苏联与日本在中苏边界断断续续地有过多次军事冲突，有时达到了师一级的强度。但所有这些都无法与全面入侵相邻的主权国家相提并论。波兰是苏联军事行动的更适当的例子，但当时的波兰军队已经被德国人完全打垮了。

与芬兰的"冬季战争"并非出于斯大林的选择。对于成为这场冲突导火线的边界与安全问题，他本来是打算通过谈判来解决的。但是，当与芬兰的政治谈判破裂的时候，他就毫不犹豫地下令采取军事行动。

战争之路始于 1939 年 10 月 5 日，苏联当时邀请芬兰派代表团到莫斯科商讨苏芬互助条约。在莫斯科，苏联向芬兰代表团提出的要求不仅仅是签订条约，而且还要求芬兰出让或租借芬兰湾的一些岛屿给苏联用于构筑海军防御工事。最重要的是，斯大林想把苏芬边界向西北移动，因为这条边界距离列宁格勒只有 20 英里。作为交换，苏联人提出，用位于遥远的北方的卡累利阿（Karelia）的领土来补偿芬兰人。

在准备谈判的时候，苏联外交部阐明了一系列的最高和最低要求。在苏联人的最高要求中，包括在芬兰建立军事基地，割让芬兰北部的皮特萨默（Petsamo）镍矿区，而且禁止芬兰在波罗的海建立军事防御工事。[47] 但芬兰代表团即使准备让步，也只准备做出极小的让步。于是苏联人就退而求其次，提出了他们的最低领土要求，甚至取消了拟议中的苏芬互助条约。谈判在 10 月份拖了整整一个月，却没有取得任何积极的成果。[48] 实际上，在 10 月中旬，芬兰人就对他们的军队进行了动员，并因为预计将要发生战争而逮捕了许多芬兰共产党人。[49]

斯大林似乎早就认定，与芬兰的战争可能不可避免。10 月 29 日，列宁格勒军区向国防人民委员克里门特·伏罗希洛夫提交了"摧毁芬兰军队的陆上和海上力量的行动计划"。[50]1939 年 11 月中旬，据说斯大林对他的军事委员会说，"我们将不得不与芬兰开战"。[51]大约在同一时期，伏罗希洛夫命令列宁格勒地区的苏联军队要在 12 月 20 日前完成集结，当地的指挥员要准备在 12 月 21 日采取行动。[52]苏芬军队之间的边界冲突成了战争的借口。11 月 28 日，莫洛托夫宣布废除 1932 年的《苏芬互不侵犯条约》。第二天，苏联断绝了与芬兰的外交关系。[53]当天晚上，斯大林在自己的克里姆林宫办公室与包括伏罗希洛夫在内的最亲密的副手们开了八个小时的会议。[54]红军于次日向芬兰发动进攻。

根据赫鲁晓夫的说法，苏联领导层没有料到与芬兰的战争 48 会拖得那么久，而是认为芬兰一遇到军事威胁就会退让，甚至一旦开火就会举手投降。[55]莫斯科认为战争会轻而易举地取得胜利，这样的想法在他们为冲突所做的政治准备中表现得很明显。11 月 30 日，莫洛托夫告诉德国大使说，"并不排除在芬兰成立另一个政府，一个对苏联和德国友好的政府。这个政府不会是苏维埃，而是民主共和国。没有人要在那里建立苏维埃，但我们希望它是一个我们可以与之就保护列宁格勒的安全问题达成协议的政府"。[56]莫洛托夫说这番话是什么意思，到第二天就见分晓了：苏联人成立了自己的傀儡政府——以芬兰共产党人奥托·库西宁（Otto Kuusinen）为首的"芬兰人民政府"。12 月 2 日，库西宁政府单独与苏联签订了互助条约，承认了斯大林在领土和安全方面提出的主要要求，作为交换，芬兰人得到了苏联卡累利阿 7 万平方公里的领土。[57]

成立库西宁政府在某种程度上只不过是苏联进攻芬兰的意识形态遮羞布。但是，成立这个政府也反映了苏联人的一个真实的想法或者说希望：红军的入侵会得到民众的响应，他们会发动起义反对赫尔辛基的资产阶级政府。[58]斯大林想让芬兰战争绕着意识形态这根轴来旋转，他在 1940 年 1 月对季米特洛夫的一次谈话中表达了这种想法。在那次谈话中，他把苏芬战争跟世界范围内为社会主义事业而进行的政治斗争联系在一起："认为世界革命可以一蹴而就的，那是胡说八道。它是在不同的时间、不同的国家发生的。红军的行动也是世界革命的一部分。"[59]不过，斯大林虽然受到了自己的意识形态的蒙蔽，却并没有因此而丧失判断力。一旦事态明朗，芬兰的政治局势不会按照意识形态的蓝图发展，库西宁政府就在视野中消失了。实际上，就在与季米特洛夫的同一次谈话中，斯大林曾经暗示会做出让步，只对芬兰提出非常有限的要求："我们并不想要芬兰的领土，但芬兰应当成为一个对苏联友好的国家。"[60]

在军事战线上，苏芬战争有两个主要的阶段（见地图 2）。1939 年 12 月，红军动用了 5 个集团军约 120 万人、1500 辆坦克和 3000 架飞机对芬兰的防御工事发动了全线进攻。进攻主要是针对卡累利阿地峡的曼纳林防线（Mannerheim Line）。这条以芬兰武装力量总司令的名字命名的防线，是一个天然地势与人工建筑相结合的带形防御工事，纵深为卡累利阿地峡的宽度。曼纳林防线的主要突击力量是由列宁格勒军区司令 K. A. 梅列茨科夫（Meretskov）率领的第 7 集团军。苏军的目标是突破曼纳林防线，占领维普里镇（Viipuri），然后折向西朝芬兰首都赫

49

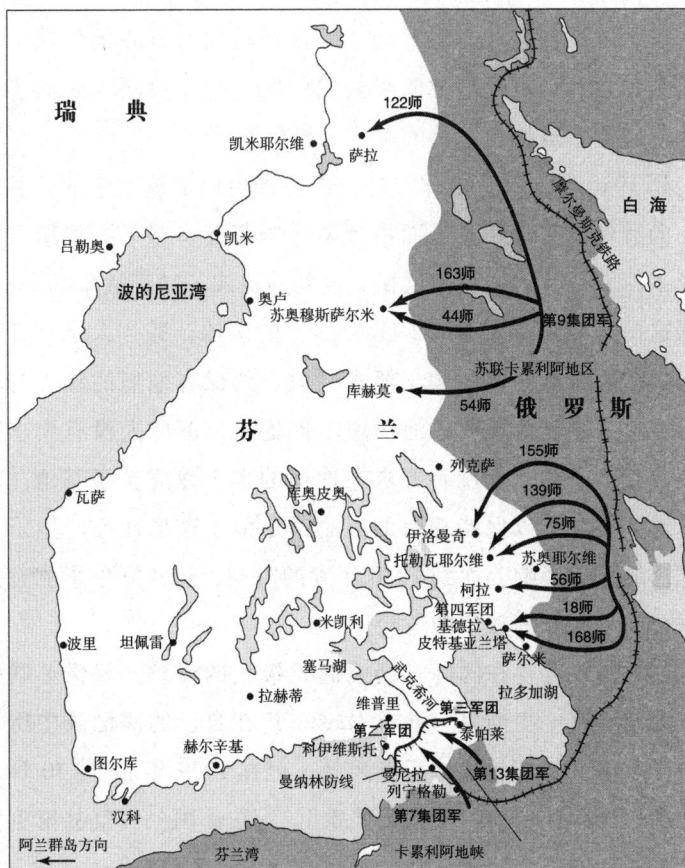

瑞　典

凯米耶尔维

萨拉

122师

第尔维努克托基拉

白　海

吕勒奥

凯米

波的尼亚湾

奥卢

苏奥穆斯萨尔米

163师

44师

第9集团军

苏联卡累利阿地区

库赫莫

54师

俄　罗　斯

瓦萨

库奥皮奥

芬　　兰

列克萨

155师

139师

伊洛曼奇

托勒瓦耶尔维

75师

苏奥耶尔维

56师

柯拉

18师

米凯利

第四军团

基德拉

皮特基亚兰塔

168师

萨尔米

波里

坦佩雷

塞马湖

拉赫蒂

拉多加湖

武克希河

维普里

第三军团

图尔库

赫尔辛基

第乙军团

泰帕莱

科伊维斯托

第13集团军

曼纳林防线

曼尼拉

列宁格勒

汉科

第7集团军

阿兰群岛方向

芬兰湾

卡累利阿地峡

地图2　苏芬战争，1939～1940 年

尔辛基推进。最初，由于防御工事非常坚固、芬兰人的顽强战斗、天气恶劣、苏军的进攻混乱而且很不协调，攻击失败了。1940年1月，苏联人进行了重新部署，加强了他们的军队，斯大林还任命铁木辛哥（Timoshenko）全权负责苏军对芬兰的进攻。铁木辛哥在2月中旬发动了一次经过精心准备的进攻，再一次集中力量突击曼纳林防线。这一次苏联人成功地突破了芬兰人的防御，迫使曼纳林的军队全线后撤。[61]

到1940年3月，红军已经处于一种可以击溃残余的芬兰守军、向赫尔辛基进发，进而占领整个国家的态势了。但斯大林选择了回应芬兰人的和平试探、谈判并达成了结束战争的条约。根据这份于1940年3月12日签订[62]的条约，芬兰人承认了苏联人提出的所有主要的领土要求，但仍然保有他们的独立与主权。而且，跟其他波罗的海国家不同的是，苏联人没有要求他们签订互助条约，也没有要求在他们的本土建立军事基地。斯大林对芬兰之所以保持相对的克制，是由于这场冲突产生了更为广泛的派生影响，而到1940年春的时候，这些派生影响有把苏联全面卷入欧洲战争的危险。

苏联进攻芬兰在国际社会引起了极大的反感。就像苏联驻伦敦大使伊万·麦斯基（Ivan Maiskii）在自己的回忆录中所写的那样，他"经历过多次反苏风暴，但在1939年11月30日之后的那次比以往任何一次都要严重"。[63]在法国，气氛甚至更紧张。苏联驻巴黎大使雅科夫·舒里兹（Ya. Z. Suritz）在12月23日向莫斯科报告，"我们的使馆已经变成了疫区，外面围着一群穿便衣的警察"。[64]在意大利，民众的反苏示威活动让莫斯科不得不从罗马撤回大使以示抗议。在美国，政府宣布对出口到苏联的军用物资实行"道义禁运"。12月14日，"国际联盟"

开除了苏联，这是该组织首次也是最后一次采取这样的行动来制裁侵略国（德国、意大利和日本都已经自动退出）。其实这时候的"国际联盟"已经没有什么权威和地位了，但由于苏联在 20 世纪 30 年代一直是反对侵略、争取集体安全的主要支持者，所以，莫斯科对于被"国际联盟"开除很长时间一直耿耿于怀。

对于事态发生这样的变化，斯大林 1939 年 12 月在与爱沙尼亚武装力量领导人的谈话中明确地表达了自己的愤怒：

> 世界上的新闻舆论正在开展一场经过精心策划的攻讦 51
> 苏联的运动，指控她采取的是帝国主义的扩张政策，特别
> 是针对苏芬冲突。满天飞的谣言说什么苏联在跟英国和法
> 国的谈判中要求占领芬兰、爱沙尼亚和拉脱维亚……正在
> 散布和编造我们谣言的英国人和法国人，按照他们一贯的
> 做法，决定不在官方文件中公开证实这些谣言。原因很简
> 单……速记记录表明，法国人和英国人根本不想与我们达
> 成公平而诚实的协议，而这样的协议本来是可以避免战争
> 的。他们一直只是搪塞敷衍。[65]

冬季战争造成的政治后果非常糟糕，但更令人忧心的是，莫斯科接到报告说，英国和法国准备派遣联合远征军援助芬兰人。甚至在 1940 年初有报告说，英国和法国计划联合轰炸巴库油田，切断苏联对德国的石油供应。[66]

英国和法国在芬兰问题上的目标是借道挪威和瑞典向战区运送"志愿军"。在这次行动中，英法军队会控制挪威的纳尔维克（Narvik），并占领瑞典北部的铁矿场——这是对德国战

争经济至关重要的资源。丘吉尔对于任何扩大对德战争的行动都感兴趣，他是这次远征的热情支持者。虽然他认为苏联与西方在芬兰问题上发生战争的危险性极低，但他显然准备冒这样的风险。[67] 从事后来看，丘吉尔的判断很难说是合理的。同盟国的远征会极大地侵犯挪威和瑞典的中立地位。只要瑞典人告诉芬兰人他们会捍卫自己的中立地位，并用武力去反抗同盟国的远征军，那德国人就会采取行动，以保护自己来自瑞典的铁矿石供应。斯大林不想与英法发生冲突，但是，如果同盟国的军队逼到了他的家门口并且在斯堪的纳维亚爆发较大的战争，他很可能就会觉得自己别无选择，只好在军事上与希特勒站在一边。

泰勒在《英国史，1914～1945》中对计划中的远征芬兰的看法是"英国政府和法国政府已经失去了理智"。[68] 斯大林很可能也有同感，只是他有另一种解释：英国和法国在芬兰问题上的动作证实了他最担忧的事情：它们在竭力把欧洲战争的祸水引向苏联。这是麦斯基在 1939 年 12 月 23 日给莫斯科的急电中描述的一种有可能发生的情况。麦斯基说，在英国的统治圈子中，关于英苏关系有两种观点。一种观点赞成苏联在战争中保持中立，并希望这种中立有可能变得比较友好，甚至会发展成反德同盟。另一种观点是，苏联的中立对英国和法国没有好处，而且芬兰事件提供了一个机会，促使苏联站在德国一边加入战争。苏联的参战会耗尽它自身的力量，在这样的形势下，美国就有可能与西方同盟国站在一边。此外，在苏联因为战争而精疲力竭的情况下，就可能形成一个甚至包括德国在内的资本主义国际同盟，与布尔什维克的苏联进行决斗。[69]

1940 年 3 月 29 日，莫洛托夫在对最高苏维埃发表的讲话中，愤怒抨击英国和法国，公开表达了这些担忧和怀疑。"在芬兰战争开始的时候，"莫洛托夫说，"英国和法国的帝国主义分子就准备使它成为对苏战争的起点。不仅是芬兰本身，而且瑞典和挪威这些斯堪的纳维亚国家，也将被拖入战争。"莫洛托夫认为，伦敦和巴黎把芬兰看作有可能对苏发动进攻的集结地。在提到芬兰从国外得到的援助时，莫洛托夫说："在芬兰所进行的不仅仅是我们与芬兰军队的碰撞，也是我们与许多帝国主义国家的联合武装的碰撞。"莫洛托夫还从苏联的角度对冬季战争进行了总结。如同可以预料的那样，他对红军突破曼纳林防线大加赞扬，并称颂缔结和平条约的种种好处：挫败了帝国主义的阴谋，维护了苏联的安全，使芬兰继续保持独立。根据莫洛托夫的说法，苏军在战争中有 48745 人战死，158863 人受伤，而芬兰军队有 6 万人死亡，25 万人受伤。[70]

尽管莫洛托夫对这场战争摆出一副大获全胜的样子，但苏联人背地里对冲突的结果与教训进行了全面而彻底的检讨。这一过程始于 3 月 28 日共产党中央委员会全体会议对伏罗希洛夫关于战争实施方式的批判性报告展开的热烈讨论。[71]接着是在 4 月 14～17 日，统帅部召开了关于"对芬兰的军事行动的经验"的特别会议。斯大林全程参加了会议：他频频参与讨论，并在会议结束时亲自对战争的教训做了总结。

在总结中，斯大林首先说明了为什么决定开战。他指出，列宁格勒的安全至关重要，因为它是全国的第二大城市，集中了 30%～35% 的国防工业。关于战争的时机选择，斯大林说，与其再等待几个月，直到进攻的准备工作做得更充分些，不如充分利用欧洲战争所造成的有利条件。如果英、法、德彼此突然言归于好，那数月的等待也许就意味着还要再耽搁 20 年才能

53

确保列宁格勒的安全。关于战争为什么会持续那么长的时间，斯大林透露说，苏联领导层本来估计，它可能会拖到 1940 年的 8 月或者 9 月。他还提到，过去俄国在芬兰进行的许多战役都耗时数年之久。不过，苏联军方对于与芬兰的战争也不够重视，指望它会像入侵波兰东部一样轻而易举。此外，在军队中仍然存在对俄国内战的崇拜。斯大林说，但"内战不是当代的战争，因为它还是一场没有大炮、飞机、坦克和火箭的战争"。斯大林批评芬兰军队只是一味地进行防御，认为一支被动的军队不是真正的、当代的军队，当代的军队必须是一支崇尚进攻的军队。斯大林在结束时指出，苏联打败的不仅仅是芬兰人，还有他们的"欧洲老师"："我们打败的不仅是芬兰人——那个问题不太大。我们的胜利主要在于我们打败了欧洲主要国家的技术、战略和战术。这是我们胜利中的主要的东西。"[72]

为了进一步提炼芬兰战争的经验，在这次会议之后又成立了一个委员会。[73]该委员会及其下属机构的工作为苏联武装力量在接下来的几个月里的一系列改革做出了贡献。这些改革是由铁木辛哥主持的，他在 5 月份接替了伏罗希洛夫的国防人民委员职务。政府在同一个月还颁布了法令，在高层指挥系统恢复将军军衔，并在 6 月宣布把数百名经验丰富、作战勇敢的军官提升为将军。获得晋升的军官包括铁木辛哥和梅列茨科夫，他们分别被提升为元帅和大将。几乎在同时，斯大林同意把数千名遭到清洗并被解除职务的军官召回军队，这其中就包括罗科索夫斯基（Rokossovskii）上校。他在 1940 年 6 月被提升为将军，并注定在伟大的卫国战争中成为一名著名的苏联元帅。1940 年 5 月 16 日，苏联军队修改了训练条令，其规定更加注重实战，并在 7 月强化了军队的纪律条令，8 月恢复了战术层面的统一指挥——这就意味着校官在指挥中的决定无须再与政治委员保持一致。与此同时，军队还采取措施改进了宣传工作，并招募更多的军官和士兵加入共产党。[74]

"冬季战争"常常被说成斯大林领导的重大失误：战争付出的代价之大，让红军极为难堪，并使希特勒相信入侵苏联相对来说没有那么困难；它在外交上孤立了苏联，并使它差点与英法开战；它制造了芬兰人这个敌人，他们在 1941 年 6 月与德国人一起对苏联发动了进攻。但斯大林对这场战争及其后果并不这样看。虽然缺乏天时和地利，但不管怎样，这场战争是赢了，而且只用了三个月的时间。苏联实现了它在领土方面的目标，而及时结束战争则挫败了英法帝国主义的阴谋。战争暴露了军队在训练、装备、构成和理论方面的某些缺陷，但那是件好事，只要采取措施去改正这些缺陷就行了。甚至正相反，芬兰战争使斯大林相信，苏联是强大的，足以对付更大范围的欧洲战争中不可预知的后果。

芬兰战争充分显示了斯大林高超的指挥艺术。他决心放弃"芬兰人民民主共和国"这个意识形态工程，以及他主动迅速结束战争，都证明了他有能力在现实需要的时候远离教条的立场。同样，他免去他的长期密友伏罗希洛夫的国防人民委员职务，给遭到清洗的军官平反，把年轻有为的军事指挥员提拔到高级岗位，这些都展示了他在重大人事问题上的灵活性。事后对战争的检讨表明，认为斯大林是不会犯错误的这种臆断——它是苏联所有决策中的普遍现象——并不排除对许多问题可以进行充分而坦率的讨论，或者是纠正错误并实行激进的改革。不过，在各种各样的讨论中，斯大林喜欢干预的风格以及人们对他的意见的尊重，说明苏联的指挥

54

系统高度依赖于斯大林在战略层面的正确决策。幸运的是，斯大林对现代事物与技术的优点所怀有的那种布尔什维克的未来主义信念，恰好在许多军事问题上帮助了他。他经常提到现代军事技术的优点，这说明他很快就领会了德国在1940年5～6月通过装甲力量的闪电战占领法国的重大意义。1940年7月，斯大林撤销了早先做出的取消红军坦克军的决定，并下令组建若干配有重型装甲力量的庞大的机械化军。[75] 大约在同一时期，他还做出了一些决定，采办和生产日后在伟大的卫国战争中成为苏军主战装备的那些坦克、枪炮和飞机。[76] 在1941年1月与自己的高级指挥官的一次会议上，斯大林为机械化进行了辩护，反驳了批评者所说的马比坦克更可靠而且后者不管怎样对于大炮来说都不堪一击的观点。斯大林强调指出，"现代战争将是引擎的战争。陆上的引擎、空中的引擎、水面的和水下的引擎。在这些条件下，拥有更多、更强大的引擎的一方将会取得胜利"。[77]

55

法国的陷落与苏德条约的终结

到1940年6月法国陷落为止，苏德条约一直对斯大林有很大的帮助：与希特勒的交易使苏联得以置身于战争之外，避免了苏联与德国在东线发生冲突而英法作壁上观的梦魇，而且它还给苏联提供了更多的准备防御的时间；苏联在波兰和波罗的海国家得到了政治和领土上的好处；与德国恢复拉帕罗式的关系又带来了许多经济上的利益；希特勒在冬季战争中保持中立也很受欢迎。但这一切绝不是单方面的，希特勒也得到了许多，特别是，他可以放心大胆地进攻波兰，而用不着担心必须在两条战线上进行大的战争。德国的闪电战在西欧取得的惊人成功打破了平衡。当法国于 1940 年 6 月 22 日投降的时候，希特勒统治了欧洲大陆。英国在新上任的丘吉尔的领导下，看来是铁了心要战斗到底，但它是否有能力抵抗希特勒、是否有能力抗拒绥靖主义诱人的和平呼声，似乎还不一定。斯大林现在看到了结束欧洲战争并达成和解的可能性，但和解的条件要听命于获得胜利的德国人。

斯大林针对新的形势，主动采取了一连串的行动，以便在战争还在继续的时候进一步巩固他所获得的战略利益。1940 年 6 月中旬，斯大林采取行动以加强对波罗的海国家的控制。由于担心波罗的海国家民族主义分子的阴谋和德国人对该地区的渗透，斯大林要求在爱沙尼亚、拉脱维亚和立陶宛成立亲苏政府，还要求红军占领所有这三个国家。他再一次做出努力，想在巴尔干构建苏联的势力范围。针对意大利即将参战的传闻，莫洛托夫主动向罗马提出，与意大利和德国就巴尔干的"势力范围"达成协议。6 月 10 日，意大利果真参战了。苏联加强了试探活动，并在 6 月 25 日的提议中达到了高潮。该提议是：意大利承认苏联在黑海地区的支配地位；作为交换，苏联承认意大利在地中海地区的统治权。[78] 6 月 26 日，莫洛托夫向罗马尼亚大使递交了最后通牒，要求归还比萨拉比亚（现在是当代摩尔多瓦的一部分）。他还要求罗马尼亚人割让北布科维纳（North Bukovina），该地区有乌克兰居民，但苏联以前从来没有对它提出过主权要求。两天后，罗马尼亚人对苏联的要求屈服了。收回比萨拉比亚增加了苏联海军在敖德萨和塞瓦斯托波尔的黑海基地的防御纵深，而占领北布科维纳则保障了比萨拉比亚与乌克兰的陆上联系。苏联与罗马尼亚的边界现在是沿多瑙河口的东北岸，这就使莫斯科有权参与到控制河上交通的管理

56

体制当中。[79]像西白俄罗斯和西乌克兰一样，比萨拉比亚和北布科维纳很快就被合并为苏联的领土了。1940 年 7 月，类似的合并在波罗的海各国也开始了。尽管遭到大多数居民的反对，但基本上以城市居民为主的活跃的左翼少数派，还是欢迎红军的占领的；他们还要求建立苏维埃政权并与苏联合并。部分居民中的这种激进情绪，促使莫斯科重新考虑自己反对"苏维埃化"的立场。到 8 月中旬，三个波罗的海国家都举行了受操纵的选举，选出了新的人民大会，这些人民大会然后又正式投票决定并入苏维埃社会主义共和国联盟。[80]

斯大林把这些行动都看作防御性的，是为谈判下一阶段苏德同盟的和平会议做准备的。但在希特勒看来，这些行动倒像是挑衅和威胁。斯大林接管波罗的海各国可以理解为是苏军沿德国东部边界集结的一部分。莫斯科企图利用意大利做中间人就巴尔干的势力范围达成协议的行为，也被看作扩张主义行动。红军开进比萨拉比亚和布科维纳危及了从罗马尼亚的普洛耶什蒂（Ploesti）油田到德国的石油供应。

英国任命了新的驻苏大使，这加重了希特勒的怀疑。6 月中旬，斯坦福德·克里普斯（Stafford Cripps）抵达莫斯科，并随身带来了丘吉尔给斯大林的亲笔信。丘吉尔警告斯大林要提防德国在欧洲的霸权所带来的威胁，并建议就其给苏联和英国的利益带来的问题进行讨论。斯大林在 7 月 1 日会见了克里普斯，并一口回绝了英国的建议。对于克里普斯提出的英国正在战斗以维持欧洲力量的均势，斯大林回答说，他"想要改变欧洲旧有的均势，这种旧有的均势对苏联不利。因为多次的谈判表明，英国人和法国人不想在这个问题上对我们让步。这就促使苏联与德国重修旧好……如果问题在于恢复均势，包括建立与苏联有关的均势，那么我们必须得说，我们是不可能支持这样做的"。他还告诉克里普斯，"现在谈论德国人对欧洲的统治还为时尚早。法国的失败并不就意味着这样的统治。德国要统治欧洲还需要德国人去统治海洋，而那几乎是不可能的……在他与德国代表的所有会谈中，他都没有看到德国有统治世界的欲望……他并不否认在国家社会党人中间，的确有那么一些人提到过德国要统治世界。但是……在德国，有头脑的人都知道，德国不具备统治世界的力量"。[81]在这次会谈两个星期之后，关于斯大林与克里普斯的这次谈话，莫洛托夫向德国大使弗里德里希·冯·德·舒伦堡（Friedrich von der Schulenburg）伯爵提供了一份经过处理但并非不真实的报告。[82]斯大林给希特勒传递的信息很清楚：他想要把苏德条约延续下去。这样的信息得到了莫洛托夫的进一步证实。他在1940年8月1日对最高苏维埃的讲话中，嘲弄了新闻界对苏德关系的猜测。他说，苏联不仅不觉得德国在欧洲的新的大国地位是令人不快的、有威胁的，相反，苏德条约现在比以前更重要了，因为它不是基于"一时的、转瞬即逝的考虑，而是基于两国的根本政治利益"。[83]

　　不过，希特勒相信，在英苏关系中正在酝酿着什么东西；苏联新近成了欧洲制衡德国的力量，而英国从中得到了鼓舞。7月31日，希特勒告诉他的统帅部：

　　　　英国的希望在于苏联和美国……苏联是英国目前最为倚重的因素。伦敦一定在搞什么鬼把戏……但如果苏联失败了，英国的最后希望也就破灭了。对欧洲和巴尔干各国的统治权就会是德国的。我决定：在这场冲突中，必须要消灭苏联。就在1941年春。摧毁苏联越早越好。我们只有

57

一举摧毁这个国家，行动才有意义。[84]

正如引文所表明的，希特勒这时的注意力在英国而不是苏联身上；他不明白英国为什么又一次拒绝了德国的和谈建议。在德国军方开始制订入侵苏联计划的同时，希特勒指示里宾特洛甫要设法让苏联加入由德国、意大利、日本和苏联组成的"大陆集团"，以对抗英国和美国。[85]对于反英的里宾特洛甫特别热衷的这一计划，希特勒有多重视，这很难判断，但他似乎准备给它一次机会。可以肯定的是，只是在拟议中的大陆集团计划失败之后，希特勒才发布正式命令，准备入侵苏联。

里宾特洛甫的大陆集团计划需要苏联加入德、意、日在1940年9月27日签订的三国条约。根据三国条约的规定，如果它们遭到当时没有参战的某个国家的攻击，各签约国要保证互相援助。另外，里宾特洛甫还打算签署一份秘密议定书，各国在这份秘密议定书里要明确说明它们将来的扩张方向。[86]

58　　10月13日，里宾特洛甫写信给斯大林，要求莫洛托夫到柏林进行谈判：

> 我要说的是，按照元首的意见……通过在世界范围内划定各自的利益界限，从而采取长远的政策，并把它们民族的未来发展引入正确的轨道，这显然是苏联、意大利、日本和德国这四个强国的历史使命。[87]

斯大林在10月22日做出了积极的回应："我同意您的看法，从长远出发划定彼此的利益界限，并在此永久的基础上进一步增进我们两国之间的关系是完全可能的。"[88]

但是，在这些友好的口吻背后，苏德之间的关系却日趋紧张。8 月 31 日，德国和意大利对匈牙利与罗马尼亚之间长期的领土纠纷做出仲裁，把特兰西瓦尼亚（Transylvania）判给了匈牙利，但是保证罗马尼亚其余领土的完整性，搁置了保加利亚的某些主权要求。莫斯科大为恼火，因为这个决定没有跟它商量，而且这个决定意味着罗马尼亚现在处于德国的统治之下，德国的一个军事代表团也在 9 月抵达了该国。当月晚些时候，德军的小股部队也出现在了芬兰。还有越来越多的迹象表明，意大利打算对希腊发动进攻（它在 10 月 28 日果真这样做了），这就把欧洲战争的战火蔓延到了巴尔干。

在 1940 年 11 月 9 日给莫洛托夫的指示中，斯大林阐明了自己与里宾特洛甫及希特勒谈判的目标。他要求莫洛托夫：试探德国人的意图，摸清楚苏联在希特勒的计划中扮演什么角色；要在一系列国际问题上，尤其是在把保加利亚划入苏联利益范围这一点上——斯大林称之为"谈判中最重要的问题"——维护苏联的利益。[89]

斯大林给莫洛托夫的指示表明，他准备通过谈判与德国人签订一个全面的协议，而且他仍然认为与希特勒的伙伴关系是可能的。11 月 12 日，莫洛托夫抵达柏林，并试图完成斯大林交代的任务。但他发现，摆在他面前的不是关于势力范围新协议的谈判，而是成为德国主导的全球同盟中低级伙伴的提议——在这个同盟中，苏联只能向印度方向扩张，这样就势必与英国发生冲突。斯大林对这样的安排毫无兴趣，事情于是很快就陷入了僵局。莫洛托夫坚持想让德国人就一些当下议题达成具体的协议，但毫无效果。11 月 14 日，莫洛托夫与里宾特洛甫举行了最后一次会谈，谈判的僵局从双方对话之尖锐就可见一斑：

59　　　　苏联在近东关注的问题不仅与土耳其有关，还有保加
　　　利亚……罗马尼亚和匈牙利的命运也牵动着苏联，它们不
　　　管怎样对她来说都不是无关紧要的。在得悉轴心国关于南
　　　斯拉夫……希腊……和波兰的想法之后，苏联政府对此就
　　　更关注了……（莫洛托夫）

　　　　他只能再三强调，决定性的问题在于苏联是否准备以
　　　及是否有可能在对英帝国的大清算中与我们合作。如果我
　　　们能够成功地延续我们的关系并划定势力范围，那么在其
　　　他所有问题上我们都很容易达成理解。势力范围划在哪里，
　　　这已经说过多次了。（里宾特洛甫）[90]

根据人民委员会的高级官员雅科夫·恰达耶夫（Yakov Chadaev）
的回忆，当莫洛托夫向政治局汇报柏林谈判的情况时，斯大林
确信希特勒打算对苏联发动战争。[91]但是，苏联对柏林谈判的
正式回应表明，斯大林并没有完全放弃与希特勒签订协议的希
望。11 月 25 日，莫洛托夫向舒伦堡递交了一份备忘录，列出
了苏联对三国条约提出的附加条件：①从芬兰撤出德国军队；
②苏联与保加利亚签订互助条约，包括建立苏联军事基地；
③承认苏联向波斯湾方向发展的强烈愿望；④与土耳其达成协
议，为苏联在黑海海峡提供军事基地；⑤日本放弃在北萨哈林
（North Sakhalin）开采煤炭与石油的特许权。[92]如同约翰·埃里
克森评论的那样："斯大林的反应……从任何意义上来说，都是
对希特勒的意图的考验：苏联提出的加入四国条约的条件等于

是说，希特勒要想在西方有充分的自由，代价只能是不要再去想对苏联发动成功的战争。"[93]莫洛托夫在同一次会见中还通知舒伦堡，新任苏联驻德国大使弗拉基米尔·杰卡诺佐夫（Vladimir G. Dekanozov）第二天将前往柏林。12 月 19 日，杰卡诺佐夫会见了希特勒。德国独裁者告诉他，与莫洛托夫已经开始的谈判将会以官方的形式继续下去，但他拒绝谈论更多的情况。[94]实际上，希特勒当时已经决定开战了。就在前一天，1940 年 12 月 18 日，希特勒发布了关于"巴巴罗萨行动"的命令——这是德国入侵苏联的代号。[95]

　　1939 年 12 月，斯大林在回复里宾特洛甫发给他的 60 岁生日贺电时，曾经富有戏剧性地公开肯定了苏德同盟的持久性：　60 "有充分的理由可以认为，苏德两国人民之间由鲜血凝成的友谊是牢固而长久的。"[96]然而，一年之后，两国之间的战争就进入了倒计时。

注　释

[1] W. S. Churchill, *The Gathering Storm*, Cassell：London, 1964, p. 346；*Ciano's Diary 1939 - 1943*, Heinemann：London, 1947, pp. 131, 132；以及 W. L. Shirer, *The Nightmare Years, 1930 - 1940*, Bantam Books：New York, 1984, pp. 425, 430。

[2] 从苏联方面的观点对三国同盟谈判进行的研究可参见 G. Roberts, "The Alliance that Failed：Moscow and the Triple Alliance Negotiations, 1939", *European History Quarterly*, vol. 26, no. 3, 1996；A. Resis, "The Fall of Litvinov：Harbinger of the German - Soviet Non - Aggression Pact", *Europe - Asia Studies*, vol. 52, no. 1, 2000；and D. Watson, "Molotov's Apprenticeship in Foreign Policy：The Triple Alliance Negotiations in 1939", *Europe - Asia Studies*,

vol. 52, no. 4, 2000。

[3] 这是斯大林谈话的译文，是由丘吉尔的译员伯尔斯（A. H. Birse）在 1942 年 8 月 15 ~ 16 日这天夜里的莫斯科会谈中记录下来的（Harriman Papers, Container 162, Chronological File 14 - 15, August 1942）。另一个稍有不同的译文是丘吉尔在《第二次世界大战》第一卷（Cassell：London, 1948）第 334 页所引用的："我们形成的印象是，如果波兰遭到进攻，英国和法国政府并没有下定决心开战，它们只是希望由英国、法国和俄国构成的外交阵容会吓阻希特勒。我们肯定它是不会的。"

[4] "Captain H. H. Balfour Moscow Diary 1941", Library of Congress Manuscript Division Harriman Papers, Container 164.

[5] *Nazi - Soviet Relations, 1939 - 1941*, Didier：New York, 1948（后文简写为 NSR），p. 38。有关阿斯塔科夫对同一次会谈的记录参见 *Dokumenty Vneshnei Politiki 1939 god*（后文简写为 DVP 1939），Moscow, 1992, vol. 22, book 1, doc. 445。

[6] NSR, pp. 68 - 9.

[7] NSR, pp. 72 - 6.

[8] NSR, pp. 76 - 8.

[9] J. Degras（ed.）, *Soviet Documents on Foreign Policy*, vol. 3（1933 - 1941）, Oxford University Press：London, 1953, pp. 363 - 71.

[10] J. Stalin, *Leninism*, Allen & Unwin：London, 1942, p. 526.

[11] 例如，可参见 A. L. Weeks, *Stalin's Other War：Soviet Grand Strategy, 1939 - 1941*, Rowman & Littlefield：Oxford, 2002, 这本书中附有讲话原文的译文。

[12] S. Z. Sluch, "Rech" Stalina, Kotoroi ne Bylo', *Otechestvennaya Istoriya*, no. 1, 2004. 这篇文章对讲话、讲话的来由以及在历史文献中对讲话的引用都做了详尽的分析。

[13] Degras, *Soviet*, p. 406. 苏联驻巴黎大使雅科夫·舒里兹在 1939 年 11 月 28 日向莫斯科报告了法国报纸发表"讲话"这件事（DVP 1939, vol. 22 book 2, doc. 813）。

[14] NSR, p. 86.

[15] Ibid. , p. 87.

[16] I. Banac（ed.）, *The Diary of Georgi Dimitrov*, Yale University Press：New Haven, 2003, pp. 115 - 16.

[17] Degras, *Soviet*, pp. 374 - 6; A. Werth, *Russia at War, 1941 -*

1945, Pan Books: London, 1964, pp. 73 - 7.

[18] Churchill, *Second World War*, p. 353. 丘吉尔的上司内维尔·张伯伦跟他的看法相同。"我的观点与温斯顿一样，"他在给自己姐姐的信中写道，"我们刚刚还在收听他的精彩的广播讲话。我相信，俄国永远会按照她所认为的自身利益的需要行动的，我无法相信她会认为德国的胜利以及继之而来的德国对欧洲的统治会对她的利益有利。"转引自 M. Gilbert, *Winston S. Churchill*, vol. 6, Heinemann: London, 1983, p. 51。

[19] Dimitrov diary, pp. 120 - 1.

[20] 有关斯大林 1939 年 9 月 27 ~ 28 日与里宾特洛甫讨论的记录，公布在 I. Fleischhauer, "The Molotov - Ribbentrop Pact: The German Version", *International Affairs*, August 1991。

[21] NSR, pp. 105 - 7.

[22] Degras, *Soviet*, pp. 379 - 80.

[23] Ibid. , pp. 388 - 400.

[24] 参见 M. J. Carley, " ' A Situation of Delicacy and Danger' : Anglo-Soviet Relations, August 1939 - March 1940 ", *Contemporary European History*, vol. 8, no. 2, 1999 以及 Dzh. Roberts, "Cherchil" i Stalin: Epizody Anglo - Sovetskikh Otnoshenii (Sentyabr' 1939 - Iun' 1941 goda)', in A. O. Chubar' yan (ed.), *Voina i Politika, 1939 - 1941*, Moscow, 1999。

[25] 关于 20 世纪 30 年代的苏德关系，参见 G. Roberts, *The Soviet Union and the Origins of the Second World War: Russo - German Relations and the Road to War, 1939 - 1941*, Macmillan: London, 1995。

[26] DVP 1939, vol. 22, book 2, p. 609.

[27] 参见 G. Roberts, "The Fascist War Threat in Soviet Politics in the 1930s" in S. Pons and A. Romano (eds.), *Russia in the Age of Wars, 1914 - 1945*, Feltrinelli: Milan, 2000。

[28] 对苏德之间这段时期的经济谈判与经济关系的详细分析，参见 E. E. Ericson, *Feeding the German Eagle: Soviet Economic Aid to Nazi Germany, 1933 - 1941*, Praeger: Westport Conn. , 1999。这本书中有苏联与德国的三份贸易协议的原文以及详细记录进出口情况的各种表格。进一步的分析与统计可见于 A. A. Shevyakov, "Sovetsko - Germanskiye Ekonomicheskiye Otnosheniya

v 1939 – 1941 godakh", *Voprosy Istorii*, nos 4 – 5, 1991; V. Ya.
Sipols, "Torgovo – Ekonomicheskie Otnosheniya mezhdu SSSR i
Germaniei v 1939 – 1941 gg v Svete Novykh Arkhivnykh
Dokumentov", *Novaya I Noveishaya Istoriya*, no. 2, 1997; 以及
Kh. P. Shtrandman, "Obostryaushchiesya Paradoksy: Gitler, Stalin
i Germano – Sovetskie Ekonomicheskie Svyazi, 1939 – 1941" in
Chubar'yan (ed.), *Voina i Politika*。

[29] Werth, *Russia at War*, p. 125.

[30] *Vneshnyaya Torgovlya SSSR za 1918 – 1940*, Moscow, 1960,
pp. 558 – 62.

[31] Ericson, *German Eagle*, p. 182.

[32] 关于苏德军事合作，参见 G. Weinberg, *Germany and the Soviet
Union, 1939 – 1941*, Leiden, 1954, pp. 76 – 85 以及 B. Newman,
The Captured Archives, Latimer House: London, 1948, pp. 135 – 6。

[33] *Report of the Select Committee to Investigate Communist Aggression
and the Forced Incorporation of the Baltic States into the USSR: Third
Interim Report of the Select Committee on Communist Aggression
(House of Representatives)*, Washington DC, 1954, pp. 225 – 6.

[34] "The Baltic Countries Join the Soviet Union: Documents on the
USSR's Relations with the Baltic Countries in 1939 and 1940",
International Affairs, March 1990, pp. 141 – 2.

[35] *Polpredy Soobshchayut: Sbornik Dokumentov ob Otnosheniyakh SSSR s
Latviei, Litvoi I Estoniei, Avgust 1939g – Avgust 1940g*, Moscow,
1990, doc. 58.

[36] Ibid. , doc. 59.

[37] *Report... Committee on Communist Aggression*, p. 316.

[38] J. Urbsys, "Lithuania and the Soviet Union, 1939 – 1940",
Litaunus, vol. 35, no. 2, 1989, p. 4.

[39] 相关的文件在 *Polpredy Soobshchayut* 和 "The Baltic Countries
Join..." 中。对这些文件的引用参见 G. Roberts, "Soviet Policy
and the Baltic States, 1939 – 1940: A Reappraisal", *Diplomacy &
Statecraft*, vol. 6, no. 3, 1995。

[40] Dimitrov diary, p. 120.

[41] DVP 1939, vol. 22, book 2, doc. 536.

[42] J. T. Gross, *Revolution from Abroad: The Soviet Conquest of*

Poland's Western Ukraine and Western Belorussia, Princeton University Press: Princeton NJ, 1988.

[43] 参见 G. Roberts, "Stalin and the Katyn Massacre" in G. Roberts (ed.), *Stalin: His Times and Ours*, IAREES: Dublin, 2005。

[44] V. N. Zemskov, "Prinuditelnye Migratsii iz Pribaltiki v 1940 – 1950 – kh godakh", *Otechestvennyi Arkhiv*, no. 1, 1993, p. 4.

[45] DVP 1939, vol. 22, book. 2, docs 769, 783; *Sovetsko – Bolgarskie Otnosheniya i Svyazi, 1917 – 1944*, Moscow, 1976, doc. 504 – 6, 510.

[46] DVP 1939, vol. 22, book 2, doc. 654.

[47] O. Manninen and N. I. Baryshnikov, "Peregovory Osen'u 1939 goda" in O. A. Rzheshevskii and O. Vekhvilyainen (eds), *Zimnyaya Voina 1939 – 1940*, vol. 1, Moscow, 1999, pp. 119 – 21.

[48] 对苏芬谈判过程的记述可见于 *The Development of Soviet-Finnish Relations*, London, 1940, 以及 "The Winter War (Documents on Soviet-Finnish Relations in 1939 – 1940)", *International Affairs*, nos 8 & 9, 1989。在英语世界中, 研究这场战争的最新的著作是 C. van Dyke, *The Soviet Invasion of Finland, 1939 – 1940*, Frank Cass: London, 1997。

[49] K. Rentola, "The Finnish Communists and the Winter War", *Journal of Contemporary History*, vol. 33, no. 4, 1998, p. 596. 在经过短期拘押之后, 大多数被捕的人都被释放了。

[50] N. I. Baryshnikov, "Sovetsko – Finlyandskaya Voina 1939 – 1940gg", *Novaya i Noveishaya Istoriya*, no. 4, 1991, p. 33.

[51] V. Mitenev, "Archives Reopen Debate on the Winter War", *Soviet Weekly*, 3/6/89.

[52] Baryshnikov, "Sovetsko...", p. 34.

[53] Degras, *Soviet*, pp. 401 – 3.

[54] "Posetiteli Kremlevskogo Kabineta I. V. Stalina", *Istoricheskii Arkhiv*, nos 5 – 6, 1995, p. 60.

[55] *Khrushchev Remembers*, Sphere Books: London, 1971, pp. 135 – 6.

[56] DVP 1939, vol. 22, book 2, doc. 821.

[57] Degras, *Soviet*, pp. 407 – 10. 条约所附加的秘密备忘录允许苏联人有权驻扎 15000 人的部队, 以保护在芬兰湾租借给他们的汉克岛 (Hanko) 及其附近岛屿上的基地。参见 *Zimnyaya Voina*,

p. 181。

[58] 参见 T. Vihavainen, "The Soviet Decision for War against Finland, 30 November 1939: A Comment", *Soviet Studies*, April 1987 以及 M. I. Mel'tukov, " 'Narodny Front' dlya Finlyandii? (K Voprosy o Tselyakh Sovetskogo Rukovodstva v Voine s Finlyandiei 1939 – 1940gg", *Otechestvennaya Istoriya*, no. 3, 1993。

[59] Dimitrov diary, p. 124.

[60] Ibid.

[61] 关于苏芬战争, 参见 van Dyke, *The Soviet*; D. M. Glantz and J. House, *When Titans Clashed: How the Red Army Stopped Hitler*, University Press of Kansas: Lawrence, Kansas, 1995, pp. 18 – 23; W. J. Spahr, *Stalin's Lieutenants*, Presidio Press: Novato, Calif. , 1997, pp. 216 – 26; 以及 A. F. Upton, "The Winter War" in Purnell's *History of the Second World War*, 1966, pp. 122 – 40。有关俄罗斯人近来对这场战争的研究, 参见 *Sovetsko – Finlyandskaya Voina, 1939 - 1940*, 2 vols, St Petersburg, 2003。

[62] Degras, *Soviet*, pp. 421 – 3.

[63] I. Maisky, *Memoirs of a Soviet Ambassador*, Hutchinson: London, 1967, p. 40.

[64] Cited by Carley "Situation", pp. 195 – 6.

[65] *Sotsialisticheskie Revolutsii v Estonii 1917 – 1940 i yeyo Vkhozhdeniye v Sostav SSSR: Dokumenty i Materialy*, Tallin, 1987, doc. 94.

[66] "Finnish historian says Stalin agreed to end Winter War based on inaccurate intelligence", *Helsingin Sanomat: International Edition*, 15/10/02.

[67] L. Woodward, *British Foreign Policy in the Second World War*, vol. 1, HMSO: London, 1970, chaps 2 – 4; Churchill, *Second World War*, chap. 30; 以及 Gilbert, *Churchill*, chap. 6。

[68] A. J. P. Taylor, *English History, 1914 – 1945*, Penguin: London, 1975, pp. 571 – 2.

[69] DVP 1939, vol. 22, book 2, doc. 886.

[70] Degras, *Soviet*, pp. 436 - 49. 苏军伤亡人数可能要比莫洛托夫公布的高得多, 也许多达 7 万人死亡, 4 万人失踪和 18 万人受伤。参见 P. A. Altekar', "Opravdany li Zhertvy? (O Poteryakh v Sovetsko – Finlyandskoi Voine)" in A. E. Taras (ed.), *Sovetsko –*

Finskaya Voina, *1939 - 1940gg*, Minsk, 1999, 以 及 *Zimnyaya Voina*, pp. 324 - 5。

[71] Dimitrov diary, pp. 127 - 9.

[72] *Zimnyaya Voina*, vol. 2, pp. 272 - 82. 关于此次会议议程的英文译文可见于 A. O. Chubaryan and H. Shukman (eds), *Stalin and the Soviet - Finnish War*, *1939 - 1940*, Frank Cass：London, 2002。

[73] "*Zimnyaya Voina*"：*Rabota nad Oshibkami Aprel' - Mai 1940g* (*Materialy Komissii Glavnogo Voennogo Soveta Krasnoi Armii po Obobshcheniu Opyta Finskoi Kampanii*), Moscow, 2004.

[74] *Istoriya Velikoi Otechestvennoi Voiny Sovetskogo Souza 1941 - 1945*, vol. 1, Moscow, 1960, pp. 463 - 8; J. Erickson, *The Road to Stalingrad*, Harper & Row：New York 1975 pp. 16 - 24; Glantz and House, *Titans*, pp. 23 - 4.

[75] D. M. Glantz, *Colossus Reborn*：*The Red Army at War*, *1941 - 1943*, University Press of Kansas：Lawrence, Kansas, 2005, pp. 216 - 19. 格兰兹指出，事实证明，这些机械化军过于庞大，在战斗中不够灵活，但是用装甲力量去反制德国的装甲纵队这个想法还是正确的。

[76] 参见 S. Bialer (ed.), *Stalin and his Generals*, Souvenir Press：New York, 1969, pp. 152 - 75, 以 及 Erickson, *Road to Stalingrad*, pp. 31 - 7。

[77] 斯大林的话是依据卡扎科夫（M. I. Kazakov）将军的回忆，参见 Bialer (ed.), *Stalin and His Generals*, p. 145。

[78] Degras, *Soviet*, pp. 457 - 8.

[79] G. Gorodetsky, *Grand Delusion*：*Stalin and the German Invasion of Russia*, Yale University Press：New Haven, 1999, pp. 31 ff.

[80] 参见 Roberts, "Soviet Policy and the Baltic States"。

[81] DVP 1940 - 1941, vol. 23, book 1, Moscow, 1995, doc. 240.

[82] NSR, pp. 166 - 8.

[83] Degras, *Soviet*, p. 463.

[84] M. Yu. Myagkov (ed.), *Mirovye Voiny XX Veka*：*Vtoraya Mirovaya Voina* (*Dokumenty I Materialy*), vol. 4, Moscow, 2002, doc. 91. 有人认为，希特勒对英国的考虑对他做出入侵苏联的决定有非常重要的影响。对这一看法的持续争论，参见 S. Berthon and J. Potts, *Warlords*, Politico's Publishing：London, 2005。

［85］ G. T. Waddington, "Ribbentrop and the Soviet Union, 1937 – 1941" in J. Erickson and D. Dilks (eds), *Barbarossa*, Edinburgh University Press: Edinburgh, 1994.

［86］ NSR, pp. 255 – 8.

［87］ Ibid. , p. 213.

［88］ Ibid. , p. 216.

［89］ 这些指示是莫洛托夫手写的，而且似乎是由斯大林口授的。参见 "Direktivy I. V. Stalina V. M. Molotovu pered Poezdkoi v Berlin v Noyabre 1940g", *Novaya i Noveishaya Istoriya*, no. 4, 1995。另见 L. A. Bezymenskii, "Vizit B. M. Molotova v Berlin v Noyabre 1940g. v Svete Novykh Dokumentov", *Novaya iNoveishaya Istoriya*, no. 6, 1995。这份文件的英文译文可见于 G. Roberts, "From Non – Aggression Treaty to War: Documenting Nazi – Soviet Relations, 1939 – 1941", *History Review*, December 2001。

［90］ NSR, pp. 252 – 4.

［91］ 对恰达耶夫的采访可参见 G. A. Kumanev, *Ryadom so Stalinym*, Moscow, 1999, pp. 392 – 420。

［92］ NSR, pp. 258 – 9.

［93］ J. Erickson, "Threat Identification and Strategic Appraisal by the Soviet Union, 1930 – 1941" in E. R. May (ed.), *Knowing One's Enemies*, Princeton University Press: Princeton NJ, 1984, p. 414.

［94］ DVP 1940 – 1941, vol. 23, book 2, part 1, Moscow, 1998, doc. 599.

［95］ NSR, pp. 260 – 4.

［96］ Werth, *Russia at War*, p. 89.

第三章　大错觉：斯大林与
1941 年 6 月 22 日

　　在莫洛托夫柏林谈判失败之后，苏德之间可能会爆发战争的迹象变得越来越明显了。这就像斯大林 11 月 25 日告诉季米特洛夫的那样，"我们与德国的关系表面上客客气气，实际上却存在严重的摩擦"。[1]季米特洛夫接到命令，要第三国际在保加利亚发起运动，支持莫斯科对索菲亚提出的两国签订互助条约的建议——这是在莫洛托夫从柏林返回莫斯科后再次提出的建议。[2]保加利亚人又一次婉言谢绝了苏联的提议，并暗示他们打算签署三国条约，与轴心国结盟。[3]苏联人一见这样，就向柏林抗议说，他们认为保加利亚属于他们在巴尔干安全区的范围，但抗议毫无效果。1941 年 3 月，保加利亚签订了三国条约，同时签约的还有在 1940 年 11 月已全都加入轴心国同盟的匈牙利、罗马尼亚和斯洛伐克。让莫斯科感到担心的还有希腊的局势，它在 1940 年遭到意大利的入侵，现在它的领土上还有 10 万英军在作战。这使得欧洲战争有蔓延到其余巴尔干国家的危险。

　　截止到 1941 年春，除了沦为战场的希腊之外，在东欧剩下的唯一的独立国家只有南斯拉夫。早在 1940 年 10 月，莫斯科就采取措施要把南斯拉夫拉进巴尔干的反德阵线；后来，贝尔格莱德民众在 1941 年的 3 月底发动政变，推翻了亲德政府，使其又看到了希望。苏联大使馆报告说，贝尔格莱德发生了大规模的示威活动，要求"与俄国结盟!"，而南斯拉夫共产党则发起了一场要求与苏联签订互助条约的运动。[4]3 月 30 日，南斯拉夫新政府与苏联大使馆联系，建议在南斯拉夫与苏联之间建立军事与政治同盟，并且还特别强调说，需要武器装备来保卫该国的中立地位。第二天，莫洛托夫邀请贝尔格莱德派遣代表团到莫斯科举行紧急谈判。[5]会谈是在 4 月 3 ~ 4 日在莫斯科进行的，苏方的谈判代表是副外交人民委员安德烈·维辛斯基（Andrei Vyshinskii）。南斯拉夫人想要的是建立军事同盟，而斯大林提供的则是"互不侵犯和友好条约"。对于其中的原因，维辛斯基说得非常坦率："我们跟德国人有协议，因此我们不想让人产生违背这一协议的印象。尤其是，我们并不想破坏这个协议。"[6]按照这种优先顺序，莫洛托夫在 4 月 4 日晚召见了舒伦堡，告诉他苏联将与南斯拉夫签订互不侵犯条约。舒伦堡抗议说，因为南斯拉夫加入三国条约的问题还不确定，目前南斯拉夫与德国的关系紧张。莫洛托夫回答说，南斯拉夫加入轴心国同盟与拟议中的条约之间没有矛盾，德国与南斯拉夫的关系问题是要由柏林和贝尔格莱德解决的事情。就苏联而言，莫洛托夫说，它认为与南斯拉夫的互不侵犯和友好条约有助于和平，有助于缓和巴尔干地区的紧张关系。[7]

　　苏联与南斯拉夫签订互不侵犯条约的日期虽然注明的是 4 月 5 日，但实际上是在 1941 年 4 月 6 日的早些时候。[8]克里姆林宫在签字仪式结束之后举行了宴会，参加宴会的人当中包括苏联外交官尼古拉·诺维科夫（Nikolai Novikov），他在自己的回忆录中记下了斯大林与南斯拉夫代表团团长萨维奇（Savich）的这段对话：

　　　　萨维奇：如果他们［德国人］对我们发动进攻，我们会战斗到最后一个人，而你们苏联人，不管愿不愿意，也必须战斗。希特勒是永远不会自己阻止自己的，必须要有人来阻止他。

斯大林：对，你说得对，希特勒是不会自己停下来的。他的计划大得很。德国人在试图恫吓我们，但我们不怕他们。

萨维奇：你当然听说了有传闻讲德国打算在 5 月进攻苏联？

斯大林：让他们试试看。我们有坚强的意志。我们不要战争。因此我们才与希特勒达成了互不侵犯条约。但他对条约是怎样执行的呢？你知道德国人已经把多少部队开到我们边界了吗？[9]

但是，斯大林在口头上发狠，在行动上却又是另外一套。因为对希腊战役中意大利人的畏缩不前以及贝尔格莱德新政府的敌意感到担心，德国人在当天晚些时候开始入侵南斯拉夫和希腊。贝尔格莱德不到两个星期就求和了。在希腊作战的英国军队坚持的时间要长一点，但到 5 月初，他们也被赶出了希腊本土，所以，这个国家也处于德国人的占领之下了。从苏联人那里，南斯拉夫人既没得到补给，也没有得到多少同情。如果南斯拉夫人坚持的时间再长一点，就有可能得到一些苏联的援助了，[10]但德国人的闪电战又一次轻而易举地取得了胜利，在这种情况下，斯大林选择了避免与希特勒在南斯拉夫问题上发生冲突。实际上，随着南斯拉夫的陷落，斯大林似乎已经决定，从此以后，与希特勒打交道的最好方式就是采取绥靖主义。

63

苏联特色的绥靖主义

在第二次世界大战之前，斯大林经常批评英法的绥靖政策，理由是，对希特勒的让步只会吊起他的胃口，要求得到更多的领土。然而，在1941年6月22日前的三个月中，这样的考虑却被弃之不顾了。当时斯大林做出了一连串的夸张的友好姿态，想要证明他对德国的和平诚意，从而打消希特勒的战争念头。

在这些姿态中，首先是1941年4月13日与日本签订中立条约。由于日本是德国三国条约中的伙伴之一，苏联与日本签订条约显然是要向希特勒传递这样一个信息：斯大林对于与轴心国谈判并达成协议仍然是感兴趣的。实际上，在苏联的报刊当中，中立条约被说成以前提议苏联加入三国条约的合乎逻辑的结果。[11]当然，如果万一与德国发生战争，与日本的条约对于苏联的远东侧翼也可以起到保护作用。不过，那种情况下，对于日本是不是还会保持中立，斯大林是没有多少信心的。该条约在政治上的象征意义要大于它的战略意义。在4月13日日本外相松冈洋右（Matsuoka）乘火车离开莫斯科的时候，斯大林公开表明他对德国的喜爱，从而亲自进一步证实了给柏林传递的信息。在车站送别松冈洋右之后，斯大林找到舒伦堡，并当众拥抱了他。斯大林对舒伦堡说，"我们必须继续做朋友，你要尽一切可能做到这一点"。后来他又转向德国武官克瑞伯斯（Krebs）上校，并告诉他说，"不管怎样，我们都会与你们继续做朋友"。[12]

5月7日，苏联报刊宣布，斯大林已被任命为人民委员会主席，也就是说，他在保留苏联共产党总书记职务的同时成了政府首脑。从1930年起一直担任苏联总理并在1939年5月被任命为外交人民委员以后身兼两职的莫洛托夫，成了斯大林的副

手。根据做出这一决定的 5 月 4 日的政治局决议，斯大林之所以　**64**
被任命为人民委员会主席，是因为在国际形势紧张、要求大力加
强国防的情况下，需要进一步提高党与国家机构的协调性。[13]

长期以来，莫斯科一直在把斯大林塑造成和平的制造者和
调解人。舒伦堡给柏林的电报十分肯定地说，他"确信，斯大
林会利用他的新职务亲自参与维护和发展苏德之间的良好关
系"。[14]斯大林在被任命为总理①之后，接着就发出了一连串的
进一步采取绥靖政策的信号。5 月 8 日，苏联的塔斯社否认了
军队沿苏联边界集结的传言。第二天，苏联人取消了对被德国
占领的比利时、挪威、南斯拉夫流亡政府的外交承认。5 月 12
日，苏联承认了伊拉克的反英政权。5 月 24 日，舒伦堡向国内
报告说，斯大林的政策"首先是旨在避免与德国发生冲突"，
"苏联政府过去几个星期的态度、苏联报纸的调子……以及对与
德国达成的贸易协议的遵守"，都说明了这一点。[15]在 6 月初克
里特岛落入德国人之手以后，苏联迅速取消了对希腊主权的承
认。斯大林的绥靖主义活动在 1941 年 6 月 13 日达到了顶点：
塔斯社公开发表声明，否认苏德之间存在冲突和战争即将来临
的传闻。塔斯社说，苏联在遵守《苏德互不侵犯条约》，德国也
如此，相反的说法完全是谎言和挑拨。声明否认德国向苏联提出
了新的要求，只是暗示说，如果有这样的事，可以进行谈
判。[16]在所剩无几的和平的日子里，苏联人又继续给德国人发
出了许多暗示，说他们愿意进行谈判。

---

① 斯大林从 1941 年 5 月 6 日起开始担任人民委员会主席，在 1946 年 3 月 15
日人民委员会改组为部长会议之后，他又继续担任部长会议主席直至去
世。人民委员会主席或部长会议主席作为苏联的政府首脑，通称为"总
理"。——译者注

让人误解的信号

像斯大林这样一个极为现实的人、一个不相信人间的真诚与善意的人（cynic），真的会相信这样的姿态能够对希特勒的行动进程产生什么影响吗？在德国人进攻苏联之前，斯大林内心的想法和算计如何，现在仍不得而知，但他似乎是真的以为希特勒不会在1941年夏开战，真的相信通过外交手段就可以维持和平，至少是维持得再长一点点。

首先，从斯大林的角度来看，《苏日中立条约》发出的信号是互谅互让。为了解决有关边界、捕鱼权以及日本在北萨哈林的石油和采矿特许权等种种争端，莫斯科与东京谈判了18个月，签订了苏日版的苏德条约。最终的谈判是在松冈洋右1941年3～4月的欧洲之行中进行的。松冈洋右在3月访问了莫斯科。4月，他在刚刚到柏林去跟希特勒会谈之后又一次访问了莫斯科。松冈洋右并不知道希特勒打算对苏联发动战争，在他4月12日与斯大林的会谈中，也丝毫没有暗示，他认为苏德关系即将出现什么麻烦。[17] 斯大林一定是这样想的：如果希特勒铁了心要开战，他肯定就让他的日本盟友不要与苏联签订条约。日本愿意签订中立条约，不仅是东京也是柏林发出的积极信号。在南斯拉夫事件之后的紧张气氛中，斯大林感觉到向希特勒传递他的和平诚意的机会来了。他收回了苏联长期以来一直都在坚持的要日本人放弃其在北萨哈林经济权利的要求，并同意签订一份简单明了的中立条约。

再来看舒伦堡的作用。他是个坚决认为苏德之间应该建立拉帕罗式关系的人，而且是真的相信德国的外交政策应该侧重于东方，认为应该与苏联结盟。在他给柏林的报告中，也常常

65

对苏德关系做出正面的描述。1941 年 4 月中旬，他回国进行协商。4 月 28 日，在他会见希特勒时，这位元首严厉指责了苏联在南斯拉夫危机期间的举动。舒伦堡为苏联的行为进行了辩解，并试图让希特勒相信，"斯大林甚至准备做出进一步的让步"。[18]但这次见面结果并不明朗，舒伦堡只好于 5 月初返回莫斯科，内心充满了对苏德关系的未来的不祥预感。在与从柏林回来度假的苏联驻德国大使杰卡诺佐夫的连续几次会谈中，舒伦堡想让苏联人在外交上主动做出重大的让步，以缓解苏德之间的紧张关系。在 5 月 5 日的首次会谈中，舒伦堡向杰卡诺佐夫相当准确地通报了他与希特勒讨论的情况，并特别强调了元首对苏联与南斯拉夫签订条约这件事的关切。不过，舒伦堡更关心的是有关苏联与德国之间即将发生战争的传闻，并且说必须做点什么来消除这些谣言。杰卡诺佐夫问能做什么，但舒伦堡只是说，他们双方都应该考虑一下这件事，以便再次会谈，做进一步的讨论。在 5 月 9 日的第二次会谈中，舒伦堡提议由斯大林给希特勒和其他轴心国领导人写信，表达苏联的和平意愿。在杰卡诺佐夫方面，他建议苏德发表联合公报，而舒伦堡也认为这是个好主意，但行动必须得快点。在 5 月 12 日他们的第三次也是最后一次会谈中，杰卡诺佐夫说，斯大林已经同意发表联合公报和与希特勒通信讨论有关战争的传闻，但内容要由舒伦堡与莫洛托夫协商。舒伦堡在这个问题上退缩了，他说自己没有得到授权进行这样的协商。[19]当天晚上，杰卡诺佐夫与斯大林谈了将近一个小时，可能是汇报他与舒伦堡交谈的内容。[20]

    舒伦堡主动与苏联人会谈完全是他个人自作主张，但他是德国大使，而且是刚刚到柏林见了希特勒后返回莫斯科的。斯大林如果把他主动与杰卡诺佐夫的会谈解读为一种非正式的却

66

是官方的试探行为，那也是合情合理的。而且这种解读也符合在莫斯科愈来愈流行的这样一种说法：在德国统治集团中存在分裂，一些人鼓吹与苏联开战，还有一些人赞成与苏联进一步加强合作。按照这种看法，舒伦堡的试探可以被解读为柏林的"和平"派所采取的行动。自从希特勒上台以来，"分裂理论"——这是加布里埃尔·格罗迪特斯基命名的——就一直以这样那样的形式在莫斯科流行。这种看法是德国拥护拉帕罗式关系的强大传统的现实的反映，但也得到了马克思主义信条的支持，即德国资本主义可以分为赞成向东方扩张领土的经济集团与主张跟苏联发展贸易的经济集团。莫斯科相信柏林存在"鹰派"和"鸽派"，而苏联得到的许多情报，包括一名渗透到德国在莫斯科的间谍网的盖世太保双面特工送来的情报，都证实了这种先入为主的看法。[21]

另一个戏剧性的事件似乎也加强了这种分裂理论，那就是希特勒的副手鲁道夫·赫斯（Rudolf Hess）在 1941 年 5 月 10 日驾机飞往英国。赫斯飞往英国是负有一项私人的使命：为英国与德国之间的和平协定牵线搭桥。关于这一事件，在莫斯科有传闻说，赫斯的目的是缔结和约，为英德建立反布尔什维克苏联的同盟铺平道路。一种较为乐观的解读是，赫斯的叛逃进一步证明，在那些想要对苏联发动战争的人与那些仍然把英国视为首要敌人的人之间存在分裂。赫斯的叛逃影响了斯大林对当时送给他的许多关于德国人即将发起进攻的情报的看法。这些情报是真的呢，还是由那些想要挑起苏德战争的人散布的谣言呢？斯大林在这方面的怀疑并不是太错。英国人的确利用了赫斯事件在苏德关系中制造不和：他们散布谣言说，他是在执行建立英德反俄同盟的官方任务。[22] 极具讽刺意味的是，当英国人确信德国人真的将要入侵苏联并试图向斯大林警告这一危险的时候，苏联人却不相信他们了。在与麦斯基 6 月 2 日、10日、13 日和 16 日的会谈中，英国官员向他出示了关于德国军队沿苏联边境调动的确切证据。[23]麦斯基及时地向莫斯科报告了这一情报，但它没有起到什么作用。

在这种扑朔迷离的形势下，斯大林只能依靠自己的推理来 67评估希特勒可能具有的各种意图：在英国被彻底打垮之前德国就掉头进攻苏联，这样做不合情理。在苏联对德国显然并不构成直接危险的时候，为什么要两线作战呢？斯大林在 1941 年 5月告诉即将毕业的红军军校学员们说，德国在 1870 年之所以能够打败法国，是因为它只是在一条战线上作战，而德国在第一次世界大战中之所以输了，是因为它不得不两线作战。某些送给他的那些情报报告中的评估，也强化了这种对合理性的理解。例如，1941 年 3 月 20 日，苏联负责军事情报的菲利普·戈里科夫 （Filip Golikov）将军提交了一份有关德国人对苏联展开军事行动的时间选择的情报概要。不过，戈里科夫认为，"对苏联开始采取军事行动的时间，最有可能是在英国被打败或者与德国缔结了体面的和约之后。有关德国人在今年春季肯定会对苏联发动战争的传闻和文件证据，一定是英国，甚至也许是德国情报机构散布的假情报"。[24]但是，戈里科夫后来给斯大林的报告却不偏不倚地提供了有关德国（和罗马尼亚）军队沿苏联边界集结的消息。[25]例如，戈里科夫在 5 月 5 日的报告中说，沿苏联边界集结的德国师的数量在过去两个月里已经从 70 个增加到 107 个，坦克师的数量也从 6 个增加到 12 个。戈里科夫还指出，罗马尼亚和匈牙利在它们之间也有大约 130 个师，而且在南斯拉夫战争结束之后，沿苏联边界的德军数量可能会进一步增加。[26]

　　另一个一直警告说德国人准备对苏联发动战争的情报来源是在德国的两个苏联高级间谍：在德国空军大本营工作的"斯塔辛娜"（Starshina）① 和在德国经济部工作的"柯西卡奈兹"（Korsikanets）②。他们给莫斯科发送了大量情报，包括德国人即将发动进攻的证据。[27] 在一份基于这两人提供的日期为 1941 年 6 月 17 日的情报的报告中，斯大林给他的情报主管米尔库洛夫（V. N. Merkulov）写道："也许你可以让你的'线人'从德国空军参谋部滚蛋了。他不是'线人'，而是'送假情报的人'。"[28] 但对于来自柯西卡奈兹的那份同样是说德国人即将入侵的情报，斯大林却没说什么。加布里埃尔·格罗迪特斯基认为，斯大林发火表明他被德国即将发动进攻的报告弄得惊慌失措，开始担心这些报告可能是真的了。[29]

　　远东也传来了一连串的警报。理查德·佐尔格（Richard Sorge）是一名苏联间谍，他以德国记者的身份在东京工作。他的主要情报来源是东京的德国大使和德国使馆武官。佐尔格的报告是以这两人的口头意见为基础的，事实证明，它们并不全都是准确的。佐尔格早期的报告建议说，德国只会在彻底打垮英国之后才会入侵苏联。至于德国发动进攻的日期，他最初的估计是在 1941 年 5 月。迟至 1941 年 6 月 17 日，佐尔格还报

68

① 真名为 Harro Schulze‑Boysen（1909—1942），德国人，反法西斯的左翼组织成员，1942 年 8 月 31 日与他的同为抵抗组织"红色乐团"成员的妻子 Libertas Haas‑Heye 一同被捕，两人于同年 12 月 22 日在柏林被处死。——译者注

② 真名为 Arvid Harnack（1901—1942），德国法学家和经济学家，抵抗组织战士，1942 年 9 月 7 日被捕，并于同年 12 月 22 日在柏林被处死。他的同为抵抗组织"红色乐团"成员的妻子，美裔文学史家和翻译家 Mildred Fish 也一同被捕，并被判六年监禁，但希特勒对这一判决不满，下令重审。Mildred Fish 最终被判死刑，并在 1943 年 2 月 16 日被处死。——译者注

告，使馆武官不能肯定会不会开战。但是在 6 月 20 日，佐尔格报告说，大使认为，现在战争不可避免了。[30]

杰卡诺佐夫跟国内的关系更紧密，但他从柏林送来的情报也有些模棱两可。6 月 4 日，他报告到处都在谣传苏德战争已经迫在眉睫；但他又报告有传闻说，在苏联对德国做出让步、签订划分势力范围的新协议、莫斯科承诺不干预欧洲事务的基础上，这两个国家将重修旧好。[31]6 月 15 日，杰卡诺佐夫打电报给莫斯科说，丹麦与瑞典的使馆武官都相信，德国在苏联边界集结军队不再是为了迫使莫斯科让步而进行的示威，而是"马上就与苏联开战的准备工作"的一部分。[32]但他没有明确表示他同意这些看法。

为了打消苏联人的疑虑并解释自己的军队为何在苏联边界进行大规模的集结，德国人散布了大量的假情报，这也使得事态变得更加的迷雾重重。德国人起初一口咬定他们的军队集结是一种防御措施，后来又说他们在东线集结是一种计策，以诱使英国人产生虚假的安全感。另外一种说法是，德军在那里并不是为了入侵，而是为了威逼苏联人在经济和领土方面做出让步。最流行的传闻之一是，即使希特勒真的要发动进攻，他也会首先给斯大林下最后通牒——这是为了掩盖德国人实际上正在策划的出其不意的进攻而故意这样说的。[33]

在事后要看出这些报告的真假以及斯大林的许多情报来源的模糊性是很容易的，但这在当时不容易确定，尤其是在德国人会在何时发动进攻这个问题上。斯大林估计希特勒当时还不会发动进攻，而相反的证据也可以用分裂理论或英国情报机构的诡计来解释。但如果斯大林不相信短期内有可能发生战争，而事实上又发生了，那后果他也担当不起。斯大林从来不是个有勇无谋的人，所以，尽管他会轻视国外的情报，说它们是愚蠢的间谍或者挑拨离间的特务送来的假情报，但苏联边界侦察人员提供的德军集结的证据事关重大，他不能对此坐视不管。正如在战争中担任帝国总参谋长的陆军元帅阿伦·布鲁克（Alan Brooke）后来提到斯大林的那样：

69　　　　斯大林是个讲究实际的人……只考虑事实……计划、假设、将来有可能发生的事，这些对他来说都毫无意义，但他总是准备好面对现实，即使是在不愉快的时候。[34]

虽然斯大林可能希望，甚至是相信希特勒不会发动进攻，但证据很明显，这位德国独裁者有可能正在策划很快发动进攻。对于这种可能性，斯大林做出的反应是，继续——实际上是加速——他的备战工作，包括大量增加苏联的前线兵力：

　　　　——5~6月，征召了80万预备队。
　　　　——5月中旬，28个师接到命令开赴苏联的西部各军区。
　　　　——5月27日，这些军区接到命令成立野战指挥所。
　　　　——6月，38500人被派往边境地区的筑垒地带。
　　　　——6月12~15日，这些军区接到命令把军队向边界移动。
　　　　——6月19日，这些军区的大本营接到命令移往新的指挥所。另外，各军区还接到命令把目标伪装起来并疏散飞机。[35]

到1941年6月为止，红军有300多个师，大约550万人，其中有 270 万人驻扎在西部边境地区。[36] 在 6 月 21～22 日这天夜里，这支大军处于戒备状态，并得到警报说，要提防德国人的突然进攻。[37]

但是仍然有一个问题：哪怕只是作为一种预防措施，斯大林为什么不在德国人有可能发动进攻之前早一点下令对苏联军队实行全面动员呢？部分原因在于，斯大林不想刺激希特勒提前发动进攻。"动员意味着战争"，这是苏联战略思想中老生常谈的一句话。它是俄国从引发第一次世界大战的危机的经验中总结出来的。1914 年 7 月，沙皇尼古拉二世决定对俄国军队进行动员，以防万一。有人认为，正是他的这一决定刺激了德国人采取反动员，并因此把"7 月危机"升级为一场欧洲战争。斯大林决心不重复那样的错误。此外，他认为即使希特勒有能力发动突然进攻，也没有多大关系，因为根据苏联的军事理论，在与德国进入战争状态之后，双方会有 2～4 个星期的时间动员并集结它们的主力部队投入战斗。与此同时，沿边境还会有一些战术性的作战以及由机动部队实施的有限的突破和袭击，以寻找敌人的弱点并为重大的侧翼包抄扫清障碍。无论如何，决定性的战斗要在战争爆发几个星期后才会打响，第一次世界大战就是这样的。但斯大林的将军们并不愚蠢，他们不会只是准备按照老一套把上一次战争重打一遍。他们已经注意到德国人的闪电战在波兰和法国取得的胜利，注意到由德国国防军高度机动的部队实施的集中的坦克攻击战和大规模包围战的效率。但他们并不认为像法国和波兰军队那样的命运也会落到红军头上。他们认为波兰的军事实力薄弱，而法国人则由于其"马其诺心态"（Maginot mentality）而毫无战斗的欲望。他们自信苏联的防御工事能够经受住打击，并在红军动员其主力部队准备作战的过

70

程中提供掩护。埃文·莫兹利认为，"斯大林和苏联统帅部相信，他们在对付希特勒时是处于强势而非弱势的地位"。[38]

由于对未来战争持有这样的看法，所以斯大林并不害怕希特勒的突然进攻。这种突然进攻最多使苏军在边境地区输掉一些战术性的战斗。基于这样的考虑，斯大林把赌注压在维持和平上就显得比较合理了。这样做有可能把战争的爆发延迟到1942年，到那时，苏联的防御力量就会强大许多，而国家的备战工作也会准备就绪。所以，看起来不合常理的是，谁也没有，甚至斯大林也没有觉得德国人1941年6月22日的突然进攻出乎意料。出乎意料并让人感到棘手的只是进攻的性质——它是一场战略性的进攻，德国国防军在战争一开始就投入了它的主力部队，突破并摧毁了红军的防御，用强大的装甲纵队突入苏联的纵深地带，包围了溃不成军、坐以待毙的苏联军队。

斯大林和他的将军们没有料到希特勒会发动战略性的突然进攻，对此，军事思想的错误只是部分原因，它还跟苏联人此时关注的重点有关。在战争前夕，苏联统帅部关心的主要不是如何防备德国人入侵，而是他们自己在何时何地发动进攻。他们正在计划和准备的是，对德国进行一场进攻战，而不是防御战。

苏联的进攻性战争计划

说苏联当时正在准备对德国采取进攻行动，并不是支持这样一种看法——斯大林正在准备一场预防希特勒的战争并打算发动先发制人的打击。[39]斯大林在政治和外交上的各种动作表明，他在1941年夏已经对和平绝望了。如果斯大林成功地把战争延迟到1942年，那他也许就有可能决定采取主动，首先发起打击，但他总是想着尽量推迟战争。他对红军的英勇善战是有信心的，但他担心苏联卷入重大战争所引发的后果，因为这样的战争有可能使敌视苏维埃社会主义共和国联盟的资本主义国家联合起来，反对共同的共产主义敌人。同时，斯大林把赌注　71压在 1941 年夏与希特勒能够维持和平上，也需要考虑布置适当的防御，以防自己算计有误。不过他的将军们没有把注意力集中在防御上，而是集中在他们自己的进攻和反击计划上。在斯大林的外交战略与他的将军们的军事战略之间，实际上是不协调的。可以认为，在政治战略与军事思想之间，以及在计划与准备之间的这种危险的脱节，是 1941 年 6 月 22 日灾难降临到红军头上的最重要的原因。

这种脱节的根源在于红军以进攻为导向的军事思想，而这种军事思想又可以追溯到 20 世纪 20 年代。苏联统帅部打算通过把战火烧到敌人的国土上，打算通过发起进攻和反击，打算通过纵深突破和侵入对方的领土来打下一场战争。这种崇尚进攻的方针由于战争间歇期的军事技术的发展以及坦克、飞机、火炮在火力和机动性、可靠性方面的提高而得到了强化。军事技术的进步使得高度机动的进攻、快速的两面夹击以及突破哪怕是精心构筑的防御工事，都变得可行了。在红军的理论中，防御相对于进攻而言，绝对是次优的选择，它只是进攻行动的准备阶段。德国在波兰和法国的胜利，以及 1940 年苏联人自己在芬兰突破坚固的曼纳林防线的经验，进一步证实了这种对于优先顺序的教条式的理解。

在 1940 年 12 月底举行的统帅部会议上，国防人民委员铁木辛哥在总结发言中概括苏军的战略思想时，谈的大多是进攻中的问题。但铁木辛哥也没有忽视防御问题。实际上，在他的讲话中有整整一节谈的都是防御。他坚持认为"当代防御战的危机"并不存在，他还反对那种认为波兰和法国的速败表明，防守一方在面对现代的火力和机动的进攻力量时无法进行有效防御的观点。铁木辛哥说，在现代的条件下，有效的防御是可能的，但它必须是纵深防御，必须要有许多防区和防御梯队。但是，铁木辛哥说得很清楚，即使是在他的报告中的这一节里也说得很清楚，"防御不是打败敌人的决定性的手段，只有进攻才能最终实现这一目的。只是在进攻力量不足或者在其有助于创造为准备进攻所必需的各种条件时，才会进行防御"。[40]

在这次会议上，另一个主要的发言者是格奥尔吉·朱可夫将军。他以前是骑兵军官，而现在则提倡由装甲力量实施机动作战。在中蒙边界发生边界冲突以后，他于 1939 年 8 月在哈拉哈河（Khalkin Gol）对日军成功发动了一次进攻，从而赢得了自己作为前线指挥官的名声。他在这次会议上做了关于"当代进攻作战的特点"的报告。他的主要看法是，红军需要吸收最近这场欧洲战争的经验，要使自己的进攻行动的准备工作跟上时代的发展。[41]在这次会议之后，也就是 1941 年的 1 月，统帅部的成员进行了两次模拟战争。两次模拟战争都是以苏联西部边界的进攻行动和调动为基础的。每次取胜的一方都是后来成为总参谋长的朱可夫。埃文·莫兹利说："除了斯大林支持红军的进攻取向之外，很难对朱可夫的任命做别的解释。"[42]

斯大林极为看重进攻行动理论。他不仅和其他人一样认为该战略在军事上有合理性，而且还一直主张对神圣的苏联领土进行积极防御。"外国的领土我们一尺也不想要，"他在 1930 年苏共第十六次全国代表大会上说，"但是我们的领土我们一寸也不会让给别人。"[43]进攻的观念和主题——它们可以追溯到内战时期——在斯大林时代的政治文化中也很盛行。按照这种政治文化，解决社会经济问题的方法就是，由工人先锋队使用猛烈的手段，清除或摧毁那些阻挠落实党的政策的顽固的敌人。红军认为未来战争要在敌方的领土上进行，这种观念也与苏联意识形态中弥赛亚式的倾向相契合。斯大林并不相信用武力来输出革命，[44]但他的确是把红军看作解放的力量。如果它侵入外国的领土，从共产主义的观点来说，可以产生积极的政治影响。这就像斯大林后来说过的那样，"不管是谁占领了一个地方，都会把他自己的那套社会体制强加于它。他的军队能够到达多远，他就会把他的那套体制推行多远。不会有其他做法"。[45]当时斯大林考虑的是，为了支持 1944 ~ 1945 年在东欧成立的由共产党主导的人民阵线政府，红军应该扮演什么角色。不过，在 1939 ~ 1940 年，这种模式就是红军在西白俄罗斯、西乌克兰、比萨拉比亚、布科维纳和波罗的海各国的"革命"中所扮演的角色。与之相反的则是"冬季战争"中红军在芬兰未能完成"解放使命"这个具有警示意义的例子。但是，红军崇尚进攻和对敌方领土的反入侵，首先是出于战略的而非意识形态的考虑。原因很简单，进攻是最好的防御，红军向前推进的潜在的政治利益只不过是额外的好处。尽管如此，红军备战工作中不可缺少的一部分仍然是要向自己的士兵灌输这样的思想：军事行动是苏联与资本主义世界的广泛的政治斗争的一个方面。当红军在 1940 ~ 1941 年的苏芬战争中遭受重创之后，苏联当局为了支撑红军不可战胜的神话，就加强了这种意识形态的宣传。[46]

73

　　在战略上，红军的进攻导向则体现在它的战争计划中。这些"计划"包括这样一些文件：确定潜在的敌人；评估敌方军

队的规模和可能的部署；预判敌方可能的进攻路线。这些计划
还反映出红军的宏大战略的轮廓，也就是在通常情况下，苏联
计划怎样反击敌人的入侵。1928 ~ 1941 年红军总共制订了七个
这样的计划。在第二次世界大战爆发前制订的最后一个计划，
是 1938 年 3 月在当时的总参谋长鲍里斯·沙波什尼科夫（Boris
Shaposhnikov）元帅的监督下准备的。[47]沙波什尼科夫的文件把
德国及其在欧洲的盟友以及远东的日本视为主要的敌人。尽管
苏联武装力量必须准备两线作战，但还是把德国确定为首要威
胁，把西线确定为主要战场。该文件说，德国人会企图从普里
皮亚季沼泽（Pripiat marshes）以北沿明斯克、列宁格勒和莫斯
科方向入侵苏联，或者从普里皮亚季沼泽以南，向基辅前进并
占领乌克兰。至于到底会选择哪一条路线，则取决于欧洲的政
治局势以及德国会与东欧的哪些国家结为反苏同盟。该文件接
着就详细说明了苏军两套不同的反击以德国为首的入侵行动的
作战计划。如果德国人在北方发动进攻，红军就会在该防区组
织反击，而在南方保持守势。如果德国人在南方发动进攻，红
军也会在那里组织反击并在北方保持守势。这两个不同方案的
目标，都是与集结的敌军主力交战并摧毁他们。

　　该计划的下一个版本是在 1940 年夏非常不一样的形势下准
备的，[48]当时铁木辛哥已经接替了伏罗希洛夫的国防人民委员
一职。它的要点跟 1938 年的文件非常相似，但 1940 年的版本
预判德国人会在北方发动进攻，从东普鲁士（在占领波兰之后，
它现在与德国本土又连成一体了）突击，进入立陶宛、拉脱维
亚和西白俄罗斯（它们当时都属于苏联）。因此，该计划认为，
应该把大部分红军集结在北方。行动的目标还是与敌军主力交
战并摧毁他们，不管他们可能在哪里。

后一版本的战争计划也是由沙波什尼科夫的参谋人员制订的。但是在 1940 年夏，他由于身体状况不佳而离开了总参谋长的位置，接替他的是梅列茨科夫将军。该计划经过进一步的修改之后，就成了日期为 9 月 18 日的新计划的草案。[49] 9 月计划仍然认为德国人最有可能在北方发起进攻，但也没有排除他们把自己的主力集结在南方的可能性，因此，它再次主张，苏联的战略反应计划需要有两套不同的方案。如果德国人在南方集结，那么红军也在那里集结并向德国占领下的波兰的卢布林（Lublin）和克拉科夫（Krakow）方向发动反击，然后继续向德国南部的布雷斯劳（Breslau）进发，目的是切断希特勒与其巴尔干盟友之间以及与该地区至关重要的经济资源之间的联系。如果德国人在北方展开行动，那红军就侵入东普鲁士。目标同样是找到德军主力并与之交战。

9 月计划被呈交斯大林与苏联领导层征求意见，结果他们在 10 月初对该计划做了关键性的修改：把红军的主要进攻力量集结在南方，任务是向卢布林、克拉科夫和布雷斯劳挺进。在铁木辛哥和梅列茨科夫给斯大林的备忘录里虽然没有说明为什么要做出这一改变，[50] 但最有可能的解释是，在战争爆发的时候，德军的主要集结地会在南方。在下一版本也就是 1941 年 3 月制订的战争计划中，南方被肯定无疑地确认为德军最有可能的集结地，虽然也没有排除在北方集结并从东普鲁士发起进攻的可能性。[51] 从 1941 年春季起，苏联的情报报告就一直在强调，如果德国人真的发动进攻，那会主要是在南方。这些误导性的评估说明德国人散布的假情报产生了效果，掩盖了他们的真实意图：把他们的进攻集中在北方沿明斯克 - 斯摩棱斯克 - 莫斯科一线（见地图 3）。

74

75

芬兰

波罗的海

塔林

列宁格勒

爱沙尼亚

俄罗斯

普斯科夫

伏尔加河

第27集团军

拉脱维亚

里加

莫斯科

西北方面军

第8集团军

德维纳河

立陶宛

维捷布斯克

东普鲁士

考那斯

斯摩棱斯克

第11集团军

苏瓦乌基

第13集团军

第3集团军

明斯克

莫吉廖夫

白洛斯托克

白俄罗斯

第10集团军

西方方面军

华沙

普里皮亚季河

别列津纳河

戈梅利

波兰

第4集团军

布列斯特

卢布林

第5集团军

克拉科夫

第6集团军

基辅

利沃夫

第聂伯河

捷尔诺波尔

西南方面军

捷克斯洛伐克

第26集团军

文尼察

乌 克 兰

第12集团军

德涅斯特河

匈牙利

第18集团军

南方方面军

敖德萨

克里米亚

第9集团军

罗马尼亚

塞瓦斯托波尔

康斯坦察

黑海

地图 3 苏联对德进攻计划,1941 年

选择把红军集结在南方, 这是个致命的决定, 对此, 朱可夫等人在自己的回忆录中都急于推卸责任。按照他们的说法, 这个决定是由斯大林做出的。他相信希特勒想要夺取乌克兰和俄罗斯南部的经济与矿产资源, 包括高加索的石油。斯大林的确认为在即将来临的战争中对原材料的争夺至关重要, 但没有任何直接的证据能够证明, 把军队集结在南方就是他的决定, 尽管他对这一决定肯定是支持的。加布里埃尔·格罗迪特斯基提出, 还有一种可能是, 在制订 1940 年战争计划的时候, 苏联领导层的注意力集中在了巴尔干发生的一切, 所以就一心想着如何切断希特勒与其巴尔干盟友之间的联系。[52] 从这个角度来看, 把军队集中在南方的决定更有可能是出于政治的而非军事的考虑。于是就有了马特维·扎哈罗夫 (Matvei Zakharov) 元帅在他对苏联总参谋部的研究中得出的看法: 个人偏好与官僚主义因素有可能对这一决定起到了决定性的作用。[53] 在资源方面的主要受益方是基辅军区。梅列茨科夫和铁木辛哥两人都曾经担任过基辅军区的司令, 而朱可夫就是在基辅军区司令的任上于 1941 年 1 月被任命为总参谋长的。总参谋部参与制订战争计划的许多下级军官也都曾经在西南方面军服役。毫无疑问, 基辅军区是德国人正在西南集结这一观点的非常积极的支持者, 并大力游说以得到更多的兵力来应对这种局面。[54] 最后, 有一种比较极端而且有争议的观点认为, 斯大林和他的将军们之所以选择把兵力集结在南方, 是因为红军正在计划对德国发起先发制人的打击, 而波兰南部的平原相比于到处都是河流、湖泊、沼泽和森林的东普鲁士而言, 提供了一条比较容易的入侵路线。[55]

对于这种先发制人的打击假说的支持者们来说, 一条关键性的证据就是在 1941 年 5 月中旬制订的新版战争计划。[56]这份已经在俄罗斯引起广泛争议的特殊文件的身份,[57]现在还不确定。这是份手写的文件,是由当时担任副作战部长的华西列夫斯基将军以朱可夫和铁木辛哥的名义制订的,但上面没有他们任何一个人的签名。斯大林是否看过这份文件,甚至是否有人告诉过他这件事,也无法确定。[58]

这份 1941 年 5 月的文件对先前的各个战争计划做了修改,但还不太详尽,形式上也不够系统。就像辛西亚·罗伯茨说的那样,它有了大体的样子,但"与其说是个计划,还不如说是个制订计划的工作文件"。[59]按照这份文件的看法,德国及其盟友(芬兰、匈牙利和罗马尼亚)能够调动 240 个师来进攻苏联,大约 100 个师的德军主力极有可能会部署在南方,向科韦利(Kovel)、罗夫诺(Rovno)和基辅方向发动进攻。该文件进一步指出,德军的机动性很强,因此,"它有可能抢在我们前面完成部署,并发动突然打击"。该文件接着又说:

> 为了预防这一点(并摧毁德军),我认为在任何情况下都不能把主动权交给德军的司令部,要在部署上抢在敌人的前面,要在德军仍在部署、还没有设法组织起战线或者把部队的各个不同部分协调好的时候发起进攻。红军首要的战略目标是摧毁部署在德布林(Demblin)以南的德军主力……西南方面军沿克拉科夫和卡托维兹(Katowitze)方向实施主要打击,目的是把德国与其南方盟友分割开来。西方面军左翼沿塞德利茨(Sedletz)和德布林方向发动次要打击,目标是牵制华沙的敌群并帮助西南方面军摧毁卢布林的敌群。对芬兰、东普鲁士、匈牙利和罗马尼亚要实

77

施积极防御，要做好在有利的条件下对罗马尼亚实施打击
的准备。

该文件最后向斯大林请求采取行动，包括批准拟议中的一旦与
德国开战的部署计划，以及——非常关键的是——对统帅部的
所有预备集团军进行秘密动员。

如果把 5 月文件与前后几份战争计划放在一起来看，那它
就没有什么让人感到意外的了。它是下面这种想法的合乎逻辑
的发展：在即将到来的战争中，红军会向正在南方防区展开的
德军主力发起进攻。文件提出，要抢在德军动员和部署最终完
成之前采取行动。这无疑反映了苏联人的不安，因为有越来越
多的情报显示，德国国防军在 1941 年春正在沿苏联边界大规模
集结，而且人们越来越意识到，战争很快就会到来，而不是要
等到以后。以入侵波兰南部的形式发动反击的建议还跟以前一
样，而秘密调动各预备集团军的建议则是扩大了正在采取的秘
密动员措施的范围。

该文件存在的问题有两个方面。首先，关于苏联采取先发
制人的打击的时机选择，它讲得十分含糊。如果这种打击的目
的是要摧毁德军，那么最佳时机就是在他们的动员、部署、集
结和协同还没有充分完成的时候。但谁能准确地判断那是什么
时候？其次，在斯大林相信还有维持和平的可能的时候，他不
可能接受这份新计划，除非有人能够说服他，万一德国人首先
发动进攻，苏联的防御就会土崩瓦解——但没有任何证据证明，
在苏军内部有人提出过这样的观点。只是在事后，在 1941 年 6
月 22 日的灾难发生之后，在这场战争之后，以及在斯大林去世
之后，苏联的高级指挥人员才开始说，应该更多地注意防御，

注意避开德国人有可能是致命的突然打击。

有人说，5 月计划的产生与 1941 年 5 月 5 日斯大林对红军各参谋学院的 2000 名毕业学员的讲话有关。到这个时候，斯大林的每一次公开或半公开的讲话在苏联都被广为传播是件很正常的事。但这一次没有公布讲话的原文，只是在第二天的《真理报》上有一篇简短的报道，标题是"我们必须做好准备，应对任何意外"：

78
　　　　　斯大林同志在他的讲话中着重提到了红军过去几年发生的深刻变化。他还基于现代战争的经验强调说，红军的组织结构已经发生了重要变化，并且基本上都进行了重新装备。斯大林同志对从军事学院毕业的军官们表示欢迎，并希望他们能够在自己的工作中取得成功。[60]

关于斯大林对他的毕业学员可能还讲了哪些别的，出现了各种各样的传闻，这一点也不奇怪。有一种说法是，斯大林警告说，与德国的战争肯定会来临；而另一种说法是，他赞成可以把社会主义体制扩展到别的国家的进攻性战争。苏联人透露给德国人的说法是，斯大林谈到了与希特勒的新的妥协方案。像通常一样，事情的真相要比任何传闻都更加平淡无奇。根据 1995 年公开的斯大林讲话的原文，他的主题就像《真理报》报道的那样，是红军的改革、重组和重新装备。但讲话也包含了许多关于改革和红军实力的细节，这些都属于战争前夕不能公开的信息。斯大林还用批评的口吻提到了德国军队，不相信它像看上去那样战无不胜，认为如果在侵略和占领的旗帜下战斗的话，它的未来不会像它的过去那样成功。再说了，在斯大林还在试图让希特勒相信他的和平诚意的时候，公开这些讲话也是不明智的。

毕业典礼结束之后，斯大林在克里姆林宫举行了招待会。在招待会上，他像往常一样多次提议干杯。他说的一些祝酒词也被记录下来。例如，据季米特洛夫说，斯大林的"心情非常好"，并且说："我们的和平与安全政策同时也是备战的政策。没有进攻，也就没有防守。军队必须养成一种崇尚进攻的精神。我们必须为战争做好准备。"还有一个人记录的是斯大林说"好的防守意味着进攻。进攻是最好的防守。"根据官方的记录，斯大林还说：

> 和平政策是好事情。我们直到现在……采取的都是一种［基于］防御的路线……但是现在，当我们的军队经过重建，装备了大量现代战争装备的时候，当我们已经变得更加强大的时候，就必然要从防御转向进攻。为了保卫我们的国家，我们的行动必须要有攻击性。军事理论也必须从防御转向攻击性的行动。我们必须用一种崇尚进攻的精神来改造我们的训练、我们的宣传、我们的鼓动、我们的报刊。红军是一支现代的军队，而现代的军队是崇尚进攻的军队。

这番讲话是战斗的号令吗？是在号召军队发动先发制人的打击吗？是向总参谋部发出的要求制订必要计划的信号吗？如果说在这种公开场合斯大林会表示出任何这样的意图，那是不可信的。而且，这次讲话中赞成进攻的内容与斯大林上一年在总结芬兰战争经验的统帅部会议上的秘密讲话并无不同。比较可信的是，斯大林想让他的年轻军官们明白，需要有一种崇尚进攻的精神，并且他很可能把他的即兴讲话看作在对德战争日益迫近的情况下鼓舞士气、增强自信的手段。但是，从计划和准备到挑起这样的战争那是一段很长的路。

在斯大林讲话之后，苏联加快了备战的步伐，但在规模和性质上还达不到在 1941 年夏率先发动打击所必需的要求。[61]在这方面，有些学者对如下事实做了过度解释：1941 年 5 月 24 日，斯大林在他的克里姆林宫办公室与自己实际上所有的高级军事指挥官召开了一次三小时的会议。他们提出，这是一次决定对德采取先发制人的打击的会议。但是，这种看法只不过是由于后来没有公开任何有关会议的信息而被放大了的猜疑。不过，根据斯大林的会客日志，他有 10 天时间再没有跟他的国防人民委员铁木辛哥、总参谋长朱可夫或任何一位将军见过面。[62]这不像是做出了重大决策、要对德国发动进攻的样子。5 月 24 日的会议更有可能只是正在进行的防御性备战工作的一部分。

对于斯大林在苏德之间还保持和平的最后几个星期的所作所为，人们在事后提出的最为常见的批评，并不是他在准备发动进攻，而是他在德军入侵之前，拒绝下令让红军进入全面警戒状态。华西列夫斯基在自己的回忆录中对斯大林尽量维持和平的政策表示支持，但又提出："整个问题……在于，我们的这个政策必须要执行到什么时候。毕竟纳粹德国在苏联边界的备战实际上已经极为公开了，尤其是在最后的一个月；这正是我们应该迅速动员并下令边境各军区转入全面战争状态、构筑坚固且深入地下的防御工事的时候。"[63]在华西列夫斯基的一次死后才公布的访谈中，他把问题理解为斯大林在 1941 年 6 月抵达

了战争的卢比孔河①，但未能向前迈出艰难的下一步。[64]但朱可
夫有着不同的看法："华西列夫斯基的观点并不完全符合实际情
况。我相信，如果我们在战争爆发前把所有兵力都部署在边境
地区，那苏联在战争初期就被打败了，德国军队就能够实现他
们的计划、在边境地区包围并消灭他们了……那样一来，希特
勒的部队就可以加快战役的进程，而莫斯科和列宁格勒也会在
1941 年的时候就陷落了。"[65]罗科索夫斯基元帅在他的回忆录   80
中进一步表达了这样的主张，他说红军的主力根本不应当部署
在边境地区，而应该部署在远离边界的苏联腹地。那样就可以
避开德国人最初的毁灭性打击，就可以集中力量对进犯的德国
国防军灵活地进行反击。[66]

　　要对付"巴巴罗萨行动"，最好是采取某种机动的战略防
御态势，对于这个观点，许多像辛西亚·罗伯茨那样的西方分
析家已经有过详细的讨论了。红军是否有能力实施这样的战略，
或者说这样的战略对苏联人而言结果是否会更好一些，也都是
些推测而已。但是不管战略防御的观念有什么据说是内在固有
的优点，它在当时苏军统帅部的理论体系中都没有任何地位。
就像朱可夫在他的回忆录中承认的那样，"当时，我们的军事理
论科学总的来说没有考虑战略防御中的那些深刻的问题，而是
错误地认为战略防御不是那么重要"。[67]当德国人在 1941 年 6
月 22 日发动进攻的时候，铁木辛哥和朱可夫做出的反应是，发
布命令，执行早就制订好的进攻计划。甚至是在德军长驱直入、

①　卢比孔河（Rubicon）在罗马共和国时代是罗马行省山南高卢与意大利本土
　　之间的界河。当时为了防止发生内战，罗马法律规定行省的将领不得带领
　　军队越过卢比孔河进入意大利本土，否则将视为叛乱。公元前 49 年，尤利
　　乌斯·恺撒违反了该规定，率军渡河，挑起了内战，并最终赢得胜
　　利。——译者注

兵临莫斯科和列宁格勒城下的时候，红军优先选择的反制措施仍然是在可能的时间和地点发动进攻。最终，红军也只是在不得不进行防御的时候，才懂得了防御战的好处，而在整个战争期间，流行的还是进攻理论。从战略方面来说，红军在东线实行的是全面的进攻战。只是在1943年的库尔斯克战役中，红军临时采取过战略防御的态势，以便在发动大规模的反击之前化解德军坦克的强大攻势。

红军在1941~1942年的退却与失败在战后被净化成了神话，被说成是斯大林伟大计划的一部分，是为摧毁德军而采取的诱敌深入之计，几乎与当年沙皇的将军们在拿破仑战争中针对法国军队的做法如出一辙。在斯大林死后，人们开始对1941年6月22日的灾难进行了比较符合实际的批判性研究。但是，新的神话认为，正是斯大林对进攻行动的偏爱，应该对红军在战争头几个月采取的灾难性进攻战术负责。事实上，在苏军统帅部，对进攻与反击的崇拜是一种共识。所以说，大家都对这种理论及其后果负有责任。

斯大林为了抵抗德国人的入侵而集中了大批军队。在苏联人看来，由这些军队的命运就可以估量出1941年6月22日这场悲剧的程度。截止到当年年底，红军在战斗中损失了200个师，伤亡人数超过了400万。44万军官中损失了142000人，其中将军有40人阵亡，44人被俘。[68] 许多同时代的观察家都认为，经历过战火考验且战斗力强大的德国军队既然能够如此轻易地占领波兰和法国，他们在苏联也能取得类似的结果。有些人认为苏联人的表现可能会好一些。然而，让所有人都意想不到的是，红军竟然挺过了德国人的沉重打击，然后就开始击退这场军事史上规模最大的入侵。

注 释

[1] I. Banac (ed.), *The Diary of Georgi Dimitrov*, Yale University Press：New Haven, 2003, p. 137.

[2] G. Gorodetsky, *Grand Delusion：Stalin and the German Invasion of Russia*, Yale University Press：New Haven, 1999, pp. 65 - 6；*Dokumenty Vneshnei Politiki 1940 - 1941*（后文简写为 DVP）vol. 23, book 2, part 1, Moscow, 1998, doc. 549。

[3] DVP 1940 - 1941, vol. 23, book 2, part 1, doc. 564.

[4] *Sovetsko - Ugoslavskie Otnosheniya, 1917 - 1941*, Moscow, 1992, docs 303, 304.

[5] Ibid. , docs 305, 307.

[6] DVP 1940 - 1941, vol. 23, book 2, part 2, doc. 745.

[7] Ibid. , doc. 746.

[8] *Sovetsko - Ugoslavskie Otnosheniya*, doc. 320.

[9] N. N. Novikov, *Vospominaniya Diplomata*, Moscow, 1989, pp. 78 - 9.

[10] 参见 *Foreign Relations of the United States 1941*, vol. 1, pp. 301 - 2 and 312 - 15 中记录的米兰·加夫里洛维奇（Milan Gavrilovic）说的话，他在 1940 ~ 1941 年任南斯拉夫驻莫斯科的大使。

[11] Gorodetsky, *Grand Delusion*, p. 204.

[12] *Nazi - Soviet Relations, 1939 - 1941*, Didier：New York, 1948（后文简写为 NSR），p. 324。克瑞伯斯后来成了希特勒的最后一任总参谋长。另一位目击者的描述可参见 H. C. Cassidy, *Moscow Dateline, 1941 - 1943*, Riverside Press：Cambridge, Mass. , 1943。进一步的详情可参见 Gorodetsky, *Grand Delusion*, pp. 198 - 9。

[13] *Rossiiskii Gosudarstvennyi Arkhiv Noveishei Istorii*（RGANI）F. 2, Op. 1, D. 1. 政治局决议还任命日丹诺夫为斯大林在党内的副手。日丹诺夫所负责的宣传工作由亚历山大·谢尔巴科夫接替。

[14] NSR, p. 336.

[15] NSR, p. 344.

[16] J. Degras (ed.), *Soviet Documents on Foreign Policy*, vol. 3 (1933 – 1941), Oxford University Press: London, 1953, p. 489.

[17] DVP 1940 – 1941, vol. 23, book 2, part 2, doc. 772.

[18] NSR, pp. 330 – 2.

[19] DVP, 1940 – 1941, vol. 23, book 2, part 2 docs 814, 823, 828. 与这些会谈有关的是一个人们经常讲述的故事: 舒伦堡实际上向杰卡诺佐夫警告过希特勒将要发动进攻, 并要他把这个消息转告给斯大林。故事的来源之一是斯大林的贸易部长阿纳斯塔斯·米高扬的回忆录 (*Tak Bylo*, Moscow, 1999, p. 377)。杰卡诺佐夫的报告显示, 这个故事毫无根据。实际上, 因为舒伦堡的目的是要帮助改善苏德关系, 如果他告诉杰卡诺佐夫他认为希特勒将会进攻苏联, 那就非常奇怪了。另见 *Grand Delusion*, pp. 211 – 17 中格罗迪特斯基有关这一事件的论述。

[20] "Posetiteli Kremlevskogo Kabineta I. V. Stalina", *Istoricheskii Arkhiv*, no. 2, 1996, p. 47.

[21] Gorodetsky, *Grand Delusion*, pp. 181 – 6.

[22] Ibid. , chap. 12.

[23] *Vestnik Ministerstva Inostrannykh Del SSSR*, 30/4/90, pp. 77 – 8.

[24] *1941 god*, vol. 1, Moscow, 1998, doc. 327.

[25] *1941 god*, vol. 2, docs 393, 413, 472, 525, 528.

[26] *Organy Gosudarstvennoi Bezopasnosti SSSR v Velikoi Otechestvennoi Voine*, vol. 1, book 2, Moscow, 1995, doc. 201.

[27] Ibid. , doc. 273. 这是一张表格, 列出了这两个情报来源在 1940 年 9 月至 1941 年 1 月所发送的报告。

[28] *Lubyanka: Stalin i NKVD – NKGB – GUKR "Smersh", 1939 – 1946*, Moscow, 2006, doc. 173.

[29] Gorodetsky, *Grand Delusion*, pp. 296 – 7.

[30] *1941 god*, vol. 2, docs 488, 513, 514, 566, 567, 590 以及 *Sovetsko – Yaponskaya Voina 1945 goda: Istoriya Voenno – Politicheskogo Protivoborstva Dvukh Derzhav v 30 – 40 – e gody* (在 Russkii 系列档案中), Moscow, 1997, docs 14, 148, 150, 151, 152, 154.

[31] DVP 1940 – 1941, vol. 23, book 2, part 2, doc. 853.

[32] *Vestnik Ministerstva Inostrannykh*, pp. 76 – 7.

［33］ B. Whaley, *Codeword Barbarossa*, MIT Press：Cambridge, Mass. , 1973, chap. 7 以及 D. Murphy, *What Stalin Knew：The Enigma of Barbarossa*, Yale University Press：New Haven, 2005, chap. 17.

［34］ 转引自 A. Seaton, *Stalin as Military Commander*, Combined Publishing：Conshohocken, PA, 1998, p. 154.

［35］ L. Rotundo, "Stalin and the Outbreak of War in 1941", *Journal of Contemporary History*, vol. 24, 1989, p. 283.

［36］ *1941 god*, vol. 2, doc. 550.

［37］ Ibid. , doc. 605.

［38］ E. Mawdsley, *Thunder in the East：The Nazi – Soviet War, 1941 – 1945*, Hodder Arnold：London, 2005, p. 34.

［39］ 这段内容从下列著作中获益良多：J. Erickson, "Barbarossa：June 1941：Who Attacked Whom", *History Today*, July 2001；C. A. Roberts, "Planning for War：The Red Army and the Catastrophe of 1941" *Europe – Asia Studies*, vol. 8, no. 47, 1995；E. Mawdsley, "Crossing the Rubicon：Soviet Plans for Offensive War in 1940 – 1941", *International History Review*, December 2003；Gorodetsky, *Grand Delusion*, 以及 Rotundo, "Stalin"。

［40］ "Zakluchitel" naya Rech' Narodnogo Komissara Oborony Souza SSR Geroya i Marshala Sovetskogo Souza S. K. Timoshenko na Voennom Soveshchanii 31 Dekabrya 1940g', p. 12. 复印件见 "沃尔科戈诺夫文件"。

［41］ G. K. Zhukov, "Kharakter Sovremennoi Nastupatel" noi Operatsii' in *Nakanune Voiny：Materialy Soveshchaniya Vysshego Rukovodyashchego Sostava RKKA 23 – 31 Dekabrya*, Moscow, 1993 （在 Russkii 系列档案中）, pp. 129 – 51。

［42］ Mawdsley, "Crossing the Rubicon", pp. 826 – 7.

［43］ J. Stalin, *Works*, vol. 12, Foreign Languages Publishing House：Moscow, 1955, p. 269.

［44］ 1936 年，斯大林告诉美国记者罗伊·霍华德（Roy Howard）："我们马克思主义者相信，在其他各国也会发生革命，但是只有当这些国家中的革命者认为革命是可能或必要的时候，它才会到来。输出革命是胡说八道。每个国家，如果它想要的话，它就会产生自己的革命，而如果这样的意愿根本就不存在，那就不会发生革命。"Degras, *Soviet*, p. 166.

［45］ M. Djilas, *Wartime*, Secker & Warburg：London, 1977, p. 437. 然而，阿尔伯特·莱希斯指出，斯大林对吉拉斯（Djilas）讲的这番话并不总是能由苏联人的行动得到证实。红军多次撤出了它所占领的领土：丹麦、挪威、伊朗、中国的满洲地区及其他地区。参见 Albert Resis, *Stalin, the Politburo, and the Onset of the Cold War, 1945 – 1946*, The Carl Beck Papers in Russian and East European Studies no. 701, April 1998, p. 25。

［46］ 关于这一点参见 M. von Hagen, "Soviet Soldiers and Officers on the Eve of the German Invasion" in J. L. Wieczynski（ed.）, *Operation Barbarossa*, Charles, Schlacks：Salt Lake City, 1993。

［47］ *1941 god*, vol. 2, pp. 557 – 571.

［48］ Ibid. , vol. 1, doc. 95.

［49］ Ibid. , doc. 117.

［50］ Ibid. , doc. 134.

［51］ Ibid. , doc. 315.

［52］ Gorodetsky, *Grand Delusion*, pp. 121 – 4.

［53］ M. V. Zakharov, *General'nyi Shtab v Predvoennye Gody*, Moscow, 1989, pp. 220 – 4. 1972 年去世的扎哈罗夫是在 20 世纪 60 年代写作这部书的。由于他的批判性的观点，以及由于他所参考的秘密材料，该书的出版延后了 20 年之久。2005 年出版了这本书的新版。

［54］ *1941 god*, vol. 1, doc. 224.

［55］ Mawdsley, "Rubicon".

［56］ *1941 god*, vol. 2, doc. 473.

［57］ 德米特里·沃尔科戈诺夫在其 1989 年在苏联出版的斯大林传记中，第一次提到了这份文件。沃尔科戈诺夫的根据是他在苏联军事档案中发现的一份三页的打印稿（"沃尔科戈夫文件"中的复印件在国会图书馆手稿部）。这份打印稿当时发表在《军史》杂志上（"Upryamye Fakty Nachala Voiny", no. 2, 1992）。但它的内容只是一份要长很多的手写文件中的一段（L. A. Bezymenskii, "O 'Plane Zhukova' ot 15 May 1941g", *Novaya i Noveishaya Istoriya*, no. 3, 2000）。对于那些认为斯大林在 1941 年计划发动预防性战争和先发制人打击的那些人对该文件的使用情况，参见 T. J. Uldricks, "The Icebreaker Controversy：Did Stalin Plan to Attack Hitler?", *Slavic Review*, vol. 58，no. 3，Fall 1999。

［58］有各种各样的第三手的报告说，斯大林看到过或听人说过这份文件，但是所有这些消息来源的问题在于，它们在时间上都晚于知道文件本身的存在。在莫兹利的《越过卢比孔河》中有对这些不同消息来源的详细描述与讨论。

［59］Roberts，"Planning for War"，p. 1320.

［60］A. Werth，*Russia at War，1941 - 1945*，Pan Books：London，1964，p. 132.

［61］参见莫兹利《越过卢比孔河》中的讨论。

［62］"Positeli Kremlevskogo Kabineta I. V. Stalina"，*Istoricheskii Arkhiv*，no. 2，1996，pp. 48 - 9.

［63］A. M. Vasilevsky，*A Lifelong Cause*，Progress Publishers：Moscow，1981，p. 84.

［64］G. A. Kumanev，*Ryadom so Stalinym*，Moscow，1999，p. 233. 另参见 Mawdsley，"Rubicon"，pp. 864 - 5。

［65］Gorodetsky，*Grand Delusion*，p. 240. 朱可夫的评论是针对华西列夫斯基没有发表的一篇访谈而写的。

［66］K. K. Rokossovskii，*Soldatskii Dolg*，Moscow，2002，pp. 50 - 4. 在 1968 年出版的初版罗科索夫斯基回忆录中，这段话和其他许多内容一起都被删掉了。

［67］G. K. Zhukov，*Vospominaniya i Razmyshleniya*，10th edn，vol. 1，Moscow，1990，p. 289. 在前公开性时代的各种版本的朱可夫回忆录中，这段话都被删去了。

［68］Mawdsley，*Thunder*，pp. 86 - 7.

第四章　毁灭战：斯大林与
希特勒的对决

　　1941 年 6 月 22 日星期天快要黎明的时候，德军入侵苏联的行动开始了。在 1000 英里的战线上担任主要突击任务的是 152个德国师，负责支援的分别是北方的 14 个芬兰师和南方的 14个罗马尼亚师。[1] 意大利和匈牙利的军队、西班牙的"蓝色师"、克罗地亚和斯洛伐克的小分队以及在纳粹占领下的欧洲国家招募的小股志愿部队，后来也加入了这支 350 万人的入侵大军。

　　入侵的军队组成了三个集群：北方集团军群从东普鲁士发起进攻，并沿波罗的海从陆路向列宁格勒推进；中央集团军群向明斯克、斯摩棱斯克和莫斯科方向前进；南方集团军群则向乌克兰及其首府基辅方向前进（见地图 4）。

　　在 1940 年 12 月 18 日的命令中，希特勒已经指出了这次入侵的战略目标：

　　　　德国国防军必须做好准备，一举击败苏联……装甲
　　先头部队要通过大胆快速的纵深突破，摧毁驻守在苏联
　　西部的（红）军大部，要防止还有战斗力的人员撤退到
　　辽阔的苏联内地……行动的最终目标是要建立一条大致
　　沿伏尔加河到阿尔汉格尔斯克（Arkhangel）的防御苏联
　　的屏障。[2]

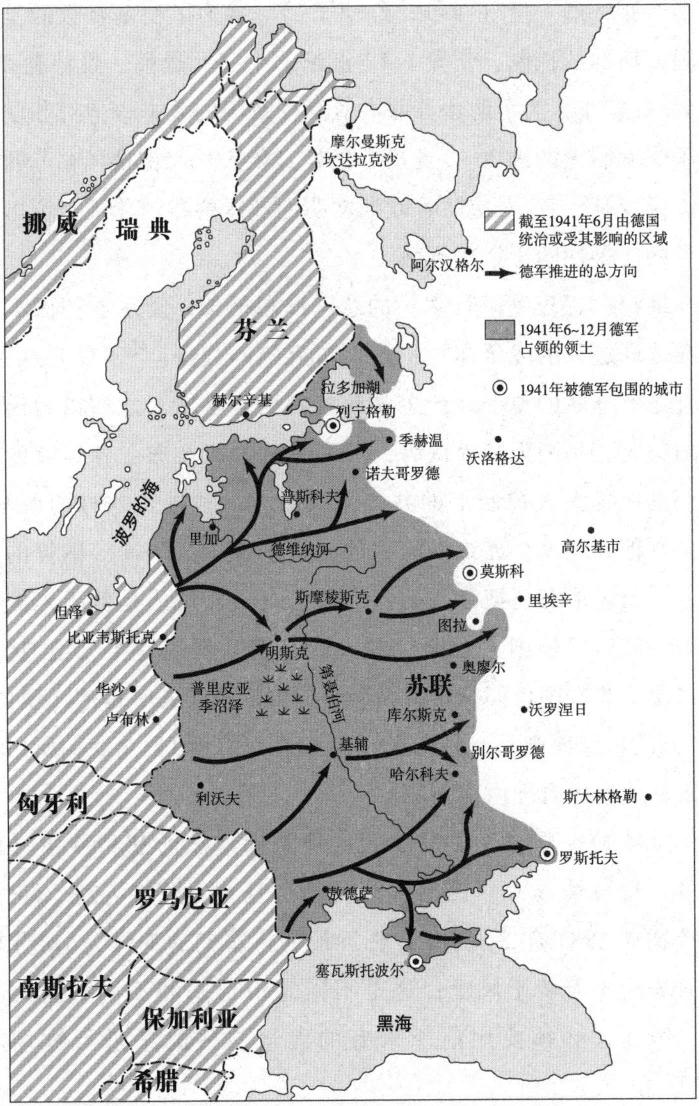

地图 4　"巴巴罗萨行动"，1941 年 6～12 月

入侵的代号是"巴巴罗萨行动",这是为了纪念神圣罗马帝国的皇帝腓特烈一世(绰号"红胡子")。他为了使基督教的圣地摆脱穆斯林的控制,领导了 12 世纪的十字军远征。希特勒在 6 月 22 日宣布,为了防止苏联人对第三帝国的袭击,他对苏联发动了先发制人的进攻。[3] 此后,纳粹宣传人员就把德国在苏联的战役说成是,为反对威胁着欧洲文明的邪恶的布尔什维克帝国而进行的防御性的十字军远征。

84

纳粹"巴巴罗萨行动"的意识形态框架,暗示着德国人打算在苏联进行的战争样式:毁灭与灭绝的战争。[4] 不仅是红军,而且还有苏联的整个共产主义政权都要被摧毁。之所以做出这样的决定,是因为纳粹认为,苏联是犹太人与布尔什维克的国家,是在犹太人控制下的共产主义政权。要摧毁这样的国家,就必须把管理这个苏维埃国家的犹太干部消灭干净。纳粹的种族主义意识形态还把苏联的各个斯拉夫民族说成是低于人类的低等种族,但德国人对斯拉夫人的态度与其说是要灭绝他们,不如说是要剥削他们。希特勒后来提到斯拉夫人时是这样说的:"我们的指导原则是,只有当这些人在经济上可以为我们所用的时候,他们才有理由存在。"

希特勒想要对苏联发动的这种意识形态的和种族主义的战争,也被纳入为"巴巴罗萨行动"所做的军事准备。正如希特勒在 1941 年 3 月 30 日告诉他的将军们的那样,"对苏联的战争用不着骑士风度;这是不同意识形态和不同种族的斗争,因此,必须要用前所未有的无情与残酷来进行这场斗争"。[5]

1941 年 3 月,国防军与党卫军就别动队(Einsatzgruppen)的任务达成了一致:他们将跟在德国军队的后面进入苏联,消灭"犹太人与布尔什维克的"官员、积极分子和知识分子。1941 年 5 月 13 日，希特勒发布了一道命令，该命令实际上使德军士兵在苏联可能犯下的任何暴行都不会受到惩罚。几天后，国防军又发布了"在苏作战部队行为准则"：

> 1. 布尔什维主义是信奉国家社会主义的德国人民的死敌。德国的斗争针对的就是这种起破坏作用的意识形态及其支持者。
>
> 2. 这种斗争需要对布尔什维克的鼓动者、游击队员、破坏分子以及犹太人采取无情而有力的措施，要彻底消除任何积极或消极的抵抗。
>
> 3. 要对红军的所有人员，甚至战俘，保持高度的戒备与警惕，因为他们预计会采取奸诈的战斗方式。红军中的亚洲士兵尤其让人难以捉摸、阴险多变、冷酷无情。

6 月 6 日，国防军发布了"关于处置政委的指导原则"。这就是臭名昭著的"政委命令"，它涉及政委即红军中政治军官的命运：这些人"不管是在战斗中被俘，还是仍然在抵抗，原则上应该用武器立即予以消灭"。

与苏联的这场即将来临的战争的意识形态框架，有助于解释为什么德国人自以为他们能够用闪电战一举摧毁红军。德国军方制订作战计划的那些人认为，红军在战前的大清洗中已经遭到了极大的削弱，在芬兰战争中的表现也不怎么样。但是，同样重要的是，这些制订作战计划的人受到了意识形态的误导，对于斯大林政权的政治脆弱性产生了错误的看法。"你们只需要在门上踹上一脚，整个腐朽的建筑就会轰然倒塌。"希特勒说。[6]德国人完全没有料到在苏联会遇到顽强的抵抗，他们以为自己会被当作救星一般受到大部分苏联人的欢迎。

在"巴巴罗萨行动"的头几天，希特勒预言的轻而易举的胜利似乎就要兑现了。德国空军一天就袭击了敌军的 66 个机场，摧毁了停在地面上的 900 架和在空中的另外 300 架苏联飞机。[7]德国人在几天内就掌握了整个交战地带的绝对的空中优势。7 月 3 日，德国陆军总参谋长弗朗茨·哈尔德（Franz Halder）将军在他的日记中写道："就我而言，断言我们在两个星期内就赢得了对苏联的战役并不为过。"[8]不到三个星期的时间，苏联人的伤亡就达到了 75 万，而且还损失了 1 万辆坦克和 4000 架飞机。德国人三个月不到就占领了基辅，包围了列宁格勒，打到了莫斯科的门口。[9]

德国人采用的战术几乎跟他们在波兰和法国使用过的如出一辙。先由强大的装甲师组成密集的纵队突破敌人的防御，从后面包围苏联军队。随后是步兵师，其任务就是摧毁被包围的敌军并守住被占领的领土。在 6 月的明斯克包围战中，德国人俘虏了 40 万苏军。接着，在 7 月和 9 月，斯摩棱斯克（30 万人被俘）和基辅（50 万人被俘）又分别落入了德国人的包围圈。10 月，在莫斯科附近的布良斯克和维亚济马包围战中，又有 50 万甚至更多的苏联士兵成了战俘（见地图 5）。截止到 1941 年底，德国人已抓获了 300 万苏联战俘。到 1942 年 2 月的时候，这些战俘中有 200 万人死亡，主要是由于饥饿、疾病和虐待。另外，德国人会立即处死他们怀疑是共产党员的战俘。到东线战争结束的时候，有 16 万被俘的"政委"被德国人杀害。

86

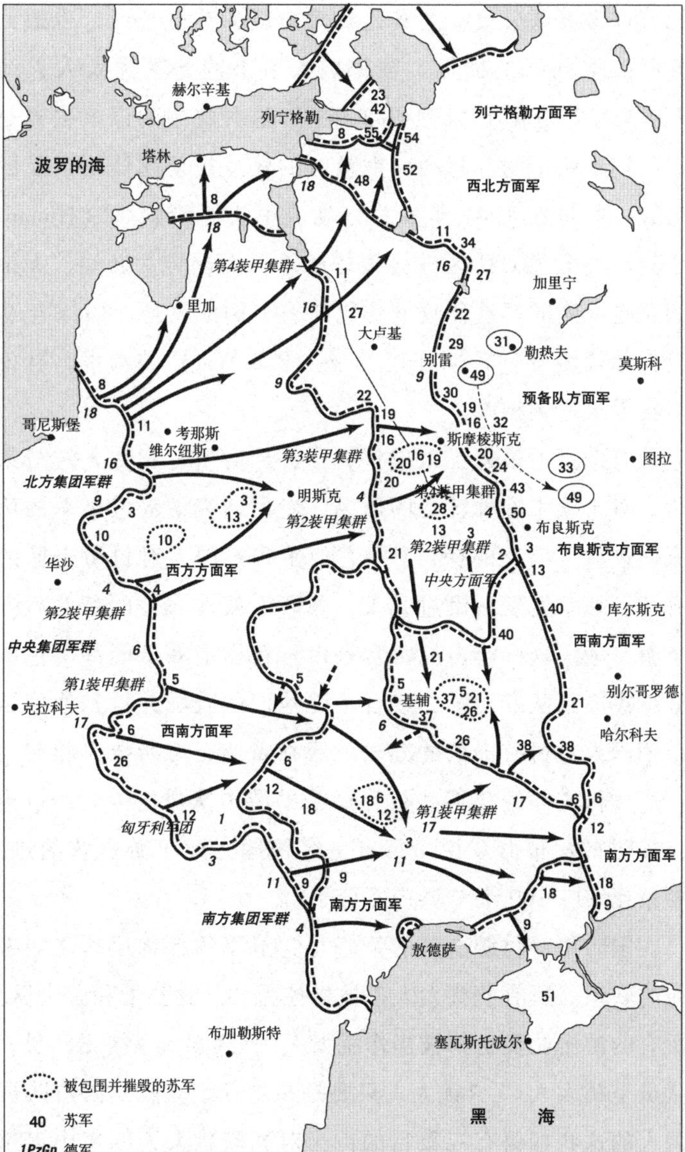

注：德军与其他轴心国家队番号为斜体，PzGp 表示装甲集群。

地图 5　德军对苏军的包围，1941 年

87　其他有许多苏联公民，尤其是犹太血统的苏联公民，也遭到了跟苏联战俘同样的命运。被德国人屠杀的苏联犹太人大约有100万，大多是在1941～1942年。[10]这种集中的谋杀主要是党卫军的别动队干的。起初，别动队的任务是杀死体格强壮的犹太男人。但是在1941年8月，党卫军头子希姆莱（Himmler）下令，对整个犹太社区进行集体屠杀，无论男女老幼，无论健康的还是生病的。这种政策变化的一个例证就是，1941年9月底，在基辅城外一条叫作巴比亚（Babi Yar）的沟里，有3万多名犹太人遭到枪杀。

从有选择地杀死犹太成年男子，到对所有犹太人进行集中谋杀，对于发生这种转变的原因，专门研究纳粹大屠杀的历史学家们进行了广泛的探讨。[11]它似乎跟德国人对付游击队的策略有关。战争爆发后没过几天，苏联人就在入侵的德军后方开展了游击战。这些游击战常常是由正在撤退并试图冲出包围圈的红军小股部队发动的，或者是受他们的鼓励并得到他们帮助的。德国人对付游击战的办法就跟在希腊、南斯拉夫和波兰一样：烧毁村庄并处死那些被怀疑帮助游击队员的人。1941年9月，国防军发布命令说，每有一名德国人死于游击队的进攻，就要杀死50～100个"共产党分子"。

在国防军对付游击队的策略与党卫军的反犹运动之间有着内在的联系。所有的犹太人都被指控为共产党分子和游击队员，而所有的游击队员也都被当作犹太人。"犹太人是游击队员，游击队员是犹太人。""犹太人只要是布尔什维克就是游击队员。"德国人的这些标语有双重目的：为对苏联犹太人的集中谋杀找借口；使那些用来对付游击队的不分青红皂白的严厉措施合法化。[12]例如，德国人诡称，巴比亚屠杀是为了报复苏联人，因为红军在撤出基辅的时候在市中心埋下的定时炸弹炸死了许多德国军官。

尽管德国人取得了辉煌的战果，但战争的形势并没有完全倒向他们一边。苏联人的防御并没有全都被摧毁。有些阵地不但守住了，而且还坚持战斗了几个星期，甚至几个月。在与德国占领下的波兰交界的布列斯特要塞，3000 名苏军士兵几乎战斗到最后一人。他们在 2 万名德军的攻击下，坚守了一个星期。敖德萨，苏联海军在黑海的主要港口，在 1941 年 8 ~ 10 月，面对罗马尼亚第 4 集团军的进攻，坚守了将近 10 个星期。它的姐妹港塞瓦斯托波尔受到了更为猛烈的攻击，但直到 1942 年夏才落入敌手。虽然有数百万苏军士兵沦为俘虏，但也有数万名苏军士兵以个人、小组、排、营、旅和整师的形式杀出重围，重新加入了红军的大部队。[13] 苏联人还发起了无数次反击，多次迫使德国人后退并重新部署。在基辅保卫战中，苏联人把德国人向东乌克兰的推进迟滞了近一个月之久，而 1941 年 7 ~ 8 月在斯摩棱斯克地区的战斗则把德国人向莫斯科的推进迟滞了两个月。在列宁格勒地区进行的凶猛的反击，挫败了希特勒占领苏联第二大城市并将其夷为平地的阴谋。

战斗之惨烈使得德国人不再像起初那样自以为可以轻松赢得战争了。到 8 月 11 日的时候，哈尔德将军开始产生了怀疑："在战争开始时，我们估计与我们作战的敌人大概会有 200 个师，但现在已经有了 360 个。这些师按照我们的标准甚至都还没有武装和装备好，它们的战术指挥也不太令人满意。但它们上了战场。如果我们摧毁了一打，苏联人又会派来一打。"[14]

　　红军让德国人为他们的胜利付出了极高的代价。在战争最初的三个星期当中，德国人伤亡了 10 万人，损失了 1700 辆坦克和自行火炮，还有 950 架飞机。到 7 月份，他们一天就伤亡 7000 人。到 8 月份，总的伤亡人数将近 18 万。[15]跟苏联人的巨大损失相比，这些当然算不了什么，但与德国人过去的损失相比，却要高得多。在 1940 年的整个西欧战役中，德国人总共只损失了 15.6 万人，其中死亡 3 万人。[16]关键是，德国国防军在苏联境内虽然进展神速，却没有能够实现其战略目标。列宁格勒遭到了围攻，但没有陷落。在南方，德国人虽然抵达了高加索和巴库油田的门户顿河畔的罗斯托夫，但也已精疲力竭，所以，到 11 月底的时候，该城市又被苏联人收复了。

　　在这场战争中，希特勒一击制胜的最后的机会就是占领莫斯科。1941 年 10 月，德国人动用 70 多个师 100 万人、1700 辆坦克、14000 门火炮和近千架飞机，对苏联首都发起了进攻。在这次进攻中，中央集团军群打到了距离克里姆林宫不到 20 英里的地方，却再也无法前进了。12 月 5 日，红军在莫斯科战线发起反攻，迫使德国人后退到距离该市 40～50 英里的地方。这是德国国防军在第二次世界大战中的首次重大失败。它标志着"巴巴罗萨行动"的破产，希特勒现在在东线面临的是长期的消耗战。正如战时的两位观察家对于事态的发展得出的结论那样，"对德国人而言，1941 年的苏联战役是一次严重的战略失败"。[17]

　　截止到 1941 年 12 月，欧洲战争已经演变成全球战争。在日本人于 12 月 7 日袭击珍珠港之后，美国在远东与德国的盟友杀得难分难解，而希特勒在 12 月 11 日对美宣战，也把美国卷入了欧洲战场。这就使美、英、苏自 1941 年夏开始逐渐形成的同盟关系最终确定了下来。面对这些新的情况，希特勒开始考虑，要把针对同盟国的全球战争打下去，他将需要什么样的资源。他的眼光逐渐落在了乌克兰、俄罗斯南部和高加索的石油、工业和原材料上。

斯大林对德军进攻的反应

关于斯大林对"巴巴罗萨行动"的反应，有一个常常讲起的故事说，他被德军的进攻弄得目瞪口呆、措手不及。他先是拒不相信这是正在发生的事情，接着又陷入沮丧，直到在他的政治局同事的催促下才回过神来。与许多关于斯大林的故事一样，这个故事也是源自赫鲁晓夫 1956 年在党的第二十次全国代表大会上的秘密讲话：

> 我们不应该忘记，在前线遭受了最初的严重挫折和失败后，斯大林曾经认为，一切都完了。他在当时的一次讲话中说过："我们已经永远失去了列宁缔造的一切。"在那之后，斯大林实际上有很长时间没有指挥过军事行动，而且什么事也不做。只是在一些政治局委员去看他并告诉他说，必须立即采取某些措施来改善前方的局势的时候，他才重新开始工作。[18]

在战争开始的时候，赫鲁晓夫在基辅，他在自己的回忆录中详细讲述了这则故事，并且说贝利亚（Lavrentii Beria）告诉他，斯大林曾经一度放弃了领导工作并绝望地躲进了自己的别墅。[19]

这件事的另一个版本是斯大林的贸易部部长阿纳斯塔斯·

米高扬（Anastas Mikoyan）在自己的回忆录中提出来的。按照米高扬的说法，政治局委员们跑到斯大林的乡间别墅并告诉他们这位逃避责任的领导人，他们已经决定成立国防委员会，他们要他把这个国防委员会领导起来。米高扬说，这次行动的鼓动者是贝利亚和莫洛托夫。[20]不过，就像罗伊·梅德韦杰夫和泽罗斯·梅德韦杰夫兄弟指出的那样，这是个最不可能发生的故事。在斯大林的核心圈子当中，莫洛托夫和贝利亚是属于最听话的那种人，他们没有胆量这么直截了当。[21]后来还有雅科夫·恰达耶夫（Yakov Chadaev）的证词，它大体上支持米高扬的说法，即各位政治局委员到斯大林的乡间别墅去看他，并由莫洛托夫领头，要求他回去工作。然而，恰达耶夫讲的这件事并不是他亲身经历的，而是听来的。恰达耶夫在回忆斯大林在战争头几天的精神状态时的说法，给人的印象是，这位苏维埃独裁者的行为极为矛盾：一方面是坚强而果断的，另一方面却又沉默寡言、犹豫动摇。[22]此外，在1982年的一次采访中，恰达耶夫在回答有关斯大林在战争头几个月的表现这个问题时说，"在危机的日子里，在前方形势危急的日子里，斯大林总的来说非常镇定，表现自信而沉着，并且非常忙碌"。[23]人们在回忆录中提供的其他证据还包括莫洛托夫在被问到在斯大林的乡间别墅这件事时的回答："斯大林非常焦虑。他没有怨天尤人，但他有点失常。我不是说他失去自我控制了。他很受打击，但没有表现出来。他当时肯定很艰难。说他不痛苦那都是胡说。但对他的描写不符合当时的实际情况……他像往常一样，还是夜以继日地工作，从来没有惊慌失措，没有丧失他的演说的才能。他当时表现怎样？就像斯大林应该表现的那样——沉着坚定。"[24]根据朱可夫的说法，"斯大林本人意志坚强，他绝不是懦夫。只有一次我看到他有点消沉。那是在1941 年 6 月 22 日的黎明，当时他相信战争是可以避免的希望破灭了。在 1941 年 6 月 22 日之后，在整个战争期间，斯大林都在坚定沉着地掌管着这个国家……”[25] 当政治局的另一位成员拉扎尔·卡冈诺维奇（Lazar Kaganovich）被问及在战争爆发时斯大林有没有惊慌失措的时候，他回答道“这是撒谎”! [26]莫洛托夫和卡冈诺维奇都是斯大林的死忠，而赫鲁晓夫和米高扬是反叛者，他们在 20 世纪 50 年代领导了反斯大林的斗争。朱可夫在战后遭到了斯大林的清洗，但在 1957 年又与赫鲁晓夫失和，然后就因为他在战争中的行为而受到赫鲁晓夫那帮人的指控。

　　要了解斯大林在得悉德国人入侵后个人有什么反应，最好的办法可能是了解他的同时代的证据，看看他在战争最初几天采取了哪些行动。根据他的会客日志，在战争爆发的时候，斯大林跟苏联军政领导层的成员开过多次会议。[27] 在战争头几天，斯大林需要做出许多决定。他在战争爆发的当天就颁布了 20 条不同的政令和命令。[28] 6 月 23 日，他成立了总司令部（Main Command）大本营（Stavka），这是个由国防人民委员铁木辛哥任主席的政治军事混合机构，负责战争的战略指导。6 月 24 日，他决定成立疏散委员会，以便组织人员和物资撤离交战区域，同时还决定成立苏联情报局（Sovinform），协调和指导战争中的宣传工作。[29] 6 月 29 日，斯大林给前线地区的党政机构下发紧急指示，命令他们要为保卫苏联的每一寸领土战斗到最后一滴血。红军的补给和后方地区要得到充分保护，所有贪生怕死、制造恐慌的人要立即受到军法审判。在敌占区要成立游击小分队；即使被迫撤

91 退，也要实行焦土政策，不能把道路、铁路、工厂或粮食留给敌人使用。这些指示构成了斯大林几天后对苏联人民发表的广播讲话的基本内容。[30]

6月22日上午5点45分，莫洛托夫在与舒伦堡会见后回到了斯大林的办公室，他带来了德国宣战的消息。[31]最初的决定之一就是由莫洛托夫而不是斯大林在中午对全国发表广播讲话。按照莫洛托夫的说法，斯大林决定要等到形势明朗之后再亲自发表全国讲话。[32]斯大林对莫洛托夫的讲话稿当场进行了大量修改。他从几个方面扩充了讲稿的内容。首先，莫洛托夫在开头要声明他是在代表斯大林发表讲话，然后在结束时要呼吁国家团结在斯大林的领导周围。其次，莫洛托夫要表明，无论从哪方面来说，苏联都没有违反与德国的互不侵犯条约。再次，莫洛托夫要强调一点：把战争强加于苏联的不是德国工人、农民或知识分子，而是已经奴役了法国、波兰、南斯拉夫、挪威、比利时、丹麦、荷兰、希腊等国的德国法西斯。最后，莫洛托夫要把希特勒对苏联的入侵比作拿破仑的入侵，并号召人民进行卫国战争，保卫自己的祖国。虽然斯大林修改的内容很多，但讲话中最让人难忘的那几句——也就是讲话最后的结束语，它后来成了苏联的战争努力中的主要的宣传口号之一——似乎出自莫洛托夫本人："我们的事业是正义的。敌人必败。胜利必定属于我们。"[33]

当天另一个早早地就来到斯大林办公室的人是第三国际领导人格奥尔吉·季米特洛夫。他在自己的日记中写道：

> 早上7点，我被紧急召见到克里姆林宫……斯大林和所有其他人都表现出惊人的沉着、坚毅和自信……第三国

际暂时不要采取任何公开的行动。各地的党组织正在开展保卫苏联的运动。现在不要考虑社会主义革命这个问题。苏联人民正在进行一场反对法西斯德国的卫国战争。现在的问题是打败法西斯主义，它已经奴役了许多民族，而且还想奴役更多的民族。[34]

当天进出斯大林办公室的还有副外交委员安德烈·维辛斯基，他是汇报外交方面的新情况的。他带来了一些好消息。麦斯基从伦敦发来电报说，外交大臣安东尼·艾登（Anthony Eden）保证说，英国会继续战斗，伦敦决不会与德国单独媾和，不要理会赫斯之行所引发的谣言。艾登还告诉麦斯基说，丘吉尔会在当天晚上就德国入侵和英苏关系问题发表广播讲话。[35] 丘吉尔的广播讲话想必给了斯大林很大的安慰：

92

　　在过去的 25 年中，没有人像我那样始终在坚持反对共产主义，而我对自己在这方面说过的话决不反悔。但这一切与现在正在发生的事情相比，变得不重要了。过去连同它所有的罪恶、所有的愚行和所有的悲剧，都不再重要了……我们只有一个目标、一个不可改变的目标。我们决心要彻底摧毁希特勒和纳粹政权。没有什么能让我们改变这个目标……因此，接下来我们就要给予苏联和苏联人民力所能及的帮助……如果希特勒以为他对苏联的进攻会引起哪怕是一点点目标上的分歧，或者会使决心成为他的厄运的伟大的民主国家的努力有一点点放松，那他就大错特错了……他对苏联的入侵只不过是企图入侵不列颠诸岛的序幕……因此，苏联人的危险就是我们的危险，就是美国

的危险，正像苏联人为自己的心灵和家园而战的事业，就
是这个地球上每一个地方的自由的人们和自由的民族的事
业一样。[36]

美国表面上保持中立，但在近一年来一直给英国提供大量的援
助。在 6 月 24 日的白宫记者招待会上，罗斯福宣布，对苏联
也将采取这一政策。[37] 7 月 12 日，英国和苏联签订了在对德战
争中采取共同行动的协议，并保证任何一方都不会单独与希特
勒进行停战或和平的谈判。[38] 7 月底，罗斯福派他的私人代表
哈利·霍普金斯（Harry Hopkins）到莫斯科，就美国为苏联战
争努力提供援助与斯大林协商。[39] 8 月初，两国互换照会，使
美国向苏联供应战争物资的承诺正式化了。[40] 9 月底，英国供
应部部长贝弗布鲁克勋爵（Lord Beaverbrook）与罗斯福派驻伦
敦的负责租借事务的官员埃夫里尔·哈里曼（Averell
Harriman）一起来到了莫斯科，就英美向苏联供应物资事宜签
订了正式协议。[41]

但是，事态的最重要的发展以及最重要的决策都是在军
事战线上。在 6 月 22 日的头几个小时，铁木辛哥和朱可夫发
布了一道命令，警告德军可能会发动突然袭击。边境地区的
各个军区都接到命令，要求它们的部队做好充分的战斗准
备，并在 6 月 22 日黎明前疏散飞机、做好伪装。指挥官们接
到的命令同时还要求避免任何"挑衅行动"。在到克里姆林
宫见过斯大林之后，铁木辛哥和朱可夫又在早上的 7 点 15 分
下达了第二号命令，通报了德国人用飞机大炮对苏联发动袭
击的情况，命令部队在德国人已经越过边界的地方向他们发
动进攻，但是在没有特别授权的情况下，不要擅自越过边

界。早上的 9 点 15 分，铁木辛哥和朱可夫发布了第三号命令：要求红军的西北方面军和西方面军发动进攻，包围并摧毁德军的北方集团军群；要求西南方面军进攻并包围德军的南方集团军群；要求北方和南方方面军（分别驻守芬兰和罗马尼亚边界）继续保持防御态势。西方面军在协助西北方面军的攻击行动的同时，受命牵制中央集团军群沿华沙至明斯克一线的前进。[42] 这道命令与战前制订的红军在一旦发生战争的情况下的反攻计划基本一致。它表明，斯大林和统帅部认为红军完全有能力对付德国人的进攻并执行自己的战略任务，包括对德国本土发起有效的反入侵。实际上，根据第三号命令，红军应该在两天内实现其在东普鲁士和波兰南部的初步目标。与这些期待相一致的是，朱可夫立即被派往基辅，监督西南战线的进攻行动——由于预计到德军主力会向乌克兰方向推进，大部分苏联军队都结集在那里。前总参谋长沙波什尼科夫和苏联炮兵司令库利克（Kulik）被派去协助西方面军。[43] 什捷缅科（Shtemenko）将军注意到了在这些最初的措施背后的那种沉着与自信。他在回忆录中写道："尽管有些紧张，但总参谋部的气氛从一开始就是有条不紊的。我们谁也没有怀疑希特勒的突袭战术只能给他带来暂时的优势。各位首长和他们的下级的行动，都像以往一样自信。"[44] 普通的苏联人对于胜利也都充满信心。在莫斯科，许多人都对德国人竟敢发动进攻感到惊讶，还有许多人纷纷加入军队和民兵。[45]

总参谋部大大低估了德国人一开始发动的进攻的力度，这一点在苏军 6 月 23～25 日的反击没能取得任何重大进展而德国国防军却继续全线挺进的时候，可以明显地看出来。朱可夫在他的回忆录中写道：

> 对于敌人一下子就把它预先部署在各个主要战略方向
> 上的全部可以动用的兵力，投入到这样大规模的突然进攻，
> 也就是对于此次进攻的总体性质，我们事先没有料到。不
> 论是国防人民委员还是我自己或我的前任沙波什尼科夫和
> 梅列茨科夫，以及总参谋部的高级军官们，都没有料到敌
> 人会集中那么多的装甲部队和摩托化部队，并在第一天就
> 把他们投入行动，以强大的战斗集群向所有战略方向实施
> 有力的楔形突击。[46]

94

对斯大林而言，当有报告说白俄罗斯首府明斯克已经落到德国人
手里的时候，他就意识到了这一可怕的事实：并非一切都如同计
划的那样。按照朱可夫的说法（他在西南方面军的反攻失败后回
到了莫斯科），斯大林在 6 月 29 日两次来到国防人民委员部，并
表达了他对西部战场形势变化的担忧。[47]到 6 月 30 日的时候，不
但明斯克陷落了，而且苏联四个集团军的大半都已经被包围在白
俄罗斯首府以西的地方，"［苏联的］西方面军作为一支有组织的
力量实际上已经不存在了"。[48]同一天，斯大林颁布法令，成立
了由他自己任主席的国防委员会（Gosudarstvennyi Komitet
Oborony，GKO）。[49]

成立国防委员会是斯大林在 7 月 3 日的广播讲话中宣布的。
有报道说，斯大林的讲话迟疑不决、结结巴巴（他从来不是一
个优秀的公开演讲者），但是就其内容来说——它被刊登在苏联
当天的所有报纸上——它却展示了高超的技巧。斯大林在讲话
中首先说"同志们！公民们！兄弟姐妹们！我们的陆海军战士

们！我的朋友们，我在向你们讲话！”斯大林强调了国家当前面临的危险，指出敌人已经占领了大片的苏联领土。怎么会这样呢？斯大林问道。“问题在于，德国是个处于战争状态的国家，它的军队已经进行了充分的动员，那些调到苏联边境并用来进攻苏联的170个师已经做好了充分的准备……而当时苏联军队还有待于动员并向边境集结。”苏德条约是个错误吗？不，斯大林说，它为国家赢得了备战的时间和空间，而且尽管德国人的突然进攻使他们暂时获得了军事上的好处，但在政治上，他们再一次暴露了自己是嗜血的侵略者。斯大林强调说，这是一场卫国战争，不仅保卫苏维埃体制，也保卫苏联的“俄罗斯人、乌克兰人、白俄罗斯人、立陶宛人、拉脱维亚人、爱沙尼亚人、乌兹别克人、鞑靼人、摩尔达维亚人、格鲁吉亚人、亚美尼亚人、阿塞拜疆人和其他各自由民族”的民族文化和民族的生存。斯大林突出了反法西斯的主题，并且坚持认为这场战争是为了把欧洲从德国的统治下解放出来而进行的斗争，是一场与英美联合起来的战争。斯大林语气急迫，但充满了自信。他并不认为德国军队不可战胜。他指出，他们只是在苏联才遇到了顽强的抵抗。“同志们！我们的军队是数也数不清的。这一点，傲慢的敌人在付出代价之后会很快明白的。”[50]民众对斯大林讲话的反应是复杂的，但总的来说是积极的，至少在莫斯科是这样。那里党和警方的报告都提到了它在提升士气和激发爱国热情方面的作用。[51]

95

　　但是，在这些勇敢的言辞背后，战争的局势却变得越来越糟了。到7月中旬的时候，红军已经失去了28个师，还有70个师损失了一半的人员和装备，而德国人则全线突入苏联的纵深300～600公里。[52]

应对灾难

斯大林在他的政治生涯中遇到过许多紧急情况：1917 年的革命、内战，苏联农业的集体化、工业化运动，20 世纪 30 年代抓捕内部敌人，战前的危机以及现在苏联防御计划的瓦解。他对最近的这次紧急情况的反应是具有代表性的：改组，清洗，人事变动，把越来越多的直接决策权集中在自己手里。

国防委员会，或者说 GKO，是战争期间斯大林的决策体系的塔尖（见图表：伟大的卫国战争期间苏联的军政决策结构）。它作为斯大林领导的战时内阁，是一个政治机构，负责指导和掌控苏联所有方面的战争努力。它起初的成员有：外交人民委员莫洛托夫、安全主管贝利亚、政治局成员格奥尔吉·马林科夫，以及斯大林军中的老朋友伏罗希洛夫元帅。尽管党的政治局在战争期间仍然存在，并且在表面上还在运转，但它作为一个机构很少开会。国防委员会事实上取代了它的位置，成为苏联的最高领导集体。人民委员会、政府各部以及国家的各计划机构都成了国防委员会的下属。

7 月 10 日，总司令部大本营被改组为统帅部（High Command）大本营，斯大林任主席。8 月 8 日，它被更名为最高统帅部（Supreme Command）大本营，而斯大林则成了武装力量的最高统帅。[53] 在总参谋部的帮助下，大本营负责军事战略和重大军事行动的计划、准备和实施。

苏联战争组织的顶层是国防人民委员部（NKO）。斯大林在 1941 年 7 月 19 日被任命为国防人民委员。[54] 国防人民委员部由炮兵部队、装甲部队、空降部队、防空部队、通讯部队、预备队，以及后勤、教育、军事情报与反情报、宣传——它是

96

```
                        ┌─────────────────┐
                        │      斯大林       │
                        │     最高统帅      │
                        │   国防委员会主席   │
                        │   国防人民委员    │
                        │   共产党总书记    │
                        └─────────────────┘
        ┌───────────────────────┼───────────────────────┐
┌───────────┐        ┌───────────┐          ┌─────────────────┐
│  政治局    │        │ 国防委员会  │          │ 最高统帅部大本营  │
└───────────┘        └───────────┘          └─────────────────┘
      │
┌───────────┐
│ 中央委员会  │
└───────────┘
        ┌───────────────────────┼───────────────────────┐
┌─────────────────┐    ┌───────────────┐    ┌───────────────┐
│ 内务人民委员部    │    │ 国防人民委员部  │    │ 外交人民委员部  │
│ 国家安全人民委员部 │    └───────────────┘    └───────────────┘
└─────────────────┘
      ┌──────────────┬──────────────┬──────────────┐
┌─────────────┐ ┌───────────┐ ┌───────────┐ ┌───────────┐
│ 游击运动参谋总部 │ │  总政治部  │ │  总参谋部  │ │  各方面军  │
└─────────────┘ └───────────┘ └───────────┘ └───────────┘
                                                    │
                                              ┌───────────┐
                                              │  各集团军  │
                                              └───────────┘
                                                    │
                                              ┌───────────┐
                                              │   各师     │
                                              └───────────┘
```

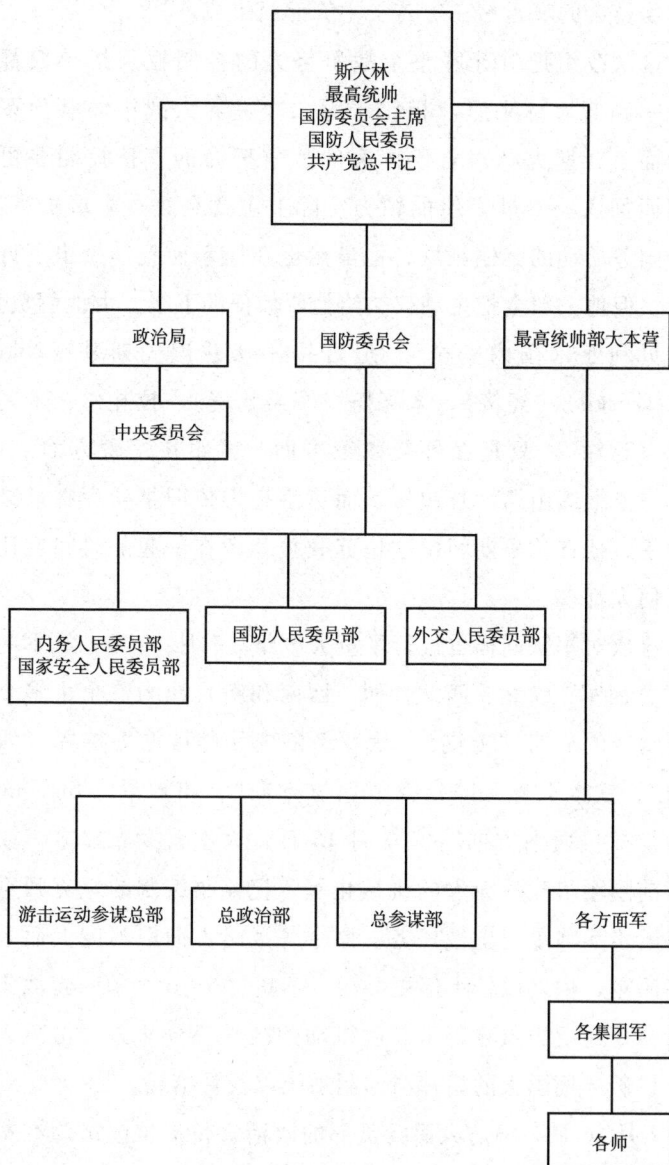

伟大的卫国战争期间苏联的军政决策结构

国防委员会的喉舌——等若干主管部门组成。[55]

97 　　这次改组把对苏联整个战争努力的控制权与指导权都正式统一到斯大林手里。相比于第二次世界大战中的其他军事领袖而言，斯大林对自己国家的战争努力的直接控制要更加全面而彻底。不过，他的精力实际上主要是放在军事决策上。对于国务活动的其他领域，他虽然也在监督而且还做出了许多决策，但他一般会把主动权交给他所信任的下级，由他们负责，例如贝利亚（国内安全）、尼古拉·沃兹涅先斯基（Nikolai Voznesenskii）（经济）、米高扬（军需物资）、拉扎尔·卡冈诺维奇（运输）。只是在外交政策方面，就跟在军事方面一样，具体事务继续由斯大林决策，而莫洛托夫依旧是斯大林最亲密的助手，他在战争期间跟这位苏联独裁者在一起的时间要比其他任何人都多。

　　这次对军队同样也进行了重大改组。7月10日，红军的五个"方面军"（北、西北、西、西南和南）减为三个由多个方面军组成的战略"方向"。伏罗希洛夫元帅被派去指挥"西北方向"，铁木辛哥元帅指挥"西方方向"，布琼尼（Budennyi）元帅指挥"西南方向"。[56]7月15日，大本营发布命令，取消一年前刚刚组建的庞大的机械化军，把缩小编制的坦克师重新划拨给步兵师承担支援任务。命令各战略方向取消庞大而笨拙的集团军，代之以较小但更灵活、不超过5~6个师的野战集团军。命令还设想组建若干高度机动的骑兵小分队去袭击敌人的后方，破坏德国人的指挥与控制系统以及补给线。[57]

　　7月16日，国防人民委员部的政治宣传局被改组为红军总政治部（GPU）。同时，军队中重新开始采取军事委员（Military Commissar）制度。[58]这就意味着政治军官将再一次拥有否决指挥决定的权力，并担任各级武装力量的副指挥官。7
月 20 日，鉴于形势的严重性，斯大林与新任红军总政治部部长
列夫·麦赫利斯（Lev Mekhlis）将军给所有政治委员下发了一
道指示，强调政治委员的特殊职责是维持军队的纪律和严厉处
置扰乱军心、胆小怯战的人和逃兵。在没有得到批准的情况下，
军队绝不允许后退。政治委员要亲自负责，确保这一政策的执
行。[59]这是斯大林下达的一连串的指示之一，它反映了斯大林
当时认为，红军最初的失败和退却部分原因在于纪律涣散，尤
其是在那些处于指挥岗位的人中间。7 月 17 日，国防委员会决
定成立一个隶属于内务人民委员部的特别部门，负责打击红军
中的间谍和叛徒，并且有权当场处决逃兵。[60]8 月 16 日，斯大
林发布第 270 号命令，要求各部队处决怯战和临阵脱逃的人，
在战斗中"畏缩不前"的指挥官要立即撤职，被包围的部队要
战斗到最后一人。斯大林还极为严厉地宣布，从今以后，怯战
者、逃兵和投敌者的家属有可能会被逮捕。[61]9 月 12 日，斯大
林命令前线指挥官成立"督战队"，阻止红军士兵向后方逃跑
并清洗煽动恐慌和开小差的人。有趣的是，斯大林也规定，这
些督战队的任务是要支援那些没有动摇也不害怕被包围的士
兵。[62]

98

　　斯大林决心对军队施以严厉的纪律，在明斯克遭遇惨败的
西方方面军的高级指挥官不幸因此而遭到清洗。在那些被捕的
人当中，为首的是西方方面军总司令迪米特里·巴甫洛夫
（Dmitrii Pavlov）将军。在 7 月 16 日国防委员会宣布逮捕的决
定中，斯大林表示，他是在给任何违反纪律的高级军官一个实
实在在的教训。[63]在 7 月初巴甫洛夫被逮捕的时候，他受到的
指控是参与反苏阴谋，这跟 1937 年的图哈切夫斯基很相似，但

是，军事法庭在 7 月 22 日判处他死刑时的罪名是怯战、制造恐慌、玩忽职守和擅自撤退。[64]另外一批遭到斯大林惩罚的高级指挥官是红军空军的高级军官，他们遭到逮捕并被指控应对 1941 年 6 月 22 日德国空军对苏联机场的毁灭性打击负责。在这些被逮捕的人当中还有普罗斯库罗夫（Proskurov）、普图金（Ptukhin）、雷恰戈夫（Rychagov）和斯穆什科维奇（Smushkevich），这些将军都在 1941 年 10 月未经审判就被枪毙了。[65]前总参谋长梅列茨科夫也差点成为斯大林清洗的牺牲品，他因为巴甫洛夫在严刑拷打之下把他作为反苏阴谋的同谋者交代出来而遭到逮捕。不过，梅列茨科夫虽然受到了内务部的严刑审问，但还是被无罪释放并于 9 月被派回到他以前常去的列宁格勒，在那里担任大本营的代表，直到 1945 年被调往远东战场。[66]

接替巴甫洛夫担任西方方面军司令的是叶廖缅科（A. I. Yeremenko）将军。在 7 月中旬各个方面军改组为各个战略方向时，叶廖缅科保留了他的指挥职务，但铁木辛哥被任命为"西方方向"（即明斯克—斯摩棱斯克—莫斯科一线）的总司令，沙波什尼科夫是他的参谋长。[67]7 月底，沙波什尼科夫被召回莫斯科，接替朱可夫的总参谋长一职。对朱可夫的新的任命是，负责指挥布置在"西方方向"背后、莫斯科正面中央防区的两个预备集团军。[68]他要指挥一项新的重要行动，即参与对斯摩棱斯克地区的德国中央集团军群的大反攻——就他而言，就是一次以叶尔尼亚（Yel'nya）市为中心的作战行动。朱可夫在他的回忆录中写道，"叶尔尼亚行动是我的第一次独立行动，是对我在这场与希特勒德国的大规模战争中的军事行动与战略能力的第一次考验"。[69]这次行动从 8 月中旬开始。到 9 月初的时候，朱可夫的部队已经占领了该市，并从德国人手里收复了大量领土。[70]在叶尔尼亚取得的成功被苏联报刊当作一场大胜而大加赞扬，而且外国记者还被安排去战场参观。[71]

叶尔尼亚反攻是 1941 年夏红军在斯摩棱斯克地区采取的一系列复杂的军事行动之一。该市在 7 月中旬落入了德国人之手，但红军仍然在这一地区进行着顽强的战斗。对于苏联军队来说，当务之急是要堵住德军通往莫斯科的道路，而莫斯科离斯摩棱斯克只有不到 200 英里。不过，大本营并没有在斯摩棱斯克打防御战，它采取了进攻战略，发动了无数次对攻、反击和像在叶尔尼亚进行的那种反攻。这种战略在事后经常遭人诟病，但它也有它的成功之处。德国人被挡在斯摩棱斯克达两个月之久，而德国国防军遇到的困难也迫使希特勒推迟了向莫斯科进军的计划，分兵去攻打北方的列宁格勒和南方的基辅这些似乎更容易的目标。阻挡住德国中央集团军群的前进，并在某些地方迫使其后退，极大地提升了红军的士气。但是，红军也为此付出了极高的代价，例如，朱可夫 10 万人的部队在叶尔尼亚行动中伤亡了三分之一，而当德国人在 9 月底重新开始向莫斯科方向发动进攻的时候，红军就顶不住了，几个星期前付出了极大的代价才占领的阵地又丢失了。[72]与德国人在斯摩棱斯克地区战斗了两个月，红军总共有 50 万人阵亡或失踪，25 万人受伤。[73]

除了延缓德国人的前进之外，苏军的这种攻势收效甚微，但在整个 1941 年夏天，东线战场到处都在反复进行这种代价高昂的反攻。这种战略现在受到了严厉的批评，而人们提出的主要建议是：当时如果考虑采取防御战，那会更有效，代价也不会这样高；及时撤退要比坚守阵地、战斗到最后一兵一卒更明智。人们把矛头特别指向斯大林，指责他是红军 1941 夏进攻取

向的幕后策划者。但是，注重进攻这种理论不是斯大林个人的
100 创造或责任，而是红军战略思想的传统与军事文化的一部分。
斯大林信奉它，主要原因在于这种战略思想与风格契合于他的
政治观念与意识形态。斯大林首先是个唯意志论者，相信人的
意志和决心具有改变世界的力量。他在军事上为红军制定的目
标，就跟他在经济和政治上要求他的工业部门的管理者和党的
干部达到的目标一样，是高标准、严要求。"没有布尔什维克不
能攻占的堡垒"——党的这句口号很对斯大林的心思。他总是
诉诸这样一条普遍真理：在有了正确的政策以后（通常是由他
自己来决定的），组织和干部就"决定一切"。可惜的是，斯大
林的军事指挥官们没有能力像他的那些负责经济与政治的干部
们那样，满足他的必胜主义期待。大卫·格兰兹说过："大本营
完全没有弄明白自己军队的能力以及德国国防军的能力……它
一开始就高估了前者而低估了后者。于是，大本营就给它的部
队布置了不现实的任务；结果可想而知是灾难性的……大本营
对于自己的军队能够做什么抱有错误的想法，这就造成了越来
越大的失败。"[74]

斯大林也完全抱有这些错误的观念，而且，作为最高统帅，
他要对它们实际上造成的灾难性后果负有最终的责任。就如同
A. J. P. 泰勒所写的那样，斯大林对进攻理论的热衷，"使苏联
军队遭受了比其他任何军队迄今知道的更大的灾难"。[75]还有许
多次，正是斯大林本人坚决不允许后退和不惜一切代价进行反
击的政策，造成了苏军的重大损失。这其中最有名的例子就是
1941 年 9 月在基辅发生的灾难。

由于最高统帅部把红军的大部分前线师连同大量的装甲力
量都拨给了西南方面军，所以，在 1941 年 6 月 22 日以后，西

南方面军在延缓德军的推进方面做得比在苏联中部和北部的友军要成功些。尽管如此，到 8 月初的时候，德国的南方集团军群还是逼近了基辅，斯大林的军事顾问们也开始告诫他，可能有必要撤出乌克兰的首府。[76] 然而，斯大林和大本营在 8 月 18 日发布命令说，决不能让敌人占领基辅。[77] 到 8 月底的时候，红军被迫后撤到沿第聂伯河的防线；这样一来，基辅现在就被暴露在一个很长而且脆弱的突出部的一端了。就在此时，希特勒把德军坦克部队的著名的指挥官海因茨·古德里安（Heinz Guderian）将军和他的第 2 装甲集团军调离了中央集团军群，并命令他向南从背后进攻西南方面军，威胁并包围在基辅及其周围的红军部队。大本营察觉到了敌人的这一着，但斯大林相信，由叶廖缅科指挥的新组建的布良斯克方面军，有能力解除这一威胁。8 月 24 日，斯大林在跟叶廖缅科进行电报交流时问他，如果给他增派一些兵力，他是否能够摧毁古德里安这个"下流胚"。叶廖缅科回答道："说到古德里安这个下流胚，没说的，我们一定尽力粉碎他，完成您交给我们的任务。"[78] 但到了 9 月 2 日，斯大林开始产生了怀疑，于是就给叶廖缅科发了下面这封电报："大本营对你的工作还是感到不放心……必须要彻底粉碎古德里安和他的整个集群。在没有做到这一点以前，你关于胜利的一切保证都没有任何价值。我们等待着你们粉碎古德里安集群的消息。"[79] 根据华西列夫斯基的回忆，9 月 7 日，西南方面军军事委员会请求允许把部分兵力撤退到杰斯纳河（Desna）一带，以保护他们的右翼、阻止古德里安的前进。华西列夫斯基和沙波什尼科夫带着这一建议去见斯大林，打算让他相信，早就该放弃基辅并撤退到第聂伯河东岸。"谈话是艰难的、毫不妥协的，"华西列夫斯基回忆道，"斯大林责备我

101

们，说我们和［布琼尼元帅］一样，采取了尽可能不抵抗的路线——往后退而不是狠狠地打击敌人。"[80]9月9日，斯大林终于下达了部分撤退的命令，但"只要一提到放弃基辅已经刻不容缓"，华西列夫斯基说，"斯大林就会大发雷霆，立刻失去自我控制。而我们显然也没有足够的意志去承受这种突然发作的暴怒，对于我们为这场正在迫近的惨败应该负有的责任也缺乏正确的理解。"[81]9月10日，西南方向总司令布琼尼在与沙波什尼科夫通话时强调，叶廖缅科的部队未能完成他们的任务。他还说，如果没有增援，他将被迫下令撤退。[82]布琼尼要求沙波什尼科夫向最高统帅转达他的看法，但他在第二天直接给斯大林发了一封电报："西南方面军军事委员会认为，在当前的形势下有必要允许方面军全面撤退到后方……如果西南方面军的撤退再拖延下去，就有可能造成人员和大批物资的损失。最后还有一个办法，如果不可能考虑撤退，我要求允许把部队和装备撤离基辅地区，这样肯定能有助于西南方面军防止遭到包围。"[83]当天晚些时候，斯大林在跟西南方面军司令基尔波诺斯（Kirponos）将军通话时告诉他："我们认为你的撤退的建议……是危险的……不要再想着后退了，要想着抵抗，而且只有抵抗。"[84]斯大林当天还决定，撤掉布琼尼西南方向总司令的职务，由铁木辛哥接替他的位置。[85]9月13日，基尔波诺斯的参谋长向沙波什尼科夫报告说，离大溃败已经没几天了。斯大林震怒之下亲自口授了回信："图皮科夫（Tupikov）少将给总参谋部发了一封惊慌失措的急电。而形势要求各级指挥官要保持格外清醒的头脑与克制。任何人都不应惊慌失措……前线的所有部队都必须明白，要义无反顾地顽强战斗。所有人都必须坚定不移地执行斯大林同志的指示。"[86]尽管斯大林提出了这些告诚，但结局还是很快到来了。9 月 17 日，大本营终于下令从基辅撤退到第聂伯河的东岸，[87]但为时已晚，德国人在基辅东面的包围圈的钳子已经收紧了。苏联的 4 个集团军，总共 43 个师，都被包围了。在基辅战役中，西南方面军伤亡 75 万人，其中有超过 60 万人阵亡、被俘或失踪。[88]阵亡者也包括基尔波诺斯和图皮科夫。

　　基辅惨败的幸存者之一就是担任基尔波诺斯作战部部长的伊万·巴格拉米扬（Ivan Bagramyan）将军，他设法冲出了包围圈。巴格拉米扬在自己的回忆录中推测，斯大林之所以那么坚持要守住基辅，是因为他已经告诉罗斯福的特使哈利·霍普金斯，说红军有能力守住从基辅到莫斯科再到列宁格勒的防线。[89]在 7 月底的那次与霍普金斯的谈话中，斯大林显得信心十足，说德国人已经疲惫了，不再有进攻的劲头了。斯大林告诉霍普金斯说，在 9 月 1 日之后就会有连日大雨，德国人将无法展开重大的军事行动，因此，不管怎样，到 10 月 1 日的时候战线就会稳定下来。[90]但是在东线战场，一个月的时间实在是太长了。到 9 月初的时候，斯大林告诉丘吉尔，敌人的生力军的到来，破坏了战线的稳定。他催促丘吉尔在巴尔干或者法国开辟第二战场，那样就可以从东线引开敌人 30 ~ 40 个师。这不是斯大林第一次呼吁英国开辟第二战场，但是这一次要比以前急迫得多。当丘吉尔通知他说在 1941 年不可能开辟第二战场的时候，斯大林建议说，可以用船运送 25 ~ 30 个英国师到苏联参加战斗。[91]

　　尽管这当中肯定有声誉方面的因素，因为基辅不仅是乌克兰的首府，也是历史上俄罗斯国家的诞生之地，但这次溃败的主要原因，就如华西列夫斯基在他的回忆录中所说的那样，是由于斯大林低估了德国人合围的威胁，同时又高估了他自己的军队应对这一威胁的能力。[92]

埃文·莫兹利曾经评论说，德国对基辅的合围是"他们在东线战争中取得的最大的胜利，也是红军在军事上最大的一次灾难"。[93]但基辅战役对斯大林来说也不完全是灾难。它也让希特勒付出了非常高的代价（根据华西列夫斯基的说法是伤亡10万人和10个师）。[94]而且在古德里安忙于南方战事的时候，中央集团军群也无法再次向莫斯科推进。德国人在基辅取得胜利之后接着就开进了东乌克兰，进入克里米亚并朝高加索的门户顿河畔的罗斯托夫前进。德国人在1941年11月占领了罗斯托夫，但他们没能守住这个城市，而在克里米亚，严阵以待的塞瓦斯托波尔一直战斗到1942年的7月。

从斯大林的最高统帅部的观点来看，基辅事件表明，这位苏联军事领袖意志上的乐观主义并没有屈服于理智上的悲观主义。它还说明，斯大林可以多么容易地把他的期待强加于他的将军们，而他一旦主意已定，他们要使他接受他们的意见又是多么地困难。如果斯大林不学会更好地决策，或者不学会接受更好的建议，红军生存下来的可能性实在是很小的。

列宁格勒战役

"巴巴罗萨行动"的最终命运是由1941年10～11月的莫斯科战役决定的，但当德国人最初入侵苏联的时候，他们的主要目标是占领列宁格勒。[95]只有在北方集团军群占领了列宁格勒之后，德国人才能够集中兵力攻打莫斯科。起初一切都是按计划进行的。苏联在立陶宛边界的防御轻易就被突破了，大本营在6月23～24日试图对北方集团军群发动的反攻也失败了。不

到三个星期的时间，德国人就越过宽阔的战线向前推进了 450
公里，占领了波罗的海地区的大量领土。在那之后，德国人推
进的速度就慢了下来，从 7 月份的每天 5 公里降到 8 月份的每
天 2.2 公里和 9 月份的每天 1.4 公里。苏联人在 8 月中旬的时
候又一次试图发动反攻，这次是在诺夫哥罗德附近的老鲁萨
（Staraya Russa）地区。它也失败了，不过却迫使德国人从中央
集团军群调兵支援北方集团军群，并补充他们不断增加的损失。
斯大林对自己的前线指挥官的这次反攻计划的回复显示，他正
在学习变得谨慎一些：

> 这次的行动计划……是不现实的。必须要考虑到你们
> 现有的兵力，因此，你们必须分派［一次］有限的任
> 务……你们提到的每天 15 公里的行动速度显然超出了你们
> 的能力。经验表明，在我们发动进攻期间，敌人会在我们
> 突击集团的前方故意后撤，造成假象，似乎进攻是轻而易
> 举的。然后，敌人就会把他们的兵力重新部署到我们突击
> 集团的两翼，目的是在随后包围它，切断它与主要战线的
> 联系。因此，我命令你们，在进攻中不要向前推进得太
> 远……准备工作要尽可能保密……这样敌人就不会像经常
> 发生的那样，在行动一开始就发现我们的意图，也就不能
> 瓦解我们的攻势了。[96]

104

苏军在老鲁萨地区的反攻失利之后，德军又开始朝前推进。到
9 月初的时候，北方集团军群已经到达了列宁格勒的外围。不
过，就在这个时候，希特勒改变了主意，把莫斯科当成了他的
主要目标。他没有决定一举拿下列宁格勒，而是决定包围这座

城市，要把它饿屈服了。由于有芬兰军队的支援——他们不断地在列宁格勒以北发动进攻——德国人相信，用不了多久就可以拿下这座城市。9月22日，希特勒发布了一道关于列宁格勒的命令："元首决定从地球上抹掉彼得堡这座城市。我不想在苏联失败之后还让这座庞大的定居点继续存在……我们建议严密封锁这座城市并用各种口径的炮火和持续的空中轰炸把它从地球上抹掉。"[97]

对斯大林而言，列宁格勒受到的威胁甚至比苏军在乌克兰的防线崩溃更为危险。如果列宁格勒失守，德国人从侧翼进攻莫斯科的通道就敞开了；苏联就会失去重要的国防生产中心；而且，让德国人夺去布尔什维克革命的摇篮所产生的心理影响也将是毁灭性的。斯大林对列宁格勒局势的担忧也反映在他与当地领导层之间棘手的关系上。列宁格勒党的负责人是政治局成员 A. A. 日丹诺夫。他对斯大林绝对忠诚，但他又是一个有才能而且精力充沛、具有首创精神的人。[98]在国防委员会成立之后，他在列宁格勒成立了他自己的地方版的国防委员会。后来，在1941年8月20日，日丹诺夫成立了列宁格勒防务军事委员会，准备逐街逐屋地防御这座城市。但这件事没有跟斯大林商量，从而引起了他的不满。8月22日，他在与日丹诺夫的电报交流中说道：

> 1. 你为了列宁格勒的防务成立了一个军事委员会。你必须明白，只有政府或政府的代表即大本营才可以成立军事委员会……
>
> 2. 无论是伏罗希洛夫［西北方向司令］还是日丹诺夫都不在这个军事委员会中……这是不对的，甚至在政治上

是有害的。这会让工人们以为日丹诺夫和伏罗希洛夫不相信能够守住列宁格勒，以为他们不再负责而被派去保卫其他地方了…… 105

3. 在你们关于成立军事委员会的法令中……你们提议通过选举产生［工人分队的］营级指挥官。这在组织上是不正确的，在政治上是有害的……

4. 根据你们的法令……将专门由工人营来防守列宁格勒……我们认为，防守列宁格勒首先必须靠炮兵。

日丹诺夫回电说，该委员会的职能和权力是有限的，他和伏罗希洛夫依旧在全面负责列宁格勒的防务。但斯大林重申，他们无权成立这样的一个机构，并担心他们可能会再次心血来潮、违反正常的程序。日丹诺夫承认，选举指挥官的建议可能错了，但是已经有工人小分队用他们自己选出的指挥官取代了逃跑的指挥官。然而，斯大林坚持说，如果整个军队都这样做，那就意味着无政府主义。[99] 8 月 24 日，国防委员会通过了它自己关于成立列宁格勒防务军事委员会的决议，除其他人之外，成员也包括日丹诺夫和伏罗希洛夫。8 月 26 日，国防委员会决定派遣一个强干的检查团到列宁格勒检查这座城市的防务，以及疏散工厂和人口的可行性。这个由莫洛托夫率领的检查团于 8 月 27 日抵达列宁格勒。两天后，它建议从该市撤离 25 万妇女和儿童，以及前线地区的另外 6.6 万人。它还强烈要求把 9.6 万德意志民族和拥有芬兰血统的人驱逐出这一地区。[100]

除了对日丹诺夫和伏罗希洛夫之外，斯大林对列宁格勒方面军指挥官 M. M. 波波夫（Popov）将军的表现也感到不满。8 月 29 日，他发电报给在列宁格勒的莫洛托夫：

> 我担心由于愚蠢的疯狂而丢掉列宁格勒。波波夫和伏罗希洛夫都在做些什么？他们甚至不告诉我们他们针对危险正在采取哪些措施。他们在忙着寻找撤退的路线。连我都能看出来这是他们唯一的目的……这是十足的农民式的听天由命。什么人哪！我真是搞不懂。你不认为在这个重要的方向上有人正在给德国人打开通道吗？而且是故意的？波波夫这个人怎么样？伏罗希洛夫在做什么？他是怎样帮助列宁格勒的？我写这些是因为我对列宁格勒的指挥官没有行动起来十分不安……回到莫斯科来。不要再耽搁了。[101]

106 同一天，"西北方向"被取消了，而且西北方面军和列宁格勒方面军的指挥权也被合并了。9 月 5 日，伏罗希洛夫被任命为新的列宁格勒方面军的司令，波波夫担任他的参谋长。但伏罗希洛夫很快就被免去这一职务，大本营在 9 月 11 日任命朱可夫接替他的位置。[102]

为了守住列宁格勒，朱可夫采取的办法是，下令发动了多次反击并推行严厉的纪律。9 月 17 日，他发布了一道涉及列宁格勒南部防区防务的命令："所有的指挥员、政工人员和士兵，在没有得到方面军或集团军军事委员会书面命令的情况下，无论是谁放弃了指定防线，都要被就地枪决。"对于朱可夫的威胁，斯大林无论是就其精神还是措辞都完全赞同。9 月 20 日，他写信给朱可夫和日丹诺夫，命令他们向当地的指挥官传达如下信息：

> 据说，在向列宁格勒推进的时候，德国无赖把老人、妇女和儿童……派到我们的部队中……请求布尔什维克放

弃列宁格勒、恢复和平。

据说在列宁格勒的布尔什维克当中，有人认为不能用武器来对付这些人。我认为，如果在布尔什维克当中有这样的人，我们就必须要把他们消灭……因为他们惧怕德国法西斯。

我的回答是，不要感情用事，而要对敌人及其同伙——不管是生病的还是健康的——迎头痛击。战争是无情的，那些表现出软弱和动摇的……会遭到失败……

要从各个方面打击德国人及其走狗——不管他们是谁——而且对敌人要狠；不管他们是自愿的还是不自愿的，都一样。[103]

到 1941 年 9 月底的时候，列宁格勒周围的战线已经稳定下来。这座城市几乎被完全包围，并遭到德国和芬兰军队（后来还有西班牙的"蓝色师"）的围攻，但仍然可以从空中和拉多加湖给它提供新的补给。伟大的列宁格勒之战开始了。有超过 100 万的苏军战士在列宁格勒地区的战斗中失去了他们的生命。在将近 3 年的围攻中，有 64 万平民死于饥饿，另有 40 万人在疏散过程中丧生或失踪。埃文·莫兹利指出，列宁格勒之围主要使妇女经受了折磨。大多数男性居民都加入了红军或者人民民兵。[104] 德国人多次试图突破该市的防御，摧毁守卫者的抵抗意志，但再也没有取得像在 1941 年那样的成功。对于日丹诺夫和共产党来说，这次围困是个重大的考验。由于坚持把无情的纪律与对民众的动员结合起来，该市的平民团结一致，创造了英勇的列宁格勒传奇。[105]

从战略方面来看，列宁格勒之围也困住了大量敌军（1941

年德国国防军的三分之一），这有助于保卫莫斯科。特别重要的是在 1941 年 11 ~ 12 月的成功的季赫温（Tikhvin）反攻，它使德军从西北方向包围莫斯科的伎俩没有得逞。但是，斯大林与列宁格勒的同志们仍然时不时地会有摩擦。例如，斯大林在1941 年 12 月 1 日与日丹诺夫的电报交流中开头便挖苦说："非常奇怪的是，在列宁格勒处于极端困难的时期，日丹诺夫同志没有觉得有必要跟我们交流情况。如果莫斯科人不把你叫到电报机跟前，日丹诺夫同志很可能就会把莫斯科和莫斯科人忘得一干二净……人们可能会以为，日丹诺夫同志的列宁格勒不是在苏联，而是在太平洋上。"这段引文说明，在斯大林与日丹诺夫的关系中，无疑存在着莫斯科与列宁格勒竞争的成分，但更重要的是，斯大林在一心考虑如何守住莫斯科。就像他在同一封电报中后来又对日丹诺夫说的那样："不要再浪费时间了。不但每一天，即使是每一个小时也是宝贵的。敌人正在把他们所有的兵力都集中在莫斯科正面。现在对于其他所有战场——包括你们战场——来说，都是向敌人发起进攻的好机会。"[106]

斯大林拯救莫斯科

莫斯科战役是从斯大林遭遇的两次大败开始的。10 月初，德国人在维亚济马和布良斯克包围了苏联的 7 个集团军。这对于守卫着通往莫斯科通道的布良斯克方面军、西方方面军和预备队方面军来说，是个沉重的打击。它们在这两个地方损失了64 个步兵师、11 个坦克旅和 50 个炮兵团。[107] 人员损失的数量达到了 100 万，其中有将近 70 万被德国人俘虏。大卫·格兰兹说，"红军在 10 月的大败……几乎在每个方面都超过了 6、8、9 月的那些"。[108] 这次溃败的部分原因在于德国人的数量优势。

德国中央集团军群的进攻力量有 100 万人、1700 辆坦克和突击炮、1.4 万门大炮和迫击炮、950 架飞机。这在数量上了超过了苏联 3 个方面军防御力量的总和：80 万人、6808 门大炮和迫击炮、782 辆坦克和 545 架飞机。[109] 8 月和 9 月的反攻也消耗和削弱了苏军的力量，而且他们在那之后，一直没有时间挖好掩体并建立多梯次的防御。跟以往一样，苏联人在作战方面也犯了一些错误，但原因也许很简单，那就是德国人在作战和调动方面更成功，正是这一点，连同其在人力与物力上的优势，使得他们获得了胜利。不管怎么说，德国人的成功意味着苏联首都眼下受到了直接的威胁。[110]

108

为了应对不断恶化的战况，斯大林在 10 月 5 日把朱可夫从列宁格勒召回到莫斯科，并在 10 月 10 日让他指挥新的西方方面军。[111] 大本营 10 月 5 日下令在莫斯科的东面组建 10 个预备队集团军。[112] 在莫斯科战役中，有将近 100 个师被调到这一战线的中央防区，其中包括来自远东的 9 个师，因为斯大林认为，日本人在这个阶段不可能与德国人一起进攻苏联。[113]

苏联人虽然集结了这些兵力，但仍然制订了计划，对苏联首都进行部分疏散。这些计划是从 10 月 15 日开始执行的。首批被疏散到古比雪夫（Kuibyshev）的——它位于莫斯科东南 500 英里的伏尔加河畔——包括外国的外交官和记者、外交人民委员部和国防人民委员部。总参谋部的大部被撤到位于莫斯科与古比雪夫中点的阿尔扎马斯（Arzamas）。贝利亚接到命令，如果有必要的话，就安放炸弹，把这座城市的绝大部分都炸掉。[114] 这些都是预防措施，不是料到莫斯科一定会落入德国人之手，但它们把各区的居民搞得人心惶惶、谣言四起。居民们开始自行逃离首都。莫斯科共产党负责人谢尔巴科夫（A. A.

Shcherbakov) 10 月 17 日的广播讲话稳定了人们的紧张情绪。他在讲话中向市民保证，斯大林仍然留在首都。国防委员会 10 月 19 日的决定进一步稳定了形势，该决定宣布，对被围困的莫斯科实行宵禁，并由贝利亚的内务部负责城市的安全。[115]那种所谓的"仓皇大逃亡"，[116]尽管是有的，但面对德国人对自己首都的日益迫近的威胁，绝大部分普通的莫斯科市民依然是毫不动摇的。[117]在 1941 年 10 ～ 11 月，苏联首都的防御力量中有 5 个志愿师。他们几乎没有受过训练，装备也很差，在前线与德国人的战斗中伤亡比例非常高。另外还有 50 万莫斯科地区的平民在这座城市的前面帮助修筑防御工事。

在朱可夫负责首都城市的防务时，计划是守住穿过莫斯科以西 75 英里处莫扎伊斯克（Mozhaisk）的防线。但朱可夫还计划把防御阵地向后收缩，离这座城市更近些。[118]到 10 月底的时候，德国人已经突破或绕开了莫扎伊斯克的防线。他们在向市中心推进的同时也在从西北和西南包围莫斯科。到 11 月初的时候，德国国防军距离苏联首都已经不到 50 英里了，但就是无法取得决定性的突破。就在这个紧急关头，斯大林为拯救莫斯科做出了他自己也许是决定性的贡献。当时是一年一度的布尔什维克革命纪念日的庆祝活动。按照传统，在庆祝的时候要由党的领导人发表讲话，要在红场上举行阅兵仪式。据朱可夫说，斯大林在 11 月 1 日的时候问他，前线的形势是否允许照常举行节日庆祝活动。朱可夫回答说，德国人在接下来的几天内不会发动大规模的攻势。[119]但由于存在德国轰炸的危险，传统的周年纪念日前夕的集会要在地下，在马雅可夫斯基地铁站举行。

斯大林随机应变，而且表现极为优异。由于敌人已经兵临莫斯科城外，所以对于危险的严重性，他几乎无法否认。实际上，他坦率地承认了大片的领土已经落入德国人之手。但是，斯大林指出，德国国防军的闪击战略失败了。他问到，为什么"闪电战"在西欧取得了成功而在苏联却没有。斯大林说，有三个原因。第一，希特勒没能把英国和美国拉过去建立一个反布尔什维克同盟。第二，德国人本来指望苏联的国内阵线会发生动摇，指望阶级的和族群的分歧会导致苏维埃社会主义共和国联盟迅速解体。第三，德国人低估了红军的实力及其保持士气并有效地保卫祖国的能力。至于他所说的红军的"暂时的挫折"，斯大林集中谈了两个原因：一是在欧洲没有开辟第二战场，二是缺少坦克。接着他又谈到了"希特勒那帮侵略者"的政治观念与意识形态。斯大林说，他们不是像他们所宣称的国家主义者或社会主义者，而是帝国主义者。实际上，"希特勒政权是俄国在沙皇统治时期存在过的反动政权的翻版。大家都知道，希特勒匪徒就跟沙皇政权一样，一心想要压制工人、知识分子和各民族的权利。他们跟沙皇政权一样，一心想要对犹太人进行中世纪式的大屠杀。希特勒匪徒的政党是敌视民主自由的政党，是企图回到中世纪并进行［反闪米特的］'黑一百'①式的大屠杀的政党"。斯大林强调说，"德国侵略者想要对苏联的各个民族进行一场灭绝战争"。他还特别指出了对"伟大的俄罗斯民族"及其文化的灭绝主义威胁。斯大林反驳了纳粹把希特勒与拿破仑相提并论的说法，认为这样说也许是想到那位法国皇帝在被迫从俄国撤退之前实际占领过莫斯科。按照斯大林的看法，"拿破仑是在与反动势力作斗争，他所依靠的是进步力量，而希特勒……依靠的是反动势力，与之斗争的是进步力

---

① 黑一百（The Black Hundred），是在 1905 年俄国革命期间产生的一个极右翼运动，宣扬极端的民族主义、君主主义和反闪米特主义。——译者注

110 量"。这种说法是斯大林如下观点的一部分，即德国的后方是不
稳定的，它遭到了来自德国以及纳粹占领下的欧洲的进步力量
的反抗。但是，斯大林认为，真正决定希特勒命运的是美英苏
同盟。它作为一个强大的经济同盟，将会赢得这场决定性的
"引擎之战"："在引擎生产方面具有压倒优势的一方将会赢得
这场战争。"斯大林在讲话结束时把与希特勒的斗争定义为一场
正义的战争，一场不仅为了解放苏联还要解放"欧洲被奴役的
各个民族"的斗争。[120]

第二天，也就是 1941 年 11 月 7 日，斯大林向参加红场阅
兵的部队发表了讲话。斯大林告诉他们说形势严峻，但苏维埃
政权在过去曾经遭遇过甚至更严峻的困境：

> 记得在 1918 年，当时我们在庆祝十月革命一周年。
> 我们国家有四分之三……在外国干涉军的手中。乌克兰、
> 高加索、中亚、乌拉尔、西伯利亚和远东都暂时失去了。
> 我们没有盟友，我们没有红军……缺少食物和武器……有
> 14 个国家在向我们进攻。但我们没有泄气、没有灰心。
> 我们在战火中铸就了红军并把我们的家园变成了军营。伟
> 大的列宁精神使我们充满了力量……结果怎么样呢？我们
> 把干涉军打得落荒而逃，收复了失去的领土并取得了胜
> 利。

斯大林在最后又一次谈到了爱国主义，回顾了俄罗斯人在过去
为反对外国侵略者而进行的斗争：

> 一项伟大的解放使命现在要由你们去完成。一定要配

得上这项使命……让我们伟大的先辈——亚历山大·涅夫斯基（Alexander Nevsky）　［他打败了瑞典人］、德米特里·顿斯科伊（Dimitry Donskoy）［他打败了鞑靼人］、库兹马·米宁（Kurma Minin）和德米特里·波扎尔斯基（Dimitry Pozharsky）［他们把波兰人赶出了莫斯科］、亚历山大·苏沃洛夫（Alexander Suvorov）和米哈伊尔·库图佐夫（Mikhail Kutuzov）［俄国将军，拿破仑战争中的英雄］——的男子汉形象，在这场战争中激励着你们。愿伟大的列宁的胜利旗帜成为你们的指路明星。[121]

对于这些演讲中的典型的俄罗斯爱国主义内容，后来有许多评论。例如亚历山大·沃思所写的"斯大林的神圣的俄罗斯演讲"。不过，就像沃思也提到的那样，斯大林所举的那些爱国人物并无新意。他很久以来一直都把自己视为民族主义者、国家的建设者与保卫者。而且尽管俄罗斯爱国主义的主题特别明显，但由于他也多次提到了苏维埃体制、苏维埃社会主义共和国联盟及其各民族的友谊，这个主题也就不显得刺耳了。这些演讲中真正引人注意的是根本没有提到苏联共产党。列宁是提到了，但也只是把他当作俄罗斯英雄的先贤祠中的一员，而不是布尔什维克党的创始人。斯大林并不是抛弃了苏联共产党；远远不是这样，党依然是全国范围的战争动员的重要工具。但是，在斯大林的讲话中没有提到党，这也传递了一个信息，即他谋求爱国主义的团结，其范围远远超出了忠诚的普通共产党员。

　　斯大林的讲话被登在了苏联的报刊上，而且还以传单的形式分发给军队。这些讲话经过翻译之后，又用德文、意大利文、芬兰文、匈牙利文、罗马尼亚文和西班牙文印了几百万份传单

111

用于前线的宣传战。[122]在讲话发表后的数天内，苏联军队的书信检查人员检查了数百万封市民与前线之间的往来信件，并且报告说，民众的情绪有了极大的提升。[123]内务部从列宁格勒报告说："劳动人民对斯大林同志的讲话和11月7日他在红场发表的声明进行了广泛的讨论……工人、政府官员和知识分子都认为斯大林同志的讲话鼓舞了人心，让大家对眼前战争的形势看得更清楚了。苏联用之不竭的物资储备和兵力是彻底打败德国法西斯的保证。斯大林谈到的来自美国和英国的援助，会加速德国法西斯侵略者的失败。"[124]要精确地评估斯大林对于莫斯科战役的胜利所做的贡献虽然是不可能的，但它对于胜负也许的确产生了影响。

11月中旬，德国人重新开始向莫斯科发动进攻，并在许多地方都推进到了可以看见市中心的范围之内。苏军的防御被压垮了，但一些关键阵地，例如莫斯科西南的图拉市（Tula），还是守住了。形势非常危急，直到大本营用预备队堵上了缺口并阻止了德军的前进。这些预备队原来是准备被用作先头部队进行大反攻的，现在只能提前承担防御任务。到12月初，德国人对莫斯科的攻势逐渐停了下来。原因是多方面的：德国人的部队精疲力竭、德国国防军的供应链太长导致后勤保障困难、冬季天气严寒，这些都有影响，但决定性的因素还是苏军大本营的人力储备。这些人力储备不仅防守首都绰绰有余，还可以发动进攻，而朱可夫现在就准备反攻了。

反攻

112   11月30日，朱可夫向斯大林提交了在莫斯科正面实施反攻的计划。五天后，行动开始了（见地图6）。朱可夫的计划是，

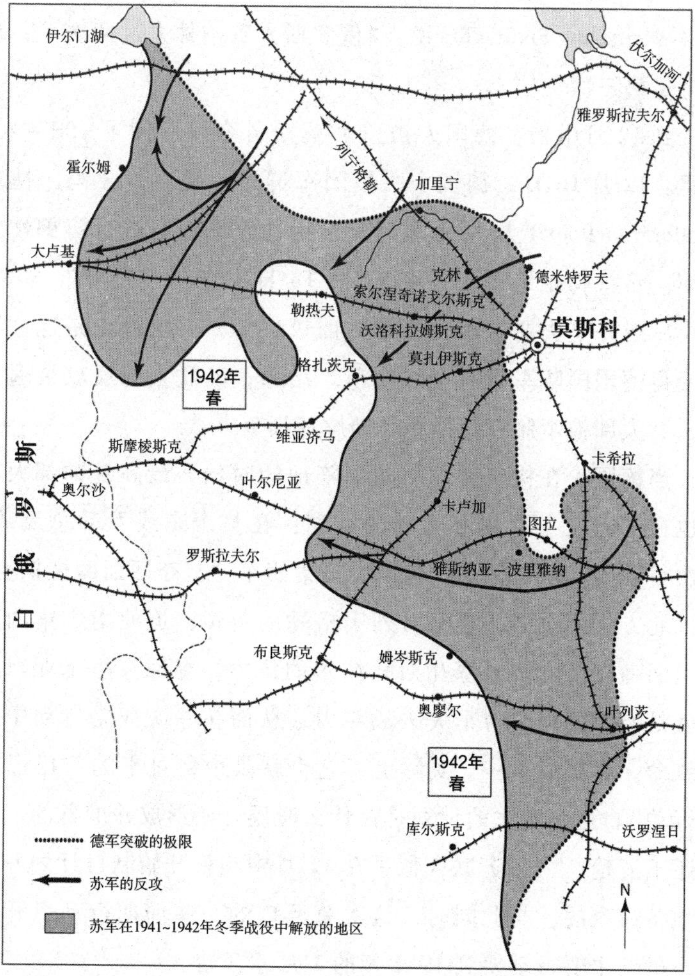

地图6 苏军在莫斯科的反攻，1941 年 12 月

向从南北两翼包抄莫斯科的敌军发动进攻，并把他们赶出苏联首都。在反攻的前一天晚上，斯大林的情绪非常高。他在 1941 年 12 月 3 日告诉波兰流亡政府的领导人瓦迪斯瓦夫·西科尔斯基（Wladyslaw Sikorski）说，"俄罗斯人到柏林去过两次了，现在将是第三次"。[125]

到 12 月中旬，德国人被迫从莫斯科全线后撤了 100 ~ 200 英里。12 月 16 日，德国中央集团军群司令费多尔·冯·博克（Fedor von Bock）陆军元帅请求希特勒允许他们进行防御性的退却。希特勒拒绝了，并在 12 月 18 日发布了"坚守"命令，禁止后退并坚决要求阻止苏军的前进，[126]——也许正是这一举措使得德国国防军没有全线崩溃。结果，苏联人的反攻被遏止了，其大部被牵制在莫斯科与斯摩棱斯克一线。

当德国人在构筑他们的防御阵地的时候，最高统帅部大本营也在考虑又一项雄心勃勃的计划：在整个东线发动总反攻。这次行动的战略目标是：包围中央集团军群，夺回斯摩棱斯克；歼灭北方集团军群，解除对列宁格勒的封锁；迫使南方集团军群退回乌克兰，缓解塞瓦斯托波尔的压力，夺回克里米亚。这也就是要使德国国防军失去战斗力，从而在一次战略行动中一击致命，赢得战争——实际上，它也就是个倒过来的"巴巴罗萨行动"。这个宏大的计划是在什么时候开始形成并准备的，现在还不清楚，[127]但苏联人似乎在 12 月中旬就开始制订计划并发布预备命令的。与此同时，这次总反攻的一些前期行动也开始了，虽然主要行动要到 1942 年的 1 月才开始。

人们通常把这项宏大的计划归功于斯大林。例如，约翰·埃里克森就把它称为"斯大林的第一次战略反攻"。考虑到斯大林对于大型计划的偏好以及苏联报刊在成功进行莫斯科反攻——这是德国人在这场战争中的第一次重大失败——时表现出来的必胜信念，不难想象是斯大林策划并推动了这样一个计划。不过，除了回忆录中的一些在此之后必是因此之故（post hoc）的说法之外，[128] 并没有任何证据可以证明，斯大林的将军们不同意战略反攻的想法。这个行动非常符合红军崇尚进攻的军事理论，它使红军有机会一雪前耻、夺回战略主动权，而且一旦成功还可以一举粉碎德国人的入侵行动。

在 12 月 16 日与英国外交大臣安东尼·艾登的谈话中，斯　114
大林对于即将开始的行动充满了信心：

> 现在我们处在转折关头。德国军队已经精疲力竭。它的指挥官们本来希望在冬季来临之前结束这场战争，因而并没有为冬季战役做好必要的准备。德军现在缺衣少食，士气低落。他们开始觉得难以为继了。与此同时，苏联却准备了大量的援兵，并在近几个星期投入了作战。这就使前线的形势发生了根本性的变化……我们的反击逐渐发展成了反攻。我们打算在整个冬季都采取同样的做法……在这波攻势中我们会前进多远，这还很难说，但无论如何，在春季之前我们会一直采取这样的路线……在各个战线上，我们都在前进，而且还会继续前进。[129]

艾登在莫斯科是要谈判英苏同盟及战后合作问题。斯大林在1941 年 9 月底与贝弗布鲁克和哈里曼讨论时，曾经谈到需要就战后同盟及战后世界问题达成协议。随后，他在与丘吉尔的通信中再次提出了这些问题。丘吉尔同意派艾登到莫斯科广泛地交换意见。当艾登抵达莫斯科之后，他发现苏联人的建议要比英国人预期的苛刻得多。斯大林说，英苏之间要达成两个协议，一个是关于战争期间军事上的互相援助，另一个是关于如何处理战后问题。第二个协议将附有一份关于战后重新划分欧洲各国边界的秘密议定书。根据苏联拟定的议定书草案，苏联将维持 1941 年已有的边界（也就是说，包括波罗的海各国、西乌克兰和西白俄罗斯、比萨拉比亚、北布科维纳以及芬兰在 1940 年 3 月割让的领土）。为了补偿波兰在东部省份失去的领土，将把它的西部边界向德国境内移动。芬兰要把皮特萨默（Petsamo）地区割让给苏联。捷克斯洛伐克、希腊、阿尔巴尼亚、南斯拉夫和奥地利将重新成为独立国家。作为对土耳其保持中立的回报，它将得到多德卡尼斯群岛（Dodecanese islands）以及保加利亚的某些领土，也许还有叙利亚的某些领土。为了削弱德国，将解除它的武装并把它肢解成若干较小的政治单位。英国将与比利时和荷兰结盟，并在西欧建立军事基地，而苏联将在芬兰和罗马尼亚建立军事基地。最后，将会在欧洲建立一个战后的军事同盟来保卫和平。[130]

115　　与斯大林 1945 年在东欧实际获得的势力范围相比，这些建议实在不算过分，这实质上也就是要恢复欧洲原来的状况、惩罚敌国（首先是德国）、进一步巩固英国和苏联的安全。不过，斯大林在与艾登的会谈中也明确表示，他当下优先考虑的主要问题是英国承认苏联根据苏德条约已经得到的领土。他告诉艾登："现在对于我们很重要的，就是要知道在将来的和平会议上，我们会不会为了我们的西部边界问题而与英国发生冲突。"[131]

　　在斯大林看来，只要再过几个月，战争似乎就可能结束了，只是战争会以怎样的方式结束现在还说不准。由于斯大林对于在短期内取得军事上的胜利信心十足，所以他试图在战争结束之前尽量抬高自己的政治地位。但艾登没有同意斯大林的要求，他说他还需要跟丘吉尔及内阁商量，而且这还涉及美国人的利益。艾登在 1941 年 12 月 22 日就离开了莫斯科，但英国人直到 1942 年 4 月才正式答复斯大林的建议。他们讲了一大堆关于战时和战后合作的安慰性的没有多大实际意义的话，却没有做出任何承诺，对苏联人提出的要求也没有予以实质性的承认。4 月 22 日，斯大林写信给丘吉尔，建议派莫洛托夫到伦敦讨论苏联与英国的立场分歧。[132] 5 月 22 日，莫洛托夫抵达伦敦。他遵照指示毫不妥协地再次表达了苏联的立场。后来，一件奇怪的事情发生了。莫洛托夫突然同意了英国人签订战时同盟条约的提议，而该条约对于战后合作只有一些模糊的承诺。莫洛托夫最初曾经认为英国人的提议——他用电报发给了莫斯科——只是一个"空洞的声明"，应当拒绝。然而，5 月 24 日，斯大林下令改变策略：

> 我们已经收到艾登递交给你的条约草案。我们没有把它看作空洞的声明，而是把它当作一份很有意义的文件。它没有提到边境地区的安全问题，但这也许不是坏事，因为这使我们可以自由行事。边境地区的问题，或者更确切地说，我国某些地方的边境地区的安全保障问题，将由武力来决定。[133]

促使斯大林改变策略的原因在于国内不断恶化的战争形势。他在 12 月的时候曾经在展望如何安排战后的世界格局，而现在，他考虑的重点是，巩固英苏同盟并获得英美的承诺——1942 年在欧洲开辟第二战场，缓解东线的压力。

116   斯大林在进入 1942 年的时候曾经满怀对胜利的信心。1 月初，大本营重新部署了兵力并准备发动反攻来摧毁德军在整个东线的阵地。1 月 10 日，斯大林给他的指挥官们下达了下面这份指示：

> 红军已经大量消耗了德国法西斯的部队，接下来就到了反攻并把德国侵略者赶向西方的时候了。为了阻止我们的前进，德国人开始了防御战……德国人希望靠防御战把我们拖到春季，到那时候他们就可以调集自己的兵力，再次向红军发动攻势……
>
> 我们的任务是不给德国人喘息的机会，要不停地把他们向西驱赶，迫使他们在春季来临之前耗尽自己的预备队。到那时我们将会有大批预备队的生力军，而德国人却没有了预备队，这样就会确保在 1942 年彻底打败纳粹的军队。[134]

苏军的反攻取得了一些局部战果，但没能实现它所提出的任何重大目标。到 2 月的时候，反攻的势头开始减弱了。2 月 23 日，也就是红军建军 24 周年纪念日，斯大林向所有部队下达了"节日命令"。该命令在政治方面的主题是，红军正在进行的"不是一场掠夺性的帝国主义战争，而是一场卫国战争，一场解放战争，一场正义的战争"。斯大林还强调说，苏联的目的并不是要灭绝德国人民或摧毁德国这个国家："历史的经验表明，希特勒这种人长久不了，但德意志人民和德意志国家依然存在。"斯大林特别指出，苏维埃国家和红军是反对种族主义的，红军之所以要消灭入侵者，"不是因为他们的德意志血统，而是因为他们想要奴役我们的祖国"。在军事上，斯大林是乐观而自信的。他说，苏联人现在掌握了主动权，"红军打退野蛮的敌人……离红旗再次飘扬在整个苏联大地的日子……已经不远了"。但他没有预言会在1942年取得胜利，而是提出了这样一种观点，即战争将取决于"一些永远在起作用的因素：后方的稳定、军队的士气、士兵的数量和质量、军队的装备、军队指挥人员的组织能力"[135]，而所有这些都表明，这场战争会在中期而非短期内取得胜利。

1942年3月，苏军的多路出击由于春季道路的泥泞而陷入了困境。4月，大本营停止了进攻，并要求红军转入防御。但苏联人当时已经在制订计划并准备在1942年夏季再次发动反攻。斯大林和他的将军们已经尝到了1941年12月莫斯科胜利的甜头，所以他们决心再一次夺取战略主动权，迫使德国人转入防御。然而，希特勒也有他自己的打算。德国国防军也在制订计划，准备在苏联再来一次闪电战。

截止到1941年底，红军在战斗中损失了将近200个师，伤亡人数达到了惊人的430万；在1942年初的劳而无功的反攻中也损失了许多人和许多师。但苏维埃政权在希特勒的毁灭战中挺了过来，而且抵挡住了德国侵略者，然后还迫使他们后退了。斯大林相信，战争的形势将会继续朝着对他有利的方向转变。但是，对苏维埃体制和斯大林军事领导能力的最大考验尚未到来。

117

注　释

[1] D. M. Glantz and J. House, *When Titans Clashed: How the Red Army*

Stopped Hitler, University Press of Kansas: Lawrence, Kansas, 1995, p. 31.

[2] D. Glantz, *Barbarossa*: *Hitler's Invasion of Russia 1941*, Tempus Publishing: Stroud, 2001, p. 234.

[3] *1941 god*, vol. 2, Moscow, 1998, doc. 612.

[4] 布格（H. Boog）等人所著的《德国与第二次世界大战》第四卷《进攻苏联》 （vol. 4 of *Germany and the Second World War*）（Clarendon Press: Oxford, 1998）详细讨论了德国为进攻苏联所做的准备工作。除非另加说明，这一部分中的材料都来自该卷。

[5] J. Keegan, *The Second World War*, Arrow Books: London, 1989, p. 186.

[6] A. Clark, *Barbarossa*: *The Russian – German Conflict, 1941 – 1945*, Phoenix: London, 1996, p. 43.

[7] Ye. N. Kul'kov, "Napadeniye Germanii na SSSR" in *Mirovye Voiny XX Veka*, vol. 3, Moscow, 2002, p. 138.

[8] M. U. Myagkov (ed.), *Mirovye Voiny XX Veka*, vol. 4, Moscow, 2002, doc. 199.

[9] Glantz, *Barbarossa*, p. 55.

[10] L. Dobroszycki and J. S. Gurock (eds), *The Holocaust in the Soviet Union*, M. E. Sharpe: New York, 1993.

[11] 参见 J. Matthaus, "Operation Barbarossa and the Onset of the Holocaust" in C. Browning, *The Origins of the Final Solution*, University of Nebraska Press: Lincoln, NB 2004 以及 D. Cesarini (ed.), *The Final Solution*, Routledge: London 1994. 中 J. Förster, C. Streit, O. Bartov, C. Browning 的文章。

[12] C. Streit, "Partisans – Resistance – Prisoners of War" in J. L. Wieczynski (ed.), *Operation Barbarossa*, Charles, Schlacks: Salt Lake City, 1993.

[13] 康斯坦丁·西蒙诺夫 （Konstantin Simonov） 的小说《生者与死者》 （*The Living and the Dead*, Raduga Publishers: Moscow, 1989）对苏联士兵是如何杀出重围的有生动的描述。

[14] Myagkov, *Mirovye*.

[15] G. A. Kumanev, "The USSR's Degree of Defense Readiness and the Suddenness of the Nazi Attack" in Wieczynski (ed.), *Barbarossa*; M. N. Ramanichev, "Nevidannoye Ispytaniye" in G. N.

Sevost'yanov (ed.), *Voina i Obshchestvo, 1941 - 1945*, vol. 1, Moscow, 2004.

[16] A. Werth, *Russia at War*, Pan Books: London, 1964, p. 249.

[17] W. E. D. Allen and P. Muratoff, *The Russian Campaigns of 1941 - 1943*, Penguin Books: London, 1944, p. 53.

[18] *Khrushchev Remembers*, Sphere Books: London 1971 pp. 535 - 6.

[19] R. and Z. Medvedev, *The Unknown Stalin*, Overlook Press: Woodstock and New York, p. 242.

[20] A. Mikoyan, *Tak Bylo*, Moscow, 1999, pp. 390 - 1.

[21] R. and Z. Medvedev, *Unknown Stalin*, p. 244. 康斯坦丁·普里沙可夫（Constantine Pleshakov）已经指出，虽然米高扬声称伏罗希洛夫也一起到斯大林的别墅去了，但他当时实际上是在前线，不在莫斯科（*Stalin's Folly*, Houghton Mifflin: Boston, 2005, p. 300, n. 219）。

[22] 恰达耶夫的回忆录没有出版，但其中的大量引文可见于 E. Radzinsky, *Stalin*, Hodder & Stoughton: London, 1997, pp. 445 - 55。对恰达耶夫回忆录做了大量摘引的还有 S. Berthon and J. Potts, *Warlords*, Politico's Publishing: London, 2005。

[23] G. A. Kumanev, *Ryadom so Stalinym*, Moscow, 1999, p. 413.

[24] A Resis (ed.), *Molotov Remembers*, Ivan R. Dee: Chicago, 1993, p. 39.

[25] *The Memoirs of Marshal Zhukov*, Jonathan Cape: London, 1971, p. 268.

[26] *Organy Gosudarstvennoi Bezopasnosti SSSR v Velikoi Otechestvennoi Voine*, vol. 2, book 1, Moscow, 2000, p. 107.

[27] "Posetiteli Kremlevskogo Kabineta I. V. Stalina: 1940 - 1941", *Istoricheskii Arkhiv*, no. 2, 1996, pp. 51 - 4.

[28] R. and Z. Medvedev, *Unknown Stalin*, p. 243.

[29] *Organy Gosudarstvennoi*, docs 293, 306, 306.

[30] Ibid., doc. 337. 让我注意到与 7 月 3 日广播讲话的这种联系的是 Zhukov, *Memoirs*, p. 270。

[31] *1941 god*, vol. 2, Moscow, 1998, doc. 608.

[32] Resis (ed.), *Molotov Remembers*, p. 38.

[33] "'Nashe Delo Pravoe': Kak Gotovilos' Vystupleniye V. M. Molotova po Radio 22 Iunya 1941 goda", *Istoricheskii Arkhiv*, no. 2,

1995. 这篇文章附有影印的莫洛托夫手写稿。莫洛托夫广播讲话的部分内容的英文译文可见于 J. Degras（ed.）, *Soviet Documents on Foreign Policy*, vol. 3, Oxford University Press: London, 1953, pp. 490 – 1。

[34] I. Banac（ed.）, *The Diary of Georgi Dimitrov, 1933 – 1949*, Yale University Press: New Haven, 2003, pp. 166 – 7.

[35] *Dokumenty Vneshnei Politiki 1941 – 1942*, vol. 24, Moscow, 2000 doc. 2（此后简称为 DVP）。

[36] W. S. Churchill, *War Speeches, 1940 – 1945*, Cassell: London, 1946, pp. 67 – 9.

[37] *Sovetsko – Amerikanskie Otnosheniya 1939 – 1945*, Moscow, 2004, p. 134. 关于罗斯福在这场战争中的对苏政策，参见 M. E. Glantz, *FDR and the Soviet Union: The President's Battles over Foreign Policy*, University Press of Kansas: Lawrence, Kansas, 2005。

[38] *Sovetsko – Amerikanskie*, doc. 102.

[39] Ibid. doc. 135 and nn. 16 – 17 pp. 576 – 83.

[40] Ibid. doc. 145.

[41] Ibid., docs 227 – 30.

[42] 这三条命令的原文见 *1941 god*, vol. 2, docs 605, 607, 617。其英文译文见 appendix 2 of Glantz, *Barbarossa*, pp. 242 – 3。

[43] 朱可夫在他的回忆录中说下令反攻的第三号命令跟他没有多少关系。他声称斯大林在 6 月 22 日凌晨 1 点打电话把他叫醒，并命令他立即前往基辅（p. 238）。但是，斯大林办公室的日志显示，朱可夫凌晨 2 ~ 4 点是与斯大林在一起的。而且，就像鲍里斯·索科洛夫正确地指出的那样，伊万·赫里斯托弗洛维奇·巴格拉米扬元帅在回忆录中说，在接到第三号命令一段时间后，朱可夫到达了西南前线（B. V. Sokolov, *Georgii Zhukov*, Moscow, 2004, p. 220）。

[44] S. M. Shtemenko, *The Soviet General Staff at War, 1941 – 1945*, vol. 1, Progress Publishers: Moscow, 1970, p. 32.

[45] J. Barber, "Popular Reactions in Moscow to the German Invasion of June 22, 1941" in Wieczynski（ed.）, *Barbarossa*. 另见 M. M. Gorinov, "Muscovites' Moods, 22 June 1941 to May 1942' in R. W. Thurston and B. Bonwetsch（eds）, *The People's War: Responses*

to World War II in the Soviet Union, University of Illinois Press:
Urbana and Chicago, 2000。

[46] Zhukov, *Memoirs*, p. 250.

[47] G. K. Zhukov, *Vospominaniya i Razmyshleniya*, vol. 2, Moscow,
1990, p. 38.

[48] Glantz, *Barbarossa*, p. 40.

[49] *Organy Gosudarstvennoi*, doc. 340.

[50] J. Stalin, *On the Great Patriotic War of the Soviet Union*,
Hutchinson: London, 1943/4, pp. 5 - 9. （参见《斯大林选集》
下卷, 北京: 人民出版社, 1979, 第476～480页。——译者
注）对斯大林在战争初期发表的讲话的分析, 参见
E. Mawdsley, "Explaining Military Failure: Stalin, the Red Army,
and the First Period of the Patriotic War, 1941 - 1942" in G.
Roberts (ed.), *Stalin: His Times and Ours*, IAREES: Dublin,
2005。

[51] *Moskva Voennaya*, *1941 - 1945*, Moscow, 1995, docs 19 - 20.

[52] Ramanichev, "Nevidannoye", p. 62.

[53] Yu. Gor'kov, *Gosudarstvennyi Komitet Oborony Postanovlyaet* (*1941 -
1945*), Moscow, 2002, p. 20.

[54] *Organy Gosudarstvennoi*, doc. 423.

[55] D. M. Glantz, *Colossus Reborn: The Red Army at War*, *1941 -
1943*, University Press of Kansas: Lawrence, Kansas, 2005,
chap. 11.

[56] *Organy Gosudarstvennoi*, doc. 384.

[57] *1941 god*, vol. 2, doc. 634.

[58] *Stavka VGK: Dokumenty i Materialy 1941 god*, Moscow, 1996
(series Russkii Arkhiv), doc. 106. 在苏联海军中重设政委制度
是在7月20日。

[59] *Glavnye Politicheskiye Organy Vooruzhennykh Sil SSSR v Velikoi
Otechestvennoi Voine 1941 - 1945gg*, Moscow, 1996 (series
"Russkii Arkhiv"), doc. 42.

[60] *Organy Gosudarstvennoi*, doc. 413.

[61] Ibid. , doc. 490.

[62] Ibid. , doc. 550.

[63] 1941 *god*, vol. 2, doc. 635.

[64] *Organy Gosudarstvennoi*, docs 379, 436, 437, 438. 1956 年, 巴甫洛夫和其他许多人都被平反了。在"沃尔科戈诺夫文件"中可以看到某些平反文件的复印件。这些材料的作者都认为, 巴甫洛夫作为指挥官犯下了许多错误, 但这是由于他缺乏经验而不是玩忽职守或怯战。对巴甫洛夫错误的评估, 参见 E. Mawdsley, *Thunder in the East: The Nazi – Soviet War 1941 – 1945*, Hodder Arnold: London, 2005, pp. 60 – 2 以及 V. A. Anfilov, *Doroga k Tragedii Sorok Pervogo Goda*, Moscow, 1997。

[65] O. F. Suvenirov, *Tragediya RKKA, 1937 – 1939*, Moscow, 1998, p. 381.

[66] G. Jukes, "Meretskov" in H. Shukman (ed.), *Stalin's Generals*, Phoenix Press: London, 1997.

[67] *Organy Gosudarstvennoi*, doc. 424.

[68] Ibid., doc. 454. 根据朱可夫的说法 (《回忆录》, 第 287 ~ 289 页), 他在 7 月 29 日见了斯大林, 告诉他说他将不得不放弃基辅; 他还说, 他是在这次见面之后才被取代总参谋长一职的。但是, 根据斯大林的会客日志, 在 7 月 21 日至 8 月 4 日之间, 他没有跟朱可夫见过面。应当指出, 与朱可夫离开总参谋部有关的是, 在战争爆发时成立的大本营降低了总参谋部在军队中的层级地位。

[69] Zhukov, *Vospominaniya*. vol. 2, p. 132.

[70] Glantz, *Barbarossa*. pp. 86 – 90.

[71] Werth, *Russia at War*. pp. 188 – 95.

[72] Glantz, *Barbarossa*, p. 90.

[73] Ramanichev, "Nevidannoye" p. 67.

[74] Glantz, *Barbarossa*, p. 96.

[75] A. J. P. Taylor, *The War Lords*, Penguin Books: London, 1978, p. 107.

[76] A. M. Vasilevsky, *A Lifelong Cause*, Progress Publishers: Moscow, 1981, pp. 97 – 104.

[77] *Stavka VGK: Dokumenty i Materialy 1941 god*, doc. 168.

[78] A. M. Vasilevskii, *Delo Vsei Zhizni*, Moscow, 1974, p. 145. 在华西列夫斯基回忆录的英文版中, 这一段以及下面引用的话都被删去了。

[79] Ibid., p. 146.

［80］ Vasilevsky, *A Lifelong Cause*, pp. 106 – 7.

［81］ Ibid. , p. 107.

［82］ Zhukov, *Vospominaniya*, vol. 2, pp. 132 – 3. 在这部回忆录的英文版中，这句话被删掉了。

［83］ I. Kh. Bagramyan, *Tak Shli My k Pobede*, Moscow, 1998, p. 180.

［84］ *Stavka VGK: Dokumenty i Materialy 1941 god*, doc. 255.

［85］ Ibid. , doc. 254.

［86］ Vasilevsky, *A Lifelong Cause*, p. 110.

［87］ *Stavka VGK: Dokumenty i Materialy 1941 god*, doc. 280.

［88］ Glantz, *Barbarossa*, p. 132.

［89］ Bagramyan, *Tak Shli*, p. 188.

［90］ DVP, vol. 24, pp. 577 – 83, n. 17.

［91］ *Stalin's Correspondence with Churchill, Attlee, Roosevelt and Truman, 1941 – 1945*, Lawrence & Wishart: London, 1958, docs 3, 10, 12, pp. 12 – 25.

［92］ Vasilevsky, *A Lifelong Cause*, p. 108.

［93］ Mawdsley, *Thunder*, p. 74.

［94］ Ibid. , p. 110. 艾伦（Allen）和穆拉托夫（Muratoff）在《俄罗斯战役》中认为，"从维护大局来看，基辅［红军］做出的牺牲是值得的"（p. 46）。

［95］ 这一段对战况的概述是基于 D. M. Glantz, *The Battle for Leningrad, 1941 – 1944*, University Press of Kansas: Lawrence, Kansas, 2002。

［96］ Ibid. , pp. 54 – 5.

［97］ Ibid. , pp. 85 – 6.

［98］ 关于战争期间日丹诺夫在列宁格勒的活动，参见 H. E. Salisbury, *The 900 Days: The Siege of Leningrad*, Avon Books: New York, 1970。

［99］ N. A. Lomagin, *Neizvestnaya Blokada*, vol. 1, St Petersburg: 2002, pp. 58 – 61.

［100］ N. Ya Komarov and G. A. Kumanev, *Blokada Leningrada: 900 Geroicheskikh Dnei, 1941 – 1944*, Moscow, 2004, pp. 72 – 6.

［101］ 转引自 D. Watson, "Molotov, the War and Soviet Government" (unpublished paper)。另见 Lomagin, *Blokada*, p. 63。

［102］ 在"沃尔科戈诺夫文件"中有大本营的命令。根据政治局

1942 年 4 月的决议，伏罗希洛夫被解除职务是因为列宁格勒军事委员会一事，因为他一直把精力放在组建工人营而不是传统的防御问题上。参见 Volkogonov's essay in Shukman (ed.), *Stalin's Generals*, p. 318。

[103] Glantz, *Battle for Leningrad*, pp. 81 – 2；另见 Komarov and Kumanev, *Blokada*, p. 113（他认为这个命令的日期是在 9 月 21 日）以及 Lomagin, *Blokada*, p. 69（他认为命令是在 9 月 22 日发布的）。

[104] Mawdsley, *Thunder*, p. 136.

[105] 关于列宁格勒之围最受欢迎的是萨利斯伯里（Salisbury）的历史著作。我在这一段内容中所采用的数据转引自 Glantz, *Battle for Leningrad*, p. 468。

[106] *Stavka VGK: Dokumenty i Materialy 1941 god*, doc. 504.

[107] Mawdsley, *Thunder*, p. 95.

[108] Glantz, *Barbarossa*, p. 157.

[109] Vasilevsky, *A Lifelong Cause*, p. 112.

[110] 关于维亚济马 – 布良斯克败绩的进一步讨论见 Mawdsley, *Thunder*, pp. 97 – 100。

[111] *G. K. Zhukov v Bitve pod Moskvoi: Sbornik Dokumentov*, Moscow, 1994, docs 1, 3, 5, 7.

[112] Vasilevsky, *A Lifelong Cause*, p. 119.

[113] V. Gavrilov and E. Gorbunov, *Operatsiya "Ramzai"*, Moscow, 2004, chap. 9.

[114] *Organy Gosudarstvennoi Bezopasnosti SSSR v Velikoi Otechestvennoi Voine*, vol. 2, book 2, Moscow, 2000, doc. 611；Mawdsley, *Thunder*, pp. 96 – 7.

[115] *Moskva Voennaya*, docs 56 and 63.

[116] 对这种恐慌情绪的生动描写可见于 Werth, *Russia at War*, pp. 224 – 33。*Moskva Voennaya* 中也有一些相关的文件。

[117] 参见 Gorinov, "Muscovite Moods"。

[118] *Marshal Zhukov's Greatest Battles*, Sphere Books: London, 1971, pp. 53 – 4.

[119] Ibid., p. 63.

[120] Stalin, *Great Patriotic War*, pp. 10 – 21.

[121] Ibid., pp. 21 – 3.

［122］ *Moskva Voennaya*, doc. 7.

［123］ Gorinov, "Muscovite Moods", p. 126.

［124］ Lomagin, *Neizvestnaya Blokada*, vol. 2, doc. 1, p. 359.

［125］ DVP, vol. 24, doc. 305, p. 473.

［126］ Mawdsley, *Thunder*, p. 121.

［127］ J. Erickson, *The Road to Stalingrad*, Harper & Row: New York, 1975, pp. 277 - 342; Glantz, *Colossus Reborn*, pp. 17 - 24; Glantz, *Battle for Leningrad*, pp. 149 - 56.

［128］ 朱可夫在回忆录中多次声称，自己是如何地竭力劝说斯大林在这一阶段放弃进攻性的军事行动。但是，没有任何同时代人的证据可以证明他的说法，反倒有充分的证据怀疑他讲的话，因为他的说法有一个一贯的模式，那就是认为苏军的那些失败了的行动与自己无关，同时却又把成功的行动归功于自己。实际上，朱可夫在斯大林的将领中是最大的鹰派人物，因此，很可能他就是 1941～1942 年冬季攻势的热心支持者，而不是反对者。

［129］ O. A. Rzheshevsky（ed.）, *War and Diplomacy*, Harwood Academic Publishers: Amsterdam, 1996, doc. 4.

［130］ Ibid., doc. 7.

［131］ Ibid., docs 5 - 6. 关于艾登的莫斯科之行的外交背景，参见 V. V. Sokolov, "I. M. Maiskii Mezhdu I. V. Stalinym i U. Cherchillem v Pervye Mesyatsy Voiny", *Novaya i Noveishaya Istoriya*, no. 6, 2001。

［132］ *Stalin's Correspondence*, doc. 40.

［133］ Rzheshevsky, *War and Diplomacy*, docs 37 - 8.

［134］ Vasilevsky *A Lifelong Cause*, p. 152.

［135］ Stalin, *Great Patriotic War*, pp. 23 - 8.

第五章 在斯大林格勒与库尔斯克的 胜利：斯大林和他的将军们

　　希特勒正在计划 1942 年在苏联再次发动闪电战，其范围及目标将与"巴巴罗萨行动"大为不同。尽管德国国防军在 1941 年取得了多次重大胜利，但他们也遭到了红军的重创，已无力在东线多路突击，发动战略反攻。截止到 1942 年 3 月，德国人已有 130 万人死亡、受伤、失踪或被俘，大约占他们东线兵力的 35%。162 个师中只有 8 个师满员，需要补充 62.5 万人。德国人的机动性也受到严重削弱，他们损失了 4 万辆卡车、4 万辆摩托车、近 3 万节火车车厢和 2000 辆坦克。德国国防军其他的运输工具是役畜（主要是马），而这些役畜也已经在敌方的行动中损失了 18 万匹，只补充了 2 万匹。[1]

　　希特勒唯一现实的选择是在某个单独的战场发动攻势。他的注意力集中在南方和对石油的追求上。高加索山脉南部的巴库油田供应着苏联将近 90% 的燃料。希特勒的盘算是，拿下这些油田，让苏联人得不到石油，同时增加德国及其轴心国盟友的补给，减少德国国防军对罗马尼亚易受攻击的普洛耶什蒂油井的依赖。其实，希特勒在苏德战争之前已经在担心他的石油补给了。他在 1941 年 1 月的时候就说过："现在是空中力量的时代，苏联可以将罗马尼亚的油田变成浓烟滚滚的废墟……而轴心国的生命恰恰就取决于这些油田。"[2] 希特勒对美国参战带来的影响也越来越感到不安。美国的经济和军事力量被看作第一次世界大中德国形势逆转的关键。希特勒担心，英美如果进攻法国，就会给他的"欧洲堡垒"带来威胁。虽然那样的进攻要等到 1944年，但在 1942 年初，它看上去却好像只需要再过几个月而不是几年。如果英美进攻法国，那就意味着德国要在欧洲大陆两线作战，所以希特勒非常迫切地想在转向西方对付英国人和美国人之前，先跟斯大林算账。而且从长远来看，希特勒也需要有在多个战场——在大西洋、地中海、北非、中东以及欧洲的西部和东部——与同盟国打一场持久的消耗战的资源。[3]

119

1942 年 4 月 5 日的第 41 号"元首命令"说明了德国人1942 年夏季攻势的目标：

> 要集中所有可以动用的军队参加南方的这次重大行动，目标是在顿河前方摧毁敌军，夺取高加索油田并越过高加索山脉。[4]

与 1941 年不同的是，希特勒并没有一定指望要在 1942 年赢得东线的战争。他的目标是，给予红军毁灭性的打击，摧毁它在顿河地区和顿涅茨盆地的军队，夺取石油和苏联在乌克兰、俄罗斯南部以及外高加索的其他经济资源的控制权。那样一来，在短期内就有可能取得胜利，但更重要的是，可以获得发动长期的全球战争的资源与阵地。

希特勒的将军们也都赞成他的资源驱动的战略观点，但是他们认为，在行动中要优先考虑摧毁红军。这次战役的计划是：占领顿巴斯（Donbas）和顿河以西的所有领土；包围并摧毁苏联在这一地区的军队；沿顿河两岸建立防线。在把红军稳稳地装进口袋之后，德国人就可以渡过罗斯托夫南部的顿河向库班河（Kuban）、高加索和巴库前进了（见地图 7）。

120

芬兰湾
拉多加湖
列宁格勒
沃尔霍夫河
涅德河
楚德湖
伊尔门湖
雷宾斯克水库

"蓝色行动"拟定的推进方向
1942年5月10日战线
当地德军的进攻

北方集团军群
勒热夫
高尔基市
维捷布斯克
斯摩棱斯克
莫斯科
中央集团军群
卡卢加
图拉
布良斯克
奥廖尔
南方集团军群
库尔斯克
旧奥斯科尔
第1阶段
沃罗涅日
基辅
别尔哥罗德
哈尔科夫
第2阶段
伊久姆
顿河
伏尔加河
波尔塔瓦
第聂伯河
巴甫洛格勒
第3阶段
斯大林格勒
第聂伯彼得罗夫斯克
罗斯托夫
扎波罗热
斯大林诺
米列罗沃
埃利斯塔
阿斯特拉罕
彼列科普
亚速海
第4阶段
马内奇运河
克里米亚
刻赤
克拉斯诺达尔
伏罗希洛夫斯克
里 海
塞瓦斯托波尔
新罗西斯克
迈科普
马内奇河
库班河
特里克河
格罗兹尼
图阿普谢
高加索山脉
黑 海
苏呼米
巴库

地图 7 "蓝色行动"计划，1942 年 4 月

正是这一计划使得 1942 年的秋季出现了整个第二次世界大战最重要的转折点——斯大林格勒战役。斯大林格勒位于伏尔加河的一个弯曲处，伏尔加河在此距离顿河大弯曲处的最东端不到 50 英里。从守住顿河防线的角度来看，德国人占领斯大林格勒附近的伏尔加河西岸的关键阵地极为重要。这可以使他们在这两条大河之间构筑起防御性的陆桥（landbridge）。斯大林格勒也是一个大的工业中心，而且还守卫着从阿斯特拉罕（Astrakhan）沿伏尔加河溯流而上运往俄罗斯北部的石油运输线。根据希特勒的第 41 号命令，"必须竭尽全力打到斯大林格勒，或者至少也要把该市置于重炮的火力范围之内，这样才可以使它无法再作为工业或交通中心发挥作用"。[5]但命令没有明确说要占领这座城市。

计划中的这次战役代号为"蓝色行动"，负责实施的是南方　121
集团军群，包括第 6、17 集团军、第 1、4 装甲集团军，以及在克里米亚的第 11 集团军。负责支援的是数量庞大的轴心国军队，包括匈牙利的第 2 集团军、意大利的第 8 集团军和罗马尼亚的第 3 和第 4 集团军。总共 89 个师，包括 9 个装甲师，近 200 万人。[6]

在主要战役开始之前，德国人先着手采取行动占领了克里米亚。实际上，他们曾经在 1941 年占领过克里米亚全境，但红军为了缓解遭到围困的塞瓦斯托波尔要塞守军的压力，采取了一连串的反制行动，结果，德国人在 1942 年初失去了对刻赤（Kerch）半岛的控制权。[7]德国的第 11 集团军在 5 月 8 日开始了它的重新夺回刻赤半岛的战役。不到两个星期的时间，他们就摧毁了苏联的 3 个集团军总共 21 个师，俘虏了 17 万人。

在这次大败之后，斯大林和大本营对克里米亚方面军指挥官们的表现提出了全面的批评。在一份日期为 1942 年 6 月 4 日、发给整个红军高级指挥官的文件中，克里米亚方面军的领导层受到了批评：首先，他们没有理解现代战争的本质；其次，他们失去了对自己部队的控制；最后，没有严格执行大本营的命令。文件还宣布，把该方面军实际上所有的高级军官都免职并降级。降级的人包括方面军司令员科兹洛夫（Kozlov）将军、红军总政治部部长列夫·麦赫利斯（他是大本营派往克里米亚的代表）。麦赫利斯不仅丢掉了他在总政治局的职位，还丢掉了副国防人民委员的职位，并从一级集团军政委降为军政委。在德国国防军进攻刻赤半岛的最初几天，当这位政委发电报给莫斯科指责科兹洛夫将军为应对德军进攻所采取的措施时，斯大林对麦赫利斯就显然感到不满了。斯大林在回电中对他进行了严厉斥责：

> 你的立场很奇怪，好像你是个局外人、对克里米亚方面的事务没有责任似的。这种立场可能比较省事，但它十分丢人。你不是个局外人……而是大本营派去的负有责任的代表，对方面军所有的成败都负有责任，并且有义务当场纠正指挥上的错误。[8]

还有一次斯大林发电报给科兹洛夫说："你是方面军的司令员，麦赫利斯不是。麦赫利斯必须协助你。要是他没有，你就必须报告。"[9]这件事的总的教训在大本营6月4日的文件中说得很清楚：所有的指挥官都应当"准确掌握现代战争的本质"，理解"各兵种协同作战"的重要性，并且要"永远杜绝有害的官僚主义的领导作风……他们不应当把自己局限于发号施令，而是要更多地下到部队，下到各集团军和各师，去帮助自己的下级执行命令。我们的全体指挥人员、政委和政治军官要彻底清除各级指挥官当中不守纪律的那部分人"。[10]

122

德国人把红军赶出了刻赤半岛，从而最终打通了强攻塞瓦斯托波尔的道路。攻击是在 6 月 2 日开始的，首先是大规模的空中轰炸和炮击。在长达一个月的围攻中，德国空军出动的飞机超过了 2.3 万架次，对这座城市投放了 2 万吨炸弹。德国人还从列宁格勒战场调来了他们的重炮，可以发射 1 吨、1.5 吨甚至 7 吨重的炮弹。在经过步兵和两栖协同作战的多次突击之后，塞瓦斯托波尔在 7 月初陷落了。苏军有数万人阵亡，另有 9.5 万人被俘。德国人方面也伤亡了 7.5 万人，其中阵亡 2.5 万人。德国人取得了胜利，但塞瓦斯托波尔守军的战斗也令人敬畏，他们为红军从 1941 年 6 月在布列斯特开始的英勇的保卫战增添了新的传奇与传统，他们的事迹现在传遍了敖德萨、斯摩棱斯克、列宁格勒、图拉和莫斯科。[11]

哈尔科夫惨败

与此同时，在东乌克兰也有重大的行动展开。不过，抢先动手的不是德国人，而是苏联人。5 月 12 日，红军发动了大规模的进攻，意在夺回乌克兰的第二大城市哈尔科夫。不幸的是，在苏联人发动进攻的时候，当地德军刚好也在集结和动员，为"蓝色行动"做准备。德国人的第 6 集团军和第 1 装甲集团军进行了有效的防御，接着又发动了毁灭性的反击。苏联人不仅没能夺回哈尔科夫，参加这次行动的三个集团军还被德国人包围而且大部分都被摧毁了。5 月 28 日，战役结束。苏军伤亡将近 28 万人，其中有 17 万人阵亡、失踪或被俘。红军还损失了大约 650 辆坦克和将近 5000 门火炮。[12]

哈尔科夫惨败后来也被说成斯大林的罪过。领头指控的还是赫鲁晓夫，他当时是实施哈尔科夫行动的西南战略方向的政治委员。赫鲁晓夫在 1956 年声称，他曾经要求斯大林批准在

123 苏军还没有被德国人包围之前取消这次行动。[13] 赫鲁晓夫对事态发展的说法被正式写进了 20 世纪 60 年代出版的伟大的卫国战争的官方历史，当时他还是苏联的领导人。[14] 但朱可夫在自己的回忆录中断然否认了赫鲁晓夫的说法，并认为责任在于西南战略方向的领导层。他说，是他们力主采取的这次行动，然后又在战役进程方面误导了斯大林。[15] 作为参加这次行动的一名集团军指挥官，莫斯卡连科（K. S. Moskalenko）元帅也认为责任在于当地领导层。在他看来，西南战略方向的领导层低估了对手，夸大了他们自己军队的能力。[16] 在 20 世纪 70 年代出版的苏联官方第二次世界大战史中，对这件事的这种新的解释起到了重要作用，[17] 尽管华西列夫斯基在他的回忆录中提出的看法稍有不同。他赞成朱可夫和莫斯卡连科关于事态发展的看法，但也肯定赫鲁晓夫讲的他曾经试图劝说斯大林取消整个行动是确有其事。华西列夫斯基还说，大本营本来可以给西南战略方向提供更多的帮助。[18] 时任西南战略方向参谋长的巴格拉米扬元帅在他的回忆录中也同意最后这一点。他觉得主要的问题在于，大本营当时为这次行动提供的资源不足。[19]

在 6 月 26 日给西南战略方向的信件中，斯大林对哈尔科夫的失败做出了自己的裁定。他宣布解除巴格拉米扬的参谋长职务，因为他未能向大本营提供清楚而准确的情报，这"不仅导致哈尔科夫行动功败垂成，而且接着还损失了 18~20 个师"。斯大林认为，这次"惨败"赶得上沙皇军队在第一次世界大战中最大的失败之一了。他指出，犯错误的不仅仅是巴格拉米扬，还有赫鲁晓夫和西南方向的总司令铁木辛哥。"如果我把这次惨败的情况全都告诉人民……我恐怕他们会非常严厉地处置你们。"不过，斯大林对待这帮有罪的人还是手软的。巴格拉米扬虽然从战略方向级的参谋长降到了集团军级的参谋长，但他后来又被起用了，成为整个战争中苏军的高级指挥官之一。他也是指挥由多个集团军组成的方面军的仅有的两位非斯拉夫人之一（他是亚美尼亚人，另一位是犹太人）。[20]所谓的"替罪羊"再也没有其他人了；实际上，许多参加这次行动的人后来在苏联统帅部中都身居要职，例如安东诺夫（A. I. Antonov）将军，他从 1942 年 12 月开始，成了斯大林的副总参谋长。1942 年 7 月，铁木辛哥被调到了列宁格勒，担任西北方面军的司令。这可以被看作惩罚或降级，但同样可能的是，它是把铁木辛哥送回到他在苏芬战争中取得胜利的地方。[21]

斯大林对西南战略方向领导层的处理是宽大的。与此形成强 **124** 烈对比的是，克里米亚方面军司令部的各个责任人都被降了级。这或许说明，他在某种程度上承认，哈尔科夫惨败是集体的责任，大本营和最高统帅本人也有份。在这方面，西南战略方向 1942 年 3 ～ 4 月向大本营提交的各种建议和报告非常能够说明问题。[22]这些文件表明，西南方向的领导层在建议采取这次行动的时候，对取胜充满了信心，而且目标很高。他们不仅想重新夺回哈尔科夫，还要打到第聂伯河。在战役过程中，即使形势变得很明朗了，德国人要比预计的强大得多，红军取得的战果也远低于行动的预期，但西南方向的领导层在向莫斯科汇报时，仍然表示乐观。

制订这样的计划而且这样乐观的并非只有西南战略方向，[23]这反映了斯大林和大本营对于 1942 年春季红军在东线战场的前景非常乐观。他们认为，只要重新发动进攻就可以在年底之前把德军赶出苏联。哈尔科夫战役只不过是斯大林和大本营在 1942 年春批准的若干雄心勃勃的进攻行动之一。在克里米亚，只是由于德军在 5 月 8 日抢先发动了进攻才阻止了红军的进一步进攻行动。5 月初，西北方面军开始攻击被紧紧包围在杰米杨斯克

（Demyansk）地区的德军。5 月中旬，列宁格勒方面军开始行动，解救被围困在卢邦（Lyubon）地区的苏军。在中央防区，红军没有立即采取行动，但也在计划向勒热夫（Rzhev）、维亚济马和奥廖尔（Orel）方向发动进攻。[24]

可以认为，不是斯大林或西南方向领导层的指挥失误，而是大本营崇尚进攻的战略思维才是哈尔科夫惨败的根源。回忆录中的互相指责，以及普遍相信了朱可夫和华西列夫斯基所说的苏联统帅部在 1942 年春的内部争论，掩盖了哈尔科夫惨败的这种更深层次的原因。按照朱可夫和华西列夫斯基的说法，大本营计划 1942 年在夏季之前基本上都保持防御态势。这样一来，哈尔科夫行动就被说成不幸偏离了这一基本方向、斯大林偏好进攻和铁木辛哥为在自己的防区发动大规模进攻而进行游说的结果了。[25] "难道我们就一味防守、干等着德国人先发动进攻吗?"朱可夫引用斯大林的话说。[26]毫无疑问，斯大林一向都非常热衷于进攻，但朱可夫和华西列夫斯基所说的大本营的基本方针是战略防御，这很难令人信服。例如，按照朱可夫的说法，他赞成采取防御态势，但也强烈主张早日对维亚济马和勒热夫地区的德国中央集团军群发动大规模的进攻，只是由于哈尔科夫行动，他的这一建议才被否决了。这说明，大本营内部的争论在于，在哪里部署兵力和发动进攻，而不在于是否继续保持防御态势。朱可夫随后的自我表白证实了上述理解:如果再多拨给他一些兵力，那他的维亚济马—勒热夫计划——该计划实际上在 1942 年的 7~8 月以各种形式付诸实施了——就可以改变莫斯科正面中央防区的整个战略形势了。[27]华西列夫斯基关于大本营内部争论的说法同样也是矛盾的。他说，当时的决定是: "在进行战略防御的同时，在几个防区采取局部的攻击行动。在斯大林看来，这样可以巩固冬季战役的成果，改善我们部队的作战形势，有助于我们继续掌握战略主动权并粉碎纳粹在 1942 年夏季的新的进攻计划。当时以为所有这些加在一起，可以为红军在夏季从波罗的海到黑海的整个战线上发动甚至更大的进攻行动创造有利条件。"[28] 这听起来倒像是个轰隆隆的进攻计划，而不是战略防御。在总参谋部制订 1942 年春季计划的文件中所反映出来的观念也是这样。这些文件设想了华西列夫斯基提到的那些局部行动，但是在这些局部行动之后接着就是规模更大的进攻，并在 1942 年底推进到苏联的西部边界；然后红军才开始防御。[29] 在一封日期为 1942 年 3 月 14 日的给丘吉尔的电报中，斯大林提出了这种进攻性的战略观点："即使偶尔有一些挫折，但我完全有信心通过我们部队的齐心协力，最终打败共同的敌人，并于 1942 年在抗击希特勒的战场上迎来决定性的转折。"[30] 在公开场合，斯大林在 1942 年 5 月 1 日的"节日命令"中，把战争的当前阶段定义为"从希特勒匪徒手中解放苏联领土的阶段"。他号召红军："让 1942 年成为德国法西斯军队最终溃败的一年，成为从希特勒那帮无赖手中解放苏联领土的一年！"[31]

还有一个重要的方面，它跟大本营在 1942 年春季制订计划时对德军主攻方向的判断有关。当时尽管有准确的情报说，德军会主攻南方，目标是夺取对苏联经济资源的控制权，但这个情报并不是最终的。距离莫斯科不到 100 英里、拥有 70 个师的德国中央集团军群，才是斯大林和大本营的心腹之患。[32] 斯大林虽然没有排除德军在南方发动大规模攻势的可能性，但他认为，那主要是为了从侧翼进攻莫斯科。重中之重是要守住那些对于莫斯科的安全至关重要的正面防区，所以，要把大本营的预备队部署在合适的地点。认为希特勒的首要目标是占领莫斯科，这种看法在整个 1942 年的战役中都是主流。而且德国人组织的代号为"克里

126

姆林宫行动"的欺骗战让苏联人对此更加深信不已，他们用一些精心设计的假象，让人以为他们是在准备进攻苏联首都。[33]1942年11月——此时德国人正在南方长驱直入——斯大林在纪念布尔什维克革命25周年的讲话中，否认德国人的夏季攻势首先是要控制石油，而是坚持认为德国人的主要目标仍然是要从东面包抄莫斯科，然后从背后夹击苏联首都。"总之，德国人夏季攻势的主要目标是，包围莫斯科并在今年结束战争。"[34]

事态的实际进程打乱了斯大林和大本营的如意算盘，这已经不是第一次了。红军在哈尔科夫和其他地方发动的进攻失败了，不仅如此，这些进攻还造成了大量的损失并用光了大本营的预备队。当德国人真的发起进攻的时候，目标却是斯大林格勒和巴库，而不是莫斯科。红军与德国国防军之间在1942年的决战不是发生在莫斯科的正面，而是在斯大林格勒。

通往斯大林格勒之路

1942年6月28日，"蓝色行动"开始了，[35]而且进展迅速。到7月底的时候，德国人已经占领了整个顿巴斯和大部分顿河地区，并开始向斯大林格勒和高加索进发。德国统帅部就像1941年夏一样，很快就被胜利冲昏了头脑。7月6日，哈尔德写道，"我们高估了敌人的实力，这次进攻彻底粉碎了他们"。7月20日，希特勒告诉哈尔德："苏联完了。"哈尔德回答说："我必须承认看来是这样。"8月底，德国人抵达了伏尔加河，并包围了斯大林格勒。在南方，德军也已经来到高加索的山脚下，占领了麦库普（Maikop）油田，而且还威胁着位于车臣格罗兹尼的另一处油田。1942年8月21日，德国人的旗帜插上了高加索的最高峰厄尔布鲁士山的山顶（见地图8）。[36]

127

布良斯克
奥廖尔
叶列茨
坦波夫

库尔斯克
沃罗涅日

1942年6月28日战线
1942年7月6日战线
1942年7月11日战线
1942年7月22日战线
1942年11月18日战线
8~9月战线

沃尔臣斯克
波沃里诺
布图尔利诺夫卡
叶兰

顿河
帕拉索夫卡

哈尔科夫
克列茨卡亚
喀察林斯卡亚

顿涅茨河
莫罗佐夫斯克
斯大林格勒

第聂伯彼得罗夫斯克
顿涅茨走廊

扎波罗热
顿涅茨盆地
伏尔加河

塔干罗格
科捷利尼科沃

罗斯托夫
无产者水库
阿斯特拉罕

亚速海
埃利斯塔

刻赤
库班河
里海

克拉斯诺达尔
斯塔夫罗波尔

迈科普
阿尔马维尔

图阿普谢
五山城
莫兹多克

厄尔布鲁士山
格罗兹尼

黑海
弗拉季高加索

高加索山脉

地图8　德军在南方的推进，1942年夏季

在 7 ~ 8 月，德国人俘虏了 62.5 万苏军，缴获或摧毁了 7000 辆坦克、6000 门火炮和 400 多架飞机。德军的伤亡也很惨重，仅在 8 月份就有大约 20 万人伤亡。红军损失惨重，但没有 1941 年夏季那么大，因为苏联人在那以后学会了撤退，变得较为善于跳出包围圈了。德国人的纵深突破和大包围战略要想奏效，前提是敌军选择固守而不是摆脱包围。[37] 尽管斯大林和大本营总的来说还在坚持"绝不退却"的政策，但相比于以前，他们会比较主动地下令后撤。在损失越来越大、人力储备消耗殆尽的情况下，苏联统帅部也急于保存实力。在这段时期，斯大林与前线指挥官进行了多次联系，询问被围部队的命运，要求知道在采取什么措施来帮助他们跳出包围圈。[38] 不过，在德国人看来，之所以抓到的俘虏相对减少了，是由于苏联人的实力不济和全线退却，而不是因为他们改变了策略。这种错误的印象对于 1942 年 7 月重新调整"蓝色行动"的战略方向产生了至关重要的影响。

按照原来的设想，"蓝色行动"是一次联合的协同作战，要分阶段实现其诸多目标。首先是控制顿河和伏尔加河，然后主要是向南推进到高加索。然而，南方集团军群在 7 月 9 日分成了两支单独的部队：A 集团军群和 B 集团军群。南方集团军群司令冯·博克（von Bock）负责由第 6 集团军、第 4 装甲集团军和各轴心国军队组成的 B 集团军群。其任务是从库尔斯克和哈尔科夫沿沃罗涅日（Voronezh）方向向东攻击，然后折向东南，向顿河大弯曲地带推进。A 集团军群司令由陆军元帅威廉·李斯特（Wilhelm List）率领，下辖第 17 集团军和第 1 装甲集团军，任务是占领顿河河畔的罗斯托夫并向巴库推进。7 月 13 日，博克由于作战意见不合而被希特勒解除职务。取代他的是陆军元帅冯·魏克斯（von Weichs）男爵。同一天，第 4 装甲集团军被从 B 集团军群调拨到 A 集团军群，参加南方战役。10 天后，也就是 7 月 23 日，希特勒发布了第 45 号命令："在一场持续了三个多星期的战役中，我为东部战场南翼列出的各个目标大部分都已实现"。在克里米亚第 11 集团军的支援下，A 集团军群现在的任务是，摧毁罗斯托夫以南的敌人，然后"占领黑海的整个东海岸"并推进到巴库。留给 B 集团军群的任务是，"向前推进到斯大林格勒，击溃集结在那里的敌军，占领这座城市，截断顿河与伏尔加河之间的陆上交通"。[39]

希特勒决定在南方攻势中分头出击，同时追求两个战略目标，占领巴库和斯大林格勒，这被普遍认为是一个致命的失误。如果德国国防军把它的兵力与资源集中用于斯大林格勒或者巴库，那它还有可能实现这两个目标当中的一个，但它还没有强大到可以同时追求两个目标的程度。不过希特勒当时并不这么看。德国人在 7 月 23～24 日重新占领了罗斯托夫，只是进一步证实了他的乐观是正确的。

德国军队现在准备发动他们在外高加索地区的战役。但是，就像德国武装力量统帅部的作战部部长阿尔弗雷德·约德尔（Alfred Jodl）将军大约在 7 月底写的那样，"高加索战役的命运将会在斯大林格勒决定"。这是因为，当德国人向巴库推进的时候，为了防止苏军从侧翼对其发动反击，需要在顿河及伏尔加河河畔建立防御屏障，而斯大林格勒正是其中的枢轴。希特勒相信这可以做到。当德国的第 6 集团军在将近 8 月底到达斯大林格勒的外围的时候，这位元首估计，完全可以一举拿下这座城市。

斯大林对"蓝色行动"的反应受到了这样的看法的影响，

129

即他仍然相信莫斯科是德军在 1942 年的主要目标。德国人在南方的进攻起初也印证了他的判断，因为他们进攻的目标沃罗涅日离莫斯科要比离斯大林格勒更近。如果德国人突破了这个地方，首都与南方的交通就会受到威胁。这座城市在 7 月 7 日落到了德国人手里，但也是在红军在沃罗涅日地区连续几个星期发动了一次又一次的反击之后才陷落的。大本营认为这些行动意义重大，这从他们决定成立沃罗涅日方面军并任命总参谋部最能干的军官之一尼古拉·瓦图金（Nikolai Vatutin）将军来指挥它就可以看出来。[40]红军在 1942 年夏季持续发动进攻的另一个地方是勒热夫和维亚济马地区。这些行动是由朱可夫的西方方面军在加里宁方面军和布良斯克方面军的支援下实施的。朱可夫在他的回忆录中对这些行动除了说如果拨给它们更多的兵力也许就成功了之外，别的几乎什么也没说。他把这件事说成是他的地位日渐下降的又一例证，因为他在优先考虑哈尔科夫行动这个问题上竟敢与斯大林争辩。事实上，大本营对勒热夫和维亚济马地区的行动极为重视，而且在南方的苏军阵地正在崩溃因而急需增援的情况下，还另外拨给了朱可夫相当数量的兵力。[41]

虽然苏联报刊对沃罗涅日的战斗进行了相当广泛的报道——至少在斯大林格勒成为关注焦点之前——但对勒热夫和维亚济马的报道很少。不过，在总参谋部每天的战况报告中，关于这两个地方军事行动的内容都很多，这说明大本营即使是在形势最危险、最困难的时候也仍然坚持进攻战略。[42]

再往南去，采取进攻行动的可能性有限，因为铁木辛哥的西南方面军的实力在哈尔科夫惨败之后遭到了削弱。在 7 月初德国人的进攻突然转向南方的时候，铁木辛哥的防线瓦解了，大本营被迫下令向顿河方向撤退。[43]对斯大林格勒的威胁很快就变得显而易见了，于是，大本营在 7 月 12 日下令成立斯大林格勒方面军。[44] 这只是把铁木辛哥的西南方面军换了个名字，不过也增加了三个预备集团军[45]——第 62、63、64 集团军——它们本来就被部署在斯大林格勒进行防御。铁木辛哥总计下辖 38 个师，兵力有 50 多万人，包括 1000 辆坦克和将近750 架飞机。[46] 但铁木辛哥在斯大林格勒方面军的岗位上没呆多久。7 月 22 日，戈尔多夫（V. N. Gordov）将军接替了他的职务。[47] 第二天，华西列夫斯基——他已经在 6 月 26 日被任命为总参谋长——在他的多次战区之行中第一次来到了斯大林格勒。[48]在战役期间，斯大林派过若干军政要员到斯大林格勒，对局势进行实地指导与汇报，华西列夫斯基就是其中之一。把大本营的代表派往形势严峻的前线地区，这在当时是斯大林惯用的做法，只不过在斯大林格勒战役期间，这种做法的频率和力度都加大了。

在俄罗斯和苏联的史学著作中，1942 年 7 月 17 日是斯大林格勒战役所谓的 "200 天战火" 开始的 "官方" 日期。[49] 在那之后，德国第 6 集团军的部队就跟红军的第 62、64 集团军在奇尔河（River Chir）交上了火。苏军很快就被赶回到他们沿顿河南岸的主要防线，而且敌人有打过顿河的危险。这使得斯大林忧心忡忡。7 月 23 日，他在给南高加索方面军、北高加索方面军和斯大林格勒方面军的命令中说：

　　如果德国人成功搭起浮桥，渡过顿河，并能把坦克和大炮调到顿河南岸，那就会对［你们］几个方面军构成严重威胁。如果德国人无法搭建到南岸的浮桥，他们就只能派步兵过河，这对我们就不会构成大的威胁……因此，我们在顿河南岸的部队以及我们的航空兵的主要任务，就是不让德国人建造浮桥渡过顿河。如果他们真的成功了，那就要用我们所有的炮火和空中力量来摧毁他们。[50]

没过几天，大批德军就突破到顿河南岸，并向高加索和斯大林格勒快速推进。最严重的是，罗斯托夫在 7 月底失守了。这一事件不仅具有重要的战略意义，而且具有重要的象征意义。罗斯托夫是通往高加索地区的门户，它的陷落意味着德国人现在可以轻而易举地占领库班这个在顿河与高加索山脉之间最富裕的农业区了。同样重要的是罗斯托夫的失守对苏联士气的影响。这座城市起初在 1941 年 11 月就被德国人占领了，但几天后红军又把她重新夺了回来。在庆祝的时候，收复罗斯托夫曾经被说成这场战争的伟大的转折点，是苏军不断掀起的反攻的一部分，而莫斯科正面战场的胜利则是反攻的高潮。现在罗斯托夫再次陷落，而且德国人夺回这座城市如此容易，这就与红军和红海军在塞瓦斯托波尔的史诗般的、持久的保卫战形成了强烈的反差。[51]

1942 年 7 月 28 日，斯大林发布了第 227 号命令，这就是人们所熟知的 "一步也不后退！" 该命令在报纸上没有公开，但原文被分发给所有苏联军队。前线张贴着印刷的副本，军官们也对他们的士兵宣读了这份命令。在 1942 年夏季，"一步也不后退！" 很快就成为苏联报刊的主要口号，无数的文章和社论都在向广大居民传播它的主题思想。

命令开门见山地指出了当前国家面临的严峻形势：

> 敌人向前线投入了新的兵力……并正在突入苏联的腹

地，侵占新的地区，破坏和毁灭我们的城镇和村庄，强奸、抢劫和杀害苏联人民。在沃罗涅日地区，在顿河，在南方通往北高加索的门户，正在进行着激烈的战斗。德国占领军正在扑向斯大林格勒，扑向伏尔加河，企图不惜一切代价夺取库班和北高加索，以及它们的石油和粮食资源。

但是，斯大林说，红军没能尽到它对国家的责任：

> 南方方面军的部队惊慌失措，没有经过认真的抵抗，也没有得到莫斯科的命令，就放弃了罗斯托夫和新切尔卡斯克（Novocherkassk），这让他们的旗帜因此而蒙羞。我国的人民对红军……正在失去信心……并咒骂他们，因为他们任由我们的人民遭受德国压迫者的凌辱，而自己却向东方逃跑。

在指出到当时为止的损失程度的同时，斯大林还强调说，"继续后退意味着我们国家和我们自己的毁灭。我们每放弃一点点领土都会极大地增强敌人的力量而严重地削弱我们的防御，削弱我们的祖国"。斯大林解决问题的办法就是停止后退：

> 一步也不后退！现在这必须成为我们首要的战斗口号。为了守住每一块阵地，每一米苏联领土，为了尽最大努力去牢牢守住每一小块苏联的土地，必须战斗到流尽最后一滴血。

斯大林说，为了执行这一政策，需要铁的纪律，尤其是对于军官和政委，如果他们擅自后退，会被当作叛徒论处。命令还特别要求对那些违反纪律的人要成立惩戒营（penal battalions），并且还要求在动摇的部队后面布置督战队。惩戒营将会被派到前线最危险的区域，其成员将获得赎罪的机会；而督战队则会枪毙制造恐慌和临阵脱逃的人。[52]

第 227 号命令其实没有什么新的东西，只是它的紧迫的语气反映出斯大林对那年夏季越来越多的失败和损失的焦虑。铁的纪律、严厉的惩罚、没有命令决不允许后退，这些都是斯大林从战争一开始就一直在强调的。建议成立惩戒营被斯大林说成是从德国人那里学来的，但事实上，它只不过是恢复了苏联早期的做法，把违反纪律的人编入惩戒部队进行监禁并换了个说法。1942～1945 年共有大约 600 个这样的惩戒部队成立，有大约 43 万人在里面服役。就像斯大林命令的那样，分配给这些部队的，都是像在前线突击敌军阵地这样的困难而危险的任务，因此，他们的伤亡比例常常达到 50%。[53]虽然在许多战场上都已经有了督战队，但是在第 227 号命令发布之后，督战队的数量与活动都有了明显的提高。根据内务部的总结报告说，在第 227 号命令发布之后成立了 193 个督战队。从 8 月 1 日到 10 月 15 日，这些督战队拘押了 140755 人。在这些人当中，有 3980 人被逮捕，1189 人被枪毙，2961 人被送往惩戒营或惩戒连，131094 人被送回了原单位。[54]

第 227 号命令得到了前线战士的支持，它使得士气有了令人欣慰的提升。[55]实际上，新的纪律制度的主要之点不在于惩罚违反纪律的人，而是要警告意志不坚定的人，并让那些忠于职守的人放心，不管付出什么代价，在他们身边作战的人如果违反纪律，就会被抓起来并受到严厉处置。斯大林需要英雄远甚于需要内务部报告的被枪毙的叛国者的数字。他主要关心的是，如何去支持那些愿意为这项事业牺牲自己生命的人。[56]

　　光靠惩罚的威胁还不够，还要靠对爱国精神的呼吁。自从开战以来，对祖国的责任一直是苏联政治动员的主题，但在亚历山大·沃思所谓的"1942年的黑色夏季"，这种呼吁变得更突出了，因为1941年大溃败的可怕一幕在当时似乎又要重演了。民众希望的破灭加剧了这段时期的危机气氛。官方的宣传强化的是下面这种乐观的态度。6月21日，红军的主要报纸《红星报》（*Krasnaya Zvezda*）发表社论指出，"1942年的德国军队在防守方面仍然是顽强的，但已经丧失了它以前所有的那种进攻欲望……德国人要想发动像去年夏天那样的攻势是不可能的"。第二天，苏联情报局发表声明，回顾了战争第一年的情况。它安慰读者说，"1942年的德国军队不比一年前了……德国军队不可能再发动类似于去年那种规模的进攻了"。同一天，《真理报》的社论说："1942年将会是德国人最终被打败的一年，是我们最终赢得胜利的一年。"[57]随着德军在南方的快速推进，多数人对前途产生了悲观情绪，而它所引起的幻灭感又加剧了那年夏天的强烈的危机气氛。不过，苏联的宣传很快就改弦易辙了，开始强调形势的严峻和危险。7月19日，《红星报》把南方的局势比作1941年的莫斯科和列宁格勒战役。[58]报刊上满是反德的仇恨宣传，鼓励苏联士兵尽可能多地消灭德国人，否则他们的家人、朋友和祖国将会遭遇灭顶之灾。[59]在第227号命令下达之后，主要的口号变成了"一步也不后退！"和"要么胜利，要么死亡！"[60]

133

为祖国而献身的呼吁所针对的目标群体主要是苏联的军官团。对苏联的战争努力来说，没有哪个群体比它更具有献身精神或更为重要了。战争期间的阵亡军官有 100 万人，另有 100 万人因伤残而退役。1942 年 7 月 30 日，斯大林新设了专门颁发给军官的勋章：库图佐夫勋章、涅夫斯基勋章和苏沃洛夫勋章。第二天，《红星报》在社论中号召读者"像苏沃洛夫、库图佐夫和亚历山大·涅夫斯基那样忠于祖国"。[61]苏联报刊也开始大量刊登文章，宣传军官们在维持纪律方面的特殊作用和他们的专业技能及职业精神之于胜利的重要意义。这一年的晚些时候，军官们都配发了新的有肩章和金色镶边（那得要专门从英国进口）的特别的制服。[62]接着，在 1943 年 1 月 "ofitser" ① 这个术语又普遍恢复使用了。1942 年 10 月 9 日——也就是斯大林格勒鏖战正酣的时候——发布的政令取消了政委制度，从而结束了军官与政治官员双重指挥的制度。之所以采取这种激进的措施，据说理由是军官们已经在战争中证明了他们对祖国的忠诚，而双重指挥却在妨碍着他们进一步开展军事以及政治的领导工作。取代政治委员制度的是一些新的组织，它们专门负责军队内部的宣传工作，而几个最有经验的政委则被调任军事指挥岗位。[63]军队并不是普遍都欢迎这条政令，尤其是在政委们当中。许多人觉得当时不是取消政治委员制度的时候，那样做会对维持前线纪律产生不好的影响；其他人觉得政委们的工作做得很好，主要问题在于军官们的能力不够，而不是政治官员对于指挥决策的干预。[64]

虽然苏联报刊在越来越多地颂扬革命前的爱国主义英雄

① 即"军官"。——译者注

事迹，但 1917 年之后的历史也没有被忽视。内战的主题变得尤为突出，并随着德军逼近斯大林格勒而显得特别切合。人们到处都在把斯大林 1918 年成功保卫察里津，与即将到来的拯救斯大林格勒之战相提并论。这座城市的守军发誓，要像他们内战中卓越的先辈那样建立功勋。正像亚历山大·沃思——他当时是《星期日泰晤士报》驻莫斯科记者——所写的那样，苏联的宣传尽管以爱国主义为主，但"苏维埃思想从来没有太多地失去光芒……在 1942 年的危难时期，'苏维埃'与'俄罗斯'的联合只是呈现出一种与早先或后来不一样的模式"。[65]

就斯大林而言，他在 1942 年的夏季越来越意识到，决战即将到来。8 月初，大本营决定把斯大林格勒方面军一分为二，分成斯大林格勒方面军和东南方面军。令人费解的是，斯大林格勒本身被划归东南方面军负责的范围，而斯大林格勒方面军却被沿顿河部署在该市的北面和西面。叶廖缅科被任命为东南方面军司令，而戈尔多夫将军则指挥新的斯大林格勒方面军。[66]为了加强斯大林格勒守军的协同作战，叶廖缅科在 8 月 9 日被任命为两个方面军的总司令。在宣布这一新的指挥结构的命令中，斯大林要求叶廖缅科和戈尔多夫一定要记住，"守住斯大林格勒并打败敌人……对整个苏联战场具有决定性的重要意义。最高统帅部命令你们，为了保卫斯大林格勒并摧毁敌人，要竭尽全力，不怕牺牲"。[67]

丘吉尔在莫斯科

当德国人逼近斯大林格勒的时候，温斯顿·丘吉尔也在 8 月抵达了莫斯科并带来了一些坏消息：1942 年不可能在欧洲开辟第二战场。紧接着，丘吉尔又宣布，由于损失巨大，英国将暂停为从北冰洋到苏联的补给船只护航，这对于斯大林来说是个沉重的打击。它意味着眼下德军对东部战线的压力不可能得到缓解。

自从开战以来，斯大林就一直在强烈要求丘吉尔开辟第二战场。第三国际在英国、美国和同盟国的其他国家也曾经发起过大规模的运动，要求在法国开辟第二战场。莫洛托夫在1942年5~6月访问伦敦和华盛顿时，其主要使命之一就是要得到英美对尽快开辟第二战场的承诺，结果才有了6月12日的英苏联合公报。公报声明，英苏之间"就1942年在欧洲开辟第二战场这一紧迫的任务已经达成了充分的理解"。[68]同一天发表的苏美联合公报也重复了这一声明。[69]在这两份应斯大林的坚决要求而签署的联合公报中[70]的这种措辞，让人对1942年真的会在法国开辟第二战场充满了期待。6月13日的《真理报》社论热情地赞扬了这一声明，认为它极大地巩固了反希特勒的同盟，并且号召将1942年变成"最终打败希特勒匪徒"的一年。[71]6月18日，莫洛托夫在向最高苏维埃汇报他的英美之行的成果时说，该声明"对苏联人民有着伟大的意义，因为开辟第二战场会对我们战场上的希特勒军队构成无法解决的困难。我们希望我们共同的敌人很快就会充分感受到三大国日益加强的军事合作所带来的压力"。按照官方的记录，当时人们对他的讲话报以经久而热烈的掌声。[72]然而，莫洛托夫在私下里对第二战场的前景却是比较悲观的。英国在同意发表联合声明的同时就已经做出了解释：虽然他们"在为1942年8月或9月的登陆行动做准备……但我们……在这件事上不能给出任何承诺。但是，只要条件合适，我们会毫不犹豫地执行我们的计划"。丘吉尔在与莫洛托夫的谈话中也已经明确地告诉他，最多只会登陆 6 个师，接着在 1943 年的时候会发动规模要大得多的进攻。莫洛托夫在他给斯大林的报告中认为，"英国政府没有保证在今年开辟第二战场，只是说——而且也是有保留的——它在准备一次试探性的登陆作战"。[73]

在莫洛托夫递交这份报告的时候，斯大林对于 1942 年在军事上取得实质性的进展仍然抱有希望，虽说在哈尔科夫和克里米亚遇到了一些挫折。在这样的背景下，任何有关第二战场的承诺都是受欢迎的：在最好的情况下，它会变成现实，这样一来，东线的德国国防军因为要向西线抽调兵力就不得不后撤；在最糟的情况下，这样的威胁会使希特勒有所顾忌，不敢从西欧抽调太多的兵力。无论如何，斯大林相信，公开承诺开辟第二战场会给西方政府带来更多的政治压力，迫使它们着手进行这样的行动。然而，到 7 月中旬，东线的局势急转直下。在斯大林看来，要想保持军事实力的均衡，第二战场现在已是至关重要。随着德国人在南方的不断推进，苏联人劝说西方盟国兑现开辟第二战场诺言的外交努力也变得更加急迫了。[74] 7 月 23 日，斯大林亲自写信给丘吉尔说，关于"在欧洲开辟第二战场，我恐怕事态正在朝不好的方向发展。考虑到苏德战场的局势，我要特别强调，苏联政府不能容忍把在欧洲开辟第二战场一事拖延到 1943 年"。[75] 丘吉尔在回信时建议当面会谈，届时他可以把英美 1942 年军事行动的计划告诉斯大林。斯大林同意与丘吉尔见面，但要求首相到莫斯科来，因为局势严峻，无论是他还是他的总参谋部人员都不可能离开首都。[76]

会谈的前景不是非常乐观。在丘吉尔抵达莫斯科的几个星

136

期前，苏联在英美的间谍报告说，英美 1942 年不会在欧洲开辟第二战场，而是计划在北非采取一次重大的军事行动。[77] 在斯大林驻美国的大使马克西姆·李维诺夫（Maksim Litvinov）的报告中，类似的悲观论调也很明显。他写道，虽然罗斯福赞成在欧洲开辟第二战场，但丘吉尔反对，而且丘吉尔已经说服了总统，在北非采取军事行动会更好。[78]

8 月 7 日，苏联驻伦敦的大使伊万·麦斯基就丘吉尔莫斯科之行的目的向斯大林提交了一份简要报告。麦斯基写道，这些目的有三个方面。首先，平息英国民众开辟第二战场的强烈要求。其次，也是较为积极的方面，是要讨论盟国联合起来打败德国的战略。最后，是要让斯大林相信，1942 年在欧洲开辟第二战场既是行不通的，也是不可取的。按照麦斯基的说法，丘吉尔感到英国军队无论在什么地方都不可能成功，英国在北非和远东接连遭到的失败已经对他的态度产生了消极的影响。麦斯基还提出了一个一直困扰着斯大林的问题：英国是不是希望德国和苏联两败俱伤？是的，麦斯基说，但资产阶级的英国，尤其是丘吉尔，也害怕纳粹取得胜利，因而正在寻求除了开辟第二战场之外的其他各种办法来援助苏联。总之，麦斯基认为，既然丘吉尔在第二战场问题上的立场不可能改变，那么苏联方面就应该把精力放在像增加补给那样的"二线"要求上，并利用这次访问开始"打造一种一对一的同盟战略，没有这种战略，胜利是无法想象的"。[79]

丘吉尔在 8 月 12 日来到了莫斯科，陪同他的是埃夫里尔·哈里曼，罗斯福派驻伦敦负责物资租借的协调人，他是应总统的要求加入首相一行的。他们两人当晚就与斯大林举行了首次会谈，[80] 会谈首先就战争局势交换了意见。丘吉尔谈到了埃及的局势，而斯大林则认为情况不妙，德国人正在拼命想打到巴库和斯大林格勒。他不知道他们怎么能够同时调集那么多的部队、坦克以及那么多的匈牙利、意大利和罗马尼亚师。他肯定他们已经调走了欧洲的所有部队。在莫斯科，阵地是牢固的，但他还不能提前保证苏联人有能力抵挡住德国人的进攻。

丘吉尔问，德国人是否有能力在沃罗涅日或北方发动新的攻势。斯大林回答说，"由于战线很长，希特勒很可能会调来20个师建立一支强大的进攻力量"。[81]接着，讨论转入第二战场问题。丘吉尔解释说，在1942年渡过加莱海峡进攻法国是不可能的，因为没有足够的登陆船只来执行这样的计划并突破设防的海岸。根据美方译员的会谈报告，斯大林开始"显得非常不快"，并提出了各种替代性措施，例如进攻海峡群岛。丘吉尔说，那样做弊大于利，而且会把本来可以在1943年派上更好用场的资源用光。对丘吉尔对驻法德军实力的估计，斯大林表示质疑，但英国首相坚持说，"战争就是战争，而不是犯傻；如果招来了灾难却对任何人都没有帮助那就是犯傻"。到这个时候，斯大林"已经变得焦躁不安起来"。他说，他"对战争有不同的看法。不准备冒险的人是不可能赢得战争的"。斯大林进一步发表意见说英国人和美国人"不应当那么害怕德国人"，说他们常常高估了德国人的实力。斯大林说："他的经验表明，部队必须在战斗中经受血的洗礼。如果你不让他们经受血的考验，你就不会了解他们的价值。"会谈对在法国登陆的可能性进一步交换了意见，接着就转入盟军轰炸德国的问题上。两位领导人在这方面找到了一些共同点。斯大林希望，除了工业区之外，也要轰炸居民区，因为这是打击德国人士气的唯一方式。丘吉

137

尔对此完全赞同：

> 至于平民，我们把它的士气看作一种军事目标。我们既
> 不想要仁慈也不会去显示仁慈……随着战争的继续，如果需
> 要的话，我们希望把几乎所有德国城市中的几乎所有的住宅
> 都化为齑粉。

根据美国人关于这次会谈的报告，丘吉尔"的讲话对会谈产生
了很强的激励效果，因而会谈的气氛也随之渐渐地友好起来"。
138　　　丘吉尔接着又把有关"火炬行动"的计划告诉了斯大林：
英美计划在 1942 年的 10～11 月进攻法属北非。"火炬行动"
的目的是获得一块阵地，由此可以攻击在突尼斯和利比亚的德
国和意大利的军队。英军第 8 集团军将从埃及发起进攻，以呼
应这次行动。为了形象地说明这次行动的价值，丘吉尔为斯大
林画了一幅鳄鱼图，并且说英美的意图不是要去进攻这只野兽
在法兰西北部的最坚硬的吻部，而是要攻击其在地中海的柔软
的腹部。如果斯大林认为这只鳄鱼的坚硬的吻部是指东线而红
军已经在与之战斗了，那他这样想也情有可原。至于"火炬行
动"，斯大林从他自己的情报来源那里已经了解到许多情况，
但他装作对该计划很感兴趣也很支持的样子。他担心法国人对
此会采取敌对行动，但他也看出这个计划有四个"突出的"
优点：①它将从背后对敌人发动进攻；②它会使德国人与法国
人彼此争斗；③它会使意大利失去作用；④它会使西班牙人保
持中立。

　　到第二天的时候，斯大林对"火炬行动"的热情有点消退
了。[82] 他告诉丘吉尔和哈里曼，虽然"火炬行动"在军事上是

正确的，但它跟苏联没有直接的关系。就第二战场而言，问题在于，苏联战场对于英国人和美国人来说是次要的，而对于苏联政府来说，却是头等大事。斯大林接着指责说，英国人和美国人没有兑现他们的给苏联提供补给的诺言。他建议，由于苏联战场每天都要牺牲上万人，他们需要做出更大的牺牲。丘吉尔回答说，苏联人认为西方盟友为他们的共同事业做得不够多，这令他感到很痛心。斯大林回答说：

> 这不是不信任的问题，而仅仅是观点的分歧。他的观点是，英国人和美国人在瑟堡半岛（Cherbourg Peninsula）登陆 6 ~ 8 个师应该是行得通的，因为他们有制空权。他觉得，如果英国军队像苏联军队那样与德国人战斗，那他们就不会那么害怕他们了。苏联人，实际上也就是苏联陆军，已经表明打败德国人是可以做到的。英国步兵同样也能做到，只要他们也像苏联人那样战斗。

斯大林还向丘吉尔和哈里曼出示了一份备忘录。这份备忘录声称，苏军的夏季和秋季行动的计划都是基于 1942 年在欧洲开辟第二战场来考虑的。[83]

　　8 月 15 日，丘吉尔与斯大林再次举行了会谈，这一次哈里曼没有参加。结果这一次会谈要比前两次亲切、友好得多，而且斯大林最后还在克里姆林宫的住所举办了私人晚宴。[84]斯大林把第二战场问题又稍稍推进了一些。他建议说，如果"火炬行动"成功了，盟军还需要占领法国南部，这一点丘吉尔欣然同意。但这次会谈的焦点主要是别的事情。特别令人感兴趣的是，斯大林在向丘吉尔介绍东线的局势时态度极为乐观。斯大

139

林说，德国人正在兵分两路发动进攻，一路是朝高加索方向，另一路是朝沃罗涅日和斯大林格勒方向：

> 前线已经被突破了，敌人取得了成功，但他们没有足够的力量去扩大战果……他们指望突破到斯大林格勒，但他们没能到达伏尔加河。[他]认为他们到不了伏尔加河。在沃罗涅日，他们想要突破到叶列茨（Elets）和梁赞（Riazan），以便转向莫斯科战场。他们在这里也失败了……在勒热夫，苏联人已经使防线的形势有所好转了，而且勒热夫会很快被夺回来的。然后苏联人就会向南推进，把斯摩棱斯克隔离开来。在沃罗涅日，德国人已经被赶过了顿河。苏联人在斯大林格勒的北面……有庞大的预备队。他想在不久之后沿两个方向发动进攻：（a）朝罗斯托夫方向，（b）朝更南的方向……目标是截断北高加索的敌军……他最后说，在东线，希特勒没有实力在一个以上的防御地段同时发动进攻。

在晚宴上，斯大林和丘吉尔讨论了对挪威北部采取联合行动的可能性，以保护英国到摩尔曼斯克的护航航线。[85]他们还就德国的未来交换了意见。丘吉尔认为，在战后，必须肃清普鲁士军国主义和纳粹主义，必须解除德国的武装；斯大林则说，必须对德国军队中的骨干分子进行清算，并要拆除鲁尔区来削弱德国。斯大林问起了有传闻说英德签订了不轰炸柏林或伦敦的协定这件事，丘吉尔对此予以否认。他说，在夜晚变得更长一点的时候，将重新开始轰炸。[86]丘吉尔还说，麦斯基是个优秀的大使，但斯大林认为他可以做得更好："他话太多，守不住秘密。"丘吉尔谈到了他战前计划的"由英、美、苏组成的民主国家三巨头联盟，这个联盟可以领导世界"。斯大林表示同意，并且说要不是张伯伦政府的话，这本来是个好主意。到晚宴结束的时候，关于丘吉尔来访的联合公报的内容已经起草好了，两位领导人也交换了签名照片。这正如英方译员的报告所得出的那个结论，"整个气氛非常融洽而友好"。

140

在丘吉尔离开莫斯科之后，莫洛托夫写信给麦斯基，向他通报了丘吉尔来访的结果。"跟丘吉尔的谈判并不完全顺利，"莫洛托夫告诉麦斯基说，但"接下来在斯大林同志的私人住所又进行了广泛的交流，与客人建立了亲密而融洽的关系……虽然丘吉尔没能就主要问题［第二战场］做出令人满意的回应，但结果可以说还是令人满意的"。莫洛托夫用一种不太赞同的口气告诉麦斯基："你的制订联合战略的想法没有被讨论。在我看来，在现阶段，当我们是唯一在作战的一方时，这个想法对我们来说是无法接受的。你不要再对英国人提这个建议。你从我们这里没有接到这样的指示，也不可能接到。"[87]

斯大林在他与丘吉尔和哈里曼的交谈中，自始至终都在强调，关于第二战场的争论是同盟国之间的分歧，无关乎欺诈或缺乏信任，尽管在物资补给或其他事情上存在争议。这次斯大林告诉丘吉尔，他们两人之间的面对面的会谈意义重大。斯大林还向哈里曼明确表示，他很想尽快与罗斯福见面。[88]然而，当斯大林格勒的形势越来越危急因而放大了缺少法国的第二战场的影响时，斯大林的态度很快就发生了变化。他对自己的盟友逐渐失去了耐心，并最终在10月3日回答由美联社驻莫斯科记者亨利·卡西迪书面提出的一些问题时公开表露出来：

> 问：在苏联对目前形势的评估中，第二战场的可能性占有什么样的位置？
>
> 答：非常重要的位置，也可以说是头等重要的位置。
>
> 问：同盟国对苏联援助的效果如何？怎样才能够加大和改善这种援助？
>
> 回：苏联吸引了德国法西斯军队的主力。跟苏联对同盟国的这种帮助相比，同盟国给予苏联的援助迄今为止力度很小。为了加大和改善这种援助，只需要一件事：同盟国要不折不扣地按时履行它们的义务。[89]

141　斯大林的公开批评在英美新闻界引起了轰动。[90]这种批评也表明他暂时已经不再指望第二战场了，而是把重点放在物资补给上。这跟他私下里与英国人和美国人交流的情况是一致的。他在这些交流中特别强调了对飞机的迫切需要。[91]1942年11月6日，斯大林在纪念布尔什维克革命25周年的讲话中又一次谈到了第二战场问题。他告诉莫斯科的听众，德国人目前在苏联所取得的军事上的成功，原因是在欧洲没有开辟第二战场，这样，德国人就可以把他们所有的预备队都集中在东线。假如开辟了第二战场，那红军现在就会在普斯科夫（Pskov）、明斯克、日托米尔（Zhitomir）和敖德萨附近了，"德国法西斯的军队就会处于彻底失败的边缘了"。[92]报纸上的无数文章和社论重复了斯大林在第二战场的政策问题上对西方的批评。如果内务部的舆情报告是可信的，那他的看法似乎是得到了苏联民众的普遍赞同。[93]

在"伟大的同盟"中，不仅在第二战场的问题上关系紧张，在对战犯的审判和惩罚问题上，同盟国之间也存在争议。10月初，英国人和美国人邀请苏联人加入战争罪行委员会。但在莫斯科答复之前，英国人就公布了战后对战犯的惩罚计划。作为回应，莫洛托夫发表了"关于希特勒侵略者及其同伙对他们在欧洲各被占领国犯下的罪行所应承担的责任"的声明。[94] 10月14日发表的这份声明，实质上就是要求把战争中被捕的纳粹领导人移交国际法庭受审，特别是希特勒以前的副手鲁道夫·赫斯，自从他在1941年5月戏剧性地飞往英国之后就一直被关在监狱里。10月19日，《真理报》发表社论，要求把赫斯作为战犯进行审判，而且《真理报》还评论说，"认可赫斯到战争结束才会受到审判，认可他在整个战争期间都不会受到国际法庭的审判，这就意味着对希特勒那帮血债累累的罪犯之一所犯的罪行视而不见，意味着没有把赫斯看作一个罪犯，而是看作另一个国家的代表，看作希特勒的特使"。[95]

同一天，斯大林给麦斯基发了一封不同寻常的电报，而这封电报的背景正是有关战争罪行的争议：

我们在莫斯科的所有人都形成了这样一种印象，即丘吉尔的目的就是要让苏联垮掉，牺牲我们，然后好跟……希特勒……谈判。不这样假设，就很难解释丘吉尔在欧洲的第二战场问题上的做法，以及在向苏联提供军需物资问题上的做法。现在英国军需物资的产量虽然在增加，但提供给我们的越来越少。还有赫斯问题。丘吉尔留下他似乎是为了留一手。还有英国人9月份对柏

142

林的有计划的轰炸问题。丘吉尔在莫斯科的时候说他会这样做，但他一点也没做，尽管事实上他肯定是可以做到的。[96]

10月23日，麦斯基回复了斯大林。他指出，丘吉尔不太会愿意看到德国人打败苏联，因为那样不仅让希特勒统治了欧洲，还统治了非洲和大部分的亚洲。在英国，有些人认为苏联会被打败，因而主张与希特勒达成交易，但目前他们的影响力不大。麦斯基把丘吉尔的错误归因于他想要一场"容易的战争"。物资供应之所以正在减少，是由于"火炬行动"的需要。丘吉尔之所以没有轰炸柏林，是因为他担心德国人对伦敦的报复。赫斯没有受到审判，是因为德国人也许会对英国战俘采取镇压措施来进行报复。此外，麦斯基最后还说，丘吉尔认为战争来日方长，赫斯有朝一日也许会派得上用场。[97]斯大林在10月28日给麦斯基回电说：

> 我仍然认为，正是由于丘吉尔希望战争容易些，所以他也就容易受到希望苏联被打败的那些人的影响，因为我们国家的失败和牺牲苏联来与德国妥协，是英国与德国之间最容易的战争形式。
>
> 当然，以后英国人会明白，失去了苏联战场，再加上法国又不起作用，那英国就注定要毁灭。但他们什么时候能够明白这一点呢？我们等着瞧……
>
> 丘吉尔在莫斯科的时候告诉我们说，到1943年春的时候，就会有大约100万的英美军队在欧洲开辟第二战场。但看来丘吉尔是属于那种轻易承诺，以便忘记或违背这些

承诺的领导人。他在莫斯科的时候还答应在9~10月会对柏林进行密集轰炸。然而他并没有兑现他的诺言，而且他甚至也没有想到要告知莫斯科不兑现诺言的原因是什么。好吧，从现在起，我们就会明白自己在跟什么样的盟友打交道了。

我对"火炬行动"没什么信心。如果与预料的相反，这次行动最终成功了，那人们才可以相信，把飞机从我们这里拿走的确是为了这次行动。[98]

没有第二战场、物资匮乏、赫斯事件、怀疑他的许多所谓的盟友希望看到德国人取胜，斯大林简直被这些事情弄得焦头烂额了。尤其是，他正在承受着斯大林格勒战役带来的沉重压力。即使是在现在这种情况下，红军还在准备发动一场大反攻，以打败斯大林格勒地区的敌军。这次行动并不取决于守住斯大林格勒；在战略上，重要的是要把敌人拖在这座城市两翼的河湾地区。但是，如果城市本身失守的话，无论是对苏联的士气还是对斯大林个人，都将是个沉重的打击。无论是在感情上还是政治上，他对于保卫这座"斯大林之城"都极为看重，这就跟希特勒想要夺取它一样。

143

围攻斯大林格勒

围攻斯大林格勒是从1942年8月23日的大规模空袭开始的。当时德国空军出动了2000多架次的飞机，对这座城市进行了两昼夜的狂轰滥炸，至少有2.5万平民因此而丧生。德国空军第8军司令沃尔夫勒姆·冯·里希特霍芬（Wolfram von Richthofen）将军飞临这座遭受重创的城市上空，并且在他的日记中写道，斯大林格勒"被摧毁了，再也没有什么值得轰炸的目标了"。[99] 空袭开始后的第二天，德国第 6 集团军弗里德里希·保卢斯（Fredrich Paulus）将军的先头部队就抵达了位于该市北郊里诺克（Rynok）和斯帕塔科诺夫卡（Spartakanovka）的伏尔加河。然而，保卢斯的大部队直到 9 月初的时候，才推进到靠近斯大林格勒市中心的地方。在这座城市的南面，赫尔曼·霍斯（Herman Hoth）的第 4 装甲集团军——它现在被从高加索战役调来进攻斯大林格勒——直到 9 月 10 日才到达位于库珀罗斯诺耶（Kuporosnoye）的伏尔加河，但是，在他们到达之后，苏联守军除了伏尔加河东岸之外，就没有任何退路了。

防守斯大林格勒的是市中心和城北的第 62 集团军以及南郊的第 64 集团军。但是由于德国人推进到了伏尔加河，所以他们彼此间已经被分割开来。根据苏联人的数据，在斯大林格勒及其周围 40 英里的战线上，德国人部署了 13 个师的兵力、大约 17 万人、500 辆坦克、3000 门火炮和 1000 架飞机。他们所面对的苏军有 9 万人、2000 门火炮、120 辆坦克和不到 400 架飞机。[100]

斯大林起初认为他能够守住斯大林格勒。这座城市从 7 月初就一直在为遭到围困做准备，而且大本营的预备队也在大量开进这一地区。从 7 月中到 9 月底，大本营总共调派了 50 个师和 33 个独立旅到斯大林格勒地区。在增援部队中，有许多来自远东军区的精锐师，还有来自海军的 10 万水兵。[101] 8 月 23 日，斯大林向叶廖缅科下达指示说，正在突破他的战线的敌军并不很强大，他完全有力量解决他们。他要求叶廖缅科集中所有的飞机大炮对敌人发起进攻，要昼夜不停地骚扰敌人。"重要的是，"斯大林说，"不要惊慌失措，对狂妄的敌人不要害怕，要

对我们的胜利保持信心。"[102] 第二天，斯大林又下达指示，命 144
令叶廖缅科堵上苏军防线的缺口，把德国人赶出斯大林格
勒。[103] 但斯大林现在已经学会谨慎一些了，他在 8 月 25 日给华
西列夫斯基和马林科夫发了一封电报——他们作为大本营的代
表正在视察斯大林格勒——并问他们是否认为应该把第 62 集团
军和第 64 集团军撤到顿河东岸的防线。[104] 8 月 26 日，朱可夫
被召回莫斯科，并被任命为副最高统帅。[105] 他也被派往斯大林
格勒对形势进行汇报。到 9 月初的时候，斯大林的信心开始减
弱了。他在 9 月 3 日指示朱可夫说：

> 形势正在恶化。敌人离斯大林格勒［只有两英里］。
> 他们今天或明天就可以拿下斯大林格勒……要让斯大林格
> 勒北面和西北面的各部队指挥官立即对敌人发起进攻……
> 绝不允许拖延。在这个时候拖延就等于犯罪。投入所有的
> 飞机来支援斯大林格勒。斯大林格勒本身的飞机已经所剩
> 无几了。[106]

9 月 9 日，大本营任命瓦西里·崔可夫（Vasilii Chuikov）将军
指挥第 62 集团军。[107] 在崔可夫接管的时候，他的部队大约有
5.4 万人、900 门火炮和 110 辆坦克，而保卢斯部署在市内的兵
力大约是他的两倍。虽然武器和人数都处于劣势，但正是崔可
夫的部队拯救了斯大林格勒，使得德国人未能完全占领这座城
市，尽管第 63、64、66 集团军在城市两翼的战斗也对这场保卫
战做出了不可或缺的贡献。

斯大林格勒是个狭长的城市，它沿伏尔加河的西岸延伸有
30～40 英里，并被主要分成了三段。南边是旧城区，那里有该

市的火车站和中央码头。中央区是现代的市中心，有宽敞的街道、百货商店、民用建筑和公共设施。城市的北边主要是沿河的三个巨型工厂：捷尔任斯基拖拉机厂（在这次战争中转行生产坦克）、巴里卡迪（Barrikady）兵工厂和克拉斯尼·俄克提亚布尔（Krasnii Oktyabr）（"红十月"）钢铁厂。察里津河环绕着城市南区（这座城市原来的名字"察里津"即由此而来，它在1924年更名为斯大林格勒，以纪念斯大林在俄国内战期间为保卫这座城市做出的贡献）。在市中心有一处制高点，一座名为马马耶夫岗的300英尺的高地。

　　在战术方面，争夺这座城市的战役是围绕河岸的控制权展开的。当红军占据着河岸的时候，它在斯大林格勒市内作战的部队就可以从伏尔加河的东岸得到补给。如果德国人能够夺取145　河岸的控制权，他们就可以肃清市内苏军的据点。

　　市内的战役分为四个主要阶段（见地图9）。[108]第一阶段从9月13日开始，战斗集中在城市的南段和中段。德国人的目标是夺取该市察里津河以南地区的控制权，占领中央码头，并把第62集团军分割成两半。在察里津河以北，德国人的目标是占领市中心，夺取马马耶夫岗。到9月26日，保卢斯就能够宣布已经攻下了该市的南段和中段。不过，中央码头虽然处于火力范围之内，但德国人并没有牢牢地占领它。与此相似，马马耶夫岗这个高地（除了主要的小山之外，它还包括几个较矮的土丘）也还处于争夺之中。

　　在战役的第二阶段，从9月27日到10月7日，争夺马马耶夫岗的战斗还在继续，但主要的战斗是发生在北段争夺工厂区的控制权。德国人又一次取得了很大进展，但并未能夺取这些工厂，也没有能够占领伏尔加河西岸临河的关键阵地。

146

里诺克

捷尔任斯基
拖拉机厂

巴里卡迪
兵工厂

"红十月"
钢铁厂

马马耶
夫岗

蔡里津河

第1火车站

中央码头

第2火车站

库珀罗斯诺耶

伏尔加河

1942年9月12日战线
1942年9月26日战线
1942年10月13日战线
1942年11月18日战线

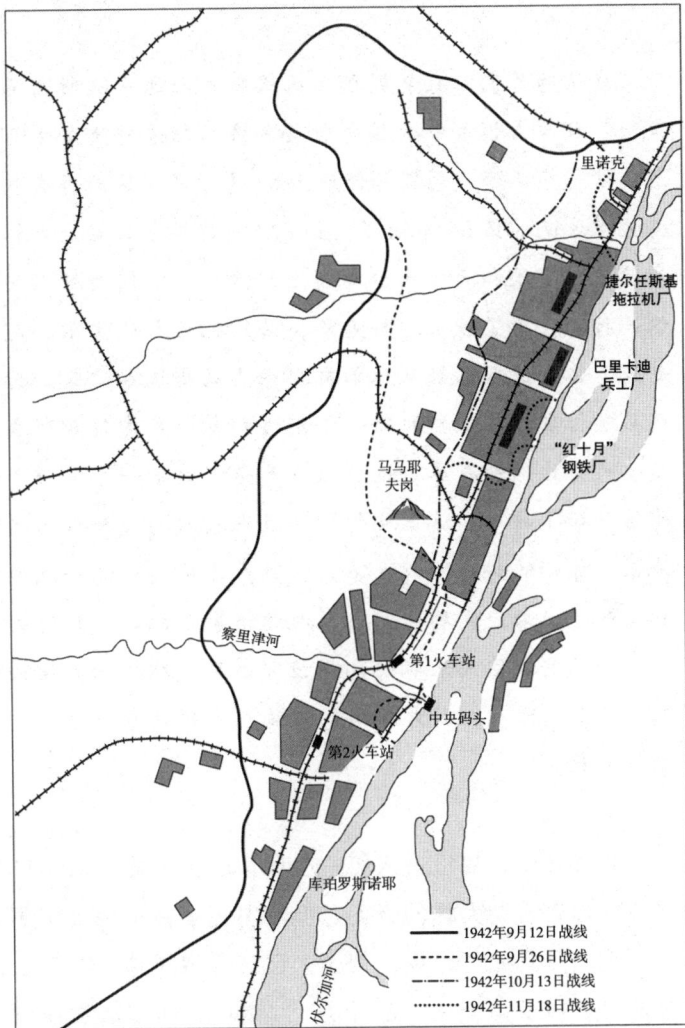

地图9 斯大林格勒战役，1942 年 9～11 月

在 10 月 5 日给叶廖缅科的指示中，斯大林的愤怒反映出他对于能不能守住市内的苏军阵地焦虑不安：

> 我认为你们没有看到斯大林格勒方面的军队所面临的危险。敌人占领市中心并向斯大林格勒北边的伏尔加河推进，这是想要……包围并俘虏第 62 集团军，然后再去包围并俘虏城南的第 64 集团军。如果敌人能够占领在斯大林格勒北段、中段和南段伏尔加河上的渡口，他们就可以实现这一目标。为了防止这种危险，必须把敌人从伏尔加河边赶走，占领敌人已经从你们那里夺去的街道和建筑。为此就必须把斯大林格勒的每一条街道和每一座建筑都变成堡垒。可惜你们没有尽力这样做，而是继续把一个又一个的街区让给了敌人。这说明你们的表现糟糕。在斯大林格勒地区，你们的兵力比敌人多，但敌人还硬是一点一点地把你们赶了出来。我对你们在斯大林格勒方面的工作感到不满，并且要求你们采取一切措施守住斯大林格勒。斯大林格勒不能给敌人，斯大林格勒被敌人占领的每一个地方都必须解放。[109]

从 10 月 14 日开始，战役进入第三个阶段。敌人再次对工厂区发动进攻。尽管有斯大林的督促，但红军还是被迫放弃了更多的地盘。到当月月底的时候，德国人已经夺取了拖拉机厂、巴里卡迪兵工厂以及大半个"红十月"。崔可夫的部队被压缩在伏尔加河西岸的一个狭长地带，那里有些地方只有几百码宽。

在最后一个阶段，保卢斯 11 月 3 日发动了他在斯大林格勒的最后一次大规模进攻。这次的目标还是工厂区。德国人在某些地方成功地突破到伏尔加河，并在河西岸又占领了一片区域，这样就把第 62 集团军分割成三截。到 11 月中旬，斯大林格勒 90% 以上的地方都被德国人占领了，但是，关键是，崔可夫的部队仍然坚守着沿伏尔加河西岸的一块 16 英里长的狭窄地带。只要红军守住这个据点，德国人就不能说在斯大林格勒取得了彻底的胜利，就仍然有遭到苏军反击的危险。而且保卢斯的军队推进到这么远也已经精疲力竭，第 6 集团军已无力继续发动进攻了。崔可夫坚守在斯大林格勒而没有被彻底打败，这实际上是赢得了这场具有战略意义的战役，赢得了这座城市控制权的争夺战。

崔可夫的成功有三个主要原因。首先，他采取了某些行之有效的街道战战术，不仅拼命守住了在这座城市的废墟中构筑起来的阵地，而且还在斯大林格勒的那些被炸毁的工厂和建筑中与敌人进行了几百次小规模的战斗。在斯大林格勒，事实证明，红军崇尚进攻的精神不仅没有熄灭，而且很旺盛。其次，来自伏尔加河对岸的补给一直没有中断。尤其重要的是部队的增援。在派过河的部队当中，包括罗季姆采夫（A. I. Rodimtsev）指挥的不幸的近卫 13 师。"近卫"师是经历过战火考验的精锐部队，经验丰富，待遇好，而且一般来说给养充足。13 师在 9 月 14 日和 9 月 15 日渡过了伏尔加河，并直接投入市中心的战斗。在第一天的战斗中，这个有 1 万人的师的伤亡就达到了 30%。原因之一是，许多人在没有弹药的情况下就被派过了河。[110]到斯大林格勒战役结束的时候，这个师只有 320 名幸存者。崔可夫在他的回忆录中写道，"如果不是罗季姆采夫的师，这座城市大概在 9 月中旬就会完全落到敌人的手里了"。[111]再次，斯大林格勒的守军得到了飞机和大炮的支援。人们对这场战役的想象，往往集中在街道与工厂中的战斗，但伏尔加河东岸的苏军炮群对德国人的密集打击以及在斯大林格勒上空对空中优势的争夺，同样也很重要。

苏联人在斯大林格勒的胜利还有一个原因，而这个原因在同时代的观察家看来，至少是在同盟国的观察家看来，似乎极为明显，那就是红军的英勇作战。在战役的过程中，崔可夫的部队伤亡达到了75%，然而第62集团军的抵抗意志并没有垮

148 掉。苏联和同盟国的公众赞叹红军的坚韧，但对它并不感到特别惊讶，因为斯大林格勒战役不过是红军一长串英勇保卫战中最近的一个。这场战役的不同之处在于它的持久性和公众关注的程度，因为在1942年的8~11月，西方和苏联的报纸天天都在报道。苏联的宣传人员自然也在不遗余力地歌颂红军在斯大林格勒建立的功勋，并把这副英雄主义的形象反馈给那些在城内作战的人们。斯大林格勒的英雄传奇是以真实的英雄行为为基础的，但在媒体的报道中，它也被放大了。这就难怪在此后的几十年中，斯大林格勒成了宁死也不后退的保卫战的象征。

当然，在斯大林格勒的传奇中也不全是英雄行为。在那里就跟在别的地方一样，斯大林的冷酷无情的纪律在维持防线的稳定方面也起到了作用。内务部在整个战役期间都在呈交报告，汇报其在斯大林格勒的活动。有一份报告记录了下面这件发生在9月21日的事情：

> 今天，在敌人的一次突击中，近卫13师的两个小队发
> 生了动摇并开始后退。其中一个小队的指挥官米洛卢波夫

中尉也惊慌失措，丢下他的部队不管，逃离了战场。第 62
集团军的督战队截住了后退的队伍，稳固了阵地。米洛卢
波夫中尉被当着这些人的面枪毙了。[112]

在战役进行期间，内务部在市内及周边地区的人员，检查了 75
万人的文件，并因此扣押了 2500 名开小差的人和 255 名敌人的
间谍、破坏分子和伞兵。[113] 根据内务部的另一份总结报告，在
8 月 1 日到 10 月 15 日期间，它的人在顿河及斯大林格勒前线地
区共拘押了 4 万多人，其中有 900 人被逮捕，700 人被枪决，
1300 人被送往惩戒营，其余的则被遣返他们的部队。[114] 不过，
在斯大林格勒，即使是内务部的人也是英勇的。除了执行自己
在安全与反情报方面的任务之外，内务部的人也参加了激烈的
战斗，而且伤亡很大。内务部的特工人员还渗透到敌人的防线，
执行了无数次的破坏活动。[115]

“火星”“土星”“木星”和“天王星”

斯大林格勒的战斗尚未结束，最高统帅部大本营就已经在
策划准备还击了。11 月 19 日，这一天终于来到了，斯大林格
勒方面军、顿河方面军和西南方面军联合发起反攻。斯大林格
勒方面军和顿河方面军组建于 9 月 28 日，当时，叶廖缅科的东
南方面军被更名为斯大林格勒方面军，而罗科索夫斯基负责指
挥的是现已被更名为顿河方面军的前斯大林格勒方面军。邻近
顿河方面军的西南方面军组建于 10 月 31 日，由瓦图金将军指
挥。[116]“天王星行动”的基本设想是，三个方面军的所有部队
都向前推进，并在卡拉奇（Kalach）汇合，包围斯大林格勒的
敌军（见地图 10）。

149

150

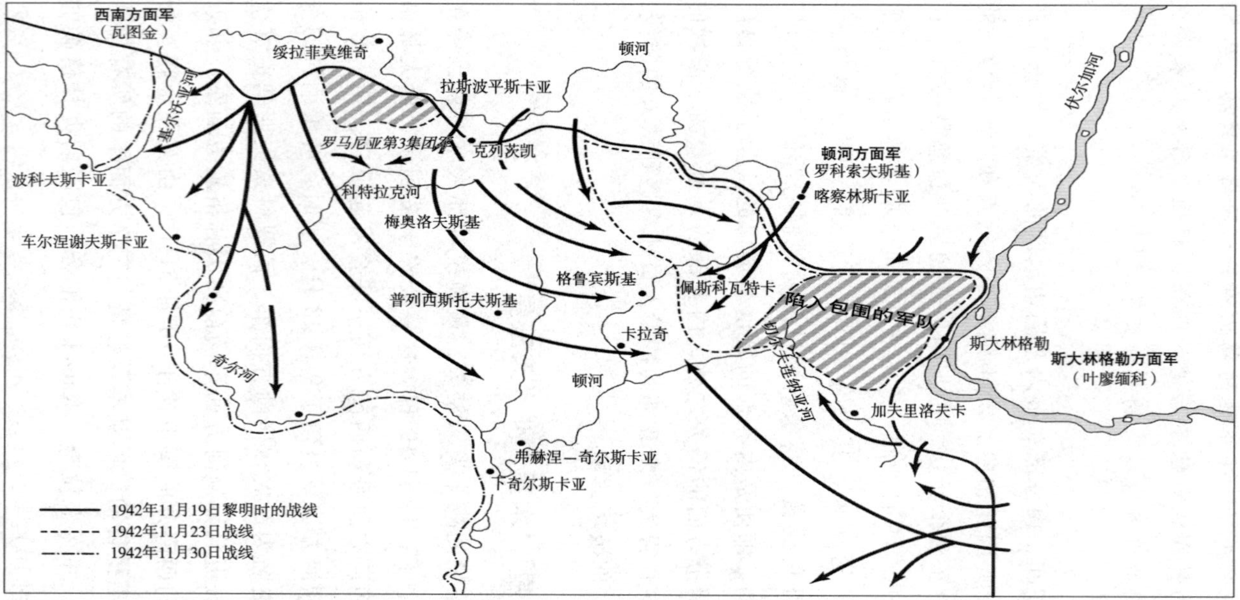

地图 10 "天王星行动"，1942 年 11 月

图例：
1942年11月19日黎明时的战线
1942年11月23日战线
1942年11月30日战线

注：德国及其他轴心国军队用斜体表示。

反攻的准备工作是极为秘密地进行的，而且还采取了许多欺骗性的、散布假情报的措施。[117] 前线地区的平民都被转移了，[118] 主要的突击力量是直到最后时刻才部署的。而且，就像俄罗斯历史学家 V. V. 贝沙诺夫说过的那样，"这一次斯大林没有催着他的指挥官们仓促行动，而是进行了认真而充分的准备"。[119] 为了调集到必要的进攻力量和预备队，其他方面军和集团军都按照要求采取防御态势，或者以它们现有的条件继续坚持。[120] 到 11 月中旬的时候，大本营已经集中了一支 75 万人的进攻力量。

"天王星行动"取得了惊人的成功。到 11 月 23 日的时候，把保卢斯的部队合围在斯大林格勒的任务就完成了。大本营原来预计能困住 10 万左右的敌军，结果却有三倍之多。"天王星行动"是红军第一次成功的大合围。在这次合围行动中被摧毁的敌军还包括德国的轴心国盟友的军队，这些军队的任务是保护保卢斯的侧翼。德国人事后试图把这次溃败归咎于自己盟友的实力不济，但是，罗马尼亚人、匈牙利人和意大利人已经被德国国防军榨干了他们的资源，他们要去守住乡村大片的开阔地带，却没有任何预备队用来反击敌人的突破，这样的任务是没法完成的。[121]

关于"天王星行动"的缘由有一些争议。就像俄罗斯的俗语所说的那样：失败是个孤儿，而成功却有许多父亲。人们最普遍接受的说法是，该计划源自朱可夫。他在自己的回忆录中写到，他和华西列夫斯基提出了这个想法，并于 1942 年 9 月 13 日向斯大林提了出来。华西列夫斯基随后在自己的回忆录里肯定了朱可夫的说法，但他没有说明具体的日期，也没有像朱可夫那样活灵活现地描述是如何说服斯大林采纳一个彻底的新计划的。[122]但是，根据斯大林的会客日志，他在8月31日至9月26日之间并没有跟朱可夫见面。斯大林在这段时期的确见过华西列夫斯基，但不是在9月9～21日。[123]由于朱可夫的回忆录中也有许多其他说法不太可靠，所以，他这样说很可能是编造的。这不是说朱可夫不是天王星计划的制订者之一，因为他毕竟是斯大林的副手，而且他跟华西列夫斯基在工作上联系紧密。华西列夫斯基作为总参谋长，是负责制订这次行动计划的。在这次战役期间，朱可夫和华西列夫斯基两人在斯大林格勒地区待了很长时间，可151 以提供许多第一手的情况。

所以，"天王星行动"的详细的缘由仍然不太清楚，但是，它很可能是从各种试图通过攻击德国人的侧翼来缓解斯大林格勒守军压力的计划与构想中演变而来的。在考虑问题和制订计划时注重反攻，这在当时是红军的一贯做法。不管怎么说，到10月初的时候决定已经做出，要在斯大林格勒发动大规模的反攻，各方面军也被要求制订详细的作战计划。[124]

关于"天王星行动"还有一个争议，涉及它与另外一个进攻计划即"火星行动"的关系。按照"火星行动"的计划，将由加里宁方面军和西方方面军对德国中央集团军群发动进攻，目的是包围位于勒热夫突出部的德国第9集团军。一开始，"火星行动"是定在"天王星行动"之前开始的，但由于天气和其他方面的原因，它被一直推迟到11月25日。尽管为"火星行动"调拨的兵力与"天王星行动"的兵力相当，但它并没有取得很大的成功。到12月底的时候，这次行动就被取消了。苏军除了伤亡35万人、死亡10万人之外，几乎一无所获。

朱可夫在自己的回忆录中认为，"火星行动"本来的目的就是要牵制中央集团军群的部队，使之不能调往南方，因此，就其对"天王星行动"的支援而言，它总体来说是成功的。[125] 大多数俄罗斯军事历史学家都接受了这种说法，但美国的历史学家大卫·格兰兹在他的《朱可夫最大的失败》一书中指出，这位副最高统帅更看重"火星行动"，而且还准备在它之后再发动一次叫作"木星"或"海王星"的行动，目的是包围并摧毁德国的中央集团军群。[126] 在格兰兹看来，按照设想，"木星行动"是与南方的"土星行动"相呼应的，而"土星行动"本身则是继"天王星行动"之后发动的，目的是收复罗斯托夫，切断高加索的 A 集团军群。这正如斯蒂芬·沃什所说的那样，大本营考虑的是极度"宏大的战略构想"。[127] 只要看一下作战地图就可以发现（见地图 11），火星、土星、天王星、木星这种行星命名法可以被看作对设想中的合围行动的比喻：就火星和天王星来说，是相对较小的合围行动；就土星和木星来说，则规模巨大。格兰兹与他的共同作者乔纳森·豪斯很平淡地写道："苏联人的战略目标已经远远不止是打败俄罗斯南部的德国军队。实际上，大本营想要瓦解整个东线敌人的防御。"[128] 换句话说，火星、土星、天王星和木星等行动是斯大林的又一次宏大设计，目的是一举摧毁德国国防军。当然了，这是个对斯大林很有吸引力的想法。事实上，即使是在"火星行动"失败的时候，斯大林仍然想着发动大规模的反击，以赶走东线的德军。

　　至于"火星行动"，与其说它是朱可夫最大的失败，也许还不如说是他在勒热夫和维亚济马地区最近的挫败。"火星行动"源于先前为打击该地区的德国中央集团军群而做出的许多努力。差别在于，为"火星行动"提供的资源要比早先的行动

153

地图 11 "火星""木星""土星"和"天王星"

更为充足，而且按照计划，它作为两路出击中的一路，是与
"天王星行动"相呼应的。事实上，直到"火星行动"失败并
不再成为头条新闻为止，苏联报刊对这两个行动一直都是这
样描述的。[129]"火星行动"之所以没有成功，是因为相对于
南方的德国军队来说，中央集团军群的实力更强，阵地更为
牢固，而且也没有遭遇夏季残酷的战斗。尽管"火星行动"
失败了，但对于"天王星行动"来说，它是个必要的辅助行
动。大本营无法对家门口强大的德军视而不见，尤其是在斯
大林——也许还包括朱可夫——仍然相信希特勒的主要目标
是苏联首都的时候。米哈伊尔·米亚科夫认为，[130]从大本营
的观点来看，如果中央防区的安全不能同样得到保障，那南
方战略形势的转变只能是暂时的成功。红军迟早要对付中央
集团军群。

　　对于被围困在斯大林格勒的保卢斯的部队，希特勒采取了
两方面的措施。首先是试图通过空运来维持第 6 集团军的补
给。但这样做的问题在于，德国空军需要每天运送 300 吨的物
资，而它并没有足够的飞机来完成这一任务（它的运输机有一
半正忙于撤退由于"火炬行动"而溃败的北非的德军）。天气
对德国的空运也不利，而且在斯大林格勒上空，红军空军的实
力也在不断增强。[131]其次是发动"冬季风暴"行动，试图用
顿河集团军群突破到斯大林格勒。顿河集团军群是专门为此组
建的，司令官是埃里克·冯·曼斯坦因（Eric von Manstein）陆
军元帅。但是，德国人在取得了一些进展之后就被阻挡在距离
斯大林格勒还有 25～30 英里的地方，而保卢斯的部队也无力突
围与他们汇合。希特勒决定，第 6 集团军无论如何都要在原地
坚持战斗，而不应该不光彩地冒险撤退。希特勒像斯大林一

样，看重英勇战败的意义，尤其是在事情已经没有什么选择余地的时候。"冬季风暴"的意外后果是，迫使苏联人修改了"土星行动"计划。反过来，大本营不得不发动"小土星行动"去阻止曼斯坦因的调动。[132] 曼斯坦因被挡住了，但罗斯托夫也到 1943 年 2 月才被收复，这一耽搁就让 A 集团军群从高加索溜掉了。

当苏联人意识到他们已经把敌军完全包围在斯大林格勒的时候，他们就准备采取大的行动来缩小包围圈了。在罗科索夫 154 斯基的指挥下，苏联的 7 个集团军在 1943 年 1 月 10 日发起了进攻，并在当月月底取得了战役的胜利。9 万德军投降，其中包括保卢斯，他是在斯大林格勒地区被苏军俘虏的 24 名德国将军之一。

与此同时，红军在南方战区发动了总攻，并在 1 月 26 日收复了沃罗涅日，2 月 14 日收复了罗斯托夫。德国人于次日撤离哈尔科夫（但他们在 3 月中旬又发动了反攻并重新占领了这座城市）。2 月初，在奥廖尔、布良斯克和斯摩棱斯克方向也发动了大规模的进攻。几天后，"北极星行动"开始了，目的是打破对列宁格勒的封锁。在 1943 年 2 月 23 日的命令中，斯大林对如下事实表示惋惜，即"由于缺乏欧洲的第二战场，红军要独自承担着战争的重担"。但他也表示，主动权现在被牢牢地掌握在苏联人的手里："现在，在艰难的冬季，红军正在 1500 公里的战线上向前推进，而且实际上到处都在取得成功"。[133] 的确是如此；但是，在春季泥泞的道路中，苏军的推进很快就停了下来。红军的能力又一次未能达到大本营的期望，而事实却证明，德国人在斯大林格勒惨败之后仍然具有惊人的恢复力。

在斯大林格勒及库尔斯克的胜利

大本营野心最大的目标虽然未能实现，但在斯大林格勒取得的胜利仍然是非常惊人的。在 1942 年的南方战役中，德国人和他们的轴心国盟友死伤 150 万人却一无所获。德国人在发动"蓝色行动"一年后，又回到了当初的起点。德军折损了将近 50 个师，包括精锐的整个第 6 集团军。仅在斯大林格勒阵亡的德国人就达到了 15 万。除芬兰之外，德国在欧洲的所有轴心国盟友的军队，也都被彻底打垮了。这是欧洲轴心同盟终结的开始，而它将在 1943 ~ 1944 年彻底解体。[134] 希特勒在斯大林格勒的失败令欧洲的整个德占区的抵抗运动欢欣鼓舞，对提升苏联与同盟国士气的影响也是不可估量。德国人遭遇了他们在这次战争中的首次大败，同盟国的胜利现在似乎是指日可待了。

斯大林格勒战役后来常常被认为是东线战争的转折点。在斯大林格勒，苏联人夺取了战略主动权，而且再也没有失去它。在斯大林格勒战役之后，问题不再是德国人是否以及何时会输掉这场战争，而是德国人会怎样以及何时输掉这场战争。德国国防军除了 1943 年夏季在库尔斯克的最后一搏之外，一路退到了柏林。

当时的同盟国阵营中的观察家们，很快就领会到斯大林格勒战役的重大意义。在英国，苏联人的胜利在新闻界被称赞为拯救了欧洲文明。[135] 巴内特·诺弗（Barnet Nover）在 1943 年 2 月 2 日的《华盛顿邮报》上发表文章，把斯大林格勒之战与第一次世界大战中拯救了当时的协约国并为之带来胜利的那些伟大的战役相提并论："斯大林格勒在这次战争中的作用相当于马

155

恩河战役、凡尔登战役和第二次马恩河战役加在一起所起的作用。"

按照《纽约时报》1943 年 2 月 4 日社论的说法：

> 斯大林格勒是这次战争中代价最高也最顽强的战场。那里进行的殊死战斗也许最终会成为这次漫长的战争中具有决定性意义的战役之一……在战争的强度、破坏性和残酷程度方面，斯大林格勒战役是无与伦比的。它让欧洲的两支最大的军队都投入了它们的全部力量，它与世上曾经有过的生死大冲撞相比毫不逊色。

当时苏联人自己对斯大林格勒战役的重要意义的看法还是比较保守的。这次战役当然也被称颂为伟大的胜利，[136] 但没有人做出必胜主义的断言，说战争已经打赢了。苏联最高统帅部知道，尽管这次胜利很伟大，但它远远没有达到自己期望的要求，没有击溃东线的德军。而且，这次胜利对于苏联人来说，赢得也非常艰难，他们的伤亡要远远超过公开承认的数字。在德国人的南方战役中，苏联人的伤亡大约是 250 万人。这已经超过了1941 年的惊人损失，更不用说 1942 年在东线的其他地方还损失了几十万人。此外，斯大林和大本营还相信，决定性的战役，也就是与中央集团军群的战斗，还没有开始呢。通往柏林的道路是在沿斯摩棱斯克、明斯克和华沙这条相对较短的中轴线上。如果这条路线还由依然十分强大的德军盘踞着，那就不能对胜利盲目乐观。

随着大本营的冬季攻势在 1943 年的春季陷入了停顿，它也在考虑接下来该如何行动。在经过 3 月和 4 月的多次会议和协商之后，一个共识形成了，即红军应该在最近的将来保持防御态势。斯大林之所以愿意支持采取防御态势，看来是受到了三个主要因素的影响。第一，对红军在斯大林格勒战役之后的行动感到失望。这些行动不但没有取得更大的进展，在一些防御地段实际上还被迫后撤了，尤其是在哈尔科夫地区。第二，大本营缺少立即发动进攻行动所必需的预备队。在 3 月 1 日的时候，大本营手头只有 4 个预备集团军，尽管到当月月底的时候，数量增加到了 10 个。[137]第三，可以确定，德国人的下一个目标显然是苏军防线的中部与南部战场结合处的库尔斯克镇附近的突出部。这说明，也许先要防备并承受住德军的进攻，然后再发动反攻。最初提出这一战略的是朱可夫，他在 4 月 8 日写信给斯大林说：

156

> 敌人在 1942～1943 年的冬季攻势中已经遭受重创，他们在春季之前显然没有能力组建足够多的预备队发动新的攻势，夺取高加索地区，推进到伏尔加河以便对莫斯科形成合围。由于预备队有限，敌人会被迫……在一个较为狭窄的战线上发起进攻，并严格地分阶段实现其夺取莫斯科的首要目标。敌人目前与我们的中央方面军、沃罗涅日方面军和西南方面军的交锋使我相信，敌人会以这些方面军为主要的打击对象，目的是在这里击垮我们，以便获得可以自由调动并尽可能近地从侧翼进攻莫斯科的地盘。在开始阶段，敌人很可能会大举进攻……兵分两路包围库尔斯克……在接下来的几天里，如果我们的部队发动先发制人的预防性进攻，我觉得这是不明智的。用防御来消耗敌人并摧毁他们的坦克对我们更有利。

> 随后，通过投入预备队的生力军，我们应当全力进攻，彻底摧毁敌军主力。[138]

朱可夫突出了莫斯科受到的威胁并主张在后面的阶段全力进攻，这对斯大林立刻起到了作用。根据总参谋部作战部长什捷缅科的说法，由于朱可夫的建议，斯大林放弃了他一贯坚持的"不要因为对敌人的预判而头脑发热"的原则。[139]他下令全面了解各方面军指挥官的意见。当他们的看法大体上跟朱可夫的一样时，他就同意准备在库尔斯克地区打一场防御战。与这种看法相一致的是，斯大林1943年5月1日的"节日命令"的主题是，要巩固冬季战役中取得的成果。[140]

认为库尔斯克会成为德国国防军的下一个目标，这一预判得到了有关德国人的意图和准备工作的情报的证实。[141]事实上，在5月期间有一些不太成熟的报告说德国人即将发动进攻，大本营因此向它的各个方面军的指挥官发出了一系列的警报。这种进攻没有成为现实，于是，最高统帅部中就有人认为它不会发生，认为红军需要首先采取行动。现在又回去指挥沃罗涅日方面军的瓦图金将军就是一个进攻的鼓吹者。"如果不抓住这个机会，我们就会坐失良机。"据说他曾经这样告诉华西列夫斯基。"敌人不会采取行动的。很快就到秋季了，我们的计划要落空了。我们要率先开始行动。我们完全有力量这么做。"[142]朱可夫和华西列夫斯基设法说服了斯大林，要他静观其变，等待德国人发动进攻，但这位最高统帅对防御的准备工作，尤其是红军能否经受住坦克的全力进攻感到担心。6月，让形势变得更加紧张的是，从丘吉尔和罗斯福那里传来消息说，虽然地中海的军事行动还在继续，但1943年肯定不可能在法国开辟第二战场。[143]

德军在 7 月 4～5 日对库尔斯克发动了进攻。[144] 他们的计划是，由中央集团军群和重建的南方集团军群联合发动进攻，夹击库尔斯克突出部。陷入包围的苏军将会被摧毁，德国人的防线将会被缩短并得到巩固。实际上，德国人设想的是一次战略性的防御战役，通过打击红军来重新赢得中央地段的主动权，从而至少让德国国防军能够暂时挺过东线的战争。

希特勒投入战斗的有 18 个步兵师、3 个摩托化师和 17 个装甲师，还有他的大量新型虎式和豹式坦克，苏联人的武库中没有什么能够在火力方面超过这些坦克的。德国人的进攻持续了大约一个星期，并在 7 月 11～12 日的坦克大战中达到了高潮。这次坦克大战是第二次世界大战中最大的坦克战，双方都损失了几百辆坦克。红军抗住了德国人的进攻，这意味着他们赢得了这场防御战，而大本营现在转入了进攻模式（见地图 12）。德国人被迫从库尔斯克地区后撤，接着又在东线的其他一些地方发动了进攻。7 月 24 日，斯大林公开宣布，"可以认为，德国人的夏季攻势计划彻底失败了……事实证明，在夏季攻势中，德国人总是胜利、苏军总是被迫后撤的传说是错误的"。[145] 很快，苏联人的反击就发展成总攻。德国国防军在几个星期之内就沿着宽阔的战线被赶回到第聂伯河。在红军最初收复的城市当中，包括 8 月初收复的奥廖尔和别尔哥罗德（Belgorod）。莫斯科为此鸣炮 120 响，这是在这场战争余下的日子里斯大林下令进行的 300 次这样的鸣炮中的首次。这就像亚历山大·沃思说的，胜利鸣炮的时代开始了。[146] 这段时期也是斯大林开始经常发布命令，庆祝苏联人打胜仗并给取得胜利的

158

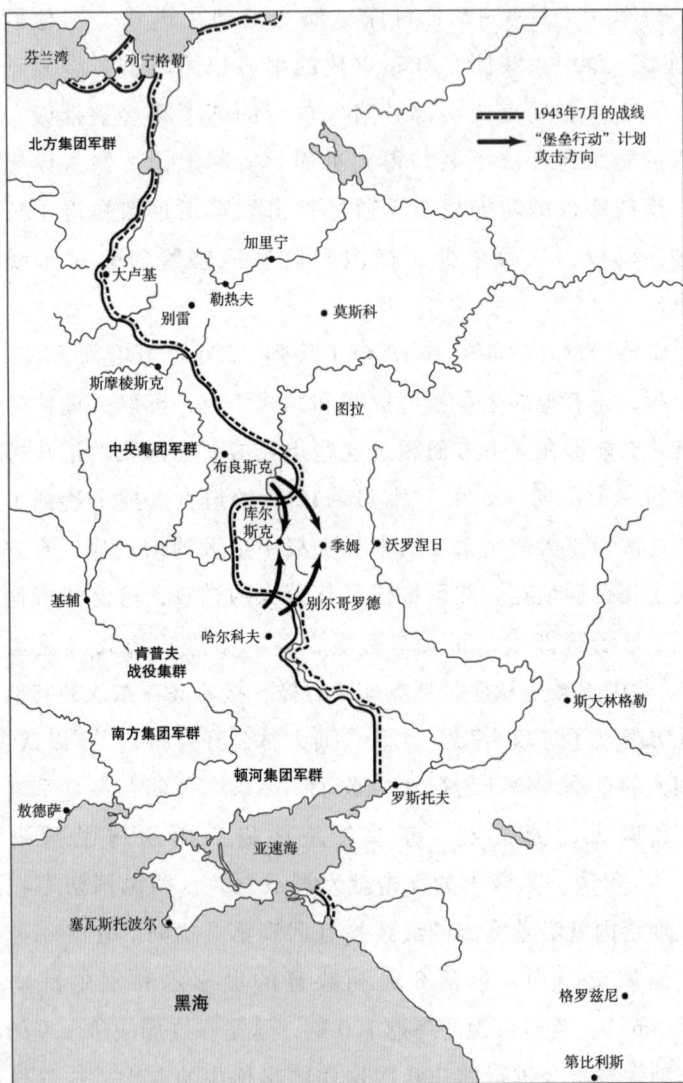

图例：

▰▰▰ 1943年7月的战线

➤ "堡垒行动"计划
攻击方向

芬兰湾
列宁格勒
北方集团军群
加里宁
大卢基
勒热夫
别雷
莫斯科
斯摩棱斯克
图拉
中央集团军群
布良斯克
库尔斯克
季姆
沃罗涅日
基辅
别尔哥罗德
哈尔科夫
肯普夫战役集群
斯大林格勒
南方集团军群
顿河集团军群
敖德萨
罗斯托夫
亚速海
塞瓦斯托波尔
黑海
格罗兹尼
第比利斯

地图 12 库尔斯克战役，1943 年 7 月

指挥官们颁发勋章的时候。8 月，哈尔科夫被收复，接着就是 9 月的斯摩棱斯克和 11 月的基辅。到 1943 年底的时候，德国人 在 1941～1942 年占领的地方已经有一半被红军解放了。在 1943 年 11 月的讲话中，斯大林在总结这一年的战斗时把它说成"战争进程中的根本转折点"，它意味着纳粹德国现在面临着军事与政治的溃败。

斯大林和他的将军们

在库尔斯克的这场胜利有两个主要的设计师，朱可夫和华西列夫斯基。他们与副总参谋长安东诺夫一起，在 1943 年春说服了斯大林，让他相信在战略上暂停进攻的好处。在库尔斯克战役期间，华西列夫斯基被派去协调沃罗涅日方面军和西南方面军，而朱可夫则负责中央方面军、布良斯克方面军和西方方面军。与此同时，斯大林比以往任何时候都更倾向于让方面军指挥官做出重大的作战决定，而他自己在选择最佳的行动路线时也会事先征求他们的意见。例如，根据什捷缅科的回忆，斯大林认为，在库尔斯克战役中，对于应该在何时从防御转入进攻，各方面军指挥官要比大本营更能做出合适的判断。[147]

斯大林和他的将军们在库尔斯克战役中的关系说明，苏联统帅部内部的关系在 1942～1943 年变得比较开明了。现在人们常说，斯大林在这个时候变得比较愿意倾听专业的军事建议并接受他的将军们的判断了。这种说法源自朱可夫、华西列夫斯基以及其他人的回忆录。它是想说明，当斯大林开始听从他的将军们的建议的时候，红军也就开始打胜仗了。这幅由斯大林的将军们描绘的、带有某种程度的自我吹嘘的画面，只有部分是真实的。事实上，斯大林一直在听取并常常采纳他的最高统帅部的建议。在斯大林格勒战役之后所发生的一切，是由于他听取得更多，建议也更恰当，而他在采纳这些建议时也处理得更好了。从战争一开始，不仅是斯大林，苏联的将军们一下子也要学习许多东西，只是在经历了惨痛的失败之后，他们才变成了更优秀的指挥官，而他也才变成了更好的统帅。再说了，虽然错误会被失败放大，但也容易被胜利掩盖。在斯大林格勒战役和库尔斯克战役之后，苏联统帅部又犯了一些错误，在军事上又遭受了多次挫折，但这些都没有带来什么大的灾难，在历史上也没有引起太多的关注。可以说，是胜利而不是别的改变了斯大林与他的将军们的关系，并在他的权力与他们的职业素养之间达到了比较平衡的状态。与此同时，斯大林在很大程度上仍然在掌控全局，并一如既往地不但加强他在政治上的领导地位，也在加强他在军事上的领导地位。

160 　　与斯大林是否跟他的将军们一样智慧或愚蠢这个问题相比，有一点更需要澄清。正像西蒙·西贝格·蒙特菲奥在其对斯大林政治宫廷生活的描述中非常有力的说明的那样，[148] 这位苏联独裁者的权力之所以如此持久，他的核心圈子的忠诚与稳定是原因之一。从 20 世纪 20 年代末直到 50 年代初，统治着党和国家的斯大林主义的政治集团有着明显的连续性。斯大林的最亲密的助手们——莫洛托夫、卡冈诺维奇、伏罗希洛夫、贝利亚、日丹诺夫、马林科夫、米高扬和赫鲁晓夫——都害怕他，都被他镇住了，都被他控制和操纵了，但他们又都被他的魅力吸引住了，被他对他们的个人需要和他们家人的需要的关注打动了。结果就是，逐渐形成了一个小的领导集团，在任何情况下都紧紧地抱在一起。在这个小集团中，对斯大林的不忠从来都不是问题，即使是在极其危急的情况下。在战争期间，斯大林在他的最亲密的军事助手当中，也营造了类似的凝聚力和忠诚感，并且采用了许多相同的手段确保这种凝聚力和忠诚感。例如，在罗科索夫斯基元帅的回忆录中，他对斯大林个人领导品质的描写充满了溢美之词，尤其是在与朱可夫相比的时候（罗科索夫斯基与朱可夫经常意见不合）。他写道，"最高统帅的关心千金难买。那种慈祥的、父亲般的语调给人增添了力量和信心"。[149]无独有偶，华西列夫斯基在自己的回忆录中也讲述了在莫斯科战役期间发生的一件事，即斯大林想要把他提升为将军。他推辞了，但要求提升他的某些副手。斯大林表示同意，于是，他们全都和华西列夫斯基一起得到了晋升。"对我们的这种关心深深地打动了我们，"华西列夫斯基写道，"我曾经提到过斯大林有可能非常易怒和粗暴，但给人印象更深的是，他在如此严峻的时候还对他的下级这么关心。"斯大林的作战部长什捷缅科将军在他的回忆录中讲述的一个故事表明，斯大林不仅富有魅力，而且也非常爱恶作剧。有一次在斯大林的办公室里开了一个短会，后来他由于粗心把一些重要的地图忘在那了。当他回头去拿的时候，斯大林假装说没有，这些地图一定是丢了。在什捷缅科坚持说他肯定是把它们忘在那了的时候，斯大林才把它们拿了出来，并对他说，"给你吧。不要再把它们忘了……你讲真话是件好事"。[150]不过，在正常情况下，斯大林对待他的统帅部成员是有礼貌的、尊重的。在许多记录下来的斯大林与他的前方指挥官的谈话中，尽管有时候也有一些尖刻的话，但在大多数情况下，他在谈话中，包括在遭遇重大军事失败时的谈话中，都是就事论事、形式得体的，而且他很少会忘记祝福他的军官们成功完成任务。还有一件事也是明显的：斯大林一般不会只是因为失败就惩罚他的指挥官，或者把他们

当作替罪羊。在 1941 年清洗了巴甫洛夫的西方方面军和红军空
161 军的将军们之后，苏联统帅部就安定了下来，保持着明显的连
续性，即使是在 1941～1942 年的多次惨败和近乎战败的情况下
也是如此。除了那些被俘或阵亡的之外，在整个战争期间，斯
大林的将军们几乎都在高级指挥岗位上工作。依大卫·格兰兹
看来：

> 与流行的看法相反……红军的指挥系统要稳定得多，
> 因指挥系统混乱所造成的损失也要比以前人们假定的少得
> 多。不仅在 1942 年 11 月之后是这样，在战争的头 18 个月
> 也是如此。此外，在红军的各个方面军、主力集团军、坦
> 克部队和机械化部队中，在它的最为庞大的承担支援任务
> 的队伍如空军、炮兵和防空兵中，指挥系统也十分稳
> 定……还有一点更重要，在 1941 年和 1942 年指挥系统的
> 不稳定最严重的时候，斯大林仍然能够发现和培养那些关
> 键性的指挥官，他们将在战争的后两年领导红军取得胜
> 利……总之，在 1945 年 5 月领导红军取得胜利的那些元帅
> 和将军，在 1941 年 6 月 22 日战争开始的时候，大多数都
> 已经是担任重要指挥职务的将军或上校了。令人惊奇的是，
> 这些军官在 1941 年和 1942 年期间在德国国防军的手里接
> 受了教育、幸存下来并成功地成为红军在 1945 年取得胜利
> 的指挥官的比例，相对来说比较高。[151]

只要他的将军们忠诚、守纪律并且具有适当的才干，斯大林就
会继续听从他们的意见。对于红军的所有高级军官来说，前两
者是司空见惯的品质。如果他们不忠于斯大林和党，不衷心拥

护苏维埃体制，就不可能达到那样的级别。任何怀疑都被战前大清洗的经历以及 1941 年对巴甫洛夫等人以儆效尤的惩罚给消除了。在能力方面，斯大林的要求较为宽松一些，他会不止一次地让那些忠于他的人有机会证明自己的价值。但是，他的耐心也是有限的，如果事实证明他们是不称职的，那么即便是再忠心的老朋友也会被解除职务并放到一个比较稳妥的位置上。

在这些强调忠诚与纪律的不可侵犯的体系内，斯大林是如何能够在红军上层激发出相当多的才干与创造力的，这一点甚至更值得注意。这其中很大一部分原因在于他以身作则，重视吸取经验，重视试验，强调要适应不断变化的环境。在伟大的卫国战争期间，红军是一个非常善于学习的组织。战斗与指挥中的经验教训得到了仔细而全面的搜集，并通过文件和培训来进行传播。对红军的指挥系统和兵力配置也在不断地进行检讨和改革。例如，在 1941 年夏被取消的庞大的机械化军，在 1942 年又重建成坦克军和坦克集团军。另外还组建了空军集团军和作为进攻的先头部队的"突击"集团军。"近卫军"这个经过战斗考验的称号，不仅被用于师及师以下的单位，还用于集团军。各"方面军"的名称和防线的划分，都在根据战争局势的需要而变化。到战争结束的时候，由多个方面军进行的综合的、协同的进攻行动已成为常规。随着战争的节节胜利，也越来越鼓励红军军官去大胆冒险并自行决策，尤其是在进攻的时候。对军事理论的检讨一直在进行。进攻依然是优先考虑的选择，但对进攻行动的构想、准备和实施变得比以往更有经验了。为提高武装部队宣传工作的成效而付出的努力，一如既往地深入细致。当然，不能认为所有的这种革新与干劲都是斯大林的功劳，但他的确在主持着这个使之成为可能的体制与文化。要是

162

没有他的同意，什么也不可能发生。斯大林对于红军在战争期间的表现还做出了一项非常具体的贡献：他把补给与储备置于优先考虑的地位。因为他认为，从长远来看，补给与储备是属于那种决定了对德斗争结果的"永远在起作用的因素"。这一点并非无关紧要。因为无论是在西方人还是苏联人的回忆录中，斯大林战争领导工作中的最突出的一点，就是他在物质基础的组织方面所起到的作用。红军凭借着这些物质基础才得以战胜了德国国防军。

在取得斯大林格勒的胜利之后，斯大林的军事地位也有了彻底的转变。1943 年 3 月，他被授予了苏联元帅的头衔。在失败得以避免、胜利已经在望的情况下，把对他的个人崇拜开始扩大到军事事务的领域，是不会引起什么争议的。于是，自 1943 年初，有关斯大林是战略天才的神话就逐渐出现在了苏联报刊中。但新的头衔比宣传和政治迷信更能说明问题。它充分反映了自从 1941 年 6 月以来，斯大林在军事能力上的发展以及他与自己的将军们建立起来的建设性的关系。尤其是，新头衔代表了这样的现实：斯大林的最高统帅地位、他在军事决策体系中的主导地位以及他在苏联战争机器中不可或缺的核心地位。

胜利的经济基础

苏联人在斯大林格勒和库尔斯克之所以能够取得胜利，原因是多方面的：斯大林的领导、将军们的指挥才能、德国人犯163 的错误、充满爱国精神的动员、英雄事迹、严厉的纪律以及许多的运气。但是，为所有这些因素发挥作用奠定基础的，则是在经济和组织工作上的巨大成就。[152]

到斯大林格勒战役开始的时候，德国人已经占领了苏联欧洲部分的一半——超过 100 万平方英里的领土，连同其中的 8000 万人口，或者说苏联总人口的 40%。被占领地区拥有将近 50% 的苏联耕地和 70% 的生铁产量，60% 的煤炭和钢，40% 的电力。然而，截止到 1942 年底，苏联步枪的年产量与 1941 年相比提高了 4 倍（达到了近 600 万支），而坦克和大炮的年产量增加了 5 倍，分别达到了 2.45 万辆和 28.7 万门。飞机的产量从 8200 架上升到 2.17 万架。这些成就不仅证明了苏联经济的动员强度，也证明了在 1941～1942 年把大批工厂搬迁到苏联东部的了不起的成就。在斯大林首批颁布的战时政令中，有一个就是下令成立疏散委员会，该委员会在 1941 年夏组织转移到东方的大型工厂就超过了 1500 个。随同这些工厂和机器一起去的还有几十万工人。动用的卡车有几万辆，通过铁路运送的疏散货物多达 150 万节车皮。1942 年夏又进行了规模较小的疏散，当时有 150 个大型工厂撤离了顿河和伏尔加河地区。除了搬迁工厂之外，苏联人在战争期间还新建了 3500 座工厂，它们中大多数都是用来生产武器的。

在人力方面，到 1941 年底的时候，原来的 500 万红军已被德国人消灭殆尽。但是，苏联人已经备战了 10 多年，接受过基本军事训练的平民有 1400 万人。一旦战争爆发，苏联当局就能够征召 500 万名预备役人员，所以，红军的数量到 1941 年底的时候达到了 800 万人。这个数字在 1942 年又增加到了 1100 万，尽管这一年有相当大的伤亡。在斯大林格勒反攻期间，红军仅仅为"天王星行动"就可以集结起一支由齐装满员的 90 个师的生力军组成的进攻力量。应当注意的是，红军的"人力"包括 100 万苏联妇女，她们当中有一半在前线服役并承担各种战斗任务。

　　苏联在战争期间对其人力物力的动员非常成功，这是因为斯大林还是与他无关？是集权的、命令式的斯大林主义国家经济生产了这些战时物资，还是决策方面的分权和引入市场经济的成分才使得这样的表现成为可能？是计划工作在战时起到了作用，还是临时发挥与个人的主动精神造成了成功与失败之间的差异？更好的体制和更好的领导能否有更好的表现？争论还

164 在继续，但有一点是清楚的：斯大林也可以用他的权力做出糟糕的决策，从而扰乱生产、损害经济的实际表现。他不仅没有这样做，还把大部分战时经济的管理工作都交给了他的经济专家去处理。他自己只是在必要的时候，为了实现某些紧迫的目标，才进行干预，而且通常只限于维持军需补给的优先性，即使是以平民生活水平的严重下降为代价也在所不惜。

　　与此有关的一个争议就是西方援助对苏联战争努力的贡献。1941～1945 年，苏联战时经济所需要的物资大约有 10% 是由苏联的西方盟友提供的。例如，美国依据租借计划提供了 36 万辆卡车、4.3 万辆吉普车、2000 辆机车和 1.1 万节铁路车厢。这使得红军有比德国人更大的机动性，而且远不像他们那样依赖于马拉的运输工具。从水路运来的加拿大和美国的食品，养活了苏联三分之一的战时人口。澳大利亚提供的数千件羊皮大衣，让红军在其冬季战役中可以保暖。苏联人总是在抱怨西方未能兑现其提供物资的承诺，而且在战争初期还把这些指责公开化了，但是，总的来说，苏联人对西方的支持还是非常感激的。在报刊上，各种物资援助的协议都处在显著的位置，许多西方的个人援助也是这样。在战争临近结束的时候，苏联当局开始把接收物资援助的情况全都对它的公民公开了。[153] 这些援助大部分是在斯大林格勒战役之后到达的，因此，其作用主要在于

推动了胜利而不是避免了失败。另外，就像马克·哈里森说的那样，苏联在 1942 年中期的领土和经济损失意味着它的经济已经处于崩溃的边缘。所有的援助，包括西方在1941～1942 年送来的为数很少的援助，都非常关键。[154] 在政治上与西方的结盟对于苏联士气的提升同样具有重要的意义，因为这就意味着苏联对轴心国并不是在孤军奋战。苏联人所谓的反希特勒同盟还代表着和平的未来是有希望的。斯大林在他的战时讲话中很巧妙地利用了民众对和平的希望与期待。实际上，在取得斯大林格勒和库尔斯克的胜利之后，斯大林就开始把自己对英美盟友的担心与失望抛在一边了。他欣然接受了这样一种想法：在战争结束之后，要有一个和平时期的"伟大的同盟"来保卫战后世界，要有一个新的安全秩序，而苏联将会承担起塑造和管理这个新秩序的重要角色。

注 释

［1］ B. Wegner, "The War against the Soviet Union, 1942 – 1943" in H. Boog et al. (eds), *Germany and the Second World War*, vol. 6, Clarendon Press: Oxford 2001. 这是对希特勒 1942 年战役最好的记述。另见同一作者的 "The Road to Defeat: The German Campaigns in Russia, 1941 – 1943", *Journal of Strategic Studies*, vol. 13, no. 1, March 1990.

［2］ J. S. A. Hayward, *Stopped at Stalingrad: The Luftwaffe and Hitler's Defeat in the East, 1942 – 1943*, University Press of Kansas: Lawrence, Kansas, 1998, p. 4

［3］ 关于希特勒发动 1942 年战役的动机，参见 J. Hayward, "Hitler's Quest for Oil: The Impact of Economic Considerations on Military Strategy, 1941 – 1942", *Journal of Strategic Studies*, vol. 18, no. 4,

December 1995。

[4] H. R. Trevor – Roper, *Hitler's War Directives*, *1939 – 1945*, Sidgwick & Jackson: London, 1964, p. 117.

[5] Ibid. , p. 119.

[6] G. Jukes, *Stalingrad*: *The Turning Point*, Ballantine Books: New York, 1968.

[7] 关于苏军在刻赤半岛的军事行动，参见 E. Mawdsley, *Thunder in the East*: *The Nazi – Soviet War*, *1941 – 1945*, Hodder Arnold: London, 2005, pp. 136 – 41。

[8] A. M. Vasilevsky, *A Lifelong Cause*, Progress Publishers: Moscow, 1981, p. 159. 这份文件全文的复印件可见于“沃尔科戈诺夫文件”。

[9] P. P. Chevela, "Novye Ispytaniya", in V. A. Zolotarev et al. (eds), *Velikaya Otechestvennaya Voina 1941 – 1945*, vol. 1, Moscow, 1998, p. 332.

[10] Vasilevsky, *A Lifelong Cause*, p. 161. 大本营 6 月 4 日文件的全文可见于“沃尔科戈诺夫文件”。

[11] 对塞瓦斯托波尔保卫战的生动描述可见于 A. Werth, *Russia at War*, Pan Books: London, 1964, pp. 363 – 9。

[12] D. M. Glantz, *Kharkov 1942*: *Anatomy of a Military Disaster through Soviet Eyes*, Ian Allan Publishing: Shepperton, Surrey, 1998. 这本极有价值的书不仅详细叙述了这次战役，而且还对苏联人有关这次战役的讨论进行了全面的介绍，同时里面还收录了大本营的许多重要的文件。

[13] *Khrushchev Remembers*, Sphere Books: London, 1971, pp. 536 – 7. 赫鲁晓夫在他的回忆录中旧话重提并做了详细说明（pp. 160 – 7）。

[14] Glantz, *Kharkov*, 1942, p. 240.

[15] *The Memoirs of Marshal Zhukov*, Jonathan Cape: London, 1971, p. 368.

[16] K. S. Moskalenko, *Na Ugo – Zapadnom Napravlenii*, vol. 1, 2nd edn, Moscow, 1975, pp. 168 – 213.

[17] Glantz, *Kharkov*, 1942, p. 241.

[18] Vasilevsky, *A Lifelong Cause*, pp. 163 – 4.

[19] I. Kh. Bagramyan, *Tak Shli My k Pobede*, Moscow, 1998, pp. 305

−53.

[20] Glantz, *Kharkov*, 1942, pp. 224 − 5. 原来的俄文文件的复印件可见于"沃尔科戈诺夫文件"。

[21] Ibid. , pp. 275 − 9 叙述了参加哈尔科夫行动的高级指挥官后来的事业。铁木辛哥被任命为 7 月 12 日新成立的斯大林格勒方面军司令，但几天后又免去了他的这一职务并把他派往列宁格勒。大本营的有关命令可见于"沃尔科戈诺夫文件"。

[22] Ibid. , pp. 252 − 72.

[23] 在 1942 年春季，前线指挥官似乎都在不断地向大本营建议要求发动进攻，前提是他们可以另外得到兵力。参见 M. N. Ramanichev, "Nevidannoe Ispytaniye", in G. N. Sevast'yanov (ed.), *Voina i Obshchestvo, 1941 − 1945*, vol. 1, Moscow, 2004, p. 88。

[24] D. Glantz, *Colossus Reborn: The Red Army at War, 1941 − 1943*, University Press of Kansas: Lawrence, Kansas, 2005, p. 30ff.

[25] 铁木辛哥死于 1970 年，也就是在朱可夫回忆录出版后不久、华西列夫斯基回忆录出版的三年前。

[26] Zhukov, *Memoirs*, p. 366.

[27] Ibid. , p. 275.

[28] Vasilevsky, *A Lifelong Cause*, p. 157.

[29] Chevela, "Novye Ispytaniya", pp. 325 − 7. 另见 Ramanichev, "Nevidannoe Ispytaniye"。

[30] *Stalin's Correspondence with Churchill, Attlee, Roosevelt and Truman, 1941 − 45*, Lawrence & Wishart: London, 1958, doc. 36, p. 41.

[31] J. Stalin, *On the Great Patriotic War of the Soviet Union*, Hutchinson: London, 1943, pp. 32, 34.

[32] A. M. Samsonov, *Stalingradskaya Bitva*, 4th edn, Moscow, 1989, p. 52.

[33] 参见 E. F. Ziemke and M. E. Bauer, *Moscow to Stalingrad: Decision in the East*, Center of Military History, US Army: Washington DC, 1987, pp. 328 − 30。

[34] Stalin, *On the Great Patriotic War* p. 38.

[35] 在参与行动的一名军官携带"蓝色行动"计划在敌方地区发生坠机事故之后，行动的代号改为"不伦瑞克"（Braunschweig）。

[36] 过去都认为登上厄尔布鲁兹山标志着德军向高加索地区推进的

最远端，但是在 2003 年 10 月，有报道说，在还往南边的迪迦拉镇（Digara）发现了许多德军士兵的尸骸。T. Parfitt, "Graves Mark Peak of Nazis' Reach", *The Times*, 6/10/03.

[37] 参见 Ziemke and Bauer, *Moscow to Stalingrad*, pp. 343 - 4, 510 - 12。

[38] 例如, *Stavka VGK: Dokumenty i Materialy 1942*, Moscow, 1996 (Russkii Arkhiv series), doc. 379。

[39] Trevor - Roper, *War Directives*, pp. 129 - 30. 进一步参见 G. Jukes, *Hitler's Stalingrad Decisions*, University of California Press: Berkeley, 1985, pp. 36 - 46。

[40] *Stalingradskaya Bitva*, 2 vols, vol 1, Moscow, 2002, pp. 160, 169.

[41] *Stavka VGK: Dokumenty i Materialy*, 1942, doc. 359, 423. Also: V. V. Beshanov, *God 1942 - 'Uchebnyi'*, Minsk, 2002, pp. 300ff.

[42] 根据苏军总参谋部每天简报所做的大量摘要可见于 *Stalingradskaya Bitva*。这些文献中除了大本营的命令、方面军和集团军的报告和其他许多文件之外，还包括许多苏联报刊文章的影印件。

[43] Ziemke and Bauer, *Moscow to Stalingrad*, p. 343.

[44] *Stalingradskaya Bitva*, vol. 1, p. 184.

[45] 前身为第 7、5 集团军和第 1 预备集团军，它们在 1942 年 6 月被部署在斯大林格勒，并在 1942 年 7 月 9 日被分别重新定名为第 62、63、64 集团军。*Stalingrad, 1942 - 1943: Stalingradskaya Bitva v Dokumenakh*, Moscow, 1995, docs 67, 68, 72.

[46] Beshanov, *God 1942* p. 473.

[47] Volkogonov Papers.

[48] Vasilevsky, *A Lifelong Cause*, p. 177.

[49] *Khronika Ognennykh Dnei, 17 Iulya 1942 - 2 Fevralya 1943*, Volgograd 2002. 这一日期源自苏军总参谋部 1943 年提交的对斯大林格勒战役的研究报告。它把这次战役的防御阶段分成四个：①7 月 17 日~8 月 17 日，在距离斯大林格勒较远的地方进行的保卫战；②8 月 17 日~9 月 2 日，在斯大林格勒附近进行的第二阶段的保卫战；③9 月 2 ~13 日，争夺斯大林格勒范围内的防线；④9 月 14 日~11 月 19 日是这次战役的街道战阶段。这次战役的进攻阶段从苏方的观点来看，是在 1942 年 11 月 19

日；当时发动了反攻，把德国的第 6 集团军困在了斯大林格勒市内。参见 L. Rotundo（ed.），*Battle for Stalingrad: The 1943 Soviet General Staff Study*，Pergamon – Brassey's: London，1989，pp. 12 – 13。

[50] *Stalingrad, 1942 – 1943*, doc. 95.

[51] Werth, *Russia at War*, pp. 375 – 6.

[52] 第 227 号命令的全文英译收录于 G. Roberts, *Victory at Stalingrad: The Battle That Changed History*, Pearson/Longman: London, 2002。

[53] Glantz, *Colossus Reborn*, pp. 570 – 9.

[54] *Stalingradskaya Epopeya*, Moscow, 2000, doc. 50.

[55] Ibid. , docs 28 – 9, 31 – 3. 这些是内务部关于军队对第 227 号命令反应的报告。在内务部看来，这条命令在甄别异议方面也发挥了作用，那些对该命令持批评意见的人或者持其他"反苏维埃"观点的人遭到了逮捕。

[56] 关于东线战场上的纪律的作用，参见 J. Barber and M. Harrison, "Patriotic War, 1941 – 1945" in R. G. Suny（ed.）, *The Cambridge History of Russia*, vol. 3, Cambridge University Press: Cambridge, 2006。

[57] A. Werth, *The Year of Stalingrad*, Hamish Hamilton: London, 1946, pp. 97 – 8.

[58] "Na Uge", *Krasnaya Zvezda*, 19/7/42.

[59] Werth, *Year of Stalingrad*, pp. 80 – 1, 130 – 3, 170 – 1.

[60] 例如，"Stoiko Zashchishchat" Rodnuyu Zemlu', *Krasnaya Zvezda*, 30/7/42。

[61] "Postoyat za Rodinu kak Suvorov, Kutuzov, Alexandr Nevskii", *Krasnaya Zvezda*, 31/7/42.

[62] Werth, *Russia at War*, pp. 382 – 94.

[63] "Ob Ustanovlenii Polnogo Edinonachaliya I Uprazdnenii Instituta Voennykh Komissarov v Krasnoi Armii", *Krasnaya Zvezda*, 10/10/42.

[64] *Stalingradskaya Epopeya*, docs 49, 51, 53.

[65] Werth, *Year of Stalingrad* p. 82.

[66] *Stalingrad, 1942 – 1943*, docs 109 – 10.

[67] Ibid. , doc. 120

[68] *Sovetsko - Angliiskiye Otnosheniya vo Vremya Velikoi Otechestvinnoi Voiny* 1941 - 1945, vol. 1, Moscow, 1983, doc. 114.

[69] *Sovetsko - Amerikanskiye Otnosheniya vo Vremya Velikoi Otechestvennoi Voiny*, *1941 - 1945*, vol. 1, Moscow, 1984, doc. 109.

[70] Ibid. , doc. 102.

[71] "Krepnushchaya Moshch" Antigitlerovskoi Koalitsii', *Pravda*, 13/6/42.

[72] *Vneshnyaya Politika Sovetskogo Souza v period Otechestvennoi Voiny*, vol. 1, Moscow, 1944, p. 260.

[73] O. A. Rzheshevsky (ed.), *War and Diplomacy: The Making of the Grand Alliance*, Harwood Academic Publishers: Amsterdam, 1996, docs 112, 119.

[74] I. N. Zemskov, *Diplomaticheskaya Istoriya Vtorogo Fronta v Evrope*, Moscow, 1982, pp. 110 - 20. 这本书摘引了许多尚未公布或在档案中查不到的苏联外交文件。

[75] *Stalin's Correspondence*, doc. 57, p. 56.

[76] Ibid. , docs 58, 60, pp. 57 - 8.

[77] *Organy Gosudarstvennoi Bezopasnosti SSSR v Velikoi Otechestvennoi Voine*, vol. 3, book 2, Moscow, 2003, docs 1005, 1022, 1024, 1031, 1037, 1041.

[78] *Sovetsko - Amerikanskie Otnosheniya*, docs 113, 123, 124, 125.

[79] "New Documents about Winston Churchill from Russian Archives", *International Affairs*, vol. 47, no. 5, 2001, pp. 131 - 4.

[80] 下文的概述源自美方译员在"哈里曼文件"(Library of Congress Manuscript Division, Container 162, Chronological File, 16 - 23/8/42)中的报告，苏方对此次会谈的报告见于 *Sovetsko - Angliiskiye Otnosheniya* doc. 130。美方的报告更长，但与苏方报告并无实质性的不一致之处。

[81] 在哈里曼手写的这次会谈的笔记中，丘吉尔特别提到莫斯科可能会成为目标。斯大林回答说："我不知道。但考虑到战线的长度，很可能需要 20 个师才能建立一支打击力量，并因而对莫斯科或其他地方构成威胁……莫斯科是比较安全的，但不能保证不会发生意外。"Harriman Papers, c. 162, cf. 14 - 15/8/42.

[82] 下面这些概述是根据美方译员的报告，该报告可见于 Harriman Papers, c. 162, cf. 16 - 23/8/42。苏方关于这次会谈的报告可见

于 *Sovetsko - Angliiskie Otnosheniya*, doc. 131。

[83] *Sovetsko - Amerikanskiye Otnosheniya*, doc. 132.

[84] 下面的这些概述依据的是参加这次会谈的英方译员伯尔斯少校的报告，该报告可见于 Harriman Papers, c. 162, cf. 14 - 15/8/42。苏方对于这次会谈（但不包括晚宴上的交谈）的报告可见于 *Sovetsko - Angliiskie Otnosheniya*, doc. , 137。

[85] 这样一个行动的想法首先是由斯大林在 1941 年给丘吉尔的信中提出来的，参见 *Stalin's Correspondence*, doc. 3, p. 12。

[86] 这些关于德国和轰炸柏林的看法在伯尔斯关于这次晚宴的交谈记录中被删掉了，但是被斯大林的译员巴甫洛夫（V. Pavlov）记录了下来。参见 O. A. Rzheshevskii, *Stalin i Cherchill'*, Moscow, 2004, doc. 152。

[87] "New Documents about Winston Churchill from Russian Archives", pp. 137 - 8.

[88] 参见哈里曼关于他在 8 月 14 日的官方晚宴中与斯大林谈话的说明。Harriman Papers, c. 162, cf. 14 - 15/8/42.

[89] Stalin, *On the Great Patriotic War*, pp. 34 - 5. 关于卡西迪这番话的背景的叙述参见 H. C. Cassidy, *Moscow Dateline*, The Riverside Press: Cambridge, Mass, 1943, chap. 16。

[90] R. Ivanov, *Stalin i Souzniki, 1941 - 1945 gg*, Smolensk, 2000, pp. 240 - 1.

[91] 例如，1942 年 9 月 23 日斯大林与罗斯福 1940 年总统选举中的共和党对手温德尔·威尔基（Wendell Wilkie）的谈话。*Sovetsko - Amerikanskiye Otnosheniya*, doc. 93.

[92] Stalin, *On the Great Patriotic War*, pp. 39 - 41.

[93] *Stalingradskaya Epopeya*, docs 46 and 55; N. A. Lomagin (ed.), *Neizvestnaya Blokada*, Moscow, 2002, pp. 380 - 2, 389 - 91.

[94] *Vneshnyaya Politika Sovetskogo Souza v period Otechestvennoi Voiny*, pp. 273 - 7. 整个事件引起我们的注意是由于 Cassidy, *Moscow Dateline*, chap. 17。内务部关于列宁格勒民众对这一声明、赫斯事件以及下文所引的《真理报》社论的反应的报告可见于 Lomagin (ed.), *Neizvestnaya Blokada* pp. 386 - 8。

[95] 转引自 J. Haslam, "Stalin's Fears of a Separate Peace, 1942", *Intelligence and National Security*, vol. 8, no. 4, October 1993, p. 98。另外，Cassidy, *Moscow Dateline*, p. 286 对同一篇社论做

了进一步的引用。关于整个事件，参见 A. J. Kochavi, "Anglo – Soviet Differences over a Policy towards War Criminals", *SEER*, vol. 69, no. 3, July 1991。

[96] *Sovetsko – Angliiskie Otnosheniya*, doc. 147.

[97] O. A. Rzheshevskii, *Stalin i Cherchill'*, doc. 157.

[98] Ibid. , doc. 158. 另一种译文可见于 "New Documents about Winston Churchill from Russian Archives", p. 138。

[99] Hayward, *Stopped at Stalingrad*, p. 189.

[100] Samsonov, *Stalingradskaya*, p. 178.

[101] Mawdsley, *Thunder*, p. 170.

[102] *Stalingrad, 1942 – 1943*, doc. 146.

[103] Ibid. , doc. 147.

[104] *Stavka VGK: Dokumenty i Materialy 1942*, doc. 527.

[105] Ibid. , doc. 529.

[106] J. Erickson, *The Road to Stalingrad*, Harper&Row: NewYork, 1975, p. 384; ibid. , doc. 552.

[107] *Stavka VGK: Dokumenty i Materialy 1942*, doc. 559. 在前文注释 103 引用的斯大林 8 月 24 日给叶廖缅科的指示中，他批评了当时担任第 62 集团军司令的罗帕金（A. I. Lopatin）将军，说他"愚笨无能"。但罗帕金在战争中继续指挥其他一些军队，并在 1945 年获得"苏联英雄"称号。

[108] 关于斯大林格勒参见 G. Roberts, *Victory at Stalingrad*。这本书中有这次战役方面的文献指南。

[109] *Stalingrad, 1942 – 1943*, doc. 220.

[110] *Stalingradskaya Epopeya*, doc. 40.

[111] V. Chuikov, *The Beginning of the Road*, MacGibbon & Kee: London, 1963, p. 205.

[112] *Organy Gosudarstvennoi Bezopasnosti SSSR v Velikoi Otechestvennoi Voine*, doc. 1116.

[113] Ibid. , doc. 1233.

[114] 这是根据 *Stalingradskaya Epopeya*, doc. 50 计算并圆整的数字。

[115] *Organy Gosudarstvennoi Bezopasnosti SSSR v Velikoi Otechestvennoi Voine*, docs 1199 and 1233. 关于内务部在这次战争中起到的作用的概述，参见 Glantz, *Colossus Reborn*, pp. 446 – 9。

[116] *Stalingradskaya Bitva*, pp. 635, 782 – 3.

[117] D. M. Glantz, *Soviet Military Deception in the Second World War*, Frank Cass：London, 1989, chap. 5.

[118] *Stalingradskaya Bitva*, pp. 742 – 3.

[119] Beshanov, *God*, 1942, p. 570.

[120] *Stavka VGK：Dokumenty i Materialy 1942*, docs 564, 577.

[121] 参见 M. Fenyo, "The Allied Axis Armies and Stalingrad", *Military Affairs*, vol. 29, no. 2, 1965。

[122] Zhukov, *Memoirs*, pp. 381 – 4; Vasilevsky, *A Lifelong Cause*, p. 189.

[123] "Posetiteli Kremlevskogo Kabineta I. V. Stalina", *Istoricheskii Arkhiv*, no. 2, 1996, pp. 35 – 8.

[124] 根据 1943 年苏军总参谋部对斯大林格勒战役的研究报告（Rotundo, *Battle*, p. 415），"天王星行动"的计划制订始于 9 月的下半月，朱可夫在 10 月 4 日与各方面军的指挥官召开了一次会议，讨论即将开始的反攻。在会议之后，各方面军关于自己在这次反攻中承担的具体任务提出了各种建议。参见 *Stalingrad*, *1942 – 1943*, docs 221, 225, 227, 228, 229, 231, 258。

[125] Zhukov, *Memoirs*, pp. 413 – 16.

[126] D. M. Glantz, *Zhukov's Greatest Defeat：The Red Army's Epic Disaster in Operation Mars*, *1942*, University Press of Kansas：Lawrence, Kansas 1999. 对火星行动的进一步讨论参见 Mawdsley, *Thunder*, pp. 152 – 5。

[127] S. Walsh, *Stalingrad*, *1942 – 1943*, St. Martin's Press：New York, 2000, p. 111. 莫兹利（*Thunder*, pp. 174 – 5）指出这些代号都是斯大林选择的，他推测这位苏维埃领导人年轻时期在第比利斯（Tiflis）天文台的工作经历可能影响了他的选择。

[128] D. M. Glantz and J. M. House, *When Titans Clashed：How the Red Army Stopped Hitler*, University Press of Kansas：Lawrence, Kansas, 1995, p. 143.

[129] 从 1942 年 11 月 29 日开始在《消息报》《真理报》和《红星报》上发表的文章、社论以及苏联情报局的声明。

[130] M. Myagkov, "Operatsiya 'Mars' i ee Znachenie v Khode Stalingradskoi Bitvy", 提交给 "天王星行动" 60 周年纪念大会的论文，伏尔加格勒，2002 年 11 月。

[131] 参见 Hayward, *Stopped at Stalingrad*, chaps 8 – 9。

[132] *Stalingradskaya Bitva*, vol. 2, pp. 204 – 5.

[133] Stalin, *Great Patriotic War*, pp. 50 – 5.

[134] J. Förster, *Stalingrad: Risse in Bundis 1942/3*, Freiburg 1975.

[135] P. M. H. Bell, *John Bull and the Bear: British Public Opinion, Foreign Policy and the Soviet Union 1941 – 1945*, Edward Arnold: London, 1990.

[136] 例如, M. Bragin, "Velikoe Spazheniye pod Stalingradom", *Pravda*, 5/2/43。

[137] S. Shtemenko, *The Soviet General Staff at War*, vol. 1, Progress Publishers: Moscow, 1970, p. 151.

[138] Zhukov, *Memoirs*, pp. 433 – 4.

[139] Shtemenko, *Soviet General Staff*, p. 153.

[140] Stalin, *Great Patriotic War*, pp. 56 – 60.

[141] V. V. Korovin, *Sovetskaya Razvedka i Kontrrazvedka v gody Velikoi Otechestvennoi Voiny*, Moscow, 2003, pp. 113 – 22.

[142] Vasilevsky, *A Lifelong Cause*, p. 272.

[143] *Stalin's Correspondence*, docs 90, 92, 97, pp. 67 – 76.

[144] 关于库尔斯克战役, 参见 J. M. House and D. M. Glantz, *The Battle of Kursk*, University Press of Kansas: Lawrence, Kansas, 1999。进一步的讨论参见 Mawdsley, *Thunder*, pp. 262 – 70。

[145] Stalin, *Great Patriotic War*, p. 63.

[146] Werth, *Russia at War*, p. 619.

[147] Shtemenko, *Soviet General Staff*, p. 156.

[148] S. Sebag Montefiore, *Stalin: The Court of the Red Star*, Weidenfeld & Nicolson: London, 2003.

[149] K. Rokossovsky, *A Soldier's Duty*, Progress Publishers: Moscow, 1970, p. 86.

[150] Shtemenko, *Soviet General Staff*, pp. 174 – 6.

[151] Glantz, *Colossus Reborn*, pp. 534 – 5.

[152] 关于苏联在战争期间的经济状况以及美国援助的作用, 我的主要材料来源是马克·哈里森 (Mark Harrison) 的研究, 尤其是 *Soviet Planning in Peace and War 1938 – 1945*, Cambridge University Press: Cambridge, 1985; *The Economics of World War II: Six Great Powers in International Comparison*, Cambridge University Press: Cambridge, 1998; and *Accounting for War: Soviet*

Production, *Employment*, *and the Defence Burden*, *1940 - 1945*, Cambridge University Press：Cambridge，1996。

[153] 例如，"Dva goda Sovetsko - Amerikanskogo Soglasheniya", *Pravda*，11/6/44。

[154] M. Harrison, "The USSR and the Total War：Why Didn't the Soviet Economy Collapse in 1942?" in R. Chickering et al. (eds), *A World at Total War*：*Global Conflict and the Politics of Destruction*, *1939 - 1945*, Cambridge University Press：Cambridge，2005.

第六章　战争的政治：斯大林、
丘吉尔和罗斯福

　　从一开始，斯大林就把与希特勒的这场战争不仅仅看作军事斗争，也看作政治与外交的较量。战争的胜负以及随之而来的和平，不仅仅取决于战场，还取决于各方结成的政治同盟。对斯大林来说，与英美结成的"伟大的同盟"既是军事同盟，同样也是政治同盟。直到 1943 年中期，斯大林在"伟大的同盟"范围内的外交工作的重点，一直都集中在确保希特勒以及英美国内的反共分子分裂苏联与西方同盟的阴谋不能得逞。在 1941 年 11 月的讲话中，斯大林详细分析了德国人的意图——利用英国人和美国人对共产主义和革命的恐惧心理拉拢他们加入反苏同盟。[1]1942 年 6 月，苏联情报局就苏德战争第一年的情况发表了一份声明，突出了苏联在避免政治孤立以及成功打造与西方盟友的同盟关系方面所取得的成就。[2]因为政府的所有重要声明都是经过斯大林严格审查的，所以，苏联情报局的看法无疑也反映了他自己的看法。但是，正如斯大林 1942 年 10 月在与麦斯基大使就赫斯事件交换意见时所表明的那样，他仍然担心，要是希特勒在斯大林格勒战役中胜出，那英国人就会打算与德国单独媾和。正是由于有这样的顾虑，苏联人才拼命向英国人和美国人施压，要求在法国开辟第二战场。这种施压不仅带有军事目的，也带有政治目的。那就是要让西方盟友把他们的部队投入到血腥的战斗中，从而确保他们在对德战争中战斗到底。即使是在遭遇失败的最阴暗的日子里，斯大林依然认为，只要苏联挺过德国人一开始的军事打击，只要保住与英美的同盟关系，这场战争迟早是会打赢的。

但斯大林有没有想过别的生存策略呢——比如说，与德国单独讲和？曾经有许多传闻和报告声称，在战争期间，斯大林企图诱使希特勒达成和平协议。有一连串的传闻说，斯大林在 166
1941 年夏通过保加利亚驻莫斯科大使伊万·斯塔米诺夫（Ivan Stamenov）发出过和平试探。[3] 不过，根据负责此次接触的内务部官员巴维尔·苏多普拉托夫（Pavel Sudoplatov）的说法，斯塔米诺夫是苏联特工，而这样做的目的在于，暗中利用他在轴心国阵营散布假情报。[4] 还有一个传闻是说，1941 年秋，德国人逼近了莫斯科，斯大林感到惶恐不安，所以就认真地考虑有条件地投降。但是，这样的说法与斯大林在莫斯科危机期间的表现不一致，与他为坚决挫败德国人对苏联首都的威胁而制订的计划及所做的准备也不一致。[5] 正如苏多普拉托夫的中肯的评论那样，"斯大林和领导层清楚，在一场如此残酷而且史无前例的战争中，任何投降的尝试都会自动葬送领导层管理这个国家的能力"。[6] 弗拉基米尔·卡尔波夫是一位苏联历史学家和战争中的老兵，他在《大元帅》一书中复制了那些暗示斯大林在 1942 年初试图与希特勒单独媾和的文件。① 在这些传说中的文件当中，有一份由斯大林签名、日期为 1942 年 2 月 19 日的建议。它要求立即停战，接着德国军队要撤出苏联，然后苏德将共同对以英美为代表的"国际犹太人"开战。[7] 事实上，斯大林在 1942 年 2 月正在考虑在这一年的年底之前打败德国，这说

---

① 参见〔俄〕弗拉基米尔·卡尔波夫《大元帅斯大林》，何宏江等译，社会科学文献出版社，2005，第 395～398 页。——译者注

明那份文件是公然伪造的荒诞不经的东西。

这些不同的故事显然是想抹黑斯大林以及苏联的战争表现。如果不是因为甚至连严肃的学者也对这样的臆想感兴趣，这些故事几乎不值一提。例如，沃伊采克·马斯特尼（Vojtech Mastny）在他的经典之作《苏联的冷战之路》中就详细地推测道，在1942～1943年，斯大林打算利用在斯大林格勒和库尔斯克的胜利，与希特勒好好做一笔交易。[8] 马斯特尼在20世纪70年代所写的这些内容，是在重复战争期间有关苏联与德国1943年夏季在中立国瑞典举行和谈的传闻。事实上，莫斯科当时是如此急于反驳这些传闻，以至于苏联的官方新闻机构塔斯社甚至发表了两份单独的声明，否认苏联在与德国进行非官方的和谈。[9] 1943年10月的美、英、苏外交部长莫斯科会议，就轴心国的任何和谈接洽方面的情报共享达成了一致。苏联方面始终坚持，与轴心国谈判的唯一基础就是它们要无条件投降。1943年10月30日，在庆祝这次会议结束的晚宴上，斯大林告诉美国新任驻莫斯科大使埃夫里尔·哈里曼，他可以肯定英国人和美国人认为"苏联人准备与德国单独媾和，而他希望他们已经明白，苏联人是不会这样做的"。[10] 按照此次会议达成的协议，11月12日，莫洛托夫给哈里曼递交了一份备忘录，说德国的一个企业家群体的所谓的代表，在跟苏联驻斯德哥尔摩的使馆接触。这个企业家群体据说与希特勒的外交部长里宾特洛甫关系密切，而后者是赞成与苏联单独媾和的。按照莫洛托夫的说法，苏联使馆的工作人员断然回绝了这次接触，并拒绝进行任何进一步的会谈。[11] 在冷战开始的日子里，这些关于苏联与德国于1943年夏季在瑞典进行和谈的传闻，又再次出现了。[12] 但是，当时并没有可靠的证据能够支持这些传闻，而在此后的几十年当中也没有发现这样的证据。实际上，斯大林在胜利在望的时候，哪怕是考虑这样做，都会让人觉得难以置信。在事实已经证明以往希特勒是如此背信弃义的情况下，要是认为斯大林为了跟希特勒单独媾和，会冒"伟大的同盟"破裂的危险，这同样也很难让人相信。如果与希特勒议和，面对在苏联国内引发的抗议，苏联的任何政权，哪怕是斯大林的政权，难道还能够存在下去吗？

事实上，在斯大林格勒战役和库尔斯克战役之后，与德国停战是斯大林最不可能考虑的。斯大林带着重拾的信心，期盼着胜利，并开始把他在"伟大的同盟"范围内优先考虑的重点从战争方面的问题转移到战后的和平上。早在 1941 年秋，斯大林就开始考虑苏联的战争目标以及战后世界的格局。在当年的 12 月与英国外交大臣安东尼·艾登的多次会晤中，为了解决欧洲的边界问题以及维护战后的安全，他提出了一个范围很广的计划。在他的各项要求中，最主要的是恢复苏联在 1941 年 6 月的边界以及苏联在欧洲的势力范围，包括在芬兰和罗马尼亚的军事基地。1942 年 1 月，斯大林下令成立一个由莫洛托夫主持的外交文件筹备委员会——外交人民委员部内部的一个委员会——负责检查战后的所有议题：边界、战后的经济政治秩序、欧洲的和平与安全组织。该委员会召开了一些会议，也形成了一些材料和报告，但它的研究没有走得太远，这也许是因为随着 1942 年战争形势的恶化，斯大林对战后问题不太关注了。[13]但是在斯大林格勒战役之后，随着胜利再一次向他招手，这位苏联领导人对于解决若干战后问题又重新产生了兴趣。丘吉尔和罗斯福也不像 1941～1942 年的时候那样了，他们现在急于在战后世界问题上先行达成某些协议。斯大林格勒

的胜利表明，德国人在东线战场肯定会被打败，而苏联则会从
战争中崛起，成为欧洲大陆的头号强国。实力的天平摆向了莫
斯科，而伦敦和华盛顿则沦为"伟大的同盟"内部的扈从。

168 对于红军在斯大林格勒的英雄事迹，同盟国世界中的如潮美誉
也提升了苏联的地位。[14] 就斯大林而言，他很乐意探讨与英美
结为和平时期的"伟大的同盟"的可能性。三巨头对和平谈论
得越多，他们就越是可能在战争时期紧密合作。斯大林认为，
战后与英国人和美国人保持团结，要比让他们团结起来——也
许还会与卷土重来的德国联合起来——反对他好得多。和平时
期的"伟大的同盟"将会为苏联提供一个框架，借以实现自己
在安全方面的目标，扩大自身的影响力，并为修复战争创伤赢
得必要的时间。

但是，这种外交视角怎么能与斯大林的共产主义政治视角
及意识形态视角一致起来呢？说起来有点自相矛盾，解决这个
问题的办法是，他在 1943 年 5 月决定解散第三国际。

解散第三国际

解散第三国际在斯大林个人的议事日程上已经有好些日子
了。1941 年 4 月，斯大林在莫斯科大剧院观看了晚间演出之后
告诉季米特洛夫，他认为各国共产党应该独立于第三国际，应
该把精力放在自己国家的问题上而不是放在国际革命上。第三
国际，斯大林说，是在预计会发生国际革命的情况下成立的，
但是在今天的条件下，它已经变成各国共产党在本国基础上谋
求发展的障碍。[15]

尽管只是随口说说而已，但既然斯大林说了，那人们就要
赶快行动。于是，季米特洛夫和他在第三国际执委会里的同志

们就开始讨论，怎样去改革第三国际，使之为成员党提供更有效的支持。然而，斯大林并没有继续按照这样的想法去做，他有可能在考虑的计划也因为 1941 年 6 月战争的爆发给打断了。但在两年之后，斯大林又旧话重提，并通过莫洛托夫告诉季米特洛夫说，要解散第三国际。[16]第三国际执委会随即讨论了解散问题，而且还与一些外国共产党进行了协商。对于拟议中的解散该组织，有些人表示遗憾，但没有人表示反对。实际上，讨论的总的看法是，解散第三国际将会成为共产主义运动向前迈出的积极的一步。[17]1943 年 5 月 22 日，《真理报》公布了解散第三国际的决议。决议强调，不同国家的历史发展有着深刻的差异，这就需要各国共产党采取不同的战略和策略。战争使这些差异变得更加明显，而第三国际，不管怎么样，也已渐渐地允许各国共产党自行决定自己的政策了。[18]到 6 月 8 日为止，决议得到了 31 个国家的分支组织的赞成。两天之后，该组织被正式解散。[19]

169

斯大林密切参与了解散第三国际的内部审议，并就决议内容与协商程序向季米特洛夫提出了建议。斯大林起初建议季米特洛夫不要搞得太仓促，但后来又在还没有全部收到外国共产党的回复的情况下，就催促他公布有关解散的决议。[20]1943 年 5 月 21 日，斯大林召开了在战时难得召开的苏联政治局会议，讨论第三国际的命运。那次会议通过的决议指出，解散第三国际的主要缘由是，在战争期间，从一个单一的国际中心无法指导所有共产党的活动，尤其是在各国共产党面临着极为不同的任务的时候：在有些国家是要设法打败他们的政府，在其他国家是要为胜利而工作。政治局决议指出，这样做也是为了不给敌人以口实，说各国共产党的活动是受外国指使的。[21]决议的内容显然是以斯大林在会上的讲话为基础的，它跟季米特洛夫在日记中记录的斯大林的讲话差不多。对于解散第三国际的积极影响，斯大林显得充满信心："现在走的这一步，肯定会使共产党作为各国工人阶级的政党变得更加强大，同时，还会加强人民大众的国际主义精神，而苏联则是人民大众的根据地。"[22] 在 5 月 28 日发表的有关建议解散第三国际的声明中，斯大林也显得很乐观。在回答路透社驻莫斯科记者哈罗德·金（Harold King）的书面提问时，斯大林说，解散第三国际是件好事，原因有四个方面。第一，它可以戳穿希特勒关于莫斯科想要使其他国家"布尔什维克化"的谎言。第二，它揭露了这样的不实之词，即共产党人不是在为他们自己人民的利益而工作，而是听命于外国人。第三，它可以在爱国主义的基础上促进各种进步力量的团结，而"不管属于什么政党或有着什么样的宗教信仰"。[23] 第四，它可以促进所有热爱自由的民族的国际团结，并为"未来建立各国的伙伴关系"铺平道路。斯大林的结论是，这四点合在一起，就会进一步巩固反希特勒的"伟大的同盟"。[24]

但是，斯大林为什么要选择这个特殊的时刻——1943 年 5 月——来解散第三国际呢？这很可能是受前一个月的政治形势的重大变化的影响：苏联与伦敦的波兰流亡政府的外交关系由于卡廷危机而变得严峻起来。危机的起因是，德国宣布它在当时还处于德国国防军占领下的斯摩棱斯克附近的卡廷森林，发现了数千处波兰军官战俘的大型尸坑。莫斯科在回应时声称，这是纳粹的宣传伎俩，一定是德国人自己而不是像柏林所说的苏联内务部，枪杀了这些波兰人。然而，波兰流亡政府赞成德国人提出的建议，即成立独立的医学委员会对这些尸坑进行检查，以便弄清楚这些战俘是怎么死的。苏联人被激怒了，《真理报》和《消息报》都发表了措辞强烈的社论，指责波兰流亡者是希特勒的同伙。[25] 4 月 21 日，斯大林给丘吉尔和罗斯福发去了一封抗议电报，强烈谴责波兰人对苏联的诽谤。[26] 四天后，苏联与伦敦的波兰人断绝了外交关系。

卡廷危机[27] 与 1939～1940 年的事态发展有关：1939 年 9 月，红军入侵波兰东部；随后，苏联当局俘虏并囚禁了数万名波兰战俘。在这些战俘当中，有许多人只被关押了很短的时间，其余的大部分也都根据苏联与波兰流亡政府的战时同盟条约的规定，在 1941 年 6 月之后被释放了。截止到 1941 年 10 月，苏联人从监狱或被关押的地方释放了大约 40 万波兰公民。然而，仍然有 2 万多军官和政府官员不见踪影。波兰人强烈要求苏联当局说明他们在什么地方。甚至波兰首相西科尔斯基将军以及在苏联招募的一支波兰军队的指挥官安德斯（W. Anders）将军也向斯大林打听这件事。但斯大林坚持说，他不知道他们在什么地方，他们一定是设法离开了苏联。

实际上，在 1940 年 3 月 5 日政治局正式通过了批准处决的决定之后，失踪的战俘已经被内务部枪杀了。[28] 这一决定既让人想一探究竟，又让人不寒而栗。它也暴露了斯大林政权的许多阴暗面。在俘虏波兰战俘的时候，目的并不是要谋杀他们，而是要把他们与新合并的西白俄罗斯和西乌克兰的居民隔离开来，并把他们改造成能接受在波兰东部建立的苏维埃新秩序的人。但是，内务部在战俘营所做的改变信仰的工作收效甚微，因此，苏联人很快就得出结论，认为战俘中的"资产阶级"军官是顽固的阶级敌人，必须把他们清除掉。于是，内务人民委员贝利亚就在 3 月初给政治局写了报告，建议由内务部对这些战俘立即进行审讯，然后处决。政治局之

所以做出这一决定，是因为苏联人担心，对芬兰的战争可能
会升级为更加广泛的冲突，在这种情况下，倔强的波兰人就
171 会成为甚至更大的安全隐患。集体处决是在 1940 年 3 ~ 4 月
执行的，而且不仅仅是在卡廷，还包括俄罗斯、白俄罗斯和
乌克兰的其他许多地方。与此同时，被处决的战俘的家人也
被流放到哈萨克斯坦。

　　没有证据表明斯大林详细地谈论过这个可怕的决定，但他
对由之引发的难堪及并发症一定极为懊悔。德国的国际医学委
员会非常准确地发现，这些战俘是在 1940 年春被内务部枪杀
的。在红军收复了斯摩棱斯克的时候，苏联人不得不策划了一
次掩人耳目的行动，试图让世人相信德国人才是罪魁祸首。苏
联人的伎俩之一就是在 1944 年 1 月邀请了一群美国记者参观卡
廷大屠杀的现场。在被邀请的人当中就包括凯瑟琳·哈里曼
（Kathleen Harriman），她是埃夫里尔·哈里曼的女儿。1944 年 1
月 28 日，凯瑟琳写信给她的姐姐玛丽，讲述了她的斯摩棱斯克
之行：

　　　　卡廷森林原来是个稀稀拉拉的小松树林。我们被领着
　　观看了一位年长的苏联医生的工作——他看上去像个厨师
　　长，戴着白色的尖顶帽子，系着白色的工作裙，戴着橡胶
　　手套。他饶有兴趣地把仔细摆放在餐碟里准备检查的波兰
　　人的大脑切片拿给我们看。后来我们又开始一个一个地看
　　了七座尸坑。我们看到的尸体和尸体的残肢一定有好几千。
　　它们腐烂的程度不同，但都一样的难闻（幸亏我感冒了，
　　所以不太像其他人那样为恶臭所困扰）。有些尸体在 1943
　　年春天德国人一开始提出他们的说法后，曾经被他们挖出

来过。这些尸体被一摞一摞整齐地堆放着，大约有 6 ~ 8 具尸体深。其他坑里的尸体都被胡乱地放在一起。我们在那的时候，穿着军队制服的人一直在照常继续挖掘。不知怎的，我并不羡慕他们！最让人感兴趣也最有说服力的证据是，每个波兰人都是从脑后被枪杀的，而且只用了一颗子弹。有些尸体的双手被绑在背后，而所有这些都是德国人的典型做法。接着我们又被带进了验尸帐篷。帐篷里又热又不通风，臭气熏天。有数不清的尸体正在进行查验，每具尸体都进行了彻底的检查，我们也亲眼看了几个……我个人特别惊讶的是，这些尸体竟然如此完整。许多尸体的头发还在。我甚至还认得出他们的内脏，而且在他们的大腿上还有比较完好的红色的"结实的"肉……你知道，德国人说苏联人在 1940 年后期杀死了这些波兰人，而苏联人说这些波兰人是直到 1941 年秋季才被杀死的，因此在时间上很不一致。尽管德国人撕开了这些波兰人的口袋，但他们还是遗漏了一些手写的文件。在我正在观看的时候，他们发现了一封信，上面注明的日期是 1941 年夏，这就是再好不过的证据。[29]

172

卡廷危机的另一个并发症就是它对波兰共产党或者波兰工人党——照当时的称呼——的影响。在危机发生的时候，波兰共产党正试图通过谈判建立广泛的民族阵线，包括与跟伦敦流亡政府有联系的波兰地下军（Polish Home Army）团结起来，抵抗德国对波兰的占领。由于波兰共产党被要求服从流亡政府、反对苏联对波兰的领土要求、断绝他们与第三国际的联系，谈判于 1943 年 4 月底破裂。[30] 5 月 7 日，也就是莫洛托夫对季米特洛夫说要解散第三国际的前一天，万达·华西列夫斯卡娅（Wanda Wasilewska），波兰共产党的一位重要人物，会见了斯大林——据推测是汇报与地下军谈判失败的事情。[31] 很可能正是这个新情况促使斯大林解散了第三国际，这样一来，波兰民族主义者就没有理由再说波兰共产党不是爱国者而是苏联的代理人了。

斯大林解散第三国际一般被看作对英国和美国的一种姿态，[32] 是要表明他在战争结束的时候不会在欧洲谋求革命或者由共产党接管。斯大林想向"伟大的同盟"的伙伴们表明自己的诚意，这当然有可能是真的，但更可能的是，他想在卡廷危机之后重新赢得政治上的主动权。波兰是苏联西部边界的最重要的国家，所以，从准备争夺战后在波兰的政治影响力这一背景来看，就可以看出一个更直接也更简单的动机：解散第三国际是为了增强欧洲共产主义运动在战略上的挑战性。在波兰，以及在整个欧洲，共产党正通过建立反法西斯民族阵线来谋求影响力和政治权力。民族阵线将领导反对纳粹占领的抵抗运动，然后争取在战后实行进步的政策。换句话说，欧洲的共产党要像苏联人那样，把自己彻底打造成激进的爱国者，不仅献身于无产阶级的国际主义，同样也致力于自己国家的民族利益。到战争中期，随着共产党的复兴并立足于战前人民阵线反法西斯政治主张的基础之上，这种突出爱国精神的彻底改造的过程，在许多国家都已经取得了很大的进展。因此，解散第三国际远远不是为了在外交上迁就"伟大的同盟"，而是在意识形态上和政治上对苏联的西方盟友提出了挑战。对于"伟大的同盟"，无论是战争时期的还是和平时期的，斯大林都坚决维护，但这并不意味着他相信还可能或者应当回到欧洲战前的政治格局。对

于欧洲的政治状况会由于这场战争而发生怎样的变化，斯大林 173
此时还不能确定，但他意识到很有可能会发生某种根本性的转变，所以他想让他的共产党盟友占据牢固的阵地，以便在政治上一旦出现什么机会的时候就可以抓住它们。

意大利历史学家保罗·斯普里亚诺指出，解散第三国际还有一个重要意义：[33]斯大林的声望与神话现在是如此牢固，以至于他不再需要一个像第三国际这样的机构作为他与国际共产主义运动之间的中介了。从现在起，他将在必要的时候通过与国外共产党领袖的面对面的会谈，来亲自指导共产主义运动在战略与政策上的总的方针路线。长期以来，斯大林虽然一直都在政治和意识形态上支配着国际共产主义运动，但他的权力在一定程度上也要受制于第三国际的集体组织形式，受制于其他许多共产党领袖在公众当中的声望。例如，季米特洛夫是1933年国会纵火案审判中的英雄，并被广泛视为第三国际的反法西斯人民阵线这一政治主张的化身。在私下里斯大林本人直接控制着季米特洛夫，但是在公开场合，这位第三国际领导人看起来还像是一个相当独立而且充满魅力的人物。其他的一些共产党领袖也是如此，例如法国共产党领袖莫里斯·托雷兹（Maurice Thorez）、意大利共产党领袖帕尔米罗·陶里亚蒂（Palmiro Togliatti）、美国共产党的厄尔·白劳德（Earl Browder）和英国共产党的哈利·波立特（Harry Pollitt）。但苏联在这次战争中的胜利意味着斯大林现在对整个国际共产主义运动有着巨大的影响力。在第三国际解散的时候，这个共产主义运动的国际组织实际上成了斯大林的党。

1943年6月，第三国际作为一个机构已不复存在，尽管如此，它的许多成员组织依然像以往一样运转，那些为从事地下活动和游击斗争的共产党提供物资和经费的组织尤其如此。[34]
季米特洛夫被调到了新的"国际情报局",它是苏联共产党中
央机构的一个下属部门,在战后又变成了该党的国际局。季米
特洛夫的情报局要向政治局和中央委员会提供情报和对国际问题
的分析,要与外国共产党建立并保持联系。1944 年底,情报局开
始发行机密简报《对外政策问题》(*Voprosy Vneshnei Politiki*)。关
于苏联的发展中的国际关系观点,1943 年 6 月开始出版的双周刊
《战争与工人阶级》(*Voina i Rabochii Klass*) 提供了比较公开的说
法。在政治局创办这份杂志的时候,它的内容不是按照苏联报刊
174 检查制度的正常程序,[35] 而是由斯大林和莫洛托夫直接审查。它
部分地是第三国际的期刊《共产国际》(*Communist International*)
的替代物,但主要还是作为外交人民委员部的公开的机关刊物,
其内容大多依据内部简报和外交人民委员部的内部报告。它里面
的文章在苏联和共产党的报刊上被广泛转载,并被视为——这
完全正确——是对莫斯科关于当前国际形势的发展以及战后世
界的计划的观点的权威表述。

为和平做准备

《战争与工人阶级》的出现,表明斯大林对战后世界的准
备与谋划越来越感兴趣了。他在 1943 年的夏季做出决定,用两
个新委员会来取代外交文件筹备委员会:伏罗希洛夫元帅负责
的停战条件委员会和李维诺夫领导的和平条约与战后秩序委员
会,后者于 1943 年夏被从驻美大使的位置上召回。由于苏联要
求开辟第二战场的运动失败而失宠的麦斯基,也被从伦敦召回
并被安排负责赔偿委员会。[36]斯大林任命李维诺夫负责关键的
委员会是有深意的,尤其是鉴于李维诺夫与 1939 年取代他成为

外交人民委员的莫洛托夫长期存在私人的竞争关系。[37] 在斯大林的外交官当中，李维诺夫知识最渊博，经验最丰富。斯大林需要他的能力与专长。李维诺夫还是一个坚决主张与英美合作的人，而且他长期以来一直在劝说斯大林要完善三方机制，从而把苏联与西方的合作制度化。1943 年 5 月，在从美国回来以后，李维诺夫给斯大林和莫洛托夫撰写了关于"美国的政策"的长篇报告。在这份文件中，他认为苏联应当"加入一个由美、英、苏组成的委员会，讨论共同与欧洲轴心国斗争所引起的一般军事、政治问题"。李维诺夫说，这样的委员会能够使苏联人对英美的战略计划产生影响，并改变西方国家的政治舆论。[38] 李维诺夫关于成立同盟国军政委员会的建议似乎对斯大林起到了作用。8 月 22 日，他在给丘吉尔和罗斯福的信中说：

> 鉴于在与正在脱离德国的各国政府的谈判中涉及的种种问题……我认为，成立一个由三国代表组成的军政委员会的时机已经成熟。时至今日，事情一直是这样的：美国和英国相互之间达成一致意见，而苏联只是作为第三方在一旁被动地等待把两个大国之间的一致意见通知它。我必须说，这种局面再也不能容忍下去了。[39]

175

在 1943 年夏季盟军进攻西西里和意大利的刺激下，斯大林以同样的口吻写了几封短信给罗斯福和丘吉尔，这是第一封。墨索里尼辞职了，由君主主义者巴多格里奥（Badoglio）元帅领导的新政府正在跟英国和美国就停战条件进行谈判。斯大林关心的是，苏联应该参与意大利的投降谈判以及那里的同盟国占领政权。在斯大林看来，得到一份协议是明智的。协议将有助于苏联人在英国人和美国人占领的敌方领土上的影响力，而作为交换，西方盟友也会在红军即将占领的地方获得大小相当的影响力。但罗斯福，尤其是丘吉尔，却另有打算：他们想保住自己已经得到的东西，因而坚持认为，在意大利的占领政权将由他们在那里的军事指挥官负责。结果，在同盟国对被占领的意大利的管理方面，苏联实际上没有任何发言权。在同盟国管制委员会中，以及在后来的咨询委员会中，苏联也有代表参加，但他们即使有权力，也很少。[40]从长远来看，英美在意大利占领问题上的做法适得其反，因为它为红军 1944～1945 年在东欧各轴心国的占领政权开了一个先例：斯大林可以利用在意大利确立的模式，把西方在苏联军事占领地区的影响力降到最低。

不过，斯大林在 1943 年的时候并没有料到意大利的情况最终会变得对他有利，所以，他把副外交人民委员安德烈·维辛斯基派到意大利咨询委员会工作，尽量扩大苏联对占领政权的影响力。但是，没过几个月，苏联人就得出结论，认为意大利的三方咨询机制是在浪费时间。1944 年 3 月，斯大林决定绕过同盟国内部的安排，在三巨头中第一个与巴多格里奥政府（它现在在与意大利境内的德国人作战，因而成了与同盟国共同作战的国家）建立事实上的外交关系。在《真理报》的头版发表的关于"意大利问题"的长篇社论，在阐述苏联承认巴多格里奥政府的理由的时候，提到了英美在意大利实行的单方面政策；它还认为，这样做对于加强反法西斯斗争是必要的。[41]为了提高苏联在巴多格里奥政府中的影响力，斯大林同时还命令陶里亚蒂，放弃意大利共产党反对与这位君主主义者领导的联合政府合作的立场。斯大林告诉陶里亚蒂：

两大阵营的存在（一方是巴多格里奥与国王，另一方是反法西斯的各党派）正在削弱意大利人民的力量。这对英国人来说是有利的，因为他们希望在地中海有一个孱弱的意大利[42]……为了加强对德国人的战争，为了在这个国家实行民主化，为了把意大利人民团结起来……共产党人可以加入巴多格里奥政府。在反对德国人、争取建立一个独立而强大的意大利的斗争中，意大利人民必须团结起来。[43]

斯大林的盘算是，一方面利用意大利共产党来提升他在意大利的外交及地缘政治中的地位，另一方面是要扩大共产党的政治基础，来提升共产党在该国的影响力。斯大林认为共产党要想在意大利掌权是不太可能的，因而他在对德战争还在激烈进行的时候，坚决反对任何这一类的冒险。[44]至于法国，他采取的政治及外交策略也与此类似。1944 年 3 月，法国共产党接到的指示说，"党必须成为民族的领导力量，要作为一个能够代表国家的政党表达自己的抱负，要不仅能够说服和争取自己的追随者，而且还要能够说服和争取更广泛的社会阶层"。[45]斯大林对戴高乐（de Gaulle）的评价不高，但是在 1944 年 10 月，他与英国人和美国人一起，承认了这位将军的法国民族解放委员会为法国的临时政府。1944 年 11 月，就在法国共产党领袖莫里斯·托雷兹即将回到被解放的法国之前，斯大林与他举行了会晤。斯大林敦促他支持戴高乐政府，寻找政治盟友，不要让共产党陷于孤立。他甚至建议法国抵抗运动更名为"复兴阵线"，建议法国共产党应该以"复兴工业、给失业者提供工作、捍卫民主制度、惩罚那些破坏民主的人"作为它的纲领。[46]

对于同盟国在意大利的占领政权，斯大林在 1943 年夏季之所以努力争取一种各方一致同意的解决办法，还有一个原因，那就是他即将与罗斯福、丘吉尔举行会晤。一段时间以来，罗斯福一直在试图说服斯大林与他见面，而且还在 1943 年 5 月派美国的前驻苏大使约瑟夫·戴维斯（Joseph Davies）带信给莫斯科，就会谈的时间地点提出了建议。[47]斯大林原则上表示同意，但在打败德国人在库尔斯克发动的夏季攻势之前，他不想考虑此事的细节。直到 9 月份，双方才就会谈的时间地点达成了一致。到这个时候，会谈已经扩大到包括丘吉尔在内，并且还商定，作为三巨头德黑兰会议筹备工作的一部分，将于 1943 年 10 月在莫斯科召开美、英、苏外交部长会议。

三国外交部长莫斯科会议

在筹备莫斯科会议[48]的时候，英国人和美国人提交了许多准备讨论的议项。英国人想要讨论：意大利和巴尔干问题；建立同盟国内部磋商机制；共同承担欧洲的责任（这与各自承担责任相反）；波兰问题；大国与小国之间就战后问题的协议；战后对德国以及其他轴心国的处置问题；对南斯拉夫游击运动的政策；成立法国临时政府；在东欧成立联邦；伊朗；战后与苏联的经济合作。在美国人的议程上有：建立国际安全组织；如何处置敌国；战后重建；如何检查在战争过程中引起的政治经济问题。作为回应，苏联只提出了一项议题："缩短对德国及其欧洲盟国的战争的措施"。虽然苏联人对于讨论西方盟国提出的问题是有准备的，但他们还是要求英国人和美国人拿出他们的具体提案。莫斯科还坚持这次会议只是预备性的，只能讨论随后要提交三国政府考虑的提案草案。[49]苏联人如此回应西方在议程方面的建议表明，在莫斯科看来，英美的目的是要转移对第二战场的注意力，并试探苏联人在一些问题尤其是在与德国的未来有关的问题上的立场。[50]苏联人的谈判态度不是个好兆头，但英国人与美国人的提案也促使苏联人做出很大的努力，来澄清他们在所提出的那些问题上的立场。外交人民委员部在内部拿出了大量介绍基本情况的文件和意见书，这些都奠定了苏联在此次会议上的立场的基础。[51]李维诺夫是这种内部讨论的一个重要撰稿人，为莫洛托夫起草了许多文件。与某些苏联分析家的建议不同，李维诺夫的建议坚决限于三国合作的背景之内，尽管这并不意味着他忽视了苏联的特殊利益，或者轻易屈服于西方的立场。实际上，他的文稿的主题之一就是认为下面这种做法是一件值得期待的事情：在一个全权的国际组织框架范围内，把世界划分为独立的安全区，从而阻止在苏联与西方之间将来可能发生的冲突。内部讨论的其他撰稿人，特别是那些有在第三国际工作背景的人，不太相信英国和美国；他们强调的是苏联与西方的差异性而不是一致性。但是没有任何人直接质疑三国合作的可取性和可行性。这样一种广泛的共识只能来自苏联的最高决策层，来自斯大林，而这种支持三国合作的精神也注入了会议本身。结果，苏联人与英国人和美国人进行了坦率而友好的协商，并达成了一些重要的协议，远远超出了当初把这次会议当作德黑兰的预备会议的想法。

参加在斯皮里多诺娃宫举行的这次会议的苏联代表团，由莫洛托夫为首，李维诺夫是他的副手。代表大不列颠的是英国外交大臣安东尼·艾登，代表美国的是国务卿科德尔·赫尔（Cordell Hull）。斯大林没有出席，但莫洛托夫、李维诺夫和苏联代表团的其他主要成员把会议的议程都向他做了简要而全面的汇报。[52]10 月 18 日，也就是会议开始的前一天，给斯大林送来的一份文件概要地阐明了苏联在提交讨论的各种问题上的立场。[53]在会议期间，斯大林两次会见了艾登，跟赫尔也会见了一次。10 月 30 日，他还主持了庆祝会议结束的晚宴。

从 10 月 27 日他与艾登的谈话可以清楚地看出斯大林对这次会议的重视。当时他跟预料的一样，敦促外交大臣开辟第二战场，并且强调说，如果西方不能用实质性的威胁来迫使希特勒分兵，那苏联就再也无力对德国人发动任何较大的攻势了。[54]

在这次会议上，西方两强再次保证，他们将在法国开辟第二战场，时间是在 1944 年春。关于说服土耳其加入对德战争的必要性也达成了一致，而且讨论了苏联提出的在中立国瑞典设立同盟国空军基地的建议。科德尔·赫尔优先考虑的是，就成立一个国际组织以取代名声扫地的"国际联盟"达成协议。会议为此发表了一则宣言。在苏联的倡议下，与会各方同意，将就拟议中的新的安全组织进一步举行三方磋商。另一个重要的决定是，采纳英国的建议，成立由三大国组成的欧洲咨询委员会，其最初的任务是检查德国的停战条件。在这次会议上，就德国的未来达成的唯一具体的一致是，宣布奥地利将从第三帝国分离出去，再次成为一个独立的国家。但在有关德国问题的讨论中，在解除德国的武装，使其非军事化、去纳粹化、民主化和对德国进行肢解的必要性上，三国外交部长显然有着广泛的共识。达成共识的还有，纳粹的主要领导人将会作为战犯受到审判。[55]

在会议结束发表的联合公报中，三国承诺"在战争结束后，将继续保持目前这种在战争组织上的协作与配合"，并且在联合公报的最后还特别指出，"这种相互信任、相互理解的氛围贯串在这次会议的所有工作中"。[56]这些看法绝不仅仅是宣传中的夸大其词。会议取得了惊人的成功，它是三方在战后世界的谋划中进行广泛合作的开端。在公开场合，苏联人对会议大加称颂，认为它将开启长期而稳定的和平时期，而这种和平的保证就是三巨头的合作。[57]在内部，苏联外交人民委员部通知其外交人员说，这次会议是"外交人民委员部生命中的大事"，对这件大事，"外交人民委员部的所有工作人员都必须好好研究……而且，如果可能的话，就会议决议的落实问题提出建议"。[58]英国人和美国人也是一样满怀热情。英国人对莫洛托夫在这次会议上的表现尤为感动，所有人都认为莫洛托夫的表现极为出色。在会议结束的时候，艾登甚至提议将来所有的三国外交部长会议都由莫洛托夫主持。[59]艾登一回到伦敦就在下院说："我还没有遇到过比莫洛托夫先生更能干、更有耐心、更有判断力的主席，而且我必须得说，正是他对冗长而复杂的议程的巧妙处理，我们才取得了这么大的成功。"[60]赫尔在美国国会说，关于成立新的国际安全组织的宣言意味着，"势力范围、结盟、均势或任何其他的特殊安排，都不再必要了。而在不幸的过去，各国都竭力通过这些安排来维护自身的安全，或增进自身的利益"。[61]哈里曼大使的判断是，这次会议"十分接近于在英国人和我们之间的讨论中存在的那种亲密关系"，而他在美国大使馆的副手查尔斯·波伦（Charles Bohlen）也认为，它"标志着那个作为国际社会一员的充满责任感的苏维埃社会主义共和国联盟又回来了"。[62]

在1943年11月6日纪念布尔什维克革命的讲话中——对公众来说，这样的讲话现在成了一年一度的阐明苏联军事与外交政策的相当重要的大事——斯大林表达了他对这次会议的总的看法。在这个题为"反希特勒同盟的加强与法西斯集团的瓦解"的讲话中，斯大林在其中的一节说道：

180

> 同盟国战胜我们共同的敌人的时候快到了。同盟国之间的联系及其军队的军事合作，尽管受到了敌人的阻挠，不但没有减弱，反而在不断加强与巩固。在这方面，这次莫斯科会议做出的历史性决定……就是有力的证明……现在，我们联合起来的各个国家都下定了决心，共同打击敌人，而这会使我们获得最终的胜利。

尽管提到了"伟大的同盟"的未来，但斯大林优先考虑的还是在法国开辟第二战场，以便把相当一部分德军吸引到西线，减轻东线苏军取胜的难度。斯大林在他的讲话中着重提到了同盟国在北非、地中海和意大利的军事行动，以及对德国工业区持续的空中轰炸造成的影响。他还特地赞扬了西方对苏联的物资援助，说这些物资对苏军取得夏季战役的成功起到了非常大的作用。在讲话结束时，他批评同盟国在南欧的军事行动还不是第二战场，而只有开辟第二战场，才会进一步加强同盟国的军事合作并加快战胜纳粹德国的进程。[63]正如德黑兰会议将要表明的那样，在斯大林与丘吉尔和罗斯福的关系中，开辟第二战场仍然是他的首要目标。"现在要决定的主要问题是，他们是否会帮助我们，"在去德黑兰的途中，据说斯大林是这样说的。[64]

德黑兰会议

斯大林与丘吉尔和罗斯福的会晤是在德黑兰举行的，因为苏联的各位领导人坚持要求，会议的地点要选在一个能够让他通过电话和电报与莫斯科总参谋部保持直接联系的地方。据斯大林的作战部部长什捷缅科将军说，在前往德黑兰的途中（乘火车到巴库，然后改乘飞机），他每天必须向斯大林汇报三次前线战况。在整个会议期间，什捷缅科要继续向斯大林汇报，而这位苏联领导人也在继续核准他的副总参谋长安东诺夫用电报发给他的军事命令。[65]

1941 年 8 月，为推翻德黑兰的亲德政府、保障通往苏联南部的物资运输路线的安全，英国和苏联的军队采取了军事行动，并在此后一直占领着伊朗。到 1943 年，英国和苏联的军队已经正式撤出了伊朗首都，但是那里的同盟国士兵仍然随处可见。苏联大使馆被认为是举行此次会议的一个安全的地方。出于安全方面的考虑，罗斯福与斯大林一起住在苏联大使馆，而丘吉尔则下榻在附近的英国公使馆。

关于这次德黑兰会议有许多故事：有的说德国人阴谋绑架或暗杀三巨头；有的说苏联人暗中监视丘吉尔和罗斯福的行动；有的说安卡拉英国大使馆的间谍把整个会议记录的副本都提供给了柏林。[66]但真正重要的是，在德黑兰会议上所说的和所决定的，在未来岁月里对数百万人的生命造成的影响。

181

斯大林在德黑兰的第一场会谈是 1943 年 11 月 28 日与罗斯福的会谈。根据斯大林的译员之一瓦列金·别列什科夫的说法，会谈是在靠近主会议厅的一个房间里进行的，而且为了保证座位的安排要考虑到坐在轮椅上的罗斯福，这位苏联领导人还费了不少心思。[67]由于这是两位领导人之间的初次见面，它就更多地成了一次社交拜访。在会谈开始的时候，罗斯福先询问了

东线的局势，并说他打算把 30~40 个师的敌人从斯大林的军队
那里引走。斯大林自然表示感激，并对美国在给远离美洲大陆
3000 英里之外的 200 万军队提供支持时面临的后勤困难表示同
情。罗斯福然后说他打算跟斯大林谈谈战后问题，包括与苏联
的贸易问题。斯大林说，在战后，苏联会成为美国的一个大市
场。罗斯福表示同意，并特别指出，美国对原材料的需求量很
大，而这些原材料可以由苏联供应。接着双方就中国人的战斗
素质交换了意见。对于这一点，他们都认为，尽管中国人是优
秀的武士，但像蒋介石这种人对他们的领导很拙劣。在谈到戴
高乐和法国人时，双方的想法显然就更一致了。根据斯大林的
说法：

> 在政治上，戴高乐不是一个讲究实际的人。他认为自
> 己能够代表真正的法兰西，而他当然是代表不了的。戴高
> 乐并不理解有两个法兰西：一个是作为符号的法兰西，这
> 是他所代表的；一个是真实的法兰西，它在通过拉瓦勒
> （Laval）、贝当（Pétain）等人帮助德国人。戴高乐与真实
> 的法兰西没有关系，这个真实的法兰西必须为它对德国人
> 的帮助而受到惩罚。

罗斯福有着类似的看法，而且两人还一致认为，在战后有必要
检查法国殖民地的状况。对于美国人提出的成立一个关于殖民
地问题的国际委员会的想法，斯大林也表示赞同，但他与罗斯
福都认为，他们最好不要跟丘吉尔提印度问题，因为这是那位
英国领导人的痛处。罗斯福建议，印度不适合搞议会制度，采
取某种从底层建立起来的苏维埃体制也许会更好。对此，斯大

林说，"这就意味着要走革命的道路。在印度，有许多不同的民族和文化。没有哪种势力或集团可以领导这个国家"。但斯大林同意罗斯福所说的，那些像他们那样对印度问题的看法比较公允的人，更能够对其进行客观的检查。[68]

　　在当天晚些时候的第一次全体会议期间，罗斯福与斯大林继续保持着他们之间已经达成的默契。三巨头第一次会议讨论的主题是，1944 年渡过英吉利海峡入侵法国的计划。实际上，斯大林与罗斯福在联手对付丘吉尔。他们坚持认为，"霸王行动"——这是该计划的代号——在 1944 年的英美军事行动中，绝对是头等大事。斯大林在这次讨论中与罗斯福站在了一边，他从情报中了解得很清楚，对于是优先考虑"霸王行动"还是继续在地中海地区采取军事行动，英美之间一直存在争议。丘吉尔原则上同意"霸王行动"，但他对横渡英吉利海峡进攻防御牢固的法国海岸是否明智感到怀疑，因而更赞成进攻轴心国的"软肋"。[69]"霸王行动"与丘吉尔的围绕意大利和巴尔干展开军事行动的地中海战略存在着矛盾，斯大林支持"霸王行动"，他这是在追求苏联一贯主张的在法国开辟第二战场的目标。他希望西方对这个问题的拖延有个明确的结果。在这次会议上，斯大林还做了一个重大声明，那就是宣布，在德国投降之后，苏联将加入远东的对日战争。对于美国人来说，这其实算不上是个惊喜，因为在早先的莫斯科会议上，斯大林曾经对哈里曼和赫尔透露过他的想法。但是，它仍然代表了一个重要的未来军事承诺，而这样的承诺是罗斯福在珍珠港事件之后，一直想从苏联人那里得到的。[70]

　　在当晚的三方宴会上，斯大林主要提到了战后德国的命运问题。据当时在德黑兰担任美方译员的波伦说：

关于德国，斯大林元帅似乎认为，无论是总统还是丘吉尔所建议的旨在征服和控制德国的措施全都不够……他似乎对德国人民改过自新的可能性没有任何信心，而且他还严厉谴责了德国工人在对苏战争中的态度……他说希特勒是个能力很强的人，但从根本上来说，还不够聪明，缺少文化，用原始的方法去解决政治及其他问题。他不同意总统关于希特勒精神错乱的看法。他强调说，只有能力很强的人，才有可能做到希特勒在使德国人民团结一致方面所做到的一切，不管我们对于这些做法怎么想。

斯大林还对罗斯福 1943 年 1 月宣布的无条件投降的原则——斯
183 大林和丘吉尔随后也接受了这个原则——的效用表示怀疑，理由是，这会使德国人民团结起来反对同盟国。[71] 晚宴后，斯大林与丘吉尔就德国问题进一步交换了意见。他告诉丘吉尔说，"他认为德国完全有可能从这次战争中恢复过来，并在相当短的时间内发动新的战争。他担心德国人的民族主义。在凡尔赛会议之后，和平好像是有了保障，但德国很快就卷土重来了。因此，我们必须建立一个强有力的机构，防止德国发动新的战争。他确信它会卷土重来"。当丘吉尔问起德国人需要多长时间卷土重来的时候，斯大林说 15～20 年。斯大林赞成丘吉尔提出的至少要保持世界 50 年不受德国威胁的想法，但是又认为首相提出的那些措施，即解除武装、经济管制和领土变化还远远不够。根据在德黑兰后来的那些谈判以及有关这次特别谈话的报告来判断，对于丘吉尔想象中的被削弱和管制的德国，斯大林主要反对的是，首相提出的肢解德国的措施还是有限的——主要是让普鲁士脱离德意志的其他部分——而这对于斯大林来说远远不够。丘吉尔也跟斯大林提到了波兰问题，斯大林对此没有多谈，只是说他愿意讨论这个国家的战后边界问题，包括用德国的领土来补偿波兰。[72]

在第二次全体会议之前，斯大林在 11 月 29 日再次会晤了罗斯福。这次会谈的主题是罗斯福关于战后国际安全组织的计划。斯大林了解这位总统的看法，因为罗斯福在 1942 年年中已经向莫洛托夫提出了他的想法，要把各大国组成一支致力于维护和平的国际警察力量。当时在听说了罗斯福的建议之后，斯大林立即在 1942 年 6 月 1 日发电报给在华盛顿的莫洛托夫，说总统"的在战后保护和平的想法绝对在理。毫无疑问，如果英、美、苏不建立起一支防止侵略的联合军事力量，要维持和平是不可能的。请告诉罗斯福……［他］是绝对正确的，苏联政府完全支持他的立场"。[73]在德黑兰，罗斯福向斯大林介绍了有关国际组织的计划的基本内容。该国际组织包括三个组成部分：一个由所有"联合起来的国家"组成的总的组织；一个由 10 ~ 11 个国家组成的执委会；一个由三巨头加上中国组成的警察委员会。欧洲的小国不会喜欢这样的组织，斯大林评论说（指中国扮演的角色），并且建议说可以成立两个组织，一个负责欧洲，一个负责远东。罗斯福指出这个建议跟丘吉尔提出的差不多，但又补充说，美国国会永远不会同意加入只由欧洲人组成的组织。斯大林问，如果一个世界性的组织成立了，美国会不会把它的部队派到欧洲来？罗斯福说，不一定。如果在欧洲发生了侵略，美国会提供船只和飞机，但军队可以由英国和苏联来出。罗斯福问斯大林对此有什么看法，这位苏联领导人就开始说，在先一天的晚宴上，丘吉尔说过德国在战后不会很快恢复它的实力的。斯大林不同意，他认为德国在15 ~ 20 年内就能

184

够东山再起，然后就可能发动新的侵略战争。为了防止这样的侵略战争，各大国必须占领德国国内和德国周围的一些战略要地。日本也是这样，新的国际组织必须有权占领这些战略要地。罗斯福说，"他百分之百地同意斯大林元帅的看法"。[74]

在德黑兰，斯大林之所以对德国问题这么重视，有一个重要的背景，虽然这个背景还不太为人所知。当时在外交人民委员部内部，对于德国战后的命运刚刚开始认真地计划；这些计划的要点是，由同盟国对德国实行长期的军事占领并肢解德国。与此同时，苏联人也担心德国人要求重新统一的压力，所以就想使德国长期处于被削弱的状况。斯大林打算占领战略要地的想法，是苏联针对德国问题的内部讨论的一个自然而然的、合乎逻辑的结论。[75]

斯大林与罗斯福的谈话因为他要出席接受"斯大林格勒之剑"的仪式而中断了。"斯大林格勒之剑"是乔治六世国王为纪念这个英雄城市的市民而赠送的礼物。像往常一样，在这样的场合乐队要演奏"国际歌"（它在这时仍然是苏联的国歌）和"天佑吾王"。在这位苏联独裁者与英国首相就英苏关系彼此说了一番客套话之后，斯大林从丘吉尔那里接过了这把剑，在亲吻后把它交给了伏罗希洛夫，伏罗希洛夫差点把它掉下来。仪式上的这个小插曲在同盟国的报刊上没有报道。

第二次全体会议继续讨论了"霸王行动"。斯大林在若干相关问题上向丘吉尔施压：在进攻法国的日期问题上（这样苏联人就知道了他们的处境，以便做相应的计划）；在负责此次行动的英美联军最高统帅的任命问题上（在斯大林看来，这对于该计划的顺利进行是必需的）；在"霸王行动"与西方盟国计划中的其他军事行动之间的关系问题上。在这次会议上，斯大林说了一句带刺的话——他"想要知道英国人对'霸王行动'是否有信心，还是只是为了让苏联人宽心才说说而已"。他与丘吉尔交流时的尖锐程度由此可见一斑。[76]

第二天，也就是 11 月 30 日，丘吉尔与斯大林举行了双边会谈。他对于"霸王行动"依然有些犹豫，理由是，他不能肯定，如果在法国有大量德军的话，这次进攻是否能够持续下去。但斯大林坚持说，红军在指望着同盟国入侵法国北部，所以他现在就必须弄清楚，这项计划是否会继续执行。如果它真的继续执行，那红军就能从多路发动攻势，把德军牵制在东线。[77]在接下来的三方午餐会上，罗斯福宣布，已经同意在 1944 年 5 月实施"霸王行动"，同时对法国南部发动支援性的进攻。随着有关第二战场的问题有了最终的决定，丘吉尔和斯大林之间的交谈也变得非常友好了。丘吉尔先说，苏联有权得到不冻港。于是，斯大林就借机提出土耳其对黑海海峡的控制权问题，并说有必要把达达尼尔海峡和博斯普鲁斯海峡的管理制度修改得对苏联有利一些。斯大林还提到，要得到远东不冻的出海口，包括满洲的大连港和亚瑟港①，它们是沙俄在 19 世纪租借的，但在 1904～1905 年的日俄战争中俄国战败后又被转让给了日本。丘吉尔回答时再次说，"苏联得要有不冻港"。接着他又继续说，"世界的方向必须集中掌握在那些心满意足因而没有任何权利要求的国家手中……我们三个正是这样的国家。主要的问题在于，在我们相互间达成一致之后，我们就能够认为自己心满意足了"。[78]

在第二天他们继续就各种政治问题进行了友好的交流。在

①　即旅顺港。——译者注

185

午餐过程中，他们对丘吉尔最为看重的说服土耳其加入同盟国参战的计划进行了长时间的讨论。斯大林持怀疑的态度，但他承诺，如果土耳其参战会引发保加利亚与土耳其之间的冲突的话，苏联会向保加利亚宣战。这使丘吉尔感到相当满意，他对斯大林的承诺表示感谢。在关于芬兰的讨论中，丘吉尔对苏联有关列宁格勒安全方面的需要表示同情和理解，但是希望苏联在战后不会吞并芬兰。斯大林回答说，他相信会有一个独立的芬兰，但是为了苏联的利益将会对领土进行调整，而且芬兰人应该为战争的损失支付赔偿。丘吉尔提醒斯大林第一次世界大战期间的那句布尔什维克口号——"不割地，不赔款"——但这位苏联领导人挖苦说："我告诉过你，我已经成了一个守旧派了。"

午餐过后，在正式的全体会议上，很快就对如何分配意大利海军船只和商船达成了友善的协议，丘吉尔和罗斯福答应尽
186 快把船给斯大林送去。下一个要讨论的主题也就是波兰问题有点棘手。丘吉尔和罗斯福向斯大林建议苏联与伦敦的波兰流亡政府恢复外交关系。斯大林坚持说，只要波兰流亡者继续与德国人合作，这件事就不可能。关于领土问题，斯大林赞成用德国的领土来补偿波兰的想法，但又坚持要求东部边界必须是1939 年确立的边界，也就是说，西白俄罗斯和西乌克兰是被合并进苏维埃社会主义共和国联盟的。当艾登表示那就是指"莫洛托夫—里宾特洛甫线"时，斯大林说，他怎么叫它都行。莫洛托夫插话说，他们现在都称它"寇松线"，而在英国外交大臣寇松勋爵所确定的人种界线与苏联人提出的苏波边界线之间，并没有多少区别。不过，斯大林也承认在寇松线以东的任何波兰人占多数的地方都可以划归波兰。

三巨头在德黑兰讨论的最后一个主题是肢解德国。"德国问

题"是罗斯福提出的。斯大林问他怎么想。罗斯福说，"肢解德国"。"我们也希望这样。"斯大林插话说。丘吉尔也说他赞成把德国分成几个部分，但当斯大林问到他对这样的计划的主张时，这位英国领导人解释说，他认为相比于该国的其他部分而言，普鲁士必须受到更严厉的处置。他还解释说，他赞成由德国南部诸省成立一个多瑙河联盟，这样做主要是为了防止将来德国又要求重新统一。根据此次讨论的英方记录，斯大林的看法是：

> 最好还是把德国的各个部族割裂、分散开来。当然，不管把他们拆散到什么程度，他们也会要求统一。他们总是想要重新统一。他从这一点上看出了巨大的危险，而为了消除这种危险，必须采取各种经济措施，在必要时也可以动用武力。这是维持和平的唯一方法。但是，如果我们让德国人建立一个大的联合体，那就一定会有麻烦。我们务必使他们分开……没有任何措施可以不让一个追求重新统一的运动存在。德国人总是想要重新统一，想要复仇。我们有必要让自己保持足够强大，以便在他们再次发动战争的时候击败他们。

丘吉尔问斯大林是否赞成把欧洲分裂成若干小国。斯大林回答说，不是欧洲，只是德国。罗斯福说，德国在分成107个公国的时候曾经是比较安全的。但丘吉尔坚持他的看法，认为分成5个或6个较大的部分更好。斯大林再次说，"应该不惜一切代价拆散德国，这样她就不可能再联合起来了"。他还建议把这件事交给由三国代表组成的欧洲咨询委员会处理，这个委员会是　187

为了检查德国投降和占领的条件而在莫斯科会议上成立的。

就在会议结束的时候，丘吉尔又再次提到波兰边界问题，并且提出了一个正式的方案，说东部可以以寇松线为界，西部以奥得河为界。斯大林说："苏联人在波罗的海没有不冻港。因此，苏联人需要哥尼斯堡和梅梅尔①的不冻港……苏联人需要一小块德国的地方。如果英国人同意把这块地方转让给我们，那我们就会同意丘吉尔提出的方案。"丘吉尔说，他会研究这个非常有趣的建议。[79]

1943 年 12 月 7 日，三巨头在德黑兰举行会议这件事被公之于众，丘吉尔、罗斯福和斯大林坐在会议建筑前的著名照片被刊登在同盟国的报刊上。以三位领导人的名义发表的联合公报说：

> 我们决心，我们三个国家将会在战争中以及在随后的和平中共同努力。关于战争，我们军方的参谋人员参与了我们的圆桌会议，而且我们已经共同商定了摧毁德国军队的计划。对于即将从东、西、南各个方向展开的军事行动的范围和时间安排，我们已经完全达成一致……关于和平，我们确信，我们的密切合作将会赢得持久的和平……我们带着希望和决心来到这里。我们离开这里的时候，也在事实上成了志同道合的朋友。[80]

苏联报刊在报道时对德黑兰会议成果的褒扬甚至超过了莫斯科会议。根据《消息报》的报道，德黑兰会议的各项决议，

---

① 梅梅尔（Memel），原是东普鲁士的一个市，现属于立陶宛，名为克莱佩达（Klaipėda）。——译者注

"对于全世界人民的命运具有重要的历史意义"；而《真理报》则说，会议的宣言"不仅预示着胜利，而且预示着持久而稳定的和平"。[81]斯大林还亲自费心把塔斯社报道的标题从中性的"苏美英政府首脑会议"改为"同盟国三强领导人会议"。[82]

12 月 10 日，一份总结德黑兰会议的历次讨论的文件给斯大林准备好了。斯大林的秘书们总是非常仔细地把他的谈话汇编成准确的记录，他们的总结跟苏联官方的德黑兰会议记录也非常一致。但是，斯大林用笔所做的修改和评注表明，他对这份文件读得很仔细，因此，它可以被看作他认为他自己在德黑兰曾经说过和做过的事情的记录。

至于丘吉尔有关波兰边界的建议，这份总结文件重复了斯大林提出的接受它的条件：以同意把梅梅尔和哥尼斯堡转让给苏联为前提。关于土耳其，该文件援引斯大林说的，"一个像苏联这样的大国不应当被关在黑海里面，所以有必要重新审视达达尼尔海峡和博斯普鲁斯海峡的管理制度"。至于斯大林有关肢解德国的看法，该文件说：

> 斯大林同志宣布，至于削弱德国这个目标，苏联政府优先考虑的是对她进行肢解。斯大林同志积极支持罗斯福的计划，但还没有决定要把德国分裂成几个国家。他反对丘吉尔的计划，反对在把德国分裂之后再创立一个像多瑙河联邦这样的不稳定的新国家。斯大林同志说，赞成奥地利和匈牙利成为单独的国家。

关于战后国际安全组织问题，该文件概括了罗斯福的观点，并记下了斯大林的反提案：成立两个机构，一个负责欧洲，一个负责远东。斯大林对文件的这一部分做了修改，并且说他并不反对罗斯福的提案，[83]但对他有关战略要地的观点的总结则没有改动："斯大林同志指出，成立这样一个组织本身还不够。必须成立一个有权占领战略要地的组织，以防德日发动新的侵略战争。"[84]

斯大林、丘吉尔和罗斯福

陪同丘吉尔前往德黑兰的是帝国总参谋长陆军元帅艾伦·布鲁克。布鲁克对斯大林在德黑兰的表现的评价是："在他的任何讲话中，他从来没有犯过战略性的错误；他有着敏锐而可靠的洞察力，因而也从来没有错过局势中所有隐含的东西。"[85]美国海军作战部部长金（King）上将的判断是，"斯大林很清楚他来德黑兰想要什么，而且他得到了"。[86]布鲁克还评论说，"斯大林让罗斯福总统任由他的摆布"。[87]罗斯福本人则认为，斯大林睿智、敏锐、幽默而且性格强硬。总统在私下里对哈利·霍普金斯说，斯大林比预想的难对付得多，但他仍然相信，如果苏联的权利和领土要求得到适当的承认，还是可以把这位苏联领导人争取过来加入战后的和平合作的。[88]丘吉尔的判断更加谨慎，但即使是他也在 1944 年 1 月写道，"我们从内心里对斯大林产生了新的信任感"。[89]

对于斯大林而言，德黑兰会议的最重大的成果是有关"霸王行动"的协议。在军事上，他不再认为在法国开辟第二战场有那么重要了，但是，让他的西方盟友分担对德战争的陆上重担依然重要。如果苏联被战争拖垮了，以至于无力赢得和平，那胜利可就实在是得不偿失。英美在欧洲大陆驻军还符合斯大林的这一想法：为了遏制德国，同盟国要对德国进行长期的军事占领。在德国问题上，罗斯福与斯大林的一致之处在于，想要一种惩罚性的和平，包括彻底肢解这个国家。丘吉尔还有点顾虑，但即使是他也同意，为了防止德国东山再起，严厉的措施是必要的。在波兰问题上，斯大林对丘吉尔和罗斯福的热情支持表示欢迎，因为把波兰的边界西移，就可以使苏德条约所确定的苏波边界合法化了。罗斯福有关国际安全的想法，有望使苏联在战后世界的治理中扮演重要的角色，而丘吉尔关于苏联有权得到不冻的出海口的观点，对于改变达达尼尔海峡和博斯普鲁斯海峡的管理制度来说也是个好兆头。在私人层面上，斯大林与罗斯福已经建立了良好的工作关系。他跟丘吉尔一度有些摩擦，但到会议结束的时候，两人又恢复了友好。

但是，斯大林对于丘吉尔和罗斯福的真实想法和感觉如何呢？这跟大多数有关斯大林内心世界的问题一道，免不了要靠猜测了，因为他很少流露自己内心的想法。在他们在一起的时候，斯大林无论是在政治方面还是在私人方面都极为随和，但就像斯普里亚诺指出的那样，他"很善于跟与他谈话的人形成一种亲密的关系"。在与西方其他许多政治人物会谈的时候，这一招也是屡试不爽。另外，丘吉尔和罗斯福是他在战争期间遇到过的唯一在各方面都与他对等的两个人。对于斯大林来说，这次跟与他权力地位相当的人打交道一定也是件快事，只要他们尊重他而他也能够得到他想要的东西。把斯大林与丘吉尔以及与罗斯福隔开的当然是意识形态的鸿沟。但即使是那道鸿沟也没有当初看起来那么宽。在苏联的意识形态宣传中，丘吉尔，特别是罗斯福，都被描绘成他们各自国家中统治阶级的进步阶层的代表，是真心实意想要与苏联不仅在战争期间而且在和平时期开创共同事业的领导人。当然，丘吉尔和罗斯福的政策是出于自我利益，但在斯大林的马克思主义理论体系中，一切政治活动的最终驱动力都是现实的或想象的物质利益。斯大林首先是意识形态的和政治的行动者，而这些是他判断别人并与之建立联系的条件。这并不是说，纯粹私人的因素对他来说不重要。苏联的政治文化，尤其是斯大林自己的管理模式，是以个人和团体的信任、忠诚以及友谊作为润滑剂的。斯大林也是个非常相信历史人物的作用的人。在 1931 年的一次采访中，他曾经提出，伟大的个人是那些能够正确地理解新的条件并知道怎样去改变这些条件的人。[90] 在同一次采访中，斯大林还谦虚地认为，他在俄罗斯历史上的作用与彼得大帝或伟大的列宁无法相比；但是，不难发现，斯大林也像希特勒一样，把自己看作一个秉承天命的人。只是与希特勒不一样的是，斯大林不是个自大狂，而且他乐于跟其他两个秉承天命的人——丘吉尔和罗斯福一起成为历史的中心人物，只要这样做依然符合他的目的与利益。

德黑兰会议两个星期后，对于苏联的越来越明朗的战争目标，查尔斯·波伦起草了一份被人广为引用的总结评估：

> 要拆散德国并使之保持这样的状态。不允许东欧、东南欧和中欧的各国把自己组成任何联邦或联合体。要剥夺法国的殖民地和境外的战略基地，而且不允许她保持相当规模的军事编制。波兰和意大利将大致保持它们现有的领土规模，但是，是否会允许它们无论哪个保持相当规模的武装力量还不能肯定。结果就是，苏联会成为欧洲大陆唯一重要的军事和政治力量。欧洲其他国家在军事和政治上将无能为力。[91]

波伦的评估不可谓不公正，虽然它夸大了斯大林对除恢复 1941
年的苏联边界之外的各种战争目标的固执程度。但是波伦的总
结漏掉了斯大林想法中的一个至关重要的内容：苏联的目标是
要通过与丘吉尔和罗斯福的合作来实现的，因而，关于英美在
其利益范围方面的目标，将会有平等交换。更重要的是，斯大
林急于实现的目标不仅有战略上的，也有政治和意识形态的。
借助于社会经济的突变，借助于共产党在政治上的发展，这位
苏联领导人企图统治的欧洲将焕然一新。斯大林非常想把"伟
大的同盟"继续维持到未来的某个时候，但这个目标跟他对欧
洲政治进行根本改造的想法是有冲突的。在斯大林看来，和平
时代的"伟大的同盟"与整个欧洲开始向社会主义和共产主义
过渡，是没有任何矛盾的。但丘吉尔和罗斯福并不这么看。他　191
们对战后世界的态度受到这样一种看法的支配：在民主的基础
上，并且按照英美的经济利益与战略利益，重建欧洲的资本主
义制度。只要战争还在继续，就可以用反法西斯的团结之类的
辞令来掩盖苏联与西方在战后世界的看法上的根本分歧。但是，
随着胜利的临近，在苏联与西方的同盟内部，这种紧张和矛盾
的状况就开始不断加剧，并对斯大林有关和平时代的"伟大的
同盟"的想法提出了挑战。

注　释

[1] J. Stalin, *On the Great Patriotic War of the Soviet Union*, Hutchinson：
London，1943，p. 12.

[2] "Politicheskiye i Voennye Itogi Goda Otechestvennoi Voiny", *Izvestiya*，
23/6/42.

[3] D. Volkogonov, *Stalin: Triumph and Tragedy*, Phoenix Press: London, 2000, pp. 412 – 13.

[4] P. Sudoplatov, *Special Tasks*, Warner Books: London, 1995, pp. 145 – 7. 另参见对苏多普拉托夫的采访 "Stalin Had No Intention of Surrendering", *New Times*, no. 15, 1992。

[5] 在 1965 年接受苏联作家康斯坦丁·西蒙诺夫的采访时，科涅夫元帅回忆说，在莫斯科战役期间，斯大林如此紧张，以至于他用第三人称说："斯大林同志不是叛徒。斯大林同志是诚实的人。斯大林同志会采取一切手段来纠正这种局势。"这些话据认为是斯大林在一次与西方方面军司令部的电话通话中说的。参见 K. Simonov, *Glazami Cheloveka Moego Pokoleniya: Razmyshleniya o I. V. Staline*, Moscow, 1990, p. 351。

[6] Sudoplatov, *Special Tasks*, pp. 147 – 8.

[7] V. Karpov, *Generalissimus*, vol. 1, Moscow, 2003, pp. 458 – 62.

[8] V. Mastny, *Russia's Road to the Cold War*, Columbia University Press: New, York, 1979, pp. 73 – 85. 另参见马斯特尼下面的这篇文章，他在文章中进行了更详细的推测，但没有任何作用，"Stalin and the Prospects of a Separate Peace in World War II", *American Historical Review*, vol. 77, 1972。

[9] *Vneshnyaya Politika Sovetskogo Souza v period Otechestvennoi Voiny*, vol. 1, Moscow, 1944, pp. 395 – 6.

[10] Harriman Papers, Library of Congress Manuscripts Division, Container 170, Chronological File, 29 – 31/10/43. 赫尔关于这些话的版本是，斯大林 "接着就先对过去一直散布谣言说苏联和德国可能和解的那些人进行了讽刺挖苦。临了他还用毫不含糊的语言嘲弄了这件事情的方方面面，建议把这种谣言全部消灭掉"。*Foreign Relations of the United States*, 1943, vol. 1, p. 687.

[11] Ibid. , cf. 8 – 17/11/43.

[12] W. H. McNeill, *America, Britain and Russia: Their Co-operation and Conflict, 1941 – 1946*, Oxford University Press: London, 1953, p. 324.

[13] G. P. Kynin and I. Laufer (eds), *SSSR i Germanskii Vopros*, vol. 1, Moscow, 1996, docs 15, 18, 38.

[14] 参见 W. F. Kimball, "Stalingrad: A Chance for Choices", *Journal of Military History*, no. 60, January, 1996。

[15] I. Banac (ed.), *The Diary of Georgi Dimitrov*, Yale University Press: New Haven, 2003, pp. 155 – 6.

[16] Ibid., p. 270.

[17] *Komintern i Vtoraya Mirovaya Voina*, vol. 2, Moscow, 1998, docs 134, 136, 137. 记录了第三国际执委会讨论解散问题的那些文件的英文译文可见于 A. Dallin and F. I. Firsov (eds), *Dimitrov & Stalin*, *1934 – 1943*, Yale University Press: New Haven, 2000, docs 51, 52, 53。含有各国共产党对解散第三国际的回复的文件资料可见于 Comintern archives in Rossiiskii Gosudarstvennyi Arkhiv Sotsial'no – Politicheskoi Istorii (RGASPI) F. 495, Op. 18, D. 1340, Ll. 105 – 81。

[18] J. Degras (ed.), *The Communist International*, *1919 – 1943*, vol. 3, Frank Cass: London, 1971, pp. 476 – 9.

[19] Ibid., pp. 480 – 1; *Komintern i Vtoraya Mirovaya Voina*, doc. 143.

[20] Dimitrov diary pp. 271 – 7. 斯大林之所以催促季米特洛夫可能是由于有报纸报道说第三国际即将被解散。

[21] RGASPI, F. 7, Op. 3, D. 1042 L. 58.

[22] Dimitrov diary, pp. 275 – 6.

[23] 斯大林提到"宗教信仰"预示着苏联政策的重大转变，即与苏联的东正教进行广泛的战时合作。对斯大林战争期间的宗教政策以及在其与宗教领袖合作的愿望背后之动机的详细检查，可见于 S. Merritt Miner, *Stalin's Holy War*: *Religion*, *Nationalism and Alliance Politics*, *1941 – 1945*, University of North Carolina Press: Chapel Hill NC, 2003.

[24] Stalin, *Great Patriotic War*, pp. 61 – 2.

[25] " 'Otvet SSSR Pol' skim Posobnikam Gitlera", *Izvestiya* 27/4/43; "Protiv Polskikh Soobshchnikov Gitlera", *Pravda*, 28/4/43.

[26] *Stalin's Correspondence with Churchill*, *Atlee*, *Roosevelt and Truman*, *1941 – 1945*, Lawrence & Wishart: London, 1958, doc. 150, pp. 120 – 1.

[27] 我对卡廷事件的详细研究见于 "Stalin and the Katyn Massacre", in G. Roberts (ed.), *Stalin*: *His Times and Ours*, IAREES:

Dublin, 2005。我的文章以及在本书中有关的概述都主要是基于两本源自俄罗斯或苏联档案的文件集: *Katyn': Plenniki Neob'yavlennoi Voiny*, Moscow, 1997 和 *Katyn': Mart 1940g. - Sentyabr' 2000g*, Moscow, 2001。另见 G. Sanford, "The Katyn Massacre and Polish-Soviet Relations, 1941 – 1943", *Journal of Contemporary History*, vol. 21, no. 1, 2006。

[28] 翻译成英文的相关文献在互联网上普遍可以获得, 例如 http: //www. katyn. org。

[29] Harriman Papers c. 171, cf. 22 – 31/1/44. 1944 年 1 月 25 日, 哈里曼的父亲, 也就是埃夫里尔, 向华盛顿报告说, 凯瑟琳和一名使馆工作人员从斯摩棱斯克回来了, "尽管还不能最终确定, 但是从一般的证据来看, 凯瑟琳和这名使馆工作人员都相信, 大屠杀很可能是德国人干的"。Harriman Papers, c. 187 (Katyn Forest Massacre File)。

[30] A. Polonsky and B. Drukier, *The Beginnings of Communist Rule in Poland*, Routledge & Kegan Paul: London, 1980, pp. 7 – 8.

[31] "Posetiteli Kremlevskogo Kabineta I. V. Stalina: 1942 – 1943", *Istoricheskii Arkhiv*, no. 3, 1996, p. 66.

[32] N. Lebedeva and M. Narinksy, "Dissolution of the Comintern in 1943", *International Affairs*, no. 8, 1994.

[33] P. Spriano, *Stalin and the European Communists*, Verso: London, 1985, chap. 16.

[34] G. M. Adibekov, E. N. Shakhnazarov and K. K. Shirinya, *Organizatsionnaya Struktura Kominterna, 1919 – 1943*, Moscow, 1997, pp. 233 – 41.

[35] RGASPI, F. 17, Op. 3, D. 1047, Ll. 63 – 4. 这份刊物的名称在战后改成了《新时代》, 它不仅在俄国还在法国、德国、英国发行。该刊物名义上是由苏联的工会出版的, 这样斯大林就可以在合适的时候拒绝为它的内容承担责任。

[36] *SSSR i Germanskii Vopros*, p. 665.

[37] 关于李维诺夫在这场战争的作用, 参见 G. Roberts, "Litvinov's Lost Peace, *1941 – 1946*", *Journal of Cold War Studies*, vol. 4, no. 2, Spring 2002.

[38] Arkhiv Vneshnei Politiki Rossiiskoi Federatsii (AVPRF) F. 06, Op. 5, Pap. 28, D. 327, Ll. 5 - 28. 这是莫洛托夫批阅过的李维诺夫文件的档案复印件，里面到处都是下划线和评注，说明莫洛托夫对李维诺夫的观点有质疑。这份文件（加上莫洛托夫的批注）发表在 *Vestnik Ministerstva Inostrannykh Del SSSR*，no. 7，1990，pp. 55 - 63。其英文译文可见于 A. Perlmutter, *FDR and Stalin: A Not So Grand Alliance*, *1943 - 1945*, University of Missouri Press: Columbia, 1993, pp. 230 - 46。

[39] *Stalin's Correspondence*, doc. 174, p. 149.

[40] M. Gat, "The Soviet Factor in British Policy towards Italy, *1943 - 1945*", *Historian*, vol. 1, no. 4, August 1988.

[41] "Ital yanskii Vopros", *Pravda*, 30/3/44.

[42] 具有讽刺意味的是，就如加特（Gat）在"苏联对英国的意大利政策的影响"中所说的那样，正是苏联和共产党人在意大利构成的挑战，使得英国人放弃了他们统治这个国家的目标，并转而支持它的独立。

[43] Dimitrov diary, p. 304.

[44] 关于苏联对意大利的政策，参见 O. V. Serova, *Italiya i Antigitlerovskaya Koalitsiya*, *1943 - 1945*, Moscow, 1973 以及 S. Pons, "Stalin, Togliatti, and the Origins of the Cold War in Europe", *Journal of Cold War Studies*, vol. 3, no. 2, Spring 2001。

[45] Dimitrov diary, p. 305.

[46] "Anglichane i Amerikantsy khotyat vezde sozdat reaktsionnye pravitel' stva", *Istochnik*, no. 4, 1995. 该文件的英文译文可见于 *Stalin and the Cold War, 1945 - 1953: A Cold War International History Project Documentary Reader*, 1999, pp. 81 - 6。

[47] E. Kimball MacLean, "Joseph E. Davies and Soviet - American Relations, 1941 - 1943", *Diplomatic History*, vol. 4, no. 1, 1980.

[48] 关于这次莫斯科会议，参见 K. Sainsbury, *The Turning Point*, Oxford University Press: Oxford, 1986; V. Mastny, "Soviet War Aims at the Moscow and Tehran Conferences of 1943", *Journal of Modern History*, no. 47, September 1975; 以及 D. Watson, "Molotov etLa Conférence du Moscou Octobre 1943", *Communisme*,

no. 74/75，2003。

[49] *Moskovskaya Konferentsiya Ministrov Inostrannykh Del SSSR*，*SShA i Velikobritanii*，Moscow，1984，docs 10，11，14.

[50] "K Predstoyashchemu Soveshchaniu v Moskve Trekh Ministrov"，AVPRF，F. 6，Op. 5b，Pap. 39，D. 6，Ll. 52 – 8. 这份日期为 1943 年 10 月 3 日、标题为"关于即将举行的三国外交部部长莫斯科会议"的文件的作者是副外交人民委员弗拉基米尔·杰卡诺佐夫。其复印件可见于 *SSSR I Germanskii Vopros*，doc. 59。

[51] AVPRF F. 6，Op. 5b，Pap. 39，Dd. 1 – 2，4 – 6 and Pap. 40，D. 11. 许多这类文件的复印件都可见于 *SSSR i Germanskii Vopros*。

[52] "Posetiteli Kremlevskogo Kabineta I. V. Stalina：1942 – 1943"，pp. 82 – 4.

[53] AVPFR F. 6，Op. 5b，Pap. 39，D. 6，Ll. 16 – 27.

[54] *Sovetsko – Angliiskie Otnosheniya vo Vremya Velikoi Otechestvennoi Voiny 1941 – 1945*，vol. 1，Moscow，1983，doc. 295.

[55] *Moskovskaya Konferentsiya* 中有苏方对这次会议议项的记录以及在这次会议上做出的决定、决议及发表的宣言的备忘录。美方和英国、法国的相应的记录可分别见于 *Foreign Relations of the United States 1943*，vol. 1 以及 PRO F0371/37031。

[56] *Foreign Relations of the United States 1943*，vol. 1 pp. 742 – 4.

[57] Znacheniye Moskovskoi Konferentsii，*Izvestiya*，2/11/43；Vazhnyi Vklad v Obshchee Delo Souznikov，*Pravda*，2/11/43；and K Itogam Moskovskoi Konferentsii，*Voina I Rabochii Klass*，no. 11，1943.

[58] AVPRF F. 0511，Op. 1，D. 1，L. 72.

[59] H. Feis，*Churchill – Roosevelt – Stalin*，Princeton University Press：Princeton NJ，1957，p. 237.

[60] 转引自 Watson，"Molotov"。

[61] Feis，*Churchill. . .*，p. 238.

[62] Harriman Papers，c.，170，Cf. 8 – 17/11/1943.

[63] I. Stalin，*O Velikoi Otechestvennoi Voine Sovetskogo Souza*，Moscow，1946，pp. 108 – 9.

[64] *International Affairs*，no. 2，2004，p. 149.

［65］ S. M. Shtemenko, *The Soviet General Staff at Work*, *1941 - 1945*, vol. 1, Progress Publishers: Moscow, 1970, chap. 9.

［66］ 例如，L. Havas, *Hitler's Plot to Kill the Big Three*, Corgi Books: London, 1971。

［67］ V. Berezhkov, *History in the Making*: *Memoirs of World War II Diplomacy*, Progress Publishers: Moscow, 1983, p. 254. 这则故事很可能是杜撰的。别列日科夫声称只有他、罗斯福和斯大林参加了这次会谈。但是，罗斯福的译员查尔斯·波伦作为理应参加的人也在场，而且还写了一份会谈报告。除此之外，据波伦说，是斯大林的首席翻译巴甫洛夫参加了这次会议，而不是别列什日科夫。

［68］ *Tegeranskaya Konferentsiya Rukovoditelei Trekh Souznykh Derzhav-SSSR, SShA I Velikobritanii*, Moscow, 1984, doc. 52. 该卷文件含有官方公布的德黑兰会议的苏联记录。但是，把这一卷与俄罗斯外交部档案馆的会议记录副本进行比对可以发现，在公布的和没有公布的记录之间有许多内容被删掉了，还有许多内容不一致，包括这里引用的斯大林对戴高乐的评论和斯大林关于印度的评论的第二句话都没有（AVPRF F. 0555, Op. 1, Pap. 12, D. 24, Ll. 5 - 7）。美方关于这次讨论的记录可见于 *Foreign Relations of the United States*: *The Conferences of Cairo and Tehran 1943*, Washington D. C. , 1961, pp. 483 - 6。另可参见美方翻译波伦对斯大林在 11 月 28 日三方宴会上对法国的评论的概述："在整个晚上，斯大林元帅都在不断地提到一个主题，即法兰西民族，尤其是它的领导人和统治阶级都是堕落的，应该为他们与纳粹德国合作的罪行受到惩罚。" Ibid. , p. 512.

［69］ 对丘吉尔关于"霸王行动"的观点以及他的"地中海战略"的实质的精彩分析，可参见 D. Reynolds, *In Command of History*: *Churchill Fighting and Writing the Second World War*, Penguin Books: London, 2005, 尤其是第 24 章。

［70］ *Tegeranskaya Konferentsiya*, doc. 53. 苏方关于德黑兰各次全体会议的记录的部分内容，其英文译文可见于 *The Tehran, Yalta & Potsdam Conferences*, Progress Publishers: Moscow, 1969。但在会议记录副本中记录斯大林有关苏军加入远东战争的讲话的部

分，在这本书中被删去了。

[71] *The White House Papers of Harry L. Hopkins*, Eyre & Spottiswoode：London, 1949, p. 777. 另参见 *Tegeranskaya Konferentsiya*, doc. 54。

[72] PRO Prem, 3/136/11/75892.

[73] O. A. Rzheshevsky (ed.), *War and Diplomacy：The Making of the Grand Alliance* (*Documents from Stalin's Archive*), Harwood Academic Publishers：Amsterdam, 1996, doc. 82.

[74] *Tegeranskaya Konferentsiya*, doc. 56.

[75] *SSSR i Germanskii Vopros*, docs 58, 59, 63, 64, 65.

[76] *Tegeranskaya Konferentsiya*, doc. 57.

[77] Ibid., doc. 58；PRO Prem, 3/136/11/75892.

[78] *Tegranskaya Konferentsiya*, doc. 59. Cf. *Foreign Relations of the United States：The Conferences of Cairo and Tehran 1943*, pp. 565 – 681.

[79] *Tegeranskaya Konferentsiya*, doc. 62；PRO Prem 3/136/11/75892；*Foreign Relations of the United States：The Conferences of Cairo and Tehran 1943*, pp. 596 – 604；以及 AVPRF F. 0555, Op. 1, Pap. 12, D. 24, LL. 50 – 101。斯大林明确赞成肢解德国、莫洛托夫 – 里宾特洛甫协定（即《苏德互不侵犯条约》）、苏联人需要一块德国领土，这些内容都从苏联公布的德黑兰会议的记录中删去了。

[80] *The Tehran, Yalta & Potsdam Conferences*, pp. 51 – 2.

[81] "Znamenatel"naya Vstrecha Rukovoditelei Trekh Souznykh Dezhav', *Izvestiya*, 7/12/43；"Istoricheskoe Resheniye", *Pravda*, 7/12/43.

[82] 斯大林改动手迹的摹本见于 *Mezhdunarodnaya Zhizn'*, no. 2, 2004, p. 121。

[83] 这一改动跟斯大林在他 12 月 1 日与罗斯福的第三次会谈中所说的内容一致，即他现在支持总统的成立单独的国际组织的建议。这次讨论的另一个话题是苏联在 1940 年对波罗的海国家的占领，罗斯福说由于波罗的海裔的美国人群体的影响力，这给他在国内政治上出了难题。*Tegeranskaya Konferentsiya*, doc. 63.

[84] "Izlozheniye Otdel" nykh Voprosov Obsuzhdavshikhsya na Konferentsii

v Tegerane', RGASPI, F. 558, Op. 11, D. 234, LL. 99 – 104.

［85］ 转引自 R. Edmonds, *The Big Three*, Penguin Books: London, 1991, p. 341。

［86］ 转引自 R. Nisbet, *Roosevelt and Stalin: The Failed Courtship*, Regnery Gatway: Washington DC, 1988, p. 50。

［87］ Ibid.

［88］ D. J. Dunn, *Caught between Roosevelt and Stalin: America's Ambassadors to Moscow*, University Press of Kentucky: Lexington, 1998, p. 221.

［89］ 转引自 D. Carlton, *Churchill and the Soviet Union*, Manchester University Press: Manchester, 2000, p. 109。关于丘吉尔和斯大林在战争期间的关系，参见 Lord Moran, *Winston Churchill: The Struggle for Survival, 1940 – 1965*, Sphere Books: London, 1968。

［90］ "Talk with the German Author Emil Ludwig, December 13, 1931", in J. Stalin, *Works*, vol. 13, Foreign Languages Publishing House: Moscow, 1955, pp. 106 – 25.

［91］ 转引自 Mastny, *Russia's Road*, p. 132。

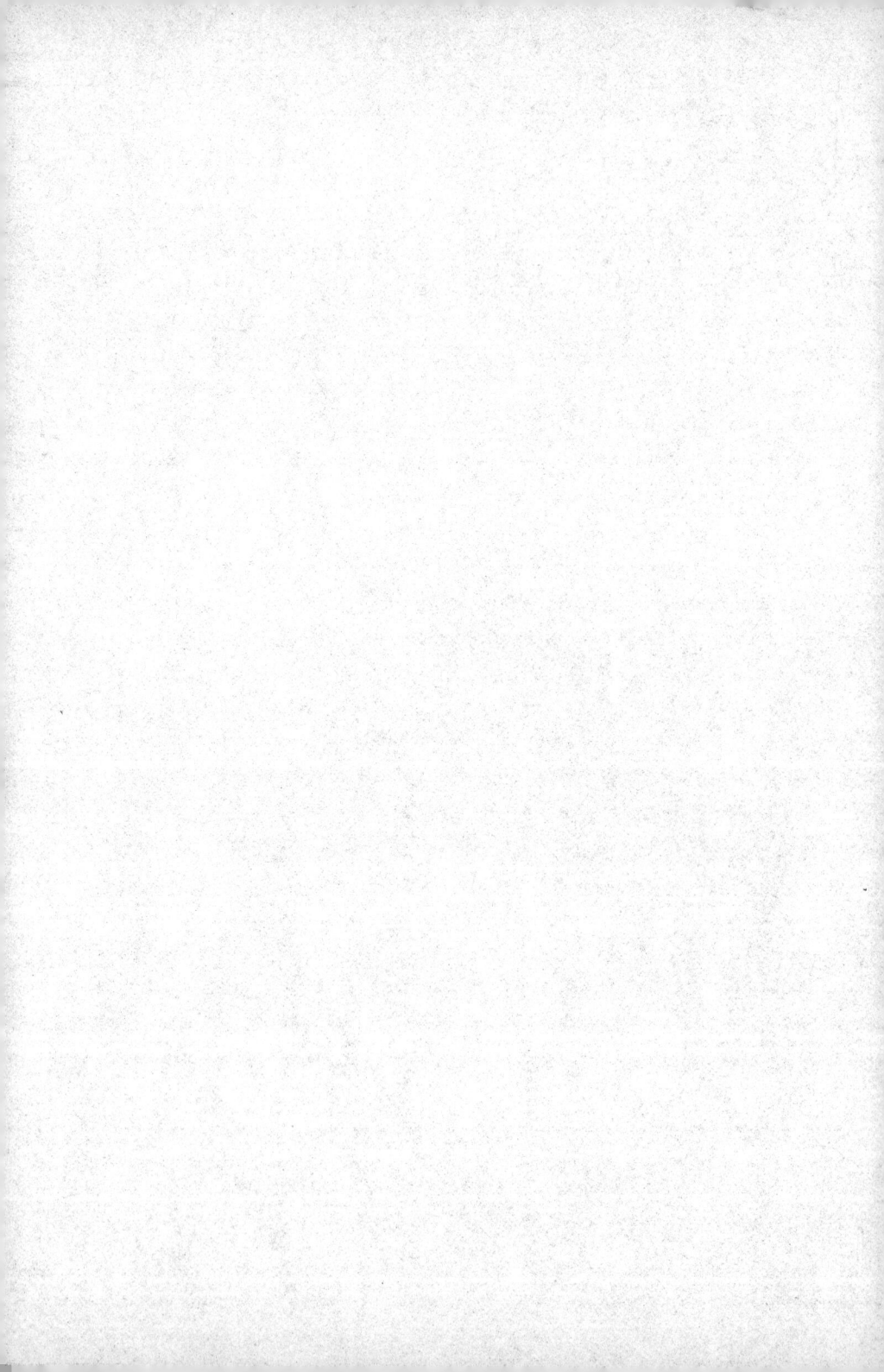

让　我　们　一　起　追　寻

〔英〕杰弗里·罗伯茨 著 李晓江 译
(Geoffrey Roberts)

斯 大 林 的 战 争

Stalin's Wars

From World War to Cold War, 1939-1953

〔II〕

社会科学文献出版社
SOCIAL SCIENCES ACADEMIC PRESS (CHINA)

1939年8月23日，里宾特洛甫签署苏
德条约，身后站立者为斯大林和莫洛
托夫 ▶

希特勒与他的将军们 ▼

斯大林格勒战役时的苏军前线　▲

1944年参加华沙起义的波兰战俘　▼

1942年，德军空袭斯大林格勒　◀

1945年7月，斯大林与杜鲁门总统，波茨坦会议　◄

1945年8月6日，原子弹爆炸后的日本广岛　▲

拉夫连季·贝利亚　▲

维亚切斯拉夫·莫洛托夫 ◄

朱可夫元帅（左）与
罗科索夫斯基元帅 ◄

格奥尔吉·季米特洛夫
与斯大林、伏罗希洛
夫、卡冈诺维奇，以及
莫洛托夫等 ►

斯大林葬礼上克里姆林
宫城墙下摆放的花环 ►

Товарищи Сталин, Куйбышев, Димитров, Ворошилов, Л. М. Каганович, Молотов,

1953年3月,斯大林的葬礼上,马林科夫、莫洛托夫、布尔加宁等抬着斯大林的灵柩 ▲

目　录

第七章 成功与悲剧：斯大林的
胜利之年

在苏联的历史记录中，1944 年是取得"十大胜利"的一 年。这段英勇故事的原作者是斯大林，他在纪念布尔什维克革命 27 周年的讲话中用对敌人的 10 次"毁灭性打击"来描述 1944 年在军事上取得的进展。这是斯大林在其战时讲话中运用叙事技巧的优秀例证——这些讲话以一系列战役和军事行动的故事的形式，有代表性地分析了战争的进程。在这一次所提到的事件有：

1. 解除对列宁格勒的封锁（1 月）

2. 包围在乌克兰西南部的德军，红军进入罗马尼亚（2～3 月）

3. 解放敖德萨，摧毁在克里米亚的德军（4～5 月）

4. 在维堡打败芬兰（这为该国在 1944 年 9 月的投降铺平了道路）（6 月）

5. 解放白俄罗斯（6～7 月）

6. 苏联军队进入波兰（7 月）

7. 占领罗马尼亚和保加利亚（8～9 月）

8. 解放立陶宛和爱沙尼亚（9 月）

9. 解放贝尔格莱德，苏军进入匈牙利和捷克斯洛伐克（10 月）

10. 击败芬兰北部和挪威北部的德军（10 月）

（见地图 13a 和地图 13b）

除了歌颂红军的军事成就之外，斯大林这次讲话的重要之处还在于它发出了信号，要在苏联的宣传中恢复共产主义的维度。在先前的历次讲话中，尤其是在 1941 年 11 月的那些讲话中，斯大林都坚定地把这次抵抗德国的卫国战争置于苏联人保卫祖国的传统之中。现在他强调，"十月革命中诞生的社会主义体制赋予了我们的人民和我们的军队伟大的、不可征服的力量"。当斯大林谈到苏联人民的功绩时，他指的不是俄罗斯人或者其他族群，而是使用了工人、农民和知识分子这些布尔什维克的传统的阶级范畴，他们中的每一个——工人在工业方面，农民在农业方面，知识分子在思想和组织方面——都被看作在战争时期的斗争中发挥了重要而独特的作用。但是，在斯大林关于苏联的爱国主义的定义中，他把战争时期的斗争中的阶级和民族的维度糅合到了一起：

> 苏维埃爱国主义的力量，就在于这种爱国主义的基础不是种族偏见或民族主义偏见，而是人民对自己的苏维埃祖国的耿耿忠心与献身精神，以及我国各族劳动人民兄弟般的合作关系。在苏维埃爱国主义中，各族人民的民族传统与苏联所有劳动者共同的切身利益和谐地结合在一起。苏维埃爱国主义没有造成分裂，相反，它把我国的各个民族和各种民族特性都融入一个统一而充满友爱的家庭之中。

193

注：德军及其他轴心国军队用斜体表示。

地图 13a 苏军军事行动，1944 年

注：德军及其他轴心国军队用斜体表示。

地图 13b　苏军军事行动，1944 年

在斯大林 1944 年 11 月的讲话中，另一个值得注意的地方是，他用很长的篇幅表示，支持"伟大的同盟"在战后继续发挥作用。"苏英美同盟的基础不是一些偶然的和暂时的动机，"斯大林说，"而是非常重大的和长远的利益。"当战争胜利的时候，这个同盟面临的问题是，如何使得"新的侵略和新的战争不再发生，即使不能永远也要在很长一段时期内不再发生"。新的战争危险之所以存在，是因为历史表明，德国在二三十年内不可避免地会从失败中恢复过来，并构成新的侵略威胁。防止这种威胁的办法是，创立一种国际安全组织，它可以使用必要的武力去保卫和平、对付侵略性的国家构成的任何威胁。该新组织的核心将会是那些在这次对德战争中承担重任的大国，而这些大国因此在战后也需要保持它们的团结与合作。[1]

敦巴顿橡树园会议

　　斯大林宣称需要一个能够有效替代"国际联盟"的组织，这样说是对 1944 年 8 ~ 9 月的敦巴顿橡树园会议成果的一种回应——这次会议是为讨论在 1943 年 10 月莫斯科外交部部长会议上曾经宣布的建立新的国际安全组织的计划而召开的。苏方对敦巴顿橡树园会议的准备工作在 1944 年初就开始了。起初，在苏联的内部讨论中，关键人物是李维诺夫。他作为和平条约与战后秩序委员会的主席，给自己的上司莫洛托夫撰写了一系列报告，以回应英美有关战后安全问题的提议，并概要地表达了他自己对这个新的国际组织的看法。李维诺夫认为，它应该有一个由各大国组成的委员会来领导，该委员会的运作要以一致同意的决策为基础，并以保卫国际和平与安全为首要责任。关键是，李维诺夫认为，应该用大国间的一系列双边承诺与协议，来支持这个起领导

196

作用的委员会的运作。他在这里提出的理由是，"国际联盟"的经验表明，相比于遵守涉及集体安全的一般性承诺，各大国更可能遵守彼此间具体的协议。李维诺夫还倡议成立一系列的地区性分支组织，从而形成体系，把世界划分成若干单独的区域，分别由各大国负责并维护安全。实际上，李维诺夫解决战后安全问题的办法是美、英、苏的共同统治，是把世界划分为各大国的势力范围。李维诺夫的打算是，在英、美、苏各自的利益区域中，不仅给予它们权力，还赋予它们责任，从而建立良性的势力范围，推动维护和平与安全。在李维诺夫看来，为明确各大国的主要行动范围而对全球进行划分，还可以使英、美、苏的竞争性的并且有可能发生冲突的利益，彼此分隔开来。[2]

李维诺夫的想法对于苏联确定其在敦巴顿橡树园会议上的立场起到了重要作用，但是，他的最根本的建议——新组织的基础是大国对整个世界的划分——并没有出现在下发给苏联代表团的指示中。苏联领导层还回避了建立地区性分支组织的看法，说这件事还需要进一步的讨论。[3]驻日本大使雅科夫·马利克（Yakov Malik）在参与苏联内部讨论的文稿中指出了个中的原因：把世界划分成各个责任区的问题在于，它可能导致苏联在远东遭到排斥或者被边缘化。马利克进一步指出，在以地区为基础的组织中，英国人可以加入四个区（欧洲、亚洲、非洲和美洲），美国人三个（欧洲、亚洲和美洲），而苏联只在两个区（欧洲和亚洲）有资格加入。[4]

在这些讨论中，最后拍板的当然是斯大林。7月底8月初，莫洛托夫向他呈交了一系列备忘录，说明苏方打算在敦巴顿橡树园会议谈判中采取的基本立场。[5]在莫洛托夫给斯大林的这一系列备忘录中，一个最让人感兴趣的细节是，苏联在法国加入后来成为联合安理会这个组织的资格问题上的立场发生了变化。在苏联早先的内部文献资料中，并没有确定法国作为理事会的成员，组成理事会的大国只有中国、英国、美国和苏联。然而，在苏联人给他们去敦巴顿橡树园的代表团的最后指示中，法国却被列为未来安理会的成员。在外交人民委员部内部，对于作为一个大国的法国的未来地位，一直存在争议。有些人，比如李维诺夫，主张削弱法国，赞成苏联在战后与英国结盟，而其他人则主张恢复法国的大国地位以反制英国。苏联在法国的安理会成员资格问题上的立场的变化，很可能反映了这种内部争论的消长。但是，莫洛托夫向斯大林提出的理由仅仅是为了与美国人步调一致，因为他们已经改变了自己的主意，同意在安理会中为法国保留一个位置。[6]

出席敦巴顿橡树园会议的苏联代表团团长是安德烈·葛罗米柯（Andrei Gromyko），他已于 1943 年夏接替李维诺夫担任新的驻美大使。由于苏联尚未加入远东战争，而且莫斯科不愿放弃自己的中立立场，去参加与中国有关的任何正式会谈——中国与日本处于战争状态，但没有被卷入欧洲战场——这就让会议的安排复杂化了。解决的办法是把会议分成两个阶段。在 1944 年 8 月 21 日至 9 月 28 日的第一阶段，同时也是最重要的阶段，美、英、苏三国代表团讨论拟议中的战后安全组织问题。在苏联人于 28 日离开后，中国人再跟英国人和美国人一起进行单独的但在严格意义上来说次要的讨论。[7]

敦巴顿橡树园会议像战时的所有会议一样，也是秘密进行的，但新闻界不可避免地会听到一些风声。这次会议在许多方面都取得了成功。对于日后成为联合国的那个组织的基本设想，同盟国内部也在很大程度上达成了一致。[8] 但是，要达成完全的、最终的一致，还要克服两点争议。一是该组织创始成员国的资格的问题。苏联人希望把它限于在战争期间曾经作为"联合国"同盟的一部分战斗的那些国家。他们反对把联合国的成员资格给予那些中立国——按照莫斯科的观点，这些中立国在战争期间有许多都是帮助和支持轴心国的。二是在涉及集体安

198 全行动协议时的各大国一致同意的问题。苏联人坚持认为，安理会的所有决议都应该得到各大国的一致同意。关于敦巴顿橡树园会议，苏联的内部报告写道，大国对安理会决议的否决权问题，"是在会上讨论得最艰难的问题"。葛罗米柯向英国人和美国人明确表示，苏联人要等到这个问题解决之后才会同意召开联合国成立大会。[9]英方和美方的立场是，在所有情况下都将采取一致同意的原则，但是，如果某个大国直接卷入了争端，那它就没有否决权。会议临近结束的时候，罗斯福呼吁斯大林降低要求，但是这位苏联领导人不为所动，而是坚持要彻底地、始终如一地执行一致同意的原则。他认为该原则对于维护大国的团结至关重要，而大国的团结对于防止未来的侵略又必不可少。[10]

由于在这些有争议的问题上未能最终达成一致，敦巴顿橡树园会议的结果稍稍有点令人沮丧，在新闻界也出现了大量有关同盟国内部不和的猜测。在 1944 年 11 月的讲话中，斯大林坦率地谈到了这种猜测：

> 有人说，三大国之间在某些关于安全的问题上有分歧。分歧当然是有的，而且在其他许多问题上也会出现分歧……令人惊讶的不是存在分歧，而是分歧是如此之少，而且它们通常都是由三大国本着团结一致、协调行动的精神解决的。重要的不在于有分歧，而在于这些分歧并没有

　　超出为了三大国的团结而可以容忍的范围。[11]

　　斯大林在私下里说的也跟这个非常相似。1944 年 10 月 9 日，在与共产党控制下的波兰民族解放委员会成员的讨论中，他对他们说："三国同盟是建立在以两个资本主义国家为一方、以苏联为另一方的妥协的基础上的，这就是在目标和看法上存在某些分歧的根源。不过，相对于对德战争和在欧洲建立一套新的关系这个根本性的问题，这些都是次要的。像任何妥协一样，这个同盟的内部在某些方面也有冲突，［但是］……还没有出现任何足以破坏这个同盟的基本性质的威胁。至于当前的具体的事态发展，每个同盟国都有自己的观点。"[12]

　　在德黑兰会议后的那一年，斯大林对"伟大的同盟"依然热情不减，而且他仍然认为，战后世界将是个什么样子，要由英、美、苏三方的谈判来决定。这种热情的动力在于，斯大林依然担心德国在战后会东山再起。尽管 1944 年莫斯科频频传来庆祝胜利的礼炮声，但苏德战场的战斗依然激烈，依然必须要靠自己去赢得每场战役的胜利。正如亚历山大·沃思指出的那样，"1944 年取得的胜利是辉煌的，但这些胜利几乎都来之不易"。[13] 红军正在赢得战争，正在向柏林挺进，但是，苏联平民和军队的损失也在不断增加。随着战争临近结束，由于苏联需要长时间的和平来进行重建，"伟大的同盟"继续长期存在的重要性没有减小，反而加大了。

"巴格拉季昂行动"

　　1944 年，苏联最大的军事行动是"巴格拉季昂行动"，这是斯大林用拿破仑战争中的一位格鲁吉亚英雄的名字来命名的。该计划的目的是包围并摧毁中央集团军群——德国国防军在东线最后的未受损失的主力——并把德军赶出白俄罗斯。苏联在 1944年初就开始制订当年夏季战役的计划了；到 4 月中期，总参谋部确定了基本战略：此次战役是要解放苏联仍处于德军占领下的剩余的四分之一领土。[14] 这一目标是斯大林在 1944 年 5 月 1 日的 "节日命令" 中宣布的："现在的问题是，要从法西斯侵略者手中解放我们所有的领土，恢复从黑海到巴伦支海的全部苏联国界。"[15]

同以往一样，在 1944 年 5 月 31 日最终的行动计划确定之前，总参谋部与方面军级的指挥官也进行了广泛的商讨。苏联人的设想是，对中央集团军群发动一次雄心勃勃而又复杂的多路进攻。主要的进攻力量包括第 1、2、3 白俄罗斯方面军和第 1 乌克兰方面军。这四个方面军配有 240 万人、5200 辆坦克、36000门火炮、5300 架军用飞机。他们在人数上对德国人占有 2 比 1 的优势，坦克是 6 倍，飞机和火炮是 4 倍。[16] 担负支援任务的是列宁格勒方面军和波罗的海方面军，它们既要牵制北方集团军群，同时还要争取实现诸如打击芬兰使之退出战争的次要目标。行动开始时，将由列宁格勒方面军在 6 月初向维堡挺进，接着在白俄罗斯发动突袭，然后由乌克兰第 1 方面军向利沃夫（Lvov）方向前进，目的是防止敌军从南方向中央地段调动。

苏联的 "巴格拉季昂行动" 计划是与英美在法国开辟期待已久的第二战场的准备工作紧密协同的。4 月初，苏联人得到 200 了有关 "D 日"① 的大致日期的消息。4 月 18 日，斯大林发电

---

① D – Day 为军事术语，指计划发动进攻或采取重大军事行动的日期，且该日期常常是可变的。对于这一术语开头的字母 "D"，有一种解释是，它是指 "Day" 本身。二战中最有名的 D 日就是盟军诺曼底登陆的这一天，1944 年 6 月 6 日。——译者注

报给罗斯福和丘吉尔说，"按照在德黑兰达成的一致，红军将会在同期发动一场新的攻势，以最大限度地支援英美军队的行动"。[17]自德黑兰会议以来，对于德国人的战斗序列以及德国国防军的军事技术，特别是与防御有关的军事技术，同盟国大幅提高了情报共享的程度。苏联人还与英国人密切合作，制订了一个欺骗计划，让德国人误以为英苏即将联合进攻挪威。[18]这个代号为"保镖"的假行动，是苏联人精心设计而且非常成功的欺骗性战役的一部分，目的是转移德国人对计划在白俄罗斯采取的行动的注意力。1944年6月6日，当"霸王行动"开始的时候，斯大林发电报给丘吉尔和罗斯福表示祝贺并通知他们说，按照在德黑兰达成的协议，苏军很快会在"战线的某个关键地段"发动夏季攻势。[19]在公开场合，斯大林对英美开辟第二战场简直是赞不绝口。6月13日，他告诉《真理报》的记者说，进攻法国是"我们同盟国的光辉胜利。不得不承认，这次行动就其构想的开阔、规模的宏大和实施的巧妙来说，在战争史上还没有类似的先例……这件事将作为一项最杰出的成就载入史册"。[20]

　　白俄罗斯是苏联对德国人开展游击战的主要中心。截止到1944年夏季，有多达14万的游击队员组成了大约200个小分队在德国国防军的防线背后活动。6月19~20日，这些游击队对德国人的交通系统、参谋机构和机场发动了一轮袭击。6月21~22日，他们还充当前方观察员，引导苏联飞机对德国人进行了大规模轰炸。6月23日，苏联人发起了主要的地面进攻，并且取得了惊人的成功。在500英里的战线上，红军的进攻撕开了中央集团军群的防线，并迅速向明斯克靠拢。苏联人在7月初收复了白俄罗斯的首府。1941年6月红军在明斯克的惨败现在倒了个个儿，10 万德军被围困在该市的东部。7 月 13 日，红军收复了立陶宛的首府维尔纽斯（Vilnius）。7 月中期，由科涅夫（Konev）元帅指挥的乌克兰第 1 方面军开始向西乌克兰首府利沃夫前进，它在 7 月 27 日被红军占领（参见地图 14）。

从 6 月 22 日到 7 月 4 日，中央集团军群损失了 25 个师 30 多万人，而且在接下来的几个星期又损失了 10 万人。[21]到 7 月底的时候，它已经丧失了战斗力。然而，摧毁中央集团军群的代价也不菲。参加"巴格拉季昂行动"的四个主要的方面军，在解放白俄罗斯的战役中伤亡了 75 万人。[22]但是，不可否认，苏联人取得的胜利是巨大的。到此次行动结束的时候，白俄罗斯和西乌克兰又回到了苏联人的手里；芬兰也快要停止抵抗了；红军已突入波罗的海国家的腹地；而在南方，他们也在向贝尔格莱德、布加勒斯特和布达佩斯挺进。约翰·埃里克森甚至认为，"当苏军粉碎了中央集团军群的时候，他们取得了自己在东线战场上最大的一次军事胜利。对于东线的德军来说，这是一场大得难以置信的惨败，比斯大林格勒的还要大"。[23]在斯大林格勒，苏联人胜利的象征是图像新闻片中第 6 集团军司令弗里德里希·保卢斯陆军元帅投降的连续镜头。而在这次"巴格拉季昂行动"中，投降的象征是这样的情景：1944 年 7 月 17 日，5.7 万名德国战俘在他们的将军带领下，列队走过莫斯科的大街。

苏联人之所以能够取得巨大的胜利，很大程度上是由于到 1944 年中期，德国国防军的实力已经受到了削弱，同时也是由于红军在人员和物资上占有决定性的优势。这使得苏联人在计划以及实施进攻行动的时候，不用再担心失败，甚至也不用害怕遭到德国人的大规模反击。对于苏联人在东线取得的这些胜

波罗的海 波罗的海
第22集团军 第3突击集团军 第2方面军
白俄罗斯 第3方面军
第6近卫集团军
波罗的海第1方面军
第16集团军
大卢基
维捷布斯克
第39集团军
第2近卫集团军
第5近卫坦克集团军
斯摩棱斯克
白俄罗斯第2方面军
6月26日
奥尔沙
陶格夫匹尔斯
波洛茨克
维帖布斯克
第3集团军
第3近卫机械化军
第1近卫坦克军
别布鲁伊斯克
第48集团军 戈梅利
第9坦克军
白俄罗斯第3方面军
第1机械化军
明斯克
中央集团军群
列佩利纽耶维奇
维列依卡
第49集团军
里加方向
莫洛杰奇诺
第5近卫坦克集团军
第51集团军 6月22日
白洛斯托克
巴拉诺维奇
平斯克
白俄罗斯第1方面军
哥罗德诺
第65集团军
第28集团军
第61集团军
第4近卫骑兵军
哥尼斯堡
布列斯特
第6集团军
第2集团军
6月29日
卢布林
波兰第1集团军
乌兰第1集团军
华沙
托马舒夫
第4坦克集团军
克拉科夫方向

各方面军当前任务
各方面军后续任务
在战略行动中的抵达位置
后续作战方向

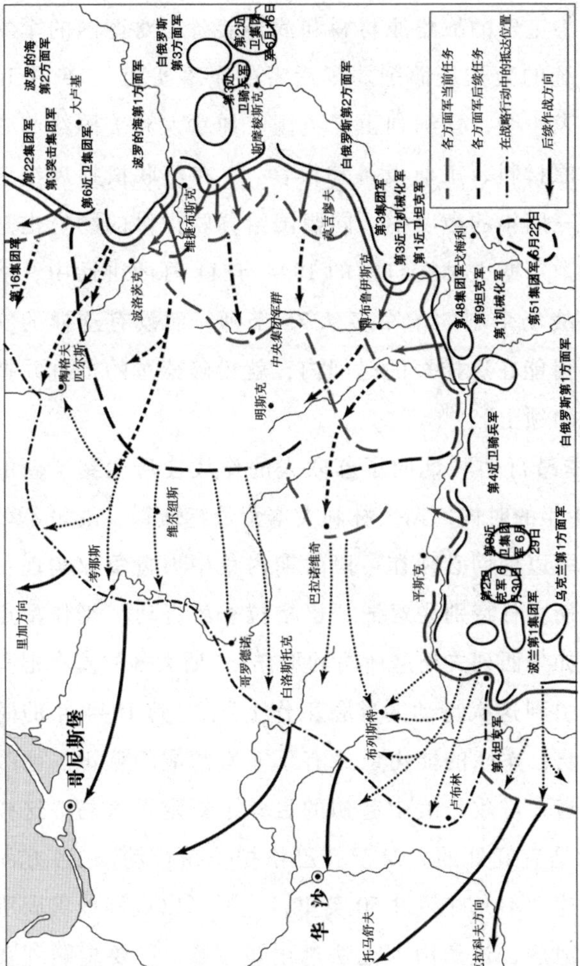

地图14　"巴格拉季昂行动"

利，西方盟国的贡献所起到的作用，在 1944 年也越来越重要。
斯大林在他的"五一讲话"中称赞了"美国和英国，它们守住
了在意大利对抗德国人的战线，牵制着相当一部分的德军，给
我们提供了极为宝贵的战略原材料和武器装备，对德国的军事
目标进行了系统的轰炸从而削弱了后者的军事实力"。6 月 11
日，塔斯社发表声明，详细列出了英国、加拿大和美国给苏联
运来的武器、原材料、工业设备和粮食。[24] 在苏联情报局纪念
苏德战争爆发三周年的声明中，同盟国给苏联提供的物资也是
个突出的内容。[25] 斯大林在自己的 1944 年 11 月的讲话中，估
计法国的第二战场牵制的德军多达 75 个师，而没有这样的支
援，红军"不可能在这样短的时间内，就粉碎德军的抵抗并把
它们赶出苏联的领土"。[26]

"巴格拉季昂行动"证明了苏联人的作战技巧达到了新的
高度。到 1944 年的时候，斯大林和大本营最终懂得，战争不可
能一击制胜，所以他们必须在一段时期内集中力量争取实现一
个战略目标。斯大林特别注意把"巴格拉季昂行动"当作重点
优先考虑。正如华西列夫斯基所写的那样，"斯大林一直在把我
们的注意力吸引到这次行动的准备工作上"。[27] 到 1944 年的时
候，斯大林对自己军队的能力已经有了非常清醒的认识。他吸
取了教训，知道在进攻作战中起初的目标不要定得太高，这样
做从长远来看是有好处的。对于"巴格拉季昂行动"，各方面
军起初的推进速度不允许超过 50 英里，这样可以更好地巩固所
占领的较小的地区，让德国人无法逃出包围圈。[28] 要想顺利实
施"巴格拉季昂行动"，关键在于各方面军的协同配合。为了
解决这个难题，朱可夫被派去协调白俄罗斯第 1、2 方面军，华
西列夫斯基被派去协调波罗的海第 1 方面军和白俄罗斯第 3 方

面军。后来，在协调的同时，朱可夫和华西列夫斯基还被授予了对这些方面军的指挥权。[29] 与在比较绝望的时期不同的是，在计划和准备这次行动的过程中，斯大林与他的将军们之间以及大本营与方面军的指挥官之间的关系，是相对融洽的。通常存在的关于战略战术的分歧，以及关于资源分配不可避免地会产生的牢骚，都被纳入一个一致的、共同的目标之下。在"巴格拉季昂行动"计划的制订与实施方面，斯大林的干涉与以往相比，既比较节制，也比较宽松。所有战略决策的决定权虽然仍然掌握在斯大林的手里，但对于作战方面的许多事情，他已经学会了把它们交给自己的统帅部，而把他自己的精力集中在士气和战斗意愿、补给问题以及红军中政治军官的工作上。在实施军事行动时的这种集体负责和权力下放的工作方法，使斯大林可以把更多的时间用来处理"伟大的同盟"内部的某些紧迫的政治问题。

华沙起义[30]

"巴格拉季昂行动"的目标是解放白俄罗斯，但是，中央集团军群的瓦解和红军的快速推进使得苏军抵达了东普鲁士的边境并进入了波兰的中部和南部。到 7 月底的时候，红军正从几个方向向波兰首都华沙靠拢。红军向西的迅猛突击，提出了在白俄罗斯解放之后未来的进攻方向问题。7 月 19 日，朱可夫向斯大林建议，采取一系列的军事行动，占领东普鲁士，或者至少把它与德国本土分割开来。7 月 27 日，在大本营与斯大林一起召开的会议上，对朱可夫的建议连同其他的一些想法进行了讨论。会议认为，东普鲁士是块硬骨头，至少在没有周密准备的情况下是啃不动的。相对来说，占领华沙的可能性更大。

于是会议就决定，从多个地点渡过维斯瓦河，集中向波兰首都方向发动进攻。[31]华沙战役的荣誉交给了波兰第 1 集团军——当时估计，红军在 8 月初就可以攻下华沙——该集团军组建于1943 年 7 月，它是从 1939～1940 年被驱逐到苏联的波兰公民中招募的。其领导层是亲共的，而且它的军官许多都是苏联人。到 1944 年 7 月，它的总兵力大约是 2 万人，隶属于罗科索夫斯基的白俄罗斯第 1 方面军。它的任务是渡过就在华沙南边的维斯瓦河。

当红军碰到德国人在华沙地区构筑的牢固的防御工事的时候，苏联人的计划很快就陷入了困境。德国国防军受到了重创但还没有丧失战斗力，而且德国人很快就从东线其他地段以及西欧调来了若干师，恢复了中央集团军群的实力。华沙是柏林的屏障，是德国人要守住的战略要地。随着德国人稳定住自己的防御阵地，苏联人进攻的势头也就减弱了。苏联的士兵感到累了，他们的供应线现在拉长到了几百英里，而且由于红军空军要搬到更靠前的机场因而中断了行动，这就让德国空军又重新赢得了某种程度的主动权。尽管如此，苏联人还是设法在维斯瓦河西岸建立了一些据点，并在河的东岸也已推进到华沙郊区的普拉加（Praga）。但是，红军要守住它的前沿阵地是很困难的；在苏联的第 2 坦克集团军受到六个德国师——其中有五个是装甲师——的猛攻之后，红军被迫撤离了普拉加。波兰第1 集团军的伤亡也很大，它数次企图渡过维斯瓦河在西岸建立桥头堡，但均以失败而告终。

负责华沙作战的是大本营派往这一地段担任协调工作的朱可夫，以及白俄罗斯第 1 方面军司令罗科索夫斯基。8 月 6 日，他们向斯大林报告说，华沙地区的敌军实力强大，必须抽调一些预备队师加入行动。[32]8月8日，朱可夫和罗科索夫斯基向斯大林呈交了一份攻占华沙的详细计划，内容涉及保证进攻部队侧翼的安全、巩固现有的维斯瓦河西岸的阵地、增援白俄罗斯第1方面军。他们估计，这次行动可以在8月25日开始。[33]斯大林批准了这个计划，但是，敌人在华沙地区采取的反制行动使得苏联人要到9月中旬才能准备好对这座城市再次发起大规模进攻，尽管在整个8月份和9月初，局部的进攻行动仍在继续。[34]但是，跟先前一样，由于遭到德国人的有力抵抗，红军大举渡过维斯瓦河并向华沙前进的努力收效甚微。10月初，苏联人的进攻最终被取消了。直到1945年1月，红军才对华沙重新发起进攻（见地图15）。

苏联人本来指望可以轻而易举地拿下波兰首都的。在希望 206 落空之后，他们调整了部署，准备再次对它发起进攻。这一次苏联人对胜利充满了信心，但是，由于在准备和发起进攻上花费的时间比预想的长了许多，所以，到真正开始进攻的时候，德国人在通往华沙的各条道路上的阵地甚至更加牢固了。9月的这次进攻的失败使得红军迅速占领华沙的希望破灭了。

为了在1944年的夏季夺取华沙，苏联人付出了不懈的努力，只是运气太差。另一种与之完全相反的说法是：在红军抵达维斯瓦河以后，它就故意停止了进攻，好让德国人有时间去镇压市内的民众起义。[35]这次起义是在8月1日开始的，它是由波兰地下军——流亡伦敦的波兰政府的游击队武装——策划的。波兰游击队员也像苏联人一样，估计华沙很快就会被红军轻易拿下。起义的目的是，在红军到来之前从德国人手里解放这座城市并掌握控制权。[36]

这种说法有许多漏洞——比如说，红军在任何时候都没有

205

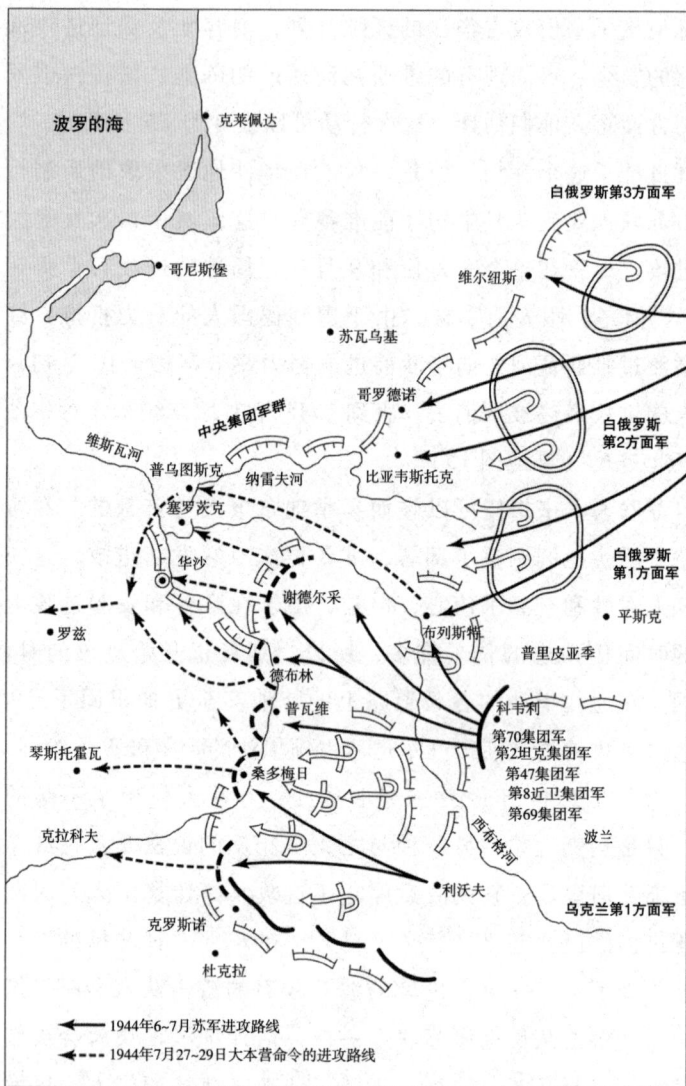

波罗的海

克莱佩达

哥尼斯堡

苏瓦乌基

白俄罗斯第3方面军

维尔纽斯

哥罗德诺

白俄罗斯第2方面军

中央集团军群

维斯瓦河

普乌图斯克

纳雷夫河

比亚韦斯托克

塞罗茨克

华沙

白俄罗斯第1方面军

罗兹

谢德尔采

布列斯特

平斯克

普里皮亚季

德布林

普瓦维

科韦利

第70集团军
第2坦克集团军
第47集团军
第8近卫集团军
第69集团军

琴斯托霍瓦

桑多梅日

西布格河

波兰

克拉科夫

克罗斯诺

利沃夫

杜克拉

乌克兰第1方面军

← 1944年6~7月苏军进攻路线
⤍ 1944年7月27~29日大本营命令的进攻路线

地图 15　苏军向华沙的推进，1944 年夏季主动放松过夺取华沙的努力。这种说法也没有考虑到德国国防军在被逐出白俄罗斯之后已经恢复了实力，没有考虑到红军的长期连续作战所面临的困难。至于斯大林的动机和盘算，那种认为在德国人消灭波兰地下军的时候他只是袖手旁观的看法，完全不着边际。相反，起义让斯大林更加决心尽快夺取华沙。当8月1日起义开始的时候，斯大林根本没有想到它会失败；实际上，德国人的阵地正在瓦解，这表明它是有可能成功的。对于斯大林来说，这次起义的反苏的政治意图很快就明朗了，这就使得红军尽快夺取华沙控制权的要求越发迫切了。可能有人会认为，斯大林担心与波兰地下军发生冲突，所以就乐得让德国人去镇压华沙的地下军了。但是，自从红军1944年初越过战前波兰的国境线以来，它就一直在跟地下军打交道，有时是合作，也常常有冲突，但从军事观点来看，几千名波兰游击队员无论在什么时候都没有构成过重大的威胁或麻烦。[37]1944年8月底，罗科索夫斯基在一次不准公开发表的采访中对亚历山大·沃思说："你是不是认为我们即使有能力这样做也不会拿下华沙？那种认为我们不管怎么说都害怕地下军的说法完全荒谬透顶。"[38]实际上，当地领导这次起义的波兰人自己对事情正是这样看的。正如切哈努夫斯基写的那样：

地下军的将军们坚定地相信，由于华沙在战略上和军事上具有重要的地位，所以苏联人非常想尽快占领它……另外，他们还认为，苏联人之所以急于拿下华沙，是因为这样一来他们就能摆出一副真正的"波兰首都的拯救者"的样子，并在政治上加以利用。[39]

207

在波兰历史学家尤金纽什·图拉钦斯基有关起义动机的讨论中，他认为之所以策划起义，与其说是预计到苏军会占领华沙，不如说是想迫使斯大林优先考虑占领这座城市而不是绕过它。[40] 如果说起义的领导者是这样考虑的，那他们还不是太错。起义的确使斯大林夺取这座城市的意愿更加强烈了，问题在于他没有能力做到。当然，斯大林本来可以命令红军集中所有可以动用的兵力去夺取华沙，但即使是那样，也不一定就会很快拿下这座城市，因为重新部署来自其他方面军的部队需要时间，而且这样做会损害到莫斯科所考虑的跟强攻华沙一样重要的其他作战目标。最重要的是，苏联人认为没有必要采取这种极端的行动。他们认为，他们在华沙地区的军队足以在数日内而不是数周内拿下这座城市。

这绝不是要否认斯大林对地下军、对起义、对伦敦的波兰流亡政府的反共反苏的政治立场有明显的敌意，因为所有这些都威胁到他的计划——使波兰在战后成为一个对苏友好的国家。波兰的民族主义者反对苏联及共产主义的影响，如果起义挫败并削弱了他们，那从斯大林的角度来看就更好了。不过，如果仔细看一看斯大林这段时期对波兰的政策，那就会发现，只要能够维护苏联的利益并确保苏联战后在波兰的政治影响力，他并不是不愿意与地下军及波兰流亡政府和解。起义最终使他确信，这样的安排是不可能的，尽管他仍然愿意与那些准备跟地下军及流亡政府分道扬镳的波兰政治家达成协议。

具有讽刺意味的是，在 8 月 1 日起义开始的时候，波兰流亡政府的总理斯坦尼斯瓦夫·米柯瓦依契克（Stanislaw Mikolajczyk）正在莫斯科与斯大林谈判签订恢复外交关系的苏波协议。米柯瓦依契克之所以到莫斯科去，部分原因是丘吉尔和罗斯福敦促苏联人与波兰流亡政府恢复外交关系。关键问题是，要就波兰战后边界的划分通过谈判达成协议。在德黑兰会议上，丘吉尔、罗斯福与斯大林之间达成的相互理解是，波兰的东部边界将沿寇松线（它跟苏联与德国在 1939 年 9 月划分的界线非常接近），并用在西部获得的德国的土地来补偿它的领土损失。但在德黑兰会议上，他们并没有达成任何正式协议。关于拟议中的苏波边界，还有许多细节有待谈判。

208

1944 年 1 月，伦敦的波兰人发表了一则声明，指出有传闻说红军进入了波兰境内，并重申了他们对已经解放的领土的管辖权。[41] 有争议的领土是西白俄罗斯和西乌克兰。1 月 11 日，莫斯科回应了波兰的声明，宣布这两个地方的领土已经在 1939 年自愿加入了苏维埃社会主义共和国联盟。苏联的声明还说，苏联支持一个强大而独立的波兰，一个在东边以寇松线为界西边以从德国重新获得的"波兰自古以来的土地"为界的波兰。另外，在西白俄罗斯和西乌克兰，苏联愿意把任何以波兰居民占多数的地区转让给波兰。[42]

这并不是苏联人初次申明他们支持波兰成为一个强大而独立的国家。已经有过许多这样的公开声明，包括由斯大林本人做出的公开声明。在苏联有关波兰战后前景的内部讨论中，恢复波兰的独立成了主流意见[43]。莫斯科坚持认为西白俄罗斯和西乌克兰应该属于苏联，这一点也不让人感到意外，但是，公开提出用德国的土地来补偿波兰却是个新动向，尽管苏联人私下里在许多场合都表示过支持这样的做法。[44] 波兰流亡政府的声明虽然是批评性的，但还是为恢复与苏联的外交关系留有余地的，而莫斯科承诺就寇松线所涉及的种族问题的细节进行谈判，也是一种积极的和解姿态。从苏联人的角度来看，这是有关波兰问题的温和而积极的声明，而且对于莫斯科的美国和英国大使来说，也是如此。当莫洛托夫问哈里曼对这份声明的看法的时候，大使回答说，"作为表达苏联在波兰问题上的立场的声明，它的语气是十分友好的"。[45]

1月15日，伦敦的波兰人答复苏联人，重申了他们对西白俄罗斯和西乌克兰的权利要求，并再次表达了他们与苏联在对德斗争中合作的愿望。这对苏联人来说是无法接受的，他们在两天后发表了反驳声明，强调指出对于他们而言，关键问题是要承认寇松线作为波苏边界。[46]在预先把声明给英美大使看的时候，莫洛托夫表示，苏联会采取更加强硬的立场：莫斯科愿意与伦敦的波兰人谈判，但前提是必须改组他们的政府，必须把反苏分子清理出去。[47]在1月18日与哈里曼及英国大使克拉克·科尔（Clark Kerr）进行进一步会谈时，莫洛托夫解释说，他认为改组后的波兰政府要把生活在英、美、苏以及那些在波兰国内积极抵抗德国人的波兰人都包括在内。[48]

209 承认寇松线、改组流亡政府，这些都是苏联在波兰问题上的一贯立场，也是斯大林和莫洛托夫在他们与两位大使的会谈中以及斯大林在他与丘吉尔和罗斯福的通信中反复说到的。伦敦的波兰人拒绝就这些问题进行谈判，斯大林对此毫不掩饰他的恼怒。1944年3月3日，在哈里曼拜见斯大林的时候，斯大林不耐烦地问他说，"又是这些波兰人。那个问题是最重要的吗？"[49]作为中间人，丘吉尔努力想让双方达成一个彼此都能接受的协议。但斯大林并不领情，他认为他是在白费工夫；他甚至指责这位英国首相在制造威胁，想迫使苏联人按照对苏联不利的条件来解决波兰问题。[50]在2月29日与克拉克·科尔的会谈中，斯大林对英国人提出的妥协方案不屑一顾，并重申他要的是改组波兰流亡政府和接受寇松线。英国大使报告说，"这次乏味而令人气恼的会谈持续了一个多小时，任何讨论都是徒劳的"。[51]

在斯大林与莫洛托夫有关波兰问题的声明中，始终有一个积极的内容：他们考虑的改组后的政府，是打算包括波兰流亡政府的总理米柯瓦依契克在内的。要在获得解放的波兰成立苏联人可以与之合作而且基础广泛的政府，作为波兰战前最大政党波兰农民党的领袖，米柯瓦依契克被认为是一个重要的纽带。正是出于这方面的考虑，斯大林才顶住了波兰共产党的压力——他们要求成立一个完全以左翼同盟为基础的波兰临时政府。[52]一个左翼的政府固然很值得期待，但它不够强大，无法有效地统治依然是坚定的民族主义分子的那部分波兰人，尽管共产党和他们的社会主义盟友战争时期在政治上已有所发展。当斯大林在 1944 年 7 月 22 日最终同意由共产党和他们的盟友成立波兰民族解放委员会的时候，部分原因在于，他需要有一个机构来管理被红军解放的波兰领土。他在 7 月 23 日就是这样向丘吉尔和罗斯福解释这一决定的。虽然斯大林说，他并没有把波兰民族解放委员会当作"波兰政府"，但他强调，它可能会成为"由各种民主力量组成的波兰临时政府的核心"。一个把米柯瓦依契克包括在内的改组政府依然是可能的，但绕过他的危险也是存在的。在同一封电报中，斯大林还说，如果这位波兰领导人像丘吉尔和罗斯福一直建议的那样来到莫斯科，他不会拒绝接见他。[53]

斯大林解决波兰问题的方式得到了奥斯卡·朗格①的支持，　210

---

① Oscar Lange（1904—1965），出生于波兰，1937 年移民美国在芝加哥大学任教，曾作为罗斯福总统与斯大林之间商讨解决波兰问题的中间人。1945 年放弃美国国籍返回波兰，并先后担任过波兰驻美国大使和驻联合国安理会代表。——译者注

这位美籍波兰裔马克思主义经济学家在 1944 年 1 月向苏联人提出了一个方案，重建一个以伦敦的波兰人、莫斯科和波兰国内亲苏的波兰人，以及英美的波兰移民群体中独立的波兰裔政治人物为基础的波兰政府。1944 年春，朗格与亲苏的美籍波兰裔天主教牧师斯坦尼斯瓦夫·奥勒曼斯基（Stanislaw Orlemanski）一起来到莫斯科，与斯大林商讨解决问题的方法。[54]斯大林与这两位调解人的会谈非常重要，因为这些会谈披露了他对波苏关系的战略思考。斯大林想要的是一个友好的波兰，有一个包括他的共产党盟友在内的偏左的政府，但是，他也希望波兰成为一个统一的国家，希望它足够强大，并加入由波罗的海国家组成的预防德国未来威胁的长期同盟。

长期以来，苏联人的宣传一直突出这样一个观念：与希特勒的战争是全体斯拉夫人与德意志人这个传统的敌人的斗争。早在 1941 年 8 月，苏联人就成立了一个泛斯拉夫人委员会，并在莫斯科召开了全体斯拉夫人代表大会。后来不仅是在苏联，还在别的同盟国也召开过许多这样的大会。[55]这是莫斯科自然会采用的一种策略，因为德国发动的侵略战争的主要受害者都是斯拉夫国家：捷克斯洛伐克、波兰、南斯拉夫和苏联。斯大林在 1943 年开始采取措施，要成立一个由这些斯拉夫国家组成的正式的政治与外交同盟。1943 年 12 月，苏联与爱德华·贝奈斯（Eduard Benes）总统领导的捷克流亡政府在莫斯科签订了《苏联－捷克斯洛伐克友好互助和战后合作条约》。这份于 12 月 12 日在莫斯科签订的条约包括一份为第三国加入条约而准备的议定书——一则特意以帮助达成捷克斯洛伐克、波兰和苏联三方协定为目标的条款。[56]当时，斯大林刚刚从德黑兰回来不久。在与贝奈斯的谈话中，他明显表现出对德国在战后会再次构成威胁的担心。在 12 月 18 日斯大林与这位捷克总统的会谈中，他认为，从长远来看，有两个国家会对和平构成威胁：一个是日本，另一个就是德国。"德意志人是一个非常强大而有天赋的民族，他们在战后很快就会恢复过来。从德黑兰会议来看，[他] 得到的印象是，所有的盟国全都有这样的看法。"在 12 月 22 日为贝奈斯最后举行的招待会上，斯大林提到了"斯拉夫人战后合作的必要性"，并且强调，"到现在为止，在分化斯拉夫人、拉拢某些斯拉夫人来反对其他斯拉夫人然后再掉过头来对付他们方面，德国人一直干得不错。从现在起，斯拉夫人必须联合起来"。[57]

1944 年 4 月 28 日，斯大林在与奥勒曼斯基神父交谈时，又一次谈到了斯拉夫人的团结这个话题：

> 德国大概在 15 年内就能够恢复过来。所以，我们必须不仅要考虑如何去结束这场战争……还要考虑 20 年后德国复苏之后会发生什么。所以，苏联与波兰结盟是绝对必要的，这样才能够阻止德国人再次成为侵略者……[他] 可以以格伦沃尔德[58]战役①为例，在那次战役中，各个斯拉夫民族联合起来抗击德意志的"圣剑骑士团"。联合起来的波兰人、俄罗斯人、立陶宛人、乌克兰人和白俄罗斯人，当时打败了德意志人……我们应该在广泛的基础上重新采取格伦沃尔德政策。这是他的梦想。[59]

211

---

① 格伦沃尔德（Grunwald）是波兰北部的一个村庄。1410 年 7 月 15 日，当时的波兰王国与立陶宛大公国结成的同盟在这里打败了条顿骑士团。——译者注

在 5 月 17 日与朗格的谈话中，斯大林强调说，苏联需要一个强大的波兰，只有这样才能够对付德国未来的侵略活动。斯大林还明确表示，他反对像《凡尔赛和约》那样的"三心二意的"惩罚性和约。如果再那样做的话，15 年后还会发生战争。斯大林告诉朗格说，必须要有 50 年的时间不让德国强大起来。由于他是在跟一位马克思主义经济学家谈话，所以他借这个机会指出，英国和美国这些资本主义国家会赞成摧毁德国和日本的工业，因为这样做就帮他们消灭了两个贸易对手。[60]

在斯大林所设想的斯拉夫同盟中，第三个伙伴是南斯拉夫。跟波兰不同的是，在南斯拉夫的游击队中，主导力量是铁托元帅领导的共产党。即使是在 1944 年，情况也很明显：在战后南斯拉夫的政治游戏中，铁托的共产党会成为主角。但是，对于共产党在战后的前景，斯大林要比铁托悲观。据说他在 1944 年 9 月告诫铁托："要小心些。塞尔维亚的资产阶级是很强大的。""斯大林同志，我不同意您的看法。塞尔维亚的资产阶级非常孱弱。"铁托回答道。[61] 1945 年 4 月，斯大林警告铁托说，德国很快就会从战争中恢复过来："如果给他们 12～15 年时间，那他们又会站起来。所以，斯拉夫人的团结很重要。战争快要结束了。我们会在 15～20 年的时间里恢复过来，然后，我们就要对付下一次战争了。"[62]

至于战后的南斯拉夫政府，斯大林的政策是充当中间人，促成铁托与南斯拉夫流亡政府达成协议，包括准备继续实行君主制。在南斯拉夫也像在波兰一样，斯大林优先考虑的方案是改组流亡政府，其次是让流亡政府与他自己的支持者联合起来成立一个能够包容广泛的政治主张的临时政府。不过，就波兰而言，到 1944 年 7 月底米柯瓦依契克来到莫斯科的时候，斯大林的耐心已经消磨殆尽了。

　　8 月 3 日，斯大林与米柯瓦依契克举行了第一次会谈。在　212
会谈开始的时候，米柯瓦依契克提出了三个准备讨论的问题：
在对德斗争中采取共同行动；就被解放的波兰领土的管理问题
苏联人与波兰民族解放委员会达成的协议；波苏边界问题。米
柯瓦依契克提到，在华沙已经爆发起义，他希望能够很快到波
兰首都去，成立一个把伦敦的波兰流亡者的各党派与波兰共产
党的各党派联合起来的政府。斯大林回答说，他所提出的那些
在政治上和实践中都很重要，但是，要想成立一个联合的临时
政府，米柯瓦依契克就得跟波兰民族解放委员会协商这些问
题——在接下来的会谈中，这位苏联领导人又反复谈到了这一
点。当米柯瓦依契克提到地下军在波兰的角色时，斯大林指出，
它的部队实力很弱，枪都很少，就更不用说大炮、坦克和飞机
了。当米柯瓦依契克建议应该把地下军武装起来的时候，斯大
林回答说，对于苏联解放波兰的战役，最有效的帮助是成立联
合政府。当会谈转向边界问题时，斯大林重申了苏联的立场，
说波兰东边应该以寇松线为界，西边以奥得河为界；波兰将得
到但泽，但柯尼斯堡将归苏联。针对波兰人对西乌克兰的利沃
夫和立陶宛的维尔纽斯提出的领土要求，斯大林说，"按照列宁
主义思想，所有民族都是平等的"，而他"不想冒犯立陶宛人、
乌克兰人或波兰人"。他继续指出，苏联的领土损失将是最多
的，因为它打算放弃曾经属于俄罗斯帝国的那部分波兰领土。
斯大林还再次谈到了斯拉夫人的团结这个话题，并且再次拿格
伦沃尔德战役打比方："波兰人和俄罗斯人第一次联合起来……
他们就打败了日耳曼人。后来俄罗斯人与波兰人发生了争执。
17 世纪在沙皇阿列克谢·米哈伊洛维奇（Aleksei Mikhailovich）

的统治下，有个名叫奥登－纳斯契金（Ordin-Nashchekin）的外交大臣，他建议与波兰人联合起来，并因此而被解职。现在，有必要回到这条道路上去。这场战争给了我们的人民太多的教训。"在会谈结束的时候，米柯瓦依契克问斯大林，按照他的设想，边界问题怎么解决。斯大林回答说，这个问题要跟波兰联合政府进行谈判——这是再一次暗示他准备与米柯瓦依契克合作。[63]

第二天，英国驻莫斯科大使给艾登发去了一份报告，对米柯瓦依契克与斯大林的会谈做了非常积极的评价：

> 尽管会谈有时是紧张而直接的，但会谈的气氛自始至终都是友好的……苏方没有反过来提出任何指责……斯大林的大"智慧"和显而易见的积极的姿态以及他的乐于倾听，给波兰人留下了深刻的印象。他们感到米柯瓦依契克的坦率与开明也给他留下了深刻的印象，甚至使他感到惊讶。[64]

米柯瓦依契克与波兰民族解放委员会各位领导人的会谈就没有这么成功了。使谈判陷入僵局的是，这位波兰总理坚持新的临时政府要以他的流亡政府为基础，同时还坚持由地下军收编共产党领导的游击队。[65]就在米柯瓦依契克与波兰民族解放委员会谈判的时候，丘吉尔与斯大林通过电报相互交换了意见，要为华沙起义提供援助。8月4日，丘吉尔告诉斯大林，英国打算在该城的西南区空投60吨的装备和弹药。在斯大林第二天给丘吉尔的回复中，他对地下军能否夺取华沙表示怀疑，因为守卫华沙的德军有四个师。[66]

8 月 8 日，斯大林把他与米柯瓦依契克会谈的情况写信告诉了丘吉尔："它使我相信，他对波兰国内的形势还不够了解。同时，我还有这样一个印象：米柯瓦依契克并不反对把波兰人联合起来。"虽然波兰民族解放委员会与米柯瓦依契克之间的谈判并不成功，但这些谈判也起到了作用，斯大林告诉丘吉尔说，因为它们提供了一次交换看法的机会。这是波兰民族解放委员会与米柯瓦依契克之间的关系发展的第一阶段，"我们祝愿事情会朝好的方向发展"，斯大林最后说。[67]

在米柯瓦依契克 8 月 9 日与斯大林举行的第二次会谈中，这位波兰总理提出了苏联为华沙起义提供援助的问题。斯大林回答说，他认为这次起义"是不现实的，因为起义者连枪都没有，而光是普拉加地区的德军就有三个坦克师，更不用说步兵师了。德国人会轻而易举地杀死所有波兰人"。斯大林解释说，红军本来已经推进到距离华沙不到几公里远的地方，但德国人后来调来了增援部队。斯大林说，红军会继续进攻并夺取华沙，但这需要时间。他愿意为起义者提供军火，但又担心它们会落到德国人手里，于是他就问米柯瓦依契克，是否有安全的地点可用来空投枪支。在得到保证说有这样的地点之后，斯大林答应会给罗科索夫斯基必要的命令，并尽一切可能来提供援助。会谈临近结束的时候，斯大林再次表示，他担心德国战后会卷土重来。他强调说，波兰与苏联需要建立同盟以应对这一威胁。[68]

米柯瓦依契克于次日离开了莫斯科。根据哈里曼的说法，他离开苏联首都时，"对问题得到解决的可能性所抱的希望比来时要大。他对自己受到的热情款待和他与斯大林及莫洛托夫的坦率的讨论留下了深刻的印象。在前一天晚上的会谈中，斯大

林同意了在华沙空投武器……斯大林告诉他说，他本来估计在
214 8 月 6 日可以拿下华沙，但是，由于敌人调来四个新的坦克师
和其他两个师守住了（维斯瓦河东岸）的据点，拿下这座城市
的计划就被耽搁了下来，但他相信，这些新的困难是可以克服
的"。[69]

但是，由于在向华沙起义提供援助的问题上，同盟国内部
的关系开始变得紧张起来，波苏关系有可能好转的上述所有迹
象也都化为了泡影。英国人在 8 月初就已经利用他们在意大利
的基地向华沙起义者空运补给。8 月 13 日，美国人决定利用从
英国起飞的飞机空投物资，但那需要在返回之前降落在苏联的
机场补充燃料。8 月 14 日，哈里曼向莫洛托夫转交了着陆和补
充燃料的请求。第二天，来自副外交人民委员安德烈·维辛斯
基的回复让英国人和美国人感到极为震惊。维辛斯基宣布，苏
联人不会与美国人合作给华沙空投物资，因为"在华沙发生的
把华沙居民卷入其中的暴动，完全是一些冒险家所为，苏联政
府不会对其施以援手"。[70] 在当天晚些时候与哈里曼及克拉
克·科尔的面对面的会谈中，维辛斯基还是同样地冷酷无情。
他指出，苏联人曾经给华沙起义者派去了一名联络官，但他已
经被杀害。[71] 第二天，维辛斯基阐明了苏联的立场：他们不
会与英美合作空投物资，但他们也不反对他们这样做。[72]

苏联人对华沙起义的态度的消极转向，似乎是由西方媒体
的报道引起的。这些报道说，地下军的行动本来是与红军商量
好的，但红军现在拒绝帮助这些起义者。8 月 12 日，塔斯社以
激烈的言辞否认了上述报道，并指责伦敦的波兰人应当为这场
由于德国人对起义的加紧镇压而正在华沙上演的悲剧负责。[73] 8
月 16 日，斯大林在给丘吉尔的信中指出：在会见了米柯瓦依契

克之后，他已经下令向华沙空投物资，但是空降到这座城市的联络官已经被德国人抓获并杀害了：

> 现在，在对华沙事件有了更深入的了解之后，我得出的结论是，华沙行动是一场鲁莽而可怕的赌博，它使华沙居民付出了沉重的代价。如果苏军的各个指挥部事先得到了有关华沙行动的消息，如果波兰人跟它们保持联系，事情就不至于这样了。事情发展到现在的这种地步，苏军的指挥部决定，它们必须与华沙的这次冒险脱离关系。[74]

8 月 17 日，斯大林拒绝接见哈里曼和克拉克·科尔，而是委托莫洛托夫转达他的强硬立场：苏联不会给华沙的起义者提供任何物资。[75]哈里曼被这几次跟苏联人打的交道激怒了，他向华盛顿报告说："我最近跟维辛斯基尤其是今天晚上跟莫洛托夫的会谈使我认为，这些人狂妄自大，以为他们可以把自己的意志强加于我们和所有国家"。[76]哈里曼的情绪也传染给了美国大使馆的其他人。8 月 17 日，哈里曼的私人助理米克尔约翰在自己的日记中写道：

> 这真是一场冷血的谋杀，但是我们对此无能为力。在这一事件的整个过程真相大白的时候，它肯定会作为战争中最为臭名昭著的行为之一而载入史册。在他们所有文明的外表下面，这里的那些大权在握的人，都只是一帮狡诈而冷酷的恶棍和凶手。他们在这件事中清清楚楚地露出了自己的真实目的，他们是什么样的人已经毫无疑问了。[77]

对苏联人来说，华沙起义也是件牵动人感情的事情。他们损失了几百万士兵才到达华沙，而要把波兰从德国人手里解放过来还要再付出 50 万人的伤亡；他们并不喜欢别人说，是他们鼓动了这次起义然后又抛弃了这些华沙人让他们去送死。还有一点也同样重要，即红军正在准备向波兰首都再次发动进攻，而且苏联人估计，用不了几天，华沙就会落到他们手里，这就使任何为起义提供物资的问题多余了。

8 月 20 日，丘吉尔和罗斯福共同呼吁斯大林给华沙空投补给，哪怕是为了平息一下世界的舆论也好。8 月 22 日，斯大林答复说：

> 少数追逐权力的罪犯在华沙发动了这场冒险活动，这一点迟早会真相大白……从军事角度来看，形势……对红军和波兰人都极为不利。虽然如此，苏联军队……还是在尽其所能地击退希特勒匪帮的出击，并采取别的办法，准备在华沙附近发动一次新的大规模进攻。我可以向你们保证，红军会不遗余力地打垮华沙的敌人并为波兰人解放华沙。这是给予纳粹做斗争的波兰人最好的、实际上也是最有效的帮助。[78]

然而，到 9 月份的时候，苏联人开始担心这件事对公共关系造成的影响了。9 月 9 日，外交人民委员部向英国大使馆递交了一份备忘录，建议成立一个独立的委员会，调查是谁负责发动这次起义的、为什么没有跟苏联统帅部协调好。在给起义者提供物资的问题上，备忘录也宣布改变政策。它指出，苏联人已经进行了几次空投，但是这些空投的食品和军火每次都落到了德国人手里。不过，如果英国人和美国人坚持这样做，那苏联人也会合作并提供方便。[79]

9月中旬，苏联人也加快了自己给华沙空投补给的步伐；与此同时，苏军也对这座城市发起了进攻。从9月14日至10月1日，白俄罗斯第1方面军向华沙出动了飞机2243架次，空投了156门迫击炮、505门反坦克炮、2667支冲锋枪和步枪、300万发子弹、42000颗手榴弹、500公斤药品和113吨食品。[80]与之相比，英国在8、9月份提供的补给有1344支手枪和左轮手枪、3855支自动手枪、380支轻机枪、237支火箭筒、13门迫击炮、130支步枪、14000颗手榴弹、3000颗反坦克手榴弹、8.5吨塑性炸药、450万发子弹和45吨食品。[81]虽然苏联人声称，他们的低空空投要比皇家空军的高空空投更加精确也更有效，但大部分物资还是落到了德国人手里。

到9月底的时候，同盟国内部又恢复了和谐。哈里曼也发电报给罗斯福说，他已经"跟斯大林进行了一次比较令人满意的谈话……斯大林第一次对起义者表示了同情"。[82]

除德国人之外，华沙起义对有关各方来说都是一场不幸。对于华沙的波兰人来说，它是一场灾难。地下军大约死亡了2万人，另外还有好几千人受伤，而在交火中死亡的平民有15万~20万人。当起义在10月2日最终被镇压下去的时候，德国人也结束了他们在对地下军采取军事行动期间进行的爆破活动——当时他们把整个市中心都夷为了平地，并把幸存下来的居民赶到了集中营。对于波兰流亡政府而言，起义的失败意味着它对战后波兰政治的影响力受到了严重的削弱。波兰民族主义者的力量遭到了削弱，这让得到苏联帮助的左翼共产党人从中受益，但是，由于他们以及他们的红军盟友没有给起义提供足够的帮助，人们还是难以消除自己的怀疑。有人责怪红军没有更快地占领华沙，责怪英国人和美国人对他们的苏联盟友姑息退让，没有把他们与斯大林在波兰问题上的分歧公开化。在"伟大的同盟"内部，有关这次起义的分歧在外交上造成的损害是有限的、暂时的，但在后来，这次关于华沙起义的分歧最终被认为是苏联与西方交恶的重要转折点，是冷战最初的预

217　兆。在冷战期间，围绕华沙起义而相互指责成了东、西方意识形态论战的试金石之一。西方指责红军拒绝为起义提供及时的援助，而苏联人指责反共的地下军的鲁莽与冒险主义。无论哪一方都没有花多少时间与精力去指责德国，而德国才是这一事件的真正的元凶。但是，如果与对犹太人的大屠杀和对苏联公民的集中杀害相比，镇压华沙起义只不过是德国人所犯下的又一暴行。

丘吉尔与斯大林的百分比协定

虽然事后在历史上引起关注的是华沙起义这一戏剧性的事件，但在当时，它只不过是斯大林排得满满的军事政治议程中众多的议项之一。波兰并不是红军在 1944 年夏唯一进攻的国家。8 月 20 日，红军开始大举进攻罗马尼亚，并由此引发了它的国内危机和政变，推翻了亲德政府，使该国站到了战争中同盟国的一边。8 月 31 日，红军开进了该国首都布加勒斯特。没过几天，罗马尼亚代表团就抵达了莫斯科进行停战谈判，并在 9 月 12 日签署了停战协定。由于泛斯拉夫的情感与民众的亲苏倾向，保加利亚在苏德战争期间一直在形式上保持中立，虽然它对于德国国防军的行动给予了许多实质性的支持，并履行其轴心国义务，对英美宣战。然而，苏联在 9 月 5 日对保加利亚

宣战。这一次在保加利亚国内也发生了政变。政变是由亲共的
"祖国阵线"领导的。到 9 月 9 日，保加利亚已经停止了针对红
军的军事行动，并在 9 月 26 日结束了对英美的战争状态。10
月 28 日，保加利亚人在莫斯科签署了停战协定。保加利亚像罗
马尼亚一样也在这场战争中改弦易辙，为红军在南斯拉夫的军
事行动敞开了大门。当时，铁托的游击队已经解放了南斯拉夫
的大部分领土，但红军还是在 9 月底发动了一场战役并占领了
南斯拉夫的首都贝尔格莱德。在斯洛伐克，8 月底爆发了共产
党领导的全国起义。跟华沙一样，起义者也向苏联人请求援助，
但不幸的是，红军被阻隔在喀尔巴阡山脉的另一侧无法前进，
因而只能提供有限的帮助。起义遭到了德国人的镇压。红军直
到 1945 年 5 月才进入捷克斯洛伐克的首都布拉格。匈牙利也请
求和平，但德国人接管了这个国家，并使苏联人直到 1945 年
1 ~2 月份才占领了布达佩斯。[83]

　　1944 年 10 月丘吉尔的第二次莫斯科之行和臭名昭著的
"百分比协定"，就是以这一连串的事件为背景的。10 月 9 日，　218
丘吉尔抵达莫斯科，并径直前往克里姆林宫，在那里与斯大林
见面并共进晚餐。[84]丘吉尔对这次会面的著名的描述可见于他
在 1954 年发表的第二次世界大战史的最后一卷：

　　　　当时机会不错，所以我就［对斯大林］说："让我们
　　把巴尔干地区的事情定了吧。你们的军队在罗马尼亚和保
　　加利亚，我们在那里也有自己的利益和各种派遣团体以及
　　代理机构。我们不要为了一些枝节问题而互相误解。就英
　　国和苏联而言，如果你们在罗马尼亚占百分之九十的优势，
　　我们在希腊也有百分之九十的发言权，而在南斯拉夫则一

半对一半，怎么样？"我乘着正在翻译这段话的时间，在半张纸上写下了：

罗马尼亚

苏联	90%
其他国家	10%

希腊

英国	90%
（与美国一致）	
苏联	10%

南斯拉夫	50% ~50%
匈牙利	50% ~50%

保加利亚

苏联	75%
其他国家	25%

我把字条递给斯大林，他当时正在听翻译。稍停片刻，他拿起他的蓝色铅笔在纸上打了个大大的勾，然后把字条递回给我们。一切就这样解决了，比把它写下来还要快……在这之后沉默了好长一阵子。铅笔划过的纸条放在桌子中央。最后我说："在处理这些与千百万人命运攸关的问题上，我们用这种似乎很草率的态度，不至于被人说是玩世不恭吧？让咱们把字条烧掉算了。""不，你保存着。"斯大林说。[85]

这个故事很有趣，只是跟丘吉尔的许多故事一样，虚饰太多。[86]丘吉尔突出的是这一时刻的戏剧性，而英国大使的报告却接近于喜剧：

　　[丘吉尔] 写了一份他所说的"淘气文件"（naughty　219
document），列出了巴尔干各国的名单和各大国在这些国家
中利益的比例。他说如果美国人看到他写这份文件的方式
是多么简陋，他们会感到震惊的。斯大林元帅是个很实际
的人，他并没有感情用事，尽管艾登先生是个坏蛋。他并
没有跟他的内阁或议会商量。[87]

苏联方面的记录比较郑重其事，它说丘吉尔宣称，"他本来准备
了一张表。在这张表中表达的想法如果用外交语言表达的话，
可能会更好，因为，例如，包括总统在内的美国人会对把欧洲
划分为各个势力范围感到不快"。后来，丘吉尔在会谈中又提起
了这个话题，说他"已经准备了一份相当卑鄙而粗暴的文件，
来说明苏联与英国在罗马尼亚、希腊、南斯拉夫和保加利亚的
势力范围的划分"。斯大林回答说，"英国想在保加利亚占
25%，这跟表中的其他数字不协调。他……认为有必要改一改，
苏联在保加利亚占90%，英国10%"。接着会谈就转到其他问
题上去了，但斯大林后来又再次说，关于保加利亚的比例应当
修改。他还同意由莫洛托夫和艾登就这件事进行进一步的谈
判。[88]

　　艾登与莫洛托夫在10月10～11日的会谈中讨论了所谓的
百分比协定，并且一致同意把在保加利亚和匈牙利的影响力比
例调整为80对20，苏联占优。[89]从这两次讨论的记录来看，艾
登和莫洛托夫在他们有关势力范围百分比协定的谈判中，对自
己老板的想法显然并不太了解，或者说，根本就不了解。到了
最后，他们的会谈就成了对各国在同盟国管制委员会中所扮演
的角色的意见交换——打算成立这些委员会是为了监督对保加

利亚、匈牙利和罗马尼亚的军事占领。实际上，丘吉尔与斯大林拟定的百分比，最终就表现为英国和苏联在这些管制委员会中各自的控制权的多少。这在当时基本上是个没有什么实际意义的讨论，因为苏联人是或者将会是保加利亚、匈牙利和罗马尼亚的唯一的军事占领者，而意大利的先例已经确立了同盟国在各轴心国占领政权的模式：控制权主要取决于占领该国的同盟国的武装力量，而同盟国管制委员会则起顾问和咨询机构的作用。

尽管人们在回顾这段历史时对丘吉尔提出的方案大肆渲染，但在他与斯大林接下来几个月的大量通信中，或者是在未来的雅尔塔及波茨坦的面对面的会谈中——除一次之外——几乎没有提到过百分比协定。[90]

220　　在流行的历史神话中，百分比协定被描绘成英国与苏联的肆无忌惮的瓜分行为；右翼评论家指责它是丘吉尔把东欧出卖给了斯大林，而左翼评论家则把它说成是斯大林背叛了希腊和南斯拉夫的革命。实际上，丘吉尔与斯大林有关势力范围的讨论只对一个国家事关重大，那就是希腊。在与斯大林的谈话中，确保英国在希腊的行动不会受到干涉，是丘吉尔最最优先考虑的重点。丘吉尔担心的是希腊会被"希腊民族解放阵线"下属的希腊人民解放军（ELAS – EAM）接管，这是个由共产党领导的游击队组织，它已经控制了在与德国占领者进行斗争的过程中获得的该国广大地区。丘吉尔想要从斯大林那里得到的是这样一个保证，即苏联不会插手希腊事务，并且会约束当地的共产党。丘吉尔在百分比协定中实现了这个目标，但是，甚至在他拿出他的淘气文件之前，斯大林就已经"同意英国在希腊必须有决定性的发言权"。[91]

斯大林欣然同意放弃希腊，这是苏联既定政策的反映。早在 1943 年夏天，苏联的决策者们就已经开始把希腊置于英国在地中海东部的势力范围之内。在为 1943 年 10 月的莫斯科外交部长会议准备的苏联内部的情况简介中，特别提到了英国在希腊的利益的重要性，包括英国与希腊流亡政府的牢固关系。另一方面，苏联的利益在于把莫斯科的影响力扩展到巴尔干地区的各个斯拉夫国家。[92] 这些都被伊万·麦斯基写进了他于 1944 年 1 月呈交给莫洛托夫的备忘录。备忘录从多个方面论述了苏联的战后前景。关于希腊，它写道：

> 苏联在希腊的利益相比于在其他巴尔干国家的利益来说，要少许多。与此相反，希腊对于英国来说却利害攸关。因此，对于希腊，苏联应特别谨慎。如果作为民主国家的希腊也像其他巴尔干国家一样，希望与苏联签订互助条约，那我们没有理由让它不要这样做。然而，如果签订希腊与苏联的双边条约引发了与英国的龃龉，可以试着解决这个麻烦的办法是，签订英、希、苏三方互助条约（就像伊朗的情况）。[93]

1944 年夏，在苏联把军事代表团派到共产党领导的游击队军队中去的时候，代表团的军官们得到的指示是，不要干预希腊的内部事务。[94] 当英国军队在 1944 年 12 月试图解除希腊人民解放军的武装并因此在雅典激起了武装反抗的时候，斯大林拒绝支持希腊的共产党。季米特洛夫问过莫洛托夫，"为了反抗英国的武装干涉"，希腊的同志有没有可能得到援助。答复是，"我们的希腊朋友不要指望从［莫斯科］这里得到积极的援助"。[95] 1945 年

221

1月，斯大林亲自对季米特洛夫通报了希腊事态的发展：

> 我建议过不要在希腊发起这次战斗……他们做的事自己应付不了。他们显然是在指望红军打到爱琴海。我们不可能那样做。我们也不可能把我们的军队派到希腊。希腊人的行动很愚蠢。[96]

在苏联的决策层，居于支配地位的假设是，希腊过去是并仍将是英国的势力范围。1944 年 11 月，李维诺夫写了一份报告，"论苏联与英国合作的前景与基础"。报告设想英国和苏联在战后把欧洲划分成若干个安全区，并把希腊与荷兰、比利时、法国、西班牙、葡萄牙一起划入英国的范围。[97] 在"三巨头"1945 年 2 月的雅尔塔会议前夕，葛罗米柯大使写了一份情况简介，分析了雅典最近的事态发展，并着重提到英国人和美国人反对希腊的进步力量尤其是共产党掌权。葛罗米柯指出，这就提出了大国对小国内部事务的干涉问题。但是，他建议苏联方面在希腊问题上除了表示他们对进步人士的同情外，不要采取任何主动行动。[98]

在雅尔塔会议上，斯大林在 1945 年 2 月 8 日的全体会议期间提出了希腊问题。当同盟国赞成在南斯拉夫成立联合政府的时候，他想知道在希腊发生了什么。不过，斯大林又补充说：

> 他决不是想要批评英国在希腊的政策……丘吉尔打断了斯大林的话，他说他十分感激苏方在希腊事件期间的克制……斯大林继续说，他希望丘吉尔简单地告诉他们，在希腊发生了什么。

在听了丘吉尔的解释之后，斯大林有礼貌地再次说，他并不是想要干涉希腊的内部事务，他只是想要知道发生了什么。[99]

丘吉尔在回忆这件事的时候认为，百分比协定把希腊从共产主义手中拯救了出来。[100]然而，斯大林并没有打算把这个国家共产主义化，也没有打算参与某项政治工程来实现这一目的。正如他在1944年10月14日与丘吉尔的会谈中告诉他的那样，"苏联没有打算在欧洲组织一场布尔什维克革命"。[101]那并不意味着他反对根本的政治变革，尤其是，如果这种变革对苏联的利益有利的话。但是在希腊，就像在欧洲的其他国家一样，他认为这样的变革可以通过和平的、民主的方式发生。在苏联占领的或者可以直接施加影响的各个国家中，斯大林会努力推动变革。在像希腊这样属于西方同盟国占领和势力范围内的国家，他对当地共产党的建议是，要跟英国人和美国人合作——特别是在战争还在继续的时候——要有长远的战略眼光，要逐步改变自己的社会。

人们在后来虽然都把注意力集中在势力范围协定上，但当时在莫斯科，它绝不是讨论得最多的话题。斯大林和丘吉尔的绝大部分时间都花在波兰问题上，它也是丘吉尔在10月9日的会议上提出的头一个议题。当时他建议，应该把在开罗的米柯瓦依契克再邀请到莫斯科。这位波兰领导人真的到了莫斯科，而斯大林和丘吉尔也在10月13日跟他进行了会谈，但这次商讨没有取得任何成果。斯大林想要米柯瓦依契克与波兰民族解放委员会合作，以便成立一个经过改组的波兰临时政府，并承认寇松线作为波兰东部的国界线。米柯瓦依契克所能开出的最好的条件是不包括利沃夫的寇松线，而且那还只是作为波兰与苏联在举行最终的边界谈判之前的划界线。这对于斯大林来说

222

是无法接受的。他强调指出，他无论如何都不会同意把白俄罗斯和乌克兰分割成不同的部分。[102]米柯瓦依契克然后又会见了波兰民族解放委员会的领导人博莱斯瓦夫·贝鲁特（Boleslaw Bierut）。贝鲁特向他开出的条件是，在改组的波兰政府中获得四分之一的部长职位。斯大林又把这一比例提高到三分之一，而且还包括总理的位置。[103]丘吉尔也会见了贝鲁特，并且被他的才智吸引住了，但他未必就相信斯大林所说的这个波兰人不是共产党。[104]斯大林对米柯瓦依契克渐渐失去了耐心，这从10月16日他对丘吉尔说的，这个波兰人"对红军解放波兰没有一句感谢的话……他认为苏联人是替他服务的"[105]就可以看出来。与此同时，米柯瓦依契克也开始考虑，这样的交易是波兰流亡者所能希望得到的最好的结果。实际上，在未能说服他的同事们相信苏联人提出的条件的好处之后，他在1944年11月底辞去了流亡政府的总理职务。

在丘吉尔与斯大林商讨的诸多其他议题中，还包括土耳其和修改有关黑海海峡控制权的《蒙特勒公约》问题。这个问题是在10月9日的会谈中提出的。斯大林告诉丘吉尔说，"按照《蒙特勒公约》，土耳其对黑海海峡拥有全部的权利，而苏联只拥有很少的权利……讨论修改《蒙特勒公约》问题是必要的，这个公约根本不适合当前的形势"。丘吉尔再次说他赞成苏联拥有不冻的出海口，但是又问斯大林到底是怎么想的。斯大林没能说出他对《蒙特勒公约》具体想怎么修改，但他成功地促使丘吉尔同意，有必要做出修改。[106]根据英方对这次讨论的记录，斯大林还说：

让苏联继续听命于土耳其，这极不可能。土耳其可以关闭黑海海峡，阻挠苏联的进出口甚至是她的防务。要是给予西班牙或者埃及关闭苏伊士运河的权利，英国怎么办呢？或者要是某个南美国家有权关闭巴拿马运河，美国政府会说什么呢？[107]

在 10 月 17 日的最后会谈中，丘吉尔和斯大林就德国的未来交换了看法。斯大林再次表示，他担心德国会卷土重来。他还明确表示，他优先考虑的是肢解这个国家。当丘吉尔问他是否赞成由东欧各国成立联邦以防止德国的侵略的时候，斯大林做了一个有趣的回答。苏联的领导层认为：

在战争结束之后最初的三四年当中，在匈牙利、捷克斯洛伐克和波兰会有一种民族主义的氛围。这些国家的人民首先想要的是组织自己的民族生活……希特勒政权在某种程度上刺激了民族感情，这在南斯拉夫就可以看出来……那里的每个民族都要求自治。在战后的最初几年中，居于支配地位的感情将会是这种要求不受干预地过一种充分的民族生活的愿望。在上一次战争之后，成立了几个没有什么基础也无力保护自己的国家，而这些国家已经破产了。现在存在走向另一个极端的危险——强迫各个小的民族联合起来。要让捷克人和匈牙利人，甚至是捷克人和波兰人找到共同语言，那是很困难的。因此，考虑这样的联合是行不通的，尽管在将来不排除这种联合的可能性。[108]

斯大林在这里不够坦率。反对东欧国家成立联邦或邦联是苏联一贯坚持的立场，而它这样做是担心这种联合会带有某种反苏的性质，甚至会使英国人和法国人在第一次世界大战之后在布尔什维克俄国周围建立的防疫封锁线死灰复燃。[109]斯大林的这番话还说明，他在这段时期越来越重视种族问题，所以，只要有可能，他就会优先考虑种族的统一。所以他才会赞成把特兰西瓦尼亚（Transylvania）还给罗马尼亚，因为在这个地区，虽说作为少数民族的匈牙利人也不少，但主要的居民还是罗马尼亚人。[110]至于苏联自身的不同种族的整合，基于上述看法，斯大林在 1945 年通过谈判使捷克斯洛伐克把乌克兰的外喀尔巴阡地区转让给了苏维埃社会主义共和国联盟。这个人烟稀少的地区在经济上或战略上都没有什么重要的价值。斯大林后来解释说：

224

> 俄国人在 13 世纪的时候失去了乌克兰的外喀尔巴阡地区，从那时候起，他们就一直梦想着收复它。由于我们的正确的政策，我们成功地收复了斯拉夫人即乌克兰人和白俄罗斯人的所有土地，实现了俄罗斯、乌克兰和白俄罗斯人民的古老的梦想。[111]

在丘吉尔的莫斯科之行结束时，双方发表了一份联合公报。公报提到，双方开诚布公地交换了看法，并在有关波兰问题以及成立南斯拉夫联合政府问题的各项谈判中取得了进展。[112]这对于英国首相 11 天的访问来说，可不算多。但这些会谈一直非常友好，没有丘吉尔与斯大林先前的谈判中，如 1942 年在莫斯科、1943 年在德黑兰，不时出现的那种敌意。当丘吉尔在 10 月 19 日离开莫斯科的时候，斯大林赠给他一只纪念花瓶，上面有一幅画，标题十分恰当："猎熊之弓。"在英国首相到访的整个过程中，斯大林的情绪都很好，而且还同意到英国大使馆赴宴——这是他第一次出席那里的宴会。[113]斯大林还陪同丘吉尔到莫斯科大剧院观看了演出。正是在这里，美国大使的女儿凯瑟琳·哈里曼第一次见到了斯大林。10 月 16 日，她写信给她的朋友帕梅拉·丘吉尔（Pamela Churchill）［当时她嫁给了温斯顿的儿子兰多夫（Randolph）］：

> 斯大林自从开战以来就没来过这座剧院，而且和一个外国人一起来就更令人惊奇了。在幕间的时候，我们参加了一个由莫洛托夫主持的宴会……为每个人都祝了酒。斯大林特别逗笑，当时莫洛托夫站起来举杯为斯大林祝酒并说了句惯常用的短语，"我们的伟大领袖"。斯大林在干杯之后回了句，"我以为他会对我说点新鲜的！"莫洛托夫摆出一副郁闷的样子回答说，"它永远是个好的说法"——我觉得这非常有趣。埃夫里尔说，斯大林特别高兴。他的确很风趣，看起来他似乎很乐于招待首相。[114]

在政治方面，百分比协定几乎没有什么实际意义，但是，丘吉尔之所以愿意就这样一个范围广泛的协定进行谈判，并且对重大的利益做了划分，一定是想从心理上打消斯大林的疑虑。对于斯大林的盘算来说同样重要的是，罗斯福对英国首相的莫斯科之行的反应暴露出英美之间的紧张关系。在丘吉尔动身前往苏联首都的前一天晚上，罗斯福写信给斯大林，要求允许哈里曼大使观察会谈的议程。他还直截了当地说，"在这次全球性的战争中，不夸张地说，没有什么问题——不管是军事的还是政治的——跟美国没有利害关系。我坚定地相信，我们三个，而

225

且也只有我们三个，能够找到解决这些未决问题的方法。在这个意义上，尽管我理解丘吉尔先生要求会谈的愿望，我还是更愿意把您与首相即将举行的这次会谈视为我们三个会谈的预备工作"。这一点对斯大林来说用不着动脑筋。他知道在"伟大的同盟"中，西方那一半的力量在哪儿。于是，他回信让罗斯福放心：这次会谈是丘吉尔的主意，而他将会向他通报这次会谈的进展。[115]斯大林对罗斯福的介入有点不快，或者说假装有点不快，所以他在他们第一次会谈中就对丘吉尔这样说了。他指出，美国总统在为自己要求太多的权利，而给英国和苏联的却太少了——不管怎么说，英国与苏联还有一个正式的同盟条约绑在一起，而苏联与美国却没有。为了缓和气氛，丘吉尔开玩笑说，他们将讨论敦巴顿橡树园的谈判，但是不告诉罗斯福![116]

斯大林与戴高乐

下一个拜会斯大林的重要的外国人是戴高乐将军，他于1944 年 12 月初抵达了莫斯科。斯大林在德黑兰的时候很轻视戴高乐，而在戴高乐访问莫斯科两个月后的雅尔塔会议上，他也没有太客气。在 2 月 4 日与罗斯福的会谈中，斯大林说：

> 戴高乐没有完全弄明白法国的位置。为了解放法国，美国人、英国人和苏联人都在流血。法国人被打败了，现在只有八个师。就这样，戴高乐还想让法国拥有跟美国、英国和苏联同样的权利。[117]

在 2 月 5 日的雅尔塔全体会议上，斯大林宣布反对法国参与对被占领德国的管制。他说，"要忘记过去是不可能的。在这次战争中，法国对敌人敞开了大门。这让盟军在欧洲付出了巨大的牺牲。这就是我们不可能把法国放到跟三个伟大的同盟国同一水平的原因"。[118]

但是在 1944 年 12 月与戴高乐面对面地在一起的时候，斯大林却施展了他的个人魅力，表示他完全理解法国的立场与愿望。在 12 月 2 日与戴高乐的第一次会谈中，斯大林强调说，他赞成法国恢复大国的地位。[119]斯大林并不完全是言不由衷。1944 年 4 月，法国共产党加入了戴高乐的法国民族解放委员会，然后还同意加入这位将军当时领导的临时政府。一方面，苏联人对自由法国的空军诺曼底团所做的贡献也表示诚挚的谢意，这个团参加了东线的一些最惨烈的空战。另一方面，莫斯科又怀疑，戴高乐作为保守主义者，具有反共反苏的倾向。[120]

戴高乐的莫斯科之行是他主动要求的。[121]他的目的是提高获得解放的法国的地位，签订一份跟 1942 年的《英苏同盟条约》类似的法苏条约。斯大林很高兴签订这样一份条约，只是他首先要确保丘吉尔和罗斯福不会反对。[122]斯大林也决定，对于苏联在波兰问题上的立场，要努力从戴高乐那里得到一些支持。莫洛托夫对法国外交部部长乔治·皮杜尔（Georges Bidault）建议，法国应该与波兰民族解放委员会互派代表。出于这个原因，在 12 月 6 日斯大林与戴高乐的第二次会谈中，波兰问题就显得很突出了。在波兰问题上，斯大林在为苏联的立场辩护的时候提醒戴高乐，在第一次世界大战后，寇松线得到过法国总理克里蒙梭（Clemenceau）的支持。斯大林指出，在过去的 30 年里，波兰两次被用来作为德国入侵俄国的走廊。斯大林还为苏联在华沙起义问题上的做法进行了辩解。他说在红

226

军打到波兰首都的时候，它的进攻已经深入了 600 公里，它的炮弹必须要用船从 400 公里之外运抵前线。[123]

在 12 月 8 日他们的第三次也是最后一次会谈中，戴高乐提出了德国问题。对于他最关心的话题即需要防止德国坐大，斯大林变得兴奋起来。他告诉这位将军，他认为英国人会对德国采取强硬的路线。当戴高乐建议说从《凡尔赛和约》的经验来看英国奉行惩罚性和约的时间不会太长时，斯大林告诉他，这一次拆除德国的工业设备会行得通，而且英国人也理解这样做的重要性。法国与波兰民族解放委员会的关系问题也被提了出来。斯大林答应戴高乐签订一个协议。丘吉尔曾经向斯大林提出，可以让英国加入进来，签订一个三方条约，而不只是法苏的双边条约。戴高乐不希望这样；他想要与斯大林签订一个与英苏条约类似的双边条约。斯大林说，如果戴高乐同意与波兰民族解放委员会互派官方代表，那他就签订这样一个条约。"法国帮我们一个忙，我们也会帮他们一个忙。"斯大林告诉这位将军说。在会谈结束的时候，戴高乐又谈到了波兰问题，并对苏联的立场表示深切的同情。至于波兰民族解放委员会，他说法国人已经建议与波兰人互派代表。[124]

12 月 9 日，皮杜尔告诉莫洛托夫说，作为对法苏条约的回报，戴高乐愿意与波兰民族解放委员会互派代表。不过，莫洛托夫还要法国以戴高乐与波兰民族解放委员会主席之间的通信的形式，就此发表一份声明。这就相当于对卢布林政府予以外交上的承认，而苏联人当时自己也没有正式这样做。皮杜尔告诉莫洛托夫，这个建议是无法接受的。[125] 在当天晚上为法国代表团举行的告别晚宴上，双方似乎又继续进行了讨论。也许是为了给谈判增添一点气氛，斯大林向戴高乐建议说，他们应该

"拿出机枪把这些外交官都干掉！"[126] 不过，这种严厉的行动没有必要了，法国与苏联第二天就签订了互助条约。[127] 法国人如其所愿不用发表与波兰民族解放委员会互派代表的声明，并且可以把这个交易作为一个互派低级别代表的决定告诉英国人和美国人。[128] 另外，斯大林又告诉波兰民族解放委员会，这是个来之不易的让步，而且他还大骂戴高乐是个彻头彻尾的反动派。[129]

正像可以预计的那样，苏联报刊对戴高乐的来访进行了大量报道，并称赞法苏条约是法苏关系发展中的里程碑。苏联对该条约的公开评论特别提到了它对于消除德国威胁的重要意义——不仅在当时，而且也在未来。《消息报》的一篇社论写道："这个敌人不仅仅是现在的希特勒军队——他们将被彻底打败——这个敌人还是梦想着称霸世界的德意志帝国主义，它总是在不断地滋生出像俾斯麦、威廉和希特勒这样的人。"[130]

在波兰问题上，苏联向法国施压的潜在原因在 1945 年 1 月 4 日就可以看出来了。当时莫斯科宣布，它正式承认波兰民族解放委员会为波兰的临时政府。[131] 这份声明表明，苏联已不可能再与伦敦的波兰流亡者就成立波兰联合政府一事进行进一步的谈判了，尽管它并没有排除与米柯瓦依契克等人谈判的可能性。随着红军即将开始重新向华沙进军，斯大林显然已经决定，通过波兰民族解放委员会的那帮听话的人来谋求他在波兰的政治目标。

注　释

[1] *Soviet Foreign Policy during the Patriotic War: Documents and*

Materials, vol. 2, Hutchinson: London, 1945, pp. 25 – 33.

[2] Arkhiv Vneshnei Politiki Rossiiskoi Federatsii (AVPRF) F. 06, Op. 6, Pap. 3, D. 133 – 4. 可进一步参见 G. Roberts, "Litvinov's Lost Peace, 1941 – 1946", *Journal of Cold War Studies*, vol. 4, no. 2, Spring 2002.

[3] "Sovetskii Souz i OON: Direktivy Politburo TsK VKP (b) Sovetskoi Delegatsii na Konferentsii v Dumbarton-Okse 1944g. ", *Istoricheskii Arkhiv*, no. 4, 1995, pp. 52 – 8.

[4] AVPRF F. 06, Op. 6, Pap. 3, D. 134, Ll. 44 – 50.

[5] Ibid. , D. 135.

[6] Ibid. , L. 33. 苏联就战后法国地位问题的内部讨论，可参见 S. Pons, "In the Aftermath of the Age of Wars: The Impact of World War II on Soviet Security Policy" in S. Pons and A. Romano (eds), *Russia in the Age of War, 1914 – 1945*, Feltrinelli: Milan, 2000。

[7] 敦巴顿橡树园会议上的讨论的概况可参见 W. H. McNeill, *America, Britain and Russia: Their Co-operation and Conflict, 1941 – 1946*, Oxford University Press: London, 1953, pp. 501 – 11。此次会议的苏方记录可参见 *Konferentsiya Predstavitelei SSSR, SSha i Velikobritanii v Dumbarton-Okse*, Moscow, 1984。在 1944 年 8 月 12 日递交给美国政府和英国政府的备忘录中，苏联阐明了自己对于新的国际组织的立场。参见前面提到的那卷文献中 doc. 26。

[8] "联合国" 这个名字源自同盟国在 1942 年 1 月发表的《联合国宣言》。这份公开的声明发誓战斗到底并信守丘吉尔和罗斯福在 1941 年 8 月发表的《大西洋宪章》。在敦巴顿橡树园会议上，葛罗米柯建议说，由于容易把 "联合国" 这个名字同同盟国联系起来，所以它应该叫作世界理事会或其他类似的名字。但是葛罗米柯的建议没有被采纳，而 "联合国" 这个名字也就保留下来了。

[9] AVPRF F. 6, Op. 6, Pap. 12, D. 125, Ll. 27, 69.

[10] *Stalin's Correspondence with Churchill, Attlee, Roosevelt and Truman, 1941 – 1945*, Lawrence & Wishart: London, 1958, doc. 227, p. 160. Message from Stalin to Roosevelt dated 14/9/44.

[11] *Soviet Foreign Policy*, p. 30.

[12] A. Polonsky and B. Drukier, *The Beginnings of Communist Rule in Poland*, Routledge & Kegan Paul: London, 1980, p. 297.

[13] A. Werth, *Russia at War, 1941 – 1945*, Pan Books：London, 1964, p. 688.

[14] 在我对巴格拉季昂行动的描述中，除了下文那些具体的参考资料之外，我还利用了下列文献：J. Erickson, *The Road to Berlin*, Weidenfeld & Nicolson：London , 1983, pp. 191 – 247；D. M. Glantz and J. House, *When Titans Clashed：How the Red Army Stopped Hitler*, University Press of Kansas：Lawrence, Kansas, 1995, chap. 13；R. Overy, *Russia's War*, Allen Lane：London, 1997, pp. 237 – 46；S. M. Shtemenko, *The Soviet General Staff at War, 1941 – 1945*, Progress Publishers：Moscow, 1970, chap. 11；A. M. Vasilevsky, *A Lifelong Cause*, Progress Publishers：Moscow, 1981, pp. 356 – 88；以及 I. V. Timokhovich, " Operatsiya 'Bagration' " in *Velikaya Otechestvennaya Voina, 1941 – 1945*, vol. 3, Moscow, 1999。苏军总参谋部在这次战役期间每天的战况报告可见于文献集 *Operatsiya "Bagration"*, Moscow, 2004。

[15] *Soviet Foreign Policy*, p. 24.

[16] Timokhovich, "Bagration", p. 58.

[17] *Stalin's Correspondence*, doc. 260, p. 215.

[18] B. F. Smith, *Sharing Secrets with Stalin：How the Allies Traded Intelligence, 1941 – 1945*, University Press of Kansas：Lawrence, Kansas, 1996. 尤其是第 9 章。

[19] *Stalin's Correspondence*, doc. 274, p. 224.

[20] *Soviet Foreign Policy*, p. 25.

[21] Glantz and House, *Titans*, p. 209.

[22] Timokhovich, "Bagration" , p. 77.

[23] Erickson, *Road to Berlin*, p. 228.

[24] *Soviet War News*, 12/6/44.

[25] Ibid. , 27/6/44.

[26] *Soviet Foreign Policy during the Patriotic War*, vol. 2, pp. 23, 28.

[27] Vasilevsky, *A Lifelong Cause*, p. 360.

[28] Shtemenko, *Soviet General Staff*, p. 253.

[29] *SSSR i Pol'sha, 1941 – 1945：K Istorii Voennnogo Souza*, Terra：Moscow, 1994 (series Russkii Arkhiv), doc. 9, p. 202.

[30] 对苏军在这一区域的军事行动的描述是根据：Erickson, *Road to Berlin*, pp. 247 – 90；Werth, *Russia at War* , part 7, chap. 8；

Overy, *Russia's War* pp. 246 – 9; Timokhovich, "Bagration"; S. M. Shtemenko, *The Soviet General Staff at War*, *1941 – 1945*, book 2, Progress Publishers: Moscow, 1986, chaps. 2 & 3; K. Rokossovsky, *A Soldier's Duty*, Progress Publishers: Moscow, 1970, pp. 254 – 63; 以及 M. I. Mel'tukhov, "Operatsiya 'Bagration' i Varshavskoe Vosstaniye 1944 goda", *Voprosii Istorii*, no. 11, 2004。

[31] Shtemenko, *Soviet General Staff*, book 2, pp. 71 – 81; *Stavka VGK*, *1944 – 1945*, Moscow, 1999, doc. 160.

[32] Ibid. , p. 92.

[33] *SSSR i Pol'sha*, *1941 – 1945*, doc. 29, pp. 218 – 19. 这份文件的译文可见于 ibid. , pp. 93 – 4。

[34] 参见 *Operatsiya* "Bagration" 中的战况报告。

[35] 关于这次起义以及围绕它的种种争议,可参见 N. Davies, *Rising'44: The Battle for Warsaw*, Pan Books: London, 2004。

[36] 关于这次起义的动机,可参见 J. M. Ciechanowski, *The Warsaw Rising of* 1944, Cambridge University Press: Cambridge, 1974, 尤其是其中的第 9 章。

[37] 苏联在 1944~1945 年针对波兰地下军的政策与行动的文件,可参见 *NKVD i Pol'skoe Podpol'e*, *1944 – 1945*, Moscow, 1994。

[38] Werth, *Russia at War*, p. 786.

[39] Ciechanowski, *Warsaw Rising*, pp. 244 – 5.

[40] E. Duraczynski, "The Warsaw Rising: Research and Disputes Continue", *Acta Poloniae Historica*, no. 75, 1997.

[41] A. Polonsky (ed.), *The Great Powers and the Polish Question*, *1941 – 1945*, Orbis Books: London, 1976, doc. 82

[42] *Vneshnyaya Politika Sovetskogo Souza v Period Otechestvennoi Voiny*, vol. 2, Moscow, 1946, pp. 59 – 61. 这一声明的译文可见于 *Soviet War News* , 12/1/44。

[43] 参见 J. Stalin, *On the Great Patriotic War of the Soviet Union*, Hutchinson: London, 1943, pp. 60 – 1 中斯大林在 1943 年 5 月 4 日的答记者问。就苏联人有关波兰问题的内部讨论来说,支持一个强大、独立但要对苏友好的波兰这个政策,在准备 1943 年 10 月的莫斯科外交部部长会议期间,就非常明确地确定下来。例如, AVPRF, F. 6, Op. 5b, Pap. 41, D. 20, Ll. 31 – 3。

[44] 斯大林在 1941 年 12 月告诉艾登说,他"认为应该把一直到奥

得河为止的所有土地都给波兰"。对于这份秘密议定书，有一
种说法是，莫斯科希望给英苏同盟条约附加一条建议："用东
普鲁士的西部来增加波兰的领土"。但是关于这份拟议中的议
定书的另一种说法是，边界问题尚待讨论。参见 O. A.
Rzheshevskii（ed.），*War and Diplomacy*，Harwood Academic
Publishers：Amsterdam，1996，docs 4 - 6。关于战争期间对波兰
西部边界的公开讨论，可参见 W. Wanger，*The Genesis of the
Oder-Neisse Line*，Brentano-Verlag：Stuttgart，1957。

［45］Harriman Papers，Library of Congress Manuscript Division，
Container 171，Chronological File 1 - 15/1/44.

［46］*Vneshnyaya Politika Sovetskogo Souza v Period Otechestvennoi Voiny*，
vol. 2，pp. 339 - 40.

［47］Harriman Papers，c. 171，cf 16 - 21/1/44.

［48］Ibid.

［49］Ibid.，cf 1 - 8/3/44.

［50］*Stalin's Correspondence*，doc. 257，pp. 212 - 13.

［51］Harriman Papers，c. 175，cf. 22 - 29/2/44.

［52］参见 A. Polonsky and B. Drukier，*The Beginnings of Communist
Rule in Poland*，pp. 14 - 23。

［53］*Stalin's Correspondence*，doc. 310，pp. 241 - 2.

［54］关于朗格，可参见 A. M. Cienciala，"New Light on Oskar Lange
as an Intermediary between Roosevelt and Stalin in Attempts to
Create a New Polish Government"，*Acta Poloniae Historica*，no. 73，
1996。

［55］*Pravda*，11/8/41 and 12/8/41（editorial on "Vse Slavyane na
bor'bu protiv obshchego vraga."）；H. Kohn，"Pan-Slavism and
World War II"，*American Political Science Review*，vol. 46，no. 3，
September 1952.

［56］Vneshnyaya Politika Sovetskogo Souza v Period Otechestvennoi
Voiny，vol. 1，Moscow，1944，pp. 372 - 6.

［57］"Peregovory E. Benesha v Moskve（Dekabr' 1943g.）"，*Voprosy
Istorii*，nos 1 & 3，2001. 这篇文章有两部分，其中包括捷克斯洛
伐克方面对贝奈斯与斯大林和莫洛托夫谈话记录的俄文译文。
该文献的大部但非全部的英文译文可见于 V. Mastny，"The
Benes-Stalin-Molotov Conversations in December 1943"，*Jahrbücher*

für Geschichte Osteuropas, vol. 20, 1972。

[58] 《真理报》在 1943 年 6 月的一篇社论中特别提到了伦敦的波兰移民群体发表的声明，斯大林可能就是从这个声明中顺便把格伦沃尔德拿来作类比。参见 "Unity of Slavs" in *Soviet War News*, 19/6/43。在 1941 年 12 月与西科尔斯基和安德斯的谈话中，斯大林也顺便提到了格伦沃尔德。

[59] *Stalin and the Cold War, 1945 – 1953 : A Cold War International History Project Documentary Reader*, 1999, p. 3.

[60] Ibid. , pp. 9, 15 – 16.

[61] V. Deijer, *Tito Speaks*, Weidenfeld & Nicolson: London, 1953, p. 234.

[62] M. Djilas, *Wartime*, London; Secker & Warburg, 1977, p. 438. 根据吉拉斯的记录，斯大林在这次会谈中做了另外一番评论："这场战争跟过去不同。不管是谁占领了一个地方都会在那里强制推行它自己的社会制度。所有国家都会把它自己的制度推行到它的军队所能到达的地方"（ibid. , p. 437）。这段话常常被理解为斯大林在暗示他打算把红军占领的东欧国家苏维埃化。不过，这番话应当被理解成斯大林是在制止南斯拉夫左翼共产党人，是在向他们指出他们必须接受军事力量所强加的现实。对他们而言，这个现实就是西方盟国占领了有争议的特里雅斯特，以及英国军队在镇压希腊共产党起义时扮演的角色。

[63] *Sovetskii Faktor v Vostochnoi Evrope, 1944 – 1953*, vol. 1, Moscow, 1999, doc. 9.

[64] *The Great Powers and the Polish Question, 1941 – 1945*, doc. 102.

[65] Ibid. ; *Sovetskii Faktor v Vostochnoi Evrope* doc. 10; and Polonsky and Drukier, *The Beginnings of Communist Rule in Poland*, doc. 27.

[66] *Stalin's Correspondence*, docs 311, 313, pp. 248 – 9.

[67] Ibid. , doc. 315, pp. 250 – 1.

[68] *Sovetskii Faktor v Vostochnoi Evrope*, doc. 11.

[69] *The Great Powers and the Polish Question, 1941 – 1945*, doc. 102, p. 211. 米柯瓦依契克在回忆录中对自己的莫斯科之行的描述跟同时代人的文献中的描述有很大的差异，参见 S. Mikolajczyk,

The Pattern of Soviet Domination, Sampson, Low & Marston：London, 1948, chap. 6.

[70] Ibid. , doc. 106.

[71] Harriman Papers, c. 173, cf. 13 – 15/8/44. For Vyshinskii's record of this conversation：*Sovetsko-Amerikanskie Otnosheniya*, *1939 – 1945*, Moscow, 2004, doc. 251.

[72] Harriman Papers, cf. 16 – 18/8/44；*Sovetsko-Amerikanskie Otnosheniya*, *1939 – 1945*, doc. 252.

[73] Ibid. , doc. 103.

[74] *Stalin's Correspondence* , doc. 321 p. 254.

[75] Harriman Papers c. 173 cf16 – 18/8/44；*Sovetsko-Amerikanskie Otnosheniya*, *1939 – 1945*, doc. 253.

[76] *The Great Powers and the Polish Question*, *1941 – 1945*, doc. 107.

[77] Meiklejohn diary p. 543 in Harriman Papers, c. 165.

[78] *Stalin's Correspondence*, docs 322 – 3, pp. 254 – 5.

[79] Harriman Papers, c. 174, cf. 1 – 5/9/44.

[80] *The Soviet General Staff at War*, *1941 – 1945*, book 2, pp. 102 – 4. 另见 Timokhovich, "Bagration", p. 75。

[81] A. Chmielarz, "Warsaw Fought Alone：Reflections on Aid to and the Fall of the 1944 Uprising", *Polish Review*, vol. 39, no. 4, 1994, p. 421. 另见 R. C. Lukas, "The Big Three and the Warsaw Uprising", *Military Affairs*, vol. 39, no. 3, 1975。

[82] 转引自 S. Berthon and J. Potts, *Warlords*, Politico's Publishing：London, 2005, p. 265。

[83] 有关苏军对保加利亚、罗马尼亚、匈牙利和捷克斯洛伐克的解放或征服，可参见 Erickson, *Road to Berlin*, chap. 6 以及 Mawdsley, *Thunder in the East*, chap. 12。

[84] 由于 1944 年 10 月 9 日斯大林与丘吉尔的这次会谈是以克里姆林宫晚宴的形式进行的，所以在记载斯大林办公室来访者的会客日志中没有它的记录。不过，斯大林与丘吉尔在 10 月 14 日、16 日、17 日的会谈在会客记录中都有记载。参见 "Posetiteli Kremlevskogo Kabineta I. V. Stalina", *Istoricheskii Arkhiv*, no. 4,

1996, p. 87。

[85] W. S. Churchill, *The Second World War*, vol. 6, Cassell: London, 1954, pp. 194 – 5.

[86] 对丘吉尔的第二次世界大战史的很有趣的详细剖析，可见于 D. Reynolds, *In Command of History*: *Churchill Fighting and Writing the Second World War*, Penguin Books: London, 2005。对所谓的百分比协定的详细研究，参见 K. G. M. Ross, "The Moscow Conference of October 1944 (Tolstoy)" in W. Deakin, E. Barker and J. Chadwick (eds), *British Political and Military Strategy in Central, Eastern and Southern Europe in 1944*, London: Macmillan, 1988; A. Resis, "The Churchill-Stalin Secret 'Percentages' Agreement on the Balkans, Moscow, October 1944", *American Historical Review*, April 1978; P. Tsakaloyannis, "The Moscow Puzzle", *Journal of Contemporary History*, vol. 21。1986; P. G. H. Holdich, "A Policy of Percentages? British Policy and the Balkans after the Moscow Conference of October 1944", *International History Review*, February 1987; 以及 G. Roberts, "Beware Greek Gifts: The Churchill-Stalin 'Percentages Agreement' of October 1944", *Mir Istorii*, www/historia. ru/2003/01/roberts. htm。

[87] G. Ross (ed.), *The Foreign Office and the Kremlin*: *British Documents on Anglo-Soviet Relations 1941 – 1945*, Cambridge University Press: Cambridge, 1984, doc. 30. 这段引文来自克拉克·科尔报告草稿中的一段话，在他最终递交的关于这次会谈的正式记录中，这一段被删掉了。

[88] "Zapis" Besedy Tov. I. V. Stalina s Cherchillem 9 Oktyabrya 1944 g. v 22 chasa', Rossiiskii Gosudarstvennyi Arkhiv Sotsial' no-Politicheskoi Istorii (RGASPI), F. 558, Op. 11, D. 283, Ll. 6 – 9, 13. 这份文件，连同苏联关于斯大林与丘吉尔在 1944 年 10 月的另一次会谈的大部分记录，现在都已公布于 O. A. Rzheshevskii, *Stalin i Cherchill*', Moscow, 2004。10 月 9 日会谈记录的大部分内容的译文可见于 O. A. Rzheshevsky, "Soviet Policy in Eastern Europe 1944 – 1945: Liberation or Occupation" in

G. Bennett（ed.），*The End of the War in Europe*，1945，HMSO：London，1996，pp. 162 – 8。这是苏联首次公布有关百分比谈判的记录。

[89] 这两次会谈的英方记录可见于 J. M. Siracusa，"The Meaning of Tolstoy：Churchill，Stalin and the Balkans，Moscow，October 1944"，*Diplomatic History*，Fall 1979。苏方对 10 月 10 日会谈的记录可见于 Rzheshevskii，*Stalin i Cherchill'*，doc. 162。

[90] 这一次例外是 1945 年 7 月波茨坦会议的一次会谈中，丘吉尔在这次会谈中抱怨说他在南斯拉夫没有得到他的 50% 的控制权。斯大林回答说，苏联也没有，铁托是自己做主。

[91] RGASPI F. 558，Op. 11，D. 283，L. 6.

[92] AVPRF F. 6，Op. 5b，Pap. 39，D1.

[93] G. P. Kynin and J. Laufer（eds.），*SSSR i Germanskii Vopros*，vol. 1，Moscow，1996，doc. 79.

[94] P. J. Stavrakis，*Moscow and Greek Communism*，*1944 – 1949*，Cornell University Press：New York，1989，pp. 28 – 9.

[95] *The Diary of Georgi Dimitrov 1933 – 1949*，Yale University Press：New Haven，2003，p. 345（日记记载是在 1944 年 12 月 8 ~ 9 日）。

[96] Ibid.，pp. 352 – 3.

[97] 关于李维诺夫报告的详细引文可见于 V. O. Pechatnov，*The Big Three after World War II：New Documents on Soviet Thinking about Postwar Relations with the United States and Great Britain*，Cold War International History Project，1995，Working Paper no. 13。

[98] AVPRF F. 06，Op. 7a，D. 5，Ll. 11 – 12.

[99] 在 20 世纪 60 年代公布的雅尔塔会议苏方记录中，这段有关希腊的谈话被全部删去了。在 20 世纪 80 年代公布的修订版中，这段谈话是有的，但此处直接引用的句子仍然被删去了。此处直接引用的这些内容来自俄罗斯外交部档案中关于这次会议议项的打印的文字记录。参见 *Krymskaya Konferentsiya Rukovoditelei Trekh Souznykh Derzhav-SSSR，SShA i Velikobritanii*，Moscow，1984，p. 145 以及 AVPRF F. 06，Op. 7a，D. 7，L. 105。

[100] D. Carlton, *Churchill and the Soviet Union*, Manchester University Press: Manchester, 2000, p. 120.

[101] RGASPI F. 558, Op. 11, D. 283, L. 21.

[102] Rzheshevskii, *Stalin i Cherchill'*, doc. 164.

[103] Polonsky and Drukier, *The Beginnings of Communist Rule in Poland*, doc. 56.

[104] Rzheshevskii, *Stalin i Cherchill'*, doc. 165; RGASPI F. 558, Op. 11, D. 283, L. 20.

[105] RGASPI F. 558, Op. 11, D. 283, L. 64.

[106] Ibid., Ll. 10 – 11.

[107] Siracusa, "The Meaning of Tolstoy", p. 449.

[108] RGASPI F. 558, Op. 11, D. 283, L. 84.

[109] 例如，可以参见莫洛托夫与艾登在 1942 年 5 月 21 日的谈话。O. A. Rzheshevsky (ed.), *War and Diplomacy*, Harwood Academic Publishers: Amsterdam, 1996, doc. 16.

[110] 1920 年罗马尼亚从战败的匈牙利那里吞并了特兰西瓦尼亚。但是在 1940 年，根据德国和意大利的所谓维也纳仲裁，特兰西瓦尼亚被瓜分了，其绝大部分给了匈牙利。第二次世界大战之后，这片领土又被还给了罗马尼亚。参见 Y. Lahav, *Soviet Policy and the Transylvanian Question (1940 – 1946)*, Research Paper no. 27, The Hebrew University of Jerusalem, July 1977。苏联方面的许多文件都收集在 *Transil' vanskii Vopros Vengero-Rumynskii Territorial' nyi Spor i SSSR 1940 – 1946*, Moscow, 2000。

[111] 转引自 E. van Ree, *The Political Thought of Joseph Stalin*, Routledge: London, 2002, p. 232。对这次移交及其文件的详细研究可见于 V. Mar'ina, *Zakarpatskaya Ukraina (Podkarpatskaya Rus') v Politike Benesha i Stalina*, Moscow, 2003。

[112] Rzheshevskii, *Stalin i Cherchill'*, doc. 173.

[113] A. H. Birse, *Memoirs of an Interpreter*, Michael Joseph: London, 1967, p. 173.

[114] Harriman Papers, c. 174, cf. 15 – 16/10/44.

[115] *Stalin's Correspondence*, docs 230 – 1, pp. 162 – 3.

[116] RGASPI F. 558, Op. 11, D. 283, Ll. 7 – 8.

[117] AVP RF F. 06, Op. 7a, D. 7, L. 18.

[118] Ibid. L. 30. 在苏联公布的雅尔塔会议记录中，这一段以及前一段引文都被删掉了。参见 *Krymskaya Konferentsiya Rukovoditelei Trekh Souznykh Derzhav-SSSR, SShA i Velikobritanii*, Moscow, 1979。当这些记录在 1961 年首次公布的时候，苏联人正在积极谋求缓和与法国戴高乐政府的关系，因此，所有这种贬低戴高乐的评论都被删掉了。

[119] *Sovetsko-Frantsuzkie Otnosheniya vo Vremya Velikoi Otechestvennoi Voiny, 1941 – 1945*, Moscow, 1959, doc. 197. 这是苏联档案中最初几本含有机密记录的苏联外交文件之一。

[120] 有关这次战争中苏联与戴高乐的关系，可参见 G – H. Soutou, "Le General de Gaulle et L'URSS, 1943 – 1945", *Revue d'histoire diplomatique*, no. 4, 1994；N. Narinskii, "Moscou et le Gouvernement provisoire du général de Gaulle", *Relations internationales*, no. 108, 2001；M. Ts. Arzakanyan, "Pochemu Sharl" de Goll' stal "bol'shim drugom SSSR", *Voenno-Istoricheskii Zhurnal*, no. 2 1995；以及 I. Chelyshev, "Marshal Stalin vsegda mozhet rasschityvat' na de Gollya", *Istochnik*, no. 2, 2002。

[121] *Sovetsko-Frantsuzkie Otnosheniya vo Vremya Velikoi Otechestvennoi Voiny, 1941 – 1945*, vol. 2, Moscow, 1983, docs 69, 75, 76. 这套两卷本的文件是前面的注释 119 中引用的文件集的修订版，但它增添了许多新的文件。

[122] *Stalin's Correspondence*, docs 360, 364, 365, 366, 370, pp. 227 – 84；docs 243, 244, 245, 246, pp. 170 – 2.

[123] *Sovetsko-Frantsuzkie Otnosheniya* (1959 edition), doc. 202.

[124] Ibid. , doc. 209.

[125] *Sovetsko-Frantsuzkie Otnosheniya* (1983 edition), doc. 101.

[126] Harriman Papers, c. 175, cf. 8 – 14/12/44.

[127] *Sovetsko-Frantsuzskiye Otnosheniya* (1983 edition), doc. 102.

[128] Harriman Papers, c. 175, cf. 8 – 14/12/44.

[129] *Stalin and the Cold War, 1945 – 1953*: *A Cold War International History Project Documentary Reader*, p. 103.

[130] "Resurgent France", *Soviet War News*, 20/12/44.

[131] Vneshnyaya Politika Sovetskogo Souza v Period Otechestvennoi Voiny, vol. 3, Moscow, 1947, pp. 61 – 2.

第八章 解放、征服、革命：斯大林 在德国与东欧的目标

在戴高乐离开莫斯科之后，斯大林下一个重大的外交任务
就是1945年2月的雅尔塔会议。第二次举行"三巨头"会议，
这是罗斯福的主意。他原本是希望1944年9月在苏格兰举行这
次会议的，但斯大林由于军务缠身没有同意。后来他就建议，
把地点定在黑海的某个港口，这样一来，讨厌坐飞机的斯大林
就可以坐火车到黑海海滨。然而，这个时候美国又在进行总统
选举，所以就决定把会议延期到1945年1月罗斯福第四任总统
就职仪式之后。雅尔塔作为会议地点也最终达成了一致。[1]

雅尔塔会议是第二次世界大战中最重要的三方会议，要弄
清楚斯大林在会议前夕的心绪与想法，可以有两个信息来源：
一是直接检查苏联外交部门为此次会议准备的材料；二是分析
斯大林1945年1月私下的某些重要言论。

苏联外交部门为雅尔塔会议准备的材料不像为1943年的莫
斯科外交部部长会议准备的那样全面和系统，这一点非常令人
奇怪。这很可能是因为，苏联到这个时候在大多数问题上的立
场已经定型，而一些补充的议题则由1943年成立的各种内部的
政策与计划委员会负责。雅尔塔会议跟德黑兰会议一样，也没
有固定的、正式的议程。而斯大林十分熟悉自己外交政策的基
本要点，可以断定他什么也不会白送给英国和美国。

外交人民委员部的官员们跟自己的领袖一样，在雅尔塔会

议的预备阶段，也都把精力放在德国问题上。首先是伏罗希洛夫领导的停战委员会的工作。顾名思义，该委员会的任务就是制定有关德国和其他轴心国投降条件的政策。与此同时，在莫斯科外交部部长会议上成立的三国欧洲顾问委员会也在进行磋商和谈判。欧洲顾问委员会设在伦敦，莫斯科驻英国大使费多尔·古谢夫（Fedor Gusev）任委员会的苏方代表。截止到1944年底，在欧洲顾问委员会内部已经达成一致的有：德国的无条件投降；把该国划分为美、英、苏军事占领区；成立同盟国管制委员会，协调占领期间的同盟国政策。另外还达成一致的有，把柏林划分成同盟国的各个单独的占领区域——虽然柏林事实上处于拟议中的苏联在德国东部的占领区腹地。1944年11月，法国加入欧洲顾问委员会，而且后来在占领德国和柏林时也分到了一份。在苏联为占领德国所做的准备工作方面，值得注意的是，它假设，这种占领将会是长期的，并且只有与英国和美国合作才有可能做到并维持下去。[2]伊万·麦斯基领导的赔偿委员会体现了苏联对德政策工作的第二部分。从莫斯科的角度来看，苏联毫无疑问会得到德国的赔偿；鉴于德国的侵略所造成的损失的程度，几乎不可能有别的选择。麦斯基的委员会就是要制定政策，决定要支付给苏联多少赔偿以及以什么形式来支付赔偿。问题是，英国人和美国人对于赔偿持怀疑的态度。他们担心又会像第一次世界大战后那样，由于无力支付赔偿，德国就向国外借贷来支付债务的利息，接着就赖账。为了不引起这方面的反对，苏联的建议是，赔偿是以实物而非货币的形式，也就是说，没收德国的工厂和机器设备，而该国剩余的工业然后每年要向苏联供应货物。对于这种赔偿方式，麦斯基和苏联的一个理由是，这也有助于削弱德国重整军备的能力。[3]

苏联对德政策工作的第三部分跟肢解德国有关，这个议题属于李维诺夫的和平条约与战后秩序委员会的职权范围。战后肢解德国的政策斯大林已经讲过多次，特别是在他与丘吉尔的会谈和通信中。因此，毫不奇怪，李维诺夫的委员会在 1943 年和 1944 年花了大量时间，讨论肢解德国的各种方案。至于要把德国肢解成多少国家，还没有明确的结论。但到了 1945 年 1 月，李维诺夫提出最多要分成七个——普鲁士、汉诺威、威斯特伐利亚、维滕贝格、巴登、巴伐利亚和萨克森。他认为，在与英国人和美国人的讨论中，这应该成为苏联的谈判立场。这其中潜在的假设仍然是：只有与英美合作，才能执行这样一种极端的政策——其实质就是要使德国回到 19 世纪，它当时还不是一个统一的国家。[4]

230

在雅尔塔会议之前的一段时期，李维诺夫还构想了某些更为宏大的主题。1944 年 11 月，他为莫洛托夫写了一篇文章，"关于苏英合作的前景与可能的基础"。[5] 按照李维诺夫的看法，战后英苏合作的根本在于遏制德国和维护欧洲的和平。然而，由于苏联打败了德国，由于法国和意大利的衰落，这次战争也产生了一个危险的后遗症——力量失衡。但是，通过划分英国和苏联在欧洲的安全范围，这个问题也可以得到解决。李维诺夫的具体建议是，苏联的安全区最大可包括芬兰、瑞典、波兰、匈牙利、捷克斯洛伐克、罗马尼亚、巴尔干各国（但希腊除外）和土耳其。英国的安全区将包括西欧，而挪威、丹麦、德国、奥地利和意大利则构成一个中立区。根据李维诺夫的看法：

　　　　这种划界将意味着，英国必须答应不与我安全区范围内的国家结成特别亲密的关系，或者是签订任何违背我们意志的协议。而且它还要保证，不在那里设立无论是海军还是空军的军事基地。对于属于英国的范围，我们也可以做出相应的承诺，但法国除外——它必须有权加入针对德国的英苏条约。

李维诺夫把这样一个英苏条约的前景与英国输掉其与美国人展开的全球权力斗争联系在一起。他相信，这种斗争会促使伦敦巩固其在欧洲大陆的地位。1945 年 1 月 11 日，在为"论集团与势力范围问题"而给莫洛托夫所做的说明中，李维诺夫又谈到了战后的英苏合作问题。[6]他再次建议，把欧洲划分为英国和苏联的利益范围，并指出牵涉美国人的三方会谈并不排除双边安排以及大国间的协议。李维诺夫还对美国记者沃尔特·李普曼（Walter Lippmann）提出的不仅要把欧洲而且还要把全世界划分为不同势力范围的观点做了评论。李维诺夫说，这个建议太疯狂、太不现实了，不值得认真讨论。李维诺夫特别嘲笑了李普曼的由北美和南美、英国和英联邦以及西欧构成一个无所不包的利益共同体的想法。李维诺夫不明白，美国有什么理由加入231 英苏安全区的讨论，特别是鉴于美国报刊和公众舆论对国家集团与势力范围的想法的反感。李维诺夫还指出，在反对把欧洲划分为势力范围的时候，美国人故意忘记了门罗主义（Monroe Doctrine）和美国在拉丁美洲的势力范围。李维诺夫的结论是，任何有关英苏欧洲安全区的协议，都应该是双边达成一致的结果，而不应取决于未来的国际安全组织确立的地区性结构。

李维诺夫提出的办法的问题在于，英国人并没有给出任何暗示说，在势力范围协议问题上，他们愿意比模糊而有限的百分比协定更进一步。此外，对于势力范围问题，美国的反对在

"伟大的同盟"内部显然是举足轻重的，因此，李维诺夫主张的这种大交易不是个切合实际的建议。他的建议也没有排除苏联与西方在势力范围的安排上达成默契，而那实际上也就是斯大林和莫洛托夫在 1945 年的时候奉行的政策。问题在于，苏联与西方各自的势力范围的界限与性质依然没有得到明确的规定，因而在双方之间就产生了一些严重的误解和摩擦。使事情进一步复杂化的是，在意识形态的推动下，斯大林试图在战后的欧洲实现共产主义的政治目标。斯大林并不认为他的意识形态政策与他的安全政策是无法相容的，但伦敦和华盛顿的决策者们开始把苏联和共产主义在战后欧洲的政治发展看作威胁，看作某种形式的"意识形态的生存空间"[7]①。

李维诺夫并不是唯一沉湎于宏大构想的人。早在 1944 年 1 月，麦斯基就给莫洛托夫呈交了一份冗长的备忘录，阐述了他对即将来临的和平及战后秩序可能具有的特点的看法。[8]麦斯基的出发点是，莫斯科的战后目标是维持大约30～50年的长期和平。在这段时间内，苏联的安全将是有保障的。为了实现这一目标，苏联必须采取若干政策。苏联要以 1941 年 6 月已经存在的边界为边界；芬兰和罗马尼亚要与苏联签订互助条约，并且允许苏联在其领土上建立军事基地。法国和波兰将恢复独立，但不能让这两个国家强大到足以对苏联的欧洲部分构成威胁。要把捷克斯洛伐克当作苏联的重要盟友来支持，要与南斯拉夫和保加利亚签订互助条约。对于德国，不仅必须要从军事上削弱它，还要从意识形态和经济上解除它的武装，目的是要让这

---

① 这里使用的"生存空间"一词原文是 *Lebensraum*，它是德国地缘政治学家弗里德里希·拉采尔（Friedrich Ratzel，1844—1904）造的一个词，后来成为德国的扩张主义和纳粹意识形态的重要口号。——译者注

个国家在 30～50 年内不至于造成危害。苏联希望日本战败，但
是如果能在和平会议上实现自己的领土要求（得到萨哈林岛南
部和千岛群岛），它就不想卷入远东战争。由于欧洲没有发生无
产阶级革命，麦斯基没有预见到战后会跟英国或美国产生任何
尖锐的冲突。麦斯基认为，美国在战后会成为一个充满活力的、
扩张性的帝国，而英国则会成为一个保守的帝国主义国家，其
兴趣在于维持现状。这就意味着英苏之间的战后合作具有良好
的基础。战后的稳定对于这两个国家都很重要。苏联人也需要
英国保持强大，以制衡美国。至于苏美关系，前景同样光明。
美苏之间不存在直接的利益冲突，而在华盛顿与大不列颠存在
帝国竞争的背景下，它很想使莫斯科保持中立。总的来说，苏
联没有理由不能与英国和美国保持良好的关系。

　　在这份备忘录中，麦斯基讲到的内容大部分都是对苏联现
行政策及观点的解释。最具创新性的一点是，他提倡建立长期
的英苏同盟，这跟李维诺夫关于英苏之间就欧洲的势力范围问
题达成协议的主张相类似。在麦斯基是驻伦敦大使而李维诺夫
是外交人民委员的时候，他俩曾经有过非常密切的工作关系。
在战争期间，他们依然联系紧密。公正地说，两人都可算得上
是亲英分子（李维诺夫的妻子是英国人），虽然这并不妨碍他
们中的任何一位对英国的对外政策采取强硬的观点。与李维诺
夫不同的是，麦斯基对苏联对外政策的意识形态维度及其对英
美关系可能产生的影响更加敏感。与苏联的其他分析家一样，
麦斯基也察觉到英美的国内政治中存在反动与进步两股潮流，
并意识到了如果对苏联人希望在欧洲建立的新民主主义秩序抱
有敌意的那部分人占据上风的话，有可能带来的困难。

　　在苏联的外交官当中，未来的苏联外交部部长安德烈·葛罗

米柯当时属于比较年轻的一代。1944 年 7 月 14 日，葛罗米柯向莫洛托夫呈交了一份题为《论苏美关系问题》的长篇文件。[9] 关于战争时期苏美关系的缓和及其持久性这个主题，莫洛托夫收到过许多这样的信件，这是其中之一。[10] 对于苏美关系，葛罗米柯的看法总的来说是积极的。他认为，罗斯福采取的与苏联合作的政策在国会中——无论是民主党还是共和党——以及在公众中，都得到了多数人的拥护。至于对罗斯福政策的反对意见，他特别提到了新闻界和天主教会中反动的、反共产主义的那帮人的影响。葛罗米柯指出，在美国有 2300 万天主教徒，其中有 500 万是波兰裔美国人。葛罗米柯还特别提到了美国人对共产主义革命和苏维埃化的恐惧，尤其是在东欧。尽管如此，他仍然相信苏美之间会在战后继续合作。为了参与欧洲和国际事务，孤立主义的对外政策已被抛弃了。在对付德国的威胁、确保长期的和平方面，美国与苏联有着共同的利益。为了说明苏美会在战后继续合作，葛罗米柯还提出了经贸方面的重要原因，并且得出结论说，"虽然不时地会有一些困难冒出来……但毫无疑问，在这两个国家之间，继续合作的条件依然是存在的……这两个国家之间在战后的关系，在很大程度上将取决于在战争时期形成的并仍在形成的关系"。

在 10 天后给莫洛托夫的另一封信中，葛罗米柯分析了在 1944 年的美国总统选举中，哈利·杜鲁门取代副总统亨利·华莱士（Henry Wallace）成为罗斯福的竞选伙伴的原因。在葛罗米柯看来，华莱士之所以被取代，是因为他过于激进，以至于不但得罪了民主党中和由民主党参、众议员组成的"南方人集团"中的右翼保守主义分子，还得罪了商界。但是，葛罗米柯最后认为，就对外政策而言，杜鲁门"一直在支持罗斯福。他是个主张美国与其盟国合作的人。他支持与苏联合作。他对德黑兰和莫斯科会议有着积极的评价"。[11]

作为驻美大使，葛罗米柯要负责向莫斯科报告在雅尔塔会议上很可能会提出的那些议题的情况。葛罗米柯在自己的文件中提出了可能有争议的若干议题，如波兰、希腊、南斯拉夫、敦巴顿橡树园会议、欧洲顾问委员会的角色。对于苏联人在保护自己在这些范围内的利益时所应采取的策略，他也提出了建议。但是在葛罗米柯的分析中，没有任何迹象表明，他认为存在不可克服的或不能通过达成协议来解决的困难。关于波兰，他认为罗斯福最终会承认卢布林临时政府。关于希腊，他说苏联人不应卷入英国人与希腊人民解放军的共产党游击队之间的斗争，而是应该表明自己对进步人士的同情。关于南斯拉夫，他认为从英国人和美国人那里，可以得到更多对铁托的支持。作为出席敦巴顿橡树园会议的苏联代表团团长，葛罗米柯对有234 关否决权的争议尤其感兴趣。这是他唯一主张对其采取强硬路线的议题：苏联人在任何情况下都不应该放弃一致同意的决策原则；如果没有否决权，苏联就可能在欧洲顾问委员会中以及在未来的联合国安理会中，被英美以多数票击败。[12]

葛罗米柯、李维诺夫和麦斯基在说的和建议的，并不一定就是斯大林在思考的。但是，在斯大林的苏联，讨论的条件都是受到极大限制的，而且通常都是由这位苏联独裁者亲自确定的。即使是像李维诺夫这样一位有独立性的人物，也不得不小心谨慎，不该说的就不说。这三位中层的决策者跟以后的历史学家们一样，也面临着这样的难题：要通过解读斯大林的公开讲话、领会苏联媒体都在说些什么并利用自己所掌握的机密情报，来绞尽脑汁地猜测斯大林的想法。他们比这些历史学家有一个优势，那就是都直接跟斯大林打过交道，跟他们的顶头上司莫洛托夫就更是如此了。要紧跟伟大领袖的想法，在这方面，莫洛托夫一直值得信赖。就李维诺夫而言，他与斯大林的直接接触曾经非常多，但在这场战争期间变得非常少了，这是因为他受到了自己的长期竞争对手莫洛托夫的孤立。麦斯基在战争期间与斯大林仍然有一些直接交往，尤其是在他从伦敦被召回莫斯科之后。葛罗米柯与斯大林的直接接触比较有限，但他是外交人民委员部冉冉升起的新星之一，而且与莫洛托夫的关系很好。总之，可以合理地认为，葛罗米柯、李维诺夫和麦斯基对战后世界的构想，不会是个人的奇思妙想，而是反映了在对外政策和国际关系问题上的内部谈话中最高决策层的语言和措辞。他们的文件告诉我们，至少在外交界，苏联人认为未来三个国家是可以继续长期合作的。他们对待雅尔塔会议的态度也正是本着这样的精神。

关于斯大林在雅尔塔会议前夕的想法，更直接的证据来自1945年1月他与铁托的南斯拉夫民族解放委员会代表团的几次谈话。代表团的团长是安德里亚·赫布兰（Andrija Hebrang），南斯拉夫共产党政治局成员。在1月9日与斯大林的第一次会晤中，他主要谈到了巴尔干问题。赫布兰简要地向斯大林描述了南斯拉夫的各种领土要求。斯大林表示同情，但是说领土的转让应基于种族原则，如果加入南斯拉夫的要求来自当地的居民自己，那就最好了。当赫布兰提到对希腊的马其顿和萨罗尼加（Saloniki）的要求时，斯大林警告说，南斯拉夫是在制造与罗马尼亚、匈牙利和希腊的不和，看来是打算与整个世界为敌了，这样做没有太大的意义。斯大林还劝说南斯拉夫不要想把保加利亚合并到他们的联邦。他说，把这两个国家平等地联合

235

起来的同盟会更好。关于希腊危机，斯大林特别指出，英国人曾经担心红军会开进这个国家。那样的话，就会在那里造成极为不同的形势，但是，斯大林告诉赫布兰说，在希腊，要是没有海军，什么也干不成。"当英国人看到红军并没有打算开进希腊的时候，他们很是惊讶。他们无法理解禁止军队沿着分开的路线行动的战略。红军的战略是以沿相互会合的路线的行动为基础的。"关于南斯拉夫政府问题，斯大林说，铁托宣布成立临时政府的时机还不成熟。英国人和美国人不会承认它的，苏联人也因为波兰的同样问题而无暇他顾。斯大林还强烈建议南斯拉夫人，不要让丘吉尔有任何借口在他们国家干他在希腊正在干的事情。斯大林要求他们在做出任何重大决定之前，要与莫斯科商量，因为这些决定有可能把苏联人置于"愚蠢的境地"。在这次讨论中，斯大林最后说：

> 对于资产阶级政客，你们必须得小心。他们是……非常容易因为小事就怀恨在心的，得罪不起。你们必须控制好自己的情绪；如果听任情绪的支配，那你们就输了。列宁在他那个时候做梦也没有想到，我们在这次战争中会把各种力量都联合起来。列宁认为所有人都会攻击我们……而结果证明，一个资产阶级集团反对我们，就会有另一个资产阶级集团跟我们站在一起。列宁认为，不可能通过与资产阶级的一派结盟来与另一派做斗争。但我们做到了；我们不是被情绪牵着走，而是遵从理性、分析和计算。[13]

斯大林在第二天与季米特洛夫谈起这次会谈时说，他不喜欢南斯拉夫人做事的方式，尽管看起来赫布兰本人还是个通情达理的人。[14]赫布兰在1月11日给铁托的电报中，简要地汇报了这次会谈的结果，并特别指出，斯大林认为"在对外政策上必须考虑得再周到一些。我们的首要任务是巩固胜利的成果。必须避免对邻国提出重大的要求，以免恶化它们与我们的关系或者发生冲突"。[15]

1月28日，赫布兰与斯大林进一步举行了会谈。这一次，保加利亚代表团也参加了，而且它的一个成员，共产党员克拉耶夫（V. Kolarev），还对斯大林在这次会谈中提出的看法做了一些记录。这次会谈的主要目的是要讨论保加利亚与南斯拉夫的关系。斯大林重申了他的看法，即这两个国家的联合应当是渐进的、公正的。斯大林从更普遍的角度讲：

> 资本主义世界分成了两个敌对的集团，民主派和法西斯派。苏联利用这一点来打击对斯拉夫人来说最危险的（国家）——德国。但是，即使是在德国被打败之后，也仍然会有战争或侵略的危险。德国是个大国，有着庞大的工业、强大的组织、雇员和传统，对于自己的失败，它永远也不会甘心，所以对于斯拉夫人来说，它仍然是危险的，因为它把斯拉夫人看作敌人。帝国主义的威胁也可能来自其他方面。
>
> 当今资本主义危机的主要根源，在于这两个敌对阵营的腐朽和相互毁灭。这对于社会主义在欧洲的胜利是有利的。但是我们必须忘掉这样的想法，即社会主义要取得胜利，只有通过苏维埃的统治。它可以表现为其他某些政治制度，例如民主制、议会共和制，甚至是立宪君主制。[16]

这次会谈是在斯大林的别墅中进行的。关于斯大林在此次会谈中所讲的内容，在季米特洛夫的日记里有另外一个版本：

> 德国会被打垮，但是德国人是个坚强的民族，有大量的骨干，他们会再次站起来的。各个斯拉夫民族在下次他们企图攻击他们的时候，不应该再措手不及了。而在将来，这种攻击是很有可能发生的，甚至是肯定会发生的。旧的斯拉夫主义（Slavophilism）表达的是沙俄征服其他斯拉夫民族这个目的。我们的斯拉夫主义完全不同，它是要把各个斯拉夫民族平等地联合起来，共同保卫自己的生存与未来……资本主义的危机本身表明，资本主义国家分成了两派，一派是法西斯，另一派是民主派。我们之所以与民主派结成同盟，是因为阻止希特勒的统治跟后者也有利害关系，因为那个野蛮的国家会迫使工人阶级走投无路，从而去推翻资本主义本身。我们目前与一派结盟反对另一派，但是在将来，我们也可能结盟来反对前面一派的资本主义国家。

> 在我们假定苏维埃形式是唯一可以导向社会主义的形式的时候，我们也许是错的。实际上，事实证明，苏维埃形式是最好的形式，但绝不是唯一的形式。也许还有其他形式，比如说民主共和国，甚至在某些条件下立宪君主制也可以。[17]

237　斯大林有关资本主义分为两派的讲话常常被理解为，这意味着他相信，与资本主义民主派的冲突是不可避免的。但是，这两段引文表明，在斯大林头脑中正在考虑的，实际上是德国会构成长期威胁，为了应对这种威胁，斯拉夫人必须团结起来。斯大林向保加利亚和南斯拉夫的同志传递的信息是，斯拉夫人只能依靠自己去对付德国人，不能指望与资本主义民主派永远结为同盟：他希望与英美的"伟大的同盟"会持续下去，但它也许不会。同样，现在看来，在共产主义运动的战略方面，斯大林当时显然是在主张一种温和的政治进程，要把重点放在渐进的改革上，而不是放在像1917年俄国革命那样的剧变上。再过两三年，斯大林对于共产主义运动的政策依然如此；只有在共产主义运动中这种渐进的政治战略被认为行不通的时候，他才采取更为好斗的、"左倾"的政治主张，并且放任南斯拉夫和欧洲其他共产党的激进倾向。

但是，随着雅尔塔会议的临近，三国合作的前景似乎是一片光明。不管是斯大林的外交战略，还是他的政治战略，都看不出有跟英美发生重大冲突的迹象，至少在最近的将来不会。舞台已经搭好了。在这个舞台上，斯大林要与丘吉尔和罗斯福进行认真的谈判，以解决当前的一些有争议的问题，并为建立和平时期的长久的"伟大的同盟"打下基础。

克里米亚会议

雅尔塔会议，或者像苏联人所说的克里米亚会议，总的来说，要比德黑兰会议更隆重。与会代表团更庞大，而且其中有许多关键人员。例如，陪同斯大林参加这次会议的有莫洛托夫、副总参谋长安东诺夫、海军人民委员库兹涅佐夫海军上将、副外交人民委员维辛斯基、葛罗米柯、古谢夫和麦斯基。讨论的深度和广度都增加了，而且还产生了比德黑兰会议上更多的决议。在先前的"三巨头"会议上，讨论主要集中在战争方面的问题；而在雅尔塔会议上，这三位领导人都紧紧围绕即将浮出水面的战后秩序问题。

会议的环境有点儿虚幻，那是黑海疗养胜地雅尔塔镇上沙皇尼古拉二世的豪华的利瓦迪亚宫（Livadia Palace），有 50 个房间。它在德国人占领克里米亚期间，曾经遭到他们的严重破坏，但苏联人对这座宫殿做了尽可能的修缮。在这里举行会议有一个麻烦，盥洗室太少，这让美国代表团很是不满。[18] 设施不完善对"三巨头"也有影响。陪同她父亲参加这次会议的凯瑟琳·哈里曼写信给帕梅拉·丘吉尔说，有一天，在会间休息的时候，斯大林急匆匆地走出了会议厅去找厕所：

> 乔叔被领到一间盥洗室，但很快又出来了，因为它没有厕所。当时首相正占着最靠近的另外一间，所以我们大使馆的一个小伙子就赶紧领着斯大林下来，到别的最靠近的厕所。斯大林的内务部将军们在忙乱中跟他分开了。于是就引发了混乱，大家都挤作一团，窃窃私语。我想，他们是以为美国人耍了花招，在搞绑架什么的。几分钟后，乔叔泰然自若地出现在了门口，于是又恢复了秩序！[19]

如同在德黑兰会议上一样，"三巨头"之间除了有三方的全体会议之外，也有双边的会谈。1945 年 2 月 4 日，斯大林先跟丘吉尔举行了会谈。当时无论是苏联军队还是西方军队，都打到了德国境内。两位领导人就那里的战事进展情况简短地交换了意见。[20] 接着斯大林就会见了罗斯福，并与总统进行了较为广泛的交谈。在交谈中，他们两人就像在德黑兰一样，继续挑戴高乐的毛病。[21] 第一次全体会议是在当天下午的 5 点开始的，斯大林请罗斯福宣布会议开始。罗斯福在宣布会议开始时说，与会者彼此已经有了良好的理解，因此在会议的讨论中要坦诚相待。然后，这次全体会议就开始交换有关各个战场的局势的情报与看法。[22]

　　在 2 月 5 日的第二次全体会议上，进行了雅尔塔会议的第一次真正意义上的政治讨论。讨论的主题是德国的未来。斯大林竭力要求对肢解德国一事做出明确的承诺。"我们大家显然都赞成肢解德国。"他对丘吉尔和罗斯福说。"但是，有必要把它变成正式的决议。斯大林同志他建议在今天的会议上形成这样的决议。"在提到 1944 年 10 月他在莫斯科与丘吉尔的讨论时，斯大林强调说，当时由于罗斯福不在，所以不可能就肢解德国一事形成决议，但是，"在这个问题上，形成决议的时机难道还没有成熟吗？"在谈话继续进行的时候，斯大林打断了丘吉尔的话并问道："什么时候把肢解德国这个问题摆在新的德国人民面前？重要的是，这个问题并不在投降的条件中。也许应该在有关投降的条件中加上有关肢解德国的条款？"罗斯福建议，把这件事交给三位外交部长，他们要负责起草一个计划，来研究有关方案。对此，斯大林回应说，虽然可以接受这个"折中的建议"，但"必须坦白地说，我们认为肢解德国是必要的，我们大家都赞成这样做"。斯大林继续说，"决议的第二点是，在有关投降的条件中必须包括肢解德国，但不用指出（分割成）多少部分。斯大林同志希望，要让看到无条件投降的条款的各个集团的人，都知道这个肢解德国的决议。这些人，不管他们是将军或者是其他什么人，知道德国会被肢解，这对于同盟国来说意义重大。在斯大林同志看来，丘吉尔想把肢解德国这件事不告诉德国的上层集团似乎是冒险的。应该事先挑明这一点。

239

如果它的军事集团或者政府不仅签署了在伦敦（由欧洲顾问委员会）起草的投降条款，而且还签署了有关肢解德国的条款，以便使全体居民遵守它，那对我们同盟国来说，会是有利的。那样一来，全体居民就会对肢解比较容易接受了"。

最后，斯大林承认，过早地提前公布肢解德国的决议是不明智的，但他仍然强烈要求明确同盟国的立场，并把肢解德国的决议写进有关投降的条款中。

> 斯大林同志进一步说，对于第一点，可以形成一个决议："肢解德国并成立一个委员会制订具体的肢解计划。"第二点的决议是："在无条件投降的条款中增加一款关于肢解德国的内容，但不提它会被分割成多少部分。"[23]

讨论接着就转入在德国是否也应该给法国一个占领区的问题。斯大林反对这一动议，他认为不应该给法国；如果决定给法国一个占领区，那其他同盟国也会提出这样的要求。只是在英国人和美国人表示，将从自己占领的领土中划出一部分作为法国人的占领区之后，斯大林的态度才有所缓和。但他仍然反对让法国参加同盟国对德管制委员会，虽然英国人争辩说，允许法国人有占领区却不让他们参加同盟国管制委员会是不符合逻辑的。斯大林显然是不想再纠缠于此事了，于是就转入战争赔偿这个较为轻松的话题。他宣布说，麦斯基——当时就坐在他的身边——将代表苏联做出说明。这把麦斯基弄得有点措手不及。他对斯大林低声说，关于苏联的赔偿要求，他们还要再提出个数字。当时坐在斯大林另一侧的莫洛托夫也加入了这个碰头会，

240 于是就当场决定索取 100 亿而不是 50 亿美元的赔偿——较低的

数字是雅尔塔会议前在苏联的内部讨论中提出来的。[24]

麦斯基按照要求对苏联赔偿计划的原则做了概要的说明。第一，德国将用实物而不是货币来支付赔偿。第二，德国支付赔偿的形式是，在战争结束的时候一次性地从其国民财富中取走工厂、机器、汽车和工具，然后再每年输送货物。第三，通过赔偿在经济上解除德国的武装，使之只保留战前重工业的20％。第四，赔偿要在 10 年中付清。第五，为了落实赔偿政策，德国经济要由英、美、苏进行长期的严格管制。第六，德国要通过赔偿来补偿所有受到德国侵害的同盟国。适用的原则是，受损失最多的得到的赔偿也最多，尽管不可能全部赔偿。在谈到给苏联的赔偿数字时，麦斯基比较谨慎，他说至少要100 亿美元。他在最后建议成立一个由英、美、苏三方组成的赔偿委员会，并在莫斯科开会商讨这一计划的细节。

在接下来的讨论中，丘吉尔和罗斯福都认为，第一次世界大战的经验使人怀疑试图从德国索取赔偿是否明智，但他们都同意成立赔偿委员会。在这次全体会议结束的时候，丘吉尔讽刺说，他认为赔偿计划应该基于这样的原则，即"各方依据它们的需要，而在德国方面则依据她的（支付）能力"。斯大林回答说，他"宁可选择另一个原则：每一方都依据他们应该得到的"。[25]苏联赔偿计划的主要内容都被写进了这次会议的最后的议定书中，但是，在丘吉尔的一再坚持下，对于数额依然没有明确。它只是提到 200 亿美元的总数（苏联人得到一半），但也只是作为赔偿委员会讨论的基础。

在 2 月 6 日的第三次全体会议上，"三巨头"讨论了各大国在拟议中的联合国组织中的表决权问题。斯大林强调说，商定的程序必须要设计得可以避免各大国间的分歧，目的是建立一个至少确保 50 年和平的组织。首次讨论没有结果，但是，表决权的问题后来在这次会议上还是得到了妥善解决，采取的原则就是联合国安理会至今还保留的大国否决权。达成一致的还有，凡是在当月月底之前对德宣战的国家，都将受邀参加旧金山的联合国成立大会——这是丘吉尔为了让土耳其出席而特意采取的手段（安卡拉在 1945 年 2 月 23 日对德宣战）——但不包括爱尔兰那样的中立国，英国首相认为它们没有像它们应该做到的那样跟同盟国合作。[26]

241

在 2 月 6 日的会议上，丘吉尔提出了一个非常棘手的议题：波兰问题，特别是承认亲苏的"卢布林派"作为波兰临时政府的问题（这个名称不恰当，因为波兰民族解放委员会此时已经迁到华沙）。丘吉尔和罗斯福两人都想用一个能代表波兰民意又具有广泛基础的临时政府来取代所谓的卢布林政府。斯大林在回应时坚决维护苏联的波兰政策。他指出，重建一个强大、独立然而友好的波兰，对于苏联的安全来说，是件生死攸关的事情。他还提出，"新的华沙政府……的民主基础并不比——比如说——戴高乐政府少"。[27]丘吉尔对此提出了质疑。他说，在全体波兰人民当中，支持它的只有不到三分之一。[28]

在第三次全体会议之后，罗斯福给斯大林写了个短笺，明确表示美国不会承认卢布林政府，并建议由生活在国内的波兰人和生活在国外的波兰人——包括在伦敦的像米柯瓦依契克这样的前流亡政府成员——组成一个新政府。[29]作为回应，在 2 月 7 日的第四次全体会议上，苏联人拿出了一份关于波兰问题的提案，主要有三点：①承认寇松线；②波兰西部沿奥得河和尼斯河一线为界；③扩大卢布林政府，把国外波兰人中的"民主领袖"吸收进来。[30]这个提案实质上是苏联人一年多来一直在推行的那种立场的变体。提案引发了激烈的讨论，而且"三巨头"以及艾登、莫洛托夫和爱德华·斯特蒂纽斯（Edward Stettinius，他已经接替赫尔担任美国国务卿）这三位外交部部长在几次全体会议上都在讨论——三位外交部部长除了参加全体会议之外还单独举行了会谈。最后达成的一致意见是，"波兰现在的临时政府""要在更广泛的民主基础上进行改组，要吸收国内外波兰人当中的民主领袖。这个新的政府因此应当被称为'波兰民族团结临时政府'"。承认寇松线作为波兰的东部边界，但它与德国接壤的西部边界的细节，还有待于在将来的和平会议上进行进一步的讨论。

对于已经解放的南斯拉夫的政府构成，事实证明，达成一致要容易地多。决议很快就形成了：由铁托与南斯拉夫的流亡政治家们组成一个联合政府。

同样令人愉快的是有关苏联参加远东战争的讨论，这是斯大林和罗斯福在 2 月 8 日的双边会谈中考虑的主题。[31]达成的协议有，苏联将废除 1941 年 4 月的《苏日中立条约》，并在打败德国两到三个月后加入远东战争。苏联得到的回报是，收回俄罗斯帝国在 1904～1905 年的俄日战争中因战败而输给日本的领土和特许权：归还南萨哈林岛，把千岛群岛移交给苏联；把中国的亚瑟港作为海军基地租借给苏维埃社会主义共和国联盟，把附近的大连港国际化，并保障苏联在该港的利益；成立中苏联合公司，保障莫斯科横贯满洲的铁路运输权利。在这一协议中，唯一的限制性条款是，与中国有关的特许权还必须跟中国人进行谈判，并得到他们的同意。但是，无论是斯大林还是罗斯福都没有预见到在这方面会遇到大的困难，他们两人都以为中国人会对苏联参战千恩万谢，任何交易都不成问题。

242

1945 年 2 月 11 日,"三巨头"举行了最后一次会谈,并同意在会议结束后发表联合公报。商定公报的内容没有出现什么大的问题,这份声明在同一天就以丘吉尔、罗斯福和斯大林的名义发表了。它宣布了"三巨头"在德国、联合国、波兰和南斯拉夫诸问题上的政策。它还包括一份《关于被解放欧洲的宣言》。该宣言要求英苏美摧毁纳粹主义和法西斯主义,并在自由选举的基础上建立一个民主的欧洲。最后,三位领导人承诺继续保持战时的团结,并为牢固而持久的和平创造条件。除了这份政策声明之外,还有一份秘密的议定书,列出了"三巨头"在这次会议上做出的不想公开的各项决议,例如跟苏联加入远东战争有关的决议。[32]

对于雅尔塔会议的成果,斯大林有充分的理由感到满意。在几乎每一项政策议题上,苏联的立场都占了上风。这一次,"三巨头"相处得依然不错,而事实证明,斯大林还是像在德黑兰会议上一样,是个有力的谈判者。对西方的要求做出的唯一重大的让步是《关于被解放欧洲的宣言》。但是,在苏联人对这份文件的解释中,突出的是其反法西斯主义的而非民主主义的性质。不管怎么说,斯大林相信,他在欧洲各地的共产党盟友会成为宣言提到的有着广泛基础的联合政府的一部分,并在随后的选举中有出色的表现。苏联的报刊对这次会议的报道像意料中的那样充满了喜悦。[33] 麦斯基为莫洛托夫起草的、发给苏联的各个大使馆的机密电报的最后结论是:"总的来说,此次会议的气氛是友好的。它给人的感觉是,在有争议的问题上都在努力达成一致。我们对会议的评价是非常积极的,特别是在波兰和南斯拉夫问题上,以及在赔偿问题上。"[34] 在一封给苏联驻瑞典大使亚历山大·柯伦泰(Alexandra Kollantai)的私人信件中，麦斯基写道，"克里米亚会议非常有趣。给人印象特别深刻的是，我们在总体上的影响力以及斯大林个人的影响力都极其强大。会议的决议有 75% 都是我们的决定……'三巨头'的合作现在非常紧密。德国不会有什么好结果，无论是在这场战争中还是在此之后"。[35]

然而，在雅尔塔会议之后还不到六个星期，斯大林就对自己与西方盟友的关系感到忧虑了。1945 年 3 月底，在为来访的捷克斯洛伐克代表团举行的招待会上，斯大林又一次提到，斯拉夫人在面临德国的威胁时，需要团结起来。但他在说起英国和美国在这一事业中的作用时，明显是悲观的：

> 我们是新的斯拉夫主义和列宁主义者（Slavophile-Leninists）、斯拉夫主义和布尔什维主义者（Slavophile-Bolsheviks）、共产主义者，我们支持斯拉夫各民族的团结与结盟。我们认为，不论政治和社会的差异如何，不论社会和种族的差异如何，所有斯拉夫人都必须彼此联合起来，反对共同的敌人——德国人。斯拉夫人的历史教导我们，要保卫斯拉夫民族，他们之间就必须结成同盟。拿过去的两次世界大战来说，它们为什么会发生？就是因为斯拉夫人。德国人想要奴役斯拉夫人。谁因为这些战争受的苦最多？不仅在第二次世界大战中，在第一次世界大战中也是斯拉夫的各个民族受的苦最多：俄罗斯、乌克兰、白俄罗斯、塞尔维亚、捷克斯洛伐克、波兰……

> 现在我们在痛揍德国人，许多人认为德国人永远不会再威胁到我们了。不是这么回事。我恨德国人，但这种仇恨不应当蒙蔽了我们对德国人的判断。德国人是个伟大的

民族。他们有非常优秀的技术人员和组织者，有优秀的、当然也是勇敢的士兵。要想消灭德国人是不可能的，他们会继续存在。我们在跟德国人战斗，并且一直要战斗到底。但是我们必须记住，我们的盟国会竭力拯救德国人，会与他们达成协议。我们对待德国人会毫不留情，但我们的盟国对他们会手下留情。因此，我们斯拉夫人必须要做好准备，防止德国人卷土重来。正因为这样，我们这些新的斯拉夫主义和列宁主义者才如此执着地呼吁各个斯拉夫民族的团结。有人说，我们想要把苏维埃体制强加于各个斯拉夫民族。这是空话。我们并不想这样做，因为我们知道，苏维埃体制不可能像你所希望的那样输出国外；有些条件是必不可少的。假如保加利亚人不想在那里建立苏维埃体制的话，我们就不可能在那里建立。但我们不想那样做。在与斯拉夫各国保持友好的情况下，我们想要的是真正的民主政府。[36]

244 斯大林提到他的盟友会对德国人手下留情，这说明，丘吉尔和罗斯福在雅尔塔抵制肢解德国的政策令他感到失望。雅尔塔会议之后，斯大林重新评估了他自己的立场，并由于西方人不愿意而放弃了肢解德国的想法。3 月 24 日，莫洛托夫打电报给古谢夫——在伦敦的三国肢解委员会的苏方代表——说莫斯科没有考虑把雅尔塔决议与肢解德国捆绑在一起。这是为了答复古谢夫的一份报告。该报告说，英国人正在提议把肢解德国降格为许多可能的政策选项之一。古谢夫自然指出，这让人感到不满，因为它破坏了在雅尔塔达成的肢解德国的原则性协议。然而，莫洛托夫给古谢夫的指示是，对英国人的建议不要提任何反对意见。他解释说，英美正试图把肢解德国的罪名强加在苏联头上。[37] 斯大林显然已经决定，如果不准备实行肢解的政策，那他也就不会因为再三要求这样做而承担罪名。因此，斯大林无论是在公开还是私下的场合，都只提到一个统一的德国，一个被解除了武装的、非军事化的、去纳粹化的、民主化的但不是被肢解的德国。

令斯大林担忧的另一个原因是，在雅尔塔会议之后，与波兰的关系变得严峻起来。在雅尔塔会议上已经决定，由莫洛托夫、哈里曼和克拉克·赫尔组成一个波兰委员会，来落实有关改组卢布林政府和成立新的波兰临时政府的决议。2 月 23 日，该委员会在莫斯科举行了它的首次会议。会议起初非常友好，但在随后的几次会谈中，讨论沦为针对程序问题的长时间的争吵。[38] 从苏联人的角度来看，在雅尔塔达成的协议是，扩大所谓的卢布林政府，把波兰的其他政治领袖吸收进来。苏联人还坚持认为，只有接受了雅尔塔会议关于波兰问题的决议的波兰人，才能在新政府任职。这就排除了米柯瓦依契克这样的政治家，因为他们拒绝承认，至少在没有进行进一步谈判的情况下不会承认，以寇松线作为波苏边界。就英国人和美国人而言，他们情愿把雅尔塔会议上关于波兰问题的宣言理解为成立一个全新的临时政府，所以，他们就竭力为自己所支持的亲西方的波兰政治家铺平谈判的道路。到 4 月初的时候，委员会的谈判陷入了僵局。罗斯福呼吁斯大林打破僵局，但这位苏联领导人不为所动。他下定了决心，波兰要有一个对苏友好的政府。他明确表示，继续进行谈判的唯一前提是，英国人和美国人要接受莫斯科对雅尔塔协议的理解。如果接受了，斯大林告诉罗斯福说，"波兰问题在短期内就可以得到解决"。[39]

245 　　此时另一个遭遇政府危机的国家是罗马尼亚。[40] 1945 年 2 月底，副外交人民委员安德烈·维辛斯基来到了布加勒斯特，要求成立一个以共产党领导下的"民族民主阵线"为基础的新政府。应维辛斯基的要求，从罗马尼亚国内的这个最新的危机中，就产生了该国自 1944 年夏季投降以来的第四个政府。苏联人相信，他们在罗马尼亚的行动是有节制的，是为了稳定其国内的形势，保证落实停战协议的条款，并使该国为还在进行的对德战争做出最大的贡献。在奉行这一温和路线的时候，让苏联人为难的是，他们在该国的共产党盟友不断要求更为坚决的干预，而与此同时，罗马尼亚的政治家们也在阴谋争取英美的外交支持。令事态进一步恶化的是，英国人和美国人抗议说，维辛斯基的干预违背了《关于被解放欧洲的宣言》。莫洛托夫在回应时指出，罗马尼亚政府并没有执行停战协定的条款，也没有采取行动清除该国的法西斯分子和纳粹分子。[41] 虽然苏联的情报工作使斯大林相当清楚罗马尼亚的事态发展，但他并没有直接卷入这场争端。[42]

斯大林在东欧的目标

　　但是，对于波兰、罗马尼亚以及被红军解放、征服和占领的其他东欧国家，斯大林的长远目标是什么呢？在战争期间，斯大林多次否认他的目标是革命或者强制推行共产主义体制。他在私下里向自己的共产党支持者们传递的信息也基本上如此。例如，1944 年 4 月，斯大林和莫洛托夫给铁托和南斯拉夫共产党发了下面这封电报：

　　　　我们把南斯拉夫看作苏联的盟友，把保加利亚看作苏联的敌人的盟友。在将来，我们希望保加利亚脱离德国人并成为苏联的盟友。在任何时候，我们都希望南斯拉夫成为我们在东南欧的主要依靠。我们认为有必要说明的是，我们并没有计划把南斯拉夫和保加利亚苏维埃化，而是相反，准备跟民主的南斯拉夫和保加利亚保持交往，它们会成为苏联的盟友。[43]

斯大林优先考虑的是在东欧建立对苏友好的政权，但他也想沿苏联的西部边界建立一个地理的和意识形态的缓冲区，通过维持一个毗邻的、友好的政治空间，来保障苏联的领土安全。该政治空间的性质是从意识形态方面来定义的，并被贴上了"新民主主义"的标签。1945 年 10 月发表在苏联共产党理论刊物《布尔什维克》（*Bol'shevik*）上的《民主体制在被解放欧洲各国中的发展》是一篇内容广泛的文章，它可以使人对苏联人有关"新民主主义"的想法有很好的了解。[44]

246

这篇文章的出发点是：斯大林把这场战争命名为解放斗争——由此带来的结果是：法西斯主义的崩溃、恢复各国的独立与主权、用民主秩序来取代纳粹在欧洲的"新秩序"——这就决定了苏联与共产主义运动在欧洲的目标。这样的目标赋予共产党人的角色是：领导反法西斯"民族阵线"的爱国者，以及努力在自己的国家建立新的民主秩序的民主主义者。在新的人民民主政权的统治下，以前掌权的那些人，尤其是跟法西斯主义有联系的，将会被赶下台，而工人阶级和农民的政治作用及影响力将处于支配地位。土地要被重新分配，许多企业也会被国有化。国家，包括军队，将被民主化并置于工人阶级的控制之下。种族分歧将消融在具有苏联特色的民族友谊之中，种族差异将得到尊重，少数民族的权利也将得到保护。

不用说，这些新民主主义国家在政治和外交上都跟苏联保持一致。这篇文章对苏联在这种社会经济转型与民主化的进程中的作用也非常坦率。实际上，它认为，在东欧——红军在那里有支持共产党领导下的民族阵线的斗争的条件——新民主主义国家已经实现了自己的最完备的形式。另外，摆脱了法西斯统治的西欧各国，却没有在通往新民主主义的道路上同样取得长足的进步。这是因为英国和美国对以前掌权的反动派姑息迁就，使得他们还在继续发挥着相当大的影响。

这篇文章对于"新民主主义"与社会主义和共产主义之间的联系什么也没有说，甚至没有提到反对资本主义的斗争，但它实际上也不需要说。早在 20 世纪 30 年代，共产主义运动就开始形成了关于人民民主的过渡政权的思想。它的一个重要模式就是内战时期的西班牙，当时，共产党人加入了左翼的共和政府，并试图建立一个激进的反法西斯政权，在进行反对佛朗哥的军事斗争的同时，也对西班牙社会进行社会政治改革。通过土地的重新分配和工业的国家管制，对共和派控制下的西班牙实行的激进改革，被西班牙共产党及其在莫斯科第三国际中的导师们，看作为未来朝着社会主义方向的进一步前进打下了基础。[45]

在苏联的报刊中，在《战争与工人阶级》［1945 年更名为《新时代》（*Novoe Vremya*）］中，以及在 1944 年底开始发行的苏共中央委员会机密简报《对外政策问题》中，可以发现许多跟《布尔什维克》上的这篇文章相类似的观点和分析。[46]

在 1945～1946 年，斯大林在与东欧共产党领导人的一系列秘密会谈中阐明了他的观点。1945 年 3 月，他告诉铁托："现在，即使是在英国的君主制下，社会主义也是可能的。不是在所有地方都需要革命……是的，甚至是在英国国王的统治下，社会主义也是可能的。"当时，有一位南斯拉夫代表团的成员插话说，在南斯拉夫，已经有了一个苏维埃政府，因为共产党掌握了所有的重要职位。斯大林反驳说，"不，你们的政府不是苏维埃——你们拥有的是介于戴高乐的法国与苏联之间的某种东西"。[47] 在1946年5月与波兰共产党领导人的交谈中，斯大林详细地解释了他对"新民主主义"的看法：

> 在波兰，不存在无产阶级专政，你们那里也不需要。在苏联，如果我们没有战争的话，无产阶级专政就可能呈现出不同的特征……我们有强有力的对手……沙皇、地主，以及来自国外的俄裔资本家的强大支持。为了战胜这些势力，就有必要利用政权的力量，并且依靠全体人民，那就是说，专政。你们的情况完全不同。你们的资本家和地主因为与德国人有联系而受到很大的连累，不用费多大的事就可以把他们解决了。他们不能小瞧了爱国精神。这种"罪恶"他们是不能犯的。清除波兰的资本家和地主无疑得到过红军的帮助。那就是你们没有基础在波兰搞无产阶级专政的原因。在波兰建立的制度是民主制度，一种新型的民主制度。它没有先例……你们的民主制度是特殊的。你们没有大资本家阶级。你们在100天内就对工业实行了国有化，而英国人在过去100年内一直在为此而斗争。不要照抄西方的民主制度。让他们来抄你们的。你们在波兰、南斯拉夫以及部分地在捷克斯洛伐克建立的这种民主制度，是这样一种民主制度，它在拉近你们跟社会主义的距离，

但是又用不着建立无产阶级专政或者苏维埃体制。列宁从来没有说过，除了无产阶级专政之外就没有通往社会主义的道路了。他承认，利用像议会制这样的资产阶级民主体制的基础是可以到达通往社会主义的道路的。[48]

据捷克斯洛伐克共产党领导人克莱门特·哥特瓦尔德（Clement Gottwald）说，斯大林在 1946 年 7 月告诉他：

> 经验表明，而且马克思列宁主义的经典也教导说，通向苏维埃体制和无产阶级专政的道路不止一条，在某些条件下，别的道路也是可行的……实际上，在打败希特勒德国之后，在第二次世界大战之后——它的代价那么高，但在一些国家中，它也摧毁了统治阶级——人民群众的觉悟提高了。在这些历史条件下，就出现了许多的可能性和向社会主义运动敞开的道路。[49]

1946 年 8 月，斯大林在与他的波兰盟友的另一次谈话中，再次谈到了无产阶级专政对波兰不合适这个话题：

> 波兰是不是一定要走建立无产阶级专政这条路呢？不，不一定。没有必要。不仅如此，如果走这条路，还会有害。对于波兰来说，就跟对东欧其他国家一样，由于这场战争，一条更容易、更少流血的发展道路已经敞开了，这是一条社会经济改革的道路。由于这场战争，在南斯拉夫、波兰、捷克斯洛伐克、保加利亚和其他东欧国家已经建立了新的民主政权，一种特殊的民主政权……一种更为复杂的民主

政权。它不仅对国家的政治生活有影响，对经济生活也有影响。这种民主政权已经在进行经济改革。例如，在波兰，新的民主政府已经实行了土地改革和大工业的国有化。这就为沿着社会主义方向的进一步发展打下了完全足够的基础，甚至用不着实行无产阶级专政。由于这场战争，共产党改变了它的观点，改变了它的纲领。[50]

1946 年 9 月，斯大林建议保加利亚共产党人成立"劳工党"：

> 　　你们要在最低纲领的基础上把工人阶级与其他劳苦大众联合起来；最高纲领的时机还没有成熟……在本质上，这个党将是共产主义政党，但是，你们会拥有更加广泛的基础，在现阶段有一个更好的伪装。这会有助于你们用一种不同的方式去实现社会主义——不用采取无产阶级专政。与我们的革命相比，形势已经有了根本的变化，必须采取不同的方法和形式……你们不要害怕被指责为机会主义。这不是机会主义，而是把马克思主义与当前的形势结合起来。[51]

249

斯大林的这些话表明，他正在积极反思苏联模式的革命与社会主义的普遍有效性。关于这一点，没有什么新奇或让人意外的。共产主义运动从一开始就一直在调整它在这个根本问题上的观点与看法。在 1919 年第三国际成立的时候，共产党人的预期是，沿着布尔什维克武装暴动的路线进行的革命很快就会横扫整个欧洲。当这种革命并没有发生的时候，人们对共产主义革命的这种战略和策略进行了反思，并使之适应于这样一个目标，即加强共产党在资本主义体制范围内的作用与影响力。起初，这是一种策略上的调整，被看作在资本主义重新陷入革命危机的时候，为最终夺取政权所做的准备工作的一部分。但革命耽搁得越久，加强共产党在资本主义体制内的政治力量的政策，就越来越成了目的本身。在 20 世纪 30 年代，由于要把与法西斯主义做斗争放在首位，第三国际对资产阶级民主制度的优点有了更为积极的看法，并且认为反法西斯的民主政权可以在争取社会主义的斗争中起到过渡作用。从那里到战时有着广泛基础的反法西斯民族阵线的策略，再到战后新民主主义和人民民主政权的观点，在意识形态上只有短短的一步之遥。[52]

但是，新民主主义在何种程度上是个终点，在何种程度上又是个起点呢？在新民主主义之后又向什么过渡，何时并怎样过渡呢？如果不借助于无情的无产阶级专政，就像苏联那样，共产党人又能通过什么途径走向社会主义社会呢？在斯大林与波兰人的一次交谈中，他提醒他们说，苏联不再是专政国家，而是苏维埃民主国家（就像 1936 年苏联的新宪法宣称的那样）。根据匈牙利共产党领导人拉科西①的说法，斯大林在 1945 年告诉他，党要在匈牙利掌握全部权力还须再等 10 ~ 15 年。[53]因此，看来斯大林考虑的是长期而缓慢地过渡到苏联式的社会主义和民主制度；这种过渡将会是和平的，是通过民主改革而不是革命剧变来实现的。但是，在这些过渡政权中，西式的民主——议会制、多党制、竞选制、反对党制——是否会存在以及会存在多久，还不清楚。另外，值得注意的是，在第二次世界大战行将结束的时候，斯大林已经 60 多岁了，不可能指望活着看到人民民主试验的长期结果了。他的战略观点的模糊性也

---

① Mátyás Rákosi（1892—1971），1945 ~ 1956 年先后担任匈牙利共产党总书记和匈牙利劳动人民党总书记。——译者注

许有这方面的原因。

结果，人民民主成了一场短命的试验。斯大林支持的这些 **250**
新政权都没能长期保持其民主的性质。到 1947～1948 年，"人
民民主"已经变成了完全由共产党控制的、苏联的那种体制的
同义词，第二次世界大战结束时在东欧上台的有着广泛基础的
民族阵线都已名存实亡。爱德华·马克揭示了促使斯大林的想
法和考虑的重点骤然发生变化的一个原因，即与这位苏联领导
人的预期相反，新民主主义未能在东欧证明自己是一种受到民
众拥戴的政权形式。马克认为，斯大林满怀期望，基于民众对
新民主主义的支持和赞同，他的"渐进的革命"会在东欧取得
成功；而且他还预计，共产党会在自由而开放的选举中赢得他
们的领导地位。[54]这就是斯大林战后初期与东欧的各位共产党
领导人谈话的要领。这些谈话更多涉及的是当下的政治策略，
而不是对人民民主制度本质的深入思考。很显然，斯大林相信，
如果有了正确的政策、正确的策略和足够的意志力，共产党就
会战胜他们的政治对手，并得到绝大多数民众对新民主主义这
种激进的政权的支持。在斯大林对丘吉尔 1946 年 3 月"铁幕演
说"的回应中，他公开表达了对于人民民主制度这一蓝图以及
对于共产党政治前景的信心。在谴责了丘吉尔是个反布尔什维
克分子和战争贩子之后，斯大林接着就说：

> 当丘吉尔先生提到共产党在东欧的影响力在不断提高
> 的时候，他在某种程度上是比较接近于真相的。但必须注
> 意的是，他说得不太准确。共产党影响力的增加不仅仅是
> 在东欧，在以前几乎所有受法西斯统治……或曾经被……
> 占领的欧洲国家，也是如此……共产党影响力的提高不是

偶然的，而是完全合乎逻辑的。共产党的影响力之所以提高了，是因为在法西斯主义统治欧洲的日子里，共产党已经证明了他们是值得信赖的、无畏的、为了各民族的自由而勇于自我牺牲的反抗法西斯政权的战士……普通民众有他们自己的看法，知道怎样去维护自身的利益。正是他们……在英国击败了丘吉尔先生以及他的政党……正是他们……孤立了反动派以及鼓吹与欧洲法西斯主义合作的人，并且选择了左翼的民主党派。正是他们……得出了结论：共产党完全应该得到人民的信任。这就是共产党在欧洲影响力提高的原因。[55]

251 就像下面这张在 1946 年 5 月《对外政策问题》上公布的党员总数表所表明的那样，斯大林相信欧洲共产主义运动的力量在不断增强，这绝不是一厢情愿：[56]

国　家	战前党员总数(人)	战后党员总数(人)
阿尔巴尼亚	1000	12000
奥 地 利	16000	132000
比 利 时	10000	100000
英 　 国	15000	50000
保加利亚	8000	427000
捷克斯洛伐克	80000	1292000
丹 　 麦	2000	60000
芬 　 兰	1000	25000
法 　 国	340000	1000000
德 　 国	300000	805000
希 　 腊	不详	100000
荷 　 兰	10000	50000
匈 牙 利	30000	608000

续表

国　　家	战前党员总数(人)	战后党员总数(人)
意 大 利	58000	1871000
挪　　威	5000	22000
波　　兰	20000	310000
罗 马 尼 亚	1000	379000
西 班 牙	250000	35000
瑞　　典	11000	48000
南 斯 拉 夫	4000	250000

　　欧洲共产主义运动在战后的突出表现，同样体现在战后的选举结果中。就拿东欧的数据来说：在保加利亚1945年11月的选举中，共产党领导的"祖国阵线"得到了88%的选票；在捷克斯洛伐克，共产党在1946年5月赢得了38%的选票；在匈牙利，共产党在1945年11月只努力赢得了17%的选票，但在1947年8月的选举中增加到22%，而且由共产党领导的左翼集团在议会中获得了66%的席位；在1947年1月的波兰选举中，共产党领导的民主集团得到了80%的选票；1946年11月，在罗马尼亚，共产党领导的民主党派集团得到了80%的选票；1945年11月，在南斯拉夫，90%的选民投票支持共产党的"人民阵线"——那是因为反对派抵制选举，所以没有别的候选人。[57]

　　但是，共产党取得的进展还不够牢固或深入，没有达到斯大林关于战后欧洲在苏联的影响下建立人民民主制度的设想。尽管共产党在捷克斯洛伐克、南斯拉夫，甚至匈牙利的选举中赢得漂亮——即使有些粗暴——但在三个对于苏联的安全最为重要的国家，保加利亚、波兰和罗马尼亚，共产党只是通过大

252

肆操纵选举、暴力和恫吓才成为多数。斯大林的战后政治战略还有个问题，即他希望建立的这些相对开明的人民民主政权在东欧缺乏牢固的民主传统可使之植根其中。除了捷克斯洛伐克以外，东欧在两次世界大战之间的政治史，主要是威权主义、煽动性的民族主义政治以及反共镇压的历史。这种政治史自然而然的结果就是，东欧的共产党——还要把捷克斯洛伐克的除外——几乎没有搞民主政治的经验，也不太想采取民主政治的方式。斯大林本人对于民主政治的粗暴看法进一步放大了这种缺陷。他在对东欧共产党人宣讲新民主主义优点的同时，又教导他们说，为了孤立和排挤他们的对手并最大限度地强化自己在政治上的支配地位，有必要采取无情的手段。特别让斯大林感到恼火的是，东欧共产党的对手们总在试图让英国和美国掺和进来，从而使他们的内部斗争与纠纷国际化。对斯大林来说，英国人和美国人的任何干涉或介入都是无法接受的。他把东欧看作自己的势力范围，除他之外，任何大国都不能多管闲事。有意思的是，有一个战败国逃脱了具有苏联特色的人民民主制度的命运，那就是芬兰。该国领导人坚决不请美国人和英国人为自己调停，而是依靠他们自己的政治资源来对付苏联的占领政权，对付他们与芬兰共产党联盟中的伙伴。即使芬兰没有被共产党控制，斯大林也没有理由担心它会滑向西方。在冷战爆发的时候，他也甘愿让这个国家保持严格的中立。[58]

斯大林担心西方人染指他在东欧的势力范围，而与这种担心逐渐纠结在一起的还有恐惧：由于苏联与英美的关系在 1946 ~ 1947 年不断恶化，在西方正在形成一个反共集团。尽管共产党在东欧放弃新民主主义的时间各不相同，而且受国内事态的进程影响非常大，但 1947 年冷战的爆发，最终还是促使斯大林彻

底改变了他在这个地区的战略与策略。随着"伟大的同盟"的
瓦解，斯大林做出了抉择，要牢牢控制住东欧，使之一致对外，　253
严防西方侵入他认为对苏联的安全绝对生死攸关的政治空间和
地理空间。

在第二次世界大战临近结束的时候，斯大林在战略上和政
治上有两个目标。第一，维持与英国和美国的"伟大的同盟"，
维持大国之间的合作。这种合作对于遏制由于德国的东山再起
所带来的长期威胁是必要的。第二，建立过渡性的人民民主政
权，在欧洲追求意识形态方面的长远目标——这也是一种政治
手段，这些友好的政权使苏联在西部边界有了缓冲区。斯大林
没有看到，这两个战略目标之间的内在是相互矛盾的。他相信
西方的利益集团是支持和平时期的"伟大的同盟"的。他认
为，人民民主眼下对英美的西式民主主义的资本主义并没有构
成威胁，而且因为这场战争，社会民主主义和国家资本主义在
这两个国家都得到了进一步的发展，使得这两个国家与苏联的
模式以及人民民主的模式更接近了。斯大林还准备承认英国人
和美国人在其利益范围内的支配地位，并约束西欧的共产党人，
鼓励他们追求一种较为温和的人民民主的蓝图。而这种蓝图强
调的是，要把战后重建和维持民族统一作为优先考虑的问题。

但是，在斯大林的政治生涯中，这不是他第一次把自己认
为合理的想法与算计错误地投射到别人的身上。战后，他在
"伟大的同盟"中的伙伴们渐渐地把德国看作与共产主义做斗
争的盟友，而不是潜在的威胁，因此也就无须继续与苏联人结
盟了。对于完全被排除在苏联在东欧的势力范围之外，英国人
和美国人也不甘心，尤其是当斯大林借助大量的西方共产党组
织，明显在插手他们在西欧的势力范围的时候。共产主义的影

响力以及苏联的影响力在战后欧洲的崛起，被他们看作眼前的威胁，而不是很久以后的事情。他们把人民民主视为阴谋诡计，并预计斯大林的战后政策会有急剧的转变，从而威胁到他们最为至关重要的利益。这是个与自行应验的预言①有关的经典案例：针对察觉到的威胁，西方采取的过度防卫行动与反应，引发了逆反应：在东欧，苏联与共产主义集团受到了严密控制；在西欧，共产主义运动以好斗的姿态发出了挑战——这恰恰是伦敦和华盛顿一向害怕的事情。

战后与西方的政治斗争并非斯大林情愿做出的选择，却是个他准备迎接的挑战，否则苏联就会丧失对东欧的影响力与控制力，而这是他所不能接受的。在付出那么高的代价才赢得了对希特勒的战争之后，斯大林并不想失去和平，即使那意味着要进行一场危险的冷战。

注　释

[1] D. S. Clemens, *Yalta*, Oxford University Press：Oxford, 1970, pp. 63 – 73. 尽管这本书比较早而且作者也无法获得苏联的机密材料，但这本书仍然是对雅尔塔会议的一个非常有价值的总体研究。

[2] 苏方有关停战委员会的记录有：Arkhiv Vneshnei Politiki Rossiiskoi Federatsii（AVPRF）F. 0511, Op. 1, Dd. 1 – 4 以及 EAC：AVPRF

---

① self-fulfilling prophecy，指预言本身对有关的人和事造成了影响，从而使得事态朝着预言的方向发展。在这一过程中，预言本身构成了预言得以实现的重要原因，从而使预言看起来就如同自行应验的一般。这一表达出自美国社会学家罗伯特·金·默顿（Robert King Merton, 1910—2003）。——译者注

F. 0425, Op. 1, Dd. 1 – 5, 11 – 12。这些以及其他档案资料中有许多文件都重印在 G. Kynin and J. Laufer (eds), *SSSR i Germanskii Vopros*, vol. 1, Moscow, 1996 中。依据西方资料对欧洲顾问委员会有关德国的工作的分析，可参见 T. Sharp, *The Wartime Alliance and the Zonal Division of Germany*, Clarendon Press：Oxford, 1975 以及 D. J. Nelson, *Wartime Origins of the Berlin Dilemma*, University of Alabama Press：Tuscaloosa, 1978。参与者的叙述，可参见 P. E. Mosley, *The Kremlin in World Politics*, Vintage Books：New York, 1960, chaps, 5 – 6。

［3］有关麦斯基的委员会的工作，可参见 *SSSR i Germanskii Vopros*, docs 114, 129, 136, 138, 137, 142。

［4］Ibid. , docs 64, 65, 91, 92, 141.

［5］我所依据的是下列文献中对这份文件的概述和引用：S. Pons, "In the Aftermath of the Age of Wars：The Impact of World War Ⅱ on Soviet Foreign Policy" in S. Pons and A. Romano (eds), *Russia in the Age of Wars*, *1914 – 1945*, Feltrinelli：Milan, 2000；A. M. Filitov, "Problems of Post-War Construction in Soviet Foreign Policy Conceptions during World War Ⅱ" in F. Gori and S. Pons (eds), *The Soviet Union and Europe in the Cold War*, *1943 – 1953*, Macmillan：London, 1996；V. O. Pechatnov, *The Big Three after World War II：New Documents on Soviet Thinking about Post-War Relations with the United States and Great Britain*, Cold War International History Project, Working Paper, no. 13, 1995；以及 A. M. Filitov, "V Kommissiyakh Narkomindela" in O. A. Rzheshevskii (ed.), *Vtoraya Mirovaya Voina* Moscow, 1995。

［6］*SSSR i Germanskii Vopros*, doc. 140.

［7］K. Hamilton, "The Quest for a Modus Vivendi：The Daubian Satellites in Anglo-Soviet Relations 1945 – 6", *FCO Historical Branch Occasional Papers*, no. 4, April 1992, p. 6.

［8］*SSSR i Germanskii Vopros*, doc. 79.

［9］*Sovetsko-Amerikanskie Otnosheniya*, *1939 – 1945*, Moscow, 2004, doc. 244. 另见 Pechatnov, *Big Three*, pp. 6 – 9。

［10］另见 ibid. , doc. 81 以及 *Sovetsko-Amerikanskie Otnosheniya vo Vremya Velikoi Otechestvennoi Voiny*, *1941 – 1945*, vol. 1, Moscow, 1984, doc. 131。这个文件的档案副本可见于 AVPRF, F. 06,

Op. 4, Pap. 22, D. 232, Ll. 1 – 11。另见 AVPRF, F. 06, Pap. 22, D. 235, Ll. 118 – 20。

[11] *Sovetsko-Amerikanskie Otnosheniya* (2004), doc. 246.

[12] AVPRF, F. 06, Op. 7a, D. 5, Ll. 7 – 22. 古谢夫 (Ll. 23 – 28) 也向莫斯科做了简要的报告，但他像往常一样，几乎没有表态，也没有提出多少自己的看法。对古谢夫作为苏联驻伦敦大使的作用的研究，可参见 V. V. Sokolov, "Posol SSSR F. T. Gusev v Londone v 1943 – 1946 godax", *Novaya i Noveishaya Istoriya*, no. 4, 2005。

[13] *Vostochnaya Evropa v Dokumentakh Rossiiskikh Arkhivov, 1944 – 1953*, vol. 1, Moscow, 1997, doc. 37. 这一文件中相关部分的译文可见于 G. P. Murashko and A. F. Noskova, "Stalin and the National-Territorial Controversies in Eastern Europe, 1945 – 1947 (Part 1)", *Cold War History*, vol. 1, no. 3, 2001。

[14] I. Banac (ed.), *The Diary of Georgi Dimitrov, 1933 – 1949*, Yale University Press: New Haven, 2003, pp. 352 – 3.

[15] *Otnosheniya Rossii (SSSR) s Yugoslaviei, 1941 – 1945gg*, Moscow, 1998, doc. 517.

[16] *Stalin and the Cold War, 1945 – 1953: A Cold War International History Project Documentary Reader*, 1999, p. 130.

[17] Dimitrov diary, pp. 357 – 8.

[18] Clemens, *Yalta*, p. 114.

[19] 凯瑟琳·哈里曼给帕梅拉·丘吉尔的信的日期是 1945 年 2 月 7 日，现存于国会图书馆手稿部帕梅拉·哈里曼书信中。感谢温斯顿·斯宾塞·丘吉尔允许我查阅他母亲的书信。

[20] *Krymskaya Konferentsiya*, doc. 3.

[21] Ibid., doc. 4. 斯大林对戴高乐的批评从公布的文件中删去了，但可以在档案记录中看到：AVPRF F. 06, Op. 7a, D. 7, L. 30。

[22] Ibid., doc. 5. 在这次会议快要结束的时候，丘吉尔提出了德国的未来问题，"如果它有未来的话"。斯大林回应说，德国的未来还是"有一点 (some) 的"。然而，这个修饰性的小品词"some" (*kakoe-libo*) 在公布的文件中被删掉了 (AVPRF F. 06, Op. 7a, D. 7, L. 12)。雅尔塔会议上的这些全体会议的苏方记录的英文译文，可参见 *The Tehran, Yalta and Potsdam Conferences*, Progress Publishers: Moscow, 1969。

［23］ AVPRF F. 06, Op. 7a, D. 7, Ll. 21 - 26. 这里引用的斯大林的话在
苏联公布的记录中全都删去了，ibid. , doc. 6。关于肢解问题的讨
论的英方和美方记录，可见于 PRO CAB 99/31, pp. 119 - 20 以及
FRUS: Yalta, pp. 611 - 15, 624 - 7。

［24］ 麦斯基在其 1945 年 2 月 5 日的日记中记述了这个小插曲，该日
记被重印于 O. A. Rzheshevskii (ed.), *Stalin i Cherchill'*,
Moscow, 2004, doc. 175。在麦斯基对雅尔塔会议的回忆中，没
有提到这个小插曲，并且对自己在会议中的作用相当轻描淡
写。参见 I. M. Maiskii, *Vospominaniya Sovetskogo Diplomata*,
Moscow, 1987, pp. 747 - 64。

［25］ *Krymskaya Konferentsiya*, doc. 6.

［26］ 关于爱尔兰在第二次世界大战中保持中立的问题，可参见 B.
Girvin, *The Emergency: Neutral Ireland*, *1939 - 1945*, Macmillan:
London, 2005。

［27］ AVPRF F. 06, Op. 7a, D. 7, L. 33. 这里引用的斯大林的话在公
布的苏方记录中被删掉了。

［28］ *Krymskaya Konferentsiya*, doc. 8.

［29］ *Stalin's Correspondence with Churchill, Attlee, Roosevelt and Truman*,
1941 - 1945, Lawrence & Wishart: London, 1958, doc. 266,
pp. 187 - 9.

［30］ *Krymskaya Konferentsiya*, doc. 10.

［31］ Ibid. , doc. 12.

［32］ Ibid. , docs 25, 28.

［33］ "Istoricheskie Resheniya Krymskoi Konferentsii", *Pravda*, 13/2/
45; "Krymskaya Konferentsiya Rukovoditelei Trekh Souznykh
Derzhav", *Izvestiya*, 13/2/45.

［34］ *SSSR i Germanskii Vopros*, doc. 144.

［35］ *Ivan Mikhailovich Maiskii: Izbrannaya Perepiska s Rossiiskimi
Korrespondentami*, vol. 2, Moscow, 2005, doc. 550.

［36］ Diary of V. A. Malyshev, published in *Istochnik*, no. 5, 1997,
p. 128.

［37］ *SSSR i Germanskii Vopros*, docs 146 - 54.

［38］ 波兰委员会的历次讨论的美方记录可见于 Harriman Papers in
Containers 177 - 8, chronological files for February-March 1945。关
于 2 月 23 日第一次会议的苏方记录可见于 *Sovetsko-Amerikanskie*

Otnosheniya（2004）, doc. 274.

[39] *Stalin's Correspondence*, docs 284, 289, pp. 201 – 13.

[40] 关于 1945 年 2 月的罗马尼亚危机，参见 A. J. Rieber, "The Crack in the Plaster: Crisis in Romania and the Origins of the Cold War", *Journal of Modern History*, no. 76, March, 2004。关于这次危机的许多苏联文件都可见于 *Tri Vizita A. Ya Vyshinskogo v Bukharest*, *1944 - 1946*, Moscow, 1998。

[41] *Sovetsko-Amerikanskie Otnosheniya*, *1939 - 1945*（2004）, docs 275, 276, 278, 279, 280, 283, 284.

[42] Gosudarstvennyi Arkhiv Rossiiskoi Federatsii, F. 9401 Op. 2, D. 93 – 7.

[43] 转引自 V. Volkov, "The Soviet Leadership and Southeastern Europe" in N. Naimark and L. Gibianskii（eds）, *The Establishment of the Communist Regimes in Eastern Europe*, *1944 - 1949*, Westview Press: Boulder Col., 1997, p. 56。

[44] F. Oleshchuk, "Razvitiye Demokratii v Osvobozhdyonnykh Stranakh Evropy", *Bol'shevik*, nos 19 – 20, October 1945.

[45] 参见 G. Roberts, "Soviet Foreign Policy and the Spanish Civil War, 1936 – 1939", in C. Leitz（ed.）, *Spain in an International Context*, Berghahn Books: Oxford, 1999。

[46] 例如, *Voprosy Vneshnei Politiki*: "O Polozhenii v Bolgarii", no. 10, 15/5/45; "O Vnutripoliticheskom Polozhenii Vengrii", no. 19, 1/10/45; "O Vnutripoliticheskom Polozhenii Finlyandii", no. 20, 15/10/45; 以及 "K Sovremennomu Vnutripolitcheskomu Polozheniu Rumynii", no. 22, 15/11/45。全都可见于 Rossiiskii Gosudarstvennyi Arkhiv Sotsial' no-Politicheskoi Istorii（RGASPI）, F. 17, Op. 128, D. 12。

[47] M. Djilas, *Wartime*, Secker & Warburg: London, 1980, p. 437.

[48] *Vostochnaya Evropa v Dokumentakh Rossiiskikh Arkhivov*, *1944 - 1953*, doc. 151.

[49] Ibid., p. 579, n. 3.

[50] Ibid., doc. 169.

[51] 转引自 V. Dimitrov, "Revolution Released: Stalin, the Bulgarian Communist Party and the Establishment of Cominform", in Gori and Pons（eds）, *Soviet Union and Europe*, p. 284。

［52］有关 20 世纪 30 年代的人民阵线策略，参见 K. McDermott and J. Agnew, *The Comintern*, Macmillan：London, 1996, chap. 4。

［53］W. O. McCagg, *Stalin Embattled, 1943 – 1948*, Wayne State University Press：Detroit, 1978, p. 26. 这本书是早期对斯大林新民主主义政策的重要研究成果。

［54］E. Mark, *Revolution by Degrees*：*Stalin's National-Front Strategy for Europe, 1941 – 1947*, Cold War International History Project Working Paper, no. 31, 2001. 另见 N. M. Naimark, "Post-Soviet Russian Historiography on the Emergence of the Soviet Bloc", *Kritika*, vol. 5, no. 3, Summer, 2004。对于斯大林战后在东欧的政治战略，我的看法强调的是人民民主制度在其短期存在中的真实性。我的这一看法与伏洛克蒂娜（T. V. Volokitina）及其俄罗斯科学院斯拉夫文化研究所的同事们的看法相似。伏洛克蒂娜的研究小组编辑并出版的这些文件可见于 *Vostochnaya Evropa v Dokumentakh Rossiiskikh Arkhivov* 以及 *Sovetskii Faktor v Vostochnoi Evrope*。这一小组继续整理并出版的一卷文件是 *Moskva i Vostochnaya Evropa, 1949 – 1953*, Moscow, 2002。

［55］W. Lafeber, *The Origins of the Cold War, 1941 – 1947*, John Wiley：New York, 1971, doc. 37.

［56］RGASPI F. 17, Op. 128, D. 94, *Voprosy Vneshnei Politiki*, no. 10 （34）, 15 May 1946. 我对这张表进行了一些简化。例如，德国的"战前"党员人数是从 1933 年开始算的，而匈牙利的战前党员人数是从 1945 年 3 月（也就是该国被红军最终解放的前夕）开始算的。这张表记录的战后党员总数还包括日本的 2 万人、朝鲜的 6 万人、美国的 8 万人和中国的 121 万人。

［57］数据来源于 J. Tomaszewski, *The Socialist Regimes of Eastern Europe*：*Their Establishment and Consolidation, 1944 – 1967*, Routledge：London, 1989, passim.

［58］参见 A. J. Rieber, *Zhdanov in Finland*, The Carl Beck Papers in Russian and East European Studies, no. 1107, University of Pittsburgh, February 1995。

第九章　最后的战役：斯大林、杜鲁门及第二次世界大战的结束

　　1945 年 1 月，红军重新开始向柏林推进。在被称为"维斯瓦河—奥得河行动"的攻势中，苏联军队横扫波兰，进入了东普鲁士和德国东部。到 1945 年 2 月这次攻势进入尾声的时候，红军的先头部队距离德国首都已经不到 50 英里了。"维斯瓦河—奥得河行动"是第二次世界大战中苏联发动的规模最大的单次攻势。参加这次行动的两个主力方面军调集了 220 万士兵，拥有的坦克和飞机的数量比红军在 1942 年 5 月拥有的总和还要多，分别是 4500 辆和 5000 架。步兵的比例是 7 比 1，坦克超过 7 倍，空中力量和火炮超过 20 倍。在这样的优势下，红军每天以 15~20 英里的速度推进，抓获的俘虏共计 147000 人，有 50 多个德国师被摧毁或近乎摧毁（见地图 16）。[1]

　　"维斯瓦河—奥得河行动"的计划工作在 1944 年秋就开始了，当时正是红军夺取华沙失败之后中央地段进攻行动的间隙期。总参谋部的考虑是，在士兵疲惫、供给线过长的情况下，与其继续进攻，不如重新部署并利用这段时间准备一次大的攻势。与此同时，两翼也将发起进攻行动——南方是在匈牙利和奥地利，北方是在东普鲁士的柯尼斯堡方向——目的是把德军调离华沙至柏林的中轴线。总参谋部的计划是，新年期间的行动分两个阶段，总共持续 45 天，最终是要夺取柏林。尽管按照总参谋部的设想，从行动的第一阶段到第二阶段将是一种无缝

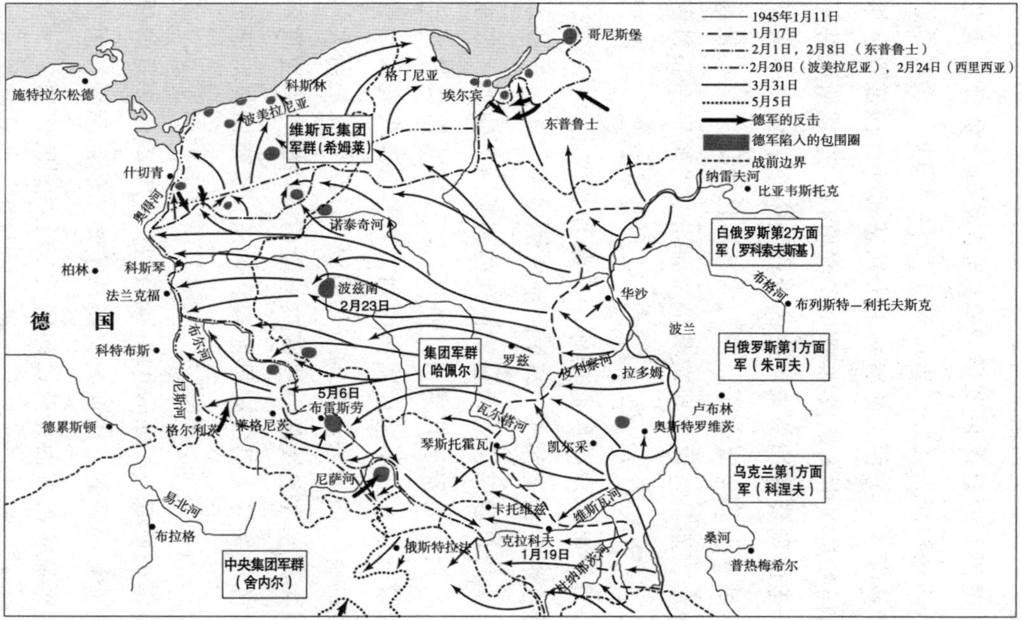

地图 16　"维斯瓦河—奥得河行动"，1945 年 1～2 月

过渡，但实际情况是，向柏林发起最后进攻的决定，要等到这次行动的进展经过评估之后才会做出。[2]

256　　实施这一行动的是白俄罗斯第 1 方面军和乌克兰第 1 方面军，担负支援任务的是白俄罗斯第 2、3 方面军。负责乌克兰第 1 方面军的是科涅夫元帅。朱可夫在 1944 年 11 月接替了原来指挥白俄罗斯第 1 方面军的罗科索夫斯基元帅。白俄罗斯第 1 方面军的任务是在中央地段推进并夺取柏林，这是斯大林觉得应该给予他的副最高统帅朱可夫的责任和荣誉。罗科索夫斯基被调到白俄罗斯第 2 方面军，但斯大林向他保证，这不是前线的次要地段，而是这次主要攻势的一部分。"如果你和科涅夫不能前进，"斯大林告诉他说，"朱可夫也不能。"[3] 华西列夫斯基元帅对于事态发展所起的作用在某种程度上是次要的。他是大本营在波罗的海第 1、2 方面军的协调人，而由于他不在莫斯科，他的总参谋长的角色就被他的副手阿列克谢·安东诺夫取代了。而正是安东诺夫在 1945 年 2 月陪同斯大林参加了雅尔塔会议。这些并不能说明华西列夫斯基已经失宠（尽管斯大林对他的将军们的兴趣的确有增有减），毋宁说是斯大林看重华西列夫斯基在前线的一些困难地段的协调能力。更重要的是，这位苏联领导人已经安排他调到远东，负责即将对满洲日军发起的突击。然而，白俄罗斯第 3 方面军的（犹太人）司令琼雅克霍夫斯基（Chernyakhovskii）将军 1945 年 2 月的死亡打乱了斯大林的计划。华西列夫斯基接替了他的位置，因而在苏联最终征服德国方面，开始起到了未曾料到的作用。

　　"维斯瓦河—奥得河行动"的基本计划是，控制并占领这两条分别位于波兰东部和德国东部的大河之间的领土。罗科索夫斯基的任务是穿过波兰北部，向但泽方向前进。在南方，科涅夫要向布雷斯劳和重要的工业区西里西亚前进——斯大林之所以急于占领西里西亚，除了战略上的原因之外，也有经济上的原因。（他对科涅夫说这一地区是"金子"，并指示他要小心，不要损坏了它的工业资源。）[4]朱可夫的任务是占领华沙，然后向波兹南接着再向柏林挺进。琼雅克霍夫斯基的目标是摧毁东普鲁士的强大的德军，占领柯尼斯堡，与罗科索夫斯基合兵一处，一起沿波罗的海沿岸地区推进。由于朱可夫和华西列夫斯基不在莫斯科，大本营负责协调此次有多个方面军参与的合成攻势的是斯大林。这也是他首次承担这样的角色，他得到了安东诺夫和作战部部长什捷缅科将军的大力协助。

关于"维斯瓦河—奥得河行动"开始的时间，存在一些小小的争议。丘吉尔在 1945 年 1 月 6 日写信给斯大林，问自己能否期待苏联人在波兰发动一场攻势，以缓解 1944 年 12 月德国人在阿登地区的反攻（所谓的"突出部战役"）对西线造成的压力。斯大林在第二天答复说，虽然天气不好，但苏军还是会早一点发动攻势。丘吉尔自然是十分感激，而在 1945 年 2 月的"节日命令"中，斯大林也夸耀"维斯瓦河—奥得河行动"帮助西线保住了胜利。[5]然而，这次行动似乎本来就定在 1 月 8 ~ 10 日开始的，但因天气不好而推迟了。[6]因而，斯大林有可能是卖了个顺水人情。另外，科涅夫在他的回忆录中说得很清楚，他的方面军原定于 1 月 20 日发动进攻，但在 1 月 9 日，安东诺夫要求他加紧备战，并尽快发动进攻。[7]

科涅夫是在 1 月 12 日开始进攻的。14 日，朱可夫和罗科索夫斯基的军队也发动了猛烈的进攻。朱可夫和科涅夫进展

257

迅速。1月17日，华沙落入白俄罗斯第1方面军之手，而科涅夫也在19日占领了克拉科夫。到当月月底的时候，朱可夫和科涅夫的军队已经抵达了预定目标——奥得河一线。罗科索夫斯基的白俄罗斯第2方面军的运气就差了一点。1月20日，他接到命令把他的右翼向北开进东普鲁士，帮助琼雅克霍夫斯基的白俄罗斯第3方面军向柯尼斯堡方向推进。结果，罗科索夫斯基自己向奥得河北段推进的速度就慢了下来，而他的左翼由于朱可夫的部队在中央地段的快速推进也留下了一个缺口。[8]这就把朱可夫向柏林的推进暴露于驻扎在波美拉尼亚（Pomerania）（德国北部省份，邻近东普鲁士）的强大的德国国防军的反击之下。起初，无论是朱可夫还是大本营对此都不以为意。当朱可夫和科涅夫在1月底建议继续进攻，以便在2月中旬拿下柏林的时候，斯大林表示同意，并在他出席雅尔塔会议期间仍然支持这样的计划。然而，到2月中旬，情况已经变得明朗了：对付波美拉尼亚威胁的唯一有把握的做法是，把相当一部分白俄罗斯第1方面军的兵力派去支援罗科索夫斯基在该地区的行动。这就意味着朱可夫迅速夺取柏林的希望化为了泡影。与此同时，科涅夫在南方的推进也慢了下来。他的军队在2月初深入到奥得河以西的下西里西亚（Lower Silesia），但是进展缓慢，而且保护科涅夫左翼的乌克兰第4方面军也陷入了困境。苏联人的这些巨大攻势在整个战线上都遇到了如今已经熟知的那些困难：士兵疲惫、补给匮乏、后勤难以为继。到2月底的时候，"维斯瓦河—奥得河行动"结束了，虽然在东普鲁士和波美拉尼亚还在进行猛烈的战斗。

在红军一连串的过于乐观但都已出了差错的宏大计划中，

1945 年 2 月未能打到柏林是最后一个。用克劳塞维茨的话说，
一与敌人接触，苏联的战略计划就无法执行了。但是，说斯大
林和大本营尽力了却未能拿下柏林，这一点并不是每个人都相
信的。有一种说法是，斯大林是因为政治原因而放弃了早日夺
取柏林的可能性。因为他不想加剧苏联与西方同盟的紧张关
系，尤其是在 2 月 4 ~ 11 日雅尔塔会议正在进行的时候。此 　258
外，两翼推进，也就是说向匈牙利、捷克斯洛伐克、奥地利和
丹麦而不是柏林方向进军，还可以捞到政治上的好处。[9]这样
的猜测得不到文件的证明：只是在雅尔塔会议之后，立即攻下
柏林的想法才被放弃了。在苏联与西方的同盟范围内，这段时
期的关系也不十分紧张。另外一种观点是由崔可夫将军在其
1964 年出版的回忆录中提出的。崔可夫作为斯大林格勒战役
的英雄，当时是第 8 近卫集团军（由第 62 集团军更名而来）
司令，在向柏林推进的过程中与朱可夫一起供职于白俄罗斯第
1 方面军。崔可夫声称，朱可夫想在 2 月份拿下柏林，但斯大
林否定了他的计划。朱可夫以及其他许多有关的长官都反驳了
崔可夫的说法，并且坚持认为，之所以推迟向柏林的推进，是
由于后勤出现了问题，以及在波美拉尼亚和东普鲁士的强大的
德军的威胁。[10]崔可夫在其随后几版的回忆录中，删掉了这些
令人不快的段落，并默认了官方的说法：1945 年 2 月不可能
拿下柏林。[11]

　　关于苏联人在 1945 年初的战略决策，这些不同的观点提
出了这样一个议题——斯大林对军事形势的看法正在发生变
化。从这段时期他与西方军政领导人的交流中，可以看出某
些端倪。1944 年 12 月中，斯大林与哈里曼大使就东线和西线
的军事形势进行了长时间的讨论。哈里曼把英美在西线进攻

行动的计划告诉了斯大林，并问红军在东线会发动什么样的进攻来支援他们。虽然大本营的"维斯瓦河—奥得河行动"的计划进展顺利，但斯大林对于苏联的意图还是不愿明说。他宽慰哈里曼说，苏联很快就会发动大规模的攻势；但是他又强调说，红军的优势在于空中力量和大炮，而不是部队的数量，而要有效发挥这些武器的作用，就需要有好天气。由于天气还是不好，"苏联人认为采取大规模军事行动是不明智的。"斯大林说。不过，南方地段的前景要好一些。他邀请英国人和美国人加入到向维也纳的推进。[12]这次会谈就在德国人的阿登反攻之前，而这次反攻使西方盟军也不太可能早早越过莱茵河。英美在军事上的困境对于苏联人产生了重要影响。他们在即将发动的攻势中不再那么雄心勃勃了，因为这次攻势是以大量德军被牵制在西线战场为基础的。在 1945 年 1 月 15 日斯大林与英国皇家空军特德（Tedder）上将的谈话中，可以明显地看出这些想法。这位苏联领导人在谈话中焦急地询问了有关德国人声称的他们在阿登行动中使得西方盟军在最少 2 个月最多 6 个月的时间内无法继续进攻的情况。特德当时是作为西线盟军最高司令艾森豪威尔将军的特使来到莫斯科的。他的任务是设法了解苏联人的战略计划。斯大林把苏军刚刚开始的攻势告诉了特德，并且说苏军的目标是打到奥得河，而他还不能肯定，能不能实现这个目标。他还说，由于天气原因（即春季多雨、道路泥泞），从 3 月中旬到 5 月底，东线会逐渐停止大规模的进攻行动。斯大林认为，战争要等到夏季才会结束，而且很可能是因为到那时候德国人会在挨饿。他继续说：

德国人能够生产出大量的土豆，但是，在他看来，要打一场持久的战争，他们需要谷物（而谷物是搞不到的）……不过，我们不能忘记，德国人是节俭的，有忍耐力的。他们都是些死脑筋。实际上，他们不应该再在阿登发动反攻了；那样做很愚蠢。在他看来，即使是现在，德国人也一定在从西线调集兵力。如果不这样做，他们在东线就抵挡不住。红军目前的攻势那么猛，在东线当地不可能再来回运送预备队。[13]

从这两次谈话中可以明显看出，斯大林对于苏军进攻行动的前景的看法，是比较谨慎的。他没有预计德军会早早崩溃，也没有暗示说在短期内就可以拿下柏林。什捷缅科在自己的回忆录中提出的一个观点也值得注意。在战争的这个阶段，不能认为拿下柏林就打败德国了。德国人在匈牙利、西欧、东普鲁士和波美拉尼亚还有强大的兵力，而且人们在纷纷传说，希特勒要撤到"阿尔卑斯堡垒"，事实证明，那是块非常难啃的骨头。[14]

在雅尔塔会议期间，安东诺夫将军在2月4日第一次全体会议上向"三巨头"呈交了一份报告，说明苏军在这次攻势中的进展情况。他竭力强调这次攻势是应西方盟国的多次请求而提前发动的；而且他还特别指出，德军已从西线大量调往东线，防守柏林的部队也已调往奥得河一线。安东诺夫由此得出的结论是，西方盟国应该在2月中旬发动进攻，而且应该采取措施阻止德军把兵力调往东线。在随后的讨论中，斯大林表示，苏联人提前发动了攻势，这样做大大超过了他们在德黑兰承诺的与西方盟国协调军事行动的义务。他还暗示他期待丘吉尔和罗斯福的回报。[15]

260   根据美方有关第一次全体会议的记录，斯大林当时说"他觉得最好由（军队的）参谋人员来讨论对德军的夏季攻势问题，因为他不能肯定战争会在夏季之前结束"。在与英国和美国的参谋长们讨论的过程中，安东诺夫非常明确地说，他认为目前苏军的攻势会由于春天的天气而中断，因为这种天气会让道路无法通行，因而要等到夏季才能重新开始大规模的进攻行动。[16]苏联人对柏林有什么样的意图，在这个问题上，安东诺夫有可能与斯大林一起在欺骗西方盟友；但更合理的假设是，他们两人实际上都认为红军会逐渐停止进攻，因为不管怎么说，苏军在1942年、1943年和1944年的进攻行动中都是这样的：先是在冬季发动进攻，并且进展顺利，接着在春季，势头就减弱了，必须要等到夏季才能重新开始。

红军在2月中旬向柏林进军受阻，这一定加重了斯大林对于军事事态发展的可能进程的相对悲观的情绪。在2月23日红军建军27周年的"节日命令"中，斯大林公开表示的对于军事形势的看法是比较谨慎的。当然，斯大林高度赞扬了他的士兵们所取得的成就——能够如此迅速地从维斯瓦河推进到奥得河。但他没有宣布最终胜利的时间表，只是说快了。他还提醒人们，正因为到了最后关头，战斗才会很艰难：

> 彻底打败德军的时候到了。但是，胜利是从来不会自动到手的，它是要通过艰苦的战斗和不懈的努力取得的。已经注定要灭亡的敌人还在把他们最后的兵力投入战斗，

拼死抵抗，以图逃脱严厉的惩罚。他们正在使用并且还将使用最极端、最卑鄙的斗争手段。因此，必须记住，我们的胜利越是临近，我们就越是要提高警惕，我们对敌人的打击就越是要有力。[17]

3 月，当红军打败了在东普鲁士和波美拉尼亚的德军之后，斯大林很可能就把注意力集中在紧迫的政治事务上了，例如在重建波兰政府以及罗马尼亚政府危机这些问题上与西方的争论。3 月底，斯大林接到艾森豪威尔的来信，通知他有关英美的战略计划。艾森豪威尔告诉斯大林说，自己眼下的目标是要摧毁防守鲁尔区的德国军队。然后他会向爱尔福特、德累斯顿和莱比锡方向推进，并在那里与苏军会合。西方军队有可能会把雷根斯堡—林茨（Regensburg-Linz）方向作为次要的推进路线，目的是挫败德国人在该国南部建立据点的计划。艾森豪威尔想最后了解一下斯大林的计划，以便使东、西两线的对德行动能够协同起来。[18]

艾森豪威尔给斯大林的信是由哈里曼、英国大使克拉克·赫尔和美国驻莫斯科军事代表迪恩（Deane）将军在 3 月 31 日晚送到他的办公室的。在他们离开 20 分钟后，斯大林召见了朱可夫、安东诺夫和什捷缅科，有可能是就信件的内容咨询他们的意见。[19]第二天，斯大林答复了艾森豪威尔。他告诉这位美军司令说，西方与苏联的战略计划是一致的。他同意苏军和西方军队在爱尔福特—莱比锡—德累斯顿地区会合的计划，并且说红军会把该方向作为主攻方向。至于柏林，斯大林说，它"已经失去了它以前在战略上具有的重要意义。因此，苏联最高统帅部正在考虑只调拨次要兵力进攻柏林"。

261

斯大林告诉艾森豪威尔，苏军的主要攻势会在 5 月的下半个月开始，同时会把南方的林茨和维也纳作为次要的打击方向，如果形势没有发生变化的话。[20]4 月 2 日，斯大林与朱可夫、安东诺夫以及什捷缅科再次召开会议，科涅夫也参加了。会议开了两个小时。四位将军在 4 月 3 日又回来开了一个较短的会议。[21]同一天，斯大林签发了给朱可夫和科涅夫的命令。朱可夫的任务是发起进攻、占领柏林，并在行动开始后的 12 ~15 天内抵达易北河（苏联与西方已达成一致，以这条河作为他们在德国的军事分界线）。科涅夫的任务是击溃柏林以南的德军并在 10 ~ 12 天内推进到德累斯顿，然后考虑进攻莱比锡。白俄罗斯第 1 方面军与乌克兰第 1 方面军以柏林东南大约 50 英里处的吕本（Lubben）为界，并从 4 月 15 日起开始生效——这就意味着从 16 日开始将兵分两路发动进攻。[22]因此，基本的计划是，朱可夫直扑德国首都，并从北面包围这座城市，而科涅夫的军队则从南面包围这座城市。支援的任务交给了罗科索夫斯基的白俄罗斯第 2 方面军，它将在 4 月 20 日向柏林发起进攻，目的是保护朱可夫的右翼，防止德军从北面发动反击（见地图 17）。[23]

许多历史学家认为，艾森豪威尔受到了斯大林的误导：柏林才是苏军的首要目标，才是这位苏联独裁者一心要抢在西方盟友之前占领的目标。然而，这并不一定就是斯大林的想法。关于柏林行动，他在 1948 年与当时的美国大使沃尔特·贝德尔·史密斯（Walter Bedell Smith）有过争论。史密斯在战时担任过艾森豪威尔的参谋长。按照斯大林的说法，柏林是次要目标，因此才只派朱可夫的军队去夺取德国的首都。但是，朱可夫被德军挡住了前进的道路，所以，科涅夫和罗科索夫斯基就不

白俄罗斯第1方面军（朱可夫）4月16日早晨5:00发起进攻

乌克兰第1方面军（科涅夫）4月16日早晨6:15发起进攻

中央集团军群（舍内尔）

奥得河畔的法兰克福　奥得河　古本　尼斯河　科斯军　格尔利茨

科特布斯 4月22日　佐森　塞洛　柏林　德累斯顿

莱茵史纳运河　奥得河－哈弗尔河运河　波茨坦　哈弗尔河　勃兰登堡

易北河　马格德堡　贝恩堡

瓦尔塔河　4月25日 美军战线　托尔高　1945年4月25日美苏军队会师　莱比锡

德绍　4月18日　哈雷

战线
4月15日
4月18日
4月25日
5月7日
德军防线
德军的反击
英美军队的进攻
1945年4月25日美苏军队会师
英美军队在所示日期的战线
德军陷入所示日期的包围圈

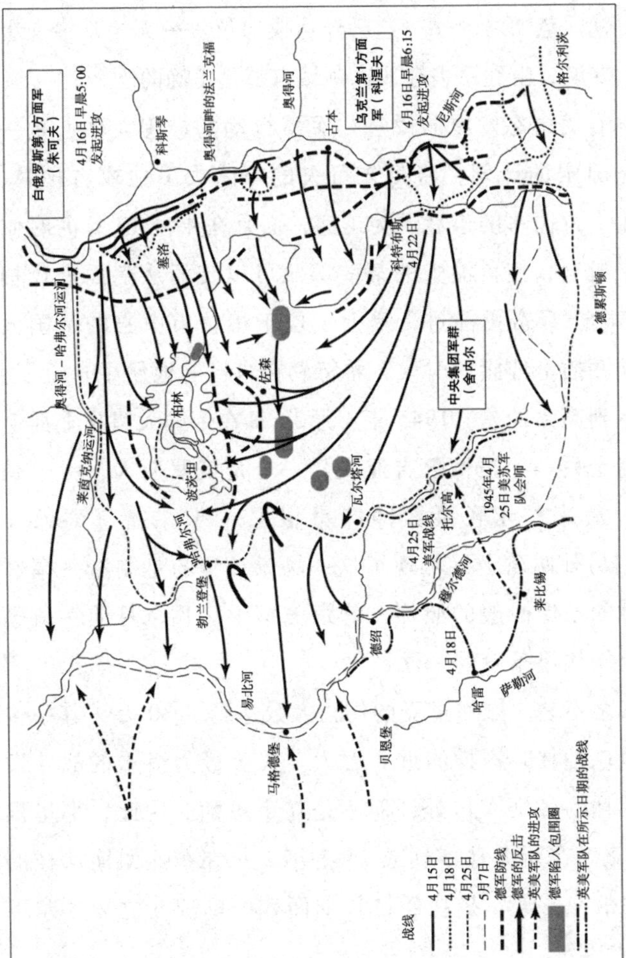

地图 17　"柏林行动"，1945 年 4 月

263　得不帮助他摆脱困境。这就把柏林从一个次要目标转变成首要目标。斯大林甚至气得要立即跟史密斯一起去查看军事档案，把他有关柏林行动的命令拿给他看。斯大林还说，既然柏林位于苏联在德国的占领区范围之内——这已经达成协议——无论从道义上还是战略上来说，由红军去夺取这座城市都是正确的。[24]

斯大林有关事态发展的说法与军事行动的进程大体上是一致的。按照原定的计划，将由朱可夫的军队去单独攻占柏林，但乌克兰第 1 方面军的进展更为迅速，而且在 4 月 17 日的时候出现了一个机会，使科涅夫的某些部队可以转而从南面进攻柏林。[25]当苏联士兵奋勇前进、登上了位于柏林市中心的帝国大厦废墟顶端并插上红旗的时候，希特勒在自己的地堡中自杀了。让斯大林感到高兴的是，1945 年 4 月 30 日在帝国大厦顶上插上红旗的三名士兵一个是格鲁吉亚人，一个是俄罗斯人，一个是乌克兰人。后来，苏联摄影师叶甫根尼·卡尔德（Yevgeni Chaldei）用另外两名士兵再现了这一场景，目的是制造一幅红军占领柏林的圣像一般的照片，就跟美军士兵几个月前在硫磺岛的山顶上扶住星条旗的一样。

胜利来之不易。红军遭受的伤亡人数达到了 30 万，其中包括在最后强攻柏林时牺牲的近 8 万人。代价最为惨重的战斗发生在通往柏林的各个入口处，而不是在市里面。因此，那里没有发生 1942 年在斯大林格勒或 1945 年 2 月在布达佩斯那样的全面的街垒战——红军是在经过长期而残酷的战斗之后才拿下布达佩斯的。[26]

除了大量的伤亡之外（德军的损失甚至比苏军还要高），相当一部分苏军士兵的暴行和抢掠也给红军胜利进军柏林蒙上了阴影。红军强暴行为的数量之多尤其令人震惊。对于这种罪行，人们的估计从几万到百万出头不等。[27]真实的数字很可能介于两者之间，而绝大多数的强暴行为都是发生在大柏林市，因为这座城市到 1945 年的时候基本上只剩下妇女了。[28]大规模强暴的受害者不仅是柏林人。在维也纳发生的强暴行为有可能多达 7 万 ~ 10 万起。[29]在匈牙利，估计有 5 万 ~ 20 万起。[30]在罗马尼亚和保加利亚，在波兰、南斯拉夫和捷克斯洛伐克这些被解放的国家，都有妇女遭到过红军士兵的强暴，只是数量要少很多。

对于所发生的暴行的程度，斯大林当时是不是完全知道，现在要弄清楚这一点很困难，但他当时对自己那些人的行为是有所了解的，而且还为此辩解过。1945 年 3 月，他告诉来访的捷克斯洛伐克代表团说：

> 大家都在赞扬我们红军，是的，它应该得到这样的赞 264
> 扬。但是我希望我们的客人将来不会对红军感到失望。问
> 题在于，红军现在有将近 1200 万人。这些人远远不是天
> 使。战争已经使得这些人的心肠变硬了。他们中许多人已
> 经在战斗中跋涉了 2000 公里，从斯大林格勒到捷克斯洛伐
> 克的中部。他们一路上见到了太多的让人悲伤的事情，见
> 到了太多的暴行。因此，如果我们的人在你们的国家行为
> 不当，不要感到奇怪。我们知道，有些没什么头脑的士兵
> 的行为是丢人的，他们纠缠并侮辱姑娘和妇女。让我们的
> 捷克斯洛伐克的朋友现在就知道这一点，这样他们对红军
> 的赞扬就不会变成失望了。[31]

1945 年 4 月，在跟铁托和南斯拉夫的同志们谈论这件事的时

候，斯大林说得就更直白了：

> 你们当然读过陀思妥耶夫斯基？你们明白人的灵魂、人的心理是个多么复杂的东西？那么，好吧，想象一下，一个人从斯大林格勒打到了贝尔格莱德，离开了自己遭到蹂躏的故土有几千公里，跨过了自己同志和最亲爱的人的尸体。这样的人怎么可能有正常的反应？在有过如此可怕的经历之后，他找女人有那么糟糕吗？你们把红军想得太完美了。而它并不完美，也不可能是完美的……重要的是它在跟德国人战斗……[32]

但斯大林的纵容是有限的，尤其是在德国所剩无几的宝贵的经济基础设施由于红军的横冲直撞而遭到破坏的时候，因为这些基础设施是苏联人希望得到的赏金，是要付给他们的战争赔偿的一部分。斯大林决定发出停止报复的信号。1945 年 4 月 14 日，《真理报》发表了一篇文章，抨击苏联作家伊利亚·爱伦堡（Ilya Ehrenburg）。这位作家在战争期间之所以出了名，是因为他的强有力的反德仇恨宣传，其中大部分是发表在红军的《红星报》上。在"爱伦堡同志把问题简单化了"的标题下，苏联主管宣传的格奥尔吉·亚历山德罗夫（Georgii Aleksandrov）写道：把所有德国人都看成一样，这是错误的；必须要把希特勒和纳粹分子与德国人民区分开来。亚历山德罗夫说，苏联人民对德国人并没有敌意，如果说苏联人民敌视德国人，那倒是在帮纳粹宣传的忙，因为这种宣传正在企图破坏苏联与西方的同盟关系。[33] 没有醒悟过来的爱伦堡私下里写信给亚历山德罗夫说：

　　　　读到您的文章，任何人都可能得出结论说，我一直在
鼓吹彻底消灭德国人民。而实质上，我从来没有发出过任
何这样的号召，是德国人的宣传把它归咎于我的。不设法
澄清这个误解，我连一行字也写不出来……遭到挑战的是
我作为一个作家和国际主义者的正直。对我来说，种族主
义理论是个让人深恶痛绝的东西。[34]

　　尽管红军强暴妇女的行为骇人听闻，但不应当夸大这些行为对
那个时代的民众与政治的影响。在 1945 年的时候，红军在同盟
国中几乎到处都受人敬仰，他们被当作拯救欧洲使之摆脱纳粹
野蛮统治的救星。它与凶残的敌人打了一场野蛮的战争，但多
数人民对此是感激而不是批评的。公众关注的不是纳粹宣传人
员对大量强暴行为的谴责——这些宣传人员甚至在红军进入德
国之前就在预言这样的事情了——而是新闻片中党卫军的灭绝
营和灭绝营中可怜的幸存者的镜头。这些幸存者是被苏联人在
1945 年初横扫波兰时"解放"的。1944 年 7 月，红军在马伊达
内克（Majdenak）占领了第一座纳粹死亡集中营。1945 年 1 月
底，红军又占领了奥斯威辛，然后是贝乌热茨（Belzec）、海乌
姆诺（Chelmno）、索比堡（Sobibor）和特雷布林卡（Treblinka）
的集中营，它们无疑是人类生存史上最黑暗的死亡之所。

　　对于斯大林来说，这无疑是他个人取得伟大成功的时候，
但他从来不感到满足，所以，当哈里曼祝贺他红军攻占柏林的
时候，他提醒这位大使，"沙皇亚历山大到过巴黎"。[35]

　　5 月 7 日，德国人终于投降了，虽然朱可夫直到第二天才
签署了柏林有条件投降的协议。结果，欧洲胜利日在苏联庆祝
时要比在英国和美国迟一天。亚历山大·沃思回忆 1945 年在莫

斯科的这一情景时说：

> 在莫斯科，5 月 9 日是个令人难忘的日子。那天晚上
> 聚集在红场上的两三百万人所表现出来的由衷的欢乐……
> 我以前在莫斯科从来没有见过。他们在街上又唱又跳；所
> 有的官兵都在拥抱、亲吻……他们都陶醉在幸福中。在民
> 兵的宽容的目光下，年轻的男人们甚至对着莫斯科酒店的
> 墙壁撒尿，淌得宽敞的人行道上到处都是。在莫斯科，以
> 前从来没有发生过这种事情。莫斯科的拘谨与压抑第一次
> 被一扫而空。当天晚上，我还见到了我曾经见过的最壮观
> 的烟火表演。[36]

在宣布取得这场伟大胜利的时候，斯大林强调说，打败希特勒
意味着自由和各族人民之间的和平。他还指出，德国人曾经想
要肢解苏联，把高加索、乌克兰、白俄罗斯、波罗的海各国以
266 及其他地区分离出去。[37] 斯大林在这里提到了这场战争对苏联
作为一个多民族国家曾经构成的威胁，这与他紧接着关于这场
战争的另一次公开讲话明显不同，他在那次讲话中特别突出了
俄罗斯人民为胜利做出的贡献。1945 年 5 月 24 日，在克里姆林
宫的军队招待会上，斯大林提议为苏联人民但"首先是为俄罗
斯人民"的健康干杯——人们报以热烈的掌声和欢呼声。斯大
林接着说：

> 我首先要为俄罗斯人民的健康干杯，因为，在组成
> 苏维埃社会主义共和国联盟的各个民族中，他们是最杰
> 出的……我要为俄罗斯人民的健康干杯，这不仅是因为他

们是起领导作用的民族，而且是因为他们有判断力，社会政治的判断力，还有忍耐力。我们的政府犯过不少错误，我们在 1941～1942 年的时候陷入了绝境……其他民族的人民可能会说：去死吧，你们辜负了我们的期望，我们要再组织一个政府，这个政府将与德国达成和平协议，并且会让我们休息一下……但是俄罗斯人民没有那样做，没有寻求妥协，他们对我们的政府表现出无条件的信任。我再说一遍，我们犯了错误，我们的军队不得不后撤，事态眼看就要失控了……但是俄罗斯人民有信心，他们坚持不懈，等待并希望我们控制住局面。为了俄罗斯人民对我们政府的这种信任，我们要大声地说一句，谢谢你们。[38]

虽然后来人们议论纷纷，但在当时，斯大林单独突出俄罗斯人在战争努力中的作用，几乎没有引起批评。在战争期间，俄罗斯人是这个苏维埃国家的忠实后盾，这是不需要证明的。从 20 世纪 30 年代以来，斯大林就一直在称道俄罗斯人的道义与政治品质，这从他此次的公开认可中可见一斑。战时宣传在利用苏维埃爱国主义主题的同时，通常还利用俄罗斯爱国主义的主题。在苏联人 1944 年 1 月采用的新国歌（取代了共产主义运动中的"国际歌"）中，关键性的句子是：

> 伟大的俄罗斯把各个自由的共和国
> 永远联合成牢不可破的联盟
> 万岁！各族人民的意志创立的
> 统一而强大的苏维埃社会主义共和国联盟

6 月 24 日，朱可夫骑着马指挥了红场上的庆祝胜利的阅兵仪
式。斯大林在列宁陵墓的顶上检阅了这次阅兵，数千面德军军
267　旗堆积在他的面前。当天晚上，斯大林在克里姆林宫举行了招
待会，招待 2500 名将军和军官，但是，他向他们传达的信息却
有点儿出人意料。在他的祝酒词中——在报纸上发表了——斯
大林表扬的不是他的将军，而是数百万普通的人民，这个庞大
的国家机器中的小齿轮，正是依靠他们，他和他的元帅们才赢
得了战争。[39]

从罗斯福到杜鲁门

　　胜利日那天，聚集在美国使馆外的人群呼喊的一个口号是，
"乌拉，罗斯福"。但这位总统其实在一个月前就去世了。1945
年 4 月 13 日凌晨，哈里曼打电话给莫洛托夫，告诉他罗斯福去
世的消息，莫洛托夫立即赶往美国大使馆吊唁，当时已是凌晨
3 点。按照哈里曼的说法，莫洛托夫"看上去非常激动。他停
留了一会儿，谈起了罗斯福总统在这场战争中以及在对和平的
谋划中起到的作用，谈到了斯大林元帅和全体苏联人民对他的
敬意以及斯大林元帅对他访问雅尔塔曾经是多么重视"。关于新
总统哈利·杜鲁门，莫洛托夫表示对他有信心，因为是罗斯福
选他做副总统的。"我从来没有听到过莫洛托夫说话这么诚
恳。"哈里曼在他给华盛顿的电报中评论道。[40]

　　哈里曼在当天晚些时候拜会了斯大林："当我进入斯大林元
帅办公室的时候，我注意到他显然对罗斯福总统去世的消息深
感悲伤。他默默地招呼我并站着握住我的手，大概过了有半分
钟的时间才请我坐下。"哈里曼告诉斯大林，他来看他是因为他
觉得，这位苏联领导人对于罗斯福去世后的美国局势有些问题

要问。然而斯大林表示，他相信美国的政策不会有任何变化。
"罗斯福总统去世了，但他的事业一定会继续下去，"斯大林告
诉哈里曼，"我们会全力支持杜鲁门总统的。"哈里曼在回应时
建议，为了给杜鲁门铺平道路并安慰美国的公众舆论，斯大林
应该派莫洛托夫到美国会见新总统，并出席在旧金山举行的联
合国成立大会。这是哈里曼的私人建议，但斯大林当场就同意：
如果接到正式的邀请，他就派莫洛托夫到美国去。[41]苏方关于
此次谈话的报告跟哈里曼的说法非常相似，但它里面讲到了另
外一个重要细节：斯大林特地问起美国对日本的政策是否会
"变软"。当哈里曼回答说政策不可能改变的时候，斯大林说，
苏联对日本的政策还跟以前一样，也就是说还按照在雅尔塔达
成的协议。[42]

　　在对哈里曼表示慰问之外，斯大林当天还写信给杜鲁门，
对罗斯福的去世表示"深为惋惜"，而且还说，他相信战时的合
作关系将来会继续下去。[43]斯大林还安排莫斯科电台广播了给
艾琳娜·罗斯福的私人吊唁信。信中称这位总统是"热爱自由
的国家反对共同的敌人的伟大的组织者，是主张维护整个世界
安全的领袖"。[44]4月15日，莫洛托夫和他的所有副外交人民
委员（生病的李维诺夫除外）以及其他政府部门及武装力量的
代表，参加了在莫斯科举行的罗斯福的追悼会。[45]

　　在莫洛托夫到美国去的前一天晚上，安德烈·葛罗米柯，
苏联驻华盛顿大使，通过电报报告了他对新总统的评价。他说，
在美国，人们普遍都认为杜鲁门是罗斯福新政的支持者，他会
继续奉行已故总统的内外政策，包括继续与苏联合作。但在电
报的最后，葛罗米柯也提出警告："在与苏联合作的政策上他会
继续走多远，他会在多大程度上受到孤立主义的反苏集团的影

268

响，现在还很难说。"葛罗米柯最后说，莫洛托夫与杜鲁门即将
举行的会谈将会使该问题水落石出。[46]

莫洛托夫于 4 月 22 日和 23 日在美国跟杜鲁门举行了两次
会谈。杜鲁门与莫洛托夫的初次见面有一段有点儿出名的历史。
根据杜鲁门 1955 年出版的回忆录的说法，在第二次会谈结束的
时候，莫洛托夫无意中说漏了嘴："以前从来没有人这样对我说
话。"据说杜鲁门对此的回答是："照你们的协议去做就不会有
人那样对你说话了。"不过，对于莫洛托夫与杜鲁门的谈话，无
论是美方的记录还是苏方的记录，都没有提到这种据说有过的
尖刻的对话。[47]因此，看来是杜鲁门为了给他的回忆录增添点
儿趣味而使用了一些带有冷战色彩的修辞术，以显示他从自己
就任总统伊始就对苏联人说话强硬。也有可能这种据说有过的
与莫洛托夫的对话，并非来自杜鲁门的回忆，而是媒体对据说
在两人之间发生的事情的小道消息。根据卡尔·马扎尼 1952 年
出版的关于冷战起源的书中的说法，"华盛顿的小道消息说，莫
洛托夫愤然离开了杜鲁门。据对外关系方面的记者埃德加·A.
莫勒说，莫洛托夫说，'以前从来没有人像这样对我说话'"。[48]

莫洛托夫与杜鲁门在这两次会议上的确发生过争吵，而争
吵所围绕的就是波兰战后政府问题。在这方面，同盟国内部一
直存在分歧。一方是苏联人，他们坚持自己对《雅尔塔协定》
的理解——扩大并改组华沙现存的亲共政权。另一方是英国人
和美国人，他们坚持认为《雅尔塔协定》的意思是，必须在波
兰成立一个新政府，而且现政权的成员在组建新政府的谈判中，
也不要指望得到任何特殊待遇。在根据雅尔塔会议而在莫斯科
成立的波兰委员会中，这种争论一直没有停止过。在美国，莫
洛托夫不仅与杜鲁门，而且还在与英国外交大臣艾登及美国国务

卿爱德华·斯特蒂纽斯的会谈中继续着这种争论。莫洛托夫对这些谈判很恼火，这从在旧金山发生的一件小事就可以看出，当时他不让他的译员巴甫洛夫与他的英国同行比对翻译记录。[49]

尽管在波兰问题上存在争议，但莫洛托夫从这两次会谈中得到的对杜鲁门的印象远远不是负面的。4 月 22 日的第一次会谈是非常友好的。在会谈结束的时候，杜鲁门建议干杯，他说既然他们两个的想法相似，他也想要会见斯大林并希望这位苏联领导人有一天访问美国。从苏联人的角度来看，在第一次会谈中，关键性的一点是，当莫洛托夫问总统是否知道雅尔塔会议上有关苏联加入远东战争的协议时的杜鲁门的回答。杜鲁门当时回答说，他完全支持雅尔塔的决议。莫洛托夫感谢他做出如此明确的答复，并说他将把他的答复汇报给斯大林。在他们举行第二次会谈的时候，杜鲁门的决策圈中有人建议采取强硬路线。[50]受其影响，杜鲁门在波兰问题上采取了一种比他在第一次与莫洛托夫会谈时要坚定得多的立场。但是，这位总统的意见，包括他在 4 月 18 日直接给斯大林的信中的看法，只是重申了英美以前的立场。[51]对莫洛托夫和斯大林来说，重要的不是杜鲁门试图在波兰问题上向他们施压——这是可以预见到的——而是他坚定地继续奉行罗斯福的与苏联合作的政策，并且支持现存的各项协议。

杜鲁门对莫洛托夫的强硬没起到什么作用。对于在雅尔塔会议上就波兰问题达成的协议，斯大林坚持苏联人的理解。他毫不含糊地说，莫斯科不会允许在华沙成立一个对苏联不友好的政府。4 月 23 日，斯大林写信给杜鲁门说：

　　您显然不同意苏联有权在波兰谋求一个对苏联友好的

政府。苏联政府是不可能接受在波兰存在一个对苏联怀有
敌意的政府的……我不知道在希腊是否成立了一个真正具
有代表性的政府,或者比利时政府是否是一个真正的民主
政府。在成立这些政府的时候,没有人跟苏联商量过,苏
联也没有说过它有权干预这些事情,因为它知道比利时和
希腊对于英国的安全是多么重要。我无法理解,在讨论波
兰问题的时候,为什么不也试着去考虑一下苏联在安全方
面的利益。[52]

270 在波兰问题上,杜鲁门先停止了争论。当欧洲战事结束的时候,
他决定派哈利·霍普金斯——他是罗斯福所信赖的密友而且也
特别受苏联人的欢迎——到莫斯科去为与斯大林达成协议牵线
搭桥。[53]5 月 25 日,霍普金斯抵达苏联首都,并在第二天与斯
大林开始了一连串的会谈。他告诉斯大林,美国的公众舆论对
美苏关系近来的发展状况,尤其是对在波兰问题上未能执行
《雅尔塔协定》感到不安。但霍普金斯向斯大林保证,杜鲁门打
算继续执行罗斯福的政策,与苏联合作。斯大林在回应时用了
一个他最喜欢用的辩论策略,也就是归罪于第三方。他说,问
题在于尽管苏联想要在波兰成立一个友好的政府,但英国企图
恢复第一次世界大战后的反布尔什维克防疫线。在这次会谈临
近结束的时候,斯大林表达了这样一个相当偏执的看法,即希
特勒没死,而是藏在某个地方,也许已经乘潜艇逃到日本了。
事实上,苏联军方和医学界的权威此时已经进行了调查和尸检。
结果证明,希特勒及戈培尔一家都已经自杀,这是毋庸置疑的。
但斯大林仍然怀疑这些证据是有意布置的,是为了隐瞒这位纳
粹独裁者逃出柏林的事实。[54]

在 5 月 27 日的会谈中，斯大林把自己对苏美关系感到不满的地方详详细细地告诉了霍普金斯。除了在波兰问题上的争议之外，让斯大林感到愤懑的还有，美国人设法为阿根廷争取到了联合国的成员资格，而苏联人认为，它在战时虽然名义上保持中立，但实际上在跟德国人合作。接着，法国又加入了同盟国要求德国赔偿的谈判，这也是斯大林所反对的。还有就是德国刚刚投降，美国就一下子停运了给苏联的租借物资。对于德国的舰队和商船，斯大林也很想分一份，但他又怀疑英国人和美国人可能会反对。在这次会谈中，斯大林的语气后来又变得缓和了一些。他告诉霍普金斯，美国是个有着全球利益的世界性大国，而他也因此认可美国人有权介入对波兰问题的解决。斯大林承认苏联在波兰采取了单边行动，但他也要求霍普金斯理解苏联这样做的苦衷。至于未来，斯大林提议，可以从英国人和美国人支持的政治家中，选择四到五位，在重组的波兰政府中担任部长。因为有了斯大林的这一建议，在波兰问题上的争议很快就得到了解决。在 1945 年 6 月达成的协议中规定，将对共产党主导的波兰临时政府进行重组，吸收四位亲西方的内阁部长，这其中包括米柯瓦依契克——他成了左派总理、社会党人爱德华·奥索布卡－莫拉夫斯基（Edward Osobka-Morawski）手下的两位副总理之一（另一位是波兰共产党领导人哥穆尔卡）。这个重组的政府在 7 月 5 日得到了英国人和美国人的承认。

271

霍普金斯与斯大林会谈的另一个重要议题是苏联加入远东战争问题。霍普金斯想要了解红军的备战情况，尤其是苏联拟定的参战日期。在 5 月 28 日的第三次会谈中，斯大林告诉霍普金斯，红军准备在 8 月 8 日发动进攻——这跟《雅尔塔协定》是一致的。该协定规定，苏联将在欧洲战事结束后两到三个月内对日宣战。不过，执行《雅尔塔协定》有个附带条件，即中国要同意承认外蒙古的独立，同意把满洲的港口和铁路设施转让给苏联。斯大林告诉霍普金斯，在苏军顺利地秘密调往远东之前，他不想开始与中国人谈判。他还明确地对霍普金斯说，他认为应该跟德国一样，战后对日本也要共同占领，并把它分成美、英、苏三个军事占领区。对于如何处置日本，斯大林的态度跟他对德国的态度相似，也就是说，他赞成惩罚性的和平：

> 斯大林元帅说，像目前的这种战争 100 年只能发生一次，所以，最好要利用它彻底打败日本，并抑制它的军事潜力，这样就可以保证 50 ~ 60 年的和平。

霍普金斯在到莫斯科完成自己的最后一次使命的时候，已经病得很重了（他于 1946 年 1 月去世），但他起到了非常重要的作用。他与斯大林的会谈为化解有关波兰问题的争议铺平了道路，并使得苏美关系中其他许多方面的不满，能够得到公开的讨论。双方都表示，愿意按照罗斯福奠定的合作传统继续交往。雅尔塔会议上三国之间的成功合作，巩固了苏联与其战时盟友的关系，而这一幕在波茨坦又要重演了。

在雅尔塔会议之后、波茨坦会议之前，事态的发展充满希望，但并不是所有的历史学家都认同这一点。有些人喜欢强调"伟大的同盟"内部在这段时期的差异与分歧。这样的理解常常反映了冷战在后来产生的影响，以及像杜鲁门和丘吉尔这些冷战的主要人物施加的影响——他们后来都试图撇清自己与雅尔塔及波茨坦合作精神的关联。冷战爆发后，苏联方面也同样试图撇清与"伟大的同盟"的关联，但是，斯大林当时对于与西方的关系却非常乐观，而且前往波茨坦的苏联代表团也相信，为了实现战后的安全与持久的和平，英、美、苏三国的合作对于大家来说，依然是最好的选择。 272

波茨坦会议

斯大林的军队没打到巴黎那么远，但他们打到了柏林。当法国在 1940 年有条件投降的时候，希特勒曾经在巴黎市中心有过一次胜利之旅，并拍了许多照片；现在，丘吉尔和杜鲁门也都借机驱车察看了已是一片废墟的柏林。斯大林没有这样的兴致。他乘火车悄悄地抵达了柏林，甚至还命令朱可夫取消了他可能有的欢迎计划，不要动用军乐队和仪仗队。[55]

会议地点是在塞西莉亚霍夫宫（Cecilienhof Palace），这是大柏林地区所剩无几的完好的建筑，是为德皇威廉二世的儿子建造并以他妻子的名字命名的。坐落在咏菲尔（Jungfern）和海立格（Heiliger）湖区森林公园里的这座有 176 个房间的住宅，更像是都铎时代的乡村建筑，而不像是欧洲的古典宫殿。为了准备这次会议，苏联人对它进行了修缮，并用船从苏联运来了一张圆桌，好让与会者们围着它好好商讨。他们还运来了一个花床，摆在院子的中央，并用鲜花布置成红星的颜色和造型。[56]

波茨坦会议开了两个星期（从 7 月 17 日到 8 月 2 日），相比于德黑兰的四天和丘吉尔、罗斯福、斯大林在雅尔塔度过的一个星期而言，长了许多。会议之所以这么长，原因之一就是在 7 月底的时候曾经中断过，当时丘吉尔乘飞机回国了，而且再也没有返回波茨坦。这是因为英国大选的结果出来了，他在选举中一败涂地。接替他和艾登参加会议的，是新的工党首相克莱门特·艾德礼（Clement Attlee）和他的外交大臣欧内斯特·贝文（Ernest Bevin）（艾德礼作为副首相已经陪同丘吉尔来到了波茨坦）。会议之所以开这么长的时间，还有一个原因是，在波茨坦要讨论的议题很多，而且各式各样。在德黑兰会议上，主要的议题是协调对德国的军事行动，而在雅尔塔，主要的议题是对于战后世界的一般性展望。波茨坦会议更像是1943年10月的莫斯科外交部部长会议，因为它的焦点集中在解决一些具体问题上：德国的未来；与敌国的和平条约；修改有关黑海通行权的《蒙特勒公约》；成立领土托管机构，治理意大利的前殖民地；确定未来在"伟大的同盟"内部处理苏联与西方关系的程序；以及其他许多问题。斯大林一心想尽快解决所有这些问题，因为他担心由于共同战胜德国而产生的友善气氛不会持续太长的时间，担心战后与其英美盟友的关系会变得越来越困难。斯大林还认为他在谈判中有一张王牌：需要红军去帮助打败日本。

在私人关系方面，丘吉尔、斯大林和杜鲁门之间从来没有达到在德黑兰和雅尔塔会议上丘吉尔、罗斯福和斯大林之间的那种亲密程度。但新的"三巨头"彼此之间是相当友好的。首相"又中了斯大林的魔了"，艾登抱怨说，"他不停地重复'我喜欢这个人'"。[57] 当时，杜鲁门也认为斯大林是"直率的"并且"知道他想要什么，在得不到的时候也愿意做出让步"。后来，杜鲁门回忆说，他已经成了一个"亲俄分子"了，并认为他与斯大林可以合得来。实际上，他"喜欢这个可恶的狗娘养的"。[58] 据杜鲁门的译员查尔斯·波伦说，"虽然大家表面上友好，但双方都有所保留，而这就意味着根本上的不信任"。[59] 但会议记录表明，谈判中充满了幽默、趣谈和笑声，大家都在竭力避免在谈判中出现冲突和僵局。斯大林在自己主持的宴会上还是一如既往地充满魅力。在一场由苏联顶尖艺术家表演的钢琴音乐会结束后，杜鲁门起身演奏了肖邦的某支曲子。据英方译员 A. H. 伯尔斯上校说，"斯大林热情鼓掌，并且说，他是三个当中唯一没有任何天赋的人；他听说过丘吉尔会绘画，而现在总统也证明自己是个音乐家"。[60]

当然，在波茨坦会议上有尖锐的政治分歧、漫长的谈判和艰难的讨价还价。斯大林还要与英国人和美国人在谈判中越来越明显的联手对付苏联人的趋势做斗争。但是，在英美之间也存在分歧。正如詹姆斯·拜恩斯（James F. Byrnes），杜鲁门的外交部部长，在会上开玩笑的那样："人们得到的印象是，当我们同意苏联朋友的看法时，英国代表团就拒不同意，而当我们同意英国朋友的看法时，我们又得不到苏联代表团的同意（笑声）。"[61]

7 月 17 日，斯大林跟杜鲁门举行了他在波茨坦的首次会谈。斯大林开场先为开会迟来一天表示歉意。他之所以耽搁在莫斯科，是因为要跟中国人谈判，而且他的医生禁止他坐飞机到柏林。在互相谈了一些趣闻之后，斯大林列出了他打算在这次会议中讨论的议题：德国舰船的分配；赔偿；波兰；领土托管；西班牙的佛朗哥政权。杜鲁门很乐意讨论这些议题，但是说美国也有自己的待议事项，虽然他没有具体说明这些事项是什么。对于杜鲁门所说的在谈判中肯定会存在困难和分歧，斯大林回答说，这样的问题是不可避免的，但重要的是要发现共同语言。在问到有关丘吉尔的情况时，杜鲁门说，他昨天早晨见过他，首相对在英国大选中获胜是有信心的。斯大林说，英国人民不会忘记在这场战争中取得的胜利，实际上，他们认为

274

这场战争已经结束了，他们指望美国人和苏联人为他们打败日本。借此机会，杜鲁门说，在远东虽然有英国人的积极参战，但他仍然希望得到苏维埃社会主义共和国联盟的帮助。斯大林回答说，苏联军队准备在8月中旬对日本人发动进攻。这就有了此次会谈中最后的对话。在对话中，斯大林暗示，他在遵守在雅尔塔达成的有关苏联参加远东战争条件的协议，而且他不想提出任何别的要求。[62]

斯大林跟杜鲁门的交谈虽然赶不上他在德黑兰和雅尔塔时跟罗斯福的亲密程度，但也非常友好。只是杜鲁门对这项工作还是个新手，对于如何与斯大林打交道还在摸索。而且他跟他的前任不同，他在与这位苏联领导人会面之前，在战时并没有跟他有过长时间的通信。

与可以预料到的一样，斯大林在次日的晚宴中跟丘吉尔的聊天要亲密友好得多，而且还跟往常一样海阔天空。斯大林相信丘吉尔会赢得英国的大选，他预言首相会赢得议会80%的多数。斯大林还对乔治国王为把英帝国联合起来所发挥的作用表示钦佩，他说"在英国的朋友当中，谁也不会想要削弱对这位君主的敬意"。丘吉尔也是一样充满热情。他说他"欢迎苏联成为一个海上强国"，并且说它有权进入地中海、波罗的海和太平洋。关于东欧，斯大林重申了以前对丘吉尔的承诺，说他不会试图把它苏维埃化，但他也对西方提出的要在保加利亚和罗马尼亚改变政府的要求表示失望，特别是在他克制着没有干预希腊事务的情况下。丘吉尔提到了在南斯拉夫问题上的难处——他是指他在1944年10月与斯大林一起做出的各占50%的安排——但是这位苏联领导人抗议说，在南斯拉夫的影响力的份额是，英国人90%，南斯拉夫人10%，苏联人是0。斯大林继续说，铁托有"党派心态，他做了几件他不应该做的事情。苏联政府常常不知道铁托元帅将要做什么"。在晚宴临近结束的时候，丘吉尔的一番话概括了这次会谈的积极的方向。他说，"这张桌子的周围是世界上曾经有过的最强大的三个大国，它们的任务是要维护世界和平"。[63]

　　7 月 17 日在波茨坦举行了第一次全体会议。[64]在斯大林的提议下，杜鲁门被选为整个会议期间的主席。议事日程上的主要议项是，就三位领导人在此次会议上想要讨论的议题交换意见。斯大林列出的议题跟他当天早些时候在与杜鲁门的双边会谈中提出的差不多。在他的清单上，排在第一的还是分配德国的海军舰队和商船；其次是赔偿、与德国的前卫星国恢复外交关系、西班牙佛朗哥政权的地位。斯大林对于重点考虑的议题的顺序很让人感兴趣，这有几方面的原因。第一，这反映了他总是急于得到一份公平的战利品，而他又特别怀疑英国人在试图不让苏联人得到他们应得的那部分德国船只。第二，斯大林在战争期间的许多场合都说过，大国的一个标志性特征就是有一支庞大的舰队，而他正在考虑战后大力建设苏联的海军。这就需要分得一份德国和意大利的船只（这在雅尔塔已经达成一致），以及在世界各地的港口设施。[65]要求分得一份德国船只，反映了斯大林的如下看法，即欧洲的战争现在结束了，苏联应该得到自己应得的赏金了。"我们想要的不是礼物，"在会议期间，斯大林后来曾经告诉杜鲁门和丘吉尔，"而是希望知道这个原则是否得到了承认，苏联对部分德国海军船只的要求是否被认为是合法的。"[66]对于此次会议上提出的其他许多问题，斯大林也抱着类似的态度。为了说明苏联要求得到柯尼斯堡是合理的，斯大林说：

275

我们认为必须要从德国那里获得一个波罗的海的不冻港。我认为这个港口必须要为柯尼斯堡服务。曾经流了那么多血、经历了那么多可怕的事情的苏联人，想要得到德国的某块地方使他们从这场战争中得到小小的满足，这再公平不过了。[67]

一个比较严肃的、与民族自尊心有关的议题涉及苏联对土耳其的要求。苏联在 1945 年 6 月就已经要求把卡尔斯（Kars）和阿尔达汗（Ardahan）这两个省归还给苏维埃社会主义共和国联盟。这两个地区位于土耳其东部，有亚美尼亚和格鲁吉亚的居民，在 1878~1921 年曾经是沙俄帝国的一部分。在 1921 年的时候，苏联与土耳其签订了一份条约，把这两个地区还给了土耳其。促使苏联提出这些领土要求的是土耳其大使建议说，苏联与土耳其应该签订同盟条约。莫洛托夫回应说，在能够达成这样的协议之前，需要先解决有关卡尔斯和阿尔达汗的边界争议，还得就修改《蒙特勒公约》和在达达尼尔海峡建立苏联军事基地问题进行谈判。[68]在波茨坦，苏联提出了与土耳其共同控制黑海海峡的要求，包括土耳其为苏联军事基地提供食品。[69]在 7 月 23 日的全体会议上，斯大林从种族的角度为苏联在卡尔斯和阿尔达汗问题上的立场进行了辩护。至于黑海海峡，他说：

276　　　　对于像苏联这样的大国，黑海海峡这个问题具有重大的意义。《蒙特勒公约》是针对苏联的，这是个对苏联怀有敌意的协定。土耳其不仅有权在战争期间关闭黑海海峡，不让我们的船只通过，而且在土耳其认为存在战争威胁的时候也可以这样做。这样的地位是不行的！土耳其总是可以表示存在这样的威胁，所以它总是可以关闭海峡。对于黑海海峡，我们苏联人拥有跟日本帝国相同的权利。这是可笑的，却是事实……试想如果针对直布罗陀存在这么一个条约，在英国会闹成什么样子，或者针对巴拿马运河有这么一个条约，在美国会闹成什么样子……你们认为在黑海海峡建立海军基地是无法接受的。好吧，那就给我个其他基地，好让苏联舰队可以在那里进行维修和重新装备，并且能够在那里跟它的盟友一起维护苏联的权利。[70]

斯大林提到的在别的地方建立海军基地，是指苏联人在波茨坦的另一个事关声誉的议题，即苏联要求参与对即将取代意大利北非殖民地的"托管地"的管理。苏联人的这一要求的背景是，美国人一直在提议要用托管体制来取代"国际联盟"为了监督前殖民地向独立过渡而采取的授权统治体制。在 1945 年 6 月的旧金山会议上，葛罗米柯与美国国务卿斯特蒂纽斯达成过一致：美国会支持苏联参与拟议中的托管体制。[71]这对莫斯科而言是非常振奋人心的，于是，苏联人就在波茨坦建议说要讨论一下，准备托管的领土是由"三巨头"集体管理，还是由个别国家各管各的。斯大林与莫洛托夫都迫切要求讨论此事，但达成的一致意见是，把这个问题交给新成立的外交部部长理事会（CFM）的首次会议处理，它将于 8 月份在伦敦召开。[72]在波茨坦会议之后，莫斯科改变了自己在托管问题上的立场，决定提出更强硬的要求，使的黎波里塔利亚（Tripolitania，利比亚西部）成为苏联的托管地，而这就意味着斯大林将能够在地中海建立港口设施。在的黎波里塔利亚问题上，苏联人对于自己的利己主义的目标毫不掩饰，也没觉得这些目标有什么不妥，尽管他们只是强调说，他们的意图在于建立商船的设施。[73]

在波茨坦，有许多问题提了出来，然后再交给"三巨头"的外交部部长将来讨论。但有些问题必须要在这次会议上讨论并做出决定。第一个也是最重要的一个问题是，德国的未来。这件事在几次全体会议上都考虑过，外交部部长们以及由一些级别不是很高的官员组成的专家工作委员会也考虑过。最难的是赔偿问题。苏联将从德国那里得到大约 100 亿美元的赔偿，这是在雅尔塔原则上达成的协议。这些赔偿会通过拆除德国的工业设施和基础设施来支付，并从现在的产品中以实物的形式来支付。困难在于，德国的工业大部分位于该国由西方盟国占领的地区，比如鲁尔区。英国人和美国人对于赔偿不管采用什么方式都不太热心，因为他们担心到头来要用自己占领区的东西来满足苏联人的要求。他们愿意做的，就是让苏联人只从他们自己在德国的占领区索取赔偿，而且，如果要用西方占领区的货物支付赔偿的话，也要用东部的农产品来交换。最后达成的协议是，从西部占领区拆除德国 10% 的工业设施来部分支付苏联的赔偿，另外 15% 的设施将被拆除并运往东部以交换食品和原材料。从斯大林的角度来看，同样重要的是，这个协议有助于德国"彻底地解除武装和非军事化"，并消除它的战争潜力。斯大林关于德国会卷土重来并构成长期威胁的观点，也得到了详细阐述，并在 7 月 21 日与杜鲁门交谈时又一次被摆到了突出位置。当时他们在谈论把波兰与德国的边界尽可能向西移动的作用：

斯大林：把边界向西移……这个建议当然会给德国制造麻烦。我并不反对这个会给德国制造麻烦的要求。我们的目的就是要给德国制造更多的麻烦……

杜鲁门：但给同盟国也制造麻烦就不好了。

斯大林：德国的工业越少，你们的商品出口得就越多。德国不会跟你们的商品竞争，这样不好吗？在我看来那很好。我们要给这个国家施加压力，它对和平以及和平竞争构成了威胁……德国在这一点上是会反对的，但我们不应当害怕这些反对。[74]

除了德国问题，在波茨坦讨论时间最长的就是波兰与德国的西部边界问题。在雅尔塔曾经达成的一致是，将用德国的领土来补偿波兰因为让给苏联而损失的领土。但对于确切的边界并没有达成任何协议，而且对于要把波兰与德国的边界向西移多远也存在分歧。与这个问题有关的所有德国领土都是由苏联人控制的，而且他们已经把它交给了波兰人管理，这就加剧了这些分歧。波兰人开始在这一地区定居，因为他们预计它会成为波兰的一部分，而德国人因此就不得不大批向西迁移，从而给英国人和美国人各自在德国的占领区带来了麻烦。

在波茨坦有关该问题的讨论中，斯大林罕见地在外交谈判中被人巧妙地打败了。在会议初期，杜鲁门和丘吉尔两人都提出过这样的问题，即如何界定"德国"这个概念。斯大林说，德国应该被看作一个纯粹的地理概念，或者应当按照"她1945年的情况"来理解。但是这位苏联领导人犯了一个错误——承认"德国"指的是在1937年以前就存在的那个国家（也就是说，在希特勒吞并奥地利并从捷克斯洛伐克夺得苏台德地区之前）。承认这一点就使杜鲁门和丘吉尔后来有理由主张，既然德国是处于同盟国的共同占领之下，在被移交给波兰人的德国领

278

土上发生的一切都属于同盟国内部的事务，而不是苏波关系中的双边问题。斯大林反驳说，这块领土已经处在波兰的实际控制之下，因为德国人已经逃到西边去了。但是，对于这样的一个主张，即德国与波兰的边界是一件要由和平会议决定的事情，他并没有给出真正的答案。不过，到会议结束的时候，对于德国与波兰的分界线还是达成了一致，波兰对所涉德国领土的管理也得到了英国人和美国人的承认，但是"波兰西部边界的最终决定"要留给将来的和平会议来解决。

在波茨坦，第三个争议的方面涉及"三巨头"与德国在第二次世界大战中曾经的那些盟友的关系，包括意大利、保加利亚、芬兰、匈牙利和罗马尼亚。当时的情况是，英国人和美国人为意大利谋求特殊待遇，而斯大林则竭力要保护划入他在东欧势力范围的那些国家的利益。争论始于西方人的一条建议：接受意大利作为联合国的一员。苏联人并不反对，但是斯大林不明白，为什么就不能对另外四个曾经的敌国一视同仁。英国人和美国人说，他们跟这些国家没有外交关系，因此要等到签订了和约之后，才能考虑接受它们加入联合国。最终达成的妥协是，先考虑"三巨头"与意大利谈判并签订和约，以便让该国加入联合国。为了安抚苏联人的情绪，英国人和美国人也做出承诺，考虑承认保加利亚、芬兰、匈牙利和罗马尼亚的政府。

1945 年 8 月 2 日，在波茨坦会议闭会的时候，与会者郑重宣布，此次会议"增强了联系……扩大了他们合作与理解的范围"，振奋了他们的信心，觉得自己有能力帮助实现"公正而持久的和平"。会议的联合公报接着宣布：第一，成立外交部部长理事会，成为三方合作的永久性论坛；第二，制订了针对战后德国的计划，包括在赔偿支付问题上的政策。接着联合公报还宣布了许多别的决议，例如把柯尼斯堡转让给苏联以及关于波兰西部边界的协议。最终的这份联合公报也为接受更多的国家，包括在战争中始终保持中立的那些国家，加入联合国铺平了道路。被明确排除在这一规定之外的是佛朗哥的西班牙，理由是他的政权是在那些侵略国的支持下建立的，而且在战争期间跟它们有密切的联系。为了削弱佛朗哥政权，斯大林和苏联人曾经建议采取更强有力的行动，但英国人和美国人就打算到此为止了。[75]除了这份公开的公报，此次会议还有一份未公开的议定书，解决了诸如三国处置德国海军及商用船只，以及修改黑海海峡管理体制的必要性这样一些问题。[76]

苏联人对波茨坦会议的评价是非常积极的，而且还不仅仅是在报刊上——他们的报刊对这次会议跟以前对德黑兰和雅尔塔会议一样大加赞颂。[77]尤其令人感兴趣的是南斯拉夫驻莫斯科大使记录下来的这些机密讲话："据参加此次会议的莫洛托夫和维辛斯基说，可以看出，从其结果就可以看出，英国人和美国人对于自己失掉了东欧和巴尔干这一点是认可了……莫洛托夫说，在会上尽管也有一些难听的、激烈的言语，但会议自始至终都充满着友好的气氛。大家都努力确保通过妥协来解决所有问题……关于杜鲁门，他们说他很有修养，对欧洲的问题非常了解。"[78]格奥尔吉·季米特洛夫在自己的日记中写道："跟莫洛托夫谈到了柏林会议，尤其是对保加利亚和巴尔干各国有影响的那些决议。这些决议基本上都对我们有利。实际上，这个势力范围已经被承认是我们的了。"[79]在发给苏联的各位大使的报告中，莫洛托夫写道，"这次会议结束了，结果令苏联非常满意"。[80]

斯大林与远东战争

在波茨坦会议之后，斯大林把自己的注意力转向了苏联在第二次世界大战中的最后一战——1945 年 8 月对满洲日军的进攻。吸引他的不但是又一场军事胜利，也是苏联在远东权力与影响的实质性的提高。[81]

280　　　早在 1941 年 12 月，美国就委婉地表示，希望苏联介入远东战争，但斯大林拒绝了美国人的请求，而罗斯福也没有强求。斯大林的对日政策是，遵守 1941 年 4 月《苏日中立条约》中的各项条款，并希望东京也同样如此。袭击珍珠港释放的信号是，日本人要向南扩张，所以斯大林有理由期待，只要红军能够抵挡住纳粹的进攻并把他们赶回去，日本就会在苏德战争中保持中立。但斯大林如果因此而掉以轻心，那后果也不堪设想。1941 年 6 月之后，日本在满洲和朝鲜的军队增加到了 100 多万，而且此后一直保持着差不多的水平。为了应对这一潜在的威胁，红军在远东维持着大约 70 万人的兵力。1942 年苏联设置了一位负责远东的副总参谋长，而且大本营还给它的远东方面的指挥官下达了一系列的命令，告诉他们万一日本人发动进攻该如何处置。在取得斯大林格勒和库尔斯克的胜利之后，斯大林完全有把握，日本人不会莽撞到主动对苏联采取军事敌对行动。不过，如果日本人怀疑苏联人在准备对其开战，也不排除他们会对像远东的港口符拉迪沃斯托克这样有着重要的战略地位、同时又很薄弱的目标发动先发制人的打击。斯大林绝不能掉以轻心。跟 1940～1941 年时罗斯福对待英国的方式不同，斯大林没有宣布要在政治上与他在远东的西方盟友的斗争保持一致。苏联报刊对太平洋战争的报道同情西方盟友，但对日本也没有显示出特别的敌意。唯一一次明显偏离这种保持克制的公开立场的，是斯大林 1944 年 11 月的革命纪念日讲话。他在讲话中把日本归于侵略国一类。但讲这番话的背景是，他主张用一个在战后能够发挥作用的安全组织来取代"国际联盟"，因此，它没有被日本人理解为是苏联政策发生变化的信号。[82]当苏联人在1945年4月通知废止与日本的中立条约的时候，他们仍旧多次向日本人保证，他们对其并不包藏任何侵略的意图。

即使如此，如果机会来临，苏联就会加入对日战争，这几乎没有疑问。从斯大林的角度来看，日本所构成的军事威胁仅次于德国，而且他在公开和私下的场合，都多次提到过这一点。斯大林对日本的敌意背后，有一段长长的历史。在俄国内战期间，日本人曾经派遣一支大军入侵西伯利亚，并花了数年时间想使它脱离苏联。1931年，日本入侵满洲，这在莫斯科引起了安全方面的强烈担忧，特别是再加上法西斯主义和纳粹主义在欧洲的兴起。[83]日本向满洲，然后又在1937年向华北的扩张，　281曾经在苏蒙及中苏边界的争议地区引发了与日军的数次大规模军事冲突。[84]1936年，日本与德国签订了《反共产国际条约》。莫斯科十分清楚，在日本军界和政界有一部分很有势力的人，宁可进行一场反共战争，也不想与美国人和英国人发生军事冲突。在中日战争期间，斯大林拒绝了中国国家领导人蒋介石想让苏联直接介入这场冲突的请求，但是，从20世纪30年代后期开始，苏联就成了中国的一个主要的军事援助国，而且这种关系在伟大的卫国战争期间也没有中断。[85]

日本会被美国打败，这是不可避免的，但它具有再次成为有威胁的军事和工业大国的可能，这个理由足以让苏联介入远东战争。苏联参战会确保日本遭到决定性的和毁灭性的失败，会巩固斯大林与其西方盟友的关系，会打开苏联参与远东和谈的大门。至于苏联在远东的具体的战争目标，斯大林的计划把爱国主义情绪与战略利益结合在了一起。在与日本的1904 ~

1905 年的战争中，沙俄遭受了耻辱的失败，被迫依照《朴茨茅斯条约》放弃了在中国的港口和领土特许权，并把萨哈林岛的南半部出让给了日本。在苏维埃时代，莫斯科失去了对贯穿满洲到符拉迪沃斯托克的中东铁路①的控制权，并在捕鱼权及日本在北萨哈林岛的采矿特许权问题上，与日本陷入了旷日持久的争端。但是，虽然与日本的战争提供了夺回这些损失的机会，但斯大林直到很晚的时候才系统连贯地阐明他的要求。斯大林一贯如此，他总是在别人采取主动之后才逐渐形成自己的政策要求。

斯大林是在 1943 年 10 月的莫斯科外交部部长会议上开始考虑与日本开战的，当时他告诉美国国务卿卡戴尔·赫尔和新来的美国大使哈里曼，苏联一旦打败德国就会立即投入远东战争。斯大林把苏联参加对日战争与欧洲战事结束联系在一起，可能是一种策略，好去激励英国人和美国人兑现他们的承诺，在法国开辟第二战场，但它也可能只是出于对一些军事上的实际情况的考虑：制订计划、做好准备、在远东发起重大战役。在德黑兰，斯大林在与丘吉尔和罗斯福的会谈中，进一步确认了他的对日参战的承诺。

德黑兰会议之后，哈里曼在许多场合都提出过苏联加入远

---

① Chinese Eastern Railway，指 1898～1903 年沙俄为强化其在远东的利益，依据 1896 年与清政府签订的《中俄密约》，在中国东北修筑的以哈尔滨为枢纽的"T"字形铁路线，其东西向的干线经满洲—哈尔滨—绥芬河分别与俄境内的赤塔及符拉迪沃斯托克相连，从而贯通了沙俄的西伯利亚铁路。日俄战争战败后，沙俄将中东铁路南向支线长春至大连段转让给了日本。"九·一八"事变后，由于日本势力在东北的扩张，当时的苏联政府单方面将中东铁路其余部分的路权卖给了日本人。中东铁路的名称在历史上几经变化，建设之初曾称"东清铁路"，中华人民共和国成立后称"中国长春铁路"，在这之间又曾称"中国东省铁路"，简称为"中东铁路"、"中东路"。——译者注

东战争的问题。1944 年 2 月，他与斯大林讨论了苏联与美国合作对日本进行轰炸的问题，包括在苏联的领土上建立美国的空军基地。斯大林回答说：苏联没有能力参加这样的对日行动，因为苏联在远东的兵力太弱；如果要增强兵力，那需要 2 ~ 3 个月的时间，而在红军忙于西方战事的时候，那是不可能的。不过，在德国人的抵抗减弱的时候，可以把一些师调到远东。"一旦这些军队调来，苏联政府就不怕日本人的挑衅了，甚至还可能反过来挑衅日本人。"斯大林并不反对在苏联领土上建立美国的空军基地，但他强调说，如果这样做招惹了日本首先发动进攻，那就有可能失去沿海的领土和那些用作美国基地的地区。[86] 1944 年 6 月，哈里曼趁人们还沉浸在 "D 日" 盟军登陆法国的喜悦中的时候，再次提出了在苏联远东地区建立美国轰炸机基地的问题。斯大林跟以前一样，大体上表示同意，但哈里曼不可能强行要他定下来，在什么时候开始商讨具体事宜。[87] 1944 年 9 月，哈里曼与克拉克·科尔去看斯大林并报告丘吉尔与罗斯福在魁北克会谈的结果。哈里曼借此机会提出了在太平洋战场上共同开展军事行动的问题。斯大林问哈里曼他是怎么考虑的，有什么计划或者行动的时间是怎么定的？哈里曼回答说，他正在考虑计划，而苏联参战的日期只有在欧洲的战事结束后才能定下来。在他又一次提到轰炸机基地的问题时，似乎把斯大林惹恼了——他说，如果丘吉尔和罗斯福要苏联参战，那他们就得明白，必须要向远东调集 25 ~ 30 个师的兵力。斯大林想要了解，罗斯福关于苏联参战的计划是否有什么变动，并且想要知道，人们是不是认为苏联的作用仅限于提供空军基地。"罗斯福在德黑兰的时候曾经要求，或者更准确地说，曾经请求苏联加入对日战争，"斯大林告诉哈里曼说，"苏联人当时给了他们肯定的答复。现在，苏联人的立

282

场还是一样的。他想要知道，美国和英国是不是想，不需要苏联帮助打败日本了。"克拉克·科尔和哈里曼都向斯大林保证说不是这么回事，但这位苏联领导人指出，他需要了解英国人和美国人要求苏联参战的计划，这样才可以开始准备。[88]

关于苏联参加远东战争的问题，哈里曼与斯大林接下来的一次会谈是在 1944 年 10 月，当时丘吉尔也来到了莫斯科。10 月 14 日，两位领导人讨论了军事方面的一些问题。哈里曼也参加了，跟他在一起的还有迪恩将军，他介绍了太平洋战争的情况。迪恩回答了斯大林在一个月前曾经向哈里曼提出的问题，并简要报告了美军的各位参谋长对于苏联参加远东战争的看法。迪恩说，参战的目标有：保护西伯利亚铁路以及符拉迪沃斯托克这个港口；建立苏美发动对日军事行动的战略空军基地；切断日本与亚洲大陆的联系；摧毁满洲的日军；最后，保护太平洋的供给线。迪恩最后又向苏联人提出了一些问题：在打败德国之后，苏联需要多久才会加入对日战争；苏联人在远东集结兵力需要多长时间；西伯利亚铁路能够运送多少物资给战略空军；苏联政府多快才能采取行动成立这样的部队？[89]安东诺夫将军在第二天的会谈中回答了迪恩的问题。要集结足够的苏军需要两个半月到三个月的时间，安东诺夫说。斯大林插话说，这不仅是把部队运送到远东去的问题，还要有足够的物资让他们继续前进，而在物资供应方面，苏联人需要美国人的帮助。当哈里曼问到苏联会在何时参加对日作战的时候，斯大林说在打败德国三个月之后。[90]

10 月 16 日，斯大林又会见了哈里曼和迪恩，并且给了大使一张苏联人如果参加远东战争所需要的物资清单。迪恩大概地重复了他在前一次会谈中所说的内容；斯大林回答说，他认为红军最重要的任务是摧毁满洲的日军。[91]据哈里曼说，斯大林明确表示，对于苏联加入远东战争，他是会提出政治要求的，因为苏联人民必须知道他们为什么而战。[92] 但是，一直到这位大使在 12 月 14 日举行的进一步会谈上问斯大林他的要求是什么的时候，这位苏联领导人才摊了牌。斯大林的要求基本上是把《朴茨茅斯条约》倒了个个儿：把萨哈林岛南部归还苏联；把满洲辽东半岛的亚瑟港和大连港租借给苏联；连接这两个港口的各条铁路线也要租借给苏联。斯大林还要求对外蒙古维持现状，这实际上就意味着要求中国人承认蒙古人民共和国的独立，而后者从 20 世纪 20 年代起一直是苏联的扈从国。最后，斯大林要求把千岛群岛并入苏维埃社会主义共和国联盟。[93] 这是个从苏联的堪察加半岛到日本本土的北海道最北端的岛链。这些岛屿大多无人居住。直到俄国在 1875 年签订的一份条约中把它们转让给日本之前，它们的地位一直是不确定的。不过，苏联在原则上并不接受沙皇时代的条约，因此，苏联要占有日本人称其为自己的"北方领土"的地方，就要提出充分的法律依据和历史依据。撇开法律上的争议不谈，斯大林的占领千岛群岛的计划在战略上的合理理由是，这些岛屿控制着鄂霍次克海的出口，并扼守着从符拉迪沃斯托克到太平洋的通道。这正如斯大林在 1945 年 7 月对中国大使说的那样，"如果千岛群岛是苏联的而把福摩萨①和其他领土还给中国，我们就能从东、南、西三面把日本永远困在里面"。[94] 另外，对于斯大林来说，千岛群岛在远东可能就相当于德国的柯尼斯堡，是一"块"用来部分地偿还苏联人将要在远东战争中的流血牺牲的日本领土。

　　在与哈里曼的多次会谈中，斯大林反复强调，对苏联打算

284

---

　　① 指台湾。——译者注

进攻日本这件事要保密，这一点至关重要。他坦率地告诉这位大使，对于这个问题，只会在莫斯科的政治军事最高决策层讨论。斯大林甚至连自己的最重要的外交官们也没有告诉，包括苏联驻东京的大使雅科夫·马利克和专门负责远东事务的副外交人民委员洛佐夫斯基（S. A. Lozovskii）。马利克和洛佐夫斯基两人的行动都是基于这样的判断，即苏联会努力置身事外，不参与对日战争。他们在自己的政策报告中都主张，包括推翻《朴茨茅斯条约》在内的苏联在远东的目标，可以在战后的和平会议上通过谈判来实现。不过，斯大林知道，如果苏联不在远东战争中发挥积极的作用，那他对中国和日本的政治及领土要求就不会被当回事。[95]

在 1945 年 2 月的雅尔塔会议上，斯大林得到了他在远东想要得到的东西。在斯大林的一再要求下，"三巨头"私下签订了一份秘密协议。在这份秘密协议中，丘吉尔和罗斯福同意了斯大林在 12 月份已经向哈里曼详细说过的那些要求，但是有两个前提条件：大连将作为商港由国际共管，而不是作为海军基地租借给苏联；苏联对满洲的所有要求要征得中国人的同意。斯大林也承诺，苏联将进行谈判并签订中苏同盟条约。[96]

在雅尔塔会议之后，苏联就认真开始了加入远东战争的准备工作：[97] 制订计划，任命重要人选并开始把部队调往东方。负责此次战役的是华西列夫斯基元帅，他在 1945 年 4 月底开始制订作战计划。出于安全方面的原因，他的任命没有公开；实际上，他直到 7 月底才被正式任命为远东苏军总司令。他在几个星期前就到达了这一地区，但用的是假名字，也没有穿自己的元帅服。随同华西列夫斯基一起调动的还有来自欧洲战场的其他许多经验丰富的高级军官，包括马林诺夫斯基（R. Y. Malinovskii）元帅，他被任命为驻外蒙古的外贝尔加方面军——苏联在远东的主力方面军——司令。还有在芬兰战争中成名的梅列茨科夫元帅，他指挥的是滨海方面军，即远东第 1 方面军。

除了作战计划的制订以外，苏军在远东的结集是个关键。苏联在远东的兵力需要增加一倍。1945 年的 4～8 月，从大约 1 万公里远的苏联西部的各个军区调来了 3 个步兵集团军和 1 个坦克集团军，总计 39 个师。到苏联人发动进攻的时候，红军在远东的兵力有 150 万人，26000 门大炮和迫击炮，5500 辆坦克和自行火炮，以及 3900 架作战飞机。

1945 年 3 月底，大本营发布了准备此次战役的第一批命令。[98]有趣的是，这些命令都是关于万一日军发动进攻该如何处置的指示。这一部分是对先前有关防御行动的命令的更新，一部分也是一种预防措施，防止在《苏日中立条约》废止之后，日军万一采取先发制人的行动。但这些命令也表明，苏军总参谋部已经吸取了 1941 年 6 月 22 日的经验，他们决定，即使是在准备采取攻击行动的时候，也要防止遭到猝不及防的打击。根据什捷缅科将军的回忆录，当时的考虑是，"远东战争的任何计划都应预先做好准备，防止遭到突袭……在该计划中含有防御性的内容，防御预案也做好了，文件记录反映了总参谋部在我们的战术战略思维上的这个特点"。[99]

6 月 28 日，斯大林命令外贝尔加方面军和远东第 1 方面军在 7 月 25 日前做好进攻准备，远东第 2 方面军在 8 月 1 日前做好准备。[100]战役的主要计划是摧毁满洲的日本关东军，由外贝尔加方面军作为主要的打击力量，远东第 1、2 方面军以及苏联的太平洋海军将提供支援，采取行动分割并孤立满洲的日军（见地图 18）。

286

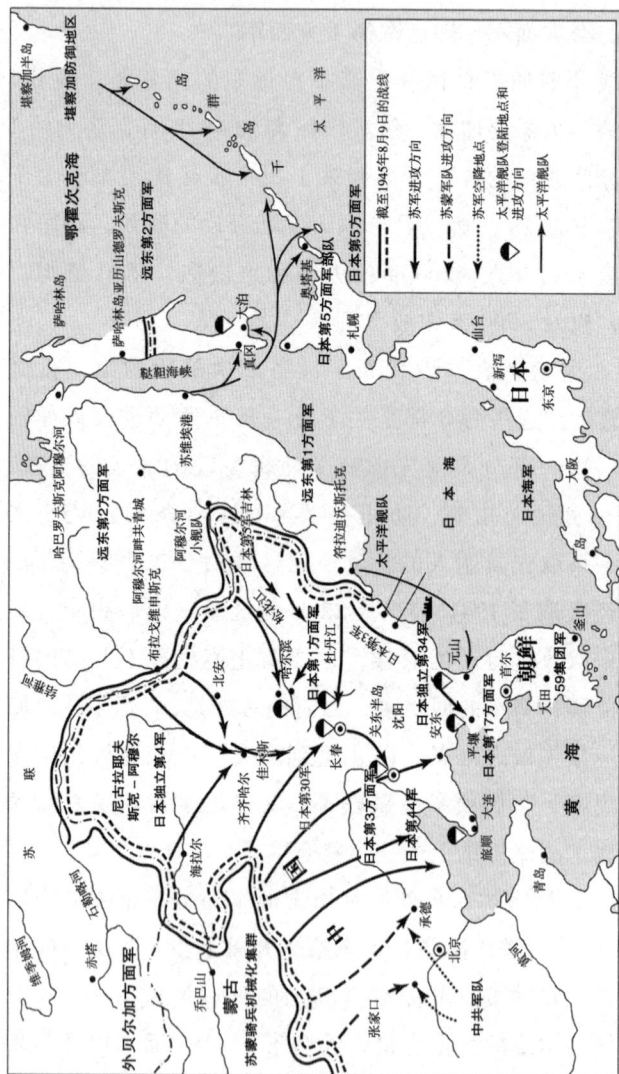

地图 18　满洲战役，1945 年 8 月

为了争取获得加入远东战争的有利条件，苏联人在进行军事准备的同时，在外交上也采取了行动。最重要的是要让日本人相信，他们对苏联用不着担心，至少在短期内是这样。在1945年4月5日莫斯科宣布在《苏日中立条约》首个五年期限到期之后将不再续约之后，这一点就显得尤为迫切了。[101] 日本的决策者们几乎没有人想到，苏维埃社会主义共和国联盟不久就要发动进攻，所以，他们继续与莫斯科商量，并建议由苏联人居中调解，通过谈判来结束太平洋战争。正如大卫·霍洛韦指出的那样，"没有任何迹象表明，日本的主动接近引起了苏联的兴趣。它没有表现出一点点要帮助日本进行谈判从而跟美国达成和平协议的样子；对于日本人许诺的苏联可以在亚洲获得更大的影响力，它也毫无兴趣，没有说不加入战争……斯大林一贯支持无条件投降这一目标，而且他对于无条件投降的解释是最为苛刻的"。[102]

此时，苏联在外交上的另一个任务，是要与中国谈判有关同盟条约的问题，这在雅尔塔已经达成了一致。不过，斯大林并不愿意太早与中国人谈判，因为他信不过他们保守秘密的能力，担心他们会把苏军即将进攻日本的消息泄露出去。因此，谈判直到6月底的时候才开始，虽然在谈判开始时斯大林在其中起到了非常积极的作用。从6月30日到7月12日，斯大林六次会见了中国代表宋子文。[103] 中国人很乐于跟苏联签订条约，并且急切地盼望红军向日本人发动进攻，但他们不愿意承认外蒙古的独立或者是接受苏联人对大连港和亚瑟港的控制。[104] 到7月中旬斯大林动身前去参加波茨坦会议的时候，双方在这些问题上还没有达成一致。

斯大林与宋子文的会谈记录事后读来既费力又乏味，而且对这位苏联领导人来说，无疑也十分令人沮丧。就像斯大林在一次会谈后向哈里曼抱怨的那样，他"无法确切地理解宋的建议是什么。宋谈了很多，并且把很多时间浪费在记笔记上，但他们没有确切地理解他在建议什么。他们曾经要他以书面的形式提出他的建议，但他至今并没有那样做……他们用书面的形式，用俄文和英文两种语言，向宋提出了自己的建议。从宋那里，他们只得到寥寥数语"。[105] 尽管如此，斯大林与宋子文的谈判还是提供了一扇极为有趣的窗户，由此可以窥见这位苏联独裁者在第二次世界大战结束时的全球战略。斯大林主要考虑的是日本人会与德国人一样构成长期威胁。7 月 2 日，他告诉宋子文：

> 即使日本被迫无条件投降，它也不会灭亡。历史表明，日本人是个很有力量的民族。在《凡尔赛条约》之后，所有人都认为德国不会再起来了，但在大约15～17年之后，它就恢复了实力。如果日本被迫屈服，那它最终也能够重复德国所做的一切。

斯大林接着对宋子文解释，在远东问题上，他签订《雅尔塔协定》的主要目标是，巩固苏联的战略地位，以便将来与日本开战。[106] 7 月 7 日，斯大林对宋子文说，"苏联考虑的是将来，是长远，不是六个月或一年。日本在战败后 20 年左右又会东山再起。苏联政府想要构建的是一种着眼于未来和长远而不仅仅是现在的中苏关系"。[107] 7 月 11 日，斯大林又一次以德国为例向宋子文指出，如果德国的重工业不被拆除，那这个国家就很容易会重新武装。至于日本，他担心英国人和美国人"会忘记现在的这场战争所带来的苦难，又会开始给予日本各种各样的特权，就像第一次世界大战后对德国那样……在美国和英国，有人会帮助日本。宋不了解……为了采纳德国无条件投降的要求，苏联代表在德黑兰和雅尔塔进行了多么艰难的斗争……他们［英国人和美国人］为了搞政治游戏，为了搞平衡，就想保存德国。毫无疑问，在美国和英国有人会帮助日本"。[108]

正如大卫·霍洛韦指出的那样：

　　德国在第一次世界大战后的卷土重来，以及20世纪30年代日本和德国在东、西方对苏联构成的双重威胁，对斯大林有关战后世界的想象产生了非常大的影响。他预计日本和德国在第二次世界大战后到头来还会东山再起，但希望尽量把它们东山再起的时间向后延迟。他担心英国和美国会设法使这两个国家恢复它们的实力，以便制衡苏联。所以，占据几块阵地意义重大；只有这样，才可能防止、延误或反制德国和日本的卷土重来，并确保苏联在欧洲和亚洲的支配地位。[109]

在欧洲，德意志人的力量与担心其西方盟友反目使斯大林进退两难。他应对这种困境的办法是，与斯拉夫国家建立长期的同盟关系。在远东，他的办法是建立坚固的中苏同盟。还有一个跟欧洲相似的问题，那就是在斯大林对战后的远东的规划中，中国共产党的角色。在中国就跟在欧洲一样，斯大林敦促共产党人建立民族阵线，反对共同的敌人——在这里就是日本人——并准备在战后建立民主的、进步的政权。对于毛泽东和中国共产党来说，要接受这条路线有点困难，因为他们跟蒋介石的国民政府断断续续地打了将近 20 年的内战。但是，毛泽东显然接受了斯大林的战略指导，虽说没有接受他在战术上的建议。同时，他像东欧的共产党人一样，也认为苏联最终对对日战争的军事介入，可以带来许多好处。[110] 这当然让蒋介石感到**289** 不安；但斯大林打消了他的疑虑，因为他承诺，承认他的政权为中国唯一的合法政府。在一次与哈里曼的谈话中，斯大林开玩笑地把毛泽东和他的同志称为 "人造奶油式的共产党" （margarine communists）。大使把这理解为是说他们不是真正的共产党，而是一些爱国者，他们关心的主要是自己国家的民族利益。不再把 "苏维埃化" 包括在共产党的政治议程中，这就是斯大林给他的西方盟友一直在传递的信息，这一点在亚洲与欧洲一样。

在波茨坦，斯大林告诉杜鲁门说，到 8 月中旬的时候，他就会准备好进攻日本了。这让杜鲁门很是高兴。"我得到了我为此而来的东西，" 他在 7 月 18 日对他的妻子说，"斯大林在 8 月 15 日参战，没有附加条件……我要说我们现在要提前一年结束战争了，想想那些不会被杀死的孩子吧。那是件重要的事。"[111] 关于 7 月 18 日斯大林与丘吉尔的会谈，英方的记录是："苏联显然打算在 8 月 8 日之后不久就进攻日本。[元帅（即斯大林）认为可能要在两个星期后。]"[112] 在 7 月 24 日与英国和美国的各位参谋长讨论的时候，安东诺夫说，苏军 "准备在 8 月的下半月采取军事行动"。[113] 苏联的军事计划和在远东的备战工作（这些工作当时还没有完成），以及斯大林和安东诺夫关于红军发动进攻的时间向他们的西方盟友给出的保守估计（既是出于安全原因也是考虑到诸如天气之类的不可预测的偶然因素），这些都跟苏联人在雅尔塔的承诺（打败德国 2~3 个月后参战）相一致。

在波茨坦，对于苏联参加远东战争这件事，尽管安东诺夫与他的西方同行进行了相当详细的讨论，但它在会议的政治交流中，几乎根本没提。斯大林没什么可说的：政治交易已经达成了，而攻击行动的计划和备战工作也在紧锣密鼓地进行着。他有可能提出过战后对日本的占领问题，但在苏联没有直接参战之前，美国人显然是不会赞成给苏联一个占领区的。在波茨坦，斯大林和安东诺夫两人都坚持一点，即苏联参战的条件是要与中国结盟，而且那要写进在雅尔塔达成的协定中。但是，这不是个绝对必要的前提。如果中国不承认斯大林对大连和亚瑟港的要求，那红军就只好夺取它们。对杜鲁门来说，让问题变得复杂化的是，到了在波茨坦召开会议的时候，美国人对苏联加入对日战争的兴趣正在减退。在军事上，苏联参战不再像曾经的那样被认为至关重要了。7 月 17 日原子弹的试验成功，以及有越来越多的迹象表明日本正在准备求和，这些都强化了上述看法。从杜鲁门对待 1945 年 7 月 26 日《波茨坦宣言》的方式上，就可以看出美国人在远东问题上对苏联人态度的变化。这是一份由英、中、美联合发表的公开声明，要求日本要么无 290
条件投降，要么面临"迅速而彻底的毁灭"。在美国人最初的宣言草案中，签署国也包括苏联，而且在英、中、美的武库中加上了"苏联的巨大军事力量"。[114]但是，在 7 月 26 日拜恩斯给莫洛托夫送去的新的宣言文本中，这些话都被删掉了。[115]苏联人立即着手起草了他们自己的宣言草案，其内容如下：

> 结为同盟的美、中、英、苏各民主国家的政府认为，现在该是必须向日本表明他们的态度的时候了。

> 八年前，日本向中国发动了进攻，并在此后对中国人民进行了一场血腥的战争。后来，日本又背信弃义，袭击

了美国和英国，从而在太平洋开始了一场强盗战争。而且这一次日本使用了跟它在 40 年前进攻俄国一样的背信弃义的突然袭击。

投身于战争的日本，企图利用希特勒在欧洲的侵略活动所造成的局势。中国人民的坚决抵抗和美英军队的英勇斗争，打乱了日本军国主义分子的掠夺计划。

跟西方的希特勒德国一样，好战的日本给热爱和平的各国人民带来了而且还将带来无数的灾难。尽管德国已经战败，欧洲的战争也已结束，但在远东，日本还在拖延着这场血腥的战争。各国人民的灾难和战争的受害者仍在增加，尽管把战争继续拖延下去已毫无意义。这种局面再也不能容忍下去了。

全世界的人民都热切地期盼结束这场旷日持久的战争。美国、中国、英国和苏联，认为它们有责任挺身而出，共同采取决定性的措施，结束这场战争。

日本应该明白，继续抵抗毫无意义，只能使日本人民自己面临最大的危险。日本必须结束这场战争，放下武器，无条件投降。[116]

就在午夜之前，苏联人打电话给美国代表团，要求他们再等三天公布这份宣言。然而，15 分钟后，苏联人得到通知说，它已经发给新闻界了。[117] 随后美方对之所以没有跟苏联人商量的解释是，因为苏联仍然处在中立状态，它是不会想加入这样的声明的。这是个相当缺乏说服力的借口。斯大林在 7 月 28 日的全体会议上表明了他的不满，他直截了当地指出，"他事先并没有得到通知，说英美政府要发表劝降声明"。[118] 即便如此，在苏

291

联向日本发动进攻之前，斯大林还是没有放弃公开表明同盟国的团结一致这个想法。他向杜鲁门建议，由英美发表声明，邀请苏联加入远东战争。杜鲁门在回应时建议说，1943 年 10 月发表的关于普遍安全的《莫斯科宣言》以及当时尚未批准的《联合国宪章》，为苏联的参战提供了足够多的正式理由。[119] 从斯大林的角度看，这是不太令人满意的；当苏联人真的在 8 月 8 日宣战的时候，他们使用的借口是，日本未能依照《波茨坦宣言》的要求去做，以此来说明他们行动的正当性。[120]

　　大卫·霍洛韦概括了这一连串的事件对于评估斯大林远东政策的重大意义：

> 　　斯大林政策的一个突出的方面……是对于自己想要去做的事情，他坚持要努力得到同盟国的同意。当罗斯福在雅尔塔同意了他参战的政治条件时……他非常高兴。他非常希望罗斯福和丘吉尔在《雅尔塔协定》上签字。为了作为中国的盟友参战，他努力及时与中国签订条约。他为《波茨坦宣言》准备了另外一份由他自己还有他的盟友签署的宣言。他要求杜鲁门公开邀请苏联参战；而在该要求被婉言拒绝后，他还是把苏联的参战说成是为了响应同盟国的求助。[121]

当斯大林从波茨坦返回莫斯科的时候，他收到了华西列夫斯基的日期为 8 月 3 日的报告，告诉他说远东的各个方面军到 8 月 5 日的时候可以做好行动的准备。华西列夫斯基建议，发起进攻的时间不能迟于 8 月 9 ~ 10 日；他向斯大林指出，8 月 6 ~ 10 日的天气晴好。7 日，斯大林和安东诺夫向华西列夫斯基下达命令，要求他在 8 月的 8～9 日发起进攻。[122]这个命令是在还没有跟中国签订条约的情况下下达的。实际上，在最终下达开战命令之前，斯大林甚至都没考虑要与宋子文再见一次。斯大林显然已经决定，先向日本发动进攻，以后再与中国签订同盟条约。有人说，促使斯大林采取行动的决定性原因，是 8 月 6 日广岛的原子弹爆炸，他担心在苏联参战并把它在满洲、萨哈林岛南部和千岛群岛想要得到的一切弄到手之前，日本就投降了。对于美国的原子弹计划，斯大林从他遍布美国的情报机构知道得一清二楚，因为这些情报机构已经渗透到曼哈顿计划的最高层。[123]在波茨坦，当杜鲁门在 7 月 24 日告诉他有关原子弹试验成功的消息时，他不可能感到特别意外。据杜鲁门说，斯大林对这一消息没有表现出特别的兴趣；西方其他人的回忆录也印证了这一点。但是，据苏联的一些传记作者说，斯大林对这个消息的反应十分强烈，他把它看作美国人玩弄核讹诈的开始，而他为了反制这种核讹诈，要大大加快苏联人自己的原子弹计划。[124]

292

在原子弹被用于轰炸日本之前，斯大林不大可能意识到它作为一种新式武器的重要意义。尽管原子弹在广岛显示出来的威力也许的确给他留下了深刻的印象，使他因此而决定尽快参战，但同样可能的是，他已经厌倦了与中国人的没完没了的乏味的谈判，于是就决定给蒋介石来点震撼，促使他签订协议。苏联人的参战对中国人果然奏效，他们很快就同意了莫斯科的条件，并在 8 月 14 日签订了同盟条约——也就在这一天，日本人宣布无条件投降。这份中苏条约的最突出的特点是它的反日性；依据它的条款，斯大林得到了他在满洲想要得到的大部分东西，但没能完全得到大连的控制权。[125]

在苏联对日宣战的当天，斯大林跟哈里曼有过一次谈话。当时大使问斯大林，他认为轰炸广岛会起到什么作用。斯大林回答说，他认为这可能给了日本人一个借口，用一个会同意投降的政府来取代他们的现政府。在这次交谈中，斯大林后来还说，原子弹将"意味着战争和侵略者的终结。但是这个秘密必须得好好守着"。斯大林还告诉哈里曼说，苏联科学家一直在致力于相同的计划，但还没有取得任何成果，德国人也没有，他们的实验室已经被苏联人夺来了。当哈里曼说英国人和美国人是共同研究的并且动用了庞大的装置来做试验的时候，斯大林说那一定花了很多钱。哈里曼表示同意，他说花了 20 亿美元，而且，丘吉尔在鼓励实施这一计划方面起到了重要作用。"丘吉尔是个伟大的革新者，执着而且无所畏惧，"斯大林回答道。[126]

这次与哈里曼的交流表明，斯大林有点儿低估了广岛原子弹产生的直接影响，但他对于这种新式武器的潜在的长期意义并不迟钝。实际上，在 8 月 20 日那一天，也就是那次谈话后不久，斯大林就签发了一道命令，授权实施一个大规模的高度优先的计划：制造苏联的原子弹。负责这项计划的是拉夫连季·贝利亚，他被授予全权获得所需的各种资源，以便在尽可能最短的时间内完成研发任务。[127]

虽然原子弹给斯大林留下了深刻的印象，但他并没有低估 293 苏联的军事介入对于迅速结束远东战争的作用。8 月 10 日，他告诉宋子文，日本已经宣布它将有条件投降。"日本在准备投降，"斯大林说，"由于所有同盟国的共同努力……日本想要有条件投降，但对于我们来说，它必须无条件投降。"[128] 后来，在一个不同的场合，斯大林告诉波兰共产党领导人哥穆尔卡，"决定这场战争的不是原子弹，而是军队"。[129] 斯大林的这一评

价得到了许多历史学家的支持。现在人们的共识是，光有原子
弹并不能撼动日本人，使之很快就投降认输。苏联人的进攻进
一步造成的震撼同样重要，也许更重要。苏联人进攻的意义在
于，它不仅仅是一次大规模的军事打击，它还使日本人想要通
过和谈来结束战争，从而避免无条件投降的耻辱的最后希望破
灭了。[130]

满洲战役在许多方面都代表了苏联在第二次世界大战中作
战艺术的高峰。在一场联合了装甲兵、步兵、密切的空中支援
和空投的军事行动中，红军的任务是越过5000公里宽的边界发
起进攻，突破纵深 300～800 公里，并在 150 万平方公里的领土
上展开军事行动。就马林诺夫斯基的外贝尔加方面军而言，这
意味着要穿越干旱的沙漠，翻过高山，渡过难以逾越的河流。
到日本在 8 月 14 日宣布无条件投降的时候，苏联人已经突破到
满洲中部，并把关东军分割成数块。战争又持续了几天，在满
洲和萨哈林岛及千岛群岛都是如此，而在千岛群岛，战斗一直
持续到 8 月底。苏军所受的损失头一次相对来说比较轻：伤亡
36500 人，其中死亡 12000 人。日军的伤亡要高得多，死亡人
数多达 80000，有 50 万人成了俘虏。

从政治的角度看，在苏联的远东战争中，最为有趣的插曲
是，斯大林企图获得日本本土北海道的北半部的占领权。[131]8
月 16 日，斯大林写信给杜鲁门，建议由红军来接受日本人在北
海道北部的投降，并且说这样做"对于苏联的公众舆论具有特
别重要的意义。因为大家都知道，在1919～1921年，日本人占
领了苏联的整个远东。如果苏联军队在日本本土没有占领任何
地方，那苏联的公众舆论会感到十分不满"。如果说美国人先前
还曾经考虑过在日本给苏联人一块占领区，那他们现在根本就

没有这样的打算。8 月 18 日，杜鲁门给斯大林回信说，在日本本土的所有主要岛屿，包括北海道，都将由美国人来接受日本人的投降。在伤害之外再添侮辱的是，杜鲁门还要求斯大林同意美国在千岛群岛建立空、海军基地。斯大林四天没有回音；在此期间，他必须做出一个重大的决定：是否撤销苏军进攻北海道的命令。8 月 22 日，斯大林答复杜鲁门，默认了他拒绝苏联占领北海道北部的请求，但也表示，"我和我的同事没有料到你会做出那样的答复"。然后，斯大林拒绝了杜鲁门在千岛群岛建立基地的请求。他不满地说，这种要求"是向被征服国家或者是无力保护其某些领土的同盟国提出的……我必须非常坦率地告诉您，无论是我还是我的同事都无法理解，对苏联怎么能够提出这样的要求"。作为对这最后一封信的回应，杜鲁门迅速撤退了。他说，他只是想在千岛群岛的某个岛屿获得着陆权，从而使美军占领日本方便一些。这似乎让斯大林感到满意了，他同意了杜鲁门的请求，并且说他"对于在我们的通信中产生的误解已经得到消除感到很高兴"。[132]

杜鲁门拒绝给予苏联对日本的占领权，这刺痛了斯大林，但斯大林显然还是决定退后一步，避免在北海道问题上与美国发生冲突。这其中的一个原因也许是，在萨哈林和千岛群岛的作战已经表明，日本人还有能力负隅顽抗，而且为了不让红旗插上北海道，也许还会这样。但是，在斯大林的盘算中，更为重要的很可能是，要优先考虑与美国保持良好的关系。斯大林仍然希望在和平时期继续维持"伟大的同盟"；只有那样，才有可能通过谈判让苏联在战后对日本的占领中扮演实质性的角色。

1945 年 9 月 2 日，日本正式投降；斯大林给杜鲁门发了贺

294

电，庆祝美国及其人民的辉煌胜利。同一天，斯大林对他的人民发表了讲话，并试图向他们说明苏联介入远东战争的理由。斯大林告诉他们说，日本不仅仅是法西斯侵略集团的成员，而且在过去曾经多次进攻俄国，并企图在远东遏制俄国。由于萨哈林岛南部和千岛群岛已经收复，苏联有了直接进入太平洋的通道，而且还有了防止日本在将来发动侵略的必要的基地。"我们这些老一辈人已经为这一天等待了 40 年。"斯大林说。[133]

尽管斯大林大谈爱国主义感情和战略上的自我利益，但"奇怪的是，他那天的广播讲话给人留下的却是一种奇怪的、不满意的印象"，亚历山大·沃思回忆道。[134]焰火表演和游行活动也进行了，却没有庆祝欧洲胜利时的那种普遍的热情与轻松。苏联与日本的战争是斯大林的战争，不是苏联人民的战争。对于远东的事态发展，他们也许更愿意听其自然，更愿意轮到西方的盟友来承受重负与伤亡。在伟大的卫国战争期间，苏联人民经受了史无前例的国家创伤，他们为了胜利已经竭尽全力。但是，与西方的冷战正在逐渐浮出水面，由此引发的外交领域的钩心斗角和意识形态领域的紧张关系，与苏联人民对和平的期待一道，都是斯大林在战后所要面临的复杂的政治现实的一部分。

295

注 释

[1] S. Bialer (ed.), *Stalin and his Generals: Soviet Military Memoirs of World War II*, Souvenir Press: London, 1970, p. 617, n. 22. 除下文引用的那些之外，我所利用的有关"维斯瓦河—奥得河"行动的其他参考资料还有 A. Werth, *Russia at War, 1941 – 1945*,

Pan Books：London，1964，part 8，chap. 1；J. Erickson，*The Road to Berlin*，Weidenfeld & Nicolson：London，1983，chap. 7；D. M. Glantz and J. House，*When Titans Clashed：How the Red Army Stopped Hitler*，University Press of Kansas：Lawrence，Kansas，1995，pp. 241 – 50；以及 E. Mawdsley，*Thunder in the East：The Nazi-Soviet War，1941 – 1945*，Hodder Arnold：London，2005，chap. 13.

[2] S. M. Shtemenko，"In the General Staff"，in Bialer，*Stalin*，pp. 472、472 – 480，以及 Shtemenko，*The Soviet General Staff at War*，1941 – 1945，Progress Publishers：Moscow，1970，chap. 13.

[3] K. Rokossovsky，*A Soldier's Duty*，Progress Publishers：Moscow，1970，p. 267.

[4] I. Konev，*Year of Victory*，Progress Publishers：Moscow，1969，pp. 5，67 – 8.

[5] Werth，*Russia at War*，pp. 849 – 850.

[6] 有关这一看法，主要参见 V. N. Kisilev，"Padeniye Berlina"（p. 256），in G. N. Sevost'yanov，*Voina I Obshchestvo，1941 – 1945*，vol. 1，Moscow，2004。

[7] Konev，*Year of Victory*，p. 14.

[8] Rokossovsky，*Soldier's Duty*，pp. 281 – 2.

[9] V. Mastny，*Russia's Road to the Cold War*，Columbia University Press：New York，1979，pp. 242 – 3.

[10] 有关崔可夫与朱可夫之间的对话可参见 Bialer，*Stalin*，pp. 500 – 15。

[11] 例如：V. I. Chuikov，*Konets Tret'ego Reikha*，Moscow，1973 以及同一作者的 *Ot Stalingrada do Berlina*，Moscow，1980。

[12] Harriman Papers，Library of Congress Manuscripts Division，Container 175，Chronological File 15 – 20/12/44. 此次谈话的俄文版见于 *Sovetsko- Amerikanskiye Otnosheniya vo Vremya Velikoi Otechistvennoi Voiny，1941 – 1945*，vol. 2，Moscow，1984，doc. 164。

[13] Ibid. ，c176，cf 11 – 16 – 1/45.

[14] Shtemenko，*Soviet General Staff*，p. 307.

[15] *The Tehran，Yalta and Potsdam Conferences*，Progress Publishers：Moscow，1969，pp. 54 – 65.

[16] *Foreign Relations of the United States：The Conferences at Malta and Yalta 1945*，Government Printing Office：Washington，1955，

pp. 580, 597, 645 – 6.

[17] I. Stalin, *O Velikoi Otechestvennoi Voine Sovetskogo Souza*, Moscow, 1946, p. 158.

[18] 转引自 C. Ryan, *The Last Battle*, New English Library: London, 1968, p. 142。

[19] "Posetiteli Kremlevskogo Kabineta I. V. Stalina: 1944 – 1946", *Istoricheskii Arkhiv*, no. 4, 1996, p. 96.

[20] 斯大林回信的原文可见于 O. A. Rzheshevskii, "Poslednii Shturm: Zhukov ili Konev", *Mir Istorii*, http://gpw. tellur. ru。

[21] "Posetiteli Kremlevskogo Kabineta I. V. Stalina", 1996, p. 96. 在这份文献中提到 4 月 1 日是这次会议开始的日期。然而，根据会客日志的记载，斯大林在当天像往常一样，只是见了安东诺夫和什捷缅科（两个小时，在晚上）。

[22] Konev, *Year of Victory*, pp. 87 – 8.

[23] Rokossovsky, *Soldier's Duty*, p. 316.

[24] *Sovetsko-Amerikanskie Otnosheniya*, *1945 – 1948*, Moscow, 2004, doc. 287.

[25] Konev, *Year of Victory*, pp. 104 – 108. 什捷缅科在他的回忆录（*Soviet General Staff*, p. 320）中说，斯大林划分界线的决定是为了在科涅夫与朱可夫之间形成一种竞争关系，看看谁会首先到达柏林。"让首先突破进去的人拿下柏林"，什捷缅科引用斯大林的话说。在有关柏林行动的权威文献中，有许多都接受了这一引文以及它的主旨。然而，无论是科涅夫还是朱可夫在回忆录中都没有这样说过。

[26] 关于柏林战役，可以参见上文引用过的莫兹利、埃里克森和瑞安（Ryan）的论述。另可参见 A. Read and D. Fisher, *The Fall of Berlin*, Pimlico: London, 1993, 2002; A. Beevor, *Berlin: The Downfall 1945*, Viking: London, 2002 以及 J. Erickson, "Poslednii Shturm: The Soviet Drive to Berlin, 1945" in G. Bennett (ed.), *The End of the War in Europe 1945*, HMSO: London, 1996。

[27] 对红军在德国的强暴行为的最客观的和最权威的记述可见于 N. M. Naimark, *The Russians in Germany: A History of the Soviet Zone of Occupation*, *1945 – 1949*, Harvard University Press: Cambridge, Mass., 1995。

[28] Ryan, *Last Battle*, p. 23.

[29] G. Bischof, *Austria in the First Cold War*, *1945 – 1955*, Macmillan: London, 1995, pp. 30 – 4.

[30] M. Mevius, *Agents of Moscow: The Hungarian Communist Party and the Origins of Socialist Patriotism*, *1941 – 1953*, Oxford University Press: Oxford, 2005, pp. 60 – 3.

[31] V. A. Malyshev diary entry, 28/3/45 *Istochnik*, no. 5, 1995, pp. 127 – 8.

[32] 转引自 R. Overy, *Russia's War*, Penguin Books: London, 1998, pp. 261 – 2。

[33] G. Aleksandrov, "Tovarishch Ehrenburg Uproshchaet", *Pravda*, 14/4/1945. 这篇文章特别是为了回应爱伦堡 4 月 11 日发表在《红星报》上的一篇题为"Khvatit!"（即"抓"、"抢"、"夺"）的文章。亚历山德罗夫的文章也发表在《红星报》上。

[34] I. Ehrenburg, *The War*, *1941 – 1945*, MacGibbon & Kee: London, 1964, p. 177.

[35] W. Averell Harriman, *America and Russia in a Changing World*, Doubleday: New York, 1971, p. 44.

[36] Werth, *Russia at War*, pp. 867 – 8.

[37] I. Stalin, *O Velikoi Otechestvennoi Voine Sovetskogo Souza*, Moscow, 1946, pp. 170 – 1.

[38] 这段引文摘自公开发表的斯大林祝酒词的速记记录，参见 V. A. Nevezhin, *Zastol'nye Rechi Stalina*, Moscow-St Petersburg, 2003, doc. 107。在这篇祝酒词在苏联报刊上发表（参见 doc. 108）之前，斯大林对速记的内容进行了编辑和修改。虽然做了许多修改，但并没有改变斯大林讲话的基本意思。

[39] Ibid. , doc. 111.

[40] Harriman Papers, c. 178, cf. 10 – 13/4/45.

[41] Ibid.

[42] *Sovetsko-Amerikanskie Otnosheniya* (*1984*), vol. 2, doc. 219.

[43] *Stalin's Correspondence with Churchill, Attlee, Roosevelt and Truman*, *1941 – 1945*, Lawrence & Wishart: London, 1958, doc. 291, p. 214.

[44] 转引自 V. O. Pechatnov, "Stalin i Ruzvel't" in G. N. Sevost' yanov (ed.), *Voina I Obshchestvo*, *1941 – 1945*, vol. 1, Moscow,

2004，p. 418。佩恰特诺夫没有照广播讲话来引用这段内容，但我认为本来就是这样。

[45] Harriman Papers，c. 178，cf. 14 – 16/4/45.

[46] *Sovetsko-Amerikanskie Otnosheniya* (1984)，vol. 2，doc. 224.

[47] Arkhiv Vneshnei Politiki Rossiiskoi Federatsii (AVPRF) F. 6，Op. 7b，Pap. 60，D. 1，Ll. 6 – 8，11 – 13；*Foreign Relations of the United States 1945*，vol. 5，Government Printing Office：Washington DC，1967，pp. 237 – 41. 我仔细检查过整个这小插曲，参见 G. Roberts，"Sexing up the Cold War：New Evidence on the Molotov-Truman Talks of April 1945"，*Cold War History*，vol. 4，no. 3，April 2004。这篇文章中有莫洛托夫与杜鲁门会谈的苏方报告的译文。

[48] C. Marzani，*We Can Be Friends：Origins of the Cold War*，Topical Book Publishers：New York，1952，p. 187.

[49] A. H. Birse，*Memoirs of an Interpreter*，Michael Joseph：London，1967，p. 200.

[50] D. S. Clemens，"Averell Harriman，John Deane，the Joint Chiefs of Staff，and the 'Reversal of Cooperation' with the Soviet Union in April 1945'，*International History Review*，vol. 14，no. 2，1992 以及 W. D. Miscamble，"Anthony Eden and the Truman-Molotov Conversations，April 1945"，*Diplomatic History*，Spring 1978.

[51] *Stalin's Correspondence with Churchill，Attlee，Roosevelt and Truman，1941 – 1945*，Lawrence & Wishart：London，1958，doc. 293，pp. 215 – 17.

[52] Ibid. ，doc. 298，p. 220.

[53] 有关霍普金斯使命的这一部分是以已经发表的他与斯大林会谈的报告为基础的。参见 *Foreign Relations of the United States：The Conference of Berlin 1945*，vol. 1，US Government Printing Office：Washington，1960，pp. 21 – 63。霍普金斯与斯大林在 6 月 6 日会谈的报告也可见于 R. E. Sherwood，*The White House Papers of Harry L. Hopkins*，vol. 2，Eyre & Spottiswoode：London，1949，pp. 900 – 2。苏方也公布了 5 月 26 日和 28 日的会谈报告，但这些报告与美方的报告实质上并无不同。参见 *Sovetsko-Amerikanskie Otnosheniya* (1984)，vol. 2，docs 258，260。

[54] 参见 L. Bezymenski，*The Death of Adolf Hitler：Unknown Documents from the Soviet Archives*，Michael Joseph：London，1968。另见 S.

M. Shtemenko, *The Soviet General Staff at War*, vol. 2, Progress Publishers: Moscow, 1986, pp. 424 – 6。斯大林声称希特勒还活着的这番话在苏联公布的他与霍普金斯的会谈报告中被删掉了［参见 *Sovetsko-Amerikanskiye Otnosheniya*（1984），doc. 258］，但里面的省略号暗示了它的存在。

［55］ *The Memoirs of Marshal Zhukov*, Jonathan Cape: London, 1971, p. 668.

［56］ C. L. Mee, *Meeting at Potsdam*, André Deutsch: London, 1975, pp. 40, 283. 根据（1991 年）波茨坦的旅游手册的介绍，这是按照会议前同盟国内部的协议用鲜花布置成红星图案的。

［57］ 转引自 Mastny, *Russia's Road to the Cold War*, p. 293。

［58］ 转引自 M. Trachtenberg, *A Constructed Peace: The Making of the European Settlement*, *1945 – 1963*, Princeton University Press: Princeton NJ, 1999, p. 37。

［59］ 转引自 V. Berezhkov, *History in the Making: Memoirs of World War II Diplomacy*, Progress Publishers: Moscow, 1983, p. 458。

［60］ Birse, *Memoirs of an Interpreter*, p. 208.

［61］ *The Tehran, Yalta and Potsdam Conferences*, Progress Publishers: Moscow, 1969, p. 265.

［62］ *Berlinskaya（Potsdamskaya）Konferentsiya Rukovoditelei Trekh Souznykh Derzhav-SSSR, SShA i Velikobritanii*, Moscow, 1984, doc. 2. 苏方关于波茨坦第一次全体会议记录的英文译文可见于 *The Tehran, Yalta and Potsdam Conferences*，但在这卷文件中公布的内容并不完整，苏方有关波茨坦的其他会谈的记录只有俄文本。杜鲁门和斯大林的这次会谈没有美方的记录，这显然是因为斯大林关于苏联加入对日战争的这番话使得该报告的安全级别很高而且会永久存档。参见 *Foreign Relations of the United States: The Conference of Berlin 1945*, vol. 1, p. 43。

［63］ *Documents on British Policy Overseas*, series 1, vol. 1, HMSO: London, 1984, pp. 386 – 90. 我没有听说过有此次会谈的苏方记录。

［64］ *Berlinskaya（Potsdamskaya）Konferentsiya*, doc. 3.

［65］ 参见苏联海军人民委员库兹涅佐夫的回忆录 "Ot Yalty do Postdama" in A. M. Samsonov（ed.）, *9 Maya 1945 goda*, Moscow , 1970。

[66] *The Tehran, Yalta and Potsdam Conferences*, p. 173.

[67] AVPRF F. 07, Op. 10 – 12, Pap. 49, D. 2, L. 20. 在公布的苏方会议记录中，斯大林的这番话被删掉了。参见 *Berlinskaya (Potsdamskaya) Konferentsiya*, p. 152。

[68] N. V. Kochkin, "SSSR, Angliya, SShA i 'Turetskii Krizis' 1945 – 1947gg", *Novaya I Noveishaya Istoriya*, no. 3, 2002.

[69] *Berlinskaya (Potsdamskaya) Konferentsiya*, doc. 63.

[70] Ibid. , p. 149.

[71] 这次交流的细节如下。1945 年 6 月 9 日，葛罗米柯与斯特蒂纽斯以及美国参加旧金山会议的代表团的另一位成员哈罗德·斯塔森举行了会谈。在会谈时，美方表示支持苏联管理托管地的愿望。6 月 20 日，葛罗米柯写信给斯特蒂纽斯，确认了会谈的内容，并建议在此次会议结束前，进一步进行商讨。6 月 23 日，斯特蒂纽斯给葛罗米柯回信，确认美国"在原则上支持苏联提出的应当考虑［苏联］作为［托管管理方的］可能性"。然而，斯特蒂纽斯指出，在雅尔塔达成的协议并没有为在旧金山会议上具体讨论这个问题做好准备。葛罗米柯在 1945 年 7 月 20 日的波茨坦会议上跟美国的新国务卿詹姆斯·拜恩斯提出了这件事，然而，拜恩斯说，他一点也不清楚葛罗米柯与斯特蒂纽斯之间交流的情况，而且他还强调说，美国政府在这件事上还没有形成具体的政策。参见 *Sovetsko-Amerikanskie Otnosheniya* (2004), docs 324, 326, 342。

[72] *Berlinskaya (Potsdamskaya) Konferentsiya* pp. 131 – 4, 442, 461; docs 50, 107, 155.

[73] AVPRF, F. 0431/1, Op. 1, Pap. 5, D. 33, Ll. 1 – 30; AVPRF F. 0431/1, Op. 1, D. 1, Ll. 1 – 16. 另见 S. Mazov, "The USSR and the Former Italian Colonies, 1945 – 1950", *Cold War History*, vol. 3, no. 3, April 2003。

[74] AVPRF F. 07, Op. 10 – 2, Pap. 49, D. 2, Ll. 16 – 17. 在苏联公布的会议记录中斯大林的这段话被删去了。参见 *Berlinskaya (Potsdamskaya) Konferentsiya*, p. 152。

[75] 参见 E. Moradiellos, "The Potsdam Conference and the Spanish Problem", *Contemporary European History*, vol. 10, no. 1, 2001 以及 G. Swain, "Stalin and Spain, 1944 – 1948" in C. Leitz and D. J. Dunthorn (eds), *Spain in an International Context, 1936 – 1959*,

Berghahn Books：Oxford，1999。

[76] *The Tehran，Yalta and Potsdam Conferences*，pp. 317 – 41.

[77] 例如，1945 年 8 月 3 日发表在《真理报》和《消息报》上的社论，两者的标题都是“三大国柏林会议”。

[78] 转引自 L. Ya. Gibianskii，“Doneseniya Ugoslavskogo Posla v Moskve o Otsenkak Rukovodstvom SSSR Potsdamskoi Konferentsii i Polozheniya v Vostochnoi Evrope”，*Slavyanovedeniye*，no. 1，1994。

[79] I. Banac（ed.），*The Diary of Georgi Dimitrov，1933 – 1949*，Yale University Press：New Haven，2003，p. 377.

[80] 转引自 R. B. Levering，V. O. Pechatnov et al.，*Debating the Origins of the Cold War：American and Russian Perspectives*，Rowman & Littlefield：Lanham，Maryland，2002，p. 105。

[81] 除下面那些具体的参考文献之外，这一部分还得益于：T. Hasegawa，*Racing the Enemy：Stalin，Truman，and the Surrender of Japan*，Harvard University Press：Cambridge，Mass.，2005 以及 D. Holloway，“Jockeying for Position in the Postwar World：Soviet Entry into the War with Japan in August 1945” in T. Hasegawa（ed.），*Reinterpreting the End of the Pacific War：Atomic Bombs and the Soviet Entry into the War*，Stanford University Press：Stanford forthcoming。霍洛韦教授在他的文章发表之前就给了我它的复印件，这令我非常感激。

[82] Stalin，*O Velikoi Otechestvennoi Voine Sovetskogo Souza*，p. 147. 1944 年 11 月 25 日，苏联大使向莫斯科报告了日本人对这次讲话的反应。参见下文注释 94 引用的斯拉文斯基的著作第 56 页。

[83] 关于第二次世界大战前的苏日关系，参见 J. Haslam，*The Soviet Union and the Threat from the East，1933 – 1941*，Macmillan：London，1992。

[84] O. E. Clubb，“Armed Conflicts in the Chinese Borderlands，1917 – 1950” in R. L. Garthoff（ed.），*Sino-Soviet Military Relations*，Praeger：New York，1966。

[85] 参见 J. W. Garver，“Chiang Kai-shek's Quest for Soviet Entry into the Sino-Japanese War，” *Political Science Quarterly*，vol. 102，no. 2，1987。

[86] *Foreign Relations of the United States 1944*，vol. 4，Government Printing Office：Washington DC，1966，pp. 942 – 4. 苏联公布的

这次会谈的记录删去斯大林与哈里曼的这段对话，但它保留了前者之前的一番话：关于日本人在萨哈林岛北部的采矿和开采石油的特许权问题，已经在与东京进行谈判，并很快会签订一个解决这些争议的协议。他还告诉哈里曼东京方面的日军总参谋长做出的主动姿态。这位总参谋长说，他希望到莫斯科会见斯大林。按照斯大林的说法，这样的姿态表明日本是多么害怕。*Sovetsko-Amerikanskiye Otnosheniya*，（*1984*），doc. 9.

[87] FRUS ibid. , pp. 965 – 6.

[88] *Sovetsko-Amerikanskie Otnosheniya* (1984), doc. 119.

[89] O. A. Rzheshevskii, *Stalin i Cherchill'*, Moscow, 2004, doc. 167.

[90] Ibid. , doc. 168.

[91] Ibid. , doc. 170.

[92] Hasegawa, *Racing the Enemy*, p. 31.

[93] *Sovetsko-Amerikanskie Otnosheniya* (1984), doc. 164.

[94] *Russko-Kitaiskie Otnosheniya v XX Veke*, vol. 4, part 2, Moscow, 2000, doc. 657, p. 77. 在苏联的内部文献中，已知最早提到要得到千岛群岛这一想法的，是 1944 年 1 月麦斯基向莫洛托夫提交的关于战后世界前景的长篇备忘录。麦斯基提出要得到千岛群岛，这一想法的背景是要为可以预见的未来而巩固苏联的战略边界。有可能正是从这里——也直接或间接地通过莫洛托夫——斯大林有了这样的想法。千岛群岛现在依然是俄日之间的一个领土争端的议题。俄罗斯历史学家对这个问题持有不同的历史观点与政治观点，参见 B. N. Slavinskii, *Yaltinskaya Konferentsiya i Problem "Severnykh Territorii"*, Moscow, 1996, and A. Koshkin, *Yaponskii Front Marshala Stalina*, Moscow, 2004。

[95] 参见 Holloway, "Jockeying for Position"。

[96] *The Tehran, Yalta and Potsdam Conferences*, pp. 145 – 6.

[97] 关于苏联对日战争的备战工作，参见 Shtemenko, *Soviet General Staff*, chap. 14; Vasilevsky, *A Lifelong Cause*, pp. 453 – 82; and M. Zakharov, *Final*: *Istoriko-Memuarnyi Ocherk o Razgrome Imperialisticheskoi Yaponii v 1945 gody*, Moscow, 1969。

[98] *Sovetsko-Yaponskaya Voina 1945 goda*, Moscow, 1997 (series Russkii Arkhiv), Moscow, 1997, docs 312 – 13.

[99] Shtemenko, *Soviet General Staff*, p. 328.

［100］ *Sovetsko-Yaponskaya Voina 1945 goda*, docs 314 – 16.

［101］ *Vneshnyaya Politika Sovetskogo Souza v Period Otechestvennoi Voiny*, vol. 3, Moscow, 1947, pp. 166 – 7.

［102］ Holloway, "Jockeying for Position".

［103］ 斯大林与宋子文 1945 年夏会谈的苏方记录可见于 *Russko-Kitaiskie Otnosheniya v XX Veke*。这些会谈的大部分中方记录的英文译文都可见于 *Stalin and the Cold War, 1945 – 1953, A Cold War International History Project Documentary Reader*, Washington DC, 1999。

［104］ 有关这些谈判的分析，可参见 A. M. Ledovskii, *SSSR i Stalin v Sud'bakh Kitaya*, Moscow, 1999, pp. 295 – 320。这本书的这一节是用英文写的。

［105］ *Stalin and the Cold War, 1945 – 1953*, p. 217.

［106］ *Russko-Kitaiskie Otnosheniya v XX Veke*, doc. 657.

［107］ Ibid. , doc. 660.

［108］ Ibid. , doc. 674.

［109］ Holloway, "Jockeying for Position".

［110］ 关于斯大林与毛泽东在这段时期的关系，参见 Nui Jun, "The Origins of the Sino-Soviet Alliance" in O. A. Westad, *Brothers in Arms: The Rise and Fall of the Sino-Soviet Alliance, 1945 – 1963*, Stanford University Press: Stanford, 1998。

［111］ 引自 M. Leffler, *For the Soul of Mankind: The United States, the Soviet Union and the Cold War*（即将出版）。（这本书已由 Hill and Wang 公司出版。——译者注）

［112］ *Documents on British Policy Overseas*, HMSO: London, 1985, doc. 185.

［113］ *Foreign Relations of the United States: The Conference of Berlin 1945*, vol. 2, Government Printing Office: Washington DC, 1960, p. 345.

［114］ *Documents on British Policy Overseas*, doc. 231.

［115］ *Berlinskaya (Potsdamskaya) Konferentsiya*, doc. 97.

［116］ 引自 Holloway, "Jockeying for Position"。

［117］ *Russko-Kitaiskie Otnosheniya v XX Veke*, doc. 685.

［118］ *Documents on British Policy Overseas*, p. 959.

［119］ *Stalin's Correspondence*, doc. 358, pp. 258 – 9.

[120] *Vneshnyaya Politika Sovetskogo*, vol. 3, pp. 362–3.

[121] Holloway, "Jockeying for Position".

[122] *Sovetsko-Yaponskaya Voina 1945 goda*, doc. 324. 华西列夫斯基在同一天通知他的各方面军的指挥官（docs 325–7）说，进攻日期从莫斯科时间 8 月 10 日 18：00 提前到莫斯科时间 8 月 8 日 18：00（也就是远东时区 24：00，这意味着苏联人可以在 9 日开始战争状态）。斯大林的命令没有提到把进攻时间提前几天，所以，10 日进攻的命令有可能是临时性的，或者甚至是由华西列夫斯基自己在等待莫斯科对他的 8 月 3 日的报告的指示时，作为一个应急计划发布的。

[123] 参见 D. Holloway, *Stalin & the Bomb*, Yale University Press：New Haven, 1994。

[124] 参见 "Truman Tells Stalin, July 24, 1945", www. dannen. com/decision/potsdam. html。

[125] 1945 年中苏条约的英文文本可见于 Garthoff, *Sino-Soviet* Appendix A。

[126] *Stalin and the Cold War, 1945–1953*, pp. 221–2.

[127] 这道命令的译文以及对它的内容与意义的评论可参见 M. Kramer, "Documenting the Early Soviet Nuclear Program", *Cold War International History Project Bulletin*, nos 6–7, Winter 1995/1996.

[128] *Russko-Kitaiskie Otnosheniya v XX Veke*, doc. 699.

[129] Ibid. , p. 272.

[130] 参见 Hasegawa's discussion, *Racing the Enemy*, pp. 290–330。

[131] 参见 ibid. , pp. 267–74。

[132] *Stalin's Correspondence*, pp. 266–9.

[133] Stalin, *O Velikoi Otechestvennoi Voine Sovetskogo Souza*, pp. 180–3.

[134] Werth, *Russia at War*, p. 928.

第十章　失去的和平：斯大林与
冷战的起源

在第二次世界大战快要结束的时候，斯大林预计"伟大的同盟"会有伟大的未来。波茨坦的成功为外交部长理事会的首次会议开了个好头——该理事会是"三巨头"为战后的和约谈判而成立的机构，其首项任务就是起草各个次要轴心国的和约，如保加利亚、芬兰、匈牙利、意大利和罗马尼亚。苏联人为外交部长理事会做好了准备；他们相信在雅尔塔和波茨坦表现出来的三方合作精神会继续保持，相信与"伟大的同盟"中的伙伴的谈判，会使苏联在外交上有进一步的收获。[1]

但是，导致"伟大的同盟"最终破裂的那种紧张与纷争，其苗头早在1945年夏就已出现了。当时争议最大的问题是，给予保加利亚和罗马尼亚的亲苏政府以外交承认。1945年5月，斯大林开始向丘吉尔和杜鲁门游说，希望西方承认保加利亚和罗马尼亚，但是没起作用。[2]伦敦和华盛顿认为，在保加利亚和罗马尼亚，共产党控制的联合政府既不民主，对西方的利益也没有好处。在波茨坦的时候这件事情被一带而过：英美只是承诺，会把它纳入所有次要轴心国加入联合国的一揽子问题予以考虑。然而，在波茨坦会议之后，苏联与西方的政策产生了尖锐的分歧。[3]1945年8月8日，莫斯科承认了由彼特鲁·格罗查（Petru Groza）领导的罗马尼亚政府，并且在几天后宣布，它将在保加利亚8月26日举行选举之后承认其政权。英国人和

美国人在回应中明确表示，他们要等到举行了自由选举之后才
会承认格罗查政府。这促使罗马尼亚的米哈伊尔国王要求格罗
查辞职，理由是，该国只有在拥有一个得到承认的民主政权之
后，才能与同盟国谈判和约问题。格罗查在莫斯科的强硬支持
297 下，拒绝了国王一再提出的要求。斯大林计划与罗马尼亚建立
军事同盟，并决定牢牢地控制住这个国家。在保加利亚，事态
的发展在某种程度上有所不同。当时，英国人和美国人要求延
期选举，而反对派也发出威胁，要抵制选举。在这样的双重压
力下，莫斯科屈服了，并在 8 月 25 日同意选举延期举行。之所
以说莫斯科当时屈服了，是因为上述决定是仓促做出的，甚至
连保加利亚共产党也被搞得措手不及。[4] 季米特洛夫在自己的 8
月 24 日的日记中说，保加利亚外交部部长请求选举延期的做法
是"蛮横无理的""让人愤慨的"和"投降主义的"。[5] 几天
后，斯大林对保加利亚共产党代表团解释说，延期选举的决定
是个小小的让步，重要的是，要坚决反对改变政府的构成。接
着斯大林又告诫保加利亚人说，需要设计出一种选举制度，以
有助于独立的反对派的存在。他还要求他们应该尽力实现与英
国人和美国人的关系正常化。[6]

在这次会谈中，斯大林看来没有受到保加利亚和罗马尼亚
国内事态的干扰，但对于英美干涉其势力范围，他想必是非常
反感的，而且这件事看起来也肯定影响到了他对 1945 年 9 月 11
日在伦敦召开的外交部部长理事会会议上发生的事情的看法。
那次会议起初气氛很友好，但很快就遇到了各种各样的麻烦。
最初引发争议的是，苏联在意大利与南斯拉夫有关迪里雅斯特
（Trieste）地区的争端中支持铁托——这一种族与领土的争端导
致铁托的游击队在 1945 年 5 月与赶去占领该地区的西方盟军发

生了军事冲突。[7] 于是，西方就拒绝了苏联提出的托管意大利前殖民地的黎波里塔利亚（利比亚西部）的要求。斯大林严令莫洛托夫要争取到托管权，于是，莫洛托夫在 9 月 15 日的第一次全体会议上，提出了热切的恳求：

> 苏联政府认为，对于苏联人民来说，的黎波里塔利亚的未来具有首要的意义，他们必须坚持自己对该地区的托管请求。苏联政府之所以主张其积极参与处置意大利殖民地的权利，是因为意大利曾经攻打过苏联，并给它带来了巨大损失……苏联版图辽阔，从最东方一直绵延到西方。它在北方有出海口；它在南方也要有出海口，尤其是因为它现在获得了使用远东的大连港和亚瑟港的权利……英国不应当垄断地中海的交通。苏联迫切需要为自己的商船在地中海提供基地。世界贸易是会发展的，而苏联希望能够分享这种发展……对于建立各国之间的友好关系，苏联政府具有丰富的经验，并且热切希望把这些经验运用于的黎波里塔利亚。他们并不打算在的黎波里塔利亚开始实行苏维埃体制。他们会采取措施推行民主的管理体制。[8]

298

在苏联人这方面，美国人在 1945 年 6 月的旧金山会议上已经答应把意大利的殖民地分给他们一份，还需要谈判的只不过是些实际的问题。但是在外交部部长理事会会议上，无论是美国人还是英国人，都没有准备把的黎波里塔利亚或意大利的任何其他殖民地交给苏联控制的意思。在谈到保加利亚和罗马尼亚的时候，英国人和美国人甚至还要强硬。他们明确表示，在举行有西方观察员监督的自由而公平的选举之前，不会承认这两个政府。苏联人在准备这次会议的时候，已经想到过这个问题。他们决定采取两个策略：第一，提出希腊局势问题。处于英国管制下的该国正在陷入内战，共产党领导的游击队与伦敦支持的君主主义分子以及保守主义分子发生了冲突。第二，把意大利的和约问题与保加利亚、芬兰、匈牙利、罗马尼亚的和约问题捆绑在一起，如果与意大利签订和约，那么，西方也要给予另外那些国家以外交承认。苏联人的盘算是，由于英国人和美国人急于与他们的意大利盟友签订和约，这样就可以促使他们在保加利亚和罗马尼亚问题上做出让步。结果不能如其所愿，那斯大林就准备面对与次要轴心国的多边和谈破裂这个事实了。"同盟国有可能撇开我们，单独与意大利签订和约"，斯大林写信给在伦敦的莫洛托夫说。"那怎么办呢？那我们就有先例可循了，就有机会轮到我们撇开同盟国跟自己的卫星国签订和约了。如果说这样一来就意味着现在这次外交部部长理事会会议，在没有就重大议题形成决议的情况下就收场了，那对于这样的结果我们也不要害怕。"[9]

当斯大林在 9 月 21 日命令突然改变谈判策略的时候，他认为外交部部长理事会可能会无果而终的推测就成了一个自行应验的预言。斯大林觉得，莫洛托夫在谈判中过于退让，尤其是在参加外交部部长理事会讨论的资格这个程序性问题上。在波茨坦成立外交部部长理事会的时候，它主要是作为一个三方机构，而中国人和法国人仅仅是在讨论跟自身直接有关的议题时才可以参加。例如，由于法国与意大利曾经处于战争状态，所299 以它就有权参加有关意大利和约的谈判，但是在保加利亚和罗马尼亚问题上，它就没有这样的权利了。然而，在外交部部长理事会第一次会议上，莫洛托夫本着合作的精神，同意让法国人和中国人参加外交部部长理事会的所有讨论。[10]中国人，尤其是法国人，如预料中的那样，总的来说站在了英国人和美国人的一边，积极参与理事会的讨论，这让斯大林和莫洛托夫非常恼火。斯大林指示莫洛托夫，收回他同意中国人和法国人参与外交部部长理事会所有讨论的决定，并回到波茨坦的方案，主要进行三方谈判。[11]

9 月 22 日，莫洛托夫向英国外交部部长欧内斯特·贝文和美国国务卿詹姆斯·拜恩斯转告了斯大林的决定。[12]莫洛托夫非常坦率地表示，他是在按照斯大林的指示办事，但是英国人和美国人决定越过这位外交人民委员部部长直接向苏联独裁者呼吁。杜鲁门和艾德礼也都给斯大林发了电报，呼吁打破僵局。但斯大林坚持认为，要按照波茨坦会议上有关外交部部长理事会组织原则的决议去做。"我认为，如果我们允许外交部部长理事会有片刻的权利取消柏林会议的决议，那就表示我们不赞成这些决议。"斯大林告诉艾德礼。[13]既然英国人和美国人不愿意重返波茨坦的原则，外交部部长理事会实际上就结束了，虽说对于法国人和中国人有资格参加的一些议题又继续讨论了几天。

斯大林之所以阻挠，是因为他对西方拒绝承认他在保加利亚和罗马尼亚的仆从政权非常不满，特别是，他自己一直在遵守他在 1944 年 10 月对丘吉尔做出的承诺，没有干涉希腊事务。在外交部部长理事会会议上，苏联人做出了一个温和的决定，对希腊的事态发展提出了抗议，说他们不会"为该国的政治局势承担任何道义责任"。[14]但总体上他们还是采取了不干涉的立场，并希望英国人和美国人在东欧问题上也同样如此。"美国政府为什么，"怒气冲冲的莫洛托夫问拜恩斯，"只是想在选举之前改革罗马尼亚的政府，而不是希腊的政府？看来美国不想干涉希腊的英国人，却要干涉罗马尼亚的苏联人。"[15]

实际上，贝文和拜恩斯是准备让苏联人在东欧有很多自由行事的空间的，但是，若要在保加利亚和罗马尼亚完全排斥西方的影响，他们是不准备接受的。从他们的角度来看，大国的标志是其普遍的地缘政治利益与权利，而不是只在自己的特定范围内行使权力。[16]这一点在合乎斯大林自己需要的时候，也正是他所采用的大国标准。他对远东和谈的态度就是一个很好的例子。

300   为了回报在领土问题上获得的诸多让步，苏联在 1945 年 8 月加入了远东战争，但是，斯大林还希望在战后对日本的占领中也有自己的一份。8 月 21 日，美国成立了远东顾问委员会（FEAC），以协助美国对日本的占领。苏联人应邀加入其中，但是希望按照在欧洲的做法成立同盟国对日管制委员会（ACC）。在外交部部长理事会会议上，苏联人提出动议，要求立即成立同盟国对日管制委员会。[17]按照会议的决议，这个同盟国管制委员会将拥有广泛的权力（跟在德国的同盟国管制委员会所行使的那些相似），但斯大林给苏联代表团的指示表明，他准备接受一种像在意大利那样的占领政权。在那种占领政权中，该委员会的作用只限于给驻日美军总司令道格拉斯·麦克阿瑟（Douglas MacArthur）将军提供咨询。同样地，虽然决议要求苏联派兵驻守东京，但斯大林没有真的希望美国人会给予这样的让步。[18]

关于战后对日本的占领，斯大林的目标更多的是象征性的而不是实质性的；尽管如此，他对于这些目标还是极为看重的。这一点在他回应拜恩斯的建议——就德国解除武装及非军事化签订一份为期 25 年的条约——时显而易见。莫洛托夫对拜恩斯的建议很感兴趣，[19]但斯大林的回答是否定的。斯大林写信给莫洛托夫说，拜恩斯的建议目的在于，"第一，分散我们对远东的注意力，在那里，美国扮演着日本未来的朋友的角色，并因此还制造了一种印象：那里的一切都很好；第二，得到苏联的正式认可，让美国在欧洲事务中发挥跟苏联同样的作用，而这样一来，美国从此就可以跟英国联手控制欧洲的未来了；第三，贬低苏联与欧洲各国业已达成的同盟条约；第四，破坏苏联将来与罗马尼亚、芬兰等国签订同盟条约的计划。"[20] 尽管斯大林说了这一大堆的不满的话，但是他并没有一下子就拒绝拜恩斯的建议，而是指示莫洛托夫提出建议，作为签订反德条约的前提条件，在苏美之间也应同时签订一份反日条约。

在外交部部长理事会的讨论中，自始至终的一个主题是：苏联人相信，它作为一个大国，作为一个在第二次世界大战中的主要战胜国，其权利没有得到英国人和美国人应有的尊重，英美甚至还从中作梗。由此带来的屈辱感在 1945 年 9 月 23 日莫洛托夫对贝文所说的话中得到了概要的表达：

希特勒曾经把苏联看作一个劣等国家，看作只不过是一个地理上的概念。苏联人不这样看。他们认为自己跟其他任何人一样优秀。他们并不希望被视为劣等种族。他想要国务卿记住，我们与苏联的关系必须基于平等原则。在他看来，情况似乎是这样的：发生了冲突。在战争期间，我们曾经有过争吵，但我们还是设法达成了和解，虽然苏联当时正在遭受巨大的损失。在那时，苏联是有人需要的。但是到了战争结束的时候，阁下的政府似乎改变了他们的态度。那是因为我们不再需要苏联了吗？如果是那样，很显然，这种政策非但不能使我们走到一起，还会使我们分道扬镳，结果造成很大的麻烦。[21]

斯大林感到特别不满的是，苏联对远东战争做出的贡献没有得到美国足够的承认。"苏联政府作为主权国家是有自尊的，"他在10月25日的会谈中告诉哈里曼大使，"麦克阿瑟做出的决定没有哪个会传达给它。事实上，苏联已经变成了美国在太平洋的卫星国。这种角色它是不可能接受的。它没有被当作一个盟友来对待。在远东或者其他任何地方，苏联都不会成为美国的卫星国。"[22]

外交部部长理事会的谈判最终破裂了。10月2日，在没有达成任何协议的情况下，会议结束了。对于会议的失败，莫洛托夫在他的记者招待会上试图编造一个尽可能积极的解释。他说，会议虽然没有达成任何协议，但还是做了大量有益的工作。不错，在程序问题上是发生过争论，但是通过回到成立外交部部长理事会的波茨坦决议，它可以得到解决。莫洛托夫最后说，"在刚刚过去的世界大战中，苏联成了胜利者，并在国际关系中获得了恰当的地位。这是红军与全体苏联人民付出的巨大努力的结果……也是苏联与西方盟国这些年来并肩前进、成功合作的结果。苏联代表团对于未来充满了信心，希望我们大家努力加强同盟国之间的协作"。[23]在莫洛托夫返回莫斯科之后，他与贝文又互致了公开信，感谢他在伦敦的殷勤款待，并表示尽管最近遇到了一些困难，但还是希望英苏之间的合作会继续下去。[24]不过，在私下里，苏联人对外交部部长理事会会议上所发生的事情感到非常不安。由外交人民委员部起草的一份内部简报强调指出，在怀有敌意的英美报刊的帮助下，西方正在竭力破坏雅尔塔和波茨坦的决议。杜鲁门的民主党政府受到了严厉指责，因为它允许反动的共和党分子朝着反苏的方向影响其对外政策。英国的工党也被指责为在维护英帝国利益方面比保守党还要保守。这份文件的结论是，外交部部长理事会见证了， 302 "由某些美国人和英国人对苏联在战争期间的对外政策上取得的进展，在战后发动的首次外交进攻的失败。英国人和美国人可能会对苏维埃社会主义共和国联盟进一步施压，但我们完全有可能保卫和巩固苏联在对外政策领域的阵地。我们必须根据苏联利益的要求，展现出我们的灵活、机智、坚定与执着"。[25]

在 11 月 14 日与波兰共产党领导人瓦迪斯瓦夫·哥穆尔卡的会谈中，斯大林对自己的西方盟友公开表示了不满：

> 不要相信在英国人和美国人之间存在分歧。他们是紧紧地连在一起的。他们的情报人员在各个国家都在积极地从事反对我们的活动……他们的特务在到处散布消息，说现在随时都会跟我们爆发战争。他们是在胡说；我完全可以肯定，绝不会发生战争。他们没有能力对我们发动战争。他们的军队已经被和平鼓动解除了武装……决定过去这场战争的，不是原子弹，而是军队。他们的情报活动的目标是这样的：首先，他们在试图恫吓我们，想要迫使我们在有关日本、巴尔干和赔偿这些有争议的问题上做出让步。其次，［他们想要］把我们与我们的盟友——波兰、罗马尼亚、南斯拉夫和保加利亚——拆散开来……再过 30 年左右，他们是不是想再来一场战争，那是另外一回事。这会给他们带来很大的好处，尤其是美国。它在大洋的彼岸，对战争的后果毫不在乎。他们放过德国的做法就证明了这一点。放过侵略者的人就是想要另一场战争。[26]

与私下里对英国人和美国人的这种敌对情绪相反的是，公开表现出来的仍然是对"伟大的同盟"的未来充满信心。当莫洛托夫在 11 月 6 日发表庆祝布尔什维克革命 28 周年讲话的时候，他强调，虽然外交部部长理事会会议的失败令人担忧，但在过去，英美苏同盟也曾经有过分歧，而这些分歧都被克服了。[27]甚至斯大林也向哥穆尔卡暗示，苏美之间将会签订协议，而且在 11 月底拜恩斯提议举行三方会谈以解决在外交部部长理事会会议上出现的问题时，这位苏联领导人也欣然同意了。从事态的这种新的发展中，斯大林得出的结论是，他采取的强硬的谈判策略已经取得了成功。12 月 9 日，他写信给他的核心圈子，分析了自外交部部长理事会会议以来，对外政策方面的事态发展。他告诉他们说，在有关法国人和中国人参加与他们无关的讨论这件事的斗争中，坚持原则赢得了胜利。在巴尔干问题上，

303　类似的政策也取得了胜利；这一点表现在，在保加利亚和南斯拉夫（它在 1945 年 11 月举行了投票）延期举行的选举中，共产党都取得了成功。斯大林最后的结论是：在与英国人和美国人打交道的时候，不能对恫吓有丝毫让步；在接下来与他们进行谈判的时候，还要采取坚定不移地坚持原则的做法。[28]不过，需要指出的是，在斯大林与西方的谈判中，他并不像对自己的副手们要求的那样，总是毫不退让。哈里曼在 10 月底曾经看望了当时正在黑海度假的斯大林。在与这位大使讨论有关日本问题以及外交部部长理事会会议上程序问题的争议时，斯大林有进有退，非常灵活。[29]

　　在贝文和拜恩斯抵达莫斯科参加三国外交部部长会议时，斯大林采取了类似的策略。会议是在 12 月 16～26 日在斯皮里多诺娃宫举行的，莫斯科召开这一类的会议往往都是在那里。

虽然斯大林总是在对他的同志们强调，在谈判中采取强硬的策略是如何如何好，但此次会议非常具有建设性，它因此也成了苏联与西方有关战后和约的谈判中的一次突破。实际上，苏联人是把这次会议视为重返"三巨头"时光的一次机会，并准备在若干问题上做出妥协。苏联人如愿以偿地给法国和中国参加外交部部长理事会会议设置了限制，但他们反过来也同意召开更大范围的和平会议，以考虑起草次要轴心国的和约问题。在保加利亚和罗马尼亚问题上，僵局也打破了：各方都同意吸收反对派政治家，从而扩大这两个国家的政府。日本的占领政权仍然由美国控制，但苏联有关该国的种种要求也得到了满足：远东顾问委员会被撤销了，取而代之的是远东委员会以及同盟国对日管制委员会。[30] 斯大林也做出了贡献，他作为东道主举办了会议晚宴，并且还分别两次会见了贝文和拜恩斯。拜恩斯在不久后曾经回忆说，"那晚［在宴会上］我与大元帅的谈话，跟在早些时候的两次会见中的谈话一样，非常坦诚友好，令人鼓舞"。[31] 在 12 月 24 日与斯大林的会谈中，拜恩斯趁机建议签订有关解除德国武装的条约。斯大林回答说，可以签订这样的条约，但对日本也要签订一个类似的协议。[32] 在同一天与贝文的会谈中，斯大林急切地想要讨论苏联对的黎波里塔利亚的托管问题。他抱怨说，如果在外交部部长理事会会议上就同意他的要求，"不列颠也不会失去什么，因为她在世界各地有的是基地，甚至比美国的还多。难道就不能也考虑一下苏联政府的利益吗？"在这次会谈中，斯大林后来还说，"按照他对形势的理解，联合王国在自己的利益范围内拥有了印度及其在印度洋上的一切，美国拥有了中国和日本，苏联却一无所有"。[33]

斯大林在 12 月 23 日给杜鲁门的信中表示，他对会议取得

304

的进展十分满意，对未来与美国的关系充满了信心。[34]斯大林
对他的保加利亚和罗马尼亚共产党盟友则坚持说，他做出的让
步非常小，而且在莫斯科达成的各项协议也是削弱敌对势力的
一次机会。"主要是，要打击反对派的士气，"斯大林在 1 月 7
日告诉来访的保加利亚政府代表团，"莫斯科会议关于罗马尼亚
和保加利亚的决议，对这两个国家的反对派已经起到了削弱作
用。"[35]另外，对于会议有关改组保加利亚和罗马尼亚政府的决
议，苏联人也的确在努力落实，至少是以一种可以安抚英国人
和美国人情绪的方式。[36]莫洛托夫对这次会议的总的评价是，
"我们在有关欧洲和远东的若干重要问题上都设法形成了决议，
而且还设法维持并发展了三国之间在战争中形成的合作关
系"。[37]

在莫斯科会议上，斯大林和苏联人暗示，他们想要重启外
交部部长理事会会议，并在"伟大的同盟"框架范围内，就欧
洲各国签订和约的条件进行谈判。就莫洛托夫而言，他在未来
几个月的主要任务是，就与保加利亚、芬兰、匈牙利、意大利
和罗马尼亚签订和约的条件进行谈判。这项工作不仅进展缓慢，
而且单调乏味，让这位外交人民委员十分沮丧。外交部部长理
事会于 1946 年 4 ~ 5 月在巴黎再次召开会议，并在三个星期的
时间内总共进行了 18 次谈判，在 6 ~ 7 月又进行了 24 次。然后
就是在 1946 年 7 ~ 10 月召开了巴黎和会；曾经与欧洲轴心国交
战过的 21 个国家齐聚一堂，讨论由外交部长理事会准备好的和
约草案。不出所料，事实证明，要想在巴黎达成共识是不可能
的：在以苏联为首的集团和由西方国家结成的同盟之间，产生
了严重的分裂。外交部部长理事会不得不在 11 ~ 12 月在纽约又
举行了一次为期六周的会议来解决突出的分歧，所以，直到

1947 年 2 月才最终签订了与保加利亚、芬兰、匈牙利、意大利和罗马尼亚的和约。[38]

莫洛托夫是严格按照斯大林的指示办事的。他采取了一种不妥协的谈判立场，拒绝在任何被认为是对苏联的利益至关重要的问题上做出让步。[39]程序问题的争吵没完没了。因为莫洛托夫坚决认为，所有问题都必须得到"三巨头"的一致同意。许多争论都是剑拔弩张，并且还透露给了公众，而媒体对巴黎和会的密集报道也加剧了分歧的两极对立。实质上，许多争论都与意大利的和约有关，这份和约的内容要比其他和约的长三 305 倍。苏联人想要的是赔偿、一份公平的战利品和按照有利于南斯拉夫的方式解决迪里雅斯特的领土争端。莫洛托夫还坚持要求苏联对的黎波里塔利亚的托管权。另一个对莫斯科有着重要意义的议题是，英美军队撤出意大利。这是苏联 1945～1946 年抗议美国在全球建立军事基地群时提出的要求之一。莫洛托夫在 1946 年 5 月愤愤不平地对拜恩斯抗议说：

> 世界上没有哪个角落看不到美国。在冰岛、希腊、意大利、土耳其、中国、印度尼西亚以及其他地方，到处都是美国的空军基地，而在太平洋上，美国的空、海军基地甚至更多。美国不顾冰岛政府的抗议，继续在那里驻军，在中国也是；而苏联军队已经撤离了中国和其他外国领土。这显然是一种真正的扩张主义，它表明某些美国人正在努力推行帝国主义政策。[40]

莫洛托夫是在斯大林的授意下对拜恩斯讲这番话的。斯大林教会了自己的外交部部长运用象征手法所具有的重要意义。在巴黎和会期间，有过一次阅兵，莫洛托夫也出席了，但当他发现自己跟许多小国的代表一起坐在第二排的时候便愤然离开了。"你做得绝对正确，"斯大林对他说，"不管是大事小事，都必须维护苏联的尊严。"正像俄罗斯历史学家弗拉基米尔·佩恰特诺夫评论的那样，这件事是"一个生动的例证，它说明斯大林在多么积极地维护和提升苏联刚刚赢得的大国形象"。[41]

斯大林认为莫洛托夫的外交部部长理事会的谈判工作干得不错，他还表扬了他在巴黎和会上的表现。苏联媒体对和约的签订也表示欢迎，但又把它们说成是与英美国内竭力破坏战后民主和平的反动势力进行长期斗争的结果。[42]自从伦敦的外交部部长理事会会议失败以来，认为西方的反动势力正在抬头的看法，在苏联公开的和内部的讲话中，成了一个发展中的主题。斯大林对丘吉尔 1946 年 3 月的"铁幕"演说的公开反驳，助长了苏联人分析中的这种倾向。斯大林把丘吉尔的演说与西方反苏势力的增长以及新的战争威胁联系在一起。在一份由苏联驻美大使尼古拉·瓦西里耶维奇·诺维科夫（N. V. Novikov，他的前任葛罗米柯已经到联合国任职）在 1946 年 9 月起草的文件中，该主题得到了进一步的发展。诺维科夫是出席巴黎和会的苏联代表团成员，莫洛托夫当时要他编纂一份有关美国对外政策主要动态的综合报告。诺维科夫的主要论点是，在反动势力的影响下，美国正在争夺世界政治、经济和军事霸权。诺维科夫说，美国人已经放弃了罗斯福的"三巨头"合作政策，他们正在努力削弱苏联的地位，因为它是他们的霸权主义计划的主要障碍。在美国国内，鉴于与苏联有可能发生战争，一场邪恶的反苏运动正在进行。[43]

人们常常把诺维科夫的报告与 1946 年 2 月由美国驻莫斯科

代理大使乔治·凯南（George Kennan）撰写的一份有名得多的报道相提并论。那份要不然就会湮没无闻的外交文件之所以名声大噪，是因为凯南于 1947 年 7 月在《外交事务》这份在美国有影响的杂志上发表了一篇署名为"某某"的文章，题为《苏联行为的根源》。在这篇可以说是诺维科夫报告的镜像的文章中，凯南把苏联描绘成一个弥赛亚似的扩张主义国家；并认为对于这个国家，只能巧妙地利用对抗力量来加以遏制。[44]凯南的分析被普遍认为启动了美国 1946~1947 年对外政策的冷战进程。诺维科夫的文件对苏联方面没有这样的影响力。原因很简单，那就是它里面根本就没有原创性的东西：在同一时期的苏联报刊和为苏联领导层撰写的其他机密简报中，可以找到它的所有不同成分。诺维科夫报告的特别之处在于，它对苏美关系的未来抱着彻底的悲观态度。这种态度所反映的不仅仅是作者的看法，也说明在巴黎和会上毫无结果地争吵了几个月之后，外交部部长理事会的谈判已经陷入最低谷。不过，到莫洛托夫于 1946 年 11 月来到纽约参加接下来的一次外交部部长理事会会议的时候，气氛已经有了某种程度的好转。莫洛托夫参观了罗斯福位于海德公园的住所；也许是受这次朝圣之旅的激励，他跟杜鲁门和拜恩斯进行了几次非常轻松友好的交谈。在他与杜鲁门的谈话中，莫洛托夫重温了雅尔塔和波茨坦那种讲求实际的氛围，而那种氛围对于战时的谈判起到了很好的作用。[45]在纽约的外交部部长理事会谈判期间，斯大林指示莫洛托夫要达成协议："为了把和约这件事最终结束掉，我建议你对拜恩斯做出所有可能的让步。"[46]

凯南匿名发表的文章没有使用"冷战"这个词，但记者沃尔特·李普曼（Walter Lippmann）为此在报纸上所写的一系列回应文章，后来在结集出版的时候，用了《冷战》这个书名。正是李普曼出版的这本书使得冷战成了一个大众化的概念，成了苏联与西方的关系在战后日趋紧张的一个缩影。李普曼认为，苏联与西方的关系之所以日趋紧张，原因在于斯大林军事力量的扩张，而不是他的意识形态冲动。[47]

307

1946 年的战争恐慌

1946 年 3 月 5 日，丘吉尔在密苏里的富尔顿发表了"铁幕"演说。这次演说尽管被认为是首次宣布了冷战，但其实它并没有使用"冷战"这个词，而且它对于苏联也绝不是一概敌视的。丘吉尔的演说实际上是以"和平砥柱"为题的，而且他提到，要把 1942 年的《英苏同盟条约》延长 20～50 年（贝文在 1945 年 12 月已向斯大林提出了这个建议）。"我们的目的不是别的，而是与苏联相互帮助、相互合作。"丘吉尔说。后来，丘吉尔表示"对英勇的苏联人民和我的战时同志斯大林元帅极为钦佩和尊敬。英国……对所有苏联人民有着深切的同情与善意，决心不顾众多的分歧与抵制，坚持不懈地建立持久的友谊。苏联人需要消除德国侵略的一切隐患，以维护自己西部边境地区的安全，对此我们表示理解。我们欢迎苏联在世界上的领袖国家中得到其应有的位置。我们欢迎她的旗帜飘扬在海洋上"。但是，无论是在当时还是在对历史的描述中，人们关注的中心都是下面这段话：

从波罗的海的什切青（Stettin）到亚得里亚海的迪里雅斯特，一幅横贯欧洲大陆的铁幕已经落下。在它的后面，有所有中、东欧古老国家的首都。华沙、柏林、布拉格、维也纳、布达佩斯、贝尔格莱德、布加勒斯特和索菲亚，所有这些名城……都位于我必须称之为苏联的势力范围之内，都以这样那样的方式，不仅常常受到来自苏联的影响，而且还受到莫斯科的高度的、有些情况下还愈演愈烈的控制……共产党……已被抬高到与其数量远不相称的显赫的掌权地位，而且到处都在谋求获得极权主义的控制权。

丘吉尔还谈到了西欧的共产主义威胁，并特别强调了对苏联的土耳其、伊朗和远东政策感到不安。丘吉尔从中得出的教训是，西方的民主国家必须紧密团结起来，坚决维护自己的原则。丘吉尔告诉自己的听众，苏联人决不会尊重弱者。他还拿放纵希特勒发动战争的绥靖政策做比较。为了防止重蹈覆辙，对苏联必须要有"透彻的理解"。[48]

　　丘吉尔不再是英国的首相了，但作为西方的政治领袖，他 **308**
无疑还拥有很高的地位。实际上，这位前首相是由杜鲁门（密苏里州是他的家乡）邀请到富尔顿的。美国总统与他分享了威斯敏斯特大学的讲坛，丘吉尔在那里发表了这篇演说并获得了一个荣誉学位。3月11日，苏联做出了首次回应，在《真理报》上发表了一篇充满敌意的社论。第二天，在《消息报》上也发表了一篇同样充满敌意的文章，作者是苏联最重要的历史学家叶甫盖尼·塔尔列（Evgenii Tarle）。这两篇文章都对丘吉尔的演说做了很长的概述和摘引，包括关于"铁幕"的那段令人不快的话。正如塔尔列指出的那样，"铁幕"这个概念，曾经在战争中被戈培尔用来描述红军解放东欧、使之脱离德国的占领。[49]3月14日，斯大林加入了这场争吵，《真理报》发表了对他的长篇采访。就像所有这类的文章一样，问和答都是由这位苏联独裁者亲自精心组织的。据斯大林说，丘吉尔是在企图挑起新的战争，是在鼓吹由英语国家主宰世界。斯大林没有提到"铁幕"，但他毫不掩饰地维护苏联对东欧的那些友好政权的权利，因为这些国家先前曾为德国入侵苏联提供了跳板。最后，斯大林旧话重提，说到丘吉尔多年前在干涉俄国内战的反布尔什维克同盟中扮演的角色，并且承诺，如果"丘吉尔和他的朋友们""再次向'东欧'进军"，他们"会跟过去一样，再次遭到痛击"。[50]

当人们正在为富尔顿演讲而闹得沸沸扬扬的时候，《星期日泰晤士报》驻莫斯科记者亚历山大·沃思在结束了芬兰之行后回到了苏联，他"发现，'下一场战争'的传闻把人们搞得人心惶惶"。[51]就像沃思所写的那样，富尔顿事件在苏联引起了名副其实的惊慌，它是走向冷战的一个重要的心理转折点。使危机气氛进一步加剧的是，1946年苏联与西方发生的其他一连串冲突，其中包括当年春季苏联从伊朗撤军的危机，以及夏季苏联与土耳其在黑海海峡问题上的冲突。

伊朗危机源自英国与苏联在第二次世界大战期间对该国的占领。[52]英苏军队在1941年8月就已经进入了这个国家，目的是消除德国对伊朗政府的影响，保护石油供应，保障通往苏联的供应线的安全。在一份于1942年1月与伊朗签订的条约中，英国人和苏联人同意，在对德战争结束六个月后撤出他们的军队。后来，在莫斯科的请求下，英国又对该条约进行了重新解释，说撤军的时间是在对日战争结束之后，最后期限为1946年3月2日。认为斯大林就没有打算过要撤出苏联军队，这种说法毫无证据；但是，有两方面的原因加剧了事情的复杂性，并使苏联人未能完全履行协议。首先是莫斯科想要跟德黑兰签订协议，开发伊朗北部的油田。其次是 1945 年在伊朗的阿塞拜疆省出现了由共产党领导的民族主义运动，他们要求自治，要求与自己的阿塞拜疆共和国的同胞们建立联系。这次独立运动让斯大林感兴趣的是，一方面，只要对他的利益有利，他是倾向于支持种族自治与统一的；另一方面，它为扩大苏联在伊朗的政治影响力提供了可能性。在 1946 年 3 月撤军的最后期限快要到来的时候，莫斯科宣布，由于伊朗部分地区的局势不稳，他们将只撤出自己的部分军队。私下里，苏联人继续努力与伊朗人谈判签订石油协议。然而，伊朗人却已经在同时把苏联撤军一事提交给了联合国，并且在 1946 年 3 月商定的最后期限已过之后再次把此事提交给联合国。莫斯科采取的应对措施是，命令葛罗米柯不参加联合国的讨论。理由是，这件事是苏联与伊朗之间的双边谈判。到 4 月初的时候，莫斯科与德黑兰事实上已经解决了这些主要的问题，而所有苏联军队也都在 5 月初撤出了伊朗。苏联人得到了自己想要的石油特许权，只是后来伊朗人又违背了诺言，德黑兰的议会拒绝批准该项协议。实际上，伊朗危机并没有那么严重，当时的新闻报道把它夸大了，后来，研究冷战的西方历史学家在寻找苏联战后扩张主义的证据时，再次把它给夸大了。

1946 年 5 月，斯大林给阿塞拜疆自治运动的共产党领导人写了一封信，透露了内情，说明他为什么觉得自己必须那样做，要撤出苏联军队：

> 我们不能再让他们留在伊朗了，主要是因为苏联军队在伊朗的存在，削弱了我们在欧洲和亚洲的解放政策的基础。英国人和美国人对我们说，如果苏联军队可以留在

> 伊朗，那英国军队为什么不能留在埃及、叙利亚、印度
> 尼西亚和希腊呢，还有，美国军队为什么不能留在中国、
> 冰岛和丹麦呢。所以，为了不让英国人和美国人抓住把
> 柄，为了在各殖民地放手发动解放运动，从而使我们的
> 解放政策更为合理和有效，我们决定从伊朗和中国撤军。
> 我们没有别的选择，对此，你作为一个革命者，肯定会理
> 解的。[53]

斯大林把地缘政治的考虑与意识形态的追求结合在一起，这是
他在这一时期特有的思维方式，尽管这两种成分在同一次讲话
中如此简洁地联系在一起并不常见。

310　　在苏联与土耳其的危机中，也存在种族的成分和民族主义
的成分，但主要原因还是斯大林一直坚持的一个战略要求：对
黑海海峡的控制权。在战争期间，苏联就多次对1936年的《蒙
特勒公约》表示不满——该公约让土耳其获得了对黑海海峡的
完全控制权——而且斯大林喜欢拿美国和英国对巴拿马运河和
苏伊士运河的控制权来做比较。1945年夏，苏联人开始对土耳
其施压，包括要求把卡尔斯和阿尔达汗这两个地区归还给亚美
尼亚和格鲁吉亚。当这件事在伦敦被提交给外交部部长理事会
的时候，莫洛托夫对贝文指出，在第一次世界大战期间，英国
不但曾经准备把黑海海峡而且曾经打算把君士坦丁堡本身让给
苏联人控制。[54]1945年12月，斯大林向贝文再次提出了苏联的
要求，但是说，"所有对土耳其发动战争的传闻都是胡说"。[55]
1946年4月，斯大林告诉新的美国驻莫斯科大使沃尔特·比
德尔·史密斯："我已经向杜鲁门总统保证而且也已经公开声
明，苏联决不打算进攻土耳其……但土耳其是个弱国，而苏联

十分清楚由外国控制黑海海峡的危险性。土耳其不够强大，不能保护海峡。土耳其政府对我们不友好。正是因为这个原因，苏联才要求在达达尼尔海峡建立基地。这件事事关我们自身的安全。"[56]

黑海海峡"危机"始于 1946 年 8 月 7 日，当时苏联向土耳其政府递交了修改《蒙特勒公约》的外交照会。在对战争期间土耳其对黑海海峡的管理提出批评之后，照会建议黑海海峡：①对商业运输永久开放；②对黑海国家的军舰永久开放；③对非黑海国家的军舰关闭，特殊情况除外；④由土耳其和其他黑海国家控制；⑤由苏联和土耳其共同保卫。意味深长的是，照会对归还卡尔斯和阿尔达汗的要求只字未提。[57]

8 月的外交照会是以美、英、苏现存的要求修改《蒙特勒公约》的提议为基础的，《消息报》上关于这个问题的一篇温和的示好文章也强调了这一点。[58]在苏联提出的建议中，前三点的确跟美国 1945 年 11 月就修改《蒙特勒公约》问题发出的外交照会很相似。[59]然而，对于莫斯科认为黑海海峡的管理制度是专属于黑海国家的关切这一主张，美国在 1946 年 8 月 19 日提出了质疑，并要求召开修改《蒙特勒公约》的多边会议。两天后，英国对莫斯科表达了类似的看法。8 月 22 日，土耳其在给莫斯科的答复中重复了英美的观点，并且还声明说，苏联共同保卫黑海海峡的要求与维护土耳其的主权与安全不一致。[60]9 月 24 日，莫斯科以备忘录的形式做出了回应，重申了黑海国家 311 对黑海海峡的特殊权利，并否认苏联的建议威胁或破坏了土耳其的主权或安全[61]。英国人和美国人在 10 月 9 日、土耳其人在 10 月 18 日分别重申了他们的立场。[62]这样就形成了一种典型的僵局。解决问题的唯一的外交途径，是举行《蒙特勒公约》的多边会议，但那对于莫斯科来说是无法接受的。无论是在公开场合还是在私下里，苏联的观点过去都是并且仍然是：从根本上来说，黑海海峡的管理体制是黑海国家的事情；苏联与土耳其之间的直接谈判应当优先于任何多边会议。[63]

对于斯大林当时在黑海海峡问题上为了达到自己的目的而准备走多远，现在人们提出了一些推测。有人认为，只是因为西方为土耳其提供了强大的支持，才避免了苏联的进攻。虽说作为对安卡拉施压的一种手段，斯大林很有可能会在苏土边界炫耀武力，但要是认为他为此就准备与土耳其开战，这种看法有点牵强。[64] 最终，莫斯科对土耳其最后发出的照会并未做出回复，这次有关黑海海峡的外交"危机"也就逐渐平息了。

伊朗和土耳其这两起事件表明，斯大林对于战略利益是准备全力争取的，但是不会以断绝与英美的关系为代价。斯大林一心想避免"伟大的同盟"发生分裂，不想通过周边地区的冲突引发这样的分裂。作为格鲁吉亚人，苏联的黑海基地在斯大林的心目中占有重要的位置；而且他一贯非常重视对石油之类的重要经济资源的控制。但是，对他来说，欧洲的总体局势要重要得多，而且他依然认为，无论是为了保护他在东欧的势力范围，还是为了避免在西欧形成敌对的反苏集团，在"伟大的同盟"范围内的谈判都是最好的途径。除了在富尔顿演说之后在抨击丘吉尔时说了一些过分的话之外，斯大林的公开讲话一直都在释放这样一种信息：东西方之间的紧张关系是可以缓和的，在"伟大的同盟"范围内的问题是可以通过谈判来解决的，和平与安全是可以维持的。

1946年3月，美联社记者埃迪·吉尔摩（Eddie Gilmore）向斯大林提到了"战争的危险"这个问题。他回答说，没有哪个国家也没有哪个国家的军队想要发动新的战争，那只不过是一些政治集团策划的煽动性宣传。1946 年 9 月，亚历山大·沃思向斯大林提了同样的问题。他被告知，苏联领导人不相信存在新的战争危险。就在同一次采访中，斯大林还否认美国和英国在对苏联发动资本主义的包围；而且他还肯定地说，自己相信与西方的和平共存还有进一步发展的空间。沃思问斯大林，他是否认为美国对原子弹的垄断对和平构成了威胁，斯大林回答说："我认为原子弹没有某些政客想的那么厉害。原子弹可以用来吓唬胆小鬼，但它们不能决定战争的胜负，因为要实现这一目的，这样的炸弹是不够的。"10 月，联合通讯社的休·贝利（Hugh Bailey）再次问到了这些问题。当被问起他是否同意拜恩斯最近所说的苏美之间的紧张关系正在加剧的时候，斯大林回答说不。当被问起他是否认为有关和约的谈判会取得成功的时候，斯大林说他希望如此。关于战争的危险，斯大林重复了他的看法，即"丘吉尔和他的朋友们"应该对目前这种人心惶惶的局面负责。他还说，对于他们想要挑起新的战争的行径必须进行揭露和遏制。斯大林的所有这些回答都是以书面形式对记者们书面提出的问题的答复。不过，1946 年 12 月，斯大林同意埃利奥特·罗斯福（Elliott Roosevelt）进行现场采访。罗斯福当然很想知道，在他父亲去世之后，美苏之间的友好合作是否减弱了。斯大林回答说，苏美两国人民之间的关系虽然在持续改善，但在两国政府之间出现了一些误解。不过，斯大林认为关系不会进一步地恶化，也不可能发生军事冲突，因为这是没有根据的。"我认为新的战争威胁是不现实的。"斯大林说。[65]

　　1947 年 4 月，斯大林又给了另一个人现场采访的机会，

312

这次是共和党政治家哈罗德·斯塔森。这一次，斯大林还是很乐观的。他向斯塔森指出，尽管经济体制不同，但苏联与美国在战争期间曾经有过合作，而它们在和平时期也没有理由不能继续那样的合作。为了支持他认为社会主义制度与资本主义制度可以和平共存的信念，他还援引了列宁的教导。当斯塔森指出，斯大林在战前曾经谈到过"资本主义包围圈"时，这位苏联领导人回答说，他过去从来没有否认过与其他国家合作的可能性，只是说过存在来自像德国这类国家的实际威胁。斯大林告诉斯塔森，每一方都说自己的社会制度好，而哪一种更好，将会由历史来决定。同时，双方应该停止煽动性的宣传与谩骂。他和罗斯福就从来没有骂过对方是"极权主义者"或者"垄断资本家"。"我不是搞宣传的，"斯大林说，"我是干事情的。"[66]采访的内容经过两人商定之后被发表在 5 月 8 日也就是欧战结束两周年的《真理报》上。从上下文可以看出，它表现了斯大林回归"伟大的同盟"的那种精神的决心。然而，到了这个时候，苏联与西方的关系正笼罩在巨大的阴影之中，杜鲁门总统在 1947 年 3 月对美国国会发表了一次著名的演说。

杜鲁门主义与马歇尔计划

313 　　总统的这次演说后来成了众所周知的"杜鲁门主义"。演说在名义上是为了说服国会批准对希腊和土耳其的财政援助。杜鲁门在自己的演说中既没有提到苏联人，也没有提到共产党，但他的讲话针对的是谁，那是毫无疑问的：

　　　　近来，各种极权主义政权……被强加在许多国家的人

民头上……美国政府多次对高压和恫吓进行了抗议……在
世界历史的目前这一关头，几乎所有民族都必须在两种
不同的生活方式之间做出选择……一种生活方式是以大
多数人的意志为基础，它的特点是自由的制度、代议制
政府、自由的选举、对个人自由的保障、言论和宗教自
由以及免于政治压迫的自由。第二种生活方式是以把少
数人的意志强加于大多数人为基础的。它靠的是恐怖与
压迫、遭到管制的报刊与广播、受到操纵的选举和对个
人自由的压制。我相信，美国必须采取的政策是，支持
热爱自由的各个民族，他们正在反抗企图使他们屈服的、
武装起来的少数派或者是外来的压力。我相信，我们必
须帮助热爱自由的各个民族，让他们用自己的方式来安
排他们自己的命运。[67]

对苏联人而言，杜鲁门的演说比丘吉尔的"铁幕"演说更具挑
衅性。杜鲁门跟丘吉尔不同，他在掌权，而且还建议援助希腊
和土耳其。这两个政权一个在与起义的共产党交战，一个正因
为黑海海峡问题与苏联发生冲突。但是，苏联人的反应却是出
乎意料的温和。3月14日，《真理报》刊登了塔斯社对杜鲁门
演说的报道。这篇报道的注意力集中在援助希腊和土耳其的提
案上，而没有抓住美国外交政策的总体特征。第二天，该报的
社论对杜鲁门进行了猛烈抨击，指责他打着保卫自由的旗号推
行美国的扩张主义。一个星期之后，《新时代》发表社论说，
杜鲁门的演说宣布了一种基于武力与强权的对外政策。[68]但是，
斯大林本人还没有做出回击。也许他认为，与在任的美国总统
进行针锋相对的争辩是不明智的，而且杜鲁门的演讲不管怎么

说，并没有直接提到苏联。更重要的是，斯大林的注意力转向
了别的地方。在杜鲁门发表演说的前两天，外交部部长理事会
会议在莫斯科召开了。在解决了各个次要轴心国的问题之后，
理事会转而开始处理德国及奥地利的和约问题。这次的外交部
部长理事会会议持续了六个星期的时间，却几乎没有取得什么
看得出来的成果。不过，在公开场合，苏联人却高度评价了理

314 事会的工作，并反驳了种种认为它没有取得任何进展的说
法。[69]苏联人的另外一个示好的迹象是，他们利用这次会议讨
论了英国人的提议，即把 1942 年的《英苏同盟条约》的有效
期从 20 年延长到 50 年。在 1947 年 1 月伯纳德·蒙哥马利
（Bernard Montgomery）陆军元帅访问莫斯科的时候，斯大林与
他进一步讨论了这个由贝文在 1945 年 12 月提出的想法。作为
此次外交部部长理事会会议的附带议题，苏联人向英国代表团
提出了一个新的英苏条约草案。[70]

4 月 15 日，斯大林会见了接替拜恩斯担任美国国务卿的乔
治·马歇尔（George Marshall），并对此次外交部部长理事会会
议进行了非常友好的讨论。马歇尔将军曾经是美国陆军参谋长，
斯大林打了个他可以理解的比方，说此次外交部部长理事会会
议就像是"初次交战和火力侦察。在与会各方已经精疲力竭的
时候，才有可能达成妥协。现在的这次会议可能不会取得任何
重大成果，但是不要失望。下次就会有成果了。在所有的主要
问题上——民主化、政治组织、经济统一以及赔偿——都有可
能达成妥协。只要有耐心，不失望"。[71]

斯大林与马歇尔的谈话以及与斯塔森的谈话彼此相隔不过
几天。这表明，他当时是乐观的。与次要轴心国的和约已经在
2 月份完成了，与德国和奥地利的和约现在也进展顺利。斯大

林想要的那种和平时期的"伟大的同盟"，事实证明，要比他在战争结束时希望的更成问题，更难以捉摸；但是，两年过去了，它虽说有点破旧，但还完好无损。不过，斯大林很快就不会再像这样去积极缓和与西方的关系了，他将采用一种几乎是杜鲁门主义的镜像的冷战言辞与政策。导致这种陡然的政策变化的关键事件，就是苏联对马歇尔计划的回应。[72]

所谓的"马歇尔计划"，是由这位美国国务卿 1947 年 6 月 5 日在哈佛大学的演讲中提出的。[73]马歇尔计划基本上是个大规模援助计划，它建议美国为遭到战争破坏的欧洲提供资金，这些资金将由欧洲人自己去协调分配。英国和法国采纳了马歇尔的建议，它们的外交部部长于 6 月 19 日在巴黎举行了会谈，并邀请苏联到那里参加三方会议，讨论由美国的援助支持的欧洲协同复兴计划。

对于事态的这些新的发展，苏联人的回应是混乱的。一开始，报刊上的文章都持否定的态度，认为马歇尔计划是跟杜鲁门主义联系在一起的，是美国干涉欧洲事务的工具。[74]然而，到了 6 月 21 日，政治局又赞成积极回应英法的提议了：召开会议，讨论马歇尔计划。与此同时，苏联领导层也在秘密考虑它所收到的有关马歇尔计划的意义的建议。最早提出建议的是驻华盛顿大使诺维科夫。他在 6 月 9 日的电报中说，"在美国人的这个建议中，可以清楚地看出准备反对我们的西欧集团的轮廓"。[75]在 6 月 24 日再次发来的急电中，诺维科夫肯定地说，"对马歇尔计划的仔细分析表明，它最终无非是要建立一个西欧集团，作为美国政策的工具……为了使欧洲各国在经济和政治上从属于美国，为了建立一个反苏集团，以前也采取过一些措施，但这些措施不协调。马歇尔计划不同，它打算采取更为彻

底的行动，以便更有效地解决这个问题"。[76] 还有人提出了不同
的政策建议。杰出的苏联经济学家、曾经长期在斯大林核心圈
子的边缘发挥影响的尤金·瓦尔加（Eugene Varga），在被征求
对马歇尔计划的看法时认为，该计划主要是为解决美国战后遇
到的经济问题，特别是欧洲对它的出口需求不足。该计划打算
给欧洲人提供资金，以便使他们能够购买美国的商品和服务。
瓦尔加还指出，如果苏联退出，不参与这个计划，那只会使美
国对欧洲的统治来得更加容易，使德国经济的未来牢牢掌握在
美国人手里，而如果计划失败，反动派又可以归咎于苏维埃社
会主义共和国联盟。[77]

瓦尔加的分析暗示，给苏联集团的国家提供贷款和资助也
许对美国人有利。莫斯科曾经一直都希望美国人能够提供大规
模的贷款来帮助苏联的战后重建，[78] 而马歇尔计划可以提供接
受这种资金的框架。另外，诺维科夫和其他人所指出的政治上
的种种不利之处也是存在的。马歇尔计划是威胁还是机遇？对
于这个难以回答的问题，斯大林抱着一种开放的、等等看的态
度。参加与英国人和法国人会谈的苏联代表团得到的指示是：
①搞清楚美国提供什么援助；②阻止任何有干涉受援国内部事务
之虞的举措；③确保对德国问题的讨论仍然是外交部部长理事
会的专属权利。[79]

1947 年 6 月底 7 月初，英、法、苏在巴黎召开了有关马歇
尔计划的会议。[80] 莫洛托夫抵达时带了一大群技术顾问，这表
明莫斯科对于这些谈判是认真的。从莫洛托夫讲话的摘要来
看，他明确表示苏联反对由中央机构协调的计划，而是认为每
个国家都应该根据自身的需要拿出一份清单，交给各个专门的
委员会，然后再交给美国人。然而，英国人和法国人坚持主

张，计划应该是高度协调的，而且这也是马歇尔自己的愿望。
谈判很快就陷入僵局。7月2日，莫洛托夫向会议提出了他的　316
最后声明：

> 美国经济援助问题……已经……成了英国和法国政府
> 的借口，以便坚持要求创设一个凌驾于欧洲各国之上并介
> 入欧洲各国内部事务的新组织。……通往国际合作的道路
> 有两条。一条是以在拥有平等权利的各国之间发展政治经
> 济关系为基础……另一条……是以一个或几个强国对其他
> 国家的支配为基础，后者因此而丧失独立，沦为某种意义
> 的从属国家。

在与苏联人的谈判破裂之后，英国人和法国人给欧洲各国发出
了参加巴黎会议的邀请，会上将成立一个监督马歇尔援助的组
织。7月5日，苏联人对此做出了回应，他们给欧洲各国的政
府递交了一份照会，说明自己与英国人和法国人的分歧。[81] 同
一天，他们给自己在东欧的共产党盟友发了电报，通知他们说，
出于策略上的原因，他们不反对其他国家参加这次由英法倡议
召开的会议：

> 一些对苏联友好的国家……因为苏联已经决定不参加
> 而正在考虑拒绝参加这次会议。我们认为，更好的做法不
> 是拒绝，而是派代表团参加这次会议，这样才能在会上揭
> 露英法的计划是令人无法接受的，才可以在会上不让这个
> 计划以一致同意的方式得以通过，然后就尽可能多地带着
> 其他国家的代表一起退出这次会议。[82]

然而，对于这种策略，两天后莫斯科就改变了主意，他们又发了一封电报，建议抵制参加会议，因为在某些东欧国家中的"朋友们"（也就是当地共产党）已经宣布抵制此次会议。问题在于，急于获得马歇尔计划的资金援助的捷克斯洛伐克已经宣布，它将参加这次会议。斯大林亲自出面"说服"捷克斯洛伐克人改变他们的决定。7 月 9 日，在与捷克斯洛伐克代表团的会谈中，他解释说，马歇尔计划的贷款是很不确定的，是在被用作借口，以便组建西方集团，孤立苏维埃社会主义共和国联盟。对苏联来说，捷克斯洛伐克参加这次即将在巴黎举行的会议关系重大："如果你们去巴黎，那你们就表明你们想一起参与孤立苏联的行动。所有的斯拉夫国家都拒绝了，甚至阿尔巴尼亚也不怕拒绝，所以，我们相信你们也会撤销你们的决定。"[83] 不用说，捷克斯洛伐克连同所有苏联集团的国家（也包括芬兰），都抵制参与对马歇尔计划的商讨。

317

除了抵制这次大会之外，苏联人还发动了声势浩大的反对马歇尔计划的宣传攻势。1947 年 9 月，副外交部部长安德烈·维辛斯基在联合国的发言中谴责马歇尔计划：

> 马歇尔计划实质上不过是杜鲁门主义的变种……实施马歇尔计划意味着把欧洲各国置于美国的经济和政治控制之下，意味着对这些国家的内部事务的直接干预……该计划企图把欧洲分裂成两个阵营……把敌视东欧民主国家的利益尤其是苏联的利益的几个欧洲国家组成一个集团。[84]

对斯大林而言，马歇尔计划是战后苏美关系危机的起点。它表明，如果苏联人想要保住自己在东欧的势力范围，那与美国人的合作就不再可能。马歇尔计划与杜鲁门主义预示着西方反苏集团的形成，而斯大林则试图通过巩固苏联与共产主义在东欧的阵地来与之抗衡。现在，决定斯大林的战后欧洲议程的，不是维持"伟大的同盟"，而是把苏联集团与外界隔离开来，使之不要受到颠覆性的影响。

共产党情报局与冷战

在 1947 年 9 月共产党情报局（Cominform）的成立大会上，斯大林的新态度揭开了面纱。[85]成立一个组织来接替第三国际，这个想法由来已久。促使这个想法付诸实施的，与其说是杜鲁门主义和马歇尔计划，不如说是莫斯科想要更直接地控制欧洲各国的共产党。[86]特别是法国和意大利的共产党在 1947 年 5 月被排挤出本国的执政联盟，而他们却未把此事通知苏联人。[87]这就解释了共产党情报局在构成上的独特之处：它是由东欧执政的共产党加上法国和意大利的共产党组成的。在波兰秘密举行的共产党情报局成立大会，大部分时间都用于批评法国和意大利共产党的"改良主义政治观念"与"议会幻想"。带头批评的是爱德华·卡德尔（Edvard Kardelj），铁托派来参加这次会议的代表；南斯拉夫人很久以来就一直在鼓吹共产主义运动要采取更富有斗争精神的左倾路线。南斯拉夫人在成立共产党情报局方面所起的作用，从该组织的总部被设在贝尔格莱德就可见一斑了。[88]

除了要把共产主义运动引向一种"左倾"的政治战略、反对资本主义及资产阶级制度之外，共产党情报局的成立大会还给斯大林公布对外政策与国际关系方面的重大决定提供了机会。

318

他在这次大会上的代言人是前列宁格勒党委书记、当时主管意识形态的日丹诺夫。日丹诺夫的讲话整整准备了一个夏天，并按照斯大林的意见数易其稿。这个过程中的关键就在于他初次提出了战后世界已经分裂成"两大阵营"的观念。[89]而在此之前，苏联人都是说，在战后世界的政治中，有两种倾向或两种路线。例如，在 1946 年 11 月纪念布尔什维克革命 29 周年的讲话中，日丹诺夫说巴黎和会证明了"在战后政策方面有两种倾向……一种是苏联采取的政策，它是要……巩固和平、防止侵略……另一种……则为扩张和侵略势力敞开了道路"。[90]一年之后，在共产党情报局成立大会上，日丹诺夫提出了后来人们所谓的"两大阵营理论"：

> 离战争结束越久，战后国际关系中的两种基本取向就越是突出，与此相应的是两个基本阵营……的区分：帝国主义的反民主阵营……和反帝国主义的民主阵营……在帝国主义阵营中，主要的领导力量是美国……帝国主义阵营的根本目标是要加强帝国主义，准备发动新的帝国主义战争，反对社会主义和民主制度，并给予反动派和反民主的、主张法西斯主义的政权和运动以全面的支持。为了实现这些目标，帝国主义阵营准备依靠各国的反动派和反民主分子，并且支持以前在战争中的敌人来反对自己以前在战争中的盟友。反帝国主义和反法西斯主义的力量构成了另一个阵营，其主要支柱就是苏维埃社会主义共和国联盟与其他各个新民主主义国家……该阵营的目标就是与新的战争威胁和帝国主义的扩张做斗争，巩固民主制度，清除法西斯主义的残余势力。[91]

日丹诺夫的讲话是欧洲共产主义运动的战略方针急剧"左转" 319
的信号。在西欧，共产党放弃了支持国家统一和参与本国战后
重建的政策。对共产主义运动早期革命观点的回归——即使不
是在实际上也是在言辞上——取代了斯大林在第二次世界大战
结束时曾经倡导的改良主义战略。[92] 在东欧，共产党的政策也
发生了同样急剧而影响深远的变化。在共产党情报局的成立大
会召开之后，"共产党化"（communisation）的步伐，也就是确
立共产党的一党管制，开始加快了。这一过程涉及共产党对所
有政府管理杠杆的控制、对媒体的国家管制、解散和镇压反对
党、左翼政党被社会主义和共产主义政党强行合并而失去独立
性（因此就有了这样奇特的现象：在人民民主政权中，执政的
共产主义政党常常被称作工人党和社会党）。共产党权力的扩大
为东欧的"苏联化"提供了跳板。这就意味着把苏联模式的社
会主义强加于东欧各国：由国家所有并控制的经济；中央集权
的国家计划；集体化的农业；共产主义体制对市民社会的极权
主义侵扰。通过这样的一些形式，即对本国党的领袖的个人崇
拜和模仿战前斯大林政权的政治恐怖主义，例如清洗、逮捕、
公审和处决，"斯大林化"的成分也开始引入了。

　　东欧的共产党化、苏联化和斯大林化，并不都是同时或者
按照一个单一的时间表来进行的。即使是在共产党情报局成立
大会召开之前，把人民民主政权改造成完全仿照苏联模式的共
产党政权的过程，在保加利亚、罗马尼亚和南斯拉夫这几个国
家中，也取得了很大的进展，而在另外一些国家，如匈牙利、
波兰和东德，这种趋势也很明显。这种趋势最不明显的是捷
克斯洛伐克——一个有着议会民主传统的东欧国家——而那里
的共产党和他们的社会党盟友在 1946 年的选举中曾经赢得过多

数。但 1948 年 2 月的布拉格政府危机导致自由派和中间派的政党被剥夺了权力，捷克斯洛伐克在联合的人民民主制度方面的实验结束了。[93]

日丹诺夫提出两大阵营理论，标志着"伟大的同盟"的最终解体和冷战的开始。像杜鲁门一样，斯大林决定：外交和妥协的时代结束了，该是靠他的权力资源来保卫苏维埃社会主义共和国联盟的战争成果的时候了。

1947 年 11 月，斯大林在与法国共产党领导人莫里斯·托雷兹（Maurice Thorez）的讨论中，总结了他自战争以来走过的政治历程。斯大林跟托雷兹的上一次谈话是在 1944 年 12 月，就在这位法国人结束莫斯科的战时流亡生活回国之前。当时斯大林曾经敦促托雷兹要与戴高乐合作，努力恢复法国的经济，巩固该国的民主政权。相反，到了 1947 年 11 月，斯大林的想法却是，在战争结束的时候，法国共产党当时有没有可能夺取政权——虽然他也同意托雷兹的看法，认为那行不通，因为英美在法国驻扎了军队。当然，如果红军打到巴黎那形势就不一样了，斯大林告诉托雷兹说——后者也热情地表示同意。斯大林还想知道法国共产党是否有武器装备；他主动提出，如果必要的话，可以由苏联为他们提供。"一个党如果不想在敌人面前束手就擒，就必须要有武器和组织。共产党可能会遭到进攻，那他们就应该还击。各种各样的局面都可能出现。"[94]这与其说是个严肃的建议，不如说是斯大林在扮演具有斗争精神的布尔什维克；但是，这也的确表明，他觉得自己当时卷入的与西方的斗争是非常尖锐的。应该特别指出的是，这种斗争并没有被想象成一场即将来临的军事冲突。正像斯大林在共产党情报局大会上的二号代言人马林科夫（G. M. Malenkov）说的那样，

帝国主义者想要发动战争是一回事，他们有没有能力这样做又
完全是另外一回事。[95] 实际上，对斯大林而言，发动冷战的目
的不仅仅是要保卫苏联的利益，也是要让西方的战争贩子在政
治和意识形态上破产。即使是在 20 世纪 40 年代末 50 年代初
冷战处于高潮、欧洲出现分裂并形成不同的武装阵营而且冲突
愈演愈烈的时候，斯大林仍然在争取他视之为自己遗产的持久
和平。

注　释

[1] Arkhiv Vneshnei Politiki Rossiiskoi Federatsii（AVPRF）F. 0431/1，
Op. 1，Dd 1 - 4. 这些都是苏联为外交部部长理事会所做的准备
的档案文件，包括政治局给代表团的指示。基于这些以及其他
档案文件对苏联在外交部部长理事会上的立场的分析，参见 G.
A. Agafonova，"Diplomaticheskii Krizis na Londonskoi Sessii SMID"
in I. V. Gaiduk and N. I. Egorova（eds），*Stalin i Kholodnaya
Voina*，Moscow，1997。可进一步参见 J. Knight，"Russia's Search
for Peace：The London Council of Foreign Ministers，1945"，*Journal
of Contemporary History*，vol. 13，1978。

[2] *Stalin's Correspondence with Churchill，Attlee，Roosevelt and Truman，
1941 - 1945*，Lawrence & Wishart：London，1958，doc. 476，p. 361.

[3] 参见 L. E. Davis，*The Cold War Begins：Soviet-American Conflict
over Eastern Europe*，Princeton University Press：Princeton NJ，1974，
chap. 9。

[4] 导致苏联决定延期选举的一些纸质文件可见于 *Vostochnaya
Evropa v Dokumentakh Rossiiskikh Arkhivov，1944 - 1953*，vol. 1，
Moscow，1997，docs 85，87，90，91，92。决定选举延期属于根据
与保加利亚的停战协议成立的同盟国管制委员会的职权范围。
该同盟国管制委员会是由苏联人控制的，这一决定是由别留佐
夫（Biruzov）将军按照莫斯科的指示做出的。英国在同盟国管制

委员会中的联络官马尔科姆·麦金塔（Malcolm Mackintosh）回
忆说是斯大林从莫斯科亲自打来了电话。他还说，"别留佐夫和
他的同僚紧张得要命，接电话的那个军官实际上晕倒了。但斯
大林的命令得到了执行，喜气洋洋的保加利亚人走上街头，他
们相信西方大国已经迫使苏联人做出了让步"。M. Mackintosh,
*Eastern Europe 1945 - 1946: The Allied Control Commission in
Bulgaria' FCO Historical Branch Occasional Papers*, no. 4, 1992. 同
盟国管制委员会中的苏联主席的回忆录，对整个事件只是草草
带过。S. S. Biruzov, *Sovetskii Soldat na Balkanakh*, Moscow,
1963.

[5] I. Banac (ed.), *The Diary of Georgi Dimitrov*, *1933 - 1949*, Yale
University Press: London, 1993, pp. 379 - 80.

[6] Ibid. , p. 381, and *Stalin and the Cold War*, *1945 - 1953: A Cold War
International History Project Documentary Reader*, 1999, pp. 247 - 9.

[7] 关于迪里雅斯特危机，参见 R. S. Dinardo, "Glimpse of an Old
War Order: Reconsidering the Trieste Crisis of 1945", *Diplomatic
History*, vol. 21, no. 3, 1997; L. Ya Gibianskii, "Stalin i Triestskoe
Protivostoyanie 1945g. " in Gaiduk and Egorova *Stalin*; and G.
Valdevit, "The Search for Symmetry: A Tentative View of Trieste, the
Soviet Union and the Cold War" in F. Gori and Silvio Pons (eds),
The Soviet Union and Europe in the Cold War, *1943 - 1953*,
Macmillan: London, 1996。

[8] *Documents on British Policy Overseas* (hereafter: DBPO), series 1,
vol. 2, HMSO: London, 1985, p. 177. 苏联有关托管问题的政策可
参见 S. Mazov, "The USSR and the Former Italian Colonies, 1945 -
1950", *Cold War History*, vol. 3, no. 3, April 2003。有关回顾可参
见 S. Kelly, *Cold War in the Desert: Britain*, *the United States and
the Italian Colonies*, *1945 - 1950*, Macmillan: London, 2000。

[9] 转引自 V. O. Pechatnov, "*The Allies are Pressing on You to Break
Your Will...* ": *Foreign Policy Correspondence between Stalin and
Molotov and Other Politburo Members*, *September 1945 - December
1946*, Cold War International History Project, Working Paper no. 26,
1999, p. 2。这篇重要文章的俄文版可见于 *Istochnik*, nos 2 & 3,
1999。

[10] *Sessiya Soveta Ministrov Inostrannykh Del v Londone 11 Sentyabrya -*

2 *Oktyabrya 1945 goda*: *Stenograficheskiye Zapisi Zasedanii*, AVPRF F. 0431/1, Op. 1, D. 5, L. 3.

[11] Pechatnov, "*Allies*", p. 4. 应当注意的是，在 9 月 20 日的会议上，也就是在斯大林指示回到波茨坦的协议、只有有直接利害关系的各方才能参加外交部部长理事会的讨论之前，莫洛托夫自己已经提出了这个问题。他的通情达理的理由是，由五国外交部部长来讨论所有问题要花很多时间。*Stenograficheskiye Zapisi Zasedanii*, L. 41.

[12] AVPRF F. 0431/1, Op. 11, D. 18, Ll. 32 – 39. 这些文件发表在 *Sovetsko-Amerikanskie Otnosheniya*, *1945 – 1948*, Moscow, 2004, docs 13 – 14。

[13] *Stalin's Correspondence*, doc. 512, p. 378.

[14] *Stenograficheskiye Zapisi Zasedanii*, L. 8.

[15] AVPRF F. 0431/1, Op. 11, D. 18, L. 24. 这份文件发表在 *Sovetsko-Amerikanskie Otnosheniya*, *1945 – 1948*, doc. 9。

[16] 参见 K. Hamilton, "The Quest for a *Modus Vivendi*: The Danubian Satellites in Anglo-Soviet Relations 1945 – 1946", *FCO Historical Branch Occasional Papers*, no. 4, 1992; E. Mark, "American Policy towards Eastern Europe and the Origins of the Cold War, 1941 – 1946", *Journal of American History*, vol. 68, no. 2, September 1981; and E. Mark, "Charles E. Bohlen and the Acceptable Limits of Soviet Hegemony in Eastern Europe", *Diplomatic History*, vol. 3, no. 3, Summer 1979。

[17] *Stenograficheskiye Zapisi Zasedanii*, L. 57.

[18] AVPRF F. 0431/1, Op. 1, D. 1, Ll. 6 – 7, 15.

[19] Ibid., Op. 11. D. 18, Ll. 25 – 27; *Sovetsko-Amerikanskie Otnosheniya*, *1945 – 1948*, doc. 10.

[20] Pechatnovq, "*Allies*", p. 5. 强调标志是另加的。

[21] DBPO, doc. 108, p. 317.

[22] *Stalin and the Cold War*, *1945 – 1953*, pp. 264 – 5.

[23] "V. M. Molotov's Press Conference", *Soviet News*, 5/10/45.

[24] *Vneshnyaya Politika Sovetskogo Souza*, *1945 god*, Moscow, 1949, p. 81.

[25] AVPRF F. 0431/1, Op. 1, D. 26, Ll. 22 – 4.

[26] *Stalin and the Cold War*, *1945 – 1953*, p. 272.

[27] "Report by V. M. Molotov", *Soviet News*, 8/11/45.

[28] *Politburo TsK VKP (b) i Sovet Ministrov SSSR, 1945 - 1953*, Moscow, 2002, doc. 177. 这一文件的译文可见于 R. B. Levering et al., *Debating the Origins of the Cold War*, Rowman & Littlefield: Lanham, Maryland, 2002, pp. 155 - 6。

[29] *Stalin and the Cold War, 1945 - 1953*, pp. 254 - 69.

[30] 莫斯科会议决议的内容可见于 www. yale. edu/lawweb/avalon/decade/decade19. htm。

[31] J. F. Byrnes, *Speaking Frankly*, Harper & Brothers: New York, 1947, p. 118.

[32] G. P. Kynin and J. Laufer (eds), *SSSR i Germanskii Vopros*, vol. 2, Moscow, 2000, doc. 71.

[33] DBPO, doc. 340, p. 868.

[34] *Stalin's Correspondence*, doc. 384, pp. 280 - 1.

[35] *Vostochnaya Evropa v Dokumentakh Rossiiskikh Arkhivov*, doc. 127. 这一文件的英文译文可见于 *Stalin and the Cold War, 1945 - 1953*, pp. 281 - 6。

[36] 例如，关于落实莫斯科会议在罗马尼亚问题上所达成的协议的文件，可见于 *Tri Vizita A. Ya. Vyshinskogo v Bukharest, 1944 - 1946*, Moscow, 1998。

[37] 转引自 Levering et al., *Debating*, p. 114。

[38] 关于外交部部长理事会在巴黎召开的历次会议的苏方记录可见于 AVPRF F. 431/II Op. 2, Dd. 1 - 2。巴黎和会苏方记录的打印稿有 1200 页，可见于 AVPRF F. 432, Op. 1, Dd. 1 - 4，会议的主要议程也都已公布在报刊上。和约的俄文原文可见于 Vneshnyaya Politika Sovetskogo Souza, 1947 god, Moscow, 1952, pp. 64 - 360。

[39] 斯大林与莫洛托夫在这些谈判期间的通信，可参见 Pechatnov, "*Allies*"。对莫洛托夫在外交部部长理事会谈判中的作用的进一步分析，可参见 D. Watson, *Molotov: A Biography*, Palgrave Macmillan: London, 2005, chap. 13。

[40] *SSSR i Germanskii Vopros*, doc. 114. 关于苏联在 1945 ~ 1946 年反对在国外建立军事基地的运动，参见 C. Kennedy-Pipe, *Stalin's Cold War: Soviet Strategies in Europe, 1943 - 1956*, Manchester University Press: Manchester, 1995, pp. 101 - 9。

［41］ Pechatnov, *"Allies"*, p. 20.

［42］ "Mirnye Dogovory s Byvshimi Souznikami Germanii", *Pravda*, 16/
2/47; "Vazhnyi Shag na Puti Ukrepleniya Mira i Bezopasnosti",
Izvestiya, 16/2/47; "K Podpisanniu Mirnykh Dogovorov s Byvshimi
Souznikami Germanii", *Novoe Vremya*, no. 7, 14/2/47.

［43］ *Sovetsko-Amerikanskie Otnosheniya, 1945 - 1948*, doc. 138. 这一文
件的译文和评论可见于 "冷战中的苏联一方" 专题论文集
Diplomatic History, vol. 15, no. 4, Fall 1991。另参见 K. M.
Jensen (ed.), *Origins of the Cold War: The Novikov, Kennan and
Roberts "Long Telegrams" of 1946*, Washington DC, 1991。

［44］ 凯南的文章很容易看到，这篇文章连同许多评论都可见于 C.
Gati (ed.), *Caging the Bear: Containment and the Cold War*,
Bobbs-Merrill: Indianapolis, 1974。这本文集中有一篇纪念凯南
文章发表 25 周年的对他的访谈，他认为他的文章被错误地解读
了。

［45］ Ibid. , docs 144, 145, 148, 151, 152.

［46］ Pechatnov, *"Allies"*, p. 21.

［47］ W. Lippmann, *The Cold War: A Study in US Foreign Policy*,
Hamish Hamilton: London, 1947.

［48］ 丘吉尔演讲的全文：www. historyguide. org/europe/churchill. html。

［49］ *Pravda*, 11/3/46（后一页有丘吉尔演讲的详细内容）；E. Tarle,
"Po Povodu Rechi Cherchilliya", *Izvestiya*, 12/3/41（第 4 页有关
于丘吉尔演讲的报告）。

［50］ I. Stalin, *Sochineniya*, vol. 16, Moscow, 1997, pp. 26 - 30. 英文
译文参见 W. LaFeber (ed.), *The Origins of the Cold War, 1941 -
1947*, John Wiley & Sons: New York, 1971, doc. 37。

［51］ A. Werth, *Russia: The Postwar Years*, Robert Hale: London, 1971,
p. 112.

［52］ 关于伊朗危机，参见 B. R. Kuniholm, *The Origins of the Cold
War in the Near East*, Princeton University Press: Princeton NJ,
1980; F. S. Raine, "Stalin and the Creation of the Azerbaijan
Democratic Party in Iran, 1945", *Cold War History*, vol. 2, no. 2,
October 2001; N. I. Yegorova, *The "Iran Crisis" of 1945 - 1946: A
View from the Russian Archives*, Cold War International History
Project Working Paper, no. 15, May 1996; S. Savrankaya and V.

Zubok, "Cold War in the Caucasus: Notes and Documents from a Conference", *Cold War International History Project Bulletin*, nos 14 - 15; and "From the Baku Archives", idem. nos 12 - 13; R. K. Ramazani, "The Autonomous Republic of Azerbaijan and the Kurdish People's Republic: Their Rise and Fall" in T. T. Hammond (ed.), *The Anatomy of Communist Takeovers*, Yale University Press: New Haven, 1975; 以及 S. L. McFarland, "A Peripheral View of the Origins of the Cold War: The Crises in Iran, 1941 - 1947", *Diplomatic History*, vol. 4, no. 4, Fall 1980。

[53] 斯大林这封信的原文可见于 Yegorova, "*Iran Crisis*"。

[54] DBPO, pp. 317 - 18.

[55] Ibid., p. 781.

[56] W. Bedell Smith, *Moscow Mission, 1946 - 1949*, Heinemann: London, 1950, pp. 41 - 2.

[57] *Vneshnyaya Politika Sovetskogo Souza, 1946 god*, Moscow, 1952, pp. 167 - 70.

[58] "The Problem of the Black Sea Straits", *Izvestiya* article translated and published in *Soviet News*, 22/8/46.

[59] Kuniholm, *Origins*, p. 266.

[60] A. R. De Luca, "Soviet-American Politics and the Turkish Straits", *Political Science Quarterly*, vol. 92, no. 3, Autumn 1977, p. 519.

[61] *Vneshnyaya Politika Sovetskogo Souza, 1946*, pp. 193 - 202.

[62] Kuniholm, *Origins*, pp. 372 - 3.

[63] N. V. Kochkin, "SSSR, Angliya, SShA i 'Turetskii Krizis' 1945 - 1947gg", *Novaya I Noveishaya Istoriya*, no. 3, 2002.

[64] 参见 E. Mark, "The War Scare of 1946 and Its Consequences", *Diplomatic History*, vol. 21, no. 3, Summer 1997。

[65] I. Stalin, *Sochineniya*, pp. 32 - 3, 37 - 43, 45 - 8. 贝利、沃思和罗斯福采访的译文可见于 *Stalin and the Cold War, 1945 - 1953*。

[66] Ibid., pp. 57 - 67. 斯塔森采访的译文可见于 *Stalin and the Cold War, 1945 - 1953*。斯塔森在莫斯科还跟莫洛托夫和日丹诺夫进行了会谈，他们讲的跟斯大林的基本相同。

[67] LaFeber, *Origins*, doc. 40. 强调标志是另加的。

[68] "Vystuplenie Trumena...", *Pravda*, 14/3/47; "Poslanie Trumena Kongressu", *Pravda*, 13/3/47; "O Vneshnei Politike Soedinennykh

Shtatov", *Novoe Vremya*, no. 12, 21/3/47.

［69］《真理报》和《消息报》的社论可参见 *Soviet News*, 29/4/47, 1/5/47 and 7/5/47.

［70］ N. V. Kochkin, "Anglo-Sovetskii Souznyi Dogovor 1942 goda i Nachalo 'Kholodnoi Voiny'", *Voprosy Istorii*, no. 1, 2006.

［71］ *Sovetsko-Amerikanskie Otnosheniya, 1945 – 1948*, doc. 185.

［72］关于苏联对马歇尔计划的反应，参见 S. D. Parrish and M. M. Narinsky, *New Evidence on the Soviet Rejection of the Marshall Plan, 1947*, Cold War International History Project Working Paper no. 9, March 1994; G. Roberts, "Moscow and the Marshall Plan: Politics, Ideology and the Onset of Cold War, 1947", *Europe-Asia Studies*, vol. 46, no. 8, 1994; and M. Cox and C. Kennedy-Pipe, "The Tragedy of American Diplomacy: Rethinking the Marshall Plan", *Journal of Cold War Studies*, Spring 2005。

［73］ LaFeber, *Origins*, doc. 41.

［74］ "Novoe Izdanie 'Doktriny Trumana'," *Pravda* 16/6/47; K. Gofman, "Mr Marshall's 'New Plan' for Relief to European Countries", *New Times*, 17/6/47.

［75］ *Sovetsko-Amerikanskie Otnosheniya, 1945 – 1948*, doc. 198.

［76］诺维科夫文件可见于 G. Takhnenko, "Anatomy of the Political Decision: Notes on the Marshall Plan", *International Affairs*, July 1992。

［77］ *Sovetsko-Amerikanskie Otnosheniya, 1945 – 1948*, doc. 200.

［78］参见 T. G. Paterson, *Soviet-American Confrontation: Postwar Reconstruction and the Origins of the Cold War*, Johns Hopkins University Press: Baltimore, 1973。帕特森的研究主要基于美国的资源，但是他关于苏联人在认真考虑接受美国贷款——如果条件合适的话——的发现，得到了俄罗斯档案中的新证据的充分支持。

［79］给参加巴黎会议的苏联代表团的指示可见于 Takhnenko, "Anatomy"。

［80］此次会议的公开文件，包括莫洛托夫的发言，可见于 *French Yellow Book: Documents of the Conference of Foreign Ministers of France, the United Kingdom and the USSR held in Paris from 27 June to 3rd July 1947*。

[81] *Sovetsko-Amerikanskie Otnosheniya*, *1945 – 1948*, doc. 203.

[82] 该文件见于 Takhnenko, "Anatomy", 也可见于 Levering et al., *Debating*, pp. 167 – 69。

[83] 引文出自捷克斯洛伐克的会议记录。该记录可见于 "Stalin, Czechoslovakia, and the Marshall Plan: New Documentation from Czechoslovak Archives", *Bohemia Band*, no. 32, 1991。苏方记录可见于 *Vostochnaya Evropa vDokumentakh Rossiiskikh Arkhivov*, doc. 227 (译文见于 Levering et al., *Debating*, pp. 169 – 72)。

[84] M. McCauley, *The Origins of the Cold War*, Longman: London, 2003, doc. 27.

[85] 参见 G. Procacci (ed.), *The Cominform: Minutes of the Three Conferences*, *1947/1948/1949*, Feltrinelli: Milan, 2004。这是研究共产党情报局的重要文本，里面有许多对于共产党情报局的历史以及会议记录的非常有价值的分析。这本书的俄文版还附录有此次大会呈交给斯大林的若干报告：*Soveshchaniya Kominforma*, *1947*, *1948*, *1949*: *Dokumenty i Materialy*, Moscow, 1998。

[86] 参见 A. D. Biagio, "The Cominform as the Soviet Response to the Marshall Plan" in A. Varsori and E. Calandri (eds), *The Failure of Peace in Europe*, *1943 – 48*, Palgrave: London, 2002。

[87] Rossiiskii Gosudarstvennyi Arkhiv Sotsial'no-Politicheskoi Istorii (RGASPI) F. 77, Op. 3, D. 89, Ll. 7 – 13.

[88] 参见 G. Swain, "The Cominform: Tito's International?", *Historical Journal*, vol. 35, no. 3, 1992。

[89] RGASPI F. 77, Op. 3, D. 91, Ll. 13, 84 – 5.

[90] 日丹诺夫的讲话发表在 *Izvestiya*, 7/11/46。其译文可见于 *Soviet News*, 8/11/46。

[91] Procacci, *Cominform*, pp. 225 – 7.

[92] D. Sassoon, "The Rise and Fall of West European Communism, 1939 – 1948", *Contemporary European History*, vol. 1, no. 2, 1992.

[93] 关于战后共产党在东欧的接管，参见 N. Naimark and L. Gibianskii (eds), *The Establishment of Communist Regimes in Eastern Europe*, *1944 – 1949*, Westview Press: Boulder, Col. 1997。对此过程的后几个阶段做了详细研究的是 T. V. Volokitina et

al. (eds), *Moskva i Vostochnaya Evropa*: *Stanovlenie Politicheskikh Rezhimov Sovetskogo Tipa*, *1949 - 1953*, Moscow, 2002。关于 1948 年 2 月布拉格的事态发展，参见 G. P. Murashko, "Fevral" skii Krizis 1948g v Chekhoslovakii i Sovetskoe Rukovodstvo', *Novaya i Noveishaya Istoria*, no. 3, 1998。

[94] 斯大林与托雷兹的两次谈话可见于 *Stalin and the Cold War*, *1945 - 1953*, pp. 81 - 6, 403 - 7。

[95] Procacci, *Cominform*, p. 91。

第十一章 大元帅：斯大林战后对外政策的国内背景

　　1945 年 6 月 24 日，朱可夫在红场的胜利阅兵中宣称："我们之所以赢得胜利，是因为我们有苏维埃社会主义共和国联盟一个伟大的领袖和天才的指挥官领导着我们，他就是苏联元帅——斯大林！"[1]四天之后的一道政令宣布，斯大林被晋升为大元帅；他成了自拿破仑战争中沙皇的伟大的指挥官亚历山大·苏沃洛夫（Alexander Suvorov）以来，第一个获此头衔的人。不过，在波茨坦会议上，斯大林告诉丘吉尔，希望他继续称自己为元帅。斯大林也不喜欢大元帅制服，所以，每当他出现在公开场合的时候，都仍旧会穿着他的元帅制服。但大元帅的称号还在继续使用。"如果说我们打败了希特勒主义，"苏联主管宣传的亚历山德洛夫（G. F. Aleksandrov）1946 年 1 月在纪念列宁的会议上说，"那是因为苏联人民有最伟大的总司令斯大林大元帅领导着我们。"[2]

　　斯大林对于以他的名字来命名的那种过度的个人崇拜，通常都保持一定的距离。他极为自信，认为神化他的形象在政治上是有用的；但是，与某些独裁者不同，他并没有妄想实际就是这样。正如他在责备自己的试图利用家庭声望的儿子瓦西里时说过的那句有名的话一样："你不是斯大林，我也不是斯大林。斯大林是苏维埃政权。斯大林是报纸上的和画成各种肖像的那个人，不是你，甚至也不是我！"[3]但是，在对纳粹德国取得伟大的胜利之后一段时期，斯大林禁不住相信了他自己的宣传。例如，1947 年 3 月，他允许出版他与拉辛（Razin）上校的通信。后者是伏龙芝军事学院的教官，曾经写信问过，列宁对 19 世纪德意志伟大的军事战略家克劳塞维茨的赞扬是否还正确。斯大林回答说：列宁不是军事方面的专家（当然，他的继任者就不同了）；而且由于军事技术的发展，克劳塞维茨的战略理论已经过时了。斯大林没有接受拉辛信中的那些表示崇拜的话，而是说，信中对他名字的歌颂让他感到不舒服，但他在回信的结尾又含蓄地把自己跟过去那些能够理解"反攻"在战争中的重要意义的伟大的军事指挥家相提并论。[4]

322

"反攻"这个概念指的是，顶住敌人的进攻，然后发动大规模的反击，以获得决定性的胜利。这是在战后初期苏联讨论伟大的卫国战争的军事教训时的重要看法之一；它有助于为红军在战争头几年的失利和挫折辩解。在斯大林与拉辛的通信出版后，反攻的概念在苏联的战争叙事中获得了更为牢固的地位。它掩盖了苏联在 1941～1942 年的军事溃败，它把红军的失败和退却说成为了消耗敌人而精心设计的一种战略的一部分。[5]

1951 年，随着一本名为《斯大林与苏联的武装力量》的书的出版，对斯大林军事天才的迷信也达到了顶峰。该书作者是这位苏联独裁者的老友克里门特·伏罗希洛夫元帅。在与伟大的卫国战争相关的那一部分中，苏联在军事上的成功都被归于斯大林。伏罗希洛夫的结论是，在这场战争中，红军的胜利代表着斯大林主义的军事科学的胜利，代表着伟大的斯大林的领导才能的胜利。[6]

斯大林的将军们一贯忠心耿耿，他们默认了自己在公众心目中的地位受到贬抑。朱可夫就是其中之一。他愉快地加入对斯大林的大合唱，却不愿多谈自己作为副统帅的贡献与成就。在战争刚结束的时候，朱可夫还是星光灿烂，并于 1945～1946 年担任了驻德苏军司令。1946 年 3 月，他被召回莫斯科，并被任命为苏联陆军总司令。但是在回国后不久，他就成了阴谋的牺牲品。他受到指控，说他突出自己在战争中的作用，把所有重大的进攻行动，包括那些跟他没有关系的进攻行动，都归功于自己。[7] 对于那些正在战后红军的层级体系中谋取地位的将军们来说，朱可夫的新的指挥权侵犯了他们的地盘，这就使得他的处境更加艰难了。使他的名誉进一步受到损害的是，1946 年 4 月，红军的前空军司令，同时也是朱可夫好友的亚历山大·亚历山大诺维奇·诺维科夫（A. A. Novikov）将军的被捕。[8] 诺维科夫的被捕是所谓的"飞行员事件"的一部分，这是在指控战争期间战斗机质量低劣之后对苏联航空业的一次清洗。朱可夫与此没有直接的关系，他的巨大的声望和战争期间为斯大林所做的工作，意味着他不太可能会像诺维科夫那样遭到囚禁。但他在 1946 年 6 月被降为敖德萨军区司令，然后又在 1947 年 2 月被取消了候补中央委员资格，理由是他有反党情绪。[9] 后者促使他写信给斯大林，要求见面并澄清正在到处散布的对他的诋毁。几天后，朱可夫又低三下四地给那位苏联领导人写了一封道歉信，承认他在战争期间与包括斯大林在内的统帅部同事打交道时自高自大、没有分寸、不尊重他人。尽管朱可夫在信中最后请求恢复对他的信任，[10] 但斯大林甚至连信都没回。朱可夫依旧处于流放之中，并在 1948 年被调任级别更低的乌拉尔军区司令。在 1949 年有一幅招贴画，画的是斯大林和他的将军们——那里面看不到朱可夫——在策划斯大林格勒的大反攻。不过，他还保留着元帅军衔，而且在 20 世纪 50 年代初有平反的迹象。

1951 年 6 月，朱可夫陪同莫洛托夫参加了一个访问波兰的友好代表团，在华沙发表了有关波苏团结的讲话，其中大谈斯大林作为军政领袖的种种美德。[11]1952 年，朱可夫又恢复了候补中央委员资格。但是，其他的苏联将军就没有这么幸运了。1946 年 12 月，戈尔多夫将军（他在 1942 年指挥过斯大林格勒方面军）与他在伏尔加军区的参谋长雷巴琴科（Rybalchenko）将军在交谈中说的一些对斯大林不满的话被录了下来。两人都被逮捕，后来又被枪毙了。[12]

任何人，只要有一点点不忠的迹象，都会被斯大林无情地抛弃，战后对朱可夫就是这样。这样做显然带有杀一儆百的意思：如果因为对斯大林不敬，连这位独裁者的副最高统帅、列宁格勒和莫斯科的拯救者、波兰的解放者、柏林的征服者、1945 年胜利大阅兵的领导者都可能失宠，那这种事也可能降临到任何人头上。但问题并不只是在于要让这些将军们知趣一点；斯大林还必须对军队在战后的角色做出界定，要肯定它跟以前一样重要，但又不能威胁到他或共产党对苏联社会的统治。在 1946 年 2 月红军建军 28 周年时颁布的法令中，他就做了这样的界定。斯大林一开始先赞扬了红军取得的胜利和做出的牺牲，但接着他就指出，如果没有苏联人民的全力支持，如果没有共产党的领导，战争是不可能打赢的。红军在和平时期的首要任务，斯大林说，是要保卫国家的和平重建，帮助苏联恢复其经济和军事力量。虽然他在结束时用了一句常说的口号，"战无不胜的红军万岁"，但总体上，他所传递的信息是很明确的，那就是对于军队而言，它不能沉湎于战争的荣光中，也没有权利在苏联社会中要求特殊的地位。[13]

为了把武装力量完全置于政府的控制之下，斯大林进一步　324

发出了信号：他保留了国防人民委员一职并任命了一名政治委员尼古拉·布尔加宁（Nikolai Bulganin）将军为他的副手。1947年，布尔加宁接替斯大林担任国防部长并被提升为元帅。1949年，伏罗希洛夫元帅继任国防部长，但依然由布尔加宁主管国防工业。[14]

在战争期间和战后，斯大林都是以军人的面貌出现的，这是他不断变化的公共身份的一个方面；另一个方面就是把他的形象塑造成国际政治家。在战后，斯大林没有出席过任何国际会议，但他还在接待从外国陆续来访的外交家和政治家，并与他们直接进行谈判。在战后初期，他在外交招待会上和签约仪式上都非常引人注目，而且还就对外事务问题接受过多次采访。以战后外交家的面貌示人的斯大林，其最突出的一点是，他跟东欧人民民主国家领导人的关系非常紧密。尽管斯大林常说，他衷心希望能够在战后与英美继续合作，但他与东欧共产党盟友的接连不断的会谈、合影、发表公报，则讲述了另外一个故事："伟大的同盟"的地位正在下降，而新出现的苏联集团的地位正在上升。

斯大林在战后的注意力主要放在对外政策的决策上，因此，他心甘情愿由其他人来负责经济的日常管理。斯大林继续按照他在战时的做法，不干涉经济事务，这就使得战后的经济管理显得非常有条不紊。他有权干预，但在大多数情况下都选择了不干预；发达的委员会制度、各种行政管理程序和专家治国的高度合理性，取代了他的个人意志与任性。随着战前的那种由清洗和恐怖所引发的持续危机、紧急状态以及动荡被照章办事、职业化和不断发展的官僚政治所取代，苏联的党和国家的制度从斯大林的克制中获益良多。在这种新的经济秩序中，由技术人员、管理人员和国家官员构成的中间阶层在持续扩大，并确立了自己在苏维埃体制中的地位，成为支持斯大林战后政权并维护其稳定的重要力量。[15]

虽然斯大林本人在战后考虑的重点是军事和外交，但这个国家的重点是重建和向和平时期的社会经济体制过渡。苏联国内在战后所发生的这些变化，目的是要在某种程度上实现社会经济生活的正常化，这对于一个不仅因战争而饱受蹂躏和精神创伤，而且还在 20 世纪 20 ~ 30 年代，因为接连实行全国紧急状态而经受了数十年动荡的国家来说，是个生死攸关的任务。

1945 年 10 月，斯大林到黑海度假。这是战后多次长假中的第一次，这些长假意味着他在每年的年底有长达五个月的时间不在莫斯科。[16]斯大林此时已经 66 岁，战争严重地损害了他的健康。他即使是在度假的时候，也仍然在努力工作，但其强度与战时无法相比。斯大林的新的工作安排意味着他的下属会获得更多的代表权，但这也给了他更多的时间和闲暇来监督他们代表他所做的工作。实际上，斯大林在战后与他的政治局同事的关系，最突出的一点就是，他跟他们说话时的语气不尊重。按照传统的布尔什维克的方式，他一直就粗鲁、强硬、没有礼貌，但现在他责备他的同志时，是以一种恃强凌弱的方式，就好像高级管理人员对待表现不佳的低级职员一样。这正如亚历山大·沃思所写的那样，到 20 世纪 40 年代末，斯大林作为"愤怒的老人"就大名在外了。斯大林战后与政治局同事的通信充分证实了这种说法，那里面满是对自己同志的褊狭的奚落。[17]

战后重建[18]

1945 年秋，斯大林不在莫斯科，这意味着要由莫洛托夫来

325

发表纪念布尔什维克革命 28 周年的讲话。莫洛托夫讲话的主题之一就是战争的影响。按照莫洛托夫的说法,"德国法西斯侵略者"毁掉了 1710 座城镇和 7 万个村庄,600 万幢建筑成为废墟,31850 座工厂被毁或遭到损坏,98000 个集体农庄成为废墟或者被洗劫一空,2500 万人无家可归。[19] 尽管这些数字极为恐怖,但它们实际上并不足以说明战争对这个国家的破坏有多大以及重建的担子有多重。根据马克·哈里森的计算,这场战争使苏联付出的代价是大约 25% 的实物资产和大约 14% 的战前人口。[20] 莫洛托夫在他的讲话中没有提到伤亡人数,但苏联官方的数据是死亡 700 万人。事实上,仅仅是苏联军队的死亡人数就要高于这个数字,而且还有 1500 万~1600 万的平民死亡人数也要算进去。那些遭受肉体或精神创伤的人数也有几千万。

使战后重建工作更加复杂的是,在白俄罗斯、乌克兰和波罗的海国家的那些于 1939~1940 年才并入苏维埃社会主义共和国联盟的西部边境地区,当局面临的任务不仅是要完成因为战争而中断的苏联化进程,而且还要镇压数万名民族主义游击队员的叛乱。例如,在西乌克兰,从 1945 年至 1951 年,被反共游击队杀死的苏联军队干部和党的干部据估计有 35000 人,而在立陶宛,有多达 10 万人参加了抵制恢复共产党政权的斗争。[21] 以牙还牙的苏联当局,杀死、囚禁、驱逐了数万名反抗者。在这个国家的其他地方,那些忠诚但受到怀疑的少数民族也继续成为迫害和驱逐的对象。在战争期间,内务部曾把 200 万伏尔加流域的日耳曼人、克里米亚的鞑靼人、哥萨克人、车臣人和其他突厥民族流放到苏联东部的内陆地区。理由是这些少数民族集体通敌。但流放并没有因为胜利而停止。在战后被流放的数十万人当中,包括波罗的海地区的居民、芬兰人、希腊人、摩尔多瓦人、乌克兰人和白俄罗斯人。[22]波兰与苏联之间的边界变动也造成了另外一次被迫的大规模种族迁移，使得200万波兰人离开了西白俄罗斯和西乌克兰，而50万乌克兰人、俄罗斯人、白俄罗斯人和立陶宛人则移向相反的方向。[23]

当局所面临的最为紧迫的任务之一，就是要让数百万退伍老兵重新融入苏联社会。在1945～1948年，复员的苏联军人有800万。必须要为所有人提供新的住房和工作，要把他们吸收到社会、文化和政治生活中。在那些所谓的前线归来的老兵（frontoviki）当中，有许多都是共产党员，因为在战争期间军队中有600万人加入了共产党，到战争结束的时候，三分之二的共产党员都是战时新加入的。战后的党员更加年轻，受过更好的教育，在白领职业中比以前更具有代表性，只是在党的组织中还是男性居于统治地位，女性党员的数量也只从占总数的14.5%增加到18.3%。在战后，年轻且受过教育的、以男性为主的前线归来的老兵，逐渐在党的组织和党的生活中发挥了突出作用。[24]这种代际更替的一个结果是，党在政治上和意识形态上不那么激进了，而是更倾向于尊重管理与技术的专家，并把自己的角色界定为对国家及经济管理者进行监督，而不是像在20世纪30年代那样，从民粹主义立场去控制政府官员。苏共领导层对于共产党员的这种"非政治化"（depoliticisation）并不是完全欢迎的。他们采取措施，发动过无数次意识形态教育来抵制这种倾向，但是，非政治化却是符合斯大林自己在战后的领导方式的变化的。在领导者与被领导者身上所发生的这种变化，反映了战争时期的这样一种经验：让个人和群体有更多的自主权，让他们去因地制宜地找到解决问题的办法，并用不同的方式去实现规定的目标。[25]

1945 年 6 月，复员工作先从入伍时间最长的那些人开始。截止到 1945 年底，复员的军人有将近 500 万。老兵们得到了新衣服、遣散费、免费食物和免费乘坐交通工具回家。退伍人员有权得到他们以前从事的工作，但是也有几十万人到了别的地方定居，包括有许多农民搬到了城镇，因而加剧了城市的住房短缺和对工作岗位的需求。

1945 年 9 月正式宣布结束军事紧急状态，各种权力都被交还给国民政府和民事法庭。9 月 4 日，国防委员会被撤销，其经济职能被移交给人民委员会。在委员会范围内，随着许多负责不同经济领域的部门的成立，各种结构性的改变与重组在 1947 年达到了高潮。[26] 1946 年 3 月，人民委员会被更名为部，人民委员更名为部长。这一改变是由 1946 年 3 月党的中央委员会的全体会议批准的，这也是自 1944 年以来第一次召开这样的会议。主持会议的是斯大林，他是这样来解释这次更名的：

> 人民委员这个名称……反映的是那种不稳定的时期、内战时期、革命分化时期……这个时期现在已经过去了。这场战争表明，我们的社会秩序是非常牢固的，再使用这个名称就不相称了。与之相关联的是那种社会秩序不稳定的时期，当时社会秩序还没有建立，还没有正常化……现在到了该把人民委员改成部长的时候了。人民是完全会理解的，因为这里那里到处都是人民委员。它把人民给搞糊涂了。天知道谁的级别更高。（会场上一片笑声。）[27]

1945 年 10 月发布了选举最高苏维埃的政令。选举是在 1946 年 2 月举行的；一个月后，新当选的最高苏维埃召开了大会并采纳了新的五年计划。到 20 世纪 40 年代后期，把经济恢复到战前的生产水平，这个最初的目标已经实现了，虽然它是靠长期的压低生活水平和维持严格的劳动纪律才取得的。战时配给制直到 1947 年 12 月才取消。当局还同时开始了货币改革；改革使卢布急剧贬值，在过度需求有可能引发通货膨胀之前吸收了经济领域的过剩现金。

这个政权面临的最大挑战也许是 1946 ~ 1947 年的饥荒和粮食危机。苏联在 1946 年夏季遭遇干旱和歉收，接着又是历史上最寒冷的冬季之一。在战争期间根据《租借法案》为三分之一的人口提供食物的粮食供给在 1945 年就停止了，当时即将可以到手的只有联合国善后救济总署的少量援助。在从德国和以前的其他敌国得到的战争赔偿中，也几乎没有粮食。结果，据估计，有 100 万 ~ 150 万苏联人（主要是农民）死于饥饿或者由饥荒引起的疾病。

正如唐纳德·菲尔泽指出的那样，战后初期的贫困对于斯大林政权的巩固反而起到了似非而是的作用。一方面，日复一日的竭力求生把所有的人都搞得精疲力竭，以至于他们几乎没有时间或精力去发动有组织的社会抗议，因而当战后过上更健康、富裕、自由的生活的希望破灭之后，他们也就消极地接受了。另一方面，当形势在 20 世纪 40 年代末 50 年代初真的有所好转的时候，好转的功劳又在某种程度上被归于这个政权，因而人们普遍相信，正常化看来终于实现了。[28]

1946 年的选举

政治"正常化"最重要的举措是举行最高苏维埃的选举。这次选举使共产党又回到了关注的中心，并让人民有机会对现

328

政权在战争期间的表现发表看法。虽然这些都是单一政党和单一候选人的选举，只有共产党或它的被提名人参加竞选，每个选区只有一名候选人，但"选举的气氛"，据埃琳娜·朱布科娃（Elena Zubkova）说，"就像是全国性的假日"，因而"证明，人民对当局的信任是真实的，而不是想象的"。[29]根据官方的统计数据，在101717686名登记选民中，投票率为99.7%。在这些选民当中，818955人划掉了选票上提名的候选人，结果投了反对票。在波罗的海各国，投弃权票和反对票的人加起来的数量要高得多，在立陶宛达到了10%。如果可以自由竞选的话，在整个苏维埃社会主义共和国联盟，持不同政见的人的比例肯定会高出许多，但现有的有关公共舆论的证据表明，在战争刚刚结束的时候，民众对斯大林政权的支持率的确是非常高的。斯大林已经带领国家取得了伟大的胜利，因此，尽管战后重建的任务艰巨，但苏联人民对未来还是乐观的。在知识分子当中，人们普遍抱有希望，希望斯大林政权会像战时一样继续实行宽松的文化政策。对斯大林的个人崇拜是荒唐的，但经年累月的宣传已经对民众的意识产生了影响。普通民众往往把他当作神灵来崇拜，或者把他看作一个慈祥的威权主义人物。[30]

1946年2月9日，最高苏维埃的选举活动达到了高潮，斯大林在莫斯科大剧院对他的莫斯科选区的选民们发表了讲话，场面极其壮观。与努力重新加强并坚持共产党的作用相一致的是，斯大林在讲话的开头表达了这样一种意识形态的正统观点，即第二次世界大战发生的原因在于资本主义和帝国主义的各种经济矛盾。不过，由于这场战争把法西斯国家置于与英、美这样的热爱自由的国家相对立的地位，它从一开始就带有反法西斯的解放色彩，而且这一性质又因为苏维埃社会主义共和国联盟的介入以及它与西方建立的同盟而得到强化。斯大林非常重视这场战争对苏维埃社会体制的考验；他认为这种考验表明，"苏维埃社会体制是真正得到群众拥护的体制，是发自人民内心的，因而得到了他们的大力支持"。斯大林说，战争还证明了作为多民族国家的苏维埃体制是成功的；在这样的国家中，各族人民保持着友好合作的关系。至于共产党，斯大林突出了战前它在这个国家的备战方面发挥的作用：优先发展重工业并修筑了国防工事。至于未来，斯大林着重提到了新的五年计划在生产方面的各项目标，但也强调，要努力提高群众的消费水平和生活水平。最后，他谈到了共产党与"无党派"人士之间的关系。斯大林说，在过去，共产党对无党派人士抱着怀疑的态度，因为他们担心资产阶级的影响。但是现在，共产党和无党派人士都是牢固的苏维埃社会体制中的一员："他们共同生活在同一个集体中，为壮大我国的力量而并肩战斗。他们为了我们祖国的自由与强大……一同战斗，一同流血牺牲。他们一同战胜了我国的敌人。他们之间的唯一区别在于，一个在党，而另一个不在。但这是一种形式上的区别。重要的是两者有着共同的目标。"[31]

反西方运动

斯大林的选举讲话非常具有代表性，它充分显示了他对于苏维埃体制的力量与未来的信心。在斯大林的主要副手们的选举讲话中，也表现出类似的想法。[32]然而，在战后初期苏联人讲话中的另外一个想法对于未来来说，苗头就不太妙了——他们认为苏联为赢得这场战争所发挥的作用没有得到别的国家的足够的认可，而且这些国家正在企图剥夺苏联的胜利果实。对

于这些问题，格奥尔吉·马林科夫（他是斯大林在党内的副

330 手）在选举中说的话最为直白：“胜利的果实从胜利者的手中
滑掉，这种事情在历史上有过。但我们不应当这样……我们必
须首先进一步巩固和加强我们的各个苏维埃社会主义国家……
我们必须记住，只有我们强大了，我们的朋友才会尊重我们。”
斯大林手下主管意识形态的安德烈·日丹诺夫在他的选举讲话
中警告说，“即使是在爱好和平的国家中，也有一小撮敌视苏联
的反动分子……并不是所有的人都对我们的和平与安全政
策……感到满意。是的，我们不可能让所有的人都满意，因此
我们必须保持高度警惕”。[33] 在 1946 年 11 月纪念布尔什维克革
命的讲话中，日丹诺夫再次谈到了这个问题。他还尖锐地批评
了西方报刊对待苏联和苏联人民的方式：

> 人们在看报时会奇怪，苏联人怎么变得这么快。当我
> 们在战场上流血的时候，他们钦佩我们的勇气、勇敢、高
> 昂的士气和无限的爱国热情。而现在，当我们希望与其他
> 国家共同合作，行使我们平等参与国际事务的权利的时候，
> 他们就开始对我们大肆诋毁和谩骂，开始污蔑和辱骂我们，
> 同时却又说我们秉性多疑、让人无法容忍。[34]

日丹诺夫在公开场合的这些讲话，跟苏联内部讨论中说得一样
尖锐。在战争结束的时候，苏联情报局，作为政府的宣传工具，
准备了一系列关于自己及西方同行活动的报告。按照苏联情报
局的说法，现在战争结束了，苏联的对外宣传也遇到了一个艰
巨的任务，因为西方的反动派正在发动大规模的诋毁共产党的
运动。这场反苏运动得到了英美情报部门的支持与赞助，劳工

运动中的社会民主党分子在其中的影响尤其恶劣。[35] 在中央委员会国际事务方面的机密刊物《对外政策问题》中——该刊物是在 1944 年底开始出版的——也可以明显看出类似的主题。连篇累牍的文章都在强调，西方国家的反动派又开始露头了，而且势力还在增加。这些文章还提出，亲苏与反苏力量之间的斗争也在发展，尤其是在欧洲劳工运动的内部。在《新时代》（战后由《战争与工人阶级》更名而来）及别的苏联报刊中，也可以见到非常类似的分析。1946 年 3 月，斯大林亲自加入了这场论战。他在为回应丘吉尔的"铁幕"演说而发表的一篇长文中，把这位英国的前首相描绘成一个鼓吹对苏战争的反布尔什维克的反动分子。[36] 在这些激烈的辩论中，苏联人民为己方鼓劲几乎是不用动员的。这就像捷克斯洛伐克共产党的兹德涅克·姆林纳日（Zdenek Mlynar）在回忆战后在苏联的学习时光时说的那样：

331

> 　　最根本的信念是，苏联在战争期间付出了巨大的牺牲，决定了人类的命运，它也因此应该得到所有国家的特别的尊重。这些人把任何批评都看作对死者的侮辱。在这方面，他们与政府是一条心，不管他们在别的问题上对它持怎样批评的态度。[37]

在苏联国内，不断增加的对西方的怨恨与怀疑，在文化与政治上就表现为一种极端的爱国主义和民族主义运动，鼓吹苏维埃社会主义共和国联盟具有独一无二的优越性。隐藏在这场运动背后的是斯大林的傲慢，他觉得胜利应该给予苏联在战后世界中应有的位置。斯大林所期望的承认与让步，要远远多于他从

"伟大的同盟"伙伴那里的实际所得。特别让斯大林感到恼怒的是，苏联被排除在战后对日本的占领之外，而且对于苏联在东欧的势力范围，英美看来也不打算遵守它们在雅尔塔和波茨坦做出的承诺。于是，在战后与英国人和美国人的谈判中，斯大林也摆出了强硬的姿态；他的亲密助手们如果有任何对西方"奴颜婢膝"的迹象，就会受到训斥。在这些人中，首当其冲的就是长期受苦受难的莫洛托夫，他与外国人打交道最多，犯错误的机会也最多。例如，1945 年 11 月，因为莫洛托夫允许在苏联发表丘吉尔的讲话，斯大林批评他说：

> 我认为发表丘吉尔称颂苏联和斯大林的讲话是错误的。丘吉尔需要用这些颂辞来减轻他的犯罪感并掩饰他对苏联的敌意，尤其是要掩饰这样一个事实，即他和他的那些来自工党的门徒们是英美法反苏集团的组织者。我们发表这一类的讲话，只是在给这些先生们帮忙。我们现在有相当多的高级官员一得到丘吉尔、杜鲁门、拜恩斯的夸奖就愚蠢地欣喜若狂……我认为这种态度是危险的，因为它扩大了外国人在本国的影响。必须与对外国人的奴颜婢膝进行坚决的斗争。但是，如果我们继续发表这一类的讲话，我们就只能培养奴才和摇尾乞怜的人。苏联的领导者用不着外国人的夸奖，这一点不用我说。就我自己而言，这类夸奖只会让我心烦。[38]

332　　就像有些人暗示的那样，像这样的发作也许是斯大林为控制自己的政治局同事、重申自己在战后对他们的支配权而有意为之的。然而，斯大林的气愤看上去是发自内心的，而且说斯大林感受到莫洛托夫等人的威胁，这种说法不太可信。战争巩固了斯大林在政治局内部的独裁权力，而他对于苏联的胜利所起到的作用，则使他在政治上处于无可撼动的地位。在反对对西方的奴性的运动中，如果说斯大林有什么考虑的话，那就是他对于与资本主义世界的接触给苏联社会带来的影响的确是有顾忌的。战争以及"伟大的同盟"使苏联在政治、文化和经济方面受到了非常大的外来影响，而且人们还热切地期待这些影响在和平时期会延续下去。例如，1944 年夏，苏联作家弗塞沃洛德·维什涅夫斯基（Vsevolod Vyshnevksii）就描绘了一幅战后文化共存的生动画面：

> 当战争结束的时候，生活会变得非常愉快。从我们的经历中会诞生出一种伟大的文学。与西方也会有大量的交往与接触。每个人喜欢什么就可以读什么。会有交换的学生，而且到国外旅行对于苏联公民来说也会容易了。[39]

在战争结束的时候，斯大林对于苏维埃体制以及他自己的权力充满了自信，但那并不意味着他放弃了自己在战前的看法——阶级斗争在社会主义条件下依然存在——也不意味着他不再害怕资本主义对苏联人民的负面影响了。这些担心的表现之一就是，对从被纳粹占领的欧洲遣返的苏联公民和战俘进行的严厉处置。所有被遣返的人都被要求到中转营（transit camps）报到，以便接受内务部的甄别。在大约 400 万被遣返的人当中，有 2660013 人是平民，有 1539475 人当过战俘。在这些人当中，遣送回家的有 2427906 人，重新回到部队的有 801152 人，送进国防部劳动营的有 608095 人，被发现犯有某种罪行或过失并被移交内务部门接受惩罚的有 272867 人，被作为接待人员留在中转营直到 20 世纪 50 年代初遣返工作最终结束的有 89468 人。[40]

甄别的目的是要挖出叛徒与间谍，这是真正要担心的事情，因为在战争期间有 100 万苏联公民在轴心国的军队服役，有一半是以军人身份，其余的则是作为平民辅助人员。甄别就是要确保，被德国人俘虏的那些人或者是被作为奴隶劳工强征的那些人，没有太轻易地屈服。就高级军官而言，他们只有在受伤且无法继续战斗的情况下，被俘才是可以接受的。[41]但中转营的主要目的不是惩罚叛徒，而是要试探从国外回来的公民的忠诚度。

日丹诺夫主义

333   1946 年夏，斯大林反对西方资本主义影响的运动发生了新的、急剧的转向。当时，党的中央委员会颁布了一则通告，抨击以列宁格勒为活动中心的月刊《星》（Zvezda）和《列宁格勒》（Leningrad），因为它们发表的作品"培养的是对西方现代资产阶级文化的奴性，而这是与苏联人民格格不入的"。两天后，也就是在 8 月 16 日，日丹诺夫对苏联作家协会列宁格勒分会发表了讲话，谴责讽刺作家米哈伊尔·左琴科（Mikhail Zoshchenko）和诗人安娜·阿赫玛托娃（Anna Akhmatova）。左琴科之所以被公开羞辱，是因为他把苏联人民描写成"游手好闲、道德沦丧而且普遍愚昧野蛮的人"。阿赫玛托娃则被指责为个人主义者，"集修女与娼妓于一身"。不用说，这两位作家很快就被他们的协会开除了；《星》的编辑部遭到整顿，《列宁格勒》这份杂志也一并被查封。1946 年 9 月，中央委员会颁布了有关思想正确的电影的法令。这些电影中包括谢尔盖·爱森斯

坦的《恐怖的伊万 第二集》。它之所以遭到批评，是因为它对
这位令人恐惧的沙皇在俄国历史上的进步作用做了错误的描写。
这种文化清洗此后又被扩大到戏剧界和音乐界。1948 年 2 月，
肖斯塔科维奇（Shostakovich）因为其作品中与苏联音乐风格不
一致（un-Soviet）的形式主义而遭到批判。一年之后，苏联的
戏剧评论家们受到抨击，他们这群人被认为没有爱国精神。发
动这些抨击的主阵地之一，就是中央委员会中由日丹诺夫领导
的那个部门所出版的一份新刊物——《文化与生活》（Kul'tura i
Zhizn'）。[42]

　　文化政策上的这种转向虽然被称为日丹诺夫主义，但它是
由斯大林发起和策划的：这方面的所有重要的公开讲话，都是
由他审查和修改的。在日丹诺夫 1946 年 8 月的一篇经过修改的
发言稿中，可以明显看出斯大林的意图：

> 　　我们文学界的一些人，开始不把自己看作老师而是看
> 作学生了，［而且］……还沾染了对平庸的外国文学奴颜
> 婢膝、阿谀奉承的习气。难道这种充满奴性的人会变成我
> 们苏维埃的爱国者吗？苏维埃的爱国者们正在建设苏维埃
> 体制，而这种体制要比任何资产阶级体制都要更高级、更
> 好上百倍。在狭隘平庸的西方文学面前卑躬屈膝……会成
> 为我们苏维埃的先锋文学吗？[43]

康斯坦丁·西蒙诺夫（Konstantin Simonov）在他的回忆录中谈
到了在 1947 年 5 月发生的一件事，当时他与苏联作家协会的其
他一些官员去看斯大林，表面上是关于版税的支付问题，但这
位苏联领导人认为，知识分子在爱国主义方面的教育还不够。

"拿我们中产阶级的知识分子也就是科学研究人员、教授和医生
334 来说，他们完全没有培养起对苏维埃的爱国主义情感。他们对
外国文化有一种错误的崇拜心理……这种落后的传统是从彼得
[大帝]开始的……在外国人面前，在那些一钱不值的家伙面
前，太低三下四了。"[44]

因为这种据说的奴性而受到抨击的不仅仅是艺术家。1947
年有过一场公开的讨论，讨论的是主管宣传的亚历山德洛夫写
的一本关于西方哲学史的书。他被指控低估了俄罗斯在哲学史
上的贡献，没有突出马克思主义在思想上与西方传统的决裂。
日丹诺夫在自己为这场讨论所写的文稿中特别提到，正是斯大
林本人使人们注意到该书的缺陷。（日丹诺夫没有解释：既然是
这样，为什么这本书在 1946 年出版时还获得了"斯大林奖
金"。）在 1947 年受到抨击的另外一个苏联知识分子是经济学
家尤金·瓦尔加。他的罪过在于出版了一本书，并在书中提出：
资本主义的性质已经由于这场战争而发生了根本改变，尤其是
国家加强了对经济活动的管理，这些变化预示着西方国家会逐
渐向社会主义方向转型。在 1946 年这本书出版的时候，瓦尔加
的观点与斯大林自己的想法完全一致。斯大林认为，战后在欧
洲可以通过社会经济改革和和平的政治斗争来实现人民民主制
度。但是在 1947 年，冷战的气氛越来越浓，这就为瓦尔加在共
产党和苏联学术界中坚持强硬路线的对手们提供了攻击其论著
的机会。最终，瓦尔加被迫放弃了他的异端观点，而他的研究
所及其出版的刊物也被查封了。[45]

在自然科学领域，反对西方有害影响的运动，还另外采取
了"荣誉法庭"这种别具一格的形式。在这一过程中，最初的
受害者是医学家尼娜·克留耶娃（Nina Kliueva）和她的丈夫格

里高利·罗斯金（Grigorii Roskin）。1946 年夏，新任的美国驻莫斯科大使沃尔特·贝德尔·史密斯参观了他们的实验室。随后，克留耶娃和罗斯金准备让人把他们有关恶性肿瘤治疗的手稿的复印件带给美国医生。1947 年初，这件事引起了斯大林的注意。在他的提议下，政府通过了一项决定，在苏维埃国家的整个中央机关成立荣誉法庭，目的是审查官员和职员反爱国、反国家和反社会的行为。在卫生部审查克留耶娃和罗斯金案件的荣誉法庭上，最关键的问题是，他们与外国人分享苏联的医学科学秘密的做法是否正确。日丹诺夫在其向法庭表达的意见中强调，这两位科学家是擅自做主的，没有跟有关部门协商。[46]

克留耶娃和罗斯金没有被判刑。所谓的荣誉法庭的意义在于，对于与外国人交往的种种危险进行公开的思想政治教育。（他们的"审判"，实际上就是有 800 人参加的公开的大会。）为了反复强调这一点，中央委员会给党员发了一份机密通告，即"关于克留耶娃和罗斯金教授案"。该文件批判了"对外来事物的奴性"，强烈要求"要用苏维埃爱国主义精神来教育苏联的知识分子"，而且还警告要反对"在西方资产阶级文化面前低三下四、奴颜婢膝"。[47]

在所谓的李森科事件中，爱国主义的极端重要性也显而易见。[48]特罗菲姆·李森科（Trofim Lysenko）是专门研究植物学的苏联生物学家，他相信获得性特征可以被遗传并因此而受到环境变化的影响。他的观点使他与苏联的遗传学家发生了冲突，因为他们主张，遗传是基因的功能，不是环境影响或者对自然的科学操控的结果。苏联生物学界内部这两派的长期争论在 1948 年 4 月发生了新的转向，当时在中央委员会主管科学的尤里·日丹诺夫（Yuri Zhdanov）——他是安德烈·日丹诺夫的儿

335

子——发表了批判李森科观点的报告。李森科写信向斯大林申诉。结果，李森科的立场得到了官方的支持，《真理报》公布了 1948 年 7～8 月召开的一次阐述李森科的观点、驳斥批评他的那些遗传学家们的观点的大会记录。李森科也许是个蹩脚的科学家，但他在政治上极为敏感。他煞费苦心地用"苏联的"科学与"西方的"科学、"唯物主义的、进步的、爱国的"生物学与"反动的、教条的、外国的"生物学这些对立的字眼来表达自己的立场。

李森科胜了，因为斯大林支持他的观点并且严厉训斥了在遗传与遗传学争论中表达了自己看法的尤里·日丹诺夫。"在党内，我们绝没有个人的意见或个人的观点，"斯大林告诉他说，"只有党的观点。"[49]斯大林支持李森科的观点，那是因为这些观点诉诸的是苏维埃爱国主义，因为这些观点符合他自己的马克思主义的唯意志论哲学，即认为自然界是可以通过人类的积极干预而得到彻底改造的。依照这种现代主义观点，苏联报刊在 1948 年 10 月宣布了"斯大林主义的改造自然的伟大计划"。这是一个大规模地种草植树、开挖 44000 个新水库的工程。"资本主义，"《真理报》的社论说，"不仅不能够有计划地改造自然，而且还阻碍了对它的财富的开发利用。"

斯大林在自己的 1946 年的选举讲话中曾经说过，他"相信，如果给予我们的科学家他们所需要的帮助，他们很快就会赶上甚至超过国外科学的成就"。两年之后，公开讲话中的这种调子已经变成了必胜主义的断言：苏联的——实际上也就是俄罗斯的——科学成就已经超过了西方。"在整个历史上，伟大的俄罗斯人民用杰出的发现和发明丰富了自己国家和全世界的技术"，《真理报》的一位专栏作家在 1949 年 1 月声称。这番话是在苏联科学院的一次有关俄罗斯科学史的会议上说的。同月，《共青团真理报》(*Komsomol Pravda*，共青团报纸) 发表了一篇题为《飞机是俄罗斯的发明》的文章。据它的作者说：

> 没有哪个领域俄罗斯人民没有在其中开辟出新的道路。波波夫 (A. S. Popov) 发明了无线电。洛德金 (A. N. Lodygin) 造出了白炽灯泡。波祖诺夫 (I. I. Pozunov) 制造了世界上第一台蒸汽机。切拉帕诺夫父子 (Cherepanov) 发明的第一台机车行驶在俄罗斯的大地上。农奴费多尔·布利诺夫 (Fedor Blinov) 架着一架比空气重的飞机飞翔在俄罗斯的上空，这架飞机是由天才的亚历山大·费多洛维奇·莫扎伊斯基 (Aleksandr Fedorovich Mozhaiskii) 设计并完成的，比莱特兄弟的还要早21年。[50]

这段引文表明，在苏联战后的爱国运动中，存在强烈的俄罗斯化 (Russification) 的成分。斯大林的官方肖像也按照这种倾向去掉了格鲁吉亚血统在他身上留下的所有痕迹。例如，斯大林在战后穿着全套军服的标准像就是仿照一位杰出的俄罗斯探险家和地理学家的照片。[51] 斯大林还一如既往地特别看重俄罗斯民族及其文化，将他们视为抵御西方的堡垒。1947 年，在普希金逝世 110 周年的时候，举行了隆重的纪念活动。1947 年 9 月，斯大林在纪念莫斯科建城 800 周年的贺词中说："莫斯科的伟大不仅在于三次解放了我们的国家，使之免遭外国的压迫，免遭蒙古人的奴役，免遭波兰人和立陶宛人的入侵以及法国人的侵犯。莫斯科的伟大首先在于，它是把分裂的俄罗斯统一成一个单独的、拥有一个政府和一个联合的领导层的国家的基础。"[52]

1950 年，斯大林在《真理报》上发表了一系列关于马克思主义与语言学的文章，为俄罗斯语言的特殊的优越性辩护。[53]

镇压又来了

随着苏联与西方关系的恶化，日丹诺夫主义的强度也加大了。反西方运动最初是因为斯大林对英美感到不满、担心苏联社会受西方影响的渗透而引发的。1946 ~ 1947 年的对文化界的清洗，是因为莫斯科害怕西方国家不断增长的反苏势力会威胁到"伟大的同盟"的未来。苏联与俄罗斯的极端爱国主义情绪的滋长，与冷战在 1947 ~ 1948 年的爆发以及与西方的意识形态论战也有关系。最后，在 20 世纪 40 年代末 50 年代初，当冷战冲突达到高潮的时候，苏联的国内政治发生了明显的恐外转向。公民们被禁止与外国人接触；在莫斯科工作的西方记者要接受严苛的审查；即使是对苏联官员来说，到国外旅行也会受到严格的限制；政府开始采取严厉的惩罚措施，以防泄露国家机密。这实际上是再度陷入了苏联社会在 20 世纪 30 年代曾经有过的那种孤立主义与受围心态（siege mentality）。正是在这样的背景下，斯大林发动了新一轮的审判、逮捕和镇压。战后斯大林恐怖的规模与1937 ~ 1938年叶卓夫时代的规模和力度是无法相比的，但它对知识分子来说仍然是个沉重的打击，因为他们本来希望胜利会带来一个解放的时代。

在领导层，最有名的事件就是 1949 年的所谓的"列宁格勒事件"。[54] 它是指对列宁格勒党组织的领导层的清洗，罪名是：它疏远中央委员会并经营自己的恩赐网络。卷入这起事件的是国家计划委员会（Gosplan）主席尼古拉·沃兹涅先斯基。与列宁格勒领导层有私交的他，之所以受到严厉指责，是因为他给部长会议提供误导性信息和丢失国家机密文件。很快，对被告的指控就升级为宣布他们参与间谍活动。1949年的8月和10月，列宁格勒的领导层和沃兹涅先斯基先后被捕。在一年后于列宁格勒进行的秘密审判中，所有人都被判有罪，然后就被处决了。镇压活动扩大到列宁格勒地区的中级官员，结果有200多人被判死刑、监禁或流放。

　　斯大林这次清洗的目的到底是什么，这一点依然让人弄不明白，但看来他当时真的被列宁格勒领导层所表现出来的独立性激怒了，于是就杀鸡儆猴，让党内的其他领导人不要企图擅自做主。也有可能是斯大林对于从列宁格勒人那里不断送来的提案和计划感到不安，因为他们想要按照苏联其他加盟共和国内的民族政党的路线建立一个俄罗斯共产党。对于这样的做法，苏联共产党一直是反对的，因为这样做有怂恿大俄罗斯沙文主义的危险。斯大林对俄罗斯的民族主义和爱国主义是完全支持的，前提是，它们要处于他的严格控制之下。[55]就沃兹涅先斯基这件事而言，斯大林做出牺牲他的决定，这其中含有极多的任性成分。在经济事务上，沃兹涅先斯基作为斯大林"主要的讲真话的人"之一，已经牢牢地确立了自己的地位。当斯大林认定沃兹涅先斯基由于提供误导性信息而辜负了这种信任时，他就被开除出党并移交安全人员，尽管他令人同情地发誓永远忠诚。[56]

　　说斯大林相信沃兹涅先斯基和其他人真的是间谍和叛徒，这很不可能。相反，就像在20世纪30年代一样，斯大林倒是很可能认为，如果不采取预防措施，他们和其他人也许会倒向敌对阵营。为这种幻想火上浇油的是与西方的冷战，以及西方情报机构的间谍活动和破坏活动。在西乌克兰和波罗的海地区，

338

这样的活动是与当地人武装抵制苏联的统治密切配合的。[57]

惧怕西方的渗透，这在对犹太人反法西斯委员会（JAFC）的清洗中表现得尤为突出。犹太人反法西斯委员会是苏联人在伟大的卫国战争期间成立的若干反法西斯组织之一。[58]它的工作就是号召苏联国内外的犹太人支持苏维埃社会主义共和国联盟。该委员会的主席是著名的演员和导演所罗门·米霍埃尔斯（Solomon Mikhoels），而且它里面有许多杰出的苏联犹太艺术家、知识分子和科学家。该委员会在莫斯科组织公开的集会，赞助意第绪语出版物，在国外募捐，努力突出遭到纳粹攻击的犹太人的困境。在苏联国内，它努力促进犹太人的文化与认同感，揭露纳粹对犹太人的大屠杀，为在克里米亚建立犹太人苏维埃社会主义共和国而进行游说。委员会的成员通过自己在国外的活动与众多犹太人组织建立了广泛的联系，这其中也包括犹太复国主义者为建立以色列国而做出的努力。在战后，米霍埃尔斯支持把犹太人反法西斯委员会发展成一个进步的犹太人组织，在国外开展支援苏联的运动。然而，在共产党的党组织内部，各种要求在战后取消该委员会的决定却被列入了议程。党的官僚们（apparatchiks）抱怨说，尽管该组织在战争期间发挥了重要作用，但它的民族主义倾向与犹太复国主义倾向太明显了。批评者认为，该委员会突出的是苏联犹太人的生活方式，而不是诸如俄罗斯人等其他民族的文化；而且它的苏维埃爱国主义精神表现得也不充分。犹太人反法西斯委员会有力地驳斥了这些指责，强调了他们对苏维埃的忠诚。然而，米霍埃尔斯于1948年1月在明斯克被害——表面上是由于一起交通事故，但实际上很可能是苏联安全人员一手策划的。[59]1948年3月，事态发展愈发不妙。苏联国家安全部部长阿巴库莫夫（V. S.

Abakumov）向斯大林递交了一份报告说，"作为具有亲美倾向的活跃的民族主义分子，犹太人反法西斯委员会的各位领导人实质上是在从事民族主义的反苏运动"。在提供了有关这个所谓的运动的各方面细节之后，阿巴库莫夫最后提到，他的安全部从最近被捕的犹太民族主义分子当中已经揪出了许多英美间谍。[60]

339

　　虽然自己的安全主管发出了可怕的警报，但斯大林并没有立即采取行动解散该委员会。有些分析家提出，直到日丹诺夫于 1948 年 8 月去世时为止，该委员会一直受到他的保护。但其他人则强调斯大林本人在战后与犹太复国运动的同盟所起到的限制作用。[61]

　　苏联在战后与刚刚成立的以色列国建立了事实上的同盟关系。尽管这里面含有某些对落到纳粹手里的欧洲犹太人的不幸遭遇的同情成分，但苏联人这样做主要还是为了自身的利益。对于阿拉伯民族主义运动，苏联人是不信任的，他们认为它过多地受到了英国人和美国人的影响，因此，他们就把犹太复国运动视为一种可以在中东抗衡西方影响的有效工具。对于巴勒斯坦问题的解决方案，莫斯科优先考虑的选择是，成立一个尊重犹太人和阿拉伯人双方利益的独立的多民族国家。但事到临头，苏联人又准备赞成把巴勒斯坦分成犹太人和阿拉伯人两个国家。安德烈·葛罗米柯 1947 年 5 月宣布苏联立场的联合国发言，几乎是犹太复国运动的教科书式的宣传：

　　　　在过去的这场战争期间，犹太人民经受了罕见的不幸与苦难……在希特勒匪徒占领的地方，犹太人几乎完全被灭绝了……在幸存下来的欧洲犹太人中，许多人都失去了自己的国家、自己的家园和自己的生计……过去的经

验……表明，没有哪个西欧国家能够为犹太人民提供足够
的帮助，以维护他们的权利与生存……正是因为这个……
不愉快的事实……犹太人才一心想要建立他们自己的国家。
不考虑这一点，或者否认犹太人民拥有实现这一愿望的权
利，那是不公正的。[62]

1948 年 5 月，以色列建国；接着它就很快与苏联建立了外交关
系。9 月，特拉维夫的第一任大使抵达了莫斯科。戈尔达·梅
耶森 [Golda Meyerson，更多被称为戈尔达·梅厄（Golda
Meir)，她后来成了以色列的总理] 在 9 月 12 日向国内报告说，
在以色列国宣告成立的时候，曾经有 2 万人在莫斯科的一个犹
太教堂里举行庆祝活动。10 月 6 日，梅耶森报告说，在岁首节
（Rosh Hashanah，犹太新年）这一天，一大群一大群的人涌入
了莫斯科的犹太大教堂，她在大街上都能听到里面传来的雷鸣
般的欢呼声和希伯来语的"叫喊声"。她的其他一些报告也证
340 明，以色列大使馆与犹太人反法西斯委员会成员的接触在不断
加深。[63] 很有可能正是这些新的情况最终使斯大林转而反对犹
太人反法西斯委员会。他无论如何都不会赞成独立的政治活动。
唯一可以展示民族主义和爱国主义的活动，是那些得到苏维埃
国家支持和赞助的活动。1948 年 11 月，政治局最终决定解散
犹太人反法西斯委员会。理由是，它是反苏宣传的中心，经常
向外国情报机构传递反苏情报。[64] 尽管该决定特别说明"还不
到逮捕人的时候"，但没过多久，犹太人反法西斯委员会的主要
成员就都被抓了起来。1952 年春季和夏季，犹太人反法西斯委
员会的 15 名官员和活动家受到了秘密审判。在那些被指控从事
犹太民族主义运动、犹太复国主义运动和间谍活动的人当中，

有前副外交人民委员洛佐夫斯基，他倒霉就倒霉在自己在战后被任命为犹太人反法西斯委员会的负责人，而从个人来讲，他其实是主张撤销这个委员会的。作为一名布尔什维克，洛佐夫斯基在其政治生涯中曾经担任过一段时期的第三国际的工会负责人。他在审判中翻了供，对强加于他的各项罪名拒不接受。洛佐夫斯基的地位和雄辩对主持审判的法官亚历山大·切普佐夫（Alexander Cheptsov）起到了作用，他企图对犹太人反法西斯委员会进行重新调查。即使是在他迫于压力判处洛佐夫斯基和另外 12 人死刑之后（其中有一名被告在监禁期间已经死亡，而另一名被告在被判有罪并被流放 5 年之后又判了 3 年半的劳改），切普佐夫还是允许他们上诉，请求从宽处理——这对于斯大林政权中的法官来说，要是在 20 世纪 30 年代，是想都不敢想的事情。[65]

在犹太人反法西斯委员会的活动家当中，有一个人相对来说只受到了轻微的惩罚，她就是莫洛托夫的妻子，犹太人波林娜·热姆丘任娜（Polina Zhemchuzhina）。她是在 1949 年 1 月与其他人一起被捕的，但苏联调查人员最终决定，把她的案子与对犹太人反法西斯委员会主要人物的审判分开来。她所受到的惩罚就是在哈萨克斯坦流放了一段时期。在把有关开除她党籍的问题提交政治局讨论的时候，莫洛托夫有意回避了；但他很快就公开认错[66]并同意了斯大林的要求，与她离了婚。（两人直到斯大林死后才重新结合。）莫洛托夫受到的惩罚是在 1949 年 3 月被解除了外交部部长职务，但这更多的只是一种平行调动。在苏联对外政策的制定上，他仍然起着核心作用，而且还被任命为政治局外交委员会的负责人。接替莫洛托夫担任外交部部长的是以前的副外交部部长安德烈·维辛斯基。他经常向他的前任征求建议和了解情况。在这段时间，莫洛托夫被分派的任务中除了其他重要的任务之外，还要准备出版斯大林与丘吉尔、罗斯福、杜鲁门和艾德礼的战时通信。[67]

在对犹太人反法西斯委员会进行清洗和镇压的同时，苏联国内还开展了反对"无根的世界主义"（rootless cosmopolitanism）运动。运动的主题是，必须把无产阶级的国际主义与苏联的爱国主义以及对俄罗斯文化的尊重结合起来。虽然这次反世界主义运动不是特别针对犹太人的，但它有反闪米特的含义，而且是发生在反犹太复国主义的恶意宣传的背景下——这种宣传随着 1953 年苏联与以色列的断交而达到了高潮。反对犹太复国主义、反对其所谓的与西方帝国主义相勾结在苏联国内从事破坏活动与间谍活动的运动，很快就蔓延到苏联集团的其他国家。1952 年 11 月，捷克斯洛伐克共产党的 14 名前领导人，包括其总书记鲁道夫·斯兰斯基（Rudolph Slansky），在布拉格受到公开审判，罪名是参与与犹太复国主义运动有联系的反国家阴谋。在 14 名被告当中，连同斯兰斯基在内有 11 个是犹太人。有三名被告被判终身监禁，其余包括斯兰斯基在内的都被处决了。[68]

至于斯大林个人对犹太人的态度，是件一直有争议的事情，但可以获得的证据都指向了泽罗斯·梅德韦杰夫（Zhores Medvedev）的结论：与其说他歧视犹太人，不如说他在政治上对犹太复国主义运动和犹太民族主义运动怀有敌意，他认为它们对他的权力构成了威胁。[69]苏联在名义上反对所有形式的种族主义，包括对犹太人的歧视，而且斯大林曾经多次公开表示过这样的意思。在他出生的格鲁吉亚没有犹太人区，而且那里的主要传统是同化犹太人，这也是斯大林在苏联上台时赞成的政策。斯大林周围有许多官员都是犹太人，或者他们的妻子是犹太人，而且他自己即使是在 20 世纪 50 年代初反犹太复国主义运动正处于高潮的时候，依然在宴请犹太作家和艺术家。1952 年 12 月，斯大林对中央委员会全体会议的讲话很能说明问题：

> 我们越是成功，我们的敌人就越是企图对我们搞破坏。由于我们所取得的伟大的成功，我们的人民已经忘记了这一点，变得自满、缺乏思考和自大了。
>
> 每一个犹太民族主义分子都是美国情报机构的特务。犹太民族主义分子认为，他们的民族是由美国拯救的（在那里，他们可以发财，可以成为资产阶级，等等）。他们认为自己欠了美国人的人情。
>
> 在医生当中，有许多犹太民族主义分子。[70]

正像这段引文所显示的那样，斯大林在政治上对犹太复国主义和犹太民族主义运动的敌意，往往呈现出种族特点：某些犹太人由于其政治观点而被归于敌人一类，但所有犹太人由于自己的种族身份也都成了政治可疑分子——除非能够证明不是这样。这在斯大林提到的"医生事件"中显而易见，它是斯大林的安全警察刚刚挫败的一起神秘的阴谋活动。

所谓"医生事件"——有人也许愿意称之为阴谋[71]——始 342 于 1951 年 7 月，当时的国家安全部高级侦查员留明（M. D. Ryumin）中校写信给斯大林，声称雅科夫·埃廷格尔（Yakov Etinger）医生——"一位顽固的犹太民族主义分子"——已经供认，他在 1945 年曾经以看病为掩护，谋杀了深受爱戴的政治局成员谢尔巴科夫。留明还说，埃廷格尔与其他许多医生共同参与了一起更广泛的恐怖主义阴谋活动。关键是，留明声称他的上司阿巴库莫夫在审讯埃廷格尔期间插手并结束了这个案子。（实际上，埃廷格尔已于 1951 年 3 月在被留明审讯期间死亡了，所以，有可能是留明为了掩饰自身的过错而指控了阿巴库莫夫。）

于是，斯大林就成立了一个委员会，由马林科夫负责，来调查留明的指控。阿巴库莫夫的前任，国家安全部部长贝利亚也是该委员会的成员。委员会很快就得出结论，认为阿巴库莫夫有罪。1951 年 7 月 13 日，中央委员会给各级党组织下发了一封"保密"信，宣布阿巴库莫夫由于没有对埃廷格尔的供状进行调查，已被解除职务并开除党籍。这封信进一步指出，阿巴库莫夫在 1951 年 1 月就已经逮捕了犹太反苏青年组织的成员，但他对政府隐瞒了他们的恐怖主义阴谋。阿巴库莫夫很快被逮捕，他的安全部遭到清洗，有 4 万多人丢掉了他们的工作。

1951 年 11 月，国家安全官员又向中央委员会呈交了关于"医生事件"的报告，声称 1948 年死于心脏衰竭的日丹诺夫和其他共产党领导人是一场医生阴谋的牺牲品。一年之后，"阴谋"说全面升级为阴谋理论。1952 年 12 月 4 日，苏共中央委员会下发通告说，有一帮医生在为英美情报机构工作，他们已经策划了阴谋，准备利用为党政领导治疗的机会，缩短他们的生命。在受到指控的医生当中，只有少数是犹太人，而且这个被中央委员会揭露出来的、想象中的阴谋，也是被说成资本主义和帝国主义的，而不是犹太复国主义的。然而，《真理报》于 1953 年 1 月向苏联公众披露这一阴谋的时候，却使该事件带有了明显的反犹倾向。《真理报》上的这篇文章在发表前是经过斯大林修改的。它声称，这些医生是美国情报人员，是通过一个犹太资产阶级民族主义组织招募的，他们从米霍埃尔斯——"那个有名的犹太资产阶级民族主义分子"——那里接受指令，要暗杀苏联的领导人。[72]

在 1952~1953 年，有数百名苏联医生被捕，其核心是 37 名医生及其妻子，其中有 17 名犹太人，他（她）们被说成针对苏联高层领导的阴谋活动的首要分子。幸运的是，所有人都活了下来，并在斯大林死后被宣布无罪。被处死的犹太人反法西斯委员会成员，以及因列宁格勒事件而受到株连的那些人也得到了平反。

343

乔纳森·布伦特（Jonathan Brent）和弗拉基米尔·纳乌莫夫（Vladimir Naumov）认为，"医生阴谋是斯大林最后策划的严重罪行"，[73]他们描绘了一个大阴谋，这个阴谋的目的是造成剧烈的冲突，以便在冲突中把这位苏联独裁者的所有敌人一网打尽。换句话说，斯大林是想再次上演 20 世纪 30 年代的"大恐怖"，只是这一次他会把这项工作做彻底。布伦特和纳乌莫夫大肆渲染斯大林作为一个大阴谋家的能力："斯大林就是在旷野中未曾现身的戈多（Godot）①。我们等待，我们猜测，我们归结了种种动机，收到了种种难以捉摸的消息，但到头来他还是不愿现身，也没有任何办法可以直接把他理解为一个'人'。"[74]这种描述赋予了斯大林他从来不曾有过的诡秘与深谋远虑。实际上，列宁格勒事件、犹太人反法西斯委员会事件和医生事件所揭示的是，斯大林在多大程度上依然倾向于相信存在反对其政权的犯罪阴谋，以及他的政治多疑症对他自己政权的正常运转的影响。镇压使人民因为害怕而变得被动和顺从，但也导致这一体

---

① 戈多是塞缪尔·贝克特（Samuel Beckett）的荒诞派戏剧《等待戈多》（*Waiting for Godot*）中的神秘人物，他是剧情展开的中心线索，却自始至终没有现身。——译者注

系中的一些最有才干、最为忠诚的人被谋杀或囚禁。例如，
1952 年 12 月，斯大林解除了一直担任其私人秘书的波斯科列
贝舍夫（A. N. Poskrebyshev）的职务，理由是"把机密文件泄
露了"，而且他还让人逮捕了自己的贴身警卫。斯大林的最后的
受害者之一是伊万·麦斯基，他被当成外国间谍而于 1953 年 2
月 19 日被捕，在监狱里关了两年。

总的来说，如果把战后的种族驱逐、西部边境地区的平叛
运动以及对归国的战俘和被强征的劳工的审查都算上，苏联战
后的镇压活动的规模还是很大的。苏维埃政权很可能还关押了
大量的犯了罪的公民，虽然斯大林在 1945 年因为庆祝胜利而赦
免了 100 万普通罪犯。[75] 政治犯没有得到赦免，但在战后因为
所谓的反革命罪而遭到逮捕的人数大大地减少了。1946 年，被
判犯有政治罪行的人数是 123294 人，在 1952 年只有 28800 人。
在 1946 年有 2896 名政治犯被处死，而在 1952 年是 1612 人。[76]
相比之下，在 20 世纪 30 年代被逮捕的有数百万人，由于政治
原因被处死的有几十万人。

尽管有列宁格勒事件、犹太人反法西斯委员会事件和医生
事件，战后的苏维埃政权还是在发生转变，不再以清洗和恐怖
作为体制的基础了。这一分析得到了如下事实的支持：即使是
在 20 世纪 50 年代初对外国间谍及其破坏活动极端恐惧的时候，
被逮捕的也只有几百人。此外，与这种相对有限的镇压活动相
344　一致的是，日丹诺夫主义的某些极端的方面也得到了纠正。被
称为"娼妓加修女"的诗人阿赫玛托娃得到了平反，而且得到
允许又可以发表自己的作品了。在文学界和戏剧界，人们集体
反对过度的政治化，并重新肯定了描写人类生活的戏剧性和复
杂性的价值。正如蒂莫西·邓莫尔（Timothy Dunmore）所说的

那样，在斯大林死后备受称赞的文化解冻，实际上在 20 世纪 50 年代初的时候就开始了，虽说当时还有些犹豫。[77] 在古拉格，也就是由贝利亚的内务部管理的庞大的惩戒性的劳改体系，情况差不多也是这样。到斯大林统治的最后几年，由于经济的刺激而形成了一种趋势，即把做苦役的囚犯转变为平民劳动力。在斯大林去世之后，古拉格的大门被撬开了，整个体系也很快被废除了，但是，在他还活着的时候，古拉格就已经采取了一些初步的措施。[78]

党的第十九次全国代表大会

预示着从斯大林时代晚期向后斯大林时代过渡的，是 1952 年 10 月召开的党的第 19 次全国代表大会。这是自 1939 年以来首次召开这样的大会，也是斯大林统治时期的最后一次。[79] 根据党的条例，全国代表大会应该每三年召开一次。在战争期间不可能召开这样的大会，但是在 1947 年或 1948 年有过这样的计划，主要的议程是制定新的党纲和修改党的章程。大会之所以被推迟了，也许是因为负责起草新党纲的日丹诺夫病倒并去世了。在日丹诺夫去世之后，斯大林有更为迫切的事情需要考虑，例如列宁格勒事件和日益恶化的国际形势，所以召开党的全国代表大会这件事就从他的议程上给取消了。直到 1951 年 12 月，政治局才按照斯大林的指示通过决议，在来年召开全国代表大会。在议程中保留了讨论党的章程，但修订党纲的打算被取消了，取而代之的是讨论 1951～1955 年的五年计划。主要的政治报告交给了马林科夫而不是斯大林，这一点意味深长。陈述五年计划的任务交给了萨布洛夫（M. Z. Saburov），他接替了沃兹涅先斯基在国家计划委员会的职务；修订党的条例这项任务被委托给了尼基塔·赫鲁晓夫，他已于 1949 年被任命为中央委员会书记。莫洛托夫的任务是致大会开幕词，伏罗希洛夫致闭幕词。

斯大林之所以不在主要的发言人名单上，也许是由于他的健康状况每况愈下——到大会召开的时候，他将近 73 岁，距离那次夺去他生命的发病只有 6 个月。当他出现在大会上的时候，人们报以狂热的掌声，但他只是在讨论时短短地说了几句，问候了外国共产党的兄弟代表团。[80] 不过，对于大会的筹备工作，斯大林并不是无所作为的。在大会召开的前夕，他出版了一本小册子，名为《苏联社会主义经济问题》。这本书主要论述的是在社会主义经济体系中各种经济规律的作用，其内容晦涩难懂，尽管如此，这次大会还是对斯大林的观点进行了广泛的讨论。大会上所有较为重要的讲话都是经过斯大林审查和修改的。他对马林科夫的报告特别关心。报告几易其稿，而且经过了这位苏联独裁者的仔细修改。非常有趣的是，马林科夫的报告也呈交给所有其他的政治局成员来征求意见。当然，最后拍板的是斯大林，但马林科夫的报告在一定程度上也可以说是整个苏联领导层集体研究的产物。马林科夫的讲话并没有什么出人意料的地方。它讲的主要是战争结束以来的国际经济政治的发展状况，尤其是资本主义国家中持续不断的危机，以及苏联为争取持久和平而进行的斗争。

实际上，这次大会最重要的成果是对党的条例的修改。党的名称从"全联盟共产党（布尔什维克）"改成了"苏联共产党"。总书记的职位被取消了，斯大林成为党的若干第一书记之一（赫鲁晓夫也是）。政治局被中央主席团取代了，这是一个比其前身更大的机构，有 25 个正式成员和 11 个候补成员——只不过在这次大会之后，在中央主席团当中又设立了一个人数较少的常务委员会（Buro）。基层党组织的会议被规范化了，目的是给党内注入民主的成分，加强普通党员对官员的控制。[81]

斯大林希望通过这些变化来达到什么目的，这一点还不是十分清楚，但在这次大会之后于1952年10月紧接着召开的中央委员会全体会议上，斯大林解释说，这些改变是一种手段，目的是给党的高层领导注入年轻的新鲜血液。他还特别强调了国际形势的复杂性和危险性，并对莫洛托夫和长期担任贸易部部长的阿纳斯塔斯·米高扬进行了人身攻击，说他们是胆小鬼和投降派。虽然这两个人都还继续担任政府部门的重要职务，但他们的政治地位都下降了，并在斯大林生命的最后几个星期当中，被排除在这位独裁者的核心圈子之外。[82]

可以把斯大林对莫洛托夫和米高扬的指责，与赫鲁晓夫的回忆录中记载的他对自己政治局同志的一段被广泛引用的话联系起来："你们就像小猫一样瞎了眼，要是没有我，帝国主义者就会把你们掐死。"[83] 如果斯大林真的说过并且相信这一点，那他就只能怪他自己了。在培养了一个消极苟安的领导层之后，斯大林找不到一个明显可以接班的人；而且他对自己的同事能不能做到用集体领导来代替对他的个人崇拜，几乎没有信心。不过，事实证明，没有了斯大林的斯大林主义也完全行得通，而他重建的战后政权在他死后还会延续近40年之久。

斯大林对外政策的国内背景，对于他对战后世界做出的反应具有特别重要的意义。苏联在战争中取得了军事上的胜利，成了欧洲占支配地位的大国，同时在签订战后和约方面也扮演了重要角色。但战争给苏联带来了极大的破坏和精神创伤；它的西部边境地区为反对重新实行苏联的统治而发生了叛乱；爱国主义和民族主义情绪的高涨对这个国家的共产主义认同感提出了挑战，加剧了事情的复杂性。在这种困难的情况下，斯大林的"伟大的同盟"的伙伴们却不准备满足苏联的安全需要，也不打算把他认为苏联为获得胜利而应该得到的奖赏给他，这让斯大林极为失望。

斯大林对未来充满了疑虑。于是，他一方面想把外国的影响挡在国门之外，另一方面又采取了更为尖锐的对外政策。1947年冷战爆发，这证实了斯大林最担心的事情，所以他在国内外两条战线上都加强了苏联的反西方运动。但是，国际政治的两极对立和"伟大的同盟"的破裂，又带来了其他的危险；于是，到20世纪40年代末的时候，斯大林就开始从冷战冲突中退却，并谋求重新缓和与西方的关系。但国际形势依然紧张，而且苏联国内的政治斗争也没有任何放松。斯大林认定，社会主义体制越是强大，它的敌人反对它的斗争就越是激烈。在这样的想法驱动下，他在战后对党和国家的官员的镇压在20世纪50年代初达到了顶峰。

对于斯大林认为在社会主义条件下阶级斗争会加剧的看法，苏联领导层的其他成员是不太相信的。因此，斯大林一死，他们就抛弃了这种意识形态的信条。但是，在斯大林还活着的时候，顶用的是他的看法与偏好。在国内政治方面就跟在对外政策方面一样，斯大林是大元帅。在苏联领导层当中，他的那些手下争权夺位，钩心斗角，维护各自的部门利益；而主要的政策路线则由斯大林来定，所有的重大决定也要由他来做。[84]

战争大大地巩固了斯大林的权力。在国内，他仍然没有受到挑战，也不可挑战。但在国外，情况就不同了。在国际舞台上，他遇到了美国这个强大的竞争对手，还有正在形成的西方反苏集团。由于国内形势错综复杂，这些威胁在斯大林的头脑里被放大了。虽然如此，斯大林还是想争取与西方达成妥协，那样就可以早日结束冷战，并与他从前的盟友建立持久的和平。

注　释

［1］ *Moskva Poslevoennaya*, *1945 - 1947*, Moscow, 2000, doc. 18.

［2］ 转引自 A. Werth, *Russia: The Postwar Years*, Robert Hale: London, 1971, p. 81。

［3］ 转引自 S. Sebag Montefiore, *Stalin: The Court of the Red Tsar*, Weidenfeld & Nicolson: London, 2003, p. 4。

［4］ 拉辛的信和斯大林的回信可见于 P. M. Kober, "Clausewitz and the Communist Party Line: A Pronouncement by Stalin", *Military Affairs*, vol. 13, no. 2, Summer 1949。拉辛由于对克劳塞维茨的肯定的赞扬而遭到逮捕和监禁。不过在后来，斯大林给他恢复了名誉，他又继续从事军事战略史的研究工作。参见 R. Medvedev, "Generalissimo Stalin, General Clausewitz and Colonel Razin" in R. and Z. Medvedev, *The Unknown Stalin*, The Overlook Press: Woodstock NY, 2004。

［5］ M. P. Gallagher, *The Soviet History of World War II*, Frederick A. Praeger: New York, 1963. 尤其是第三章。

［6］ K. E. Voroshilov, *Stalin i Vooruzhennye Sily SSSR*, Moscow, 1951, p. 129. 这本书是伏罗希洛夫战后对他战前关于同一话题的诸多文章的续篇。

［7］ *Georgii Zhukov*, Moscow, 2001, doc. 3.

［8］ 参见 B. V. Sokolov, *Georgii Zhukov*, Moscow, 2004, pp. 478ff. and O. P. Chaney, *Zhukov*, University of Oklahoma Press: London, 1996, chap. 13。

［9］ Rossiiskii Gosudarstvennyi Arkhiv Noveishei Istorii（RGANI）F. 2,

Op. 1, D. 11, Ll. 2 – 3.

[10] *Georgii Zhukov*, docs 6, 8.

[11] Ibid., docs 11 – 12.

[12] E. Radzinsky, *Stalin*, Hodder & Stoughton: London, 1997, pp. 502 – 3. 斯大林窃听苏联军政领导人的谈话是常例。

[13] I. V. Stalin, *Sochineniya*, vol. 16, Moscow, 1997, pp. 17 – 20.

[14] *Politburo TsK VKP (b) i Sovet Ministrov SSSR, 1945 – 1953*, Moscow, 2002, doc. 58.

[15] 参见 J. Eric Duskin, *Stalinist Reconstruction and the Confirmation of a New Elite, 1945 – 1953*, Palgrave: London, 2001, and Y. Gorlizki and O. Khlevniuk, *Cold Peace: Stalin and the Soviet Ruling Circle, 1945 – 1953*, Oxford University Press: Oxford, 2004。

[16] 斯大林战后度假的日期可见于 *Politburo TsK VKP (b) i Sovet Ministrov, SSSR*, doc. 299。

[17] Werth, *Russia*, p. 283. 这些文件的出处同上，里面包括斯大林在 20 世纪 40 年代的一些给政治局成员的信。有关斯大林与政治局的关系，参见 N. M. Naimark, "Cold War Studies and New Archival Materials on Stalin", *Russian Review*, no. 61, January 2002.

[18] 对战后社会经济发展状况的回顾，参见 J. N. Hazard, "The Soviet Government Organizes for Reconstruction", *Journal of Politics*, vol. 8, no. 3, August 1946; S. Fitzpatrick, "Postwar Soviet Society: The 'Return to Normalcy', 1945 – 1953" in S. J. Linz (ed.), *The Impact of World War II on the Soviet Union*, Rowman & Allanheld, 1985; and E. Zubkova, "The Soviet Regime and Soviet Society in the Postwar Years", *Journal of Modern European History*, vol. 2, no. 1, 2004。

[19] 莫洛托夫 1945 年 11 月讲话的译文可见于 *Soviet News*, 8/11/45。

[20] M. Harrison, *Accounting for War: Soviet Production, Employment and the Defence Burden, 1940 – 1945*, Cambridge University Press: Cambridge, 1996, pp. 141, 159 – 61.

[21] J. Burds, *The Early Cold War in Soviet West Ukraine*, The Carl Beck Papers in Russian and East European Studies, no. 1505, January 2001, p. 8, and A. J. Rieber, "Civil Wars in the Soviet Union", *Kritika*, vol. 4, no. 1, Winter 2003, p. 160. 有关内务部平叛活动

的许多文件可见于 *Lubyanka*：*Stalin i NKVD-NKGB-GUKR "Smersh"*，*1939 - 1946*，Moscow，2006。

[22] *Stalinskie Deportatsii*，*1928 - 1953*：*Dokumenty*，Moscow，2005，pp. 789 - 98（苏联驱逐行动表）。

[23] 参见 T. Snyder，"'To Resolve the Ukrainian Problem Once and for All'：The Ethnic Cleansing of Ukrainians in Poland，1943 - 1947"，*Journal of Cold War Studies*，vol. 1，no. 2. Spring 1999。

[24] 对于他们战后在西乌克兰实际作用的研究，参见 A. Weiner，*Making Sense of War*：*The Second World War and the Fate of the Bolshevik Revolution*，Princeton University Press：Princeton NJ，2001。另见 M. Edele "Soviet Veterans as an Entitlement Group，1945 - 1955"，*Slavic Review*，vol. 65，no. 1，2006。

[25] 有关战争期间以及战争刚结束时苏联共产党的情况，参见 C. S. Kaplan，"The Impact of World War Ⅱ on the Party" in Linz，Impact and S. Pons，"Stalinism and Party Organization（1933 - 1948）" in J. Channon（ed.），*Politics*，*Society and Stalinism in the USSR*，Macmillan：London，1998。

[26] Gorlizki and Khlevniuk，*Cold Peace*，pp. 52 - 7.

[27] RGANI F. 2，Op. 1，D. 28，Ll. 23 - 4. 上一次的共产党中央全会是在 1944 年 1 月，主题是把国防人民委员部和外交人民委员部的级别从"全联盟"改为"加盟共和国"。这一神秘变化的理由是，各共和国在战争期间的发展以及发挥其独立作用的需要。结果，唯一具体的成果是乌克兰和白俄罗斯一度有了自己的外交部，虽然在政治和政策方面它们仍然严格地从属于中央的外交人民委员部。RGANI F. 2，Op. 1，Dd. 3 - 4.

[28] D. Filtzer，*Soviet Workers and Late Stalinism*，Cambridge University Press：Cambridge，2002，p. 13.

[29] E. Zubkova，*Russia after the War*，M. E. Sharpe：New York，1998，p. 74.

[30] Ibid.，尤其是第 8 章。一系列有关战后苏联民众态度的文献可见于 *Sovetskaya Zhizn' 1945 - 1953*，Moscow，2003。*Moskva Poslevoennaya*，*1945 - 1947* 中有许多关于战后，包括这次选举期间的莫斯科公众舆论的文件。

[31] Stalin，*Sochineniya*，pp. 5 - 16. 讲话的英文译文可见于 J. P. Morray，*From Yalta to Disarmament*，Monthly Review Press：New

York, 1961, App endix B。

[32] 对选举活动中的这些讲话的进一步分析, 可参见 A. Resis, *Stalin, the Politburo and the Onset of the Cold War, 1945 - 1946*, The Carl Beck Papers in Russian and East European Studies, no. 701, April 1988 and D. Allen, "The International Situation, 1945 - 1946: The View from Moscow", SIPS Paper, University of Birmingham, 1986。

[33] Werth, *Russia*, pp. 84, 88.

[34] Zhdanov's speech in *Soviet News*, 9/11/46.

[35] RGASPI F. 17, Op. 125, Dd. 296, 315, 386, 387, 388. 基于苏联情报局的这些档案而进行的详细讨论, 可参见 V. Pechatnov, "Exercise in Frustration: Soviet Foreign Propaganda in the Early Cold War, 1945 - 1947", *Cold War History*, vol. 1, no. 2, January 2001。

[36] Stalin, *Sochineniya*, pp. 25 - 30. 斯大林回应丘吉尔的文章的英文译文可见于 LaFeber (ed.), *The Origins of the Cold War, 1941 - 1947*, doc. 37。

[37] 转引自 Zubkova, *Russia*, p. 84。姆林纳日是 1968 年 "布拉格之春" 的领导者之一。

[38] 这段引文出自一份翻译的文件, 见 A. O. Chubar'yan and V. O. Pechatnov, "Molotov 'the Liberal': Stalin's 1945 Criticism of his Deputy", *Cold War History*, vol. 1, no. 1, August 2000。

[39] Werth, *Russia*, p. 99.

[40] V. N. Zemskov, "Repatriatsiya Peremeshchennykh Sovetskikh Grazhdan" in G. N. Sevost'yanov (ed.), *Voina i Obshchestvo, 1941 - 1945*, vol. 2, Moscow, 2004, pp. 341 - 2. 另参见 M. Dyczok, *The Grand Alliance and the Ukrainian Refugees*, Macmillan: London, 2000, pp. 166 - 7. 戴克泽克引用的数字比泽姆斯科夫的高, 但这些数字包括超过 100 万的安置在苏联境内的公民和战俘, 因此他们不能被看作从国外遣返的人员。

[41] 参见 A. A. Maslov, "Forgiven by Stalin-Soviet Generals Who Returned from German Prisons in 1941 - 45 and Who Were Rehabilitated", *Journal of Slavic Military Studies*, vol. 12, no. 2, June 1999.

[42] Werth, *Russia* 第 11 章与第 16 章, 以及 T. Dunmore, *Soviet Politics, 1945 - 53*, Macmillan: London, 1984, 第 6 章。

［43］转引自 Gorlizki and Khlevniuk, *Cold Peace*, pp. 34 - 5。

［44］*Moskva Poslevoennaya, 1945 - 1947*, doc. 124. 使我关注此事的是 R. Service, *Stalin: A Biography*, Macmillan: London, 2004, pp. 561 - 2。

［45］有关瓦尔加的讨论：G. D. Ra'anan, *International Policy Formation in the USSR: Factional " Debates " during the Zhdanovshchina*, Archon Books: Hamden, Conn. 1983, chap. 6; J. Hough, "Debates about the Postwar World" in Linz (ed.), Impact and R. B. Day, *Cold War Capitalism: The View from Moscow, 1945 - 1975*, M. E. Sharpe: London, 1995。

［46］*Politburo TsK VKP (b) i Sovet Ministrov SSSR*, n. 1, pp. 229 - 30 and doc. 201; Gorlizki and Khlevniuk, *Cold Peace*, pp. 36 - 8.

［47］Ibid.

［48］Gorlizki and Khlevniuk, *Cold Peace*, pp. 38 - 42, and Z. Medvedev, " Stalin and Lysenko " in R. and Z. Medvedev, *The Unknown Stalin*.

［49］Malyshev diary, *Istochnik*, no. 5, 1997, p. 135.

［50］这段引文以及在此之前摘自《真理报》的那段引文转引自 J. Brooks, *Thank You, Comrade Stalin! Soviet Public Culture from Revolution to Cold War*, Princeton University Press: Princeton NJ, 2000, pp. 213 - 14。

［51］Z. Medvedev, " Stalin as a Russian Nationalist " in R. and Z. Medvdev, *The Unknown Stalin*.

［52］Stalin, *Sochineniya*, p. 68.

［53］J. V. Stalin, *Concerning Marxism in Linguistics*, Soviet News Booklet, London, 1950.

［54］我依据的是 Gorlizki and Khlevniuk, *Cold Peace*, pp. 79 - 89 中的论述。有关沃兹涅先斯基下台的文件证据可见于 *Politburo TsK VKP (b) i Sovet Ministrov SSSR*, docs 238 - 53。有关列宁格勒党组织的清洗可见于 *TsK VKP (b) i Regional'nye Partiinye Komitety 1949 - 1953*, Moscow, 2004, docs 84 - 104。

［55］参见 D. Brandenberger, "Stalin, the Leningrad Affair and the Limit of Postwar Russocentrism", *Russian Review*, no. 63, April 2004。另参见理查德·比德拉克（Richard Bidlack）对布兰登伯格的回应文章（*Russian Review*, January 2005），它在发表时附有前者

的一个简短的回复。

[56] Gorlizki and Khlevniuk, *Cold Peace*, p. 83.

[57] 参见 J. Burds, *Early Cold War*。

[58] 对犹太人反法西斯委员会的历史的文献证明与详细分析可见于 S. Redlich (ed.), *War, Holocaust and Stalinism: A Documentary History of the Jewish Anti-Fascist Committee in the USSR*, Harwood Academic Publishers: Luxembourg, 1995。俄罗斯方面对该委员会在战争期间的活动进行研究的是 N. K. Petrovka, *Antifashistskie Komitety v SSSR: 1941 - 1945gg*, Moscow, 1999。他强调说犹太人反法西斯委员会首先是苏联的一个爱国组织。

[59] 说是斯大林要了米霍埃尔斯性命的理由和证据, 参见 G. V. Kostyrchenko, *Tainaya Politika Stalina*, Moscow, 2001。但应指出的是, 在米霍埃尔斯死后,《真理报》上的讣告对他大加褒扬, 而且在莫斯科举行了隆重的葬礼, 许多党政要人都参加了。

[60] Redlich, *War*, doc. 180.

[61] 参见 G. Gorodetsky, "The Soviet Union and the Creation of the State of Israel", *The Journal of Israeli History*, vol. 22, no. 1, 2003 以及 L. Rucker, *Moscow's Surprise: The Soviet-Israeli Alliance of 1947 - 1949*, Cold War International History Project Working Paper, no. 46。关于苏联与以色列这段时期的关系, 已经公开了许多俄文和英文的文件: *Sovetsko-Izrail'skie Otnosheniya*, vol. 1 (1941 - 1953), Moscow, 2000, 以及 *Documents on Israeli-Soviet Relations, 1941 - 1953*, Frank Cass: London, 2000。

[62] 转引自 Rucker, *Moscow's Surprise*, p. 17。

[63] *Documents on Israeli-Soviet Relations*, docs 160, 173, 180, 195.

[64] Redlich, *War*, doc. 181.

[65] J. Rubenstein and V. P. Naumov (eds), *Stalin's Secret Pogrom: The Postwar Inquisition of the Jewish Anti-Fascist Committee*, Yale University Press: New Haven, 2001. 书中包括经过编辑的审判记录, 其内容非常具有启发性; 但也有人批评它, 说与实际情况相比, 它使得被告更像是犹太人而不是苏联人。

[66] *Politburo TsK VKP (b) i Sovet Ministrov SSSR*, docs 254 - 255.

[67] RGASPI, F. 82, Op. 2, Dd. 1091 - 112. See G. Roberts, "Stalin, the Pact with Nazi Germany, and the Origins of Postwar Soviet Diplomatic Historiography", *Journal of Cold War Studies*, vol. 4,

no. 3, 2002.

［68］ J. Pelikan（ed.）, *The Czechoslovak Political Trials, 1950 – 1954*, Macdonald：London, 1970.

［69］ Z. Medvedev, *Stalin i Evreiskaya Problema*, Moscow, 2003. Cf. G. Kostyrchenko, *Out of the Shadows：Anti-Semitism in Stalin's Russia*, Prometheus Books：New York, 1995.

［70］ Malyshev diary, pp. 140 – 1.

［71］ 我的论述是基于布伦特和纳乌莫夫的文献，而不是他们的解读。参见 J. Brent and V. P. Naumov, *Stalin's Last Crime：The Plot against the Jewish Doctors, 1948 – 1953*, HarperCollins：New York, 2003。他们所引用的许多文件都可见于 *Politburo TsK VKP（b）i Sovet Ministrov SSSR*。

［72］ *Politburo TsK VKP（b）i Sovet Ministrov SSSR*, doc. 297.

［73］ Brent and Naumov, *Stalin's Last Crime*, p. 10.

［74］ Ibid. , p. 58.

［75］ G. Alexopoulos, "Amnesty 1945：The Revolving Door of Stalin's Gulag", *Slavic Review*, vol. 64, no. 2, Summer 2005.

［76］ 参见 J. Keep, *Last of the Empires：A History of the Soviet Union, 1945 – 1991*, Oxford University Press：Oxford, 1995, p. 15.

［77］ Dunmore, *Soviet Politics*.

［78］ Gorlizki and Khlevniuk, *Cold Peace*, pp. 124 – 32.

［79］ 这一部分是基于党的第十九次全国代表大会的文件。参见 Rossiiskii Gosudarstvennyi Arkhiv Sotsial'no-Politicheskoi Istorii（RGASPI）F. 592, Op. 1。另见 A. Tikhonov and P. R. Gregory, "Stalin's Last Plan" in P. R. Gregory（ed.）, *Behind the Façade of Stalin's Command Economy*, Hoover Institution Press：Stanford, 2001。

［80］ Stalin, *Sochineniya*, pp. 227 – 9.

［81］ 参见 Y. Gorlizki, "Party Revivalism and the Death of Stalin", *Slavic Review*, vol. 54, no. 1, 1995 以及 "Stalin's Cabinet：The Politburo and Decision Making in the Post-War Years", *Europe-Asia Studies*, vol. 53, no. 2, 2001。

［82］ 斯大林的讲话 1999 年公布在报纸《公开性》（*Glasnost*）上，在因特网上随时可以查到。关于斯大林在这次全体会议上的讲话的进一步内容，参见 K. Simonov, *Glazami Cheloveka Moego*

Pokoleniya: *Razmyshleniya o I. V. Staline*, Moscow, 1989, pp. 240 – 4; A. Mikoyan, *Tak Bylo*, Moscow, 1999, pp. 574 – 5; A. Resis (ed.), *Molotov Remembers*, Ivan R. Dee: Chicago, 1993, pp. 313 – 16。

[83] 转引自 Gorlizki and Khlevniuk, *Cold Peace*, p. 150。

[84] 强调派系政治在苏联战后内外政策中的作用的有关著作，参见 R. Conquest, *Power and Policy in the USSR: The Struggle for Stalin's Succession, 1945 – 1960*, Harper & Row: New York, 1967; W. G. Hahn, *Postwar Soviet Politics: The Fall of Zhdanov and the Defeat of Moderation, 1946 – 1953*, Cornell University Press: Ithaca NY, 1982; A. Knight, Beria, *Stalin's First Lieutenant*, Princeton University Press: Princeton NJ, 1993; W. O. McCagg, *Stalin Embattled, 1943 – 1948*, Wayne State University Press: Detroit, 1978; 以及 G. D. Ra'anan, *International Policy Formation in the USSR: Factional "Debates" during the Zhdanovshchina*, Archon Books: Hamden Conn. , 1983。

第十二章 冷战冲突：斯大林严阵以待

在斯大林统治的最后五年，苏联的对外政策就像个万花 筒，充满了各种看似矛盾的成分。"伟大的同盟"在 1947 年的解体使人们普遍担心，冷战很快就会发展成为"热战"。斯大林在自己的公开讲话中也警告说，要提防西方战争贩子，特别是"丘吉尔和他的朋友们"的邪恶活动。但是，他也认为，战争的危险没有那么大，而且他还坚持说，共产主义制度与资本主义制度是可以和平共存的。随着冷战的加剧，斯大林把苏联在东欧的势力范围结合成了一个受到牢牢控制的集团。但是，当铁托的南斯拉夫在 1948 年脱离共产主义阵营的时候，他的权威遇到了重大挑战。尽管欧洲在 20 世纪 40 年代末分成了不同的冷战集团——欧洲大陆因此被分隔了 40 年——但斯大林依然在设法缓和这种对立，设法找到能够被大家所接受的解决德国问题的方案。苏联在 1949 年试验了它的第一颗原子弹，并且在 20 世纪 50 年代初开始研制威力更大的氢弹。与此同时，苏联也发起了一场声势浩大的和平运动，要求裁军并废除核武器。1950 年，朝鲜统一战争爆发，斯大林起初支持朝鲜，但是当美国出面干涉、支持韩国的时候，他为了不与美国人发生正面冲突就很快退却了。

在这些全然不同的事件中，有一个统一的主题，那就是斯大林在努力控制冷战的后果。在斯大林看来，为了维护苏联的安全，为了维护共产主义运动在第二次世界大战后获得的利益，冷战斗争是必要的。但是他又担心，如果冲突升级，可能会带来更大的危险，即德国军国主义的复活并与美国领导的西方集团联手。对斯大林来说，解决德国问题，也就是如何抑制或制服德国在欧洲的力量与攻击性，是苏联战后安全的关键，这一点怎么强调也不为过。他在战后一再回到这个问题，包括在1952年最后一次努力想要达成一个协议，使德国保持中立、实现和平，为此甚至不惜以牺牲共产党控制的东德为代价。

斯大林与铁托的决裂

斯大林与铁托在1948年的决裂，表面上是关于莫斯科对东欧的人民民主国家的领导与控制是否正当的问题——因为南斯拉夫对这种正当性提出了挑战，它主张自己的国家利益高于苏联的利益。这当然只是20世纪50年代铁托的支持者们对这次争端的说法。他们把南斯拉夫维护自身权利的行动描绘成一个小国与俄国大熊之间的对抗。但是，更加仔细的审视表明，事情的原委要比这个更加复杂。斯大林对待铁托的方式，既与苏联和共产主义集团的内部关系的管理有关，同样也与他担心和西方的冷战不断加剧有关。

有两方面的事态发展促使这种分裂提前发生了。首先是为建立南斯拉夫与保加利亚之间的联邦而采取的各种举措——该计划与建立一个更广泛的巴尔干联邦的想法有关，而后者又牵涉到希腊的共产党游击队于1947年12月宣布成立的临时政府。其次是南斯拉夫想要控制同样作为苏联集团成员的阿尔巴尼亚，包括在那里建立军事基地，以支援希腊内战中的共产党游击队的斗争。[1]斯大林在原则上并不反对这样的计划，但他

很希望在计划的制订与执行方面能够与他商量。特别让他感到
恼怒的是，前第三国际领导人、现已回到自己祖国保加利亚的
格奥尔吉·季米特洛夫，在 1948 年 1 月擅自发表了关于计划中
的保加利亚 - 希腊 - 南斯拉夫联邦的公开讲话。1948 年 2 月 10
日，斯大林会见了由季米特洛夫和铁托的代表爱德华·卡德尔
率领的保加利亚 - 南斯拉夫代表团。从有关此次会谈的各种记
录来看，斯大林主要考虑的显然是成立巴尔干共产主义联邦的
时机还不成熟，那样做反而会给西方的反动分子留下口实，促
使他们联合成一个反苏集团。斯大林向南斯拉夫人和保加利亚
人指出，美国快要进行选举了（他指的是总统选举和国会选
举），而他们的行动可能会使一个更加反动的而不是现存的美
国政府赢得胜利。至于希腊，斯大林认为，游击队的斗争没有
什么希望，至少暂时是这样，而且英国人和美国人会以此作为
借口在该国设立军事基地。出于同样的原因，他也反对在阿尔
巴尼亚部署南斯拉夫军队。斯大林向季米特洛夫和卡德尔传递
的信息是：慢慢来，每一步都要跟莫斯科商量，而且要考虑到
国际形势的复杂性。[2]

　　苏联人指望南斯拉夫人和保加利亚人在跟"老板"会谈之
后会听从指挥，但是，一贯忠心耿耿的季米特洛夫是这样做了，
而铁托却没有。1948 年 3 月 1 日，南斯拉夫政治局做出决定，
不按照苏联人的意志，而是按照在他们看来合乎南斯拉夫国家
利益的方式去做。铁托并不想断然与斯大林公开决裂，但对他
来说不幸的是，南斯拉夫领导层当中的亲苏派把正在发生的一
切都告诉了莫斯科。斯大林进行了报复。他下令准备从政治和
思想上批判南斯拉夫共产党，而且还从南斯拉夫撤回了苏联的
军事和民用技术人员及顾问。3 月 27 日，斯大林和莫洛托夫给

349

铁托写了一封信，指责南斯拉夫从事反苏活动。南斯拉夫共产党被指控犯了民族主义和机会主义的错误，他们的政治路线也被与斯大林的主要敌人托洛茨基的相提并论。伤害之外再添侮辱的是，南斯拉夫人还被指责在他们的外交部里窝藏了一名英国间谍。[3]

斯大林与莫洛托夫的这封信也传给了欧洲的其他共产党领导人。尽管南斯拉夫人一再否认苏联人提出的指控，并声明他们忠于共产主义事业，但莫斯科与贝尔格莱德之间通信的言辞还是一步一步地变得尖锐起来。事态已经无法挽回了，南斯拉夫共产党于 1948 年 6 月在共产党情报局的第二次会议上被开除了。共产党情报局有关开除的决议保留了这样一种希望，即只要南斯拉夫更换了新的领导层就可以重返该组织；[4]但是争端在继续升级。在思想论战最为激烈的时候，"铁托派"被斯大林的支持者们指控为想在南斯拉夫复辟资本主义的帝国主义间谍。欧洲各地的共产主义团体，也对铁托派的异端分子进行了围剿。[5]在人民民主国家中，有许多共产党上层领导被揭发出来，成了所谓的"民族主义分子""间谍"和"右倾主义者"。在这些受害者当中，也包括波兰共产党领导人哥穆尔卡。在被指控为偏离正统共产主义路线的民族主义分子之后，他在 1948 年底丢掉了自己在党内的职位，后来又遭到逮捕和监禁。捷克斯洛伐克共产党的一些领导人的命运就更加不幸了，他们在 1952 年受到了公审，并在这次最终的羞辱之后，以反共变节的罪名被处死了。

随着与铁托的决裂愈演愈烈，东欧所有执政的共产党的政治主张、政策和领导层都受到了苏联的严格审查。1948 年，苏联共产党的国际部给斯大林起草了若干报告，批判东欧共产党

的思想与政治错误。这些报告的主旨是，批判偏离共产主义思 350
想的民族主义倾向，批判对苏联模式的社会主义的背离。[6]

反铁托运动的目的不仅仅在于，在国际形势日益紧张的情
况下约束和团结共产主义集团，而且也在于使斯大林的领导地
位绝对化。在冷战所造成的比以往更加严峻和复杂的国际形势
下，绝不允许再发生像南斯拉夫那样的造反行为。

德国问题

巩固苏联和共产党在东欧的地位，这是斯大林冷战战略的
内容之一，另外一点就是要用更具攻击性的方式来解决德国问
题。斯大林最具戏剧性的行动是在 1948 年 6 月对西柏林实行的
陆上封锁。为此，英国人和美国人发起了有名的空运，给在德
国首都西部被苏联人分割开来的几个区提供物资。虽然冷战的
第一次严重危机如同一部戏剧一样，但斯大林的目标很平常，
那就是迫使西方国家就德国的未来恢复与苏联的谈判。

"伟大的同盟"在战争期间曾经达成一致，把德国划分成
几个军事占领区。出于象征的以及政治的原因，这其中也包括
首都柏林，尽管它位于德国东部苏联占领区的腹地（见地图
19）。各个国家的占领区和在柏林给它划分的区域将由它们自行
控制，而同盟国管制委员会负责在整个德国协调落实 "4D"，
即非军事化、裁军、去纳粹化和民主化①。在战争期间，斯大
林曾经强烈要求第五个 D，即肢解（dismemberment）德国，但
在遭到英国人和美国人的阻挠之后，他就放弃了这一政策，而
是欣然接受了另外一种未来图景——使德国成为一个统一但热

---

① 这四个词在英文中都以字母 "d" 开头。——译者注

351

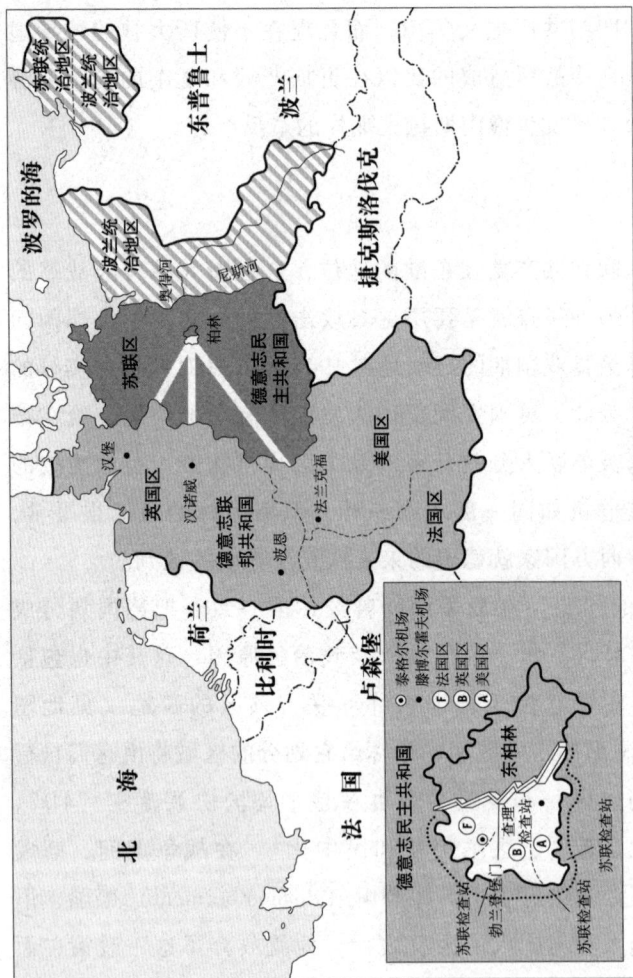

地图 19　德国在战后的划分

北　海

波罗的海

苏联统
治地区
波兰统
治地区

东普鲁士

波兰

波兰统
治地区

奥得河

尼斯河

捷克斯洛伐克

苏联区

柏林

德意志民
主共和国

美国区

法兰克福

英国区

汉诺威

汉堡

波恩

德意志联
邦共和国

法国区

荷兰

比利时

卢森堡

法　国

德意志民主共和国

◎ 泰格尔机场
◎ 滕博尔霍夫大机场
Ⓕ 法国区
Ⓑ 英国区
Ⓐ 美国区

苏联检查站
勃兰登堡门
苏联检查站

东柏林

Ⓕ
Ⓑ 查理
Ⓐ 检查站

苏联检查站

爱和平的民主国家。

斯大林在战后德国问题上采取的政治策略，是他试图在欧洲实现人民民主制度这个更普遍的计划的变体。他希望德国在战后逐渐变成一个反法西斯的左翼民主国家，一个将会由包括斯大林的共产党盟友在内的各党派联合执政的国家。虽然斯大林对于在德国实现人民民主制度抱着乐观的态度，但他也不能保证，德国未来的政治状况会一定合乎自己的心愿。不过，对于自己占领区中的事态发展他是可以控制的。在那里，苏联占领当局与东德共产党一起，实行了人民民主制度，目的是一旦重新统一，就可以把他们的模式推广到德国的其他地方。[7] 斯大林有关德国的经济目标是，执行雅尔塔和波茨坦的决议，向苏联支付价值 100 亿美元的战争赔偿。这些赔偿对于苏联的战后重建来说至关重要。

352

斯大林在德国问题上的政治经济目标使他与英国人和美国人发生了冲突。他们不主张赔偿，因为斯大林希望，这些赔偿不仅要由他自己的占领区支付，也要由西方国家的占领区支付。在西方人看来，战争赔偿会妨碍德国经济的复苏，而德国经济的复苏又被看作战后欧洲经济普遍复苏的中心。而且，英国人和美国人也不想让统一的德国落到共产党和苏联人的手里。因此，尽管斯大林赞成德国的统一——虽说前提是必须符合苏联的利益——但英国人和美国人越来越倾向于从政治和经济上分割德国，并保留对西方占领区命运的控制权。随着苏联和西方在德国问题上的政策分歧越来越大，双方的不信任也在加剧。美国人曾经建议，在苏联与西方之间就德国长期裁军和非军事化问题签订一个条约，而莫斯科的回应明显反映出他们的不信任——虽然斯大林对于这个想法肯定是欢迎的，因为他经常说，他相信德国必定会卷土重来、再次构成威胁。这个建议起初是由美国国务卿詹姆斯·F. 拜恩斯于 1945 年 9 月在外交部部长理事会伦敦会议上提出的。当他在 1945 年 12 月会见斯大林的时候又再次提了出来。1946 年 4 月，在外交部部长理事会巴黎会议上，他拿出了一个正式提案，建议签订《关于德国裁军及非军事化的 25 年条约》。[8] 当莫洛托夫返回莫斯科的时候，在苏联外交部内部正在对所谓的"拜恩斯计划"进行仔细的讨论。从苏联报刊的报道可以看出，这次讨论的主要看法是，拜恩斯计划是一个手段，目的是提前确保同盟国占领德国的尚未成熟的结局。讨论还认为，西方是要用拜恩斯计划来取代对"4D"的充分落实。[9] 当莫洛托夫在 7 月份回到巴黎参加外交部长理事会会议的时候，他告诉拜恩斯说，拟议中的条约不"符合确保各国和平与安全的利益"，因此，他坚持要求，在德国问题上，要完全执行雅尔塔和波茨坦的决议。[10] 这样的答复激怒了拜恩斯；他坚持说，他的计划正是想要表达苏联对战后安全的关切。但莫洛托夫仍然不为所动，并在随后有关拜恩斯计划的讨论中采取了同样强硬的立场。

除了这些有关拜恩斯计划的对话之外，直到 1947 年 3～4 月的莫斯科会议为止，在外交部部长理事会上没有对德国问题再进行实质性的讨论。在莫斯科，苏联人竭力想就成立德国中央政府一事达成协议。这既是私下里的也是公开的优先选择——苏联人为这次会议准备的内部文件，以及斯大林在 1947 年 1 月与德国共产党领导人的一次长时间的会谈，都表明了这一点。斯大林告诉他们说，要在德国统一的问题上达成协议，结果可能很困难，因为英国人和美国人更希望看到一个孱弱的德国，那样他们就可以从经济上主宰它，并把它排斥在世界市场之外。另外，斯大林又对德国的政治前景表示乐观。在苏联占领区，共产党和社会民主党最近已经合并并成立了社会统一党（Socialist

Unity Party）。斯大林指望它能够扩展到西德，他表示，就像1917年的布尔什维克一样，一个少数党也可以迅速获得支持然后赢得政权。[11]

在外交部部长理事会莫斯科会议上，大部分讨论都是围绕战争赔偿问题，而且还涉及对在雅尔塔和波茨坦达成的有关德国向苏联支付战争赔偿的协议的理解和重新谈判。对苏联人而言，自然是多多益善，而西方人则希望不要由他们的占领区来支付赔偿。另一个主要的议题是成立德国中央政府。西方代表提出，在政治统一之前，首先得把各种各样的经济问题弄清楚。西方列强还主张，德国中央政府只拥有相对较弱的权力，大部分决策权要下放给德国的各个行政区。他们之所以提出这个政策，是要把苏联和共产主义的影响力尽量排除在德国之外。当斯大林在1947年4月15日会见已经接替拜恩斯担任美国国务卿的乔治·马歇尔的时候，这位苏联领导人提出，德国的政治统一必须先于经济统一；而且他还解释了，他为什么更倾向于一个统一的德国，而不是某种形式的联邦：

> 同盟国不要再犯拿破仑那样的错误，当时他在德意志成立了许多国家……这样去肢解德意志的结果是……统一德意志这种想法就成了德意志沙文主义者和复仇主义者手中的武器，催生了俾斯麦和普法战争等。[12]

从西方人的观点来看，外交部部长理事会莫斯科会议是很成问题的，几个星期的讨论完全没有什么成效。正如马歇尔的一个顾问在会后的简短评论那样，"低估在莫斯科的失败的程度和重要性是错误的。就德国问题而言，此次会议是以与会者的分歧比在波茨坦时的进一步扩大而告终的"。[13]然而，从苏联人的角度来看，这些讨论还是取得了一些进展的。这也是副外交部部长维辛斯基在 4 月 12 日的记者招待会上讲话的主旨。此外，在 4 月 24 日会议结束的时候，莫洛托夫也说到，艰难的预备工作已经完成了，他期待着下一轮的谈判。《真理报》有关会议成果的社论重复了这一论调，并再次表示，德国问题的根本出路仍然在于落实雅尔塔和波茨坦的决议。[14]

6 个月后，也就是在 1947 年的 11 ~ 12 月，外交部部长理事会再次在伦敦召开了会议，继续讨论与德国签订和约的条件，但是到了这个时候，国际气候已经大大恶化了。7 月，苏联人拒绝参与马歇尔计划；9 月，他们成立了共产党情报局并提出了两个阵营理论——这是对杜鲁门主义在全球发动保卫自由世界运动的正面回击。在到伦敦去之前的两个星期，莫洛托夫发表了纪念布尔什维克革命 30 周年的讲话。这篇讲话对西方列强充满了敌意，它指责英国和美国正在利用遍布世界各地的空、海军基地来包围苏联。"很显然，"莫洛托夫说，"在世界各地建立军事基地并不是为了防御，而是准备侵略。"[15]在伦敦的外交部部长理事会会议上，莫洛托夫仍然这样说，并且他还在会议开始时的讲话中声称，战后世界面临的选择是，要么是民主的和平，要么是帝国主义的和平。[16]所以，在伦敦召开的外交部部长理事会会议没有达成任何协议，也就毫不奇怪了。苏联关于成立德国中央政府的提案也遭到了西方人的抵制。西方人要求，首先应该就新政权的经济原则达成一致。那就意味着在波茨坦达成的赔偿协议要发生根本的改变，而这是莫斯科所不愿接受的。在外交部部长理事会会议于 12 月 15 日结束的时候，并没有任何要再次召开理事会会议的计划。[17]尽管如此，斯大林仍然希望就德国统一这个问题达成协议。在 1948 年 3 月会见东德共产党领导人的时候，斯大林敦促他们制定一部德国宪法，并支持在西德就此展开广泛的讨论。斯大林把这步棋看作既是对英美竭力从经济上收买西德居民的反击，同时也是德国统一的准备工作的一部分："必须要引领全体人民参与到宪法讨论中来。这样就会形成实现德国统一的心理基础。"[18]

1948 年，西方国家开始采取行动，强行把德国分割成东西两半。6 月 7 日，英、法、美在伦敦发表联合公报，宣布他们打算在西方占领区成立一个联邦制的德意志国家。[19] 几天后，西方占领区发行了一种新货币，此举有破坏东德十分脆弱的由苏联支持的货币的危险。这些事件促使苏联在 6 月底封锁了西柏林。尽管西方称之为"封锁"，但苏联人只是对进入柏林西部几个区的陆上通道采取了一系列有限的限制措施，并没有禁止从苏联占领区给西柏林输送物资——这些物资仍然在流入该市——空中通道也没有禁止，因此才有了著名的空运。[20] 斯大林施压的目的，是想迫使西方各国撤销它们在伦敦发表的联合公报，重返外交部部长理事会的谈判桌。斯大林 1948 年 8 月在与英、法、美各国大使的两次交谈中对此直言不讳，[21] 而且他还在 1949 年 1 月公开表明了这一立场。当时他表示同意一位西方记者的如下说法：如果西方答应为解决德国问题再次召开外交部部长理事会会议，那么就会解除封锁。[22]

1949 年 5 月，在同意于当月的月底在巴黎再次召开外交部部长理事会会议之后，封锁解除了。出席巴黎会议的苏联代表是维辛斯基，他于 1949 年 3 月取代了莫洛托夫的外交部部长职务。维辛斯基的基本主张是，回到雅尔塔和波茨坦的各项协议，包括恢复四强对德国的管制。在现在看来，苏联人当时对这次

355

会议取得某些进展还是抱有希望的，但外交部部长理事会在 6 月 20 日结束的时候没有达成任何协议。[23] 1949 年 9 月，德意志联邦共和国正式成立，同时还召开了西德议会。10 月，斯大林做出回应，在东部成立了德意志民主共和国。在某种程度上，他这样做是有问题的，因为他一贯奉行的政策是一个统一的德国。现在，他将不得不与更为根深蒂固的东德共产党地方政权打交道，不得不处理这样一种复杂的局面，即不仅要与西方列强，还要与两个德国政府进行有关德国未来的谈判。

封锁柏林的策略最终反而使斯大林引火烧身。它让西方的反苏评论家找到了理由，把他描绘成一个侵略者，而且它也对德国的公众舆论产生了不良影响——本来，苏联人和他们的东德盟友凭借其主张的一个统一的德国，正在努力争取德国的公众舆论。斯大林既低估了给西柏林空运补给的可能性，也低估了西方继续实施其成立西德国家的计划的决心。

当北大西洋公约组织（NATO）于 1949 年 4 月成立的时候，斯大林一直担心的西方反苏集团终于有了一种比较明确的形式。在美国于 1949 年 1 月宣布即将成立北大西洋公约组织的时候，莫斯科曾经发表声明，把拟议中的北大西洋公约组织与马歇尔计划以及英美不仅要确立其对欧洲的统治，还要确立其对整个世界的统治的计划联系起来。1949 年 3 月，当北大西洋公约组织的条约文本公布的时候，苏联外交部再次发表声明，谴责该组织是一个针对苏联和各人民民主国家的攻击性的同盟。北大 356 西洋公约组织的成立还被说成违背了英苏及法苏的战时同盟条约，因为这些条约都禁止签约国加入矛头指向对方的同盟。针对西方有关苏联的指责——苏联自己与罗马尼亚、匈牙利、保加利亚和芬兰的共同防御条约（都是在 1949 年签订的）跟北大西洋公约组织对东方一样也对西方构成了威胁——该声明在回应时指出，这些条约都明确表示，是为了防止德国再次发动侵略战争。1949 年 7 月，苏联人对意大利加入北大西洋公约组织提出了强烈抗议。他们声称，意大利人违背了他们在和平条约中关于不加入威胁到其他签约国（例如苏联）的任何组织的承诺。[24] 尽管多次提出抗议，但莫斯科并没有把北大西洋公约组织视为当下的军事威胁。正像斯大林在 1949 年年中据说对中国共产党的一位领导人说的那样：

> 没有哪个国家有实力发动第三次世界大战。即使只从这一点来看，第三次世界大战也不可能发生。革命的力量正在壮大，人民比以前更强大了。如果帝国主义分子想要发动世界大战，那就得准备至少 20 年。如果各国人民不想要战争，那就决不会有战争。和平会维持多久，那要取决于我们为此付出多大的努力，以及形势会如何发展……我们要做的就是尽可能长久地保卫和平。但谁能保证不会出现几个疯子呢？[25]

除了疯子之外，让斯大林担心的是西方集团在政治上的联合，而不是与北大西洋公约组织这个同盟开战的当下可能性。[26] 不过，到了 20 世纪 50 年代初，一种更让人不安的可能性出现了：西德的重新武装并加入西方的防御体系。对于这种危险的事态发展，斯大林的回应是，再次呼吁对德国实行非军事化，呼吁召开外交部部长理事会会议，就和平条约举行谈判。1952 年 3 月，莫斯科在德国问题上采取了新的重大举措。它给西方列强公开发出了一份外交照会，阐述了与德国签订和平条约的基本原则。这份通常被称为"斯大林照会"的文件，实际上是以苏联政府的名义发布的；如果说有谁是它的主要起草人的话，那就是莫洛托夫。他与维辛斯基紧密合作，准备了照会的草案并得到了斯大林的批准。在苏联的这份照会中，最重要的表述是，德国的和平条约只能与一个"能表达德国人民意志"的全德政府的代表进行谈判。这就为有关全德选举的谈判打开了大门，而这样的选举也正是西方在解决德国问题的方案中的关键要求。但是苏联的这份照会接着又明确表示，与全德政府的谈判，不论该政府的政治观点如何，最终一定要建立一个"民主的、热爱和平的德国"，而那就意味着要保证德国的中立和不加入任何军事集团。[27]虽然莫斯科希望共产党和他们的盟友在全德选举中能有好的表现，但亲西方的政治家将会赢得选举，这一点几乎毫无疑问。这样一来，苏联人可以拿得出的筹码似乎就是准备放弃对东德的控制权，只要德国在可以预见的将来能够保持中立、不结盟和不构成威胁。对于这个建议斯大林是当真的呢，抑或只是把它当作一种宣传伎俩，好让容易上当受骗的德国人以为他是真心希望德国统一呢？这是当时人们感到疑惑的问题，也是历史学家此后一直在争论的问题。有些历史学家认为，1952 年 3 月的苏联照会应该就其字面意义来理解：它只是重申，斯大林将会奉行支持德国重新统一的政策——如果条件可以接受的话。其他一些历史学家则把人们的注意力引向了苏联档案提供的证据，而这些证据表明，莫斯科当时主要着眼于这样一种举措的宣传意义。[28]

与该争论有关的最为重要的证据之一是，斯大林 1952 年 4 月与德意志民主共和国代表团的会谈记录。这些会谈是发生在西方 3 月 25 日拒绝苏联照会之后。西方的反建议是，先举行全德选举，然后再与经过民主选举产生的、可以自行决定该国在外交政策方面跟谁结盟包括德国是否加入北大西洋公约组织的德国政府进行和平条约的谈判。莫斯科显然无法接受这样的建议，因为苏联政策的总的目标就是要防止德国的重新武装和德国加入北大西洋公约组织。

3月照会即便是个宣传伎俩，德意志民主共和国的领导人对这一阴谋也不知情。4月1日，在他们与斯大林的第一次会谈中，他们想要了解和平条约的前景如何、外交部部长理事会会议何时召开，以及他们应该为全德选举做怎样的准备。斯大林没有正面回答，但是第二天的《真理报》发表了一篇对他的采访，他说当前是实现德国统一的良机。[29] 4月7日，斯大林再次会见了东德人，并且答复了他们有关德国前景的问题。他告诉他们：

> 在德国问题上，不管我们提出什么建议，西方列强都不会同意，而且它们也不会撤出西德。认为美国人会做出让步或者会接受和平条约草案将是错误的。美国人需要在西德驻军以便保持对西欧的控制。他们说这些军队是针对我们的。实际上，这些军队之所以留下来，是为了控制欧洲。美国人正在拉拢西德加入［北大西洋公约组织］条约。他们会建立西德军队……在西德，一个独立的国家正在形成。所以你们必须建立你们自己的国家。应该把西德与东德的分界线看作国界线，并且不是一般的国界线，而是一条危险的国界线。加强这条国界线的安全是必要的。处于安全第一线的是德国人，第二线的就是苏联军队。

依据这条证据，可以合理地认为：虽然斯大林在3月照会中关于德国统一的建议是真心的，但他认为该建议被接受的可能性

358

并不很大——这一预感得到了证实：西方很快就拒绝了他的建议。不过，这并不意味着苏联人争取德国统一的运动就到此为止了。当 4 月 7 日的会谈临近结束，德国人问斯大林他们是否应该改变其在德国统一问题上的政策时，斯大林做了否定的回答："必须继续进行宣传，要求德国的统一。这对于教育西德人民有着重要的意义。目前，这是你们手中的武器，你们必须始终把它掌握在自己手里。在德国统一的问题上，我们也会继续提出建议，以便揭露美国人的用心。"[30]

4 月 9 日，莫斯科发布了另外一条照会，照会指出，有可能在合适的条件下在最近的将来举行全德选举。[31] 照会发布之后，苏联人与西方列强又进行了几次公开对话。由于苏联人坚持先就德国在冷战中保持中立的问题达成协议，然后再举行全德选举，这就使对话在这里被卡住了。斯大林也许有过放弃东德的准备，但那样做代价太大，而他愿意尽一切可能来巩固苏联在整个德意志的地位。1952 年 9 月，他对中国的总理周恩来抱怨说，"美国不愿意支持德国统一。他们对德国进行了掠夺；如果西德和东德统一了，那要想再对德国进行掠夺，就不可能了。这就是美国不希望德国统一的原因"。[32]

在德国问题上，如果西方对斯大林最后主动提出的建议做出积极的回应，事情会变得怎样就很难说了。那也许会使德国在 20 世纪 50 年代的某个时候就统一了，而且冷战在欧洲造成的紧张关系也就会大为缓解。另外，那样做也有可能带来更大的不确定性和不稳定性，因为谁也不能保证德国会长期保持中立或者被解除武装。正如西方的外交家和政治家在 20 世纪 50年代常常对苏联人指出的那样，西德加入西方集团对莫斯科也有好处。就像老话所说的那样：北约的成立是为了让美国人进

来，苏联人出去，德国人倒下！但是，无论是斯大林还是继他
之后的苏联领导人，都没有这样乐观。他们对德国问题的看法   359
是由自己在伟大的卫国战争中的经历所塑造的，是由自己对一
个强大且具有侵略性的德国卷土重来的恐惧所塑造的。

斯大林的和平运动

即使冷战正酣，通过复活"伟大的同盟"来抑制德国的想
法在莫斯科仍然有它的吸引力，而且对斯大林来说尤其如此，
他对放弃战后与西方合作的计划一直心有不甘。1949 年 1 月，
当一位美国记者问他，是否愿意与杜鲁门会见并讨论"和平条
约"即美苏互不侵犯条约的时候，斯大林给出了肯定的回
答。[33]几个月后，在 9 月份的联合国会议上，维辛斯基建议，
英、中、法、苏、美五大国应该签订一份巩固和平的条约。[34]
维辛斯基的建议在某种程度上被他自己同时提出的一个要求给
搞砸了：他要求联合国谴责英美两国是战争贩子。但是，签订
和平条约只是苏联战后初期在联合国提出的若干个这一类的动
议之一。1946 年，苏联建议禁止所有核武器。1947 年，苏联人
支持联合国的禁止煽动战争的决议。1948 年，他们呼吁把五大
国的常规武装力量削减三分之一。[35]在 1952 年 10 月的党的第
19 次全国代表大会上，马林科夫把所有这些政策归结到了一
起；当时他提到了"禁止煽动战争……禁止核武器和细菌武器、
进一步削减各大国的武装力量、在各大国之间签订和平条约、
发展各国间的贸易、恢复单一的国际市场，以及本着巩固和平
的精神而采取的其他类似的措施"。[36]

苏联提出的这些形形色色的和平倡议有着更广泛的背景，
那就是由共产党在西方发起的大规模的和平运动。苏联和共产

党的和平鼓动早在战后初期就开始了，莫斯科最初担心的是丘吉尔和西方其他"战争贩子"的影响。但是这次运动采取了更为明确的形式，它在 20 世纪 40 年代末 50 年代初连续召开了多次世界和平大会，西方许多杰出的知识分子都参加了。这次和平运动取得胜利的高潮是"斯德哥尔摩呼吁"：1950 年 3 月在瑞典首都发起的请愿活动，呼吁禁止使用核武器。为了支持这一呼吁，活动大约征集了 5.6 亿人的签名。签名者大多来自苏联集团，包括共产党中国，但西欧和北美的签名者也有几千万。

360　　　对于这些"和平建议"，斯大林有多当真呢？他真的相信"伟大的同盟"可能在表面上有所恢复吗？抑或他只是在玩弄宣传的伎俩？在马歇尔·舒尔曼（Marshall Shulman）对斯大林时代晚期苏联对外政策的研究中，[37] 他提出，与共产党发起的所有诸如此类的运动一样，斯大林的目的也具有多个维度，具有强权政治的、宣传的与意识形态的（或理论的）多个方面。就强权政治的方面而言，和平运动的目的是要从政治上对西方各国国内施压，以阻挠或扰乱成立以美国为首的西方集团来对付苏联的计划。他特别强调了莫斯科对法国和意大利可以施加的政治影响力，因为那里的共产党规模很大。在英国，共产党是个小党，但它在劳工运动中也不是没有影响。甚至美国的政治形势也不是没有希望。1948 年 5 月，斯大林与亨利·华莱士互致公开信——华莱士在 1940～1945 年担任过罗斯福的副总统，此时正以"进步党"（Progressive Party）的旗号作为第三党在总统竞选中向杜鲁门发起挑战。斯大林欢迎华莱士提出的建议，认为它们是为克服美苏关系中的困难而进行讨论的良好基础。他还说，经济体制与意识形态方面的差异，并不排除通过和平方式解决两国之间争端的可能性。[38]

在宣传方面，苏联的和平运动主要是想表明，苏维埃社会主义共和国联盟是个热爱和平的国家。这种提升自我形象的做法可以追溯到 20 世纪 20 年代，当时的苏联领导层率先开始谈论与资本主义制度的和平共存。这种做法含有不信任（cynical）与耍手腕的成分，但没有任何理由认为，斯大林和苏联领导层不相信他们自己的宣传，即苏联采取的是本质上热爱和平的政策。和平运动在意识形态上的合理性强化了苏联人关于苏维埃社会主义共和国联盟是一个热爱和平的国家的自我概念。在苏联人的意识形态中，有一种强烈的信念，认为资本主义的经济矛盾与竞争不可避免地会导致战争。[39]斯大林在自己的最后一部重要理论著作、1952 年出版的《苏联社会主义中的经济问题》中，也就这个话题发表了看法。书中有一节，标题为"关于资本主义国家之间战争不可避免的问题"，斯大林在那里重申了苏联的传统信条，即资本主义内部的战争是不可避免的。他写道：美国在战后从经济上主宰了资本主义世界，不过他相信，英国和法国，以及恢复元气的德国和日本，最终会对美国的地位提出挑战。至于共产主义与资本主义的关系，斯大林不同意苏联与资本主义世界的矛盾必然会比资本主义各国之间的矛盾更大或更尖锐的说法。在这里，他又一次用上了苏联的传统信条，即资本主义者（至少是明智的资本主义者）认为与苏联开战更危险，因为如果在这样的战争中战败，就有可能威胁到资本主义制度的存在本身。在这种情况下，和平运动的作用是，开展一场有着广泛基础的运动，通过防止特定的战争来维持和平。就像斯大林说的那样，在资本主义与帝国主义仍然存在的情况下，要想通过和平运动来普遍地消灭战争，是不可能的，但是它可以防止特定条件下的特定的战争，从而维持特定的和平。[40]

361

斯大林绕来绕去讲的这些道理有四个方面的要点：重申了苏联的传统信条，认为资本主义世界内部的战争不可避免；鼓励继续采取政治行动主义（political activism），推动和平运动；不相信美国在资本主义世界中能够永远保持霸主地位；虽然冷战中的关系高度紧张，但他拒不同意共产主义与资本主义的战争是不可避免的观点。对斯大林来说，争取和平的斗争是一件严肃的事；这个运动对于部分地缓和资本主义各国内部的好战倾向是必不可少的，尤其是，它可以保护苏联免受西方阵营中的极端反苏派的攻击——他们希望通过牺牲苏联来解决帝国主义内部的矛盾。斯大林绝不是要依靠和平运动来保卫苏联；对此，他有更为传统的手段可以使用。

斯大林的战争机器

随着冷战的加剧，斯大林叫停了苏联武装力量的战后复员工作。截止到 20 世纪 40 年代，苏联武装力量的数量已经稳定在将近 300 万（1945 年是 1100 万），175 个师（在伟大的卫国战争期间有 500 个师）。然而，1948～1955 年，苏联武装力量的规模却翻了一番，而且东欧的各人民民主国家的军队数量也增加了——到 1953 年为止，超过了 100 万。仅仅波兰就有 40 万军队，由出生于波兰的罗科索夫斯基元帅领导，他在 1949 年 10 月被任命为波兰国防部长。驻扎在德意志民主共和国境内的苏联军队也得到了加强，并且计划建立一支东德军队。1951 年 1 月，斯大林在莫斯科召开了苏东集团的秘密会议，讨论对咄咄逼人的北约和德国的重新武装采取反制措施。苏联的国防开支增加了 20％，并且在 1951～1955 年的五年计划中，为国防生产提供的经费与物资增加了 2.5 倍。1951 年初，苏联的部长会议成立了一个监管军工综合企业的新机构，并由最新得到斯大林庇护的尼古拉·布尔加宁元帅负责。两年后，为了使空、海军的规模及能力有实质性的提高，苏联还制订了各种雄心勃勃的计划。[41]

　　这些措施不是为短期内的，甚至也不是为中期内的战争准备的。相反，这是对正在出现的西方集团的长期威胁（尤其是德国的重新武装）所做的预防性反应，是一种手段，用来打消美国利用军事力量的威胁来获得政治上的让步或赢得外交上的优势的任何企图。

　　苏联国防工业的重中之重是研制原子弹的计划。斯大林在1945 年 8 月就让他的内务部部长拉夫连季·贝利亚负责启动了这一计划。1949 年 8 月 29 日，苏联试爆了自己的第一颗原子弹。斯大林在世的时候还进行过另外两次试验，都是在 1951年。到斯大林 1953 年去世的时候，苏联人拥有大约 50～100 颗原子弹（以此来对抗美国人手中的近千颗原子弹）。在斯大林死后，苏联又进行了多次核试验，生产了数千颗原子弹，而且莫斯科也不再羞于公开宣扬和吹嘘苏联在这一领域的技术成就了。令人奇怪的是，对于他们本来应该庆祝的让世界大吃一惊的第一次核试验，莫斯科却闭口不谈。在西方，人们本来预计，苏联人虽然成功窃取了西方的原子弹秘密，但是要研制出原子弹，还要花费许多年。事实上，苏联核试验的消息是由杜鲁门在 9 月 23 日透露给世人的。第二天，苏联的新闻机构塔斯社发表声明，宣布苏联从 1947 年开始就已经拥有了原子弹，而最近的爆炸跟矿山、运河、道路、水电站之类的基础建设工作所必需的"大规模爆破"有关。[42]苏联人这样遮遮掩掩可能是因为他们做事一向喜欢偷偷摸摸，也有可能是因为他们不想太多地刺激美国人。它还可能跟维辛斯基即将在联合国代表苏联发表

362

讲话，建议裁减军备、禁止核武器和控制原子能有关。实际上，维辛斯基于 1949 年 11 月 23 日在联合国宣称，跟美国的进攻性核试验相反，苏联的那些核试验是和平的，因为它们是打算用来削平高山和使河流改道的。一位表示怀疑的美国作者称这个说法是，"曾经通过国际组织发表的最荒谬的讲话之一"。[43]

那么，在斯大林的战后军事政治图景中，原子弹究竟有什么位置呢？要回答这个问题，困难在于，就像大卫·霍洛韦指出的那样，"斯大林在 1946～1953 年有关原子弹的事情说得很少，而他的确说过的也是故意要制造一种特别的印象"。[44]斯大林希望传递的这种印象就是，原子弹并不像某些把它造出来的人以为的那样重要。斯大林在 1945 年 11 月开始贬低原子弹的重要性，当时他告诉哥穆尔卡说，"决定战争结果的不是原子弹，而是军队"。他后来也一直坚持这样的看法。例如，在 1952 年 7 月，他告诉意大利社会党领导人彼得·纳尼（Pietro Nenni）：在技术上，美国有发动第三次世界大战的实力，但是在人力资本上没有。"美国光是摧毁莫斯科还不够，正如我们光是摧毁纽约还不够一样。要想占领莫斯科、占领纽约，那得需要军队。"[45]

没有任何理由认为，斯大林对自己说的话不是当真的；而这样理解也不是没有根据的。在 20 世纪 50 年代初研制氢弹之前，美国并没有能力用原子弹去毁灭苏联。美国人最多只能造成像德国人 1941 年入侵苏联时那样的破坏。这就意味着苏联会留有大举反攻的实力，因为 20 世纪 40 年代的原子武器虽然可以用来对付城市，却不能用来有效地对付分散的军队。另外，虽然斯大林并不把原子弹看作那种凭自身就足以赢得战争的武器，但这并不意味着他低估拥有原子弹的重要性。他对盟军战争期间对德国和日本的战略轰炸的作用有着深刻的印象，而且他也知道，原子武器可能在未来给这类行动带来质的差别。在斯大林的战后防卫计划中，他最优先考虑的是苏联空军。1948 年 7 月，空军成为与陆军和海军同等地位的军种，而且斯大林还大力推进加强防空能力、研制远程战略轰炸机以及成立火箭部队。根据一份原始资料，在 1947 年 4 月的一次与军队领导人和火箭科学家的会议中，斯大林说，"你们有没有意识到这一类机器有着巨大的战略意义呢？对于那个喜欢嚷嚷的小店主哈利·杜鲁门，它们可是件管用的紧身衣。我们必须继续干，同志们。制造出能够飞越大西洋的火箭，这对我们十分重要。"[46] 很可能这又是一个事后杜撰的故事，但也不难想象斯大林会这样说。

大卫·霍洛韦，《斯大林与原子弹》这部经典之作的作者，把情况概括如下：

> 原子弹在战后的军事政策中占据了中心位置。斯大林最优先考虑的是抵御原子弹的攻击以及苏联核武器运载工具的研制。不过，他并不认为原子弹是能够起决定作用的武器……他把原子弹看作一种用来对付后方目标的战略武器，而不是把它看作用来对付地面部队或海上力量的有效砝码……斯大林并不认为原子弹预示着一场军事革命的到来。苏联的军事战略主要是吸取了对德战争的经验。苏联的战争观念并没有发生任何根本性的改变。[47]

斯大林对原子武器的作用的看法不走极端，这有两方面的深远影响。第一，他没有让美国人对原子弹的垄断影响他的对外政策与外交。对原子弹的畏惧丝毫没有影响到他对 1946 年的伊朗危机和土耳其危机的处置，也没有把他吓得不敢在 1947 年宣布冷战或者

364

在 1948 年不敢挑起柏林危机。第二，苏联方面所有有关禁止核武器的建议并不仅仅是宣传。即使是在苏联已经拥有了自己的原子弹以后，斯大林也完全愿意就控制和限制核武器问题进行认真的谈判。对斯大林而言，原子弹是他新添的一个非常重要的武器，但苏联在战后之所以采取防御态势，靠的不是原子弹，而是该国有抵挡住北约进攻，然后从陆上入侵西欧来发动反攻的能力。

朝鲜战争

在欧洲，斯大林谋求的是和平以及解决德国问题。在与美国的军事竞争中，他的政策是反应性的、克制的。尽管他有时也炫耀武力，但他经常而且一直谈论的是与资本主义制度的和平共存。这种形式的克制也有一个例外，那就是 1950～1953 年的朝鲜战争。

这场战争开始于 1950 年 6 月，到夏季结束的时候，共产党政权已经控制了该国的大部分领土。不过，韩国人还是设法守住了该国东南釜山港周围的一隅之地，这就为美国人赢得了替他们出面干涉的时间。美国人发起了一连串的反攻，阻止并打退了朝鲜人的推进。9 月，道格拉斯·麦克阿瑟将军在仁川实施了两栖作战行动，从侧翼包围了朝鲜的军队并收复了韩国的首都首尔。麦克阿瑟的军队向北推进并越过了标志两国国界的北纬 38°线，这下轮到朝鲜人后退了。到 11 月的时候，麦克阿瑟已经逼近了朝中边界，只是由于大批中共"志愿军"的介入才挽救了朝鲜政权，使之免遭彻底的失败。到 1951 年 7 月，战事沿北纬 38°线陷入僵局，和谈开始，并在两年后签订了停战协定，军事行动结束，尽管这两个国家在随后的几十年里依然处于理论上的战争状态（见地图 20）。

365

中　国

朝　鲜

符拉迪沃斯托克

海参崴

1950年
联合国军最大
推进线

日本海

平壤

元山

1953年7月26日
双方达成的停战
分界

38°

板门店

首尔

1950年9月
麦克阿瑟登陆地点

仁川

韩国

黄　海

1950年9月
朝鲜军队最大突破线

釜山

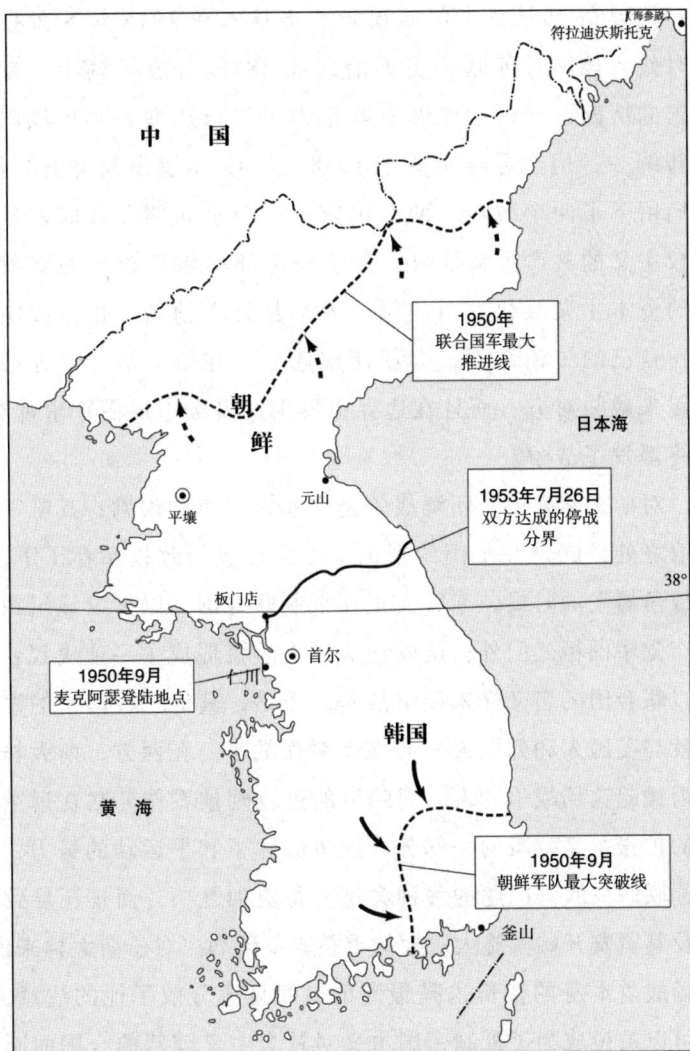

地图 20　朝鲜战争，1950～1953 年

朝鲜冲突的根源在于该国在战后的划分。[48] 朝鲜直到
1945 年为止都是日本的殖民地。当日本在 1945 年 8 月投降
的时候，该国被苏联和美国沿北纬 38°线分成了两半。就像
366　德国的情况一样，这样做原本是为了举行选举并实现该国的
重新统一，但当苏美军队于 1948～1949 年撤出朝鲜的时候，
他们留下了两个政府、两个国家：一个是北部金日成领导的
威权主义的共产主义政权，一个是南部李承晚领导的威权主
义的资本主义政权。两位领导人都是野心勃勃，要把该国统
一在自己的统治之下，即便使用武力也在所不惜。双方都以
入侵来威胁对方，而且在边界也发生过多次小规模军事冲突，
最终爆发了战争。

对斯大林来说，朝鲜战争是个非常严重的误判；其唯一的
可取之处，就是在中国的帮助下，金日成的政权幸存了下来。
当战争爆发的时候，苏联人正在抵制联合国，以抗议该组织将
共产党中国拒之门外；这就让美国人趁机促成了一项决议：授
权以联合国的名义介入朝鲜战争。于是，其他一些国家的军队
也就与美国人和韩国人一起在朝鲜作战了。在西方，斯大林被
视为挑起这场战争的人，而朝鲜的进攻则被看作苏联在远东采
取的扩张主义政策的一部分。战争破坏了和平运动的努力，使
得苏联解决欧洲问题的种种尝试变得更加复杂，而且还导致美
国及其盟友开始实施大规模的重整军备计划。对于斯大林来说，
这场战争本身的代价也是很高的，而且还分散了他的注意力。
它可以被说成为了抵制帝国主义对社会主义阵营的合围而断然
采取的行动，但那样的说法即使是在共产主义圈子内部也是空
洞无力的。尤其是，朝鲜战争使东西方关系中的信任、信心和
善意几乎荡然无存。

要理解斯大林在朝鲜问题上的失败，就必须从他在战略上和意识形态上的观点来看待局势。从战略上来看，一个统一的共产主义的朝鲜对斯大林是有吸引力的，因为它可以成为防止日本的威胁卷土重来的前哨基地。斯大林预计，日本会与德国一样东山再起并再次走上侵略的道路。1945 年 8 月签订的《中苏友好同盟条约》，就是为了防止日本再次发动侵略战争。在苏联驻同盟国日本管制委员会的代表被派往东京的时候，他所得到的最主要的指示就是，要确保解除这个国家的武装并消除它的军工潜力。[49]当 1950 年与中国的新的共产党政府重新谈判中苏条约的时候，该条约依然是以防止日本帝国主义的复活为指针的。[50]

苏美有关日本和约谈判的破裂，加剧了斯大林对日本的担心。1946 年 6 月，美国人建议就日本的非军事化和民主化签订条约——实际上，这就是一个远东的拜恩斯计划。就像与之类似的德国条约一样，这个建议也遭到了苏联人的拒绝，理由是，它没有就日本保持和平提供任何长期的保证。美国方面渐渐地绕开同盟国管制委员会，想要与日本单独签订和约。1950 年 1 月，美国国务卿迪恩·艾奇逊（Dean Acheson）宣布，日本将会成为远东的反共堡垒。[51]事态发展的这些新情况就跟在德国问题上的那些差不多，而在斯大林的头脑中，预计中的德国与日本的卷土重来也是联系在一起的。在这样的背景下，把整个朝鲜并入苏联集团这个想法就很诱人了，尤其是在艾奇逊已划定的战略边界似乎包括了日本却排除了朝鲜的情况下。

从意识形态方面来说，在斯大林看来，朝鲜事态的发展是共产主义在第二次世界大战之后普遍扩张的一部分。1949 年，中国共产党在内战中的胜利对斯大林从意识形态的角度对朝鲜局势的看法影响特别大。首先，斯大林对毛泽东的共产党在其与蒋介石国民党的搏斗中的前景曾经表示过怀疑，而且在第二次世界大战结束后，他还一度继续主张，在中国成立由进步力量组成的国民政府。但是，在共产党的军事胜利以及国民党中国在冷战中与美国结盟的双重影响下，斯大林改变了自己的想法，并开始更加积极地支持毛泽东。1947 年 6 月，他邀请毛泽东到莫斯科会谈。毛泽东未能成行，表面理由是中国的战争形势瞬息万变（这个借口也许让斯大林想起了，当年他不想与丘吉尔和罗斯福会面的时候，也经常这样说）。但是，在这两人之间建立起了长期的通信联系，而且在 1949 年 1 月，斯大林还派政治局成员阿纳斯塔斯·米高扬到中国与毛泽东以及共产党的领导层进行了广泛的交谈。[52]1949 年 12 月，也就是在毛泽东于北京宣布成立中华人民共和国两个月后，他终于来到了莫斯科，就新的中苏同盟条约进行谈判。在 12 月 16 日他们的第一次会谈中，斯大林告诉毛泽东说，中国在军事上没有任何直接的威胁："日本还没有爬起来，因而还不准备战争；美国尽管在叫嚣战争，但实际上最怕战争；欧洲也害怕战争；实际上，没有人要跟中国打仗，除非金日成决定入侵中国！"[53]斯大林还忠告毛泽东，要避免与英国人和美国人发生不必要的冲突，要花时间去巩固共产党在中国的地位。

　　然而，尽管斯大林给毛泽东的建议是要谨慎，但他从中国的形势发展中得出了两个激进的结论。第一，就像他告诉 1949 年夏季来访的另一位中共领导人的那样，"革命的中心……已经转移到中国和东亚"。[54]第二，美国要么是不愿意，要么是没有能力干涉，以阻止共产主义事业的进一步发展。尽管如此，正如凯瑟琳·韦瑟斯比（Kathryn Weathersby）指出的那样，斯大

368

林对于在朝鲜挑起军事冲突还是有些迟疑的，而且在战争真的
爆发的时候，他就后退了，没有采取任何会引发与美国的重大
冲突的措施。[55]

1949 年 3 月，金日成开始向斯大林强烈要求允许对韩国发
动进攻。他试图说服这位苏联领导人，进攻会得到南方人民的
欢迎，会得到已经在那里战斗的共产党游击部队的支援。斯大
林告诉他：

> 你们不要向南前进。首先，朝鲜人民军的部队并没有
> 压倒性的优势……其次，在南方还驻扎着美国的部队……
> 最后，不要忘了，有关北纬 38°线的协议实际上是苏美之
> 间的协议。如果我们这一方破坏了协议，那就完全有理由
> 相信，美国人会介入……如果对手有侵略的野心，那它迟
> 早会发动侵略的。遇到这样的进攻，那就是你们发动反击
> 的好机会。到那个时候，你们的行动就可以得到所有人的
> 理解和支持。

1949 年 6 月，最后一批美军撤离了朝鲜。9 月，金日成建议对
南部发动一次有限的进攻，以巩固朝鲜边界沿线的防御阵地。
斯大林进行了认真的考虑，但最后还是否决了这个建议，理由
是：很难把这样的进攻限制在边界的某个地段，而且它有可能
引起严重的国际纠纷。然而，1950 年 1 月，对于这样的进攻的
可行性，斯大林的想法开始改变了，因此，当他在 3 月再次会
见金日成的时候，他就准备同意发动进攻了，前提是这个想法
要得到中国人的支持。斯大林解释说，他之所以改变主意，主
要是出于两方面的考虑。首先，中国共产党的胜利意味着毛泽

东将会在必要的时候能够为朝鲜人提供帮助。其次，中苏同盟条约意味着美国人不太可能会干预，而且美国国内的情绪无论如何也是反对干预的，苏联人拥有原子弹使得这种情绪更强烈了。但是斯大林也向金日成挑明了，他"不要指望苏联会直接参与这场战争，因为苏联需要应付别的地方尤其是在西方的严重挑战……苏联不准备直接介入朝鲜事务，特别是在美国人真的冒险向朝鲜派遣部队的情况下"。

在与斯大林见面之后，金日成又在 5 月来到了北京，想要获得毛泽东对他的行动计划的支持。需要指出的是，金日成在这一时期的计划仍然是发动局部的攻势，这些局部的行动日后会发展成更全面的攻势。然而，这一计划发生了变化。在得到斯大林的首肯之后，朝鲜人发动了全面进攻，越过了北纬 38°线。在战争开始后，斯大林急于要在美国人有机会干预之前就让韩国获得"解放"。当美国人在 9 月成功发起反攻的时候，事实证明，斯大林的预感是有先见之明的。10 月，斯大林呼吁毛泽东派遣中国军队入朝支援金。毛泽东起先拒绝了，于是，斯大林又给他发了一封长长的电报，说明中国干预的合理性。斯大林指出，中国同志曾经多次承诺在必要的时候出面干预；而且斯大林还对这样的想法表示不屑，即中国出面干预会挑起与美国的更大范围的冲突。他告诉毛泽东，美国"目前不愿发动大的战争"。斯大林承认，美国人为了维护自己的声望，有可能被拖进一场大的战争，但他又认为，苏联和中国对此不应当感到害怕，因为"我们加起来要比美国和英国更强大，而其他的欧洲资本主义国家……并没有显示出需要认真对待的军事实力。如果战争不可避免，那么让它现在就开始吧，而不要等到几年后日本军国主义卷土重来成为美国的帮手的时候，不要等到美国和日本有李承晚统治下的整个朝鲜作为现成的桥头堡的时候"。在这番话中，有不少是虚张声势的，因为，在中国人依旧不为所动的时候，斯大林就指示金日成准备撤出了。不过，中国人真的出手干预了。他们发动了反攻，迫使麦克阿瑟的军队退到了北纬 38°线以南。斯大林为朝鲜和中国提供了军需物资的援助，但没有直接参战，尽管苏联飞行员的确也在北纬 38°线以北参加过空战。在仍然有可能谋取军事利益的时候，斯大林是赞成把战争打下去的，但是到了 1951 年中期，他已经承认，有必要进行停战谈判了。[56]

1952 年 8 月，周恩来来到了莫斯科会见斯大林。在与中国总理的交谈中，斯大林尽量从积极的方面来看待战争局势。"战争在触动美国人的神经，"他告诉周恩来，"朝鲜的这场战争已经暴露出美国人的弱点。24 个国家的军队不可能把朝鲜的这场战争长期打下去，因为他们没有实现自己的目标，而且在这件事上也不可能指望取得成功。"这是在失败面前的典型的斯大林式的大话。他还以同样的语气继续说道：

> 美国人根本没有能力进行大规模的战争，尤其是在朝鲜战争之后。毕竟他们的实力主要在于空中力量和原子弹……美国不可能打败小小的朝鲜。在跟美国人打交道的时候，必须要坚定……已经两年了，美国还是不能征服小小的朝鲜……他们想要征服世界，却连小小的朝鲜也征服不了。这些美国人打仗真是不行。特别是，在朝鲜战争之后，他们已经失去了从事大规模战争的能力。他们在把希望寄托在原子弹和空中力量上。但靠它们是不可能赢得战争的。要赢得战争需要步兵，而他们没有步兵；他们现有

370

的步兵又不经打。他们现在在跟小小的朝鲜作战，而美国国内的人民已经在哭泣了。如果他们发动大规模的战争，会怎么样呢？到那个时候，也许每个人都会哭泣吧。[57]

也许斯大林对于这套说辞是相信的，但这套说辞并没有充分意识到，美国人不是唯一在朝鲜无法获得胜利的人。不管斯大林怎样不承认核武器的因素，但他小心翼翼，不愿直接介入朝鲜的冲突，肯定是顾忌美国在原子弹上的优势。另外，受到国际社会压力，要求结束其军事冒险并接受和平妥协的正是苏联人、中国人和朝鲜人。当1953年战争结束的时候，伤亡人数达到了千万级，朝鲜人又回到了他们开始发动进攻的地方，韩国的独立由于大批美军的存在而得到了保障，日本在美国的东亚战略阵地中确立了自己的支柱地位。斯大林与中国人有关这场战争的分歧加深了彼此之间的怨恨，而这种怨恨又促使中苏同盟在20世纪50年代末突然破裂。[58]斯大林的最后的战争是他最为惨重的失败之一。

最后的时光

斯大林于1953年3月去世，享年74岁。关于他的死亡有许多阴谋说。但事实很简单，他在3月2日突发脑溢血并于三日后死亡。[59]一直到自己生命的最后几天，他都非常忙碌，并保持着对事态发展的充分掌控。在他去世前三个月的会客日志中，有许多次会见的记录。1952年12月是他最后一次公开发表自己的意见，当时有一位美国记者问他对美国艾森豪威尔新政府有什么看法。他回答这位记者说，苏美之间的战争并不是不可避免的，这两个国家是可以和平地生活的。他谴责了冷战，并对与艾森豪威尔政府进行外交谈判——包括结束朝鲜战争——的可能性表示欢迎。[60]

在斯大林还在世的时候，印度大使梅农（K. P. S. Mennon）是最后一批见到他的外国人之一。他是在1953年2月17日晚上被召见到克里姆林宫的。会见只持续了半个小时，但对这位大使产生了很大的影响。第二天，他在自己的日记里写了很长的一段内容，思考他与这位伟人会见的意义。他回顾了别人有关斯大林的说法。战前美国驻莫斯科大使约瑟夫·戴维斯（Joseph E. Davies）认为："他的举止亲切，不拘小节……他给我的印象是诚挚而谦逊。"还有温斯顿·丘吉尔："斯大林总理给我留下的印象是睿智、冷静、对事情不抱幻想……是个讲话直截了当甚至有点生硬的人……带有那种能够化解问题的幽默感，这一点非常重要。"对于梅农来说，给他留下深刻印象的是斯大林的"朴素、精明和无情"：

371

> 他的一切都很朴素——他的衣着、房间、举止、说话的方式……这是一个靠他的意志……为共产主义保住了苏联、为世界保住了共产主义的人；要是没有他，无论是苏联还是共产主义都抵挡不了希特勒的进攻。这是一个不仅在他自己的国家，而且被世界各地的无数人民都当作"一切进步人士的领袖和导师"的人；他的肖像在每一个俄罗斯家庭都占据着圣像的位置；在苏联，只要一提到他的名字，所有的听众都会起立鼓掌欢呼，经久不息；迄今为止，过度的赞扬对他来说就如同水溅在鸭背上一样不起作用，没有留下炫耀或装腔作势的痕迹。伏尔泰在流亡多年后重返巴黎的时候，受到了一群崇拜者的欢迎。当有朋友问他

对于成为人民的偶像是否感到高兴的时候，他回答说，"是的，可是当我的头颅出现在断头台上的时候，也会有同样多的人来"。斯大林也会毫不犹豫地表达这样的想法。这令我想到他的第二个品质……他的精明，这一点不仅表现在他说话的时候，同样也表现在他沉默的时候。他谢绝参与我们有关解决朝鲜问题甚至是一般有关朝鲜问题的讨论……也许他觉得他已经到了只考虑根本问题，而把细节问题交给自己心腹部下的阶段……他的无情也给我留下了深刻的印象。他两次提到道德说教对恶人毫无作用。甘地说的"心灵的转变"对斯大林毫无意义。当斯大林引用农夫拒绝感化狼的隐喻时，他指的也许正是甘地执着于对道德因素的考虑。我打电报给我的政府说，这代表着斯大林哲学的本质。[61]

富有魅力而又能打消人的戒备之心，坦诚相待却又神秘难测，充满吸引力却又让人感到不安——直到最后，斯大林都在向世人展示他的多副面孔。

注 释

[1] L. Gibianskii, "The Soviet-Yugoslav Split and the Cominform" in N. Naimark and L. Gibianskii (eds), *The Establishment of Communist Regimes in Eastern Europe, 1944 – 1949*, Westview Press: Boulder Col., 1997. 吉比安斯基已经用英语、俄语和其他语言发表了许多论述斯大林与铁托决裂的文章，并且负责出版了苏联档案中的许多珍贵文献。

[2] "Na Poroge Pervogo Raskola v 'Sotsialisticheskom Lagere'",

Istoricheskii Arkhiv, no. 4, 1997; *Stalin and the Cold War*, *1945 – 1953*: *A Cold War International History Project Documentary Reader*, September 1999, pp. 408 – 19; I. Banac (ed.), *The Diary of Georgi Dimitrov*, *1933 – 1949*, Yale University Press: New Haven, 2003, pp. 436 – 41.

[3] "Sekretnaya Sovetsko-Ugoslavskaya Perepiska 1948 goda", *Voprosy Istorii*, nos 4 – 5, 1992.

[4] G. Procacci (ed.), *The Cominform*: *Minutes of the Three Conferences*, *1947/1948/1949*, Feltrinelli: Milan, 2004, pp. 611 – 21.

[5] A. B. Ulam, *Titoism and the Cominform*, Harvard University Press: Cambridge Mass. , 1952, chap. 5.

[6] *Vostochnaya Evropa v Dokumentakh Rossiiskikh Arkhivov*, *1944 – 1953*, vol. 1, Moscow, 1997, docs 267, 269, 272, 274, 289; *Sovetskii Faktor v Vostochnoi Evrope*, *1944 – 1953*, vol. 1, Moscow, 1999, docs 209 – 12.

[7] W. Loth, *Stalin's Unwanted Children*: *The Soviet Union*, *the German Question and the Founding of the GDR*, Palgrave: London, 1998, chap. 1.

[8] B. Ruhm von Oppen (ed.), *Documents on Germany under Occupation*, *1945 – 1954*, Oxford University Press: New York, 1955, pp. 128 – 31.

[9] G. P. Kynin and J. Laufer (eds), *SSSR i Germanskii Vopros*, vol. 2, Moscow, 2000, docs 121 – 3, 126 – 8, 137. 另见 R. B. Levering et al. (eds), *Debating the Origins of the Cold War*, Rowman & Littlefield: Lanham, Maryland, 2002, doc. 2, pp. 157 – 9。

[10] "V. M. Molotov's Statement on the American Draft Treaty for the Disarmament and Demilitarisation of Germany", *Soviet News*, 11/7/ 46. 莫洛托夫和拜恩斯在外交部部长理事会会议上的这段对话的记录可见于 Arkhiv Vneshnei Politiki Rossiiskoi Federatsii F. 431/II Op. 2, D. 3, Ll. 149 – 58。

[11] G. P. Kynin and J. Laufer (eds), *SSSR i Germanskii Vopros*, vol. 3, Moscow, 2003, doc. 35.

[12] *Sovetsko-Amerikanskie Otnosheniya*, *1945 – 1948*, Moscow, 2004, doc. 185. 1947 年 1 月，斯大林在会见东德共产党时提出了同样

的理由。

[13] E. S. Mason, "Reflections on the Moscow Conference", *International Organisation*, vol. 1, no. 3, September 1947, p. 475. 不过，梅森也认为，尽管很难，但关于在统一的德国成立某种形式的自由民主政权这个问题，还是有可能与苏联人达成一致的。从西方的角度对此次会议的进一步分析，参见 A. Deighton, *The Impossible Peace: Britain, the Division of Germany and the Origins of the Cold War*, Clarendon Press: Oxford, 1990, chap. 6。

[14] *Vneshnyaya Politika Sovetskogo Souza 1947 god*, part 1, Moscow, 1952, pp. 377 – 83, 534; "K Itogam Soveshchaniya Ministrov Inostrannykh Del", *Pravda*, 27/4/47. 与莫斯科会议有关的苏联档案材料许多都可见于 Kynin and Laufer (eds), *SSSR i Germanskii Vopros*, vol. 3。苏联报纸对此次会议进行了非常广泛的报道；就我所能看到的而言，苏联人公开说的与他们私下里说的并无太大的区别。

[15] V. M. Molotov, *Problems of Foreign Policy*, Foreign Languages Publishing House: Moscow, 1949, p. 488.

[16] Ibid., pp. 503 – 9.

[17] Deighton, *Impossible Peace*, chap. 8.

[18] 1948 年 3 月 26 日斯大林与社会统一党领导人的会谈记录可见于 *Istoricheskii Arkhiv*, no. 2, 2002, pp. 9 – 25。

[19] Von Oppen, *Documents*, pp. 286 – 90. 关于伦敦联合公报的背景，参见 M. Trachtenberg, *A Constructed Peace: The Making of the European Settlement, 1945 – 1963*, Princeton University Press: Princeton NJ, 1999, pp. 78 – 91。

[20] W. Stivers, "The Incomplete Blockade: Soviet Zone Supply of West Berlin, 1948 – 1949", *Diplomatic History*, vol. 21, no. 4, Fall 1997. 关于苏联的总的政策，参见 M. M. Narinskii, "The Soviet Union and the Berlin Crisis" in F. Gori and S. Pons (eds), *The Soviet Union and Europe in the Cold War, 1943 – 1953*, Macmillan: London, 1996。

[21] *Sovetsko-Amerikanskie Otnosheniya, 1945 – 1948*, docs 281, 287.

[22] 转引自 C. Kennedy-Pipe, *Stalin's Cold War*, Manchester University Press: Manchester, 1995, pp. 127 – 8。

[23] M. D. Shulman, *Stalin's Foreign Policy Reappraised*, Harvard University Press; Cambridge Mass. , 1963, pp. 73 – 5. 在斯大林时代晚期的苏联对外政策方面，这本书依然是非常重要的文本。同样具有持久价值的是 W. Taubman, *Stalin's American Policy*: *From Entente to Détente to Cold War*, W. W. Norton: New York, 1982。

[24] *Vneshnyaya Politika Sovetskogo Souza* 1949 *god*, Moscow, 1953, pp. 46 – 71, 88 – 94, 120 – 2.

[25] 转引自 D. Holloway, *Stalin & The Bomb*: *The Soviet Union and Atomic Energy*, *1939 – 1956*, Yale University Press: New Haven, 1994, p. 264。

[26] 参见 V. Mastny, *NATO in the Beholder's Eye*: *Soviet Perceptions and Policies*, *1949 – 1956*, Cold War International History Project Working Paper no. 35, March 2002 以及 N. I. Egorova, "Evropeiskaya Bezopastnost'" i "ugroza" NATO v Otsenkakh Stalinskogo Rukovodstva' in V. Gaiduk, N. I. Egorova and A. O. Chubar'yan (eds), *Stalinskoe Desyatiletie Kholodnoi Voiny*, Moscow, 1999。

[27] *Otnosheniya SSSR s GDR*, *1919 – 1955gg*, Moscow, 1974, doc. 114.

[28] 在所谓的"斯大林照会"问题上的历史争论可见于 A. Phillips, *Soviet Policy Reconsidered*: *The Postwar Decade*, Greenwood Press: New York, 1986; R. Steininger, *The German Question and the Stalin Note of* 1952, Columbia University Press: New York, 1990; V. Mastny, *The Cold War and Soviet Insecurity*, Oxford University Press: Oxford, 1996; J. Zarusky (ed.), *Die Stalin-Note vom 10. Marz 1952*, Munich, 2002; R. van Dijk, *The Stalin Note Debate*: *Myth or Missed Opportunity for German Unification*, Cold War International History Project Working Paper, no. 14, May 1996; G. Wettig's, "The Soviet Union and Germany in the Late Stalin Period, 1950 – 1953" in Gori and Pons, *Soviet Union* and "Stalin and German Reunification: Archival Evidence on Soviet Foreign Policy in Spring 1952", *Historical Journal*, vol. 37, no. 2, 1994; W. Loth, "The Origins of Stalin's Note of 10 March 1952", *Cold War History*, vol. 4, no. 2, January 2004; A. M. Filitov's,

"Stalinskaya Diplomatiya i Germanskii Vopros: poslednii god" in *Stalinskoe Desyatiletie Kholodnoi Voiny* and "Nota 10 Marta 1952 goda: Prodolzhaushchayasya Diskussiya" in B. M. Tupolev, *Rossiya i Germaniya*, Moscow 2004; J. Laufer, "Die Stalin-Note vom 10. Marz 1952 im Lichte neuer Quellen", *Vierteljahrshefte für Zeitgeschichte*, January 2004。

[29] Stalin, *Sochineniya*, p. 224.

[30] 斯大林与德意志民主共和国领导人 1952 年 4 月 1 日和 4 月 7 日的会谈记录公布在 *Istochnik*, no. 3, 2003, 引文摘自第 122、125 页。这些文件的译文可见于 Cold War International History Project 网站。

[31] *Otnosheniya SSSR s GDR, 1919 – 1955gg*, doc. 118. 这份文件是由莫洛托夫和维辛斯基起草, 斯大林修改的。参见 *Politburo TsK VKP (b) i Sovet Ministrov SSSR, 1945 – 1953*, Moscow, 2002, doc. 119。

[32] *Stalin and the Cold War, 1945 – 1953*, pp. 523 – 4.

[33] Stalin, *Sochineniya*, vol. 16, Moscow, 1997, pp. 98 – 9.

[34] *Vneshnyaya Politika Sovetskogo Souza 1949 god*, pp. 441ff.

[35] B. Ponomaryov et al. (eds), *History of Soviet Foreign Policy, 1945 – 1970*, Progress Publishers: Moscow, 1973.

[36] 在马林科夫最初起草的报告中还包括这样的建议: 在英、法、苏、美之间签订一份 50 年的互不侵犯条约; 召开国际大会并发表有关和平及相关事务的宣言。但整个这部分内容都被斯大林删去了, 并用所引用的这些话替代了出现在目录中的一节长得多的内容。Rossiiskii Gosudarstvennyi Arkhiv Sotsial'no-Politicheskoi Istorii (RGASPI) F. 592, Op. 1, D. 6 L. 25.

[37] Shulman, *Stalin's Foreign Policy*.

[38] Stalin, *Sochineniya*, pp. 94 – 5.

[39] 参见 F. S. Burin, "The Communist Doctrine of the Inevitability of War", *American Political Science Review*, vol. 57, no. 2, June 1963。

[40] J. Stalin, *Economic Problems of Socialism in the USSR*, Foreign Languages Publishing House: Moscow, 1952, pp. 37 – 41. 关于出版这本著作的背景, 参见 E. Pollack, *Conversations with Stalin on Questions of Political Economy*, Cold War International History Project

Working Paper , no. 33 , July 2001。

[41] 关于斯大林统治时期苏联的重整军备，参见 Holloway, *Stalin & the Bomb* chaps 11 – 12; Mastny, *NATO*, Y. Gorlizki and O. Khlevniuk, *Cold Peace: Stalin and the Soviet Ruling Circle, 1945 – 1953*, Oxford University Press: Oxford, 2004, pp. 97 – 101; M. A. Evangelista, "Stalin's Postwar Army Reappraised" in S. M. Lynn-Jones et al. (eds), *Soviet Military Policy*, MIT Press: Cambridge Mass. , 1989; N. Simonov, *Voenno-Promyshlennyi Kompleks SSSR v 1920 – 1950-e gody*, Moscow, 1996, chap. 5; and *Stalin and the Cold War, 1945 – 1953*, pp. 492 – 7。

[42] *Vneshnyaya Politika Sovetskogo Souza 1949 god*, pp. 162 – 3. 这次讲话的译文可见于 Holloway, *Stalin & the Bomb*, pp. 265 – 6。

[43] B. G. Bechhoefer, *Postwar Negotiations for Arms Control*, The Brookings Institution: Washington DC, 1961, p. 134. 以较为同情的态度论述苏联在裁军、武器控制及核问题上的政策的，参见 J. P. Morray, *From Yalta to Disarmament*, Monthly Review Press: New York, 1961。

[44] Holloway, *Stalin & the Bomb*, p. 253.

[45] Ibid. , p. 242.

[46] Ibid. , p. 247.

[47] Holloway, *Stalin & the Bomb*, p. 250. 关于斯大林对原子弹的看法的另一种分析，参见 V. M. Zubok, "Stalin and the Nuclear Age" in J. L. Gaddis et al. (eds), *Cold War Statesmen Confront the Bomb: Nuclear Diplomacy since 1945*, Oxford University Press: Oxford, 1999。

[48] 关于苏联战后初期对朝鲜的政策，参见 E. van Ree, *Socialism in One Zone: Stalin's Policy in Korea 1945 – 1947*, Berg: Oxford, 1989。

[49] *Sovetsko-Amerikanskie Otnosheniya, 1945 – 1948*, doc. 68.

[50] 1945 年和 1950 年的中苏条约的文本可见于 R. L. Garthoff (ed.), *Sino-Soviet Military Relations*, Frederick A. Praeger: New York, 1966, Appendices A & B。

[51] Ponomaryov et al. , *History*, chap. 19.

[52] 对米高扬的谈话以及斯大林与毛泽东之间的通信的苏方记录可见于 *Sovetsko-Kitaiskie Otnosheniya, 1946 – 1950*, 2 vols, Moscow,

2005。

[53] *Stalin and the Cold War*, *1945 - 1953*, p. 482. 这次会谈的俄文记录可见于上面那份文件的第 544 页。

[54] 可进一步参见 Chen, Jian, *The Sino-Soviet Alliance and China's Entry into the Korean War*, Cold War International History Project Working Paper, no. 1, June 1992, pp. 10 - 12。

[55] K. Weathersby, "*Should We Fear This?*" *Stalin and the Danger of War with America*, Cold War International History Project Working Paper, no. 39, July 2002. 下面所引用的斯大林的话也出自这份文件。

[56] 参见 K. Weathersby, "Stalin, Mao, and the End of the Korean War" in O. A. Westad (ed.), *Brothers in Arms: The Rise and Fall of the Sino-Soviet Alliance*, *1945 - 1963*, Stanford University Press: Stanford, 1998.

[57] *Stalin and the Cold War*, *1945 - 1953*, p. 512.

[58] 参见 S. N. Goncharov et al., *Uncertain Partners: Stalin*, *Mao and the Korean War*, Stanford University Press: Stanford, 1993。

[59] 参见 J. Brent and V. P. Naumov, *Stalin's Last Crime*, HarperCollins: New York 2003, chap. 10. 斯大林女儿 Svetlana 对斯大林之死的叙述最为真实可靠，参见 S. Alliluyeva, 20 *Letters to a Friend*, Penguin: London, 1968, pp. 13 - 20。

[60] Stalin, *Sochineniya*, p. 230.

[61] *Stalin and the Cold War*, *1945 - 1953*, pp. 529 - 30.

第十三章 结束语：历史法庭上的斯大林

在斯大林的遗体于 1953 年 3 月被安放进列宁陵墓后不久， 苏联就开始了对斯大林领导作用的重新评价。1954 年 5 月，苏军总参谋长索科洛夫斯基（V. D. Sokolovskii）元帅在《真理报》上发表了一篇文章，纪念伟大的卫国战争胜利 9 周年。文章除了顺便提到了"列宁和斯大林的旗帜"之外，对斯大林只字未提。[1]1954 年 12 月，苏联的国际事务杂志《新时代》发表了一篇纪念斯大林诞辰 75 周年的文章。文章着重指出了他在何种程度上是列宁的学生。一年后，该杂志又发表了一篇纪念斯大林诞辰 76 周年的文章，但主要讲的是列宁。斯大林没有受到直接批评，但他的重要性随着列宁在共产党内的中心地位的确立而被大大地降低了。[2]接着就是赫鲁晓夫 1956 年 2 月在党的第二十次全国代表大会上的秘密讲话；于是，批判斯大林的闸门被打开了，并最终导致 20 世纪 80 ~ 90 年代的谴责浪潮。

就战争而言，赫鲁晓夫的主要看法是，胜利的获得靠的是共产党及其领导层的集体努力，不是斯大林——他起到的主要是坏作用。根据那些举起了赫鲁晓夫的批判大棒的军事回忆录的作者和军事历史学家的描述，战争是由苏联军队及其将军在撇开斯大林的情况下赢得的。后来，朱可夫、华西列夫斯基和什捷缅科对作为最高统帅的斯大林做出了更为积极的评价，在他们的影响下，伟大的卫国战争成了斯大林和他的将军们的胜利。然而，对于许多知识分子而言，伟大的卫国战争是苏联人民的胜利，而当斯大林在战后重新实行他个人的和党的独裁的时候，他也就背叛了他们做出的伟大牺牲。

在西方，当斯大林还在世的时候，对他的战时声誉的修正就开始了。首先是冷战的辩论家们把他和他的政权说成是与希特勒和纳粹一丘之貉，在道德上跟他们是一路货色。这些人认为，斯大林对希特勒的胜利，对于臣服于他的极权主义统治之下的半个欧洲来说，毋宁应该被看作一场失败。其次是丘吉尔和西方其他回忆录作者以及历史学家对斯大林的作用的比较隐晦的贬低。他们认为苏德冲突在战略上只具有次要的意义，因而就在第二次世界大战的总体叙述中降低了它的分量。[3] 最后是幸存的希特勒的将军们写的回忆录。他们讲述的故事是，那位德国独裁者所犯的错误把到手的胜利给葬送了。他们认为，第二次世界大战是希特勒输掉的，而不是斯大林赢得的。[4]

在接下来的几十年里，苏联和西方的一些历史学家对于斯大林在战争中的所作所为提出了更加公正和全面的看法。这些著作在某种程度上代表了一种回归，即回归到与斯大林同时代的人对他在战争中的领导作用的常识性的叙述。当时对大多数人来说，斯大林作为苏联领导人对于苏联的战争努力是至关重要的，这一点似乎是显而易见的。要是没有他，党的努力、人民的努力、军队及其将军的努力，其效果就会大打折扣。他是位伟大的战争领袖，这不是因为他赢了，而是因为他为胜利做了很多工作。甚至希特勒也承认斯大林在决定战争胜负方面的重要地位。"与丘吉尔相比，斯大林是个巨人，"在斯大林格勒战役前夕，希特勒私下里对戈培尔说，"除了几本书和议会里的油腔滑调的演讲之外，丘吉尔的一生拿不出什么可以给人看的

373

东西。斯大林就不同了。抛开他信奉的原则不谈，他对一个
1.7 亿人口的国家无疑是进行了整顿，使之为大规模的军事冲
突做好了准备。如果斯大林有朝一日落到我的手里，我有可能
会饶他一命，也许还会把他流放到某个疗养胜地；如果是丘吉
尔和罗斯福，就会被绞死。"[5] 斯大林对希特勒的看法就没有那
么宽大了，他无数次地明确表示，他要把这位元首和其他所有
的纳粹领导人统统枪毙。至于丘吉尔和罗斯福，斯大林非常喜
爱他们，对他们在战争中的领导作用非常敬佩。他为罗斯福的
去世举行了悼念活动，而且即使是在战后与丘吉尔的政治交往
中止之后，他仍然对其保持着高度的敬意。1947 年 1 月，斯大
林告诉蒙哥马利陆军元帅，"与［丘吉尔］这位英国的伟大的
战争领袖共事，永远是他最幸福的回忆"，而且"他对［丘吉
尔］在战争的岁月中所做的一切有着最崇高的敬意和钦佩"。
丘吉尔同样是不吝溢美之词。他在给斯大林的回信中说，"［您
的］生命不仅对于您所拯救的您的国家是珍贵的，而且对于苏
联和英语世界的友谊也是珍贵的"。[6]

本书试图表明，相比于其后不同时代的历史解读而言，对
于斯大林在战争中的领导作用，同时代人的看法更接近于事情
的真相。历史的视角之光所存在的问题在于，它可能是从一种
意识形态的角度照射的，因此，它既能给人以光明，也会使人
目眩。就斯大林在战争中的领导作用而言，要揭示真相，就必
须超越西方的冷战辩论家去看问题，超越在苏联发生的去斯大
林化这样的不测事件去看问题。本书还试图表明，对于 1941 ~
1942 年的史无前例的紧急情况，斯大林处理问题的能力的真正
深度，实际上被那种认为斯大林是军事天才、不会犯任何错误
的个人崇拜的观点给掩盖了。犯了那么多的错误还能从那么惨

374

重的失败中站起来，继而赢得历史上最伟大的军事胜利，这样
的功绩是无可比拟的。

斯大林能取得那样的胜利却没能从民主的角度更好地加以
利用，这毫无疑问是由其独裁政权的政治局限性所造成的。但
这也是由于像丘吉尔和杜鲁门这样的西方政治家没有能够看出，
那样的胜利不仅是共产主义的挑战，也是实现战后和解的机会，
从而避免冷战和意识形态的论战。意识形态的论战令事情的真
相变得自相矛盾、模糊难辨：斯大林是打败了希特勒并帮助拯
救了民主世界的独裁者。

历史可能成为一种法庭。控方要求我们当场谴责斯大林的
罪行或者是他的不称职。但是，作为陪审员，我们的职责是仔
细检查所有的证据，包括有利于辩方的证据，进而看到完整的
画面。这样做可能不会使做出裁定更容易，但它会提高我们的
历史理解力并让我们知道将来怎样做得更好。历史可以使我们
变得更明智，如果我们容许它这样做的话。

注　释

［1］ V. Sokolovskii, "Velikii Podvig Sovetskogo Naroda", *Pravda* 9/5/
54.

［2］ "75th Anniversary of the Birth of J. V. Stalin", *New Times*, no. 51,
1954; "Joseph Stalin, 1979 – 1953", *New Times*, no. 52, 1955.

［3］ 参见 D. Reynolds, *In Command of History: Churchill Fighting and
Writing the Second World War*, Penguin Books: London, 2005。可进
一步参见 D. Reynolds, "How the Cold War Froze the History of
World War Two", Annual Liddell Hart Centre for Military Archives
Lecture 2005, www. kcl. ac. uk/lhcma/info/lec05. htm。

［4］D. M. Glantz，"The Failures of Historiography：Forgotten Battles of the German-Soviet War"，*Journal of Slavic Military Studies*，8，1995.

［5］转引自 S. Berthon and J. Potts，*Warlords*，Politico's Publishing：London，2005，pp. 166 - 7。

［6］*Churchill and Stalin：Documents from British Archives*，FCO：London，2002，docs 77 - 78. 丘吉尔这封信的俄文译文可见于 Rossiiskii Gosudarstvennyi Arkhiv Sotsial'no-Politicheskoi Istorii，F. 82，Opis. 2，D. 110，L. 820。

参考文献

ARCHIVES

Russian Archives

Arkhiv Vneshnei Politiki Rossiiskoi Federatsii (AVPRF – Foreign Policy Archive of the Russian Federation)

Fond 6	Molotov's Secretariat
Fond 7	Vyshinskii's Secretariat
Fond 12	Dekanozov's Secretariat
Fond 0200	Gusev Papers
Fond 0511	Voroshilov Commission
Fond 0425	European Advisory Commission
Fond 0431	Council of Foreign Ministers
Fond 0432	Paris Peace Conference
Fond 0555	Tehran Conference
Fond 0556	Yalta Conference

Gosudarstvennyi Arkhiv Rossiiskoi Federatsii (GARF – State Archive of the Russian Federation)

Fond 9401	NKVD Reports

Rossiiskii Gosudarstvennyi Arkhiv Noveishei Istorii (RGANI – Russian State Archive of Recent History)

Fond 2	Central Committee Plenums

Rossiiskii Gosudarstvennyi Arkhiv Sotsial'no-Politicheskoi Istorii (RGASPI – Russian State Archive of Social-Political History)

Fond 17	International Department Files, Politburo Protocols, Sovinform Files
Fond 71	Stalin Secretariat
Fond 77	Zhdanov Papers
Fond 82	Molotov Papers
Fond 83	Malenkov Papers
Fond 359	Litvinov Papers
Fond 495	Comintern Files

Fond 558   Stalin Papers
Fond 592   19th Party Congress

American Archives

Averell Harriman Papers, Library of Congress Manuscript Division
Pamela Harriman Papers, Library of Congress Manuscript Division
Volkogonov Papers, Library of Congress Manuscript Division

British Archives

Public Records Office, London

Foreign Office, Cabinet and Prime Minister files on Anglo-Soviet relations

SECONDARY SOURCES

Newspapers and Periodicals

Pravda
Izvestiya
Krasnaya Zvezda
Voina i Rabochii Klass
Novoe Vremya/New Times
Bol'shevik
Mirovoe Khozyaistvo i Mirovaya Politika
World News and Views
The Communist International
Soviet War News/Soviet News
Voprosy Vneshnei Politiki (Central Committee internal bulletin: RGASPI F.17, Op.128)

Reference Works

D. Glantz et al., *Slaughterhouse: The Handbook of the Eastern Front*, Aberjona Press 2004
Kto Byl Kto v Velikoi Otechestvennoi Voine, 1941–1945, Moscow 2000
'Posetiteli Kremlevskogo Kabineta I.V. Stalina', *Istoricheskii Arkhiv*, no. 6, 1994; nos. 2, 3, 4, 5–6, 1995; nos 2, 3, 4, 5–6, 1996; and no. 1, 1997
'Posetiteli Kremlevskogo Kabineta I.V. Stalina: Alfavitnyi Ukazatel', *Istoricheskii Arkhiv*, no. 4, 1998
B. Taylor, *Barbarossa to Berlin: A Chronology of the Campaigns on the Eastern Front, 1941 to 1945*, 2 vols, Spellmount: Staplehurst, Kent 2004
Vtoraya Mirovaya Voina, 1939–1945: Al'bom Skhem, Moscow 1958

Speeches and Works

B. Franklin, *The Essential Stalin: Major Theoretical Writings, 1905–1952*, Croom Helm: London 1973
V.M. Molotov, *Problems of Foreign Policy*, Foreign Languages Publishing House: Moscow 1949
V.A. Nevezhin, *Zastol'nye Rechi Stalina*, Moscow–St Petersburg 2003
I. Stalin, *O Velikoi Otechestvennoi Voine Sovetskogo Souza*, Moscow 1946
I. Stalin, *Sochineniya*, vol. 16 (1946–1952), Moscow 1997
J. Stalin, *On the Great Patriotic War of the Soviet Union*, Hutchinson: London 1943

N. Voznesenky, *War Economy of the USSR in the Period of the Great Patriotic War*, Foreign Languages Publishing House: Moscow 1948

K.E. Voroshilov, *Stalin i Vooruzhennye Sily SSSR*, Moscow 1951

Published Documents in Russian (listed by title and date of publication)

Vneshnyaya Politika Sovetskogo Souza, vols for 1941–1950, Moscow 1944–1953

Perepiska Predsedatelya Soveta Ministrov SSSR s Prezidentami SShA i Prem'er-Ministrami Velikobritanii vo vremya Velikoi Otechestvennoi Voiny, 1941–1945gg, Moscow 1957

Sovetsko–Frantsuzskie Otnosheniya vo vremya Velikoi Otechestvennoi 1941–1945gg, Moscow 1959

Sovetsko–Kitaiskie Otnosheniya, 1917–1957, Moscow 1959

Dokumenty i Materialy po Istorii Sovetsko–Pol'skikh Otnoshenii, vols 6–7, Moscow, 1969, 1973

Otnosheniya SSSR s GDR, 1919–1955gg, Moscow 1974

Sovetsko–Bolgarskie Otnosheniya i Svyazi, 1917–1944, Moscow 1976

Dokumenty i Materialy po Istorii Sovetsko–Chekhoslovatskikh Otnoshenii, vols 4–5, Moscow 1983, 1984

Sovetsko–Angliiskie Otnosheniya vo vremya Velikoi Otechestvennoi Voiny, 1941–1945, 2 vols, Moscow 1983

Sovetsko–Frantsuzskie Otnosheniya vo vremya Velikoi Otechestvennoi Voiny, 1941–1945, 2 vols, Moscow 1983

Sovetsko–Amerikanskie Otnosheniya vo vremya Velikoi Otechestvennoi Voiny, 1941–1945, 2 vols, Moscow 1984

Sovetskii Souz na Mezhdunarodnykh Konferentsiyakh perioda Velikoi Otechestvennoi Voiny, 1941–1945gg, 6 vols, Moscow 1984

Polpredy Soobshchayut: Sbornik Dokumentov ob Otnosheniyakh SSSR s Latviei, Litvoi i Estoniei, Avgust 1939g–Avgust 1940g, Moscow 1990

Dokumenty Vneshnei Politiki, vols 22–4, Moscow 1992, 1995, 1998, 2000

Sovetsko–Ugoslavskie Otnosheniya, 1917–1941gg, Moscow 1992

Nakanune Voiny: Materialy Soveshchaniya Vysshego Rukovodyashchego Sostava RKKA 23–31 Dekabrya, Moscow 1993 (in the series Russkii Arkhiv)

G.K. Zhukov v Bitve pod Moskvoi: Sbornik Dokumentov, Moscow 1994

Komintern i Vtoraya Mirovaya Voina, 2 vols, Moscow 1994, 1998

NKVD i Pol'skoe Podpol'e, 1944–1945, Moscow 1994

SSSR i Pol'sha, 1941–1945, Moscow 1994

SVAG, 1944–1949, Moscow 1994

Organy Gosudarstvennoi Bezopasnosti SSSR v Velikoi Otechestvennoi Voine, vols 1–3, Moscow 1995, 2000, 2003

Moskva Voennaya, 1941–1945, Moscow 1995

SSSR-Pol'sha: Mekhanizmy Podchineniya, 1944–1949gg, Moscow 1995

Stalingrad, 1942–1943, Moscow 1995

Evreiskii Antifashistskii Komitet v SSSR, 1941–1948, Moscow 1996

Glavnye Politicheskiye Organy Vooruzhennykh Sil SSSR v Velikoi Otechestvennoi Voine 1941–1945gg, Moscow 1996 (series Russkii Arkhiv)

SSSR i Germanskii Vopros, 1941–1949, 3 vols, Moscow 1996, 2000, 2003

Stavka VGK: Dokumenty i Materialy 1941–1945, Moscow 1996–1999

Katyn': Plenniki Neob'yavlennoi Voiny, Moscow 1997

Sovetsko–Yaponskaya Voina 1945 goda: Istoriya Voenno-Politicheskogo Protivoborstva Dvukh Derzhav v 30–40–e gody (series Russkii Arkhiv), Moscow 1997

Voina i Diplomatiya, 1941–1942, Moscow 1997

Vostochnaya Evropa v Dokumentakh Rossiiskikh Arkhivov, 2 vols, Moscow 1997, 1998

1941 God, 2 vols, Moscow 1998

Atomnyi Proekt SSSR: Dokumenty i Materialy, 3 vols, Moscow 1998–2002
Otnosheniya Rossii (SSSR) s Ugoslaviei, 1941–1945gg, Moscow 1998
Soveshchaniya Kominforma, 1947–1949, Moscow 1998
Tri Vizita A.Ya Vyshinskogo v Bukharest, 1944–1946, Moscow 1998
Sovetskii Faktor v Vostochnoi Evrope, 1944–1948, Moscow 1999
Zimnyaya Voina, 1939–1940, Moscow 1999
Moskva Poslevoennaya, 1945–1947, Moscow 2000
Sovetsko–Izrail'skie Otnosheniya, 1941–1949, Moscow 2000
Sovetsko–Rumynskie Otnosheniya, vol. 2, Moscow 2000
Sovetsko–Kitaiskie Otnosheniya, vols 4–5, Moscow 2000, 2005
Stalingradskaya Epopeya, Moscow 2000
Transil'vanskii Vopros: Vengero-Rumynskii Territorial'nyi Spor i SSSR, 1940–1946, Moscow 2000
Georgii Zhukov, Moscow 2001
Iz Varshavy . . . Dokumenty NKVD SSSR o Pol'skom Podpol'e, 1944–1945gg, Moscow 2001
Katyn', 1940–2000, Moscow 2001
Moskva i Vostochnaya Evropa, 1949–1953, Moscow 2002
Neizvestnaya Blokada, 2 vols, Moscow 2002
Politburo Tsk VKP (b) i Sovet Ministrov SSSR, 1945–1953, Moscow 2002
Stalingradskaya Bitva, 2 vols, Moscow 2002
Kurskaya Bitva, 2 vols, Moscow 2003
Sovetskaya Povsednevnost' i Massovoe Soznaniye, 1939–1945, Moscow 2003
Sovetskaya Zhizn', 1945–1953, Moscow 2003
Operatsiya 'Bagration', Moscow 2004
Sovetsko–Amerikanskie Otnosheniya, 1939–1945, Moscow 2004
Sovetsko–Amerikanskie Otnosheniya, 1945–1948, Moscow 2004
Stalin i Cherchill', Moscow 2004
'Zimnyaya Voina': Pabota nad Oshibkami Aprel'-Mai 1940g (Materialy Komissii Glavnogo Voennogo Soveta Krasnoi Armii po Obobshcheniu Opyta Finskoi Kampanii, Moscow 2004
Stalinskiye Deportatsii, 1928–1953, Moscow 2005
Ivan Mikhailovich Maiskii: Izbrannaya Perepiska s Rossiiskimi Korrespondentami, vol. 2, Moscow 2005
Lubyanka: Stalin i NKVD-NKGB-GUKR 'Smersh', 1939–1946, Moscow 2006

Published Documents in English

A.O. Chubaryan and H. Shukman (eds), *Stalin and the Soviet–Finnish War, 1939–1940*, Frank Cass: London 2002
Churchill and Stalin: Documents from British Archives, FCO: London 2002
A. Dallin and F.I. Firsov (eds), *Dimitrov & Stalin, 1934–1943*, Yale University Press: New Haven 2000
J. Degras (ed.), *The Communist International 1919–1943*, vol. 3, Frank Cass: London 1971
J. Degras (ed.), *Soviet Documents on Foreign Policy*, vol. 3 (1933–1941), Oxford University Press: London 1953
The Development of Soviet-Finnish Relations, London 1940
Documents on British Policy Overseas, series 1, vol. 2, HMSO: London 1985
Documents on Israeli–Soviet Relations, 1941–1953, Frank Cass: London 2000
Documents on Polish–Soviet Relations 1939–1945, 2 vols, Heinemann: London 1961
Foreign Relations of the United States: annual volumes, 1941–1946, Government Printing Office: Washington DC 1958–1970
Foreign Relations of the United States: The Conference of Berlin 1945, 2 vols, Government Printing Office: Washington DC 1960

Foreign Relations of the United States: The Conferences of Cairo and Tehran 1943, Government Printing Office: Washington DC 1961

Foreign Relations of the United States: The Conferences of Malta and Yalta, Government Printing Office: Washington DC 1955

K.M. Jensen (ed.), *Origins of the Cold War: The Novikov, Kennan and Roberts 'Long Telegrams' of 1946*, Washington 1991

W. LaFeber (ed.), *The Origins of the Cold War, 1941–1947*, John Wiley: New York 1971

Nazi–Soviet Relations, 1939–1941, Didier: New York 1948

'New Documents about Winston Churchill from Russian Archives', *International Affairs*, vol. 47, no. 5, 2001

A. Polonsky (ed.), *The Great Powers and the Polish Question, 1941–1945*, Orbis Books: London 1976

A. Polonsky and B. Drukier, *The Beginnings of Communist Rule in Poland*, Routledge & Kegan Paul: London 1980

G. Procacci (ed.), *The Cominform: Minutes of the Three Conferences 1947/1948/1949*, Feltrinelli: Milan 1994 (in Russian: *Soveshchaniya Kominforma, 1947, 1948, 1949: Dokumenty i Materialy*, Moscow 1998)

S. Redlich (ed.), *War, Holocaust and Stalinism: A Documentary History of the Jewish Anti-Fascist Committee in the USSR*, Harwood Academic Publishers: Luxembourg 1995

G. Ross (ed.), *The Foreign Office and the Kremlin: British Documents on Anglo-Soviet Relations 1941–1945*, Cambridge University Press: Cambridge 1984

J. Rubenstein and V.P. Naumov (eds), *Stalin's Secret Pogrom: The Postwar Inquisition of the Jewish Anti-Fascist Committee*, Yale University Press: New Haven 2001

B. Ruhm von Oppen (ed.) *Documents on Germany under Occupation, 1945–1954*, Oxford University Press: New York 1955

O.A. Rzheshevsky (ed.), *War and Diplomacy: The Making of the Grand Alliance (Documents from Stalin's Archive)*, Harwood Academic Publishers: Amsterdam 1996

Soviet Foreign Policy during the Patriotic War: Documents and Materials, 2 vols, Hutchinson: London 1944–1945

Stalin and the Cold War, 1945–1953: A Cold War International History Project Documentary Reader, Washington, DC 1999

Stalin's Correspondence with Churchill, Attlee, Roosevelt and Truman, 1941–1945, Lawrence & Wishart: London 1958

'Stalin, Czechoslovakia, and the Marshall Plan: New Documentation from Czechoslovak Archives', *Bohemia Band* no. 32, 1991

G. Takhnenko, 'Anatomy of a Political Decision: Notes on the Marshall Plan', *International Affairs*, July 1992

The Tehran, Yalta and Potsdam Conferences: Documents, Progress Publishers: Moscow 1969

The White House Papers of Harry L. Hopkins, Eyre & Spottiswoode: London 1949

'The Winter War (Documents on Soviet–Finnish Relations in 1939–1940)', *International Affairs*, nos 8 & 9, 1989.

Memoirs and Diaries

S. Alliluyeva, *20 Letters to a Friend*, Penguin: London 1968

I. Kh. Bagramyan, *Tak Shli My k Pobede*, Moscow 1998

I.Banac (ed.), *The Diary of Georgi Dimitrov, 1933–1949*, Yale University Press: New Haven 2003

W. Bedell Smith, *Moscow Mission, 1946–1949*, Heinemann: London 1950

V. Berezhkov, *History in the Making: Memoirs of World War II Diplomacy*, Progress Publishers: Moscow 1983

S. Bialer (ed.), *Stalin and his Generals: Soviet Military Memoirs of World War II*, Souvenir Press: New York 1969

A.H. Birse, *Memoirs of an Interpreter*, Michael Joseph: London 1967
S.S. Biruzov, *Sovetskii Soldat na Balkanakh*, Moscow 1963
C.E. Bohlen, *Witness to History, 1929–1969*, Weidenfeld & Nicolson: London 1973
F.E. Bokov, *Vesna Pobedy*, Moscow 1980
V. Chuikov, *The Beginning of the Road*, MacGibbon & Kee: London 1963
V.I. Chuikov, *Konets Tret'ego Reikha*, Moscow 1973
J.R. Deane, *The Strange Alliance*, Viking Press: New York 1947
M. Djilas, *Wartime*, Secker & Warburg: London 1977
I. Ehrenburg, *Post-War Years, 1945–1954*, MacGibbon & Kee: London 1966
I. Ehrenburg, *The War, 1941–1945*, MacGibbon & Kee: London 1964
F.I. Golikov, *On a Military Mission to Great Britain and the USA*, Progress Publishers: Moscow 1987
W.A. Harriman and E. Abel, *Special Envoy to Churchill and Stalin, 1941–1946*, Random House: New York 1975
L. Kaganovich, *Pamyatnye Zapiski*, Moscow 1996
G. Kennan, *Memoirs*, Hutchinson: London 1968
N. Kharlamov, *Difficult Mission*, Progress Publishers: Moscow 1983
Khrushchev Remembers, Sphere Books: London 1971
I.S. Konev, *Year of Victory*, Progress Publishers: Moscow 1969
I.S. Konev, *Zapiski Komanduyushchego Frontom, 1943–1945*, Moscow 1981
G.A. Kumanev, *Ryadom so Stalinym*, Moscow 1999
I.M. Maiskii, *Vospominaniya Sovetskogo Diplomata*, Moscow 1987
I.M. Maisky, *Memoirs of a Soviet Ambassador*, Hutchinson: London 1967
V.A. Malyshev diary, *Istochnik* no. 5, 1997
The Memoirs of Marshal Zhukov, Jonathan Cape: London 1971
A. Mikoyan, *Tak Bylo*, Moscow 1999
Lord Moran, *Winston Churchill: The Struggle for Survival, 1940–1965*, Sphere Books: London 1968
N.N. Novikov, *Vospominaniya Diplomata*, Moscow 1989
A. Resis (ed.), *Molotov Remembers*, Ivan R. Dee: Chicago 1993 (in Russian: F. Chuev, *Sto Sorok Besed s Molotovym*, Moscow 1991)
K.K. Rokossovskii, *Soldatskii Dolg*, Moscow 2002 (in English: *A Soldier's Duty*, Progress Publishers: Moscow 1970)
H.E. Salisbury (ed.), *Marshal Zhukov's Greatest Battles*, Sphere Books: London 1969
A.M. Samsonov (ed.), *9 Maya 1945 goda*, Moscow 1970
S.M. Shtemenko, *The Soviet General Staff at War, 1941–1945*, 2 vols, Progress Publishers: Moscow 1970, 1973
K. Simonov, *Glazami Cheloveka Moyevo Pokoleniya: Razmyshleniya o I.V. Staline*, Moscow 1990
P. Sudoplatov, *Special Tasks*, Warner Books: London 1995
A.M. Vasilevskii, *A Lifelong Cause*, Progress Publishers: Moscow 1981 (in Russian: *Delo vsei zhizni*, Moscow 1974)
A.I. Yeremenko, *Stalingrad*, Moscow 1961
M.V. Zakharov, *Stalingradskaya Epopeya*, Moscow 1968
G.K. Zhukov, *Vospominaniya i Razmyshleniya*, 10th edn, 3 vols, Moscow 1990

Books and Articles

G.M. Adibekov, E.N. Shakhnazarova and K.K. Shirinya, *Organizatsionnaya Struktura Kominterna, 1919–1943*, Moscow 1997
G. Alexopoulos, 'Amnesty 1945: The Revolving Door of Stalin's Gulag', *Slavic Review*, vol. 64, no. 2, Summer 2005
V.A. Anfilov, *Doroga k Tragedii Sopok Peruogo Goda*, Moscow 1997

A. Axell, *Marshal Zhukov*, Pearson: London 2003

A. Axell, *Stalin's War through the Eyes of his Commanders*, Arms and Armour Press: London 1997

S.J. Axelrod, 'The Soviet Union and Bretton Woods', *Slovo*, April 1995

J. Barber and M. Harrison, 'Patriotic War, 1941–1945' in R.G. Suny (ed.), *The Cambridge History of Russia*, vol. 3, Cambridge University Press: Cambridge 2006

N.I. Baryshnikov, 'Sovetsko–Finlyandskaya Voina 1939–1940gg', *Novaya i Noveishaya Istoriya*, no. 4, 1991

A. Beevor, *Berlin: The Downfall 1945*, Viking: London 2002

A. Beevor, *Stalingrad*, Penguin Books: London 1991

M. Beloff, *Soviet Policy in the Far East, 1944–1951*, Oxford University Press: London 1953

G. Bennett (ed.), *The End of the War in Europe, 1945*, HMSO: London 1996

S. Berthon and J. Potts, *Warlords*, Politico's Publishing: London 2005

L. Bezymenski, *The Death of Adolf Hitler: Unknown Documents from the Soviet Archives*, Michael Joseph: London 1968

N. Bjelakovic, 'Comrades and Adversaries: Yugoslav–Soviet Conflict in 1948', *East European Quarterly*, vol. 33, no. 1, 1999

T.K. Blauvelt, 'Military Mobilisation and National Identity in the Soviet Union', *War & Society*, vol. 21, no. 1, May 2003

H. Boog et al., *Germany and the Second World War*, vols 4 & 6, Clarendon Press: Oxford 1998, 2001

D. Brandenberger, *National Bolshevism: Stalinist Mass Culture and the Formation of Modern Russian National Identity, 1931–1956*, Harvard University Press: Cambridge, Mass. 2002

D. Brandenberger, 'Stalin, the Leningrad Affair and the Limits of Postwar Russocentrism', *Russian Review*, no. 63, April 2004

J. Brent and V.P. Naumov, *Stalin's Last Crime: The Plot against the Jewish Doctors, 1948–1953*, HarperCollins: New York 2003

R.J. Brody, *Ideology and Political Mobilisation: The Soviet Home Front during World War II*, The Carl Beck Papers in Russian and East European Studies no. 1104, University of Pittsburgh, Pittsburgh, Penn. 1994

J. Brooks, *Thank You, Comrade Stalin! Soviet Public Culture from Revolution to Cold War*, Princeton University Press: Princeton NJ 2000

A. Bullock, *Stalin and Hitler*, HarperCollins: London 1991

J. Burds, *The Early Cold War in Soviet West Ukraine*, Carl Beck Papers in Russian and East European Studies, no. 1505, January 2001

F.S. Burin, 'The Communist Doctrine of the Inevitability of War', *American Political Science Review*, vol. 57, no. 2, June 1963.

M.J. Carley, *1939: The Alliance That Never Was and the Coming of World War II*, Ivan R. Dee: Chicago 1999

M.J. Carley, '"A Situation of Delicacy and Danger": Anglo-Soviet Relations, August 1939–March 1940', *Contemporary European History*, vol. 8, no. 2, 1999

D. Carlton, *Churchill and the Soviet Union*, Manchester University Press: Manchester 2000

O.P. Chaney, *Zhukov*, University of Oklahoma Press: London 1996

J. Channon (ed.), *Politics, Society and Stalinism in the USSR*, Macmillan: London 1998

A. Chmielarz, 'Warsaw Fought Alone: Reflections on Aid to and the Fall of the 1944 Uprising', *Polish Review*, vol. 39, no. 4, 1994

A.O. Chubar'yan (ed.), *Voina i Politika, 1939–1941*, Moscow 1999

A.O. Chubar'yan and V.O. Pechatnov (eds), 'Molotov "the Liberal": Stalin's 1945 Criticism of his Deputy', *Cold War History*, vol. 1, no. 1, August 2000

J.M. Ciechanowski, *The Warsaw Rising of 1944*, Cambridge University Press: Cambridge 1974

A.M. Cienciala, 'General Sikorski and the Conclusion of the Polish–Soviet Agreement of July 30, 1941', *Polish Review*, vol. 41, no. 4, 1996

A.M. Cienciala, 'New Light on Oskar Lange as an Intermediary between Roosevelt and Stalin in Attempts to Create a New Polish Government', *Acta Poloniae Historica*, no. 73, 1996

D.S. Clemens, *Yalta*, Oxford University Press: Oxford 1970

M. Cox and C. Kennedy-Pipe, 'The Tragedy of American Diplomacy: Rethinking the Marshall Plan', *Journal of Cold War Studies*, Spring 2005

I.A. Damaskii, *Stalin i Razvedka*, Moscow 2004

N. Davies, *Rising '44: The Battle for Warsaw*, Pan Books: London 2004

S. Davies and J. Harris (eds), *Stalin*, Cambridge University Press: Cambridge 2003

L. E. Davis, *The Cold War Begins: Soviet–American Conflict over Eastern Europe*, Princeton University Press: Princeton NJ 1974

R.B. Day, *Cold War Capitalism: The View from Moscow, 1945–1975*, M.E. Sharpe: London 1995

D. De Santis, *The Diplomacy of Silence: The American Foreign Service, the Soviet Union and the Cold War, 1933–1947*, University of Chicago Press: Chicago 1979

I. Deutscher, *Stalin: A Political Biography*, Pelican: London 1966

L. Dobroszycki and J.S. Gurock (eds), *The Holocaust in the Soviet Union*, M.E. Sharpe: New York 1993

T. Dunmore, *Soviet Politics, 1945–53*, Macmillan: London 1984

D.J. Dunn, *Caught between Roosevelt and Stalin: America's Ambassadors to Moscow*, University Press of Kentucky: Lexington 1998

E. Duraczynski, 'The Warsaw Rising: Research and Disputes Continue', *Acta Poloniae Historica*, no. 75, 1997

Eric Duskin, *Stalinist Reconstruction and the Confirmation of a New Elite, 1945–1953*, Palgrave: London 2001

M. Dyczok, *The Grand Alliance and the Ukrainian Refugees*, Macmillan: London 2000

M. Edele, 'Soviet Veterans as an Entitlement Group, 1945–1955', *Slavic Review*, vol. 65, no. 1 2006

R. Edmonds, *The Big Three*, Penguin Books: London 1991

N.I. Egorova and A.O. Chubar'yan, *Kholodnaya Voina, 1945–1965*, Moscow 2003

N.I. Egorova and A.O. Chubar'yan, *Kholodnaya Voina i Politika Razryadki*, Moscow 2003

J. Erickson, 'Barbarossa: June 1941: Who Attacked Whom', *History Today*, July 2001

J. Erickson, *The Road to Berlin*, Weidenfeld & Nicolson: London 1983

J. Erickson, *The Road to Stalingrad*, Harper & Row: New York 1975

J. Erickson, 'Threat Identification and Strategic Appraisal by the Soviet Union, 1930–1941' in E.R. May (ed.), *Knowing One's Enemies*, Princeton University Press: Princeton NJ 1984

J. Erickson and D. Dilks (eds), *Barbarossa: The Axis and the Allies*, Edinburgh University Press: Edinburgh 1994

F. Falin, *Vtoroi Front*, Moscow 2000

H. Feis, *Churchill–Roosevelt–Stalin*, Princeton University Press: Princeton NJ 1957

A.M. Filitov, 'Nota 10 Marta 1952 goda: Prodolzhaushchayasya Diskussiya' in B.M. Tupolev, *Rossiya i Germaniya*, Moscow 2004

D. Filtzer, *Soviet Workers and Late Stalinism*, Cambridge University Press: Cambridge 2002

I. Fleischhauer, 'The Molotov–Ribbentrop Pact: The German Version', *International Affairs*, August 1991

M. H. Folly, *Churchill, Whitehall and the Soviet Union, 1940–1945*, Macmillan 2000

J.L. Gaddis, *We Now Know: Rethinking Cold War History*, Clarendon Press: Oxford 1997

V. Gaiduk and N.I. Egorova (eds), *Stalin i Kholodnaya Voina*, Moscow 1997

V. Gaiduk, N.I. Egorova and A.O. Chubar'yan (eds), *Stalinskoe Desyatiletie Kholodnoi Voiny*, Moscow 1999

M.P. Gallagher, *The Soviet History of World War II*, Frederick A. Praeger: New York 1963

M.A. Gareev, *Polkovodtsy Pobedy i ikh Voennoe Naslediye*, Moscow 2004

J. and C. Garrard (eds), *World War 2 and the Soviet People*, St. Martin's Press: New York 1993

R.L. Garthoff (ed.), *Sino-Soviet Military Relations*, Praeger: New York 1966

V. Gavrilov and E. Gorbunov, *Operatsiya 'Ramzai'*, Moscow 2004

L. Ya. Gibianskii, 'Doneseniya Ugoslavskogo Posla v Moskve o Otsenkakh Rukovodstvom SSSR Potsdamskoi Konferentsii i Polozheniya v Vostochnoi Evrope', *Slavyanovedeniye*, no. 1, 1994

L. Ya. Gibianskii, *Sovetskii Souz i Novaya Ugoslaviya, 1941–1947*, Moscow 1987

U.S. Girenko, *Stalin–Tito*, Moscow 1991

D.M. Glantz, *Barbarossa: Hitler's Invasion of Russia 1941*, Tempus Publishing: Stroud 2001

D.M. Glantz, *The Battle for Leningrad, 1941–1944*, University Press of Kansas: Lawrence, Kansas 2002

D.M. Glantz, *Colossus Reborn: The Red Army at War, 1941–1943*, University Press of Kansas: Lawrence, Kansas 2005

D.M. Glantz, *Kharkov 1942: Anatomy of a Military Disaster through Soviet Eyes*, Ian Allan Publishing: Shepperton, Surrey 1998

D.M. Glantz, *Zhukov's Greatest Defeat: The Red Army's Epic Disaster in Operation Mars, 1942*, University Press of Kansas: Lawrence, Kansas 1999

D.M. Glantz and J. House, *When Titans Clashed: How the Red Army Stopped Hitler*, University Press of Kansas: Lawrence, Kansas 1995

M.E. Glantz, *FDR and the Soviet Union: The President's Battles over Foreign Policy*, University Press of Kansas: Lawrence, Kansas 2005

S.N. Goncharov et al., *Uncertain Partners: Stalin, Mao and the Korean War*, Stanford University Press: Stanford 1993

F. Gori and S. Pons (eds), *The Soviet Union and Europe in the Cold War, 1943–1953* Macmillan: London 1996

Yu. Gor'kov, *Gosudarstvennyi Komitet Oborony Postanovlyaet (1941–1945)*, Moscow 2002

Y. Gorlizki, 'Ordinary Stalinism: The Council of Ministers and the Soviet Neopatrimonial State, 1945–1953', *Journal of Modern History*, vol. 74, no. 4, 2002

Y. Gorlizki, 'Party Revivalism and the Death of Stalin', *Slavic Review*, vol. 54, no. 1, 1995

Y. Gorlizki, 'Stalin's Cabinet: The Politburo and Decision Making in the Post-war Years, *Europe–Asia Studies*, vol. 53, no. 2, 2001

Y. Gorlizki and O. Khlevniuk, *Cold Peace: Stalin and the Soviet Ruling Circle, 1945–1953*, Oxford University Press: Oxford 2004

G. Gorodetsky, *Grand Delusion: Stalin and the German Invasion of Russia*, Yale University Press: New Haven 1999

G. Gorodetsky (ed.), *Soviet Foreign Policy, 1917–1991*, Frank Cass: London 1994

G. Gorodetsky, 'The Soviet Union and the Creation of the State of Israel', *The Journal of Israeli History*, vol. 22, no. 1, 2003

P.R. Gregory (ed.), *Behind the Façade of Stalin's Command Economy*, Hoover Institution Press: Stanford 2001

A.A. Gromyko et al., *Bor'ba SSSR v OON za Mir, Bezopasnost' i Sotrudnichestvo*, Moscow 1986

J.T. Gross, *Revolution from Abroad: The Soviet Conquest of Poland's Western Ukraine and Western Belorussia*, Princeton University Press: Princeton NJ 1988

W.G. Hahn, *Postwar Soviet Politics: The Fall of Zhdanov and the Defeat of Moderation, 1946–53*, Cornell University Press: Ithaca, NY 1982

T.T. Hammond (ed.), *The Anatomy of Communist Takeovers*, Yale University Press: New Haven 1975

M. Harrison, *Accounting for War: Soviet Production, Employment, and the Defence Burden, 1940–1945*, Cambridge University Press: Cambridge 1996

M. Harrison, *The Economics of World War II: Six Great Powers in International Comparison*, Cambridge University Press: Cambridge 1998

M. Harrison, *Soviet Planning in Peace and War 1938–1945*, Cambridge University Press: Cambridge 1985

M. Harrison, 'The USSR and the Total War: Why Didn't the Soviet Economy Collapse in 1942?' in R. Chickering et al. (eds), *A World at Total War: Global Conflict and the Politics of Destruction, 1939–1945*, Cambridge University Press: Cambridge 2005

T. Hasegawa, *Racing the Enemy: Stalin, Truman, and the Surrender of Japan*, Harvard University Press: Cambridge, Mass. 2005

J. Haslam, 'Stalin's Fears of a Separate Peace, 1942', *Intelligence and National Security*, vol. 8, no. 4, October 1993

J.S.A. Hayward, *Stopped at Stalingrad: The Luftwaffe and Hitler's Defeat in the East, 1942–1943*, University Press of Kansas: Lawrence, Kansas 1998

P.G.H. Holdich, 'A Policy of Percentages? British Policy and the Balkans after the Moscow Conference of October 1944', *International History Review*, February 1987

D. Holloway, 'Jockeying for Position in the Postwar World: Soviet Entry into the War with Japan in August 1945' in T. Hasegawa (ed.), *Reinterpreting the End of the Pacific War: Atomic Bombs and the Soviet Entry into the War*, Stanford University Press: Stanford forthcoming

D. Holloway, *Stalin & the Bomb*, Yale University Press: New Haven 1994

G. Hosking, 'The Second World War and Russian National Consciousness', *Past & Present*, no. 175, 2002

J.M. House and D.M. Glantz, *The Battle of Kursk*, University Press of Kansas: Lawrence, Kansas 1999

Istoriya Velikoi Otechestvennoi Voiny Sovetskogo Souza 1941–1945, 6 vols, Moscow 1960–1964

Istoriya Vtoroi Mirovoi Voiny, 1939–1945, 12 vols, Moscow 1973–1982

R. Ivanov, *Stalin i Souzniki, 1941–1945 gg*, Smolensk 2000

R.F. Ivanov and N.K. Petrova, *Obshchestvenno-Politicheskie Sily SSSR i SShA v Gody Voiny, 1941–1945*, Voronezh 1995

H. and M. James, 'The Origins of the Cold War: Some New Documents', *Historical Journal*, vol. 37, no. 3, 1994

G. Jukes, *Hitler's Stalingrad Decisions*, University of California Press: Berkeley 1985

G. Jukes, *Stalingrad: The Turning Point*, Ballantine Books: New York 1968

V. Karpov, *Generalissimus*, 2 vols, Moscow 2003

C. Kennedy-Pipe, *Stalin's Cold War: Soviet Strategies in Europe, 1943–1956*, Manchester University Press: Manchester 1995

I. Kershaw and M. Lewin, *Stalinism and Nazism*, Cambridge University Press: Cambridge 1997

L. Kettenacker, 'The Anglo-Soviet Alliance and the Problem of Germany, 1941–1945', *Journal of Contemporary History*, vol. 17, 1982

A. Knight, *Beria: Stalin's First Lieutenant*, Princeton University Press: Princeton NJ 1993

J. Knight, 'Russia's Search for Peace: The London Council of Foreign Ministers, 1945', *Journal of Contemporary History*, vol. 13, 1978

A.J. Kochavi, 'Anglo-Soviet Differences over a Policy towards War Criminals', *SEER*, vol. 69, no. 3, July 1991

T.U. Kochetkova, 'Voprosy Sozdaniya OON i Sovetskaya Diplomatiya', *Otechestvennaya Istoriya*, no. 1, 1995

N.V. Kochkin, 'Anglo-Sovetskii Souznyi Dogovor 1942 goda i Nachalo "Kholodnoi Voiny"', *Voprosy Istorii*, no. 1, 2006

N.V. Kochkin, 'SSSR, Angliya, SShA i "Turetskii Krizis" 1945–1947gg', *Novaya i Noveishaya Istoriya*, no. 3, 2002

H. Kohn, 'Pan-Slavism and World War II', *American Political Science Review*, vol. 46, no. 3 1952

N. Ya Komarov and G.A. Kumanev, *Blokada Leningrada: 900 Geroicheskikh Dnei, 1941–1944*, Moscow 2004

M. Korobochin, 'Soviet Policy toward Finland and Norway, 1947–1949', *Scandinavian Journal of History*, vol. 20, no. 3, 1995

V.V. Korovin, *Sovetskaya Razvedka i Kontrrazvedka v gody Velikoi Otechestvennoi Voiny*, Moscow 2003

A. Koshkin, *Yaponskii Front Marshala Stalina*, Moscow 2004

G.V. Kostyrchenko, *Out of the Shadows: Anti-Semitism in Stalin's Russia*, Prometheus Books: New York 1995

G.V. Kostyrchenko, *Tainaya Politika Stalina*, Moscow 2001

E. Kul'kov et al., *Voina, 1941–1945*, Moscow 2004

Y. Lahav, *Soviet Policy and the Transylvanian Question (1940–1946)*, Research Paper no. 27, Soviet and East European Research Centre, Hebrew University of Jerusalem, July 1977

J. Laloy, 'Le General de Gaulle et L'URSS, 1943–1945', *Revue d'istoire diplomatique*, no. 4, 1994

A. Lane and H. Temperley (eds), *The Rise and Fall of the Grand Alliance, 1941–1945*, Macmillan: London 1995

J. Laufer, 'Die Stalin-Note vom 10. Marz 1952 im Lichte neuer Quellen', *Vierteljahrshefte für Zeitgeschichte*, January 2004

N. Lebedeva, *Katyn'*, Moscow 1994

A.M. Ledovskii, *SSSR i Stalin v Sud'bakh Kitaya*, Moscow 1999

M.P. Leffler and D.S. Painter (eds), *Origins of the Cold War*, Routledge: London 2005

C. Leitz (ed.), *Spain in an International Context*, Berghahn Books: Oxford 1999

R.B. Levering, V.O. Pechatnov et al., *Debating the Origins of the Cold War: American and Russian Perspectives*, Rowman & Littlefield: Lanham, Maryland 2002

S.J. Linz (ed.), *The Impact of World War II on the Soviet Union*, Rowman & Allanheld 1985

W. Loth, 'The Origins of Stalin's Note of 10 March 1952', *Cold War History*, vol. 4, no. 2, January 2004

W. Loth, *Stalin's Unwanted Children: The Soviet Union, the German Question and the Founding of the GDR*, Palgrave: London 1998

R.C. Lukas, 'The Big Three and the Warsaw Uprising', *Military Affairs*, vol. 39, no. 3, 1975

D.J. Macdonald, 'Communist Bloc Expansion in the Early Cold War', *International Security*, vol. 20, no. 3, 1995/6

R.H. McNeal, 'Roosevelt Through Stalin's Spectacles', *The International Journal*, vol. 2, no. 18, 1963

R.H. McNeal, *Stalin: Man and Ruler*, Macmillan Press: London 1998

W.H. McNeill, *America, Britain and Russia: Their Co-operation and Conflict, 1941–1946*, Oxford University Press: London 1953

V.L. Mal'kov, 'Domestic Factors in Stalin's Atomic Diplomacy' in P.M. Morgan and K.L. Nelson (eds), *Re-Viewing the Cold War, Domestic Factors and Foreign Policy in the East–West Confrontation*, Praeger: Westport, Conn. 2000

V.V. Mar'ina, 'Sovetskii Souz i Chekhoslovakiya, 1945 god', *Novaya i Noveishaya Istoriya* no. 3, 2001

V. Mar'ina, *Zakarpatskaya Ukraina (Podkarpatskaya Rus') v Politike Benesha i Stalina*, Moscow 2003

E. Mark, *Revolution by Degrees: Stalin's National-Front Strategy for Europe, 1941–1947*, Cold War International History Project Working Paper no. 31, 2001

T. Martin, *The Affirmative Action Empire: Nations and Nationalism in the Soviet Union, 1929–1939*, Cornell University Press: Ithaca NY 2001

A.A. Maslov, 'Forgiven by Stalin – Soviet Generals Who Returned from German Prisons in 1941–45 and Who Were Rehabilitated', *Journal of Slavic Military Studies*, vol. 12, no. 2, June 1999

V. Mastny, *The Cold War and Soviet Insecurity: The Stalin Years*, Oxford University Press: Oxford 1996

V. Mastny, *NATO in the Beholder's Eye: Soviet Perceptions and Policies, 1949–1956*, Cold War International History Project Working Paper no. 35, March 2002

V. Mastny, *Russia's Road to the Cold War*, Columbia University Press: New York 1979

J. Matthaus, 'Operation Barbarossa and the Onset of the Holocaust' in C. Browning, *The Origins of the Final Solution*, University of Nebraska Press: Lincoln NB 2004

E. Mawdsley, 'Crossing the Rubicon: Soviet Plans for Offensive War in 1940–1941', *International History Review*, December 2003

E. Mawdsley, *Thunder in the East: The Nazi-Soviet War, 1941–1945*, Hodder Arnold: London 2005

S. Mazov, 'The USSR and the Former Italian Colonies, 1945–1950', *Cold War History*, vol. 3, no. 3, April 2003.

R. and Z. Medvedev, *The Unknown Stalin*, Overlook Press: Woodstock and New York 2004

Z. Medvedev, *Stalin i Evreiskaya Problema*, Moscow 2003

M.I. Mel'tukhov, '"Narodny Front" dlya Finlyandii? (K Voprosu o Tselyakh Sovetskogo Rukovodstva v Voine s Finlyandiei 1939–1940gg', *Otechestvennaya Istoriya*, no. 3, 1993

M.I. Mel'tukhov, 'Operatsiya "Bagration" i Varshavskoe Vosstaniye 1944 goda', *Voprosy Istorii*, no. 11, 2004

M.I. Mel'tukhov, *Upushchennyi Shans Stalina*, Moscow 2000

C. Merridale, *Ivan's War: The Red Army 1939–45*, Faber: London 2005

S. Merritt Miner, *Between Churchill and Stalin: The Soviet Union, Great Britain, and the Origins of the Grand Alliance*, University of North Carolina Press: Chapel Hill NC 1988

S. Merritt Miner, *Stalin's Holy War: Religion, Nationalism and Alliance Politics, 1941–1945*, University of North Carolina Press: Chapel Hill NC 2003

J.P. Morray, *From Yalta to Disarmament*, Monthly Review Press: New York 1961

G.P. Murashko, 'Fevral'skii Krizis 1948g v Chekhoslovakii i Sovetskoe Rukovodstvo', *Novaya i Noveishaya Istoriya*, no. 3, 1998

G.P. Murashko and A.F. Noskova, 'Stalin and the National-Territorial Controversies in Eastern Europe, 1945–1947 (Parts 1 & 2)', *Cold War History*, vol. 1, no. 3, 2001, vol. 2, no. 1 2001

D. Murphy, *What Stalin Knew: The Enigma of Barbarossa*, Yale University Press: New Haven 2005

B. Murray, *Stalin, the Cold War and the Division of China*, Cold War International History Project Working Paper, 12 June 1995

M.Yu. Myagkov (ed.), *Mirovye Voiny XX Veka: Vtoraya Mirovaya Voina (Dokumenty i Materialy)*, vols 3–4, Moscow 2002

M.Yu. Myagkov, 'SSSR, SShA i Problema Pribaltiki v 1941–1945godakh', *Novaya i Noveishaya Istoriya*, no. 1, 2005

N.M. Naimark, 'Cold War Studies and New Archival Materials on Stalin', *Russian Review*, no. 61 (January 2002)

N.M. Naimark, 'Post-Soviet Russian History on the Emergence of the Soviet Bloc', *Kritika*, vol. 5, no. 3, Summer 2004

N.M. Naimark, *The Russians in Germany: A History of the Soviet Zone of Occupation, 1945–1949*, Harvard University Press: Cambridge, Mass. 1995

N.M. Naimark, 'Stalin and Europe in the Postwar Period, 1945–53', *Journal of Modern European History*, vol. 2, no. 1, 2004

N. Naimark and L. Gibianskii (eds), *The Establishment of Communist Regimes in Eastern Europe, 1944–1949*, Westview Press: Boulder, Col. 1997

M.M. Narinskii, 'Moscou et le Gouvernement provisoire du général de Gaulle', *Relations internationales*, no. 108, 2001

M.M. Narinskii et al. (eds), *Kholodnaya Voina*, Moscow 1995

J. Nevakivi, 'A Decisive Armistice 1944–1947: Why Was Finland Not Sovietized?' *Scandinavian Journal of History*, vol. 19, no. 2, 1994

V.A. Nevezhin, 'The Pact with Germany and the Idea of an "Offensive War (1939–1941)"', *Journal of Slavic Military Studies*, vol. 8, no. 4, 1995

L.N. Nezhinskii (ed.), *Sovetskaya Vneshnyaya Politika v Gody 'Kholodnoi Voiny'*, Moscow 1995

R. Nisbet, *Roosevelt and Stalin*, Regnery Gateway: Washington DC 1988

R. Overy, *The Dictators: Hitler's Germany and Stalin's Russia*, Allen Lane: London 2004

R. Overy, *Russia's War*, Penguin Books: London 1998

R. Overy, *Why the Allies Won*, Jonathan Cape: London 1995

S.D. Parrish and M.M. Narinsky, *New Evidence on the Soviet Rejection of the Marshall Plan, 1947*, Cold War International History Project Working Paper no. 9, March 1994

T.G. Paterson, *Soviet–American Confrontation: Postwar Reconstruction and the Origins of the Cold War*, Johns Hopkins University Press: Baltimore 1973

V.O. Pechatnov, *'The Allies are Pressing on You to Break Your Will': Foreign Policy Correspondence between Stalin and Molotov and other Politburo Members, September 1945–December 1946*, Cold War International History Project, Working Paper No. 26, September 1999

V.O. Pechatnov, *The Big Three after World War II: New Documents on Soviet Thinking about Postwar Relations with the United States and Great Britain*, Cold War International History Project Working Paper no. 13, 1995

V. Pechatnov, 'Exercise in Frustration: Soviet Foreign Propaganda in the Early Cold War, 1945–47', *Cold War History*, vol. 1, no. 2, January 2001

V.O. Pechatnov, 'Moskovskoe Posol'stvo Averella Garrimana', *Novaya i Noveishaya Istoriya*, nos 3–4, 2002

V.O. Pechatnov, 'The Rise and Fall of *Britansky Soyuznik*', *Historical Journal*, vol. 41, no. 1, 1998

A. Perlmutter, *FDR & Stalin*, University of Missouri Press: Columbia 1993

P.V. Petrov and V.N. Stepakov, *Sovetsko–Finlyanskaya Voina, 1939–1940*, 2 vols, St Petersburg 2003

N.K. Petrovka, *Antifashistskie Komitety v SSSR: 1941–1945gg*, Moscow 1999

A. Phillips, *Soviet Policy Reconsidered: The Postwar Decade*, Greenwood Press: New York 1986

H. Piortrowski, 'The Soviet Union and the Renner Government of Austria, April–November 1945', *Central European History*, vol. 20 nos 3/4, 1987

C. Pleshakov, *Stalin's Folly*, Houghton Mifflin: Boston 2005

E. Pollack, *Conversations with Stalin on Questions of Political Economy*, Cold War International History Project Working Paper no. 33, July 2001

B. Ponomaryov et al. (eds), *History of Soviet Foreign Policy, 1945–1970*, Progress Publishers: Moscow 1973

S. Pons, *Stalin and the Inevitable War, 1936–1941*, Frank Cass: London 2002

S. Pons, 'Stalin, Togliatti, and the Origins of the Cold War in Europe', *Journal of Cold War Studies*, vol. 3, no. 2, Spring 2001.

S. Pons and A. Romano, *Russia in the Age of Wars, 1914–1945*, Feltrinelli: Milan 2000

L.V. Pozdeeva, *London–Moskva: Britanskoe Obshchestvennoe Mhenie i SSSR*, Moscow 2000

L.V. Pozdeeva, 'Sovetskaya Propaganda na Angliu v 1941–1945 godax', *Voprosy Istorii*, no. 7, 1998

R.C. Raack, *Stalin's Drive to the West, 1938–1945*, Stanford University Press: Stanford, CA 1995

G.D. Ra'anan, *International Policy Formation in the USSR: Factional 'Debates' during the Zhdanovshchina*, Archon Books: Hamden, Conn. 1983

E. Radzinsky, *Stalin*, Hodder & Stoughton: London 1997

F.S. Raine, 'Stalin and the Creation of the Azerbaijan Democratic Party in Iran, 1945', *Cold War History*, vol. 2, no. 2, October 2001

D. Rayfield, *Stalin and his Hangmen*, Viking: London 2004

C. Read (ed.), *The Stalin Years*, Palgrave: London 2003

E. van Ree, *The Political Thought of Joseph Stalin: A Study in Twentieth Century Revolutionary Patriotism*, Routledge: London 2002

E. van Ree, *Socialism in One Zone: Stalin's Policy in Korea, 1945–1947*, Berg: Oxford 1989

R. Reese, *Stalin's Reluctant Soldiers*, University Press of Kansas: Lawrence, Kansas 1996

A. Resis, 'The Churchill–Stalin Secret "Percentages" Agreement on the Balkans, Moscow, October 1944', *American Historical Review*, April 1978

A. Resis, 'The Fall of Litvinov: Harbinger of the German–Soviet Non-Aggression Pact', *Europe–Asia Studies*, vol. 52, no. 1, 2000

A. Resis, *Stalin, the Politburo, and the Onset of the Cold War, 1945–1946*, The Carl Beck Papers in Russian and East European Studies no. 701, April 1988

D. Reynolds et al., *Allies at War: The Soviet, American and British Experience, 1939–1945*, Macmillan: London 1994

D. Reynolds, 'The "Big Three" and the Division of Europe, 1945–1948', *Diplomacy & Statecraft*, vol. 1, no. 2, 1990

D. Reynolds, *In Command of History: Churchill Fighting and Writing the Second World War*, Penguin Books: London 2005

D. Reynolds (ed.), *The Origins of the Cold War in Europe*, Yale University Press: New Haven 1994

A.J. Rieber, 'Civil Wars in the Soviet Union', *Kritika*, vol. 4, no. 1, Winter 2003

A.J. Rieber, 'The Crack in the Plaster: Crisis in Romania and the Origins of the Cold War', *Journal of Modern History*, no. 76, March 2004

A.J. Rieber, 'Stalin: Man of the Borderlands', *American Historical Review*, no. 5, 2001

A.J. Rieber, *Zhdanov in Finland*, Carl Beck Papers in Russian and East European Studies, no. 1107, University of Pittsburgh, February 1995

C.A. Roberts, 'Planning for War: The Red Army and the Catastrophe of 1941', *Europe–Asia Studies*, vol. 47, no. 8, 1995

Dzh. Roberts, 'Cherchil' i Stalin: Epizody Anglo-Sovetskikh Otnoshenii (Sentyabr' 1939–Iun' 1941 goda)' in A.O. Chubar'yan (ed.), *Voina i Politika, 1939–1941*, Moscow 1999

G. Roberts, 'The Alliance that Failed: Moscow and the Triple Alliance Negotiations, 1939', *European History Quarterly*, vol. 26, no. 3, 1996

G. Roberts, 'Beware Greek Gifts: The Churchill–Stalin "Percentages Agreement" of October 1944', *Mir Istorii*, www/historia.ru/2003/01/roberts.htm

G. Roberts, 'Ideology, Calculation and Improvisation: Spheres of Influence in Soviet Foreign Policy, 1939–1945', *Review of International Studies*, vol. 25, October 1999

G. Roberts, 'From Non-Aggression Treaty to War: Documenting Nazi–Soviet Relations, 1939–1941', *History Review*, December 2001

G. Roberts, 'Litvinov's Lost Peace, 1941–1946', *Journal of Cold War Studies*, vol. 4, no. 2, 2002

G. Roberts, 'Moscow and the Marshall Plan: Politics, Ideology and the Onset of Cold War, 1947', *Europe–Asia Studies*, vol. 46, no. 8, 1994

G. Roberts, 'Sexing up the Cold War: New Evidence on the Molotov–Truman Talks of April 1945', *Cold War History*, vol. 4, no. 3, April 2004

G. Roberts, 'Soviet Policy and the Baltic States, 1939–1940: A Reappraisal', *Diplomacy & Statecraft*, vol. 6, no. 3, 1995

G. Roberts, *The Soviet Union and the Origins of the Second World War*, Macmillan: London 1995

G. Roberts, *The Soviet Union in World Politics: Revolution, Coexistence and the Cold War, 1945–1991*, Routledge: London 1998

G. Roberts (ed.), *Stalin – His Times and Ours*, Irish Association for Russian and East European Studies: Dublin 2005

G. Roberts, 'Stalin and Foreign Intelligence during the Second World War' in E. O'Halpin et al., *Intelligence, Statecraft and International Power*, Irish Academic Press: Dublin 2006

G. Roberts, 'Stalin, the Pact with Nazi Germany and the Origins of Postwar Soviet Diplomatic Historiography', *Journal of Cold War Studies*, vol. 4, no. 3, Summer 2002

G. Roberts, *The Unholy Alliance: Stalin's Pact with Hitler*, I.B. Tauris: London 1989

G. Roberts, *Victory at Stalingrad: The Battle That Changed History*, Pearson/Longman: London 2002

W.R. Roberts, *Tito, Mihailovic and the Allies, 1941–1945*, Rutgers University Press: New Brunswick NJ 1973

N.E. Rosenfeldt et al. (eds), *Mechanisms of Power in the Soviet Union*, Macmillan: London 2000

L. Rotundo, 'Stalin and the Outbreak of War in 1941', *Journal of Contemporary History*, vol. 24, 1989

L. Rotundo (ed.), *Battle for Stalingrad: The 1943 Soviet General Staff Study*, Pergamon-Brassey's: London 1989

I.V. Rubtsov, *Marshaly Stalina*, Moscow 2006

L. Rucker, *Moscow's Surprise: The Soviet–Israeli Alliance of 1947–1949*, Cold War International History Project Working Paper no. 46

E.V. Rusakova, *Polkovodtsy*, Moscow 1995

O.A. Rzheshevskii, 'Poslednii Shturm: Zhukov ili Konev', *Mir Istorii* http://gpw.tellur.ru.

O.A. Rzheshevskii (ed.), *Vtoraya Mirovaya Voina*, Moscow 1995

O.A. Rzheshevskii and O. Vekhvilyainen (eds), *Zimnyaya Voina 1939–1940*, vol.1, Moscow 1999

V.P. Safronov, *SSSR-SShA-Yaponiya v Gody 'Kholodnoi Voiny' 1945–1960gg*, Moscow 2003

K. Sainsbury, *The Turning Point*, Oxford University Press: Oxford 1986

H.E. Salisbury, *The 900 Days: The Siege of Leningrad*, Avon Books: New York 1970

A.M. Samsonov, *Stalingradskaya Bitva*, 4th edn, Moscow 1989

G. Sanford, 'The Katyn Massacre and Polish–Soviet Relations, 1941–1943', *Journal of Contemporary History*, vol. 21, no. 1, 2006

D. Sassoon, 'The Rise and Fall of West European Communism, 1939–1948', *Contemporary European History*, vol. 1, no. 2, 1992

A. Seaton, *Stalin as a Military Commander*, Combined Publishing: Conshohocken, PA 1998

S. Sebag Montefiore, *Stalin: The Court of the Red Tsar*, Weidenfeld & Nicolson: London 2003

A. Sella, '"Barbarossa": Surprise Attack and Communication', *Journal of Contemporary History*, vol. 13, 1978

E.S. Senyavskaya, *1941–1945: Frontovoe Pokolenie*, Moscow 1995

O.V. Serova, *Italiya i Antigitlerovskaya Koalitsiya, 1943–1945*, Moscow 1973

R. Service, *Stalin: A Biography*, Macmillan: London 2004

G.N. Sevost'yanov (ed.), *Voina i Obshchestvo, 1941–1945*, 2 vols, Moscow 2004

S.L. Sharp, 'People's Democracy: Evolution of a Concept', *Foreign Policy Reports*, vol. 26, January 1951

H. Shukman (ed.), *Redefining Stalinism*, Frank Cass: London 2003

H. Shukman (ed.), *Stalin's Generals*, Phoenix Press: London 1997

M.D. Shulman, *Stalin's Foreign Policy Reappraised*, Harvard University Press: Cambridge, Mass. 1963

N. Simonov, *Voenno-Promyshlennyi Kompleks SSSR v 1920–1950-e gody*, Moscow 1996

V. Sipols, *The Road to Great Victory*, Progress Publishers: Moscow 1984

B.N. Slavinskii, *Yaltinskaya Konferentsiya i Problemy 'Severnykh Territorii'*, Moscow 1996

S.Z. Sluch, 'Rech' Stalina, Kotoroi ne Bylo', *Otechestvennaya Istoriya*, no. 1, 2004

N.D. Smirnova, 'Gretsiya v Politke SShA i SSSR, 1945–1947', *Novaya i Noveishaya Istoriya*, no. 5, 1997

B.F. Smith, *Sharing Secrets with Stalin: How the Allies Traded Intelligence, 1941–1945*, University Press of Kansas: Lawrence, Kansas 1996

T. Snyder, ' "To Resolve the Ukrainian Problem Once and for All": The Ethnic Cleansing of Ukrainians in Poland, 1943–1947', *Journal of Cold War Studies*, vol. 1, no. 2, Spring 1999

B.V. Sokolov, *Georgii Zhukov*, Moscow 2004

B.V. Sokolov, *Molotov*, Moscow 2005

B.V. Sokolov, 'The Role of Lend-Lease in Soviet Military Efforts, 1941–1945', *Journal of Slavic Military Studies*, vol. 7, no. 3 1994

V.V. Sokolov, 'I.M. Maiskii Mezhdu I.V. Stalinym i U. Cherchillem v Pervye Mesyatsy Voiny', *Novaya i Noveishaya Istoriya*, no. 6, 2001

W.J. Spahr, *Stalin's Lieutenants: A Study of Command under Stress*, Presidio Press: Novato, Calif. 1997

L.M. Spirin, 'Stalin i Voina', *Voprosy Istorii KPSS*, May 1990

P. Spriano, *Stalin and the European Communists*, Verso: London 1985

P.J. Stavrakis, *Moscow and Greek Communism, 1944–1949*, Cornell University Press: New York 1989

R. Steininger, *The German Question and the Stalin Note of 1952*, Columbia University Press: New York 1990

R.W. Stephan, *Stalin's Secret War: Soviet Counterintelligence against the Nazis, 1941–1945*, University Press of Kansas: Lawrence, Kansas 2004

W. Stivers, 'The Incomplete Blockade: Soviet Zone Supply of West Berlin, 1948–1949', *Diplomatic History*, vol. 21, no. 4, Fall 1997

O.F. Suvenirov, *Tragediya RKKA, 1937–1939*, Moscow 1998

Victor Suvorov, *Icebreaker: Who Started the Second World War*, Hamish Hamilton: London 1990

G. Swain, 'The Cominform: Tito's International?', *Historical Journal*, vol. 35, no. 3, 1992

G. Swain, 'Stalin's Wartime Vision of the Postwar World', *Diplomacy & Statecraft*, vol. 7, no. 1, 1996

W. Taubman, *Stalin's American Policy: From Entente to Détente to Cold War*, W.W. Norton: New York 1982

R.W. Thurston and B. Bonwetsch (eds), *The People's War: Responses to World War II in the Soviet Union*, University of Illinois Press: Urbana and Chicago 2000

J. Tomaszewski, *The Socialist Regimes of Eastern Europe: Their Establishment and Consolidation, 1944–1967*, Routledge: London 1989

P. Tsakaloyannis, 'The Moscow Puzzle', *Journal of Contemporary History*, vol. 21 (1986)

A.B. Ulam, *Titoism and the Cominform*, Harvard University Press: Cambridge, Mass. 1952

T.J. Uldricks, 'The Icebreaker Controversy: Did Stalin Plan to Attack Hitler?' *Slavic Review*, vol. 58, no. 3, Fall 1999

A.A. Ulunian, 'Soviet Cold War Perceptions of Turkey and Greece, 1945–58', *Cold War History*, vol. 3, no. 2, January 2003

R. van Dijk, *The Stalin Note Debate: Myth or Missed Opportunity for German Unification*, Cold War International History Project Working Paper no.14, May 1996

C. van Dyke, *The Soviet Invasion of Finland, 1939–1940*, Frank Cass: London 1997

A. Varsori and E. Calandri (eds), *The Failure of Peace in Europe, 1943–48*, Palgrave: London 2002

A.I. Vdovin, 'Natsional'nyi Vopros i Natsional'naya Politika v SSSR v gody Velikoi Otechestvennoi Voiny', *Vestnik Moskovskogo Universiteta: Seriya 8: Istoriya*, no. 5, 2003

V.V. Veshanov, *God 1942– 'Uchebnyi'*, Minsk 2002

D. Volkogonov, *Stalin: Triumph and Tragedy*, Phoenix Press: London 2000

T.V. Volokitina et al. (eds), *Moskva i Vostochnaya Evropa: Stanovlenie Politicheskikh Rezhimov Sovetskogo Tipa, 1949–1953*, Moscow 2002

S. Walsh, *Stalingrad, 1942–1943*, St. Martin's Press: New York 2000

W. Wanger, *The Genesis of the Oder–Neisse Line*, Brentano-Verlag: Stuttgart 1957

D. Watson, *Molotov: A Biography*, Palgrave Macmillan: London 2005

D. Watson, 'Molotov's Apprenticeship in Foreign Policy: The Triple Alliance Negotiations in 1939', *Europe–Asia Studies*, vol. 52, no. 4, 2000

K. Weathersby, '*Should We Fear This?' Stalin and the Danger of War with America*, Cold War International History Project Working Paper no. 39, July 2002

A.L. Weeks, *Stalin's Other War: Soviet Grand Strategy, 1939–1941*, Rowman & Littlefield: Oxford 2002

A. Weiner, *Making Sense of War: The Second World War and the Fate of the Bolshevik Revolution*, Princeton University Press: Princeton NJ 2001

A. Werth, *Russia at War, 1941–1945*, Pan Books: London 1964

A. Werth, *Russia: The Postwar Years*, Robert Hale: London 1971

A. Werth, *The Year of Stalingrad*, Hamish Hamilton: London 1946

O.A. Westad, *Brothers in Arms: The Rise and Fall of the Sino-Soviet Alliance, 1945–1963*, Stanford University Press: Stanford 1998

G. Wettig, 'Stalin and German Reunification', *Historical Journal*, vol. 37, no. 2, 1994

B. Whaley, *Codeword Barbarossa*, MIT Press: Cambridge, Mass. 1973

J.L. Wieczynski (ed.), *Operation Barbarossa*, Charles, Schlacks: Salt Lake City 1993

W.C. Wohlforth, *The Elusive Balance: Power and Perceptions during the Cold War*, Cornell University Press: Ithaca NY 1993

N.I. Yegorova, *The 'Iran Crisis' of 1945–1946: A View from the Russian Archives*, Cold War International History Project Working Paper no.15, May 1996

M. Zakharov, *Final: Istoriko-Memuarnyi Ocherk o Razgrome Imperialisticheskoi Yaponii v 1945 gody*, Moscow 1969

M.V. Zakharov, *General'nyi Shtab v Predvoennye Gody*, Moscow 1989 (new edition 2005)

J. Zarusky (ed.), *Die Stalin-Note vom 10.Marz 1952*, Munich 2002

I. N. Zemskov, *Diplomaticheskaya Istoriya Vtorogo Fronta v Evrope*, Moscow 1982

E.F. Ziemke and M.E. Bauer, *Moscow to Stalingrad: Decision in the East*, Center of Military History, US Army: Washington DC 1987

V.A. Zolotarev, *Velikaya Otechestvennaya Istoriya Velikoi Pobedy*, Moscow 2005

V.A. Zolotarev et al. (eds), *Velikaya Otechestvennaya Voina 1941–1945*, 4 vols, Moscow 1998–1999

E. Zubkova, *Poslevoennoe Sovetskoe Obshchestvo*, Moscow 2000

E. Zubkova, *Russia after the War*, M.E. Sharpe: New York 1998

E. Zubkova, 'The Soviet Regime and Soviet Society in the Postwar Years: Innovations and Conservatism, 1945–1953', *Journal of Modern European History*, vol. 2, no. 1, 2004

V.M. Zubok, 'Stalin and the Nuclear Age' in J.L. Gaddis et al. (eds), *Cold War Statesmen Confront the Bomb: Nuclear Diplomacy since 1945*, Oxford University Press: Oxford 1999

V. Zubok and C. Pleshakov, *Inside the Kremlin's Cold War*, Harvard University Press: Cambridge, Mass. 1996

大事年表

1939 年

8 月 23 日	苏德条约
9 月 1 日	德国入侵波兰
9 月 3 日	英法对德宣战
9 月 17 日	红军入侵波兰东部
	苏联宣布在欧洲战争中保持中立
9 月 28 日	苏德边界与友好条约
	苏联－爱沙尼亚互助条约
10 月 5 日	苏联－拉脱维亚互助条约
10 月 10 日	苏联－立陶宛互助条约
11 月 30 日	苏联进攻芬兰

1940 年

3 月 5 日	政治局决定授权处死 20000 名波兰战俘
3 月 12 日	苏芬和平条约签订
4 月 9 日	德国入侵丹麦和挪威
6 月 10 日	意大利加入欧洲战争
6 月 22 日	法国向德国投降
6 月 25 日	苏联提议就巴尔干地区的势力范围达成协议
6 月 28 日	比萨拉比亚和北布科维纳并入苏维埃社会主义共和国联盟
7 月 21 日	波罗的海三国同意加入苏维埃社会主义共和国联盟
9 月 27 日	德、意、日缔结三国条约
11 月 12～14 日	莫洛托夫与希特勒和里宾特洛甫在柏林会谈
11 月 25 日	苏联提议与德、意、日签订四国条约

12 月 18 日	希特勒发布有关"巴巴罗萨行动"的命令

1941 年

3 月 25 日	苏联－土耳其中立声明
4 月 5 日	苏联－南斯拉夫友好与互不侵犯条约
4 月 6 日	德军入侵南斯拉夫和希腊
4 月 13 日	苏日中立条约
5 月 4 日	斯大林被任命为人民委员会主席
5 月 5 日	斯大林对红军参谋学院毕业学员发表讲话
6 月 13 日	塔斯社发表关于苏德关系的声明
6 月 22 日	"巴巴罗萨行动"
	莫洛托夫发表关于德军入侵的广播讲话
6 月 23 日	成立大本营
6 月 28 日	明斯克陷落
6 月 30 日	成立国防委员会
7 月 3 日	斯大林发表关于德军入侵的广播讲话
7 月 10 日	斯大林成为最高统帅
7 月 12 日	英苏对德联合行动协议
7 月 16 日	德军占领斯摩棱斯克
7 月 19 日	斯大林被任命为国防人民委员
8 月 14 日	大西洋宪章
9 月 6 日	列宁格勒被包围
9 月 19 日	德军占领基辅
10 月 1 日	英美苏物资协议
10 月 2 日	德军发动占领莫斯科的"台风行动"
10 月 16 日	敖德萨陷落
11 月 6 ~ 7 日	斯大林在莫斯科多次发表讲话
12 月 5 日	红军在莫斯科发动反攻
12 月 7 日	日军袭击珍珠港
12 月 11 日	希特勒对美宣战
12 月 15 ~ 22 日	艾登访问莫斯科

1942 年

1 月 1 日	联合国宣言
4 月 5 日	希特勒发布关于"蓝色行动"的命令
5 月 19 ~ 28 日	哈尔科夫战役
5 月 22 日 ~ 6 月 11 日	莫洛托夫访问伦敦和华盛顿
5 月 26 日	英苏同盟条约
6 月 11 日	苏美互助协议
6 月 12 日	英美苏发表关于 1942 年开辟第二战场的联合公报
6 月 26 日	华西列夫斯基被任命为总参谋长
6 月 28 日	德军在南方的夏季攻势开始
7 月 4 日	德军攻下塞瓦斯托波尔
7 月 12 日	组建斯大林格勒方面军
7 月 23 日	德军占领罗斯托夫
	希特勒下令占领斯大林格勒和巴库
7 月 28 日	斯大林发布 227 号命令（"一步也不许后退"！）
8 月 12 ~ 15 日	丘吉尔与斯大林在莫斯科举行会议
8 月 25 日	宣布斯大林格勒遭到围攻
8 月 26 日	朱可夫被任命为副最高统帅
9 月 10 日	德军抵达伏尔加河
11 月 8 日	北非"火炬行动"开始
11 月 19 日	"天王星行动"（红军在斯大林格勒发动反攻）
11 月 23 日	德国第 6 集团军被包围在斯大林格勒

1943 年

1 月 10 日	在斯大林格勒发动"指环行动"
1 月 18 日	列宁格勒封锁被打破
1 月 24 日	在卡萨布兰卡发表无条件投降宣言
1 月 31 日	德国第 6 集团军在斯大林格勒投降
2 月 14 日	红军收复罗斯托夫
3 月 6 日	斯大林被任命为苏联元帅

4 月 13 日	德军宣布在卡廷发现大规模尸坑
4 月 26 日	苏联断绝与伦敦的波兰流亡政府的外交关系
5 月 22 日	公布建议解散第三国际的决议
7 月 5 ~ 13 日	库尔斯克战役
7 月 26 日	墨索里尼下台
9 月 3 日	盟军进攻意大利
9 月 25 日	红军收复斯摩棱斯克
10 月 13 日	意大利对德宣战
10 月 19 ~ 30 日	莫斯科外交部部长会议
11 月 6 日	红军收复基辅
11 月 28 日 ~ 12 月 1 日	德黑兰会议
12 月 12 日	苏联－捷克斯洛伐克友好互助与战后合作条约

1944 年

1 月 27 日	列宁格勒封锁被彻底解除
4 月 10 日	红军收复敖德萨
5 月 10 日	红军收复塞瓦斯托波尔
6 月 6 日	诺曼底登陆
6 月 23 日	解放白俄罗斯的"巴格拉季昂行动"开始
7 月 3 日	红军收复明斯克
7 月 20 日	暗杀希特勒失败
8 月 1 日	华沙起义开始
8 月 21 日 ~ 9 月 28 日	敦巴顿橡树园会议
9 月 5 日	苏联与芬兰停火
	苏联对保加利亚宣战
9 月 9 日	苏联与保加利亚停火
9 月 12 日	罗马尼亚投降
9 月 19 日	芬兰投降
10 月 2 日	华沙起义结束
10 月 9 ~ 18 日	丘吉尔与斯大林在莫斯科举行会议
10 月 20 日	红军进入贝尔格莱德
10 月 28 日	保加利亚投降

12 月 2 ~ 10 日	戴高乐访问莫斯科
12 月 10 日	法苏同盟条约
12 月 16 ~ 24 日	德军在阿登发动反攻

1945 年

1 月 4 日	苏联承认波兰民族解放委员会作为波兰临时政府
1 月 12 日	"维斯瓦河—奥得河行动"开始
1 月 17 日	红军占领华沙
1 月 27 日	红军占领奥斯威辛
2 月 4 ~ 11 日	雅尔塔会议
2 月 13 日	红军攻下布达佩斯
4 月 5 日	苏联宣布废止与日本的中立条约
4 月 11 日	苏联 – 南斯拉夫友好互助与战后合作条约
4 月 12 日	罗斯福去世；杜鲁门继任总统
4 月 13 日	红军攻下维也纳
4 月 16 日	红军的"柏林行动"开始
4 月 25 日 ~ 6 月 26 日	在旧金山召开联合国成立大会
4 月 30 日	希特勒自杀
5 月 2 日	柏林向红军投降
5 月 7 ~ 8 日	德国无条件投降
5 月 9 日	红军占领布拉格
5 月 24 日	斯大林为苏联人民干杯
6 月 24 日	红场胜利阅兵
6 月 28 日	斯大林宣告就任大元帅
7 月 17 日 ~ 8 月 2 日	波茨坦会议
7 月 17 日	美国试验原子弹
7 月 24 日	杜鲁门将原子弹的情况告知斯大林
8 月 6 日	向广岛投掷原子弹
8 月 8/9 日	苏联对日宣战
8 月 9 日	向长崎投掷原子弹
8 月 14 日	日本同意投降

	中苏友好同盟条约
9 月 2 日	日本签署投降书
9 月 11 日 ~ 10 月 2 日	外交部部长理事会在伦敦召开首次会议
12 月 16 ~ 26 日	美、英、苏外交部部长在莫斯科召开会议

1946 年

1 月 10 日 ~ 2 月 14 日	联合国大会第一次全体会议
2 月 9 日	斯大林的选举讲话
2 月 10 日	最高苏维埃选举
3 月 5 日	丘吉尔在密苏里的富尔顿发表"铁幕"演说
4 月 25 日 ~ 5 月 16 日	外交部部长理事会在巴黎召开会议
6 月 15 日 ~ 7 月 12 日	外交部部长理事会在巴黎召开会议
7 月 29 日 ~ 10 月 15 日	巴黎和会
8 月 7 日	苏联要求与土耳其共同控制黑海海峡
8 月 16 日	日丹诺夫主义开始
11 月 4 日 ~ 12 月 12 日	外交部部长理事会在纽约召开会议

1947 年

2 月 10 日	与保加利亚、芬兰、匈牙利、意大利和罗马尼亚签订和约
3 月 10 日 ~ 4 月 24 日	外交部部长理事会在莫斯科召开会议
3 月 12 日	杜鲁门对美国国会发表演说
6 月 5 日	"马歇尔计划"演说
6 月 27 日 ~ 7 月 2 日	在巴黎召开关于"马歇尔计划"的会议
9 月 22 ~ 28 日	共产党情报局成立大会
11 月 25 日 ~ 12 月 15 日	外交部部长理事会在伦敦召开会议

1948 年

2 月 25 日	捷克斯洛伐克共产党政变
6 月 24 日	柏林封锁开始
6 月 28 日	南斯拉夫被开除出共产党情报局

1949 年

3 月 4 日	维辛斯基取代莫洛托夫成为外交部部长
4 月 4 日	签订"北大西洋公约组织"条约
5 月 8 日	建立西德国家
5 月 12 日	解除对柏林的封锁
5 月 23 日 ~ 6 月 20 日	外交部部长理事会在巴黎召开会议
8 月 29 日	苏联原子弹试验
10 月 1 日	中华人民共和国在北京宣告成立
10 月 7 日	东德国家成立

1950 年

2 月 14 日	中苏友好同盟互助条约
6 月 25 日	朝鲜进攻韩国
10 月 19 日	中国军队跨过鸭绿江进入韩国

1951 年

3 月 5 日 ~ 6 月 21 日	苏、法、英、美副外交部部长在巴黎召开会议
7 月 8 日	在朝鲜开始和平谈判

1952 年

3 月 10 日	关于与德国签订和约的条件的"斯大林照会"
4 月 9 日	关于德国问题的第二个"斯大林照会"
10 月 5 ~ 14 日	苏联共产党第十九次代表大会
12 月 21 日	斯大林最后一次公开声明,对于与新的艾森豪威尔政府谈判的想法表示欢迎

1953 年

3 月 5 日	斯大林去世

索　引

（索引页码为本书边码）

图书在版编目（CIP）数据

斯大林的战争：全二册/（英）杰弗里·罗伯茨
（Geoffrey Roberts）著；李晓江译. -- 北京：社会科
学文献出版社，2018.5（2024.11 重印）
书名原文：Stalin's Wars：from World War to
Cold War，1939-1953
ISBN 978-7-5201-0031-1

Ⅰ.①斯… Ⅱ.①杰… ②李… Ⅲ.①斯大林（
Stalin，Joseph Vissarionovich 1879-1953）-人物研究
Ⅳ.①A742

中国版本图书馆 CIP 数据核字（2018）第 031990 号

斯大林的战争（全二册）

著　　者／〔英〕杰弗里·罗伯茨（Geoffrey Roberts）
译　　者／李晓江

出　版　人／冀祥德
项目统筹／董风云　段其刚
责任编辑／沈　艺

出　　　版／社会科学文献出版社·甲骨文工作室（分社）（010）59366527
　　　　　　　地址：北京市北三环中路甲29号院华龙大厦　邮编：100029
　　　　　　　网址：www.ssap.com.cn
发　　　行／社会科学文献出版社（010）59367028
印　　　装／北京盛通印刷股份有限公司

规　　　格／开本：880mm×1230mm　1/32
　　　　　　　印张：22　插页：0.5　字数：497千字
版　　　次／2018年5月第1版　2024年11月第4次印刷
书　　　号／ISBN 978-7-5201-0031-1
著作权合同
登　记　号／图字01-2017-0187号
定　　　价／88.00元（全二册）

读者服务电话：4008918866